钢铁企业
风险与风险管理

（第2版）

牟宝喜 主编

北 京
冶 金 工 业 出 版 社
2015

内 容 提 要

本书以钢铁生产工艺流程所面临的纯粹风险为主线，对钢铁企业的原料系统、高炉炼铁系统、炼钢系统、铸钢系统、轧钢系统、给排水、空分系统、内部运输、外部运输、新建和改扩建工程等的风险及风险管理进行了全面介绍与分析；系统地对钢铁企业涉及的保险险种进行了剖析，并对钢铁企业的保险要点、保险采购存在的误区进行了归纳、阐述；最后对钢铁企业先进管理经验和典型事故案例进行了介绍与分析。

本书理论联系实际，具有较强的实用性和可操作性，适合钢铁企业管理者、保险从业人员及大中专院校风险管理与保险专业的学生使用。

图书在版编目(CIP)数据

钢铁企业风险与风险管理/牟宝喜主编．—2 版．—北京：冶金工业出版社，2015．9

ISBN 978-7-5024-7073-9

Ⅰ．①钢…　Ⅱ．①牟…　Ⅲ．①钢铁企业—工业企业管理—风险管理—研究　Ⅳ．①F407．36

中国版本图书馆 CIP 数据核字(2015)第 205904 号

出 版 人　谭学余
地　　址　北京市东城区嵩祝院北巷 39 号　邮编　100009　电话　(010)64027926
网　　址　www. cnmip. com. cn　电子信箱　yjcbs@ cnmip. com. cn
责任编辑　戈　兰　唐晶晶　美术编辑　彭子赫　版式设计　孙跃红
责任校对　石　静　责任印制　牛晓波
ISBN 978-7-5024-7073-9
冶金工业出版社出版发行；各地新华书店经销；固安华明印业有限公司印刷
2008 年 12 月第 1 版，2015 年 9 月第 2 版，2015 年 9 月第 1 次印刷
787mm × 1092mm　1/16；29. 25 印张；707 千字；449 页
106. 00 元

冶金工业出版社　投稿电话　(010)64027932　投稿信箱　tougao@cnmip. com. cn
冶金工业出版社营销中心　电话　(010)64044283　传真　(010)64027893
冶金书店　地址　北京市东四西大街 46 号(100010)　电话　(010)65289081(兼传真)
冶金工业出版社天猫旗舰店　yjgycbs. tmall. com

《钢铁企业风险与风险管理》

（第2版）

编　委　会

编撰单位　中汇国际保险经纪股份有限公司

主　　编　牟宝喜

副 主 编　杨　洲　宋春财

编　　委　（以姓氏笔画为序）

王成男　王建平　王爱梅　王　娟

宁　宇　冯　海　史纪晓　吕引生

许志平　李丽琴　李学华　杨小军

单文河　周兴伟　林　宏　赵进学

钱　嵘　蒋　兴

技术顾问　宋广玉

策　　划　万佳伦　金　亮

序言一

长期以来，党中央、国务院高度重视安全生产工作，采取了一系列法律、行政、经济手段和措施，不断强化和完善安全生产体制机制建设，全国各地区、行业的安全生产形势总体保持了稳定好转的发展态势。钢铁行业作为我国的重要支柱产业，是促进国民经济发展的重要力量，受到方方面面的高度关注。由于行业本身具有资产度集中、产业链长、生产工艺复杂、高危环节多的特点，同时受到行业管理弱化、企业急速扩张、重要关键部位监控报警与防护设施缺失、中小企业基础薄弱等因素影响，导致重特大生产安全事故时有发生，钢铁行业安全生产任务十分严重。

对此，国家安全生产监督管理总局十分重视冶金行业的安全生产工作，先后印发了《加强冶金行业安全生产工作的指导意见》和《关于进一步加强冶金行业安全监管工作的通知》，组织开展了钢铁行业安全生产标准化和隐患排查治理工作，要求企业管理、技术创新、人才培养、文化建设等各个方面，都要适应安全生产的内在需要，在人力、物力、财力和政策措施上保障安全生产工作，努力促进钢铁行业科学发展和安全发展。

实现钢铁行业的安全发展是一项系统工程，需要全社会的关注和支持，在安全风险识别和管理，保护企业和公众的生命财产安全与合法权益，促进经济社会和人的全面协调发展等方面，安全生产管理与保险具有高度的一致性和密切的内在联系。因此，在中汇国际保险经纪股份有限公司组织编写的《钢铁企业风险与风险管理》一书即将再版发行之际，特表示热烈的祝贺。该书在深入研究我国钢铁行业生产特点的基础上，分析了钢铁企业重点生产环节面临的风险，比较全面、系统地提出了风险防范控制措施，对我国钢铁企业加强安全生产管理，提高安全管理水平和从业人员的素质，推动建立和完善安全生产保障体系具有重要的指导作用。希望相关保险公司能大胆探索，勇于实践，按照《国务院关于保险业改革发展的若干意见》，大力发展责任保险，为健全安全生产保障和突发事件应急保险机制，实现钢铁和其他行业的安全发展做出更大的贡献！

国家安全生产监督管理总局副局长 孙华山

序言二

中国保险经纪业从1993年经纪公司批准设立开始，保险经纪、保险顾问与风险管理顾问的概念逐渐被引入中国保险市场，经过不断探索发展，中国保险经纪已经确立了市场化的发展道路，初步建立起优胜劣汰的市场化准入和退出机制，保险经纪公司成为保险市场上的重要力量。2007年，保险经纪公司实现保费收入166.88亿元，同比增长56.47%，占全国总保费收入的2.37%，同比提高0.48个百分点。全国保险经纪机构全年盈利22053.07万元。

保险经纪公司在我国保险市场上发挥了重要作用：一是有力地维护了被保险人的利益，保险经纪公司利用其专业知识和专业能力帮助保险消费者提高与保险公司的谈判能力，使被保险人在保险交易中获得更充分的保险保障、更合理的保险价格和更周到的保险服务；二是直接推动了我国保险业的产品创新和服务创新，完善了保险市场竞争机制；三是大力提升了全社会的风险管理意识和水平。

虽然我国保险经纪业总体规模较小，专业水平还比较低，风险管理咨询职能还没有得到充分体现，创新意识和能力还存在不足。但是随着经济社会发展，各个领域暴露出的风险越来越多，社会对风险管理的需求也越来越多；而且通过推进市场化改革，政府和社会越来越借助保险这样一种市场手段来进行风险管理，而保险经纪人作为风险管理顾问，能够在整个风险管理中发挥重要作用。因此，我国保险经纪业发展前景广阔，保险经纪业可以发展成为全社会的风险管理顾问。

《钢铁企业风险与风险管理》是国内第一部由保险经纪公司编写的关于钢铁行业风险管理的著作。中汇国际保险经纪股份有限公司发挥专业优势，在总结对多家钢铁企业提供风险管理及保险经纪服务的实践经验的基础上，全面、专业地对钢铁行业的风险进行了识别、分析、评价，不仅对钢铁企业常见的保险险种进行了介绍，还结合典型案例对钢铁企业投保进行了具体指导并提出了风险管理的专家建议。可以说，本书的出版对钢铁企业运用保险机制、提升风险管理水平具有积极意义，也是经纪公司发挥行业风险管理专业顾问职能的体现。

中国保险监督管理委员会原主席助理 陈文辉

序言三

我国钢产量自1996年突破亿吨后，到2014年已超过8亿吨，一直居世界首位，目前，约占世界钢产量的50%。钢铁工业作为国家经济发展的重要基础产业，在我国工业现代化进程中发挥了不可替代的作用。当前，我国的工业化、城镇化、信息化、农业现代化呈现不断加快的趋势，钢铁工业是推动我国国民经济又好又快发展的一个支柱产业。在钢铁工业快速发展的同时，钢铁行业的安全生产近年来不断创新和发展，尤其是大中型钢铁企业起到了表率作用。

然而，我国与欧美等发达国家相比在安全理念、重视程度、社会法制建设、执行法规的意识、安全管理体系和水平、技术装备和安全保障设施等许多方面，还存在一定差距。随着企业规模的扩大和产能的快速增长，一些钢铁企业在安全设备、技术和管理中的投入明显低于企业在生产中的投入。我国的钢铁企业先进产能和落后产能、先进装备和落后装备并存，从趋势上看正朝着装备大型化、连续化、自动化、现代化方向发展，这就为高效生产、提高装备可靠性创造了条件，但同时也存在一旦事故发生影响大、损失大、处理难度大的问题。

钢铁企业要认真贯彻“安全第一、预防为主、综合治理”的安全生产方针，认真落实《国家突发公共事件总体应急预案》、《国务院关于全面加强应急管理工作的意见》和国家《安全生产“十一五”规划》等文件的精神，真正实现企业生产组织的科学化、制度化、规范化管理，保证生产稳定运行。

企业安全工作是一个系统工程，不仅是安全生产，还有经营安全、投资安全、金融安全、资产安全等多方面，要从安全管理的大视野，全面加强企业风险管理。《钢铁企业风险与风险管理》一书，系统、全面地分析了钢铁企业生产经营活动中所面临的各种风险，结合近年来钢铁企业发生的典型事故案例，阐述了钢铁企业的现代安全管理理念和引入保险有效规避风险的思路。该书有较强的针对性和可操作性，对钢铁企业的安全生产和风险管理具有一定的指导意义。

中国钢铁工业协会原常务副秘书长 戚向东

第2版　前言

《钢铁企业风险与风险管理》一书是中汇国际保险经纪股份有限公司编写的风险管理系列丛书之一，是国内较早系统论述钢铁企业风险与风险管理并将之与保险相结合的书籍之一，自2008年12月出版以来，在钢铁行业和保险行业内产生了良好的反响，得到了钢铁企业和保险企业的好评。

时至今日，距第1版已过去近七年的时间。在这段时间内，钢铁行业和保险行业均经历了巨大的发展变化，书中所引用的部分数据已经相对过时，引用的相关国家标准、行业标准和法律法规部分已经更新。

为适应钢铁行业和保险行业的实际发展，也为了全面提高本书的质量，我们对全书进行了修订。除了订正原书的疏漏之外，还更新了相关数据及行业文件，充实了本书的内容。本次具体的修订工作，主要有以下几个方面：

（1）基本保持原书的体系、结构不变，部分章节做了适当补充调整。

（2）涉及的相关行业数据予以更新。

（3）涉及的相关法律法规的变化予以更新，由于法律法规的变化对相应内容引起的影响予以调整。

（4）涉及的相关行业分析、政策文件、国家标准、行业标准予以更新。

我们本着对读者负责和精益求精的精神，对原书通篇进行了缜密细致的思考、研究，力求防止瑕疵，但由于水平所限，书中难免还会出现缺点和疏漏，敬请读者批评指正。同时借此机会，向广大读者，向给予我们关心、鼓励和帮助的钢铁行业客户、保险行业同行、专家学者致以由衷的感谢！

编　者

2015年8月

第 1 版　前言

风险是随着经济、技术的发展不断产生，又不断变化的。2004 年底东南亚海啸夺去了 20 多万人的生命；2005 年美国“卡特里娜”飓风对新奥尔良市造成了 1250 亿美元的经济损失。近年来中国的经济发展一直保持着高速发展的态势，经济建设取得了令人瞩目的成就。但经济高速发展的同时，各种风险事件也时有发生，而且呈现出增加的态势，中国社会目前已处于风险高发期。2008 年中国四川汶川发生了大地震，无数家庭、企业遭遇灭顶之灾，仅中央企业损失就超过 300 亿元。人类在数不清的自然灾害中遭受着巨大的物质损失。不仅如此，一些涉及公共卫生、安全生产的突发事件，以及新材料、新技术、新工艺的使用而产生的新风险等，使得整个社会、企业面临的风险复杂、多样，且无处不在。政府、企业如何保持长盛不衰，避免不必要的失败与损失，已经成为管理者必须郑重考虑的问题。

2006 年 6 月 15 日，国务院下发的《国务院关于保险业改革发展的若干意见》（国发［2006］23 号）中特别提出，要“发挥保险中介机构在承保理赔、风险管理和产品开发方面的积极作用，提供更加专业和便捷的保险服务。”随后，中国保监会又专门下发了《关于保险中介市场发展的若干意见》（保监发〔2007〕107 号），明确提出“要充分发挥保险经纪机构的专业优势，发挥保险经纪机构在高风险领域、高科技保险、重大项目保险的承保和理赔方面的积极作用。”正是在国家政策的指引下，中汇国际保险经纪股份有限公司已经成功地为我国几十家大型钢铁企业提供了风险管理、保险安排、保险培训、协助索赔等服务，积累了一定的经验，对钢铁企业的纯粹风险有了深刻的认识，并在钢铁行业的风险管控领域形成了独特的优势。

钢铁企业作为典型的“资产高度集中、产业链长、生产工艺复杂、上下游企业关联度高、潜在的风险因素种类繁多且相互交错”的行业，风险管理的任务十分艰巨。实际工作中我们感受到，钢铁企业的领导者及安全管理人员一直希望能了解本行业各个环节的风险点，财务人员也迫切需要对企业常见的保险险种有所了解，保险公司的核保、核赔人员，保险公估公司乃至保险经纪同行也渴望能有一本系统地介绍钢铁行业背景、工艺流程、安全管理、保险管理方面的书籍。正是基于这样的需求，也为了将中汇国际的行业经验贡献给社会，我们组织编写了本书。

本书具有以下特点：

（1）实用性。考虑到钢铁行业的工艺复杂，风险点众多，专业性强，全书紧紧围绕各个工艺环节的主要工艺、主要设备及主要风险点进行介绍，其间结合典型事故案例进行说明，力图使普通的读者都能读懂，并对钢铁企业的工艺、设备及风险有总体的认识。本书适于保险经纪公司从业人员、保险公司核保核赔人员、保险公估师、钢铁企业管理人员、钢铁企业保险采购人员、大中专院校风险管理与保险专业师生阅读。

（2）全面性。本书对钢铁企业的原料系统、高炉炼铁系统、炼钢系统、铸钢系统、轧钢系统、给排水、空分系统、内部运输、外部运输、新建和改扩建工程等进行了全面分析和介绍，对各个环节的风险作了详细分析，并对风险管控的要点进行了提示和说明。本书不仅仅关注纯粹风险的管控和识别，还对应急预案的管理，国内优秀企业的先进管理经验进行了介绍，对纯粹风险如何利用保险转移也进行了说明。本书对风险的识别、风险的防范和管理，以及风险的有效转移都进行了系统的阐述。

（3）创新性。本书是一部全面介绍钢铁企业纯粹风险和风险管理的著作，书中介绍了根据对全国数百家大型企业客户经验总结出的企业投保常见的20个误区。书中许多关于保险理赔的观点和建议曾在《中国保险报》、《中国保险》、《上海保险》等全国性报纸和核心期刊上发表过，在业内具有一定影响。由于纯粹风险具有许多共性，本书不仅仅对钢铁企业的保险采购具有借鉴意义，对其他企业的管理人员同样具有重要参考价值。

本书在编写过程中，得到了有关部门及同行业专家的大力指导和协助，特别是国家安全生产监督管理总局副局长孙华山、中国保险监督管理委员会主席助理陈文辉、中国钢铁工业协会常务副秘书长戚向东亲自为本书作序，重庆科技学院雷亚副校长、朱光俊教授、梁中渝教授、任正德副教授、万新副教授、杨治立副教授、周书才副教授等专家、学者为本书提供了许多重要资料，在此表示诚挚的感谢。本书编写中，参阅了许多文献资料，特此向有关作者致谢。

由于对行业风险进行系统阐述是一个全新的尝试，书中存在偏差和疏漏之处，恳请广大读者指正，我们的联系方式：

网址：http：//www. chinazhonghui. net

E-mail：book@ chinazhonghui. net 或 book@ zhonghuiguoji. com

编　者

2008年9月

目　录

第一篇　我国钢铁行业的发展概述

第二篇　钢铁企业的纯粹风险

第三篇　钢铁企业的主要生产工艺流程、设备及工程风险

第四篇　保险在钢铁企业中的应用

第五篇 钢铁企业的安全管理制度及应急预案

第六篇 钢铁企业典型事故案例分析

第一篇

我国钢铁行业的发展概述

第一章　我国钢铁行业发展现状分析

第一节　我国钢铁行业的发展历程

钢铁产业是国民经济的重要基础产业，是实现工业化的支撑产业，是技术、资金、资源、能源密集型产业。作为原材料工业，钢铁产业在国民经济中占有不可替代的地位。在过去的100多年中，钢铁工业得到了飞速的发展，无论在产值、产品结构，还是工业技术方面都有了前所未有的提高。

新中国成立60多年来，我国的钢铁工业取得了巨大的成就。1949年我国钢铁产量仅有15.8万吨，居世界第26位，不到当时世界钢铁年总产量1.6亿吨的0.1%。在三年经济恢复时期和以后的几个五年计划期间，我国钢铁工业在困境中顽强地前进。到1978年，我国钢产量达到3178万吨，居世界第五位，占当年世界钢铁产量的4.42%。1979年以后，我国逐步走上了改革开放和建设社会主义经济的道路，钢铁工业取得了长足发展，已成为世界上最大的钢铁生产和消费国，新建了宝钢、天津钢管等大型现代化钢铁企业。通过对老企业挖潜改造，钢产量以每年400万~500万吨的速度快速增长。20世纪90年代以来，中国钢铁工业飞速发展，钢产量从1990年的6535万吨，以每年600万~700万吨的速度大幅度增长。1996年钢产量首次突破1亿吨，跃居为世界第一产钢大国。此后，钢铁工业更是步入快车道，钢产量一直稳居世界首位。表1-1列出了1949~2014年主要年份我国粗钢产量。

表1-1　1949~2014年主要年份我国粗钢产量

年　份	钢产量/万吨	年　份	钢产量/万吨
1949	15.8	2004	28291
1978	3178	2005	35324
1990	6535	2006	42266
1996	10124	2007	48966
1997	10891	2008	50049
1998	11459	2009	56784
1999	12395	2010	62665
2000	12850	2011	68327
2001	15103	2012	71716
2002	18237	2013	77904
2003	22234	2014	82270

第二节　我国钢铁行业现状

一、我国钢铁行业发展特征

目前，我国钢铁工业经过多年的建设与发展已经形成了完整的工业体系。在经历了以数量扩张为主的发展时期后，我国钢铁工业已进入了加速结构调整、全面提高竞争力为主的阶段。我国钢铁行业目前的主要发展特征有以下几个方面。

（一）钢铁工业发展较快

自1996年我国钢产量首次位居世界首位以来，我国钢铁产量一直稳居世界第一位。国产产品国内、国际市场占有率明显提高，品种开发也取得了较大成果，高技术含量、高附加值品种钢材产量大幅度增长。国民经济各部门和国防建设急需的一些钢材品种，如铁道用材、型材、板材、管材、线材等不但可以满足国内需求，且大量出口国际市场。

2014年，我国向217个国家和地区出口钢材9378.4万吨，其中，向韩国、越南、菲律宾、印度、泰国、印度尼西亚、美国、新加坡、中国台湾、中国香港10个国家和地区出口4730.8万吨，占出口总量的50.4%。我国钢材最大的出口国是韩国，出口量为1296.7万吨，占出口总量的13.8%；其次是越南和菲律宾，出口量分别为662.7万吨和477.9万吨，分别占出口总量的7.1%和5.1%。表1-2列出了2014年我国钢材分国别和地区出口量及占比。

表1-2　2014年我国钢材分国别和地区出口量及占比

序　号	国家和地区	出口量/万吨	占比/%
1	韩　国	1296.7	13.8
2	越　南	662.7	7.1
3	菲律宾	477.9	5.1
4	印　度	379.8	4.0
5	泰　国	369.1	3.9
6	印度尼西亚	340.2	3.6
7	美　国	340.1	3.6
8	新加坡	321.4	3.4
9	中国台湾	282.3	3.0
10	中国香港	260.5	2.8
11	其　他	4647.6	49.6
合　计		9378.4	100.0

（二）工艺结构逐步改善

我国钢铁行业技术装备水平逐步提高，陈旧的设备和落后的工艺被逐步淘汰。通过对鞍山钢铁集团公司、武汉钢铁（集团）公司、包头钢铁（集团）有限责任公司、马钢（集团）控股有限公司、太原钢铁（集团）有限公司、攀枝花钢铁（集团）公司、东北特殊钢集团有限责任公司、河北钢铁集团、山东钢铁集团有限公司等一批大型企业的技术改造，使之建成了一批现代化生产线，行业整体技术装备水平得到了明显提高，淘汰了一大批落后的工艺装备。全行业基本淘汰平炉，通过喷煤、连铸和连轧等重点技术的改造，主要技术经济指标达到或超过了历史最好水平，有的已接近国际先进水平。

（三）企业组织结构改善，生产集中度逐步提高

经过多年的努力，我国钢铁企业数量多、规模小、效益差的状况有所改变，行业生产集中度逐步提高。近年来，宝钢先后对新疆八钢、宁波钢铁、韶钢等企业实施了重组，武

钢对昆钢、柳钢等重组，鞍钢对攀钢重组；另外，首钢的主要钢铁产能搬出北京后，对长治钢铁、通钢、水钢等钢铁企业也实施了重组；唐钢集团和邯钢联合为河北钢铁集团；济钢、莱钢和山东冶金重组为山东钢铁集团；天津四家钢铁企业重组为渤海钢铁集团。重组后的企业实行了规范化的股份制改造，增强了企业发展后劲。企业兼并重组步伐加快，产业集中度得到了进一步的提高。

二、我国钢铁行业目前存在的问题

随着中国经济过去30年的高速增长，我国钢铁工业取得了长足的发展，钢材产量和产能连续十几年位列世界首位。而当前，我国经济增长逐渐由高速增长进入了“中高速”增长的新常态，发展方式从规模速度型粗放增长转向质量效率型集约增长，经济结构从增量扩能为主转向调整存量、做优增量并存的深度调整，发展动力从传统增长点向新的增长点转变。钢铁行业也进入了以“低增长、低价格、低效益、高压力”为主要特点的行业发展新常态。主要表现在以下几个方面。

（一）产能过剩严重，行业销售利润低

近年中国钢铁工业快速发展，已连续多年占据全球钢铁第一大生产和消费国位置，且与世界钢铁工业发展联系日益紧密。但是由于过度追求规模发展，以及近两年需求增速放缓，导致钢铁产能严重过剩，钢铁企业大面积亏损，钢铁行业进入前所未有的“寒冬”。目前中国粗钢产能11.48亿吨，按2014年粗钢产量8.23亿吨计算，产能利用率71%左右。

而由于产能过剩，以及企业数量众多，钢材价格始终处于低位。2014年钢材价格总体上呈波动下行走势，截至2014年末，钢材综合指数83.76点，与年初相比下降15.38点，是自2002年8月末以来的最低水平。同时，由于市场需求恢复缓慢，致使企业间的竞争进一步加剧，铁矿石、煤炭价格下降所带来的原料成本优势并没有明显的转化为产品竞争优势。

从2001~2014年我国重点大中型钢铁企业销售利润率的变化情况看，2001年为4.3%，2002年为5.1%，2003年为7.1%，2004年为8.0%，2005年为6.2%，2006年为6.7%，2007年为7.7%，2008年为3.4%，2009年为2.5%，2010年为3.0%，2011年为2.6%，2012年为0.05%，2013年为0.59%，2014年为0.85%。而2014年全行业销售利润率只有0.74%，在整个工业行业中仍处于垫底位置。

（二）企业财务状况未有效改善，融资困难问题突出

2014年，重点大中型钢铁企业资产负债率为68.3%，同比下降0.8个百分点，但与行业效益最好的2007年相比仍高出11个百分点。同时，由于环保和化解产能过剩的压力，银行开始严控钢铁企业的信贷审批和授信规模，银行普遍提高了钢铁行业贷款利率，2014年重点大中型钢铁企业财务费用共计938.3亿元，同比增长20.6%，是企业实现利润的3倍多。特别是有些银行采取“一刀切”做法，不断抽贷、压贷，使企业资金十分紧张，一些企业甚至面临经营风险。同时，开发商、建筑商、代理商都面临着资金紧张的问题，钢贸流通行业经营困难，钢铁产业链受到较大冲击。

（三）产业集中度降低，同质化竞争加剧

近年来随着钢铁行业进入低速发展态势，又受到市场需求下降、效益下滑，以及企业

资金紧张等因素影响，企业兼并重组意愿下降，产业集中度呈现下降态势。2014 年，我国粗钢产量达到 1000 万吨以上的钢铁企业增加到 21 家，比 2013 年增加了两家。2014 年，1000 万吨以上的企业集团产量比重达到了 52.7%，较 2013 年降低了 1.1 个百分点。2014 年我国排名前 4 位的钢铁企业集团集中度为 19.4%，较 2013 年下降了 1.7 个百分点；2014 年我国排名前 10 位的钢铁企业集中度为 36.6%，与 2013 年相比下降了近 2.8 个百分点。大型钢铁企业精品板材项目多为汽车板、电工钢等高端产品，已出现过剩迹象，低牌号取向电工钢、无取向电工钢及普通质量汽车板市场压力进一步加大，高端产品同质化竞争日趋加剧。

（四）出口产品大幅增加，贸易摩擦冲突加剧

2014 年，我国出口钢材占全球钢铁贸易量的 32.2%，创历史最高水平，全年出口钢材 9378 万吨，较 2013 年的 6233 万吨增长 50.5%，其中含硼钢出口占钢材出口总量的比例超过 50%，大规模低附加值产品出口导致贸易摩擦明显增多，2014 年多个国家对我国钢材产品采取贸易保护措施。2014 年国外对我国钢铁企业发起的贸易救济措施调查达到 40 起，且发起调查国家除原有的欧美发达国家，又增加了亚洲、非洲、拉美发展中国家，范围逐步扩大。

（五）公平市场环境尚未形成，加大正规企业经营压力

十八届三中全会提出了使市场配置资源起决定性作用，但目前受到地方保护、体制机制不健全等因素影响，存在环境执法标准尺度不一、打击假冒伪劣产品效果不明显、反不正当竞争缺乏监督落实等问题。特别是受行业不景气影响，部分中小企业采取生产地条钢、无票销售等违法违规手段获取市场份额和利润，严重扰乱了市场公平竞争环境，不仅挤压了正规经营企业市场空间，也为落后产能提供了生存空间，不利于行业健康发展。

第二章 我国钢铁行业发展趋势及展望

第一节 我国钢铁行业未来发展面临的挑战

中国经济由高速增长转为中高速增长和转变经济发展方式，中国经济呈现出新常态，有几个主要特点：一是从高速增长转为中高速增长；二是经济结构不断优化升级，第三产业消费需求逐步成为主体，城乡区域差距逐步缩小，居民收入占比上升，发展成果惠及更广大民众；三是从要素驱动、投资驱动转向创新驱动。新常态将给中国带来新的发展机遇，也决定了中国钢铁行业必然要进入发展的新阶段，面临新的挑战。

我国经济发展进入新阶段除了经济增速变化外，由于结构调整固定资产投资增速显著回落（含房地产投资）和机电产品出口增速显著回落，主要用钢量大的造船业、集装箱制造业、煤炭工业、石化工业、火力发电装机、铁路、公路、港口建设以及房屋建筑年度新开工面积等的年度消费钢铁的高峰期已过，使得我国钢铁的国内消费已达到或接近峰值区。2014 前 3 季度，我国粗钢累计产量同比增加 1412 万吨，净出口钢材折合成粗钢量同比增加 1924 万吨，粗钢表观消费量同比减少 511 万吨，这是我国已经进入或接近进入粗钢消费总量峰值区的明显信号。

中国经济进入了由高速增长转为中高速增长，经济结构不断优化升级，第三产业、消费需求逐步成为主体，经济发展从要素驱动、投资驱动转向创新驱动的发展新阶段，决定了中国钢铁行业也必须进入由钢铁产能和产量不断增长转为钢铁生产总量趋于稳定，基本不再增长，产能不再增加，过剩产能逐步化解，企业组织结构、产品结构不断优化升级，发展从要素驱动、投资驱动转向创新驱动绿色发展的新阶段。

一、产能严重过剩，产量供大于求，产品价格全球最低

（一）产能严重过剩

根据国家统计局统计及按照工业和信息化部《钢铁行业规范条件》申报的 353 家独立法人企业钢铁产能汇总，国家发展改革委清理整顿钢铁建设项目各省区市上报资料汇总及钢铁工业协会有关调研情况，至 2013 年底，我国粗钢年产能约为 11.06 亿～11.9 亿吨。

《中国钢铁工业协会 2013 年统计年报》显示，会员钢铁企业合计粗钢生产能力 8.43 亿吨，当年实际产钢量 6.64 亿吨，产能利用率 78.75%。其中，国有企业产能 4.87 亿吨，产量 3.94 亿吨，产能利用率为 80.87%。民营企业产能 3.56 亿吨，产量 2.6965 亿吨，产能利用率为 75.85%。

（二）产量供大于求情况严重

2014 年 1～9 月，中钢协会员企业钢产量合计同比增加 1031 万吨，钢材产量减少 706 万吨，不完全统计的钢坯库存比年初增加 121 万吨，钢材库存由年初的 1241 万吨上升到 1459 万吨，增加 218 万吨，增长 17.56%，不完全统计的会员企业产成品占用资金比上年同期增加 79.52 亿元，增长 4.4%。

（三）钢材价格全球最低

中国和国际钢材价格指数均以1994年4月底价格为100，2014年9月底中国钢材综合价格指数为86.35，CRU（英国商品研究所发布的）国际钢材综合价格指数为156.8，CRU亚洲指数为149.2，北美指数为178.9，欧洲指数为153.8。

以螺纹钢筋为例，2014年9月底价格比较，中国（含税价）3203元人民币约合521美元/吨，美国中西部地区（不含税价）753美元/吨，欧盟出口价590美元/吨。

参加中钢协钢材结算价格监测系统的会员企业（产钢量约占会员总产量的80%左右）统计的平均销售结算价格（不含税）变化为：2011年全年平均销售结算价格为4468元/吨，2012年降为3750元/吨，2013年降为3442元/吨，2014年平均降为3150元/吨，这其中包括了产品结构优化的成果在内。可以看出2014年月平均结算价格已比2011年全年平均结算价格下降了1318元/吨，下降了29.5%，销售收入利润率从2011年的2.42%，降到2014年的0.74%。

二、国有企业资产负债率过高，企业债务负担沉重

2013年中钢协会员企业（不含宝钢、日照、海鑫）平均资产负债率72.28%。资产负债率大于90%的独立核算法人企业合计产钢超过3000万吨；资产负债率在80%～90%的合计产钢7700多万吨；资产负债率在75%～80%的合计产钢9920多万吨；资产负债率大于80%的合计产钢1.07亿吨；资产负债率大于75%的合计产钢2.06亿吨；中央国企（含国有控股）总资产11690.33亿元，资产负债率57.76%（因宝钢集团资产负债率只有47.28%）。地方国企（含国有控股）总资产22337.33亿元，资产负债率74.83%。中钢协会员中的民营企业（含民营控股）总资产9228.93亿元，资产负债率67.80%。国有（含国有控股）钢铁企业2013年末向银行借款余额11084.06亿元，占会员企业向银行借款总额13175.47亿元的84.10%，而产钢量只占会员总产量的62.5%，中钢协会员中的民营（含民营控股）钢铁企业向银行借款余额2094.42亿元，只占会员企业向银行借款总额的15.90%，产钢量却占会员总产量的37.5%。

三、产业集中度低

2013年产钢量排前5名企业集团即河北钢铁集团4578.64万吨，宝钢集团4503.58万吨、武钢集团3931.08万吨、沙钢集团3508.05万吨、鞍钢集团3368.68万吨，合计产钢19890.03万吨，占全国产钢量8.22亿吨的24.2%，加上排名第6～10位的首钢集团3152.33万吨、山东钢铁集团2279.34万吨、天津渤海钢铁集团1932.64万吨、马钢集团1879.41万吨和本钢集团1682.59万吨，前10名合计产钢30816.38万吨，也只占全国钢产量的37.49%。

四、钢铁行业基本上失去了在股市的融资能力

按照申银万国证券公司对上市公司行业板块的划分，钢铁板块包括33家上市公司（其中有钢铁冶炼的29家）2014年6月30日总市值3390.21亿元，净资产合计4710.37亿元，股票价格平均低于净资产，市净率只有0.72，其中22家（包括业绩较好的宝钢股份）钢铁上市公司股价跌破净资产，说明股市不看好钢铁行业。如果钢铁行业自身的问题

不解决（产能严重过剩，产品价格下行，微利状况不改变），钢铁行业的大环境不改善，钢铁企业想从股市融资实现产权多元化，增强企业活力是很难实现的。

五、市场公平竞争、优胜劣汰的局面还没有形成

政府对企业投资和经营干预过多，依法征税不严、不公，环境违法惩罚不力，对假冒伪劣产品打击不力，反不正当竞争法缺乏监督落实，市场对资源配置起决定性作用的局面在钢铁行业还远没有形成。

六、科技创新能力不强

主要是产业集中度低，科技力量分散，以企业为主体的科技创新体系还没有真正建立起来，钢铁行业的技术市场还不成熟，科技成果商品化、产业化还仅仅处于起始阶段，科技创新人才还没有流动起来。

七、铁矿山税费负担过高

我国铁矿山企业由于天然原矿含铁品位低，只及澳大利亚、巴西等国原矿品位的一半左右。我国铁矿山露天开采剥岩量大，采矿选矿成本均大大高于国外矿，而税费负担却是国外铁矿山的两倍以上。澳大利亚和巴西铁矿 2014 年以来产能过剩，价格已下降 40%，我国铁矿山企业亟待挽救。

第二节　我国钢铁行业发展趋势

作为工业化进程中最重要的支柱产业之一，我国钢铁行业无论是产品结构，工业布局，还是经济效益，在调整中都取得了快速发展和提高。随着世界经济形势以及钢铁工业发展的不断变化，我国未来钢铁工业的发展趋势日益受到高度关注。根据我国钢铁行业发展的现状、未来发展面临的挑战和机遇以及国家的产业政策，钢铁行业今后发展重点将集中在技术创新和结构调整两个方面。通过提高钢铁工业整体技术水平，推进结构调整，改善产业布局，发展循环经济，降低物耗能耗，重视环境保护，提高企业综合竞争力，实现产业升级。

我国钢铁行业未来发展主要有以下几方面趋势。

一、适应循环经济发展需要

我国钢铁产业过去以粗放型增长模式为主，在发展经济的同时忽略了对生态环境的保护，造成能源、矿产资源的大量浪费，生态环境日趋恶劣。若想实现钢铁产业的可持续发展目标，必须改变错误的管理模式，遵循“循环经济”发展原则，树立节能减排理念，充分挖掘能源、水资源等应用潜力，以最低的消耗获取最大利润，实现资源合理化分配，通过实施清洁生产技术，减少废料、废物的排放，杜绝由钢铁生产带来的环境污染问题，实现良性发展。

钢铁产业属于依赖于资源的资源密集型产业，使用的原材料也以粉状、块状的黑色金属和非金属矿物为主，其特点是所需的生产规模较大，生产工艺和加工工艺比较复杂，包

括铁矿石的开采和金属的冶炼和相关冶金产品的加工等。钢铁产业所排放的废气主要包括以下三大类：第一类是生产过程中所排放的废气，主要以二氧化硫和钢材冶炼所伴随的烟尘和其他一些有害的气体为主；第二类是煤和煤气等燃料在燃烧过程中所产生的二氧化硫和未燃烧尽的含尘颗粒；第三类是原材料和燃料在运输以及搬运过程中所产生的粉尘。

从当前的角度来看，我国在钢铁产业大气污染问题的治理方面还存在很多的漏洞。不管是生产钢铁所需的原材料、燃料还是成品钢铁，物流都是和钢铁产业紧紧相关的一部分，物流所需的轮船、卡车等运输工具都会在运输过程中产生粉尘和尾气，而这又会对我们所生活的环境造成很大的影响。一些路况不好的道路更会造成物流的运输困难，导致对环境的污染更加严重。除了在制造钢铁和运输方面急需改善，在烧结脱硫这一问题方面也要加大重视。

另外，我国目前的钢铁产业内还是存在一些缺少良好环保意识的钢铁企业，这些企业在设施建设和对环境治理方面都很欠缺，一味地追求利益最大化，导致人们的生活环境成为了他们在追求利润道路上的牺牲品。

2015 年 1 月 1 日，修改后的《中华人民共和国环境保护法》正式实施，其对待环境污染这一问题的态度更加强硬，加大了对环境污染的惩罚力度。这从政策上使得钢铁企业适应循环经济的发展成为一种趋势。

二、加速产业结构调整，逐步实现产业集中，不断化解产能过剩

随着经济飞速发展，我国不断加强钢铁产业的政策实施力度，降低低端钢铁产品的研发和生产。我国钢铁产业不断飞速发展，但是在产业集中上面难以实现高度集中，高度集中的规模优势无法实现，我国钢铁产业节能减排、消减落后技术的政策落实在我国国有企业中比较完善和规范，和国有企业相比，一些中小型钢铁企业对于相关政策落实力度不够，监管力度也不够，为了保持地方经济的增长，降低产业进入门槛，又由于民营中小企业在经营上的种种优势，始终保持产量的高居不下。在保持产量的同时更要保持市场监管的力度，如果质量问题一直存在，市场会一直存在低迷状态。因此，必须通过加强对市场的管理才能使竞争秩序规范化，从而使真正有竞争力的企业利益得到保障，各方面的优势得以发挥。

经过多年高速发展，我国钢铁行业的黄金时代已经过去，以往不断扩大产量的发展模式对推动钢铁业发展虽然起到了重要作用，但这样发展的后果就是如今行业整体的产能过剩，钢铁企业陷入了长期的困境。为切实做好淘汰落后产能的相关工作，加快产能过剩行业的转型升级，使之尽快走上健康运行轨道，国务院于 2013 年 10 月印发了《关于化解产能严重过剩矛盾的指导意见》（以下简称《意见》）。《意见》阐述了由于国际金融危机的影响，国际市场需求低迷，同时国内需求增速趋缓，国内传统制造业产能普遍过剩，钢铁行业尤为突出。到 2012 年底，我国钢铁业产能利用率仅为 72%，明显低于国际正常水平，由于过高的供给压力导致钢铁企业利润大幅缩水甚至亏损。《意见》明确了通过未来 5 年的努力，使钢铁等行业产能总量与环境承载力、市场需求、资源保障相适应，空间布局与区域经济发展相协调，产能利用率达到合理水平。我国钢铁行业将从政府层面着手，通过职能转变来解决产能过剩矛盾，盲目上马钢铁项目的现象有望得到遏制。我国大部分小型钢厂往往难以进入监管范围，这也是造成违规项目屡禁不止的主要原因，而通过企业兼并

重组，由大型钢企合并小型钢企进而形成企业集团，不仅降低了管理难度，而且可以有效地防止钢铁产能盲目建设，最终使淘汰产能的目标得以顺利实现。《意见》中详细给出了淘汰工作所要达到的相关任务目标，包括“遏制产能扩张”、“优化产业结构”等八个主要任务，从遏制、清理、淘汰落后产能到优化产业结构、扩大对外发展空间、加强创新动力等多个方面，可以发现各个任务目标均针对产能过剩行业的现状及特点，比较全面地阐述了产能过剩行业的未来发展任务，使相关企业有据可循。

我国钢铁产业实现结构调整、推动产业重组，已成为必然趋势。一方面，为了更好地应对国际市场竞争，采取“走出去”战略。但这一过程中也要意识到，如果我国钢铁企业想在发展中国家大面积开矿或者本地建厂，必然面对激烈的国际资本竞争格局，仅依靠个别较大的钢铁企业，很难改变我国铁矿石的市场格局；针对这一情况，必须加快产业链的建设，制定科学、完整的对外经济发展策略，实现国际化经营；另一方面，钢铁企业应注重协调并研究国际战略，结合行业发展实际情况、行业生产特征等，制定发展战略，例如，通过组建具备技术优势、团队优势的企业集团，实现模式创新，确保我国在国际化经营与竞争中占有一席之地。

三、推动技术创新

近些年来，我国钢铁产业在技术创新方面虽然得到了一些提高，但和发达的工业国家相比，自主创新能力仍有不小的差距。

2011 年我国工业增加值达到 18.86 万亿元，占我国 GDP 的 40%，能源资源消耗约占全社会的 70% 以上。汽车、船舶、机床、发电设备、工程机械等 220 种主要工业产品产量居世界第一，我国已经超越美国成为世界第一制造业大国。其中钢铁产品生产量和消费量已连续 16 年位居世界第一。虽然我国粗钢的年产量达到惊人的 8.22 亿吨，几乎相当于全世界粗钢产量的一半，但是我国消耗了如此多的钢材所产生的经济产量仅仅占全世界的 9.6%。在同质化和产能过剩问题如此严重的今天，我国的钢铁产业必须转变思路，提高钢铁产品的生产工艺和生产技术，由之前重质量、重数量的生产模式，向要求高质量、高效益的发展模式转变。

钢铁企业必须在未来的发展中加大技术升级的力度，通过技术升级、新产品研发、生产流程等改进优化钢铁企业产品结构，扩大高端产品在国内外市场中的份额。要把主要的人力、物力、财力投入到高端产品的研发和生产中，大力提高研发投入在企业产值中的比重。把引进国外先进生产技术与自主创新结合起来，打造属于企业自身的自主创新能力，逐渐摆脱对国外技术的依赖，形成自己的特色。同时，钢铁企业应当积极推动产品升级，提升钢铁产品质量和性能，大力发展高端机械装备用钢，降低生产成本。通过钢铁企业生产工艺流程和技术的不断优化，提高企业综合利用资源的效率，提升企业新产品、新材料的开发和生产能力。

从目前的政策和发展战略来看，政府正逐渐加大对钢铁企业技术改造与研发的支持力度，对采用新工艺、新技术、新装备的企业给予鼓励与支持。

第二篇

钢铁企业的纯粹风险

第一章 风险与风险管理

第一节 风 险

一、风险的概念

“风险”一词译自英文单词“risk”。“risk”一词于17世纪中期出现在“英文世界”(Flanagan and Norman，1993)里。它源自法文“risque”，意指航行于危崖间；而法文“risque”，又源自于意大利文“risicare”，意思是胆敢；而意大利文“risicare”又来自希腊文“risk”。

“天有不测风云，人有旦夕祸福”，古往今来在人类所从事的任何经济活动中风险都是贯穿始终的。关于风险的定义，迄今仍没有统一的说法。有的认为风险是损害或损失的机会或可能性；有的认为是“在给定情况下和特定时间内，那些可能发生的结果间的差异”；也有的将风险定义为“风险即损失的不确定性”。无论如何定义，其基本的核心含义是“未来结果的不确定性或损失”。这种不确定性，包括损失发生与否不确定、发生的时间不确定、损失的程度不确定三层含义。不确定性意味着预期结果与实际结果可能存在差异。据此，风险的大小决定于风险事故发生的概率（可能性）及其造成后果的程度（严重度）。

二、风险的基本要素

风险由风险因素、风险事故和损失三个要素构成。它们共同作用，决定风险的存在、发生与发展。

（一）风险因素

风险因素指足以引起或增加风险事故发生可能的条件，也包括风险事故发生时，致使损失扩大的条件。它是风险事故发生的潜在原因，是造成损失的内在或间接原因。

根据性质的不同，风险因素可分为实质性风险因素、道德风险因素和心理风险因素。

实质性风险因素是指有形的并能直接影响事故物理功能的因素。换言之，它指某一标的本身所具有的足以引起或增加损失机会和加重损失程度的客观原因和条件。如汽车刹车系统失灵引起的交通事故。对实质性风险因素，人们有时在一定条件和程度下可以控制，有时却无能为力。

道德风险因素是指与人的品行修养有关的无形因素，即指由于个人的不诚实、不正直或不轨企图，故意促使风险事故发生，以致引起社会财富损毁和人身伤亡的原因或条件，如诈骗、纵火等，都属于道德风险因素。

心理风险因素是指与人心理状态有关的无形因素，与人们的不注意、不关心、侥幸或者存在的依赖心理有关，以至于增加风险事故发生的机会和加大损失的严重性程度的因素，如外出忘记锁门引发的室内被盗事件、电线陈旧不及时更换引起的火灾事故等，都属于心理风险因素。

（二）风险事故

风险事故是指造成生命财产损失的偶发事件，是直接引起损失后果的意外事件，即损失的直接或外在原因。风险只有通过风险事故的发生才能导致损失。风险事故发生的原因就是风险因素。风险事故通常以事故形式表现出来，例如火灾、疾病、地震等都是风险事故的表现形式。

（三）损失

损失通常分为直接损失和间接损失两种形态，前者一般指风险事故直接造成的有形或实质损失，一般包括财产损毁或灭失与人身伤害；后者一般指伴随风险事故发生而引起的无形损失，通常包括收入损失、额外费用损失和责任损失。例如一家旅店遭受火灾，烧毁了房屋，这是旅店的直接损失；而因房屋被毁旅店无法正常营业导致的经营收益损失，则是旅店的间接损失。

全面深刻地认识风险，不仅需要对风险本身进行认识，而且还需要与风险因素、风险事故与损失相联系，从不同侧面和相关范畴认识风险。从此意义上讲，风险是风险因素、风险事故与损失的统一体。分析它们之间的关系尤为重要。

风险是客观存在的，其存在性决定了发生损失的可能性。首先，风险与损失之间有密切联系。一方面，风险与损失两者之间没有绝对的必然因果联系，不是所有的风险必然造成损失，风险不一定以损失为果，损失也不完全以风险为因。另一方面，风险程度与损失机会存在一定的相关性，即风险程度越大，损失机会越大；风险程度越小，损失机会越小。其次，风险因素与风险事故具有关联性和相互转化性。表现在：一般而言，风险因素促进风险转化为事故的原因和条件。多数情况下，风险因素可以或可能是造成损失的间接原因，即它就是风险因素；风险因素也可以或可能是造成损失的直接原因，此时风险因素成为风险事故。再次，把握风险、风险因素与风险事故的关系。风险往往是隐蔽的，不易被人们完全把握与掌握的；风险因素是促进风险发生的原因或条件，没有风险因素存在，不论什么条件，风险不可能发生，但是在少数情况下，没有风险因素的促成，风险也可能发生或者发生的时间地点环境与预期不同；风险事故多数情况下是外露的、显性的，常常是人们感受得到、看得见和摸得着的事件或事故。最后，风险与不确定性的关系。风险是客观不确定性，可以测量；不确定性是主观不确定性，可以构建。风险与不确定性存在的关系，两者往往相互交织，难以严格划分，风险充满不确定性，不确定性里面蕴含风险。综上所述，它们之间的关系如图 2-1 所示。

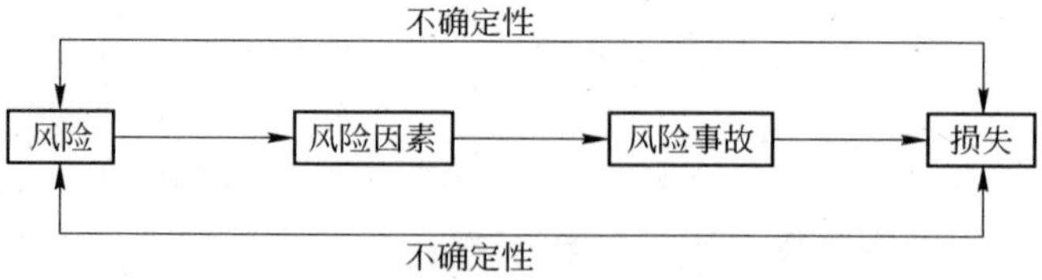

图 2-1　风险、风险因素、风险事故与损失的关系

三、风险的特征

（一）客观性

风险是客观存在的。风险是由客观存在的自然现象和社会现象所引起的，自然界的地

震、洪水、雷电、暴风雨等，是自然界运动的表现形式，甚至可能是自然界自我平衡的必要条件。自然界的这种运动给人类造成生命和财产损失，便形成自然灾害，因而对人类构成风险。自然界的运动是由其运动规律所决定的，而这种规律是独立于人的主观意识之外而存在的。人们只能发现、认识和利用这种规律，而不能改变之。另一方面，战争、冲突、车祸、瘟疫、失误、破产，诸如此类，是受社会发展规律支配的，人们可以认识和掌握这种规律，预防意外事故，减少其损失，但终究不能完全消除之。因此，风险是一种客观存在，不是人的头脑中的主观想象。人们只能在一定的范围内改变风险形成和发展的条件，降低风险事故发生的概率，减少损失程度，不能也不可能彻底消灭全部风险。

（二）普遍性

人类的历史就是与风险相伴的历史。自从人类出现后，就面临着各种各样的风险，如自然灾害、疾病、伤害、战争等。随着科学技术的发展、生产力的提高、社会的进步、人类的进化，又产生新的风险，且风险事故造成的损失越来越大。风险已经渗入到社会、企业、个人生活的方方面面。

（三）偶然性

从全社会看，风险事故的发生是必然的。然而，对特定的个体来说，风险事故的发生是偶然的，这就是风险的偶然性。这种偶然性是由风险事故的随机性决定的：（1）风险事故发生与否不确定。例如就全社会而言，火灾未能消除，这使一切经济单位面临火灾的风险，但具体到某一家庭或企业，火灾是否发生就未必了。（2）风险事故何时发生不确定。例如人总是要死的，但对每一个人而言，什么时候死，一般来说是无法预知的。（3）风险事故将会怎样发生，其损失多大，也是不确定的。例如水灾，我国每年会发生，但就特定的年份而言，水灾发生在哪一地区，财产损失多少，人身伤亡几何，都是不确定的。

（四）可变性

世间万物都处于运动、变化之中，风险更是如此。风险的变化，有量的增减，也有质的改变，还有风险的消亡与产生。风险的变化，主要是由风险因素的变化引起的。

1. 科技进步

随着科学技术水平的提高，人们认识风险、抵御风险的能力增强，不少风险得到有效控制，使风险事故概率降低，风险损失的范围缩小，程度减轻，有些风险甚至被消除。例如，随着船舶及设备的改进和雷达导航技术的采用，远洋运输遭遇海难的风险减小了；又如，随着医疗水平的提高和卫生状况的改善，人们面临疾病和死亡风险大大减小。同时伴随科技进步还会产生新的风险，例如，空难风险、核风险、计算机泄密风险等。

2. 经济体制与结构的转变

例如，经济结构的转变会增加某些人的失业风险，经济的繁荣或经济萧条也会使风险性质发生变化。又如，计划经济体制下，没有股票市场，因而没有炒股票所导致的投机风险，而市场经济体制下则有这种投机风险。

3. 政治与社会结构的改变

政治制度、法律、政策的改变，民情风俗的变化都会使风险发生改变，战争风险，投资风险等都与之有关。

四、风险的分类

对风险进行分类不仅必要而且有助于人们从外延上进一步把握风险，在风险涉足的不同领域中对风险进行研究与分析。可从不同的角度对风险进行分类，常见的风险分类方式有以下几种。

（一）按风险的性质分类

按照性质不同，风险可以分为纯粹风险、投机风险两类。

1. 纯粹风险

纯粹风险是指只有损失可能而无获利机会的风险，即造成损害可能性的风险。其所致结果有两种，即损失和无损失。例如交通事故只有可能给人民的生命财产带来危害，而绝不会有利益可得。在现实生活中，纯粹风险是普遍存在的，如水灾、火灾、疾病、意外事故等都可能导致巨大损害。但是，这种灾害事故何时发生，损害后果多大，往往无法事先确定。在实际生产与生活中，人们更关心的是导致损失的风险，即纯粹风险，也就是狭义上的风险。人们通常所称的“危险”，也是指这种纯粹风险。

2. 投机风险

投机风险是指既可能造成损害，也可能产生收益的风险。其所致结果有 3 种：损失、无损失和盈利。例如，有价证券价格的下跌可使投资者蒙受损失，证券价格不变无损失，但是证券价格的上涨却可使投资者获得利益。还如赌博、市场风险等，这些风险都带有一定的诱惑性，可以促使某些人为了获利而冒这种损失的风险。

（二）按风险形成的原因分类

按照形成原因的不同,风险可分为自然风险、社会风险、经济风险、政治风险、技术风险。

1. 自然风险

自然风险是指由于自然现象或物理现象所导致的风险。如洪水、地震、风暴、火灾、泥石流等所致的人身伤亡或财产损失的风险。自然风险的特征是：自然风险形成的不可控性；自然风险形成的周期性；自然风险事故引起后果的共沾性，即自然风险事故一旦发生，其涉及的对象往往很广。

2. 社会风险

社会风险是由于个人行为反常或不可预测的团体的过失、疏忽、侥幸、恶意等不当行为所致的损害风险。这种风险的特征是与人类自身（包括自然个人、法人乃至国家、社区等）的行为密切相关的，如盗窃、抢劫、罢工、暴动等。

3. 经济风险

经济风险是指在产销过程中，由于有关因素变动或估计错误而导致的产量减少或价格涨跌的风险等，如市场预期失误、经营管理不善、消费需求变化、通货膨胀、汇率变动等所致经济损失的风险等。

4. 政治风险

政治风险是指由于政治原因，如政局的变化、政权的更替、政府法令和法规的颁布实施，以及种族和宗教冲突、叛乱、战争等引起社会动荡而造成损害的风险。

5. 技术风险

技术风险是指伴随科学技术的发展、生产方式的改变而产生的威胁人们生产和生活的风险，如核技术的发展带来的核辐射、核泄漏风险。

（三）按照风险标的分类

按照标的的不同，风险可以分为财产风险、人身风险、责任风险和信用风险。

1. 财产风险

财产风险是导致财产发生毁损、灭失和贬值的风险，如房屋有遭受火灾、地震的风险，机动车有发生车祸的风险，财产价值因经济因素有贬值的风险。财产风险所致的损失通常包括财产的直接损失和间接损失两个方面。

2. 人身风险

人身风险是指因生、老、病、死、残等原因而导致经济损失的风险，例如因为年老而丧失劳动能力或由于疾病、伤残、死亡、失业等导致个人、家庭经济收入减少，造成经济困难。生、老、病、死虽然是人生的必然现象，但在何时发生并不确定，一旦发生，将给本人或家属在精神和经济生活上造成困难。人身风险所致的损失一般有两种：一种是收入能力损失；另一种是额外费用损失。

3. 责任风险

责任风险是指因侵权或违约，依法对他人遭受的人身伤亡或财产损失应负的赔偿责任的风险。例如，汽车撞伤了行人，如果属于驾驶员的过失，那么按照法律责任规定，就须对受害人或家属给付赔偿金。又如，根据合同、法律规定，雇主对其雇员在从事工作范围内的活动中，造成身体伤害所承担的经济给付责任。

4. 信用风险

信用风险是指在经济交往中，权利人与义务人之间，由于一方违约或犯罪而造成对方经济损失的风险。如在货物交易过程中，卖方发货后不知买方是否一定会按期付款，于是面临信用风险，直到对方按时付款后，该风险才得以解除。

（四）按风险产生的环境分类

按照环境的不同，风险可以分为静态风险和动态风险两大类。

1. 静态风险

静态风险是在社会、经济、政治、技术以及组织等方面正常的情况下，自然力的不规则变化或人们的过失行为所致的损失或损害风险，如地震、暴风雨与意外伤害事故等造成的损失或损害。

2. 动态风险

动态风险是指由于社会、经济、政治、技术以及组织等方面发生变动或人们的过失行为所致的损失或损害的风险，如技术改进、人口增长等。

（五）按承担风险的主体分类

按承担风险的经济主体不同，风险可分为个人风险、家庭风险、企业风险、国家风险，其中个人风险、家庭风险和一般企业风险也可称为个体风险，而国家（政府）风险和跨国企业的风险则称为总体风险。

（六）其他分类

按照风险所涉及的范围分类，风险可分为基本风险和特定风险；按照能否预测和控制，风险可分为可管理风险和不可管理风险；保险领域中，依据风险是否能为保险人承保，可分为可保风险和不可保风险。

第二节 风险管理

一、风险管理的概念

风险管理是指经济单位通过对风险的识别和衡量，采用合理的经济和技术手段对风险加以处理，以最小的成本获得最大安全保障的一种管理行为。

理解这一概念，需要把握以下几点：

（1）风险管理的主体是经济单位，即个人、家庭、企事业单位、社会团体和政府部门，以及跨国集团和国际联合组织等。

（2）风险管理过程中，风险识别和风险衡量是基础，而选择合理的风险处理手段则是关键。

（3）风险管理的目标是以最小的成本取得最大的安全保障。

基于安全的需要和降低风险经济成本的愿望，人们必须对风险进行管理。事实上，有效的风险管理，对于经济单位个体乃至整个社会都有十分重要的作用。

（一）风险管理对企业的贡献

1. 风险管理有利于维持企业生产经营的稳定

企业生产经营活动面临诸多风险，如未能妥善处理，风险事故一旦发生，轻则影响生产经营稳定和企业经济效益，重则危及企业的生存。例如，有关产品责任诉讼的巨额赔款，或者生产设施的严重毁坏，如果事先没有恰当的防范措施，则可能使企业陷于停顿、瘫痪，乃至破产。有效的风险管理，可使企业充分了解自己所面临的风险及其性质和严重程度，采取措施避免和减少风险损失，或者当风险损失形成时能及时得到补偿，以保证企业生存并迅速恢复正常的生产经营活动，进而可以继续拥有市场。

2. 风险管理有利于提高企业经济效益

通过风险管理，可以降低企业的费用，从而直接增加企业的经济效益。例如，采取降低成本措施预防和减少意外损失；以最低的转移费用将潜在的重大损失转移给其他组织；通过精算，确定自留风险，提留最合理的自保基金等等。另一方面，风险管理对于提高企业经济效益有间接的贡献。主要表现在：

（1）有效的风险管理会使企业上下获得安全感，并增强扩展业务的信心。例如，妥善处理了纯粹风险之后，就可以研究并承担有利的投机风险，否则只好设法避免这种风险。

（2）风险管理有助于增加领导层经营管理决策的正确性。例如，某厂商在对一幢建筑物考虑租用或购买进行选择时，如果忽略了该建筑物遭致意外损坏的不同经济影响，那么他就可能做出错误的决策。

（3）在决策从事某种业务时，如果能对其纯粹风险进行正确的处理，那么其业务经营会变得更为明智与有效。例如，如果一个企业有充分把握防止因产品缺陷所致意外伤害而引起的诉讼，那么该企业就可能更积极地扩大其生产规模。

（4）风险管理有助于减弱企业利润和现金流量的波动。风险管理使得风险处理费用有计划地支出，可以避免因风险事故突发所引起的巨大财务冲击。显然，这有利于吸引投资者，有利于业务的发展。

(5) 人们总是愿意与一个已经能充分防范风险的企业打交道，所以风险管理有利于企业与顾客、原料供应商和债权人等方面的交往，而这与企业业务发展和经济效益的提高关系密切。

风险管理有利于企业造就一个安全稳定的生产经营环境，提高劳动者的积极性和创造性，也有助于企业更好地履行社会责任，并在公众面前树立良好的社会形象。事实上，安定的局面本身就是一种宝贵的非经济财富，它不仅会增进管理人员和业主的身心健康，而且雇员也乐于为这样的企业工作。

(二) 风险管理对家庭的贡献

风险管理对于家庭（或个人）的作用，可以从几方面来分析。其一，风险管理可保障家庭在遭受巨灾损失后仍能维持一定的生活水准。其二，风险管理能使家庭节省保费支出而不减少其安全保障。节省一元钱的保险费，其价值大于增加一元钱所得，即所谓"节省一文，胜于多赚一文"。其三，通过风险管理，家庭财产、人身、责任各方面风险都有充分的保障，这使得家庭充满信心，敢于承担较大的风险去创业或投资，而且这样的家庭容易获得信用，融资将比较便利。其四，风险管理有利于为家庭成员解除后顾之忧，促进身心健康，同时也能改善家庭形象。

(三) 风险管理对社会的贡献

风险管理对企业、家庭（个人）及其他经济单位都有积极的作用和实实在在的贡献，因此社会也从中受益。另一方面，风险管理使得各经济单位的资源得以更有效的利用，这既使风险处理的社会成本下降，又使全社会经济效益增加。所以，风险管理实属利国利民之好事。

二、风险管理的起源与发展

学术界一般认为风险管理始于美国。1929～1933 年美国卷入最严重的世界性经济危机，美国约有 40% 左右的银行和企业破产，经济倒退了约 20 年，使得风险管理问题成为许多经济学家研究的重点。1931 年，美国管理协会保险部首先提出风险管理概念，开始倡导风险管理，并研究风险管理及保险问题。在以后的若干年里，以学术会议及研究班等多种形式集中探讨和研究风险管理问题。1932 年成立纽约保险经纪人协会，由纽约几家大公司定期地组织讨论风险管理的理论与实践问题。该协会的成立标志着风险管理学科的兴起。但是，风险管理问题真正在美国工商企业中引起足够的重视并得到推广则始于 20 世纪 50 年代。当时，美国企业界发生了两件大事，其一为 1948 年美国钢铁工人工会与厂方因养老退休金和团体人身保险问题诱发长达半年的工人罢工，给国民经济带来难以估量的损失；其二为 1953 年 8 月 12 日美国通用汽车公司自动变速装置厂发生一场火灾，造成巨额经济损失。这两件大事推动了美国乃至全球的风险管理运动，催生了风险管理科学的诞生，风险管理从此得到了蓬勃发展。1963 年，美国出版的《保险手册》刊载了"企业的风险管理"一文，引起欧洲各国的普遍重视。以后对风险管理的研究逐步趋向系统化、专门化，风险管理也成了企业管理科学中一门独立学科。

近 20 年来，美国、英国、法国、德国、日本等国家先后建立起全国性和地区性的风险管理协会。1983 年在美国纽约召开的风险和保险管理协会年会上，共同讨论并通过了《101 条风险管理准则》，它标志着风险管理已进入了一个新的发展阶段。

进入21世纪，巨灾风险事故频繁，许多国家的政府介入了风险管理领域。而近年来区域性甚至国际性的巨灾风险事故的频发，又促使很多国际性机构、组织、企业间更加紧密的联合，共同建立巨灾信息的支持体系和重大危机、公共突发事件的预警和应急处理机制。这一不断发展变化的演变过程使风险管理的含义和内容越来越丰富。

中国对风险管理的研究开始于20世纪80年代。一些学者将风险管理和安全系统工程理论引入中国，在少数企业试用感觉比较满意。中国大部分企业缺乏对风险管理的认识，也没有建立专门的风险管理机构。作为一门学科，风险管理学在中国仍旧处于起步阶段。

在现代社会，风险管理已在许多发达国家广泛应用，已成为企业中的一个重要组成部分，它与企业的计划、财务、会计等部门一道，共同为实现企业的经营目标而努力。

目前风险管理具有两种形式，一种是保险型风险管理，其经营范围仅限于纯粹风险；另一种是经营管理型风险管理，其经营范围不仅包括静态风险，还包括动态风险，德国的风险管理一直属于经营管理型风险管理。美国及英、法等国的风险管理也均由保险管理型风险管理逐渐发展到经营管理型风险管理。

三、风险管理的基本程序

风险管理基本程序一般分为风险识别、风险分析、风险评价和风险管理四个阶段。

（一）风险识别

风险识别是风险管理的第一步，是对经济单位面临的尚未发生的、潜在的和客观的各种风险系统地、连续地进行识别和归类，并分析产生风险事故的原因。现实经济生活中的风险并不都是显露在外的，不加识别或者错误识别风险不仅难以管理风险，而且还会造成难以预料的损失。识别风险主要包括感知风险和分析风险两方面内容，一方面依靠感性认识，经验判断；另一方面，可利用财务分析法、流程分析法、实地调查法等进行分析和归类整理，从而发现各种风险的损害情况以及具有规律性的损害风险。在此基础上，鉴定风险的性质，从而为风险衡量做准备。

（二）风险分析

风险分析是指在风险识别的基础上，通过对所收集的大量的详细资料加以分析，运用概率论和数理统计，估计和预测风险发生的概率和损失程度。风险分析的内容主要包括损失频率和损失程度两个方面。

损失频率的高低取决于风险单位数目、损失形态和风险事故；损失程度是指某一特定风险发生的严重程度。风险估测不仅使风险管理建立在科学的基础上，而且使风险分析定量化，损失分布的建立、损失概率和损失期望值的预测值为风险管理者进行风险决策、选择最佳管理技术提供了可靠的科学依据。风险分析要求从风险发生频率、发生后所致损失的程度和自身的经济情况入手，分析自己的风险承受力，为正确选择风险的处理方法提供根据。

（三）风险评价

风险评价是指在风险识别和风险估测的基础上，对风险发生的概率、损失程度，结合其他因素全面进行考虑，评估风险发生的可能性及其危害程度，并与公认的安全指标相比较，以衡量风险的程度，并决定是否需要采取相应的措施。准确地度量风险的程度可以提高风险管理的效率。

处理风险需要一定费用，费用和风险损失之间的比例关系直接影响风险管理的效益。通过对风险性质的定性、定量分析和比较处理风险所支出的费用，来确定风险是否需要处理和处理程度，以判定为处理风险所支出的费用是否有效益。

（四）风险管理

在完成了以上步骤之后，要对是否实施风险管理和如何实施风险管理做出决策。是否需要进行风险管理主要取决于这样三个因素：显性化风险的数量与结构；企业自身防范风险的能力和条件；风险管理的外部条件。

风险管理技术实施后还应对风险管理技术适用性和收益性情况进行分析、检查、修正和评估，是否以最小的风险成本获得最大的安全保障。同时，在风险管理技术实施后，由于相关的条件、环境可能会发生变化，为了达到最佳的风险管理效果，需要动态地对风险管理进行评估，并不断修正和调整计划。

四、风险管理的方法

风险管理技术分为控制法和财务法两大类，前者的目的是降低损失频率和减少损失程度，重点在于改变引起风险事故和扩大损失的各种条件；后者是事先做好吸纳风险成本的财务安排。

（一）控制型风险管理技术

风险控制型风险管理技术是指避免、消除风险或减少风险发生频率及控制风险损失扩大的一种风险管理方法。常用的风险控制型风险管理技术有风险回避、损失控制、风险隔离。

1. 风险回避

风险回避是指放弃某项活动以达到回避因从事该项活动可能导致风险损失的目的的行为。它是处理风险的一种消极方法。通常在两种情况下进行：一是某特定风险所致损失频率和损失幅度相当高时；二是处理风险的成本大于其产生的效益时。避免风险简单易行，有时能够彻底根除风险，如担心锅炉爆炸，就放弃利用锅炉烧水，改用电热炉等，但又存在因电压过高致使电热炉被损坏的风险。但有时因回避风险而放弃了经济利益，增加了机会成本，且避免的采用通常会受到限制。如新技术的采用、新产品的开发都可能带有某种风险，而如果放弃这些计划，企业就无法从中获得高额利润。地震、人的生老病死、世界性经济危机等在现有的科技水平下，是任何经济单位和个人都无法回避的风险。

2. 损失控制

损失控制是指通过降低损失频率或者减少损失程度来控制风险的风险处理方法。一般，在损失发生前尽量降低损失频率的行为称为损失预防，也称为防损；努力减轻损失程度称为损失减少，也称减损。例如，对汽车司机加强安全教育和驾驶技能的培训，可以有效地减少车祸发生的频率，是损失预防的措施；而快速的紧急救援服务和在车上安装安全气囊，则是减轻车祸所致损失程度的损失减少措施。

3. 风险隔离

风险隔离是指把风险单位进行分割或者复制，尽量减少经济单位对某种特殊资产、设备或者个人的依赖性，以此来减少因个别设备或个别人员遭受意外事故而造成总体上的损失。从具体实现的途径来区分，其主要方法包括分割风险单位和复制风险单位。

分割风险单位是将现有的资产或活动分散到不同的地点，而不是将它们全部集中在可能毁于一次损失的同一地点。这样万一有一处发生损失，不至于影响其他。最通俗的一个例子就是“不要把所有的鸡蛋都放在一个篮子里”。

复制风险单位是指增加风险单位的数量，准备备用的生产资产或设备，以便在正在使用的资产或设备遭受损失后将其投入使用。例如，企业制作两套会计记录，储存设备的重要部件，配备后备人员等。

风险隔离的两种方法一般会增加经济单位的费用开支，因此作为处理风险的方法有其局限性。

（二）财务型风险控制技术

财务法是通过提留风险准备金，事先做好吸纳风险成本的财务安排来降低风险成本的一种风险管理方法，即对无法控制的风险事前所做的财务安排。它包括风险自留、风险转移两种。

1. 风险自留

风险自留是由面临风险的经济单位或个人自己承担风险事故所致损失的一种风险管理方法，即对风险的自我承担。风险自留是处理风险的最普通方法。采取自留方法，应考虑经济上的合算性和可行性。一般，在风险所致损失频率和幅度低、损失短期内可预测以及最大损失不足以影响自己的财务稳定时，宜采用自留方法。但有时会因风险单位数量的限制而无法实现其处理风险的功效，一旦发生损失，可能导致财务调度上的困难而失去其作用。风险自留有主动自留和被动自留之分。

被动自留或非计划的风险自留，是风险管理者因为主观或客观原因，没有意识到风险的存在，或者对风险的存在和严重性认识不足，没有对风险进行处理，或者认识到了风险的存在和严重性，但因客观条件限制，迟迟未进行处理，而最终由经济单位自行承担风险损失。

主动自留或计划性风险自留，是风险管理者在识别和分析风险的基础上，对各种风险处理方式进行比较、权衡，最终出于经济效益的考虑而决定将风险留在内部，即由经济单位自己承担风险损失的全部或部分。

2. 风险转移

风险转移是一些单位或个人为避免承担风险损失而有意识地将风险损失或与风险损失有关的财务后果转移给另一单位或个人承担的一种风险管理方式。

风险转移分为直接转移和间接转移。直接转移是风险管理人将与风险有关的财务或业务直接转移给他人；间接转移是指风险管理人在不转移财产或业务本身的条件下将财产或业务的风险转移给他人。前者主要包括转让、转包等；后者主要包括租赁、保证、保险等。

其中，转让是将可能面临风险的标的通过买卖或赠予的方式将标的所有权让渡给他人；转包是将可能面临风险的标的通过承包的方式将标的经营权或管理权让渡给他人；租赁是通过出租财产或业务的方式将与该项财产或业务有关的风险转移给承租人；保证是保证人和债权人约定，当债务人不履行债务时，保证人按照约定履行债务或承担责任的行为；保险则是通过支付保费购买保险将自身面临的风险转移给保险人的行为。例如，企业通过分包合同将土木建筑工程中水下作业转移出去，将带有较大风险的建筑物出售等。

保险是处理纯粹风险的一种主要的风险融资工具。通过签订保险合同，保险人向投保人收取保险费，用集中起来的保险费建立保险基金，用于补偿被保险人因自然灾害或意外事故造成经济损失，或承担因死亡、伤残、疾病或年老等产生的保险金给付责任。对企业和个人来说，通过缴纳保险费，可以将其面临的风险转移给保险公司，即以小额的成本支出，来转移大额的不确定性损失。由此看来，保险并没有改变企业或者个人面临的风险，只是通过一个事先的安排，利用保险基金来补偿保险事故所导致的经济损失。

上述财务法和控制法的各种风险管理形式各有利弊，适用于不同的风险损失类型。

第二章 钢铁企业纯粹风险分析

第一节 我国钢铁工业风险特征

钢铁生产是一个由采矿、烧结、焦化、炼铁、炼钢、轧钢以及相应配套专业和辅助工艺等构成的完整工业体系。在钢铁生产过程中，高温、高压、高粉尘作业多，炉窑、塔器、管道与大型机械纵横交错，存在各种危险因素，属于高风险、高能耗、环境污染严重的行业之一。而且钢铁生产资产较集中，作业环境差，易燃、易爆、有毒物质多，事故发生概率高，一旦发生意外事故所导致的直接损失和间接损失可能非常巨大。

钢铁工业特殊的行业属性，决定了钢铁企业在日常生产经营过程中，会不可避免地面临众多钢铁企业共有的系统性风险；同时根据每个钢铁企业自身生产运营的不同特点，还存在着许多个性化风险。钢铁企业应高度重视生产运营中面临的系统风险和个性风险，在积极防范行业共性风险的基础上，随时甄别生产经营中潜在、特有的个性风险，采取有效措施予以规避或转移，以保证企业生产经营的稳定性。我国的钢铁企业在生产经营中面临的风险具有以下几方面的特征。

一、风险程度高

随着工业现代化和科学技术的发展，钢铁工业的规模越来越趋于大型化。尤其是近几年来，我国钢材需求高速增长，钢铁工业的产能迅速扩大，企业的资产规模呈快速扩张趋势，从而使企业资产面临的风险程度不断增高，由于自然灾害和意外事故引发的经济损失不断增大，企业用于风险管理和风险控制的成本逐渐提高。

另一方面，钢铁企业属于资金密集型、技术密集型、人员密集型生产制造场所，规模大，人员多，风险相对集中。从矿石的采选、钢铁的冶炼到轧制成材，产业链长，工艺生产线具有大型化、连续化、高速化、自动化的特点，又有高空作业、起重作业、电焊气割作业等，多为立体交叉作业方式。此外还有高炉、焦炉、转炉煤气、乙炔、焦油、盐酸、钝化剂、放射源等众多有毒、易燃、易爆危险品，工作场所及条件相对恶劣。高温、高压、有毒有害、易燃易爆等危险因素同时存在。风险贯穿于生产的每一个环节，风险程度较高。

尽管随着企业装备水平、管理水平的不断提高，事故发生概率逐步降低，但是单次事故损失金额却呈上升趋势。同时由于装备的大型化、自动化、连续化，事故所导致单位停机时间造成的直接、间接经济损失也呈扩大趋势，发生大型、特大型事故的概率增大，事故所导致单位停机时间造成的直接、间接经济损失往往较大，对企业的正常生产构成潜在威胁。

二、风险类型复杂多样

钢铁工业是一个巨大、复杂的生产系统，风险因素复杂多样。钢铁生产在原料制备、冶炼和加工过程中，工艺流程长、工序复杂，涉及专业多，作业连续性强，大量使用压力容器、管道、特种设备，产出高温铁水、钢水等高温液体，并伴随产生焦炉煤气、高炉煤气、转炉煤气、二氧化硫等有毒有害气体，同时需辅助生产氢气、氧气、氮气等，涉及到高温、腐蚀、易燃、易爆等工作状况，存在众多的危险源，易发生中毒窒息、灼烫、爆炸、高处坠落、触电、机械伤害等事故。危险因素种类繁多，风险类型复杂多样。

三、责任风险突出

对于大型的钢铁联合企业而言，由于其特有的行业属性，决定了其在日常的经营中面临的责任风险十分突出。钢铁企业既有针对服务对象的产品质量责任风险，又有在日常生产经营中由于火灾、爆炸、污染等造成的公众责任风险，还有因员工工作原因产生的雇主责任风险等。

第二节 我国钢铁企业纯粹风险分析

一、自然灾害对我国钢铁企业资产的安全构成了严重威胁

自然灾害指人力迄今尚不能支配控制的、具有一定破坏性的各种自然力，通过非正常方式的释放而给人类造成的危害。这类灾害种类多、分布广，遍及地球的每一个角落，并且大多突发性强，能在瞬间或短期内集聚暴发，造成巨大破坏。有史以来，自然灾害一直是人类历史的组成部分，威胁着人类的生存与社会的发展。

我国是世界上自然灾害最严重的少数国家之一，平均每年造成近 2 万人死亡，直接经济损失高达国家财政收入的 1/6 至 1/4。而且，随着社会经济的发展和人类活动的增强，自然灾害的损失还在以更快的速度增长，20 世纪 90 年代已达到每年上千亿元的水平，给人民生命财产带来了巨大损失，严重影响了我国的可持续发展。

自然灾害同样对钢铁企业的资产构成严重威胁。一方面，企业的资金、人员密集，风险高度集中，一旦发生自然灾害，往往造成大面积的毁坏，引发高额经济损失；另一方面，企业的生产系统是人、机、环境、资源组成的系统，灾害对其中任一个子系统或环节的侵袭与破坏，都可对企业构成威胁。如自然灾害对生命线工程，包括水、电、燃料的供应和交通的破坏，对机器设备的破坏，给企业造成的危害是显而易见的。另外，自然变化，如湿度、雷电、温度变化，对生产工艺也可能造成很大的破坏，如高温易发生火灾，高温高湿易使设备及原材料腐蚀等。

我国钢铁企业广泛分布在全国各地，在日常的生产经营过程中会不可避免地面临各种各样、大大小小的自然灾害风险。下面根据行业特性及以往灾害历史等情况，对钢铁企业资产面临的主要自然灾害风险加以分析。

（一）地震风险

2008 年 5 月 12 日，四川汶川发生一场突如其来的大地震，使四川、甘肃、陕西、重庆、云南多个省市受灾，地震造成大量人员伤亡，450 多万间房屋倒塌，市政、道路、水利及通讯设施严重受损。企业在这次地震中也遭受较大的损失。据 2008 年 6 月初工业和信息化部的统计显示，地震灾害造成工业企业经济损失超过 2000 亿元。其中，四川受灾

工业企业20746家，经济损失2011亿元；陕西工矿企业因灾损失16.26亿元；甘肃工矿企业因灾损失20亿元。地震造成的总损失达上万亿元。

地震，是人们通过感觉和仪器察觉到的地面震动。地震一般可分为人工地震和天然地震两大类。由于人为活动（如开山、开矿、爆破等）引起的地震叫人工地震（如诱发地震等），除此之外便统称为天然地震。天然地震按成因主要分为构造地震、陷落地震和火山地震。一次强烈地震，会造成种种灾害，例如由于强烈地面震动、断裂和变形导致房屋、桥梁、水坝等各种建筑物崩塌，人畜伤亡，生产中断。这种损失在人口集中、建筑物密集的地区尤为突出。同时强烈地震可能引起山体崩塌，形成滑坡、泥石流，水坝、河堤决口或发生海啸等次生灾害。

我国位于世界两大地震带——环太平洋地震带与欧亚地震带之间，受太平洋板块、印度板块和菲律宾海板块的挤压，是个多地震的国家，地震活动频度高、强度大、震源浅、分布广。

地震造成地表面一定范围内地面倾斜、升降和断裂等变形的原生现象为原生灾害；地震的弹性波引起地面震动造成的破坏，如建筑物、工程设施的破坏及山崩、滑坡、地裂、坍塌、喷砂、冒水等为直接灾害（原生灾害和直接灾害常因二者紧密联系而无法区分，统称为直接灾害）；由直接灾害导致的其他灾害均属次生灾害，如房屋倒塌后火源失控导致的火灾，河堤、水坝决口和因滑坡、崩塌造成的河道淤塞、水位上涨及此后堵塞物溃决造成的洪水导致的水灾，因地震造成的海水、湖水水体扰动引起的地震海啸、湖啸，地震引起的管道破坏，化学物的容器破坏致使煤气、毒气、毒液和放射性物质的泄漏等等。在一定条件下，由于直接灾害、次生灾害进一步造成的各种社会性灾害，如停工停产、社会秩序混乱、饥荒、瘟疫等属诱发灾害。上述成灾机制形成的不同，灾害可或此或彼、或长或短地连锁而成系列，被称为“灾害链”。地震的历史资料表明，一次强震发生后，因直接灾害将造成一定的人员伤亡和经济损失，但由直接灾害引发的次生灾害和诱发灾害所造成的伤亡和损失往往比直接灾害所造成的伤亡和损失大得多。1923年日本关东大地震，震级为8.2级，是日本历史上死伤最多、损失最惨重的一次大震灾。地震发生在当地时间中午11时58分，正值午炊用火之际。剧烈的震动使横滨近10万所房屋倒塌，于是众多倾翻的炉火和化学药品的爆炸使全市60处同时起火燃烧，在消防灭火设备及输水管道遭地震毁坏的情况下，无法控制的火势迅速蔓延，烧毁了地震时未倒的全部房屋。在首都东京，地震的直接破坏轻于横滨，但同样的原因造成东京近200处同时起火并迅速蔓延，当天正通过东京上空的一条冷锋所引起的地面大风，使火势得到进一步加强。火借风势，风助火威，整个东京成了一片火海，三天三夜的大火直烧到无可再烧为止。在关东地震死亡14万人和下落不明的4.3万人中，因房倒屋塌压死者不到总数的10%，绝大部分是在火魔疯狂的翻卷中，被大火四面包围无路可逃而被活活烧死、烤死，还有许多人因大火造成的严重缺氧窒息而死，仅军事被服厂门前广场这一个地点，就有4.4万人因此惨死。

地震灾害可能给钢铁企业的生产销售造成严重影响。地震波引起地面强烈震动，会破坏厂房或大型设备的基础，造成厂房倒塌、设备损坏；还可能导致水、电、燃料的供应和交通的中断，造成停产甚至使生产陷于瘫痪。据国务院国有资产监督管理委员会估计，四川汶川地震给中央企业造成直接和间接财产损失超过800亿元，伤亡近3600人。其中，国家电网和电信企业等基础类的企业经济损失最大，直接经济损失超过了200亿元。东方电气、中国化工、攀枝花钢铁公司等损失也接近百亿元。水利水电、中国铁建这些施工企业的损失也超过了40亿元。要恢复受损的基础设施，重建就需要400多亿元的资金。

（二）洪水风险

洪水是一个十分复杂的灾害系统，因为它的诱发因素极为广泛，水系泛滥、风暴、地震、火山爆发、海啸等都可以引发洪水，甚至人为的因素也可以造成洪水泛滥。在各种自然灾难中，洪水造成死亡的人口占全部因自然灾害死亡人口的75%，经济损失占到自然灾害总损失的40%。有资料表明，最近几十年来，洪水发生的频率和强度均呈增加趋势。据美国水资源委员会的估计，美国1975年的洪水损失约为34亿美元，美国国家大气与气象局（NOAA）估计，美国的洪灾损失平均每年要增加4%左右。

中国是一个洪水灾害频繁发生的国家。全国2/3以上的固定资产和人口、5亿多亩耕地、600余座城市面临着洪水灾害的威胁。七大江河流域近20年来都普遍遭遇过特大或较大洪水的袭击，蒙受过相当严重的经济损失。1998年中国的“世纪洪水”，在中国大地到处肆虐，29个省受灾，农田受灾面积3.18亿亩，成灾面积1.96亿亩，受灾人口2.23亿人，死亡3000多人，房屋倒塌497万间，经济损失达1666亿元。由此可见，洪水虽然罕见，但破坏力却不容小视。尤其对于资产规模庞大的生产性企业来说，由于洪水泛滥引起的厂房、设备的损失及停产造成的间接损失，可能会导致企业长期处于瘫痪状态甚至濒于破产。

洪水风险主要取决于地形，在每年5~9月期间应予以充分重视。我国的钢铁企业，根据其所处地理位置的不同，面临的洪水风险的程度也不一样，其中位于我国东南部地区的企业面临的洪水风险比较突出，东北、西北和华北地区的企业，洪水风险相对较小，但不容忽视，尤其是东北地区的抚顺、吉林、哈尔滨等地，嫩江、松花江等引发江河洪水可能对这些地区的企业安全构成一定威胁，历史上这些地区都曾发生过水灾。应密切关注生产企业所在地区自然条件的变化，建立防洪预警机制，做到一旦灾害发生时，能够迅速采取施救措施，将灾害对企业造成的损失降到最小。

对钢铁企业而言，如果企业所在地区遭遇洪水，极有可能导致企业设备受损或停产。洪水还可能冲毁路基、阻断交通，使企业原材料及产品的运输中断，给企业带来较大的经济损失。从2008年5月开始，连日的降雨导致我国南方大面积遭受水灾，受灾的省份包括浙江、福建、安徽、江西、湖北、湖南、广东、广西、四川、重庆、贵州、云南等十二省区。据民政部统计，截至6月份，这次洪水共造成166万人被转移，直接经济损失高达150亿元人民币。广州钢铁股份有限公司、广西柳州钢铁股份公司、广东省的韶钢松山股份有限公司以及深圳中金岭南有色金属股份有限公司等企业均受到洪灾不同程度的影响。

（三）雷击风险

雷电灾害是联合国《国际减灾十年》公布的最严重的十种自然灾害之一。我国地处温带和亚热带地区，雷暴活动十分频繁，全国有21个省会城市的年最多雷暴日均在50天以上，最多的达到了134天。从近30年的雷电资料看，我国雷暴日天数变化不大，但是雷电灾害造成的经济损失和人员伤亡事故日益严重，具有发生频次多、范围广、危害严重、社会影响大的特点。据中国气象局不完全统计，在1997~2006年的10年间，全国因雷击造成直接经济损失在百万元以上的雷电灾害事故就有200多起，每年因雷击造成人员伤亡上千人。仅2006年，全国就发生雷电灾害19982起，其中，雷击伤亡事故759起，造成1357人伤亡（死亡717人，受伤640人），全年因雷击引起的火灾或爆炸事故234起，一次雷击造成百万元以上直接经济损失的雷电灾害有44起，全年因雷电灾害造成的直接经济损失超过6亿元。雷电灾害已成为危害程度仅次于暴雨洪涝、地质灾害的一大气象灾害，严重威胁着我国社会公共安全和人民生命财产安全。

遭受雷击损害的主要原因：一是防雷装置不完善；二是绝大部分用电设备设施无防感应雷和雷电波侵入措施；三是人们对防雷的认识和重视不够。

雷击分为直接雷击与感应雷击两种，直接雷击与感应雷击破坏的对象不同，前者主要击坏放电通路上的建筑物、输电线，击死击伤人畜等；后者是供电设施和通讯系统的主要风险，后者破坏性通常没有前者高，但是导致财产损坏的概率更高。

感应雷击是由于雷雨云的静电感应或放电时的电磁感应作用，使建筑物上的金属物件，如管道、钢筋、电线、反应装置等感应出与雷雨云电荷相反的电荷，造成放电所引起。一台电子设备招引感应雷击的通道主要有：天线、馈线引入、电源线路引入、信号线路引入。信号线路的种类很多，高频信号传输线路、程控电话线路、电脑数据处理线路等都可能引入强大的雷电信号而击坏电子设备。接地线路也会引入感应雷。对于建筑物中电子设备群体来说，引入感应雷的通道主要有：（1）建筑物中一切电子设备的天线、馈线、电源线、信号线、接地线；（2）出入建筑物中各种电源线路及建筑物内部“长”距离信号线路；（3）公共接地的建筑物中的一切金属管道，当直接雷电流流经其上时，其周围产生的磁场涡流在金属表面感应出来的雷电冲击波；（4）金属表面。当雷电放电时，在金属表面感应出来的雷电冲击波。现代社会，电子设备大量应用，感应雷击的危害日益严重，仅依靠“避雷针”防雷已远远不能满足社会的需求。防雷专家们早已认识到这一问题的严重性，并进行了一系列防避感应雷击的试验和研究，以保障各种电子设备安全，减轻雷击灾害。

对钢铁企业而言，雷击是比较突出的灾害类型之一。雷电放电时能产生高达数万伏甚至数十万伏的冲击电压，毁坏电力系统的电气线路和设备，雷电的静电感应、电磁感应等均可能成为火灾爆炸事故的点火源，使被雷击物体遭受严重破坏或造成爆炸。此外由于钢铁企业露天设施多、规模大，易燃易爆物质多，受雷击威胁较大。可以说雷击是钢铁企业供电系统、通讯系统面临的最主要风险之一，必须严格安置避雷设施，并定期检测，防患于未然。

总体上来讲，抓好接地环节后直接雷击概率不大。避免感应雷击的关键在于供电线路与通讯线路应采取屏蔽措施。

（四）暴雨风险

暴雨是我国主要的气象灾害之一。我国是多暴雨的国家，除西北个别省、区外，几乎都有暴雨出现。冬季暴雨局限在华南沿海，4～6月间，华南地区暴雨频频发生。6～7月间，长江中下游常有持续性暴雨出现，历时长、面积广、暴雨量也大。7～8月是北方各省的主要暴雨季节，暴雨强度很大。8～10月雨带又逐渐南撤。夏秋之后，东海和南海台风暴雨十分活跃，台风暴雨的点雨量往往很大。因此，对国内钢铁企业而言，分布在全国各地的企业在不同的季节面临的暴雨风险的程度是动态的，有规律性变化的。企业应根据其所在地区每年暴雨高发的季节，采取相应的防涝措施，避免暴雨对企业带来的危害。

对企业而言，暴雨不仅可能造成围墙、护坡、路基坍塌，还可能造成厂区排水沟排水不畅，电缆沟进水，浸湿电缆，降低绝缘性能发生短路故障，甚至可能引起企业生产的中断。雨水往往使露天或运输过程中的物料来不及转移而遭到湿损。如再遇到暴风，极度情况下可能导致厂房屋顶损坏，房屋漏水或吹走防雨设施使生产设备遭到湿损，并导致生产中断。暴风雨还可能引起屋顶漏水或雨水飘进室内的电气机柜从而造成短路或设备损坏事故。对钢铁企业而言，如果暴风雨引起的漏水淋湿高炉、转炉的炉前设备如铁水包、钢水包、出渣槽及罐等，出钢、出渣时炽热的钢水、铁水覆盖在雨水上，就会引起爆炸事故。重新干燥这些被淋湿的设备，则会引起意外减产或停产；如果由于疏忽未能及时发现设备被淋湿，就会引起爆炸造成设备损坏和人身伤亡。

所以暴雨灾害应引起企业充分的重视，建立相应的应急预案，确保企业正常的生产。

（五）雪灾、冻灾风险

随着2008年1月10日以来半个世纪不遇的罕见雪灾大面积袭击我国，雪灾——这个地域性极强的自然灾害引起了政府的高度重视，突如其来的暴风雪考验着各级政府以及各生产企业应对自然灾害的应急处理能力。持续的雨雪冰冻天气波及安徽、江西、河南、湖南、湖北、广西、重庆、四川、贵州、云南、陕西、甘肃、青海、新疆等14个省（区、市）。据有关部门统计，此次因雪灾死亡60人，紧急转移安置175.9万人，倒塌房屋22.3万间，损害房屋86.2万间，因灾造成的直接经济损失537.9亿元。在此次雪灾中受损最大的当属供电线路，由于低温、冰冻状况持续时间较长，高压输电线路出现严重覆冰，导致线路倒杆、跳闸、变电站停运，数个市县区长时间大面积停电，给国家、企业和人民的生活带来重大损失。

对钢铁企业而言，由于钢铁生产过程高度连续化，雪灾造成输电设施故障导致生产供电中断的影响不容忽视，装置一旦停车，后续的清理、恢复工作将耗费较长的时间。不仅造成直接的财产损失，还会导致利润和时间成本等间接损失的产生。分布在东北、西北和华北地区的钢铁企业，冬季降雪导致的雪灾对这部分企业的威胁比较大，如分布在大庆、哈尔滨、沈阳、佳木斯等地区的企业，每年都有可能遭到雪灾的袭击，对企业的资产安全及连续生产构成了一定的威胁。

（六）地陷、山崩、泥石流风险

地面下陷是指地壳表面在自然力的作用下或者人类活动影响下造成的区域性总体下降运动。由于我国长期干旱，地下水位降低，加之开采地下水和地壳变形，地面下陷已经十分严重。据不完全统计，我国已陆续发现不同程度的区域性地面下陷的城市有16个省的46座城市，包括北京、天津、上海、西安等地。

自20世纪70年代，北京的地下水平均每年下降1～2m，最严重的地区水位下降3～5m，地下水位持续下降导致了地面下沉，有的城区沉陷量达590mm，沉陷总面积超过600km^2。天津目前累计沉陷量已达2.5m，下陷量100mm以上的范围达900km^2，有60%的地面发生沉降，塘沽区的沉降量达到3.1m。上海在20世纪90年代后，由于大规模的市政、建筑工程，抽取深层地下水等多种因素，出现明显的地面下陷。西安在1972年后随着过量开采地下水，地陷逐渐加剧，1972～1983年最大累积沉陷量达777mm，平均每年30～50mm。

山崩是指由于多裂隙的山岩体经强烈的物理风化、雨水渗入或地震而造成规模巨大的陡坡上大块的岩体在重力的作用下突然崩落的物理地质现象。山崩常常给人民的生命财产及生产性的企业带来致命性的打击，并且经常会引起连锁反应，如堵塞河道，造成河水上涨，在地质条件不稳定的地区还会引起地震等灾害。山崩通常发生在坡度比较陡峭的山区，它是岩石受到了重力的作用发生的下落。由于岩石受到了风、雨的侵蚀，造成分崩离析，一旦达到不能维持的状况就会散落开来，形成山崩。不过这种山崩的危害比较小，程度比较浅，规模不大。还有一种破坏力比较大的山崩，是由地震引起的，山崩和地震是相互作用的，有时地震会使陡崖上还没有完全风化的岩石迅速塌落下来并且连带了许多大的石块，形成较大规模的山崩。

泥石流是山区沟谷中，由暴雨、雪融水等水源激发的，含有大量的泥沙、石块的特殊洪流。泥石流按其物质成分可分为3类：由大量黏性土和粒径不等的砂粒、石块组成的叫泥石流；以黏性土为主，含少量砂粒、石块、黏度大、呈稠泥状的叫泥流；由水和大小不等的砂粒、石块组成的称之水石流。泥石流常常具有暴发突然、来势凶猛、迅速之特点。并兼有崩塌、滑坡和洪水破坏的双重作用，其危害程度比单一的崩塌、滑坡和洪水的危害更为广泛和严重。

地陷、山崩、泥石流灾害对企业构成严重威胁，一旦发生，可能导致生产车间厂房大面积垮塌、厂房内设备受损或无法正常运转，甚至可能造成停产损失。中国钢铁企业由于分布点多、面广、地域跨度大，各企业面临的山崩、地陷、泥石流的风险具有高发性和多样性。

（七）风灾风险

城市风灾主要有台风、龙卷风、雷暴大风、寒潮等。在我国造成风灾的天气首推台风。台风是发生在热带洋面上的一种强烈的气旋性风暴。据世界气象组织（WMO）报告，全球每年死于台风的人数为2万~3万人，西太平洋沿岸国家平均每年因台风造成的经济损失约为40亿美元。我国东临西北太平洋，大气风暴灾害频度很高，是世界上发生台风最多的国家之一。每年平均有8次台风登陆，有的可深入内地1500km。有的台风虽然没有登陆，但从近海地区移过，对沿海城市仍可造成重大影响。1994年有11个台风在我国登陆，造成的直接损失在550亿元人民币。

台风有利有弊，它会对热带作物带来危害，也会带来丰沛的雨水，解除旱情、蓄水发电、清除空气污染物。台风的强度分为4个级别：热带低压，中心附近最大风力6~7级；热带风暴，中心附近最大风力8~9级；强热带风暴，中心附近最大风力10~11级；台风，中心附近最大风力12级或12级以上。中国气象局曾于2001年下发《台风业务和服务规定》，以蒲式风力等级将12级以上台风补充到17级（注：这一做法气象部门尚未采用）。12级台风定为32.7~36.9m/s；13级为37.0~41.4m/s；14级为41.5~46.1m/s，15级为46.2~50.9m/s，16级为51.0~56.0m/s，17级为56.1~61.2m/s。琼海30多年前登陆一场台风，中心附近最大风力为73m/s，已超过17级的最高标准，称之为18级。

龙卷风是一种范围小而时间短的猛烈旋风。陆地上平均最大风速一般在79~103m/s，极端最大风速在100m/s以上。龙卷风是一种最猛烈的小尺度天气系统，直径只有几米至几百米，极少数可达1000m以上，其生命史也极短，一般只有几分钟。例如：1956年9月23日，上海的一个龙卷风曾削去一座混凝土四层楼房的一角，还将一个重110t的油罐从地上拔起并抛到120m远的地方；1996年7月15~21日，江苏省35个市（县）受到暴雨及龙卷风袭击，倒塌民房 1.8 万间，死亡 4 人，伤 1000 多人，直接经济损失 7 亿元。1997 年冬春季，美国连遭龙卷风，尤其是 3 月上旬，强龙卷风（约 14 个）席卷美国中南部，阿肯色州受灾最重，为 30 年来遇到的最严重的龙卷风灾，至少 25 人死亡，同时龙卷风又引发俄亥俄河水暴涨，一些地区的洪水为 1931 年来最严重的，死亡 59 人，损失高达 3.5 亿美元。

风灾对企业的财产构成严重威胁，风灾对企业的建筑物、构筑物及露天的设备均会造成影响，突出地体现在变电站的设施及一些简易构筑物或露堆物。由于风灾造成的电气设备及线路的短路、跳闸以及停电事故屡见不鲜。风灾对厂房及厂区内的露天设施也会造成较大的影响。

（八）雹灾风险

冰雹灾害是由强对流天气引起的一种剧烈的气象灾害，它出现的范围虽然较小，时间也比较短促，但来势猛、强度大，并常常伴随着狂风、强降水、急剧降温等阵发性、灾害性天气过程。我国是冰雹灾害频繁发生的国家，冰雹每年都给农业、建筑、通讯、电力、交通等行业造成极大的损害。我国除广东、湖南、湖北、福建、江西等省冰雹较少外，各地每年都会遭受到不同程度的雹灾。尤其是北方的山区及丘陵地区，地形复杂，天气多变，冰雹多，受害重。冰雹主要对企业的厂房、露天设施、通讯及电力线路等造成损害。

（九）大雾风险

雾有三种定义：（1）凡是大气中因悬浮的水汽凝结，能见度低于 1km 时，气象学称该种天气现象为雾；（2）雾是接近地面的云；（3）雾是由悬浮在大气中微小液滴构成的气溶胶。

雾是对人类交通活动影响最大的天气之一。有雾时的能见度大大降低，很多交通工具都无法使用，如飞机等；或使用效率降低，如汽车、轮船等。浓雾还会使电线受到“污染”，引起输电线路短路、跳闸、掉闸等故障，造成电网大面积断电，这种现象在电力部门叫做“雾闪”。“雾闪”可以很快使电力机车停运、工厂停产、市民生活断电。沿海地区的平流雾中含有大量盐分，遇到输电线路上的绝缘瓷瓶，盐分便会大量聚积，引发雾闪现象，从而造成断电事故，影响企业生产。

（十）海啸风险

海啸是一种具有强大破坏力的海浪。这种波浪运动引发的狂涛骇浪，汹涌澎湃，它卷起的海涛，波高可达数十米。这种“水墙”内含极大的能量，冲上陆地后所向披靡，往往造成对生命和财产的严重摧残。智利大海啸形成的波涛，移动了上万公里仍不减雄风，足见它的巨大威力。海啸发生有多种原因，海底地震、海底火山爆发、大规模海底滑坡都会引发海啸，其中最严重的就是海底地震。

从地理环境来看，我国大陆架宽广而平缓，对海啸传播的摩擦力强，并且有从日本列岛到琉球群岛的岛弧保护，不利于海啸的形成和传播。而日本近海的深度就有 4000m，海啸对沿海的冲击就会很大。1960 年日本海啸时，波高有六七米，而长江口的波高只有 20cm。我国近期在 1992 年和 1993 年都发生过小的海啸，不过能量都很小，1992 年在三亚发生的海啸波高只有 70 多厘米，损失也不大。

尽管我国发生海啸的可能性较小，但海啸作为一种巨灾风险，一旦发生可能造成沿海企业巨大财产损失。因此，该风险仍需给予关注。

二、意外事故风险

（一）爆炸风险

爆炸是钢铁企业面临的主要风险之一。钢铁生产中所采用的原料、生产的中间产品及一些动力、能源厂的产品多数具有易燃、易爆的特性，如炼铁、炼钢、焦化产生的煤气、润滑油、液压油、洗油等。发生爆炸频率较高的主要有高炉、转炉、油库、气瓶站、煤气站、制氧站和锅炉房等。由于钢铁企业资产密集度高、生产高度连续化，火灾、爆炸一旦发生，会产生较大的破坏力。

爆炸是指物体瞬间产生出大量气体对限制其扩散的周围环境或容器、管道产生强大的压力而导致的破坏现象。爆炸常为导致火灾损失的原因。爆炸的类别一般分为：

（1）物理性爆炸：指压力容器、锅炉的超压、超温至极限引起的爆炸，及电缆的爆燃。

（2）化学性爆炸：指气体（含可燃气体）、粉尘、液滴火药及其他可燃物等两种或两种以上物质聚合所引起的爆炸。

（3）核爆炸：如核裂变、核聚变等。

炼钢过程基本为氧化过程，铁水在高温下进行脱碳、去磷、去气、去杂质，冶炼过程放出热量，热平衡上有热量富余，从而使铁水、钢水均维持在高温状态。高温铁水、钢水遇水、遇湿会发生爆炸，冶炼过程产生的高温废渣遇水、遇湿也会发生爆炸。当1kg水完全变成蒸汽后，其体积要增大约1500倍，破坏力极大。炼钢厂因为熔融物遇水爆炸的情况主要有：连铸机的结晶器高、中压冷却水大漏，穿透熔融物而爆炸；炼钢炉、精炼炉、连铸结晶器的水冷件因为回水堵塞，造成继续受热而引起爆炸；炼钢炉、钢水罐、铁水罐、中间罐、渣罐漏钢、漏渣及倾翻时发生爆炸；往潮湿的钢水罐、铁水罐、中间罐、渣罐中盛装钢水、铁水、液渣时发生爆炸；向有潮湿废物及积水的罐坑、渣坑中放热罐、放渣、翻渣时引起的爆炸；向炼钢炉内加入潮湿料时引起的爆炸；铸钢系统漏钢与潮湿地面接触发生爆炸。

每年我国钢铁企业因爆炸造成人员和财产的损失在所有事故损失中占据较大的比重。如2006年3月30日河北唐山市国丰钢铁有限公司炼铁厂5号高炉发生爆炸事故，造成6人死亡，6人受伤。2005年4月15日，安徽铜陵市金港钢铁有限责任公司制氧车间调压站发生爆燃事故，使在场7人受伤，其中3人经抢救无效死亡。

（二）火灾风险

在各种灾害中，火灾是最经常、最普遍地威胁公众安全和社会发展的主要灾害之一。在社会财富日益增多的同时，导致发生火灾的危险性也在增多，火灾的危害性也越来越大。据统计，我国20世纪70年代火灾年平均损失不到2.5亿元，80年代火灾年平均损失不到3.2亿元。进入90年代，特别是1993年以来，火灾造成的直接财产损失上升到年均十几亿元，年均死亡2000多人。如北京地区平均每周都会发生100起以上的火灾险情。

火灾是指由于失去控制的异常燃烧而导致财产损失或人身伤亡的意外事故。火灾的发生包含三个因素：

（1）点火源：指引起可燃物燃烧的诱因。电线走火、闪电、雷击、瓦斯（可燃气体）起火、吸烟、静电、运转机械过热发生火花等都是有可能导致火灾的点火源。

（2）可燃物：指进行实质性燃烧的物质。由于企业生产经营的过程千差万别，可燃物的形态多样，固体、液体、气体（如可燃气体）和粉尘都有可能是可燃物，如燃气、煤气、油等。

（3）助燃物：指与可燃物结合进行燃烧的物质，如氧气等。

防止火灾，必须将产生火灾的三个因素有效地相互隔离起来。

钢铁企业中发生火灾的原因很多，变电所的变压器、输配电线路、生产线上的电机、控制系统以及电缆中绝缘材料的老化或击穿，设备故障、短路或长期过载等都很容易引起火灾。据有关部门统计，60%以上的火灾事故是由于电气原因引起。此外易燃物遇到明火或碰到高温钢铁半成品、堆料场处理不当引起的自燃等也会导致火灾。火灾引起的最大可能财产损失通常都比较大，特别应该指出电缆长期超负荷运行、受潮、受热、接触腐蚀性物质很容易导致绝缘层损坏，发生短路，并引发火灾事故。电缆沟内一旦发生火灾，烟火弥漫，灭火困难，甚至会造成人员伤亡。如2001年2月宝钢某转炉因电缆短路发生火灾事故，另外宝钢因皮带输送机皮带撕裂、断裂也曾多次发生火灾事故。尤其是生产设备比较陈旧的企业，电缆火灾风险发生的概率更大。另外，对钢铁企业而言，变电所、仓库、焦化厂、制氧厂都有许多火灾风险源，包括氧气、煤气，乙炔气等，这些气体曾在钢铁企业引发过火灾。随着企业生产规模的不断扩大，生产装置日益大型化、资产规模日益集中化，可能会导致火灾的风险呈同步增大的趋势。综上所述，火灾风险对中国钢铁企业的资产安全构成了潜在威胁，资产安全管理应以火灾作为风险防范的重点。

（三）工艺设备风险

机器设备故障引发的财产与利润损失是企业在生产过程中最常发生的风险事故。钢铁联合企业，其生产工艺复杂，设备种类繁多，由于生产组织、工艺设备管理上的不完善，会导致工艺、设备系统发生事故，造成企业较大的损失。可以说设备故障通常是企业技术人员经常遇到的问题，设备的故障可能由于设备本身质量问题，操作不当，可靠性差，经受不住恶劣环境而损坏、维护不良以及工人受干扰而误操作引起。此外引进的高新技术设备，由于对新技术、新设备、新工艺不熟悉，没有完全掌握设备的运行规律，不能及时发现事故隐患，新设备往往更容易发生故障。设备故障不但引起财产损失，而且引发利润下降。钢铁企业产品种类庞杂，设备类型复杂多样，工作原理各不相同，涉及冶炼、轧钢、锻压、机械、电气、热能等多学科专业知识，因此对设备管理的要求较高。另外，我国的大型钢铁企业多是老国有企业，设备老化严重，如果没有及时进行良好的维护保养，或者由于资金短缺、管理不善等原因没有及时进行更换，则可能在运转过程中突发意外事故，而导致重大财产损失与利润损失。虽然国内大部分企业近年来大幅度进行技改和更新，但由此也造成企业各种设备新旧程度不同，技术水平参差不齐，安全系数不同，磨损、腐蚀程度不同，使风险点分布广泛，风险因素复杂多样，使得风险事故发生率居高不下。

（四）能源供应中断风险

钢铁企业由于生产具有高度的连续性，因此，对于能源的依赖程度非常高，如电、气、水、风等。如果因自然灾害或意外事故导致能源供应的中断，不仅有可能损坏设备，而且会导致冶炼过程中断。生产无法正常进行，不仅会造成生产物料报废的直接损失，还会导致生产中断、重新组织生产、利润损失等各种间接损失。因此，对钢铁企业而言，能源供应中断的风险十分突出，不容忽视。

在能源中断的诸多风险中，电力供应的中断应是高发的、常见的风险。常见的有因雷击、冰冻、雨雪等自然条件引起的公共能源的中断；有因发电厂、工厂的供电车间供电设施出现故障导致的电力中断；或是由于意外事故破坏输变电线路导致生产中断。钢铁企业由于生产流程长、工艺复杂，电力供应一旦中断，对生产的各个环节都会产生较大的影响。同时，上游生产中断也会对下游生产造成巨大的影响。而且炼钢设备通常价值较高，重置周期长，往往难以在短时间内恢复生产。因此，对钢铁企业而言，各种能源的供应是生产顺利进行的重要保障。生产一旦中断，其所造成的间接损失远远大于直接损失。

（五）人为操作风险

钢铁工业是技术密集型、资金密集型的行业，生产工艺复杂，生产流程长，对各级管理人员、技术人员、操作人员的要求较高，不仅要求人员具有较高的专业素质，更对操作人员的责任心提出了较高的要求。随着企业的不断发展，生产规模的不断扩大，生产过程高度自动化，对生产系统的可靠性、安全性的要求更加严格，在生产设备的操作、检修、保养等各个环节，人的因素都起着决定性的作用。因此，不断提高人员的素质，加强对员工的安全意识的培养、操作技能的培训，都是确保生产顺利进行的重要任务。

在钢铁企业生产经营的过程中，由于人为操作失误导致的事故，在各种事故中占有很大的比例，每年因人为操作引发的事故比比皆是。1990 年 12 月 30 日 17 时 45 分，西部某铝厂煤气站一名检修工人检修压缩机过程中，在切断设备与系统连接的阀门并开“放空阀”排走设备内部的煤气后，违规操作，未等检测系统煤气含量的化验结果出来即拆卸阀门，致使压缩机内部的煤气溢出，导致煤气中毒。所以，加大对企业职工安全教育的力度，培养其安全意识，建立健全安全规章制度并确保其有效地实施，是规避人为误操作风险的有效措施。

三、其他风险

（一）雇主责任风险

雇主责任是指雇主对其雇员在受雇期间因发生意外事故或职业病而造成人身伤残或死亡时依法应承担的经济赔偿责任。在雇用过程中，如果雇主未能或未能全部履行自己对雇员安全的义务致使雇员遭受人身伤亡或疾病，雇员有权依法要求雇主赔偿其经济损失。雇主责任的产生有两个来源：一是由国家通过立法规定雇主对其受雇用的员工在受雇期间从事与职业相关工作中因发生意外事故或职业病而引起人身伤残或死亡时应承担的经济赔偿责任；二是依据雇主与雇员之间签订的劳动合同而产生的雇主对雇员的经济赔偿责任。

对钢铁企业而言，生产作业人员的人身伤害是企业产生雇主责任的首要原因。钢铁冶炼加工过程中的高温、粉尘、重负荷、有毒气体及设备突发故障等都极易使现场操作人员遭受人身伤害，如煤气中毒、灼烫、电击、重物坠落打击、机械打击、高空坠落物体打击等伤害，从而使企业产生雇主赔偿责任。钢铁企业的员工在工作过程中面临的人身意外类型主要有如下几种。

1. 煤气中毒，氩气、氮气窒息

高炉煤气、转炉煤气和焦炉煤气是炼钢、炼铁和炼焦生产中的副产品，这些煤气中都含有一氧化碳、硫化氢、苯、酚、氨等有毒气体，一旦泄漏，就可能造成人员的中毒伤亡。2002 年成都钢铁厂因高炉煤气阀门泄漏造成煤气中毒，其中 3 人死亡。2006 年重庆钢铁集团公司下属的重钢股份公司热能厂10万立方米高炉煤气柜发生煤气泄漏事故。泄漏时间75min，泄漏量约为10980m^3。事故导致7人轻微煤气中毒，16人有煤气吸入反应。

钢铁企业由于工艺的需要用到氩气和氮气，工人进入氩气、氮气沉积区域，如果未采取适当的措施，就可能发生窒息事故。1997年9月10日上海某钢铁厂发生氩气窒息事故造成5名工人死亡。1999年酒钢曾发生氩气窒息事故，造成2人死亡。

2. 钢（铁）水烫伤

在钢铁冶炼过程中，钢水和铁水是高温融熔液体，本身并不致喷溅或爆炸。但是由于氧枪与炉子的冷却水系统漏水，氧枪坠落，炉衬与炉盖坍塌，炉料含油、水、雪、湿料、密闭容器和炸药雷管等爆炸物，炉子留钢留渣或打水压渣作业，以及其他引起突然剧烈碳氧反应等都可能引起大沸腾喷溅或爆炸。据统计，大喷溅平均伤亡2.2人/次，其中死亡、重伤0.64人/次。

在连铸生产中，漏钢常造成工人烫伤，不仅损坏设备、增加废品，还打乱了生产组织。氧气顶吹转炉炼铁过程中，转炉氧枪、烟道、烟罩等部位如果管理操作疏忽，容易引起漏水，水漏至转炉内，可引起猛烈爆炸。另外在钢铁生产中原料、半成品、产成品的吊运作业较为频繁，起重设备若存在隐患，在运行中可能发生铁水包（罐）倾覆等，造成现场工人灼烫伤等伤亡事故。另外，由于高温铁水、钢水在厂房内的工艺连接采用起重机吊运，起重机为特种设备，铁水包重量大，转炉、混铁炉、合金炉为大型设备，炼钢厂房内因工艺与运输的要求对这些设备布置的净高度较高，设备立体布置、铁水包立体转运，在此过程中，若装置安全控制设施不完善，可发生铁水包（罐）倾覆等安全事故，引起操作人员的烫伤、烧伤甚至死亡。2003年10月11日9时45分大连某钢铁集团有限责任公司第一炼钢厂2号电炉，吊运钢渣斗的钢丝绳断裂，渣斗翻倒，将一名作业人员烫伤致死。

3. 电击

环境温度高，电机多电缆多，裸露在空气中的电缆易于老化，设备运行多年后绝缘性能下降等都是造成电击事故的风险因素。如果有关人员在作业过程中不遵守作业规程，极易引起人身伤亡事故。此外在检修过程中由于检修工人一般技术水平较高，思想上不重视，由于大意也极易发生电击事故。

4. 机械打击

生产和维修作业人员在设备、部件或材料吊卸过程中违反操作规程、注意力不集中等都会发生机械打击，从而导致人身伤亡事故。如2007年3月19日10时30分，浙江杭州市由中国五矿集团二十三冶集团第二工程有限公司承建的杭州钢铁集团公司冶炼分公司1号高炉，在吊装热风炉内套过程中，吊装物突然坠落，将工地作业的4人砸死。1984年3月31日14时05分冶金部某冶金建设公司金结公司二队在丹东化学纤维厂电站主厂房锅炉间处，安装40t塔式起重机时，蹬高机突然倾斜并且根部部分折断，塔吊臂杆和蹬高机主杆同时坠垂，造成7人死亡，3人轻伤。

5. 高温辐射

炼钢（铁）生产是钢铁生产企业中高温辐射危害最为严重的工序，高温工人大约占工人总数的56%～70%，大部分的作业点夏季超过35℃。虽然目前钢铁企业中暑现象已基本消除，但头昏、心慌、恶心等中暑前兆仍屡有发生，尤其是高温作业引起呼吸和消化系统疾病，以及风湿性关节炎和眼结膜炎等多发病较多。

6. 噪声

长期暴露在强噪声环境中，可能引起噪声耳聋或者产生心慌、易疲劳、反应迟钝、血压升高、心跳加快、消化系统不良、血糖升高、胆固醇增加等症状。钢铁企业的很多生产加工工厂都存在着噪声超标的问题，例如氧气厂、发电厂、焦化厂等。

7. 高空坠落

钢铁企业在生产维修过程中，由于员工的意外或者疏忽而从高空坠落，导致员工的人身伤亡事故屡见不鲜。如2007 年3 月8 日15 时50 分，安徽马鞍山市华丰建筑安装公司承接马鞍山钢铁厂1 号高炉水渣烟囱检修任务时，3 名检修人员乘坐的吊笼在离地面40m 处坠落，3 人全部死亡。2006 年12 月26 日21 时50 分，河北省唐山市境内，河北省安装工程公司唐山迁安市联钢燕山钢铁公司工地，在进行水冷壁安装施工过程中，平台发生侧翻，正在平台作业的5 名工人坠落，造成4 人死亡、1 人受伤。

8. 其他风险

车祸、接触有害化学品以及火灾爆炸等，都是造成工作人员人身伤害的重要因素。

（二）公众责任风险

所谓公众责任风险是指因经营业务发生意外事故，造成第三者的人身伤亡和财产损失，依法应由企业承担的经济赔偿责任。钢铁工业的生产过程是化学、物理的变化过程，对环境污染严重，被列为污染危害最大的三大部门（冶金、化工和轻工）、六大企业（钢铁、炼油、火电、化工、有色金属冶炼和造纸）的首位。若无相配套的有效的环保设施，可能会对企业周围的土地、城镇造成大面积的污染，给人民的生命财产造成损失，引发纠纷和索赔。

钢铁企业的环境污染主要反映在气、水、渣三个方面。废气主要是从燃烧系统排出的，污染过程复杂，污染也是多方面的，有毒成分主要有二氧化硫、一氧化碳、硫化氢、烃、粉尘等。附近居民受二氧化硫的影响易引起慢性呼吸道系统的病症。废水主要有焦化厂的废水，它含有酚、氰化物、氯化物和硫化物等有害物质。废水就地浸透污染地下水或者排入江河、湖泊则污染地面水，使生活饮用水和水生生物含有害物质，对人体引起不良后果。所以应积极处理好废水，合理排放，以免污染环境。同时在选厂时应尽量把工厂建在不透水层的地带，减少工厂废水对深层地下水的污染。

另外，企业在生产过程中如果发生火灾、爆炸等意外事故，也可能对周边居民造成人身伤害或财产损失。若厂外人员进入生产区，也可能遭到煤气泄漏、机械打击、电击以及在厂区内被运动中的机车伤害的风险等。

近年来，随着公民的维权意识不断加强，公众责任的赔偿标准也在不断提高，这些因素都会促使企业进一步提高社会责任感，通过管理手段、技术手段、保险手段等将企业面临的公众责任风险进行有效的转移。

（三）原料、辅料、设备零部件供应中断风险

钢铁工业的生产，需要的原料品种多（如铁矿石、焦炭、石灰石、耐火材料等）、数量大，消耗的燃料和水也较多。另外由于设备更新、维修的需要，常常需要购进大量备品备件等，一旦因为自然灾害或意外事故导致上述原料及备件供应中断，将导致企业有关生产中断引起利润损失。

另外，随着企业的快速发展，可能会受自然灾害或国内经济条件的影响，出现原料供

应短缺，影响加工企业的生产。同时，可能由于通货膨胀、国内经济形势的变化而出现原料的涨价，从而提高了加工企业的生产成本。另外，也可能会由于收购环节把关不严，使得收购原料的质量、数量、品种等不能满足加工生产的需要，从而给企业造成损失。

（四）产品质量风险

我国《产品质量法》规定：产品是经过加工、制作，用于销售的产品。产品质量则是指国家有关法律法规、质量标准以及合同规定的对产品适用、安全和其他特性的要求。产品质量风险是指企业由于产品的设计、制造等原因造成主要功能不符合产品规定的技术指标，因而遭到退货，承担维修费用或更换费用的损失。销出的产品有下列情况之一的，销售者应当负责修理、更换、退货；给购买产品的用户消费者造成损失的，销售者应当赔偿损失：（1）不具备产品应当具备的使用性能而事先未作说明的；（2）不符合在产品或包装上采用的产品标准的；（3）不符合以产品说明、实物样品等方式标明的质量状况的。销售者按规定负责修理、更换、退货、赔偿损失后，属于生产者责任或者属于向销售者提供产品的其他销售者责任的，销售者有权向生产者、供货者追偿。

（五）产品责任风险

产品责任风险是指企业对其生产制造或经营的产品因有瑕疵而使消费者受到身体伤害或财物损失时依法应负的赔偿责任风险。企业产品若出口至一些法律比较完善的国家如美国、加拿大，这些出口到海外的产品，一旦由于使用过程中造成第三者的人身伤亡或者财产损失，就将面临着比较严重的索赔。

· 第三篇 ·

钢铁企业的主要生产工艺流程、设备及工程风险

第一章 铁矿采选系统及风险

第一节 铁矿采选工艺流程

一、采矿、选矿的概述

铁矿石是钢铁工业的主要原料，铁矿物种类繁多，目前已发现的铁矿物和含铁矿物约300余种，其中常见的有170余种。在当前技术条件下，具有工业利用价值的主要是磁铁矿、赤铁矿、磁赤铁矿、钛铁矿、褐铁矿和菱铁矿等。

采矿即自地壳内或地表开采矿产资源的技术和科学。一般指金属或非金属矿床的开采。金属矿床大都埋藏于地下，也有的露出地表或埋藏较浅。根据矿床埋藏的深度，矿石的开采方法分为露天开采法和地下开采法两大类别。露天开采即在露天条件下，将埋藏较浅的矿石，从矿坑露天矿、山坡露天矿或剥离露天矿进行开采；地下开采即将埋藏较深的矿石，在地下采用自然支护、人工支护及崩落采矿方法将矿石开采出来。我国在1949~1957年期间，80%以上的矿山为地下开采，露天开采的不到20%。随后，由于一批露天矿相继建成投产，地下开采的比重急剧下降。到20世纪90年代初，露天开采的比重升到了80%，地下开采的比重则降到了20%。

从矿山开采出来的矿石，不仅含有铁矿物，而且含有其他矿物、脉石及有害杂质。选矿的目的就是将铁矿石中的含铁矿物与脉石等分离，提高铁矿石品位，降低有害杂质含量，并尽可能综合回收其他有用矿物。同时我国铁矿由于贫矿多（占总储量的97.5%）和伴（共）生有其他组分的综合矿多（占总储量的1/3），所以在冶炼前绝大部分需要进行选矿处理，选矿工业是冶金工业必不可少的重要环节。

选矿即利用不同矿物的物理、物理化学或化学性质上的差异，在特定的工艺设备条件下使矿石中的有用矿物与脉石矿物分离，或使共生的各种有用矿物彼此分离，得到一种或者几种相对富集的有用矿物的作业过程。

二、铁矿石开采工艺流程

（一）露天开采的一般程序

露天矿开采一般需要经过地面准备、矿床疏干和防排水、矿山基建、矿山生产和地表恢复等步骤。

1. 地面准备

地面准备是指排除开采范围内和建立地面设施地点的各种障碍物，如征地拆迁、砍伐树木、河流改造、湖泊疏干、“七通一平”（通上水、通下水、通电、通信、通气、通热、通路，平整地面）。

2. 矿床疏干和防排水

在开采地下水很多的矿床时，为保证露天矿正常工作，必须预先排除一定开采范围内的地下水，即进行疏干工作，并采取截流等办法隔绝地表水的流入。矿床的疏干排水不是一次完成的，而是贯穿于露天矿整个生产周期。

3. *矿山基建*

矿山基建工作是露天矿投产前为保证生产必须的建设工程，包括掘进出入沟和开段沟、剥离岩石、铺设运输线路、建设排土场、购置必要的生产和生活设施以及修建工业厂房和水、电等福利设施。

4. *矿山生产*

矿山生产是投入人力、物力和财力进行矿石回采工作的过程，包括掘沟、剥离和采矿三个露天矿生产中最重要的工程，露天矿主要生产工艺过程包括穿孔、爆破、采装、运输、排土等工序。防排水、通风（深部露天矿）等辅助工序也是在各个主要生产工艺过程中需要考虑的问题。

（1）穿孔爆破。铁矿石和岩石一般比较坚硬，必须在其上面进行穿孔，以便用炸药进行爆破，为采掘作业做准备。穿孔质量对其后的爆破、采装等工作有很大的影响。在整个露天开采过程中，穿孔作业的成本约占矿石开采总生产成本的10%～15%。

爆破工作是在穿孔工作完成后，往钻孔内装填炸药，借助炸药爆破时产生的能量崩落矿岩的过程，露天矿爆破质量的好坏，直接影响到后续采装工作的进行，并间接影响露天矿的其他生产环节。因此，对爆破工作提出了多方面的要求：为保证采掘设备的持续生产，要有足够的爆破储备量；爆破矿岩块度要小、爆堆要集中；没有超爆、欠爆现象，不允许出现根底、岩伞等凹凸不平现象，也要尽可能防止由于爆破反作用而对上部台阶造成的龟裂现象。

目前使用的爆破方法有深孔爆破和硐室爆破。硐室爆破只在基建或特殊需要时使用，大中型矿主要用深孔爆破。根据需要还可采用单排或多排孔爆破方法，目前我国广泛采用多排孔微差爆破。我国露天矿爆破所用的炸药主要是硝铵类的铵油炸药、浆状抗水炸药和乳胶炸药。

（2）采装。现代化露天矿山的采装工作，是指用采掘设备将矿岩从整体母岩或松散爆堆中采集出来，并装入运输容器或直接卸到一定地点的工作。采装工作是露天矿开采全部生产过程中的中心环节。

（3）运输。露天矿运输的基本任务是将露天采场采出的矿石运送到选矿厂、破碎站或储矿场，把剥离的岩土（即废石）运送到排土场，并将生产过程所需的人员、设备和材料运送到工作地点。

（4）排土。露天开采的一个重要特点是要剥离大量覆盖在矿体上部的表土和周围岩石，并将其运往专门设置的场地排弃。接收排弃岩土的场地称为排土场；在排土场按一定方式进行堆放岩土的作业称为排土工作。

排土工作包括选择排土场位置、排土工艺技术、排土场稳定性及其病害治理和排土场占用土地、环境污染及其复垦等内容。

（5）排水。露天坑实际是一个大的汇水坑，大气降水及岩层含水是其主要的水源。为保证露采工作顺利进行，必须将露天坑内的积水及时排除，露天矿山排水系统主要有自然排水、机械排水两类。自然排水是利用露天采场与地形的自然高差，不用水泵等动力设备，仅依靠排水沟等简单工程排出采场的排水系统，该排水系统投资少、成本低，被大多数山坡露天矿所采用。机械排水是利用水仓汇水，通过水泵等动力设备，将积水排出地表的排水系统。机械排水分为采场底部集中排水、采场分段接力排水和地下井巷排水3种形式。

5. 地表恢复

地表恢复途径包括：覆土造田、水产养殖、田塘相间、牧业草场结构、绿化造林、水土保持、水上旅游、建筑用地、水库建设、综合开发等。

（二）地下采矿法工艺流程

地下矿床开采包括开拓、采准、回采、矿山运输和矿井提升以及其他辅助生产工作。

1. 开拓

在用地下方式开采时，首先必须从地表开掘一系列通到矿体的井巷称为开拓，为开拓所掘进的各类井巷叫开拓巷道，以形成从地面到阶段水平的行人、运输、排水、通风等系统。

矿山井巷种类很多，常用的有硐室和巷道两大类。硐室指长度和宽度相差不多的巷道，通常按其用途来命名，如井下提升机房、井下破碎硐室、矿仓、水泵房、变电所、机修房、炸药库、电机车室等。巷道系长度比宽度大得多的井巷，可分为垂直巷道，如竖井、垂直溜井等；倾斜巷道如斜井、斜溜井、斜天井等；水平巷道如平硐、石门、脉内平巷等。

（1）井巷掘进与支护。开凿井巷时，若围岩不稳定需进行支护，以保证正常安全生产。这项作业称为井巷掘进与支护，也叫井巷工程，该工程应超前于采矿工程。井巷掘进与支护的主要工作，是破碎岩石以获得需要的井巷空间和防止井巷围岩破坏。目前破岩的主要方法是凿岩爆破，防止井巷围岩破坏的方法是支护。

凿岩爆破也称打眼放炮。它是在矿岩里钻凿出若干一定深度和直径的炮孔，在孔内装入炸药并使炸药爆炸，利用炸药爆炸所放出的巨大能量使炮孔周围的矿岩从原岩体上破落下来的过程。凿岩爆破是当前金属矿山采矿和井巷掘进最基本的矿岩破碎方法。爆破下来的碎石装入装岩机运出巷道。

长期以来矿山井巷掘进工作，一直是采用凿岩爆破的方法，但这种方法劳动强度大，工作效率低，同时还具有很大的危险。因此，人们对各种新的岩石破碎方法及其在岩巷掘进工作中的应用，进行了大量的研究工作。其中，用机械破碎岩石的方法，即采用全断面或分断面巷道掘进机掘进巷道的方法得到了迅速的发展。

（2）矿床开拓。矿床开拓对矿床开采的安全、建设周期长短、投资大小、生产成本的高低、资源回收的好坏以及今后的发展等起着决定性作用。任何一个地下开采的矿山，都必须采用竖井、斜井、斜坡道、平硐等四种巷道中的一种或两种以上对矿床进行开拓。因此，这四种有工作提升或运输矿石的开拓巷道叫做主要开拓巷道，其他开拓巷道叫做辅助开拓巷道。根据主要开拓巷道的类型及数目，矿床开拓方法可分为平硐开拓法、竖井开拓法、斜井开拓法、斜坡道开拓法和联合开拓法五类。

2. 采准

在已开拓好的阶段里，为了回采矿石，需根据采矿方法的要求在采区内掘进平巷、横巷和天井等，叫做采准。这种巷道可统称为采准巷道。

金属矿床由于赋存条件复杂，矿石和围岩物理力学性质差异较大等，故采矿方法较多。按照回采时地压管理方法可分为空场法、充填法和崩落法。

空场采矿法的具体形式很多，但应用较为广泛的是房柱法、留矿法、分段凿岩阶段矿房法和阶段凿岩阶段矿房法。

充填采矿法根据采用的充填料和输送方式以及矿体回采方向和充填方式不同分为上向分层充填法、下向分层充填法和嗣后充填采矿法。

国内外常见的崩落法回采方案包括有底柱分段崩落法、无底柱分段崩落法和自然崩落法。

目前，地下开采的采矿方法主要是无底柱采矿法，大约占72%，其次是浅孔留矿法，占9%，房柱式和壁式采矿法占8%，空场法占7%，有底柱分段崩落采矿法占3%，充填法占1%。

3. 回采

在已做好采准工程的采区里，进行大量采掘矿石的工作叫做回采。无论哪种采矿方法，都包括采准和回采两项工作，而回采又由三个作业组成，即崩落矿石、搬运矿石以及已采空间的处理。为保持矿山的均衡生产，开拓、采准、回采必须保持一定的超前关系。

4. 矿山运输与矿井提升

矿山运输与矿井提升的任务是将采掘工作面采下的矿石运往地表或选厂，废石运往废石场，以及运送材料、设备、人员等。地下开采中，矿山运输分为地面运输和井下运输。矿井提升即井筒中的提升工作，按井筒倾角分为竖井提升和斜井提升。

5. 矿井辅助生产工作

矿井生产除采矿、掘进、提升运输等主要生产环节外，还有辅助生产工作，如矿井通风、矿井排水、矿山压缩空气供应、矿井供水、矿山供电等。辅助生产为主要生产创造正常的工作条件并与主要生产同时进行，它们也是矿井生产十分重要的组成部分。

地面新鲜空气进入矿井后，由于被凿岩在爆破、装载、运输等作业过程中产生的烟尘以及坑木腐朽、矿石氧化等产生的有害气体所污染，因而变成井下污浊空气。其成分与地面新鲜空气差别较大，主要表现为粉尘增多，有害气体含量增加，空气含氧量降低。为了降低井下空气中粉尘含量及有害气体浓度，提高含氧量，以达到国家规定的卫生标准，必须进行矿井通风，即不断地将地面新鲜空气送入井下，并将井下污浊空气排出地表，调节井下温度和湿度，创造舒适的劳动条件，保证井下工作人员的健康与安全。矿井通风时，风流流动线路一般是：新鲜风流由进风井送入井下，经石门、阶段运输平巷等开拓巷道和天井等采准工程到需要通风的工作面，冲洗工作面后的污浊气流经回风井巷排至地表。风流所流经的通风线路及设施（包括通风设备）称为通风系统。根据矿石拥有的独立通风系统的数目，可分为集中通风和分区通风；按进风井和出（回）风井的相对位置，通风系统分为中央式和对角式。

三、铁矿石选矿工艺流程

（一）选矿工艺

目前国内选矿厂处理的铁矿石主要有磁铁矿和赤铁矿两大类，其中磁铁精矿产量约占我国铁精矿产量的3/4，而且国内大部分铁矿山在选矿技术革新方面针对的也主要是这两类矿石。选矿是一个连续生产过程，由一系列作业工序组成，一般分为选别前准备、选别和选别后脱水三个阶段，其工艺流程如图3-1所示。

1. 选别前准备

这一工序包括破碎、筛分、磨矿和分级。磨矿是选矿工艺当中的准备作业，是选矿厂能量消耗最大的工段，磨矿成本直接关系着整个选矿厂的效益。近年来，我国选矿企业的磨矿工艺发生了相当大的变化，主要体现在自磨和半自磨工艺重新受到重视，磁性衬板的广泛应用，分级作业的改进，入磨粒度的降低等。

2. 选别作业

根据各种矿物的不同性质，将采用不同的选矿方法，如浮选、重选或磁选法等。

3. 选别后的脱水

精矿脱水通常由浓缩、过滤和干燥三个过程组成。

矿石选别后得到的产品分为精矿、尾矿和中矿。精矿是原矿经选别得到的有用矿物含量较高、适合于冶炼的最终产品。尾矿是经选别后所废弃的产品，其中大部分是脉石，不需进一步处理。中矿是中间产品，其中有用矿物含量比精矿低，但比尾矿高，还需要进一步加工处理。

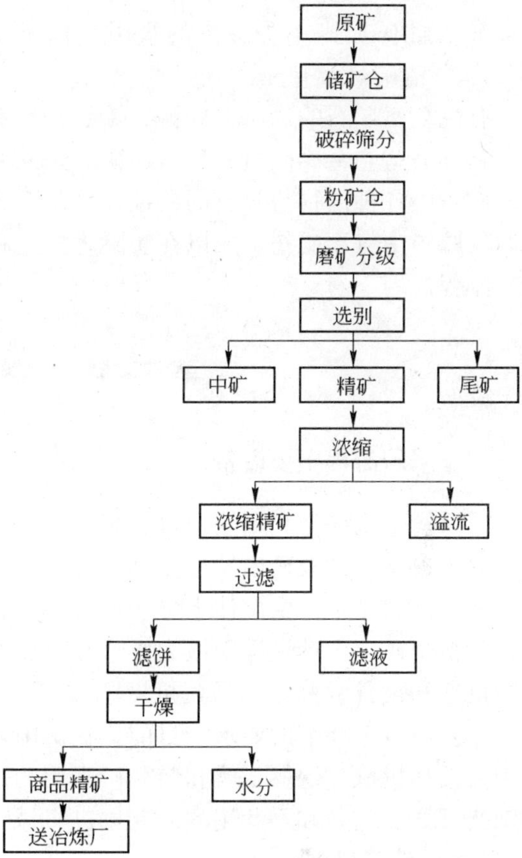

图 3-1　选矿工艺流程

（二）选矿方法

矿石中的各种矿物，都具有各自固有的物理性质和化学性质，如粒度、形状、密度、颜色、光泽等。根据各种矿物的不同性质，可选择不同的选矿方法。

目前选别铁矿石常用重力选矿法、浮选法和磁选法以及联合选别等方法。

1. 重力选矿法

该法是根据矿物密度的不同及其在介质中具有不同的沉降速度进行选分的方法。密度不同的矿物粒子在运动的介质中（水、空气与重液）受到流体动力和各种机械力的作用，造成适宜的松散分层和分离条件，从而使不同密度的矿粒得到分离。

2. 浮选法

利用矿物表面物理化学性质不同所进行的选矿。即用药物处理过的矿粒，有选择性地附着在矿浆中的空气泡上，并随之上浮到矿浆表面，达到有用矿物与脉石分离的目的，也称泡沫浮选法。

3. 磁选法

根据各种矿物的磁性不同，因而在磁选机的磁场中受到不同的作用力，使矿物达到分选的目的。矿粒混合物通过磁选机的磁场时，由于矿粒受磁力不同，在磁场的作用下，磁性矿粒受磁力的吸引，附着在磁选机圆筒上，被带到一定高度后，从筒上脱落。非磁性矿粒则不受磁力的吸引，由下部排出成为尾矿。从筒上被水冲下的磁性矿粒，即为精矿。

有色金属矿石的选矿，如铜、铅、锌、钼等矿主要用浮选法处理；某些黑色金属、稀有金属和一些非金属矿石，如石墨矿、磷灰石等也用浮选法选别。

矿石中各种矿物与脉石的特性往往是多方面的，采用单一的选矿方法并不能最大限度地回收原料中有用矿物。所以在实际生产过程中，经常采用主选法和补选法相结合的联合选矿流程。

第二节　铁矿采选设备

一、采矿流程主要设备

露天开采主要是利用挖掘机、装载机、汽车、钻机、炸药等。地下开采还需要坑道支架和通风设备，铺设矿山轨道，利用专门设备小火车运到地表。

在采矿工作中，由矿体上将矿石剥落下来，并将它装入运输设备中的落矿和装矿工作，是整个矿山生产过程中最为繁重和重要的环节。在掘进作业和回采作业中用于采掘工作的机器和设备，称为“采掘机械”。根据所开采矿岩的坚固程度和矿体赋存条件，以及采矿工艺对各个环节的要求。目前，在矿山采用着各种类型的采掘机械。它们有供钻爆破孔用的钻孔机械，挖掘土壤和装载矿岩用的挖掘机械，装载和转运矿岩用的装载机械，以及钻凿天井、竖井和平巷用的岩巷掘进机械等。

（一）钻孔机械

钻孔机械是用来在岩体上钻凿一定孔径、一定方向和一定深度的爆破用孔（钻孔）的机械（或工具）。主要的分类方法是按照破碎岩石的过程和原理来进行划分。

根据机械破碎岩石的方法，可以有如下几种钻孔机械：

（1）旋转式钻机：多刃切削钻头钻机、金刚石钻头钻机等。这种钻机多用于在中等硬度以下的岩石中钻孔。

（2）冲击转动式钻机：各种类型凿岩机、潜孔钻机和钢绳冲击式钻机等。可用于在中硬以上的岩石中钻孔。

（3）旋转冲击式钻机：牙轮钻机。用于在中硬以上的岩石中钻孔。

除了上述用钻头破碎岩石的各种钻机之外，国内外的矿山工程技术人员和科学工作者还提出和试验了大量的特殊钻机。按照特殊钻机破岩原理，有机械凿岩、热力剥落凿岩、熔融气化凿岩和化学凿岩四种。

（1）机械凿岩有腐蚀、侵蚀、爆破、挤压、钻粒、火花、火花冲击和超声波等方法。

（2）热力剥落凿岩有火钻、电分解、高频电流、电感应和微波等方法。

（3）熔融气化凿岩有原子核反应、熔融、电弧、等离子、电子束和激光等方法。

（4）化学凿岩有氟腐蚀等方法。

表 3-1 列出了各类钻机特性。

表 3-1 各类钻机及其特性一览表

钻机种类	钻孔直径/mm			用途	钻孔方法
	一般	最大	最小		
火 钻	200~250	380~580	100~150	含石英高的极硬岩石	热力破碎
手持式凿岩台车	38~42		23~25	浅孔凿岩和二次破碎等辅助作业	冲击式机械破碎
凿岩台车	56~76	100~140	38~42	小型矿山的主要穿孔作业或大型矿山辅助作业	
钢绳冲击钻	200~250	300	150	大中型露天矿山各种硬度的岩石	
潜孔钻	150~250	508~762	65~80	主要用于中小型矿山中硬以上的岩石	
旋转式钻机	45~160			软至中硬矿岩	切削式机械破碎
牙轮钻机	250~310	380~445	90~100	大中型矿山中硬至坚硬的岩石	滚压式机械破碎

1. 露天矿穿孔设备

露天矿穿孔设备一般包括牙轮钻机、潜孔钻机、火钻、凿岩台车、钢绳冲击钻机等。当前大、中型露天矿山最常用的穿孔设备是牙轮钻机和潜孔钻机。

（1）牙轮钻机主要是通过钻机的回转和推压机构使钻杆带动钻头连续转动、同时对钻头施加轴向压力，以回转动压和强大的静压形式使与钻头接触的岩石粉碎破坏，钻进的同时，通过钻杆与钻头中的风孔向孔底注入压缩空气，利用压缩空气将孔底的粉碎岩渣吹出孔外，从而形成炮孔。牙轮钻头破碎岩石的机理实际上是冲击、压入和剪切的复合作用。

牙轮钻机是一种高效率的穿孔设备，按穿孔进尺计算，其穿孔速度一般 4000～6000m/月，最高达 10000m/月；按年穿爆量计算，一般是 400 万～600 万吨，最高可达 1200 万～1400 万吨。这样的效率是钢绳冲击钻机的 4～5 倍。

（2）潜孔钻机是一种回转冲击钻机，由钻具组、回转机构、推进提升机构、压力和除尘系统、电器系统、钻架及起落机构、钻具存放和接卸机构、行走机构、司机室和操作系统等部分组成。钻孔时，气动冲击器潜入孔底，破坏钻孔岩石，完成钻孔过程。

2. 地下开采钻孔设备

地下开采经常用风动冲击式凿岩机和凿岩工具来钻凿炮眼，井巷掘进中常用的是气腿式和伸缩式凿岩机。为了提高凿岩效率，减轻工人劳动强度，在平巷掘进中逐渐采用凿岩台车。

（1）凿岩机。凿岩机主要用于在坚硬的岩石中钻孔。按照冲击钎尾和转动钎头多用的驱动动力分为气动、电动、内燃、液压等类型的凿岩机。

气动凿岩机是以压缩空气为驱动动力，目前在国内应用最广，可在采矿、土建工程、铁路、水利和国防工程中进行凿岩作业。气动凿岩机的类型很多，一般有以下几种：手持式凿岩机、气腿式凿岩机、伸缩式凿岩机、导轨式凿岩机。

（2）凿岩工具。向岩石传递凿岩机冲击和回转能量的工具是钎子。目前常用的钎子有整体钎子和组合钎子。整体钎子是将钎头和钎杆做成一体，适用于软岩和小直径浅孔的钻孔工作。组合钎子的钎头是活装在钎杆上的，其钎头磨损后只需更换和修磨钎头即可。

（3）平巷掘进机。平巷掘进机是一种将机械破碎岩石和排渣等工序实现联合作业，并连续掘进的综合设备。用于掘进各种断面形状的巷道和隧道。平巷掘进机按其适用范围可分为两大类，即适用于在煤层和软岩中掘进巷道的平巷掘进机和适用于在中硬以上硬度的岩石中掘进巷道和隧道的平巷掘进机。现有各种平巷掘进机的基本结构和破岩方法均大同小异，以国产 EJ-30 型平巷掘进机为例简要介绍其组成和原理。EJ-30 型平巷掘进机是一种全断面的挖掘机，借助安装在旋转刀盘上的滚刀，在一定的轴推力作用下滚压破碎岩石。掘进后将形成直径为 3m 的圆形断面，底部填平后呈拱形，然后铺设轨道，从而成为拱形断面巷道。

（二）挖掘机械

采装工作的主要设备是各种挖掘机和土方工程机械。挖掘机按工作特点分为周期作业式单斗挖掘机和连续作业式多斗挖掘机两大类型。根据国家标准，挖掘机按用途与结构特征分类如下：

- 挖掘机
  - 周期作业式单斗挖掘机
    - 建筑型单斗挖掘机
      - 履带式
      - 轮胎式
    - 采矿型单斗挖掘机
    - 剥离型单斗挖掘机
      - 履带式
        - 多履带式
        - 双轮胎式
      - 轮胎式
    - 塔索型单斗挖掘机
      - 主塔移动式
      - 主塔固定式
    - 隧道挖掘机
      - 短臂式
      - 伸缩臂式
  - 连续式多斗挖掘机
    - 链斗挖掘机
    - 链斗挖沟机
    - 成型断面挖沟机
    - 斗轮式挖掘机
    - 滚切式挖掘机
    - 隧道联合挖掘机

目前国内外的金属露天矿最广泛应用的是单斗挖掘机，并以电铲为主。单斗挖掘机是使用一个铲斗进行周期性作业的挖掘机械。铲斗以挖掘、回转、卸料、返回为一个周期循环挖掘物料。单斗挖掘机主要用于挖掘基坑、疏浚河道、剥离表土和采掘矿石等作业。工作时机器不走动，机器在停机处将所能挖到的物料挖完后移动一段距离，在新的位置重新挖掘。

单斗挖掘机是露天矿山最主要的挖掘机械，类型很多。在采矿工业中，挖掘机除少数用于直接剥离表土外，大多数用于装载和转运已爆破下来的矿岩，其实质也是装载机械。

单斗挖掘机根据其工作装置的联结方式不同，分为正铲、反铲、刨铲、拉铲和抓铲 5 种；按行走方式分为履带式和轮胎式两类；按传动方式有机械传动（机械铲）和液压传动（液压铲）两种；按动力装置分为电动机驱动（电铲）、柴油机驱动（柴油铲）和蒸汽机驱动（蒸汽铲）3 类。目前露天矿山大多采用电动机驱动、机械传动的正向铲，简称电铲。

电铲主要组成部分包括工作装置、回转装置、行走装置、动力设备及机房等。其中，工作装置包括铲斗、斗柄、开斗底装置、悬臂、悬挂悬臂的钢丝绳、双脚架及提升钢丝绳等。铲斗和斗柄刚性连接，在斗柄由推压机构的作用把铲斗伸出的同时，提升钢丝绳在提升机构作用下把铲斗提起，通过伸出铲斗和提升铲斗的密切配合，即可把矿岩装入铲斗内。

（三）装载机械

装载作业是整个采掘生产中最繁重的工作之一，无论是露天采矿还是地下采矿，消耗在这一工作上的劳动量，约占整个掘进（采矿）循环的30%～50%。因此，需要最大限度地发挥现有装载机械的能力和研制新型高效装载机械，不断提高装载作业的机械化水平，矿山装载机械的类型很多，可按其使用场所、工作机构类型、行走方式、动力源的种类分为若干类型。

（1）按工作场所可分为露天装载机和井下装载机两大类；

（2）按装载岩石的工作机构可分为铲斗式、耙抓式和耙斗式等；

（3）按行走方式可分为分轨轮式、履带式和轮胎式等；

（4）按所使用的动力源分电动、液压、气动和内燃驱动等。

各种类型的铲斗装载机是矿山生产中用得最多和最广泛的装载机。铲斗式装载机的铲斗装于装载机的前端，依靠装载机的行走系统使铲斗插入岩堆，借助于提升机构提升铲斗实现装载。铲斗式装载机可以向前方卸载、向侧面卸载和向后面卸载。也可以借助于各种类型的运输机向后面的矿车转载。铲斗式装载机有履带、轮胎和轨轮三种行走方式。有的铲斗式装载机，本身带有一定容积的储仓，除了完成装、卸作业外，还可兼作短程的运输作业，这种装载机又称为装运机。

（四）运输与提升设备

1. 露天采矿运输设备

大、中型露天采矿场采用的运输方式包括自卸汽车运输、铁路运输、胶带运输机运输、斜坡箕斗提升运输以及由各种方式组合成的联合运输，如：自卸汽车-铁路联合运输、自卸汽车-胶带运输机联合运输、自卸汽车（或铁路机车）-斜坡箕斗联合运输。其中，自卸汽车运输在国内外获得广泛的应用，并有逐渐取代其他运输方式的趋势。汽车具有爬坡能力强、运输线路通过的平面尺寸小、运输周期相对较短、运输机动灵活、运输线路的修筑与养护简单的优势，适合需要均衡配矿和多点作业的矿山，在现代露天矿山得到了广泛的应用，成为现代露天矿山的主要运输方式。胶带运输机由于能够实现连续或半连续作业，运输生产能力大、运输费用低，所以在国内外深露天矿的应用日益广泛。胶带运输机在露天矿的应用，大致有以下几种类型：轮斗式挖掘机—胶带运输机系统；推土机—格筛—胶带运输机系统；前端式装载机—移动式破碎机—胶带运输机系统；挖掘机—汽车—破碎机—胶带运输机系统。

2. 地下采矿运输设备

地面运输多采用电机车和汽车运输，在地形复杂的矿山用索道运输。井下运输主要采用电机车、无极绳运输，也有用运输机的。井下用的电机车有架线式和蓄电池式两种，金属矿山主要采用架线式电机车。架线式电机车由受电弓将电流自架线引入电机车的电动机，并利用轨道做电流的回路。一般都以直流电为电源，需要在地下设变流所，将交流电变为直流电。架线式电机车结构简单，易于维护，运输费用较低，但电弓常冒火花，不能在有瓦斯和矿尘爆炸危险的矿山使用。目前，井下架线式电机车有3t、7t、10t、14t、20t等几种，应根据阶段运输量、运距、装矿方式、装矿点集中与否等因素综合考虑来决定应使用哪种电机车。

3. 矿井提升设备

矿井提升实际上就是井筒中的运输工作，矿井提升设备包括提升机、提升容器、提升钢丝绳、井架、天轮及装卸设备等。

目前我国金属地下矿山使用的提升机主要有单绳缠绕式矿井提升机（有单筒、双筒两种类型）和多绳摩擦式矿井提升机。

（1）单绳缠绕式矿井提升机是指每个卷筒缠绕一根钢丝绳，通过旋转进行提升或下放的机械设备。

（2）多绳摩擦式矿井提升机的钢丝绳不是固定和缠绕在主导轮上，而是搭放在主导轮的摩擦衬垫上，提升容器悬挂在钢丝绳的两端，为使两边质量不致相差过大，在两个容器的底部用钢丝绳相连。当电动机通过减速器带动主导轮转动时，钢丝绳和摩擦衬垫之间便产生很大的摩擦力，使钢丝绳在这种摩擦力的作用下，跟随主导轮一起运动，从而实现容器的提升或下放。目前，常用的多绳摩擦式矿井提升机一般分为4绳或6绳。

（五）通风设备

按照风动力的不同，可将矿井通风方法分为机械通风和自然通风。机械通风是采用专门的机械设备（扇风机）来促使井下空气流动。季节变化对通风影响不大，风流方向及风量可以调节，是一种可靠的通风方法，为绝大多数矿山所采用。而且安全规程规定，地下矿山必须建立机械通风系统。矿井用的扇风机有轴流式和离心式两种，轴流式扇风机效率高，质量轻，动轮叶片可以调整，在金属矿山得到广泛的应用，其缺点是噪声大，维修复杂。

（六）排水设备

矿井排水设备主要包括水泵和水管。矿用水泵一般为离心式水泵，主要利用离心力的作用，使水不断被吸入和排出。单级水泵仅有一个叶轮，提升高度有限；当扬程大时，可采用多级水泵，即利用在一根轴上串联多个叶轮，来增加扬升高度。矿井主排水设备均为多级水泵。

排水管一般都敷设在井筒的管道间内。排水管靠近水泵处，设置闸板阀和逆止阀。闸板阀作为调节排水量及开闭排水管之用；逆止阀是在水泵停车时，防止水管中的水倒流进入水泵中损坏叶轮。

（七）爆破设备

爆破的主要器材有雷管和导火线，雷管有火雷管和电雷管两种。导火线由药芯和包皮两部分组成。爆破后需要及时通风，以排除掘进工作面的有害气体和粉尘，目前广泛使用轴流式局部扇风机。

二、选矿流程主要设备

铁矿选矿设备根据选矿的工艺流程主要可以分为以下几类。

（一）破碎设备

我国选矿厂一般采用粗破、中破和细破三段破碎流程破碎铁矿石。粗破多用1.2m或1.5m旋回式破碎机，中破使用2.1m或2.2m标准型圆锥式破碎机，细破采用2.1m或2.2m短头型圆锥式破碎机。通过粗破的矿石，其块度不大于1m，然后经过中、细破碎，筛分成矿石粒度小于12mm的最终产品送磨矿槽。破碎粒度范围及破碎设备见表3-2。

表3-2 破碎粒度范围及破碎设备一览表

破碎阶段	粒度/mm		破碎设备
	给 料	产 品	
粗 碎	1000～300	350～100	颚式、圆锥破碎机
中 碎	350～100	100～40	颚式、圆锥破碎机
细 碎	100～40	20～12	锤式破碎机
粗 磨	20～12	1～0.1	球磨、棒磨机
细 磨	1～0.3	≤0.1	球磨、棒磨机

新型高效破碎设备的使用，是实现节能降耗和多碎少磨的关键之一。目前，各类破碎设备层出不穷，质量优劣不同，在选用时应根据不同情况进行比较。

1. HP型圆锥破碎机

圆锥破碎机是各类矿山广泛使用的中细碎设备。传统机型由于设计方面的缺陷，存在着单机产量低、能耗高、细粒级含量低等不足之处。HP型圆锥破碎机通过采用大破碎力、大偏心距、高破碎频率以及延长破碎腔平行带等技术措施，改进了传统机型的不足。矿石颗粒在破碎腔内不仅受到锥体的直接作用，而且还受到层压粉碎作用。因此，保证了破碎过程的高效率和低能耗。该设备的自动化水平非常高，可以自动实现恒定排矿口和功率控制的目标。

2. 辊压机

辊压机是在料层粉碎（料团粉碎）基础上发展起来的一种粉碎新技术。工作过程包括密实、粉碎和结团三个阶段。具体来讲就是，以挤满给料方式给入机内的物料，被两个相向转动的辊子咬住，随辊面向下运动，料团在两辊之间的封闭空间内受到峰值达50MPa以上压力的作用而粉碎。料层粉碎过程中，粉碎事件不仅发生在与辊面直接接触的那部分颗粒中间，料层内部的所有颗粒也都相互施力而同时发生粉碎。因此，辊压机具有能量利用率高、单机产量高、辊面磨损程度轻以及运行可靠等特点，这使得辊压机特别适用于高硬度和高磨蚀性的脆性物料的破碎。辊压机粉碎产品中细粒和超细粒含量较高，粉碎时产生的微裂纹有利于降低磨机给料功指数。辊压机目前已逐步在铁精矿球团生产以及铁矿、金矿、金刚石矿等矿山破碎工艺中获得了应用。

3. 外动颚匀摆颚式破碎机

此系列产品属于新一代高效、节能、低磨损破碎设备，从根本上改变了传统复摆颚式破碎机以四连杆机构中的连杆作为动颚的设计方式，而是通过边板将偏心轴的运动传送到外侧的动颚上，这样的设计使动颚的运动学性能得到了改善，大大减轻了颚板的磨损。

（二）磨矿设备

铁矿磨矿工艺大多数采用两段磨矿流程，中小型选矿厂多采用一段磨矿流程。由于采用细筛再磨新工艺，近年来一些选矿厂已由两段磨矿改为三段磨矿。采用的磨矿设备一般比较小，最大球磨机3.6m×6.0m，最大棒磨机3.2m×4.5m，最大自磨机5.5m×1.8m，砾磨机2.7m×3.6m。其中自磨机约占10%，棒磨机和砾磨机约占3%，其余基本上为球磨机。铁矿选矿厂生产中使用最多的是2.7m×3.6m和3.6m×4.0m规格的球磨机。

磨矿后的分级基本上使用的是螺旋分级机。为了提高效率，部分选矿厂用水力旋流器取代二次螺旋分级机。

（三）细粒筛分分级设备

细粒物料的分级一直是选矿实践之中的一道难题。随着细粒嵌布矿石和难磨难选矿石开发利用程度的不断加深，对分级设备分级效率和处理能力提出了更高的要求。我国自行研制的KMLF型斜窄流分级机、MVS高频振网筛和新型水力旋流器等分级设备的性能十分优良。

1. KMLF型斜窄流分级机

该产品是我国一种拥有自主知识产权的新型水分级设备。它通过采用斜浅层沉降原理来加速矿浆内部颗粒沉降速度和提高设备的单位生产能力。一台分级设备由几个斜板组合体（每个组合体由若干个斜板单元组成）构成，每个组合体自设溢流槽，各组各单元的沉砂落入共用集砂装置。此设备具有占地面积小、处理量大、能耗低、分离效益高和操作维护简单等优点，特别适用于缺地少水，浓缩（分级）设备需布置在厂房内的情况。目前，KMLF型斜窄流分级机已被广泛应用于选矿中间矿浆产品的分级、脱泥与浓密和闭路磨矿分级回路作业中。

2. MVS高频振网筛

其工作原理是布置于筛箱外侧的、以电磁激振器为主的振动系统驱动布置在筛网下面的振动臂振动，振动臂上装有沿筛面全宽的橡胶帽，橡胶帽托住筛网并激振筛网。每台筛机沿纵向布置若干组振动系统，由电脑控制柜集中控制，每个振动系统分别独立驱动振动臂振动筛网，振幅可以随时分段调节。与普通振动筛相比，该产品振动力强大，矿物颗粒在筛面上跳跃运动，有利于提高透筛率，矿物颗粒在筛面上因分层而产生选别作用，筛面高频振动而筛箱不动，可使设备以较小的动力工作。目前，此种设备已在国内各主要钢铁骨干企业的大型铁矿选矿厂以及中小型矿山选矿厂获得应用。采用MVS高频振网筛可以起到提高分级效率和精矿质量，简化流程，提高球磨机的台时处理能力和节能降耗的作用。

3. Derrick高频细筛

Derrick重叠式高频细筛是一种高效率的细粒筛分设备，以处理能力大、筛分效率高和经济效益显著的特点，树立了它在全球细粒筛分/脱水技术领域中的领导地位。Derrick高频细筛在国外铁矿山的应用非常普遍，在国内铁矿山的应用是近几年的事情。

（四）磁选设备

磁选机种类很多，按其磁场强度的强弱可分为：（1）弱磁场磁选机，磁场强度为64000～160000A/m，用于选分强磁性矿物；（2）强磁场磁选机，磁场强度为480000～2080000A/m，用于选分弱磁性矿物；（3）中磁场磁选机，磁场强度介于以上两者之间。按选别方式不同，在生产中将磁选机分为干式和湿式两种。按生产磁场的方式不同，又分为电磁磁选机和永磁磁选机。按结构不同可分为筒式、盘式、辊式、环式、转鼓式、转笼式及带式等。

磁选在诸多选矿工艺中是一种少污染或无污染工艺。因此，发展节能降耗的高效磁选设备对我国经济和社会发展具有十分重要的意义。近年来，我国科研人员开发出了许多新型磁选机，在铁矿选厂得到广泛应用并取得了良好经济社会效益的有BK系列和CT系列筒式弱磁选机、CCXGY细碎磁铁矿干式预选机、磁选柱、磁场筛选机、SLon型强磁选机等。

1. CCXGY细碎磁铁矿干式预选机

原矿进入磨矿作业以前进行干式预选，可以起到增加选厂处理量和降低磨矿成本的作用。块状构造的矿石破碎后采用传统的磁滑轮和CTDG型永磁大块矿石干选机均可以获得较好的预选效果。传统设备对产于超基性岩中的风化严重的低品位磁铁矿或者破碎产品中的细粒部分无能为力，CCXGY细碎磁铁矿干式预选机很好地解决了这一问题。该机利用特殊的分选原理，通过独特的设备结构，使给入的细碎矿石中的粗细粒强磁性矿物，在分选筒表面既受到高磁力吸引作用，同时还产生强烈的翻转、跳动、搅动作用。这样，强磁性矿物既可被高的磁场力充分吸附回收，同时又可使其中夹杂的各种脉石矿物和低贫连生体被抛出到尾矿中，从而使得强磁性矿物得到高效率分离。

2. BK系列专用筒式磁选机

目前磁铁矿选矿厂普遍使用的CTB型筒式磁选机，由于本身分选原理的限制，以及设计时考虑其通用性，在实际应用中分选效率并不高。磁铁矿选别过程中不同分选段（预选、粗选、精选、尾矿再选）的工艺条件和分选要求各不相同，因此，就有必要根据这些特点来选用磁选机。BK系列专用筒式磁选机（BKY、BKC、BKJ、BKW）在设计时充分考虑了这些因素，采用了诸如较高矿浆液面、大分选室、大包角磁系、顺流槽体、漂洗水装置和多尾流通道等技术措施，因而使得该机具有比CTB型筒式磁选机更高的分选效率。

3. CSX磁场筛选机

该机采用比弱磁选机磁场低数十倍的均匀磁场，利用单体铁矿物与连生体矿物的磁性差异，使磁铁矿单体实现有效团聚而形成磁链，增大了磁铁矿与连生体颗粒的沉降速度差和尺寸差，利用安装在磁场中的专用筛（其筛孔比最大给矿颗粒尺寸大数倍）有效地将二者进行分离，磁链沿筛面滚下进入精矿箱，由于脉石和连生体矿粒的磁性弱，以分散状态存在，极易透过筛孔进入中矿箱排出。CSX磁场筛选机能够广泛地适用于不同类型、不同粒度的磁铁矿、钒钛磁铁矿、焙烧磁铁矿的精选，使铁精矿的品位普遍提高2%～5%。采用该设备可以放粗磨矿细度，提高磨机处理量；可以普遍代替采用磁选机时的二、三段精选作业及磁力脱水槽作业，起到提质降耗、简化流程的多重作用。

（五）重选设备

多种规格型号的重介质选矿机、跳汰机、旋流器、螺旋溜槽、振动溜槽、螺旋选矿机、槽式洗矿机、洗矿筒和湿式回转筛取得了广泛应用。对于粗粒或块状矿石混入贫化物料时，多用重悬浮液选矿。有些选矿厂对粒状矿石进行跳汰选矿，对于中细粒矿石主要用螺旋选矿机进行重选。

螺旋选矿机在美国、加拿大、瑞典、利比里亚等国家的新老选矿厂广泛使用。如加拿大卡罗尔选矿厂采用4000多台，经过一次粗选和两次精选，直接获得精矿，对粗选尾矿再进行磁选，最终铁精矿品位为66.5%。

（六）浮选设备

浮选设备是浮选机（或称浮选槽）、调和槽和给药机。各种结构型号的浮选机用于处理细粒和微细粒嵌布的贫铁矿石。国内外定型制造和使用的浮选机仍以机械搅拌式为主，并且有着同一发展趋势，即随着细贫难选物料处理量的与日俱增，向着充气量足够、生产能力大、电能消耗少、选别指标好以及便于操作和维护等方面发展。代表产品有芬兰 OK-16MX-14、WEMCO-144、DR-600H，充气机械搅拌式有 BFP-240、BFR600 等。

（七）过滤脱水设备

浓缩一般采用周边传动或中心传动的浓缩机，还有倾斜板浓密箱。过滤采用圆筒或圆盘真空过滤机、磁滤机以及带式压滤机。筒型内滤式真空过滤机可用于过滤磁选和浮选铁精矿。采用筒型磁滤机过滤磁选铁精矿。采用盘式真空过滤机过滤细粒浮选铁精矿。采用压滤机过滤微细粒矿泥精矿。为解决细黏物料卸料困难的课题，出现了折带式过滤机，面积已达 131.9m^2。

为了提高微细粒物料过滤的效率，过滤机正围绕着降低滤饼和过滤介质阻力的方向在改进，如添加絮凝剂和助滤剂，选用合理的过滤介质等。陶瓷过滤机即属于织物介质外新型多孔固体介质的应用。

第三节　铁矿采选系统的风险

一、采矿系统主要风险

采矿业是典型的高危行业，存在各种不安全因素。在矿山作业中，五种最常见的危险、有害因素依次为材料搬运、人员滑跌或坠落、机械设备、拖曳和运输、坍塌和滑坡，这五类危险、有害因素占全部危险、有害因素的 80%；其余 20% 为矿井火灾、瓦斯或粉尘爆炸、水危害、炸药和爆破事故、中毒和窒息等，尽管这些危险、有害因素发生的可能性小，但一旦发生事故，后果严重。

（一）岩层坍塌

岩层坍塌包括：巷道的片帮和冒顶、露天工作面的片帮、矿井工作面的片帮和冒顶、露天的滑坡等。片帮和冒顶是地下开采中最严重的事故，也是最普遍的事故之一。片帮和滑坡事故也发生在露天矿场和采石场。在选择井下硐室或巷道的顶板和侧壁的支护材料时，必须使支护材料具有一定的强度并适应岩石的特性，才能达到控制岩石片帮、冒顶的作用。安全教育、技术检查和安全可靠的坑巷支撑施工方法对减少这类事故都是十分重要的。

而且随着矿山开采工作的进行，空区面积和体积将不断增大。如果集中应力超过矿石或围岩的极限强度时，围岩将会出现裂缝，发生片帮、冒顶、巷道支柱变形；严重时会将矿柱压垮、矿房倒塌、巷道破坏、岩层整体移动，造成顶板大面积冒落，地表大范围开裂、下沉和塌陷，即出现大规模地压活动，其危害是巨大的。

（二）矿井水灾

矿山突然发生涌水，能淹没整个矿井，甚至会引起地面大范围的陷落。涌水事故是水文地质条件复杂矿山面临的主要安全隐患之一。一般水灾由地表水或地下水引起。地表水包括降雨、降雪及河、湖、塘、沟渠、水库中的水；地下水包含含水层、溶洞、老采区、旧巷道、断层、破碎带中的水。

水灾形成的条件是：

（1）汇水区内或露天坑内的地表水通过矿区塌陷范围渗入矿井内；

（2）地表储水、地下储水通过裂隙、断层、溶洞灌入矿井内；

（3）采掘过程中打通地下储水，水涌入工作面，造成涌水事故。

水的涌入是井下作业区灾难性事故，加强井下的探水和堵水、小煤矿及废井的管理和控制是控制这种事故的主要办法。矿井防水一般从地表和地面两个层次进行。

1. 地面防水措施

地面防水措施有：

（1）井（硐）口及工业广场应高于历年最高洪水位，否则需建筑堤坝、沟渠来疏通水源或建立其他有效保护措施。

（2）大面积的塌陷区或露天坑内无足够的隔水层时，应根据汇水和径流情况，修筑疏水沟渠和围堤，必要时配备水泵，以便拦水和排水。

（3）对废旧钻孔、井筒进行充填、封闭，防止成为透水通道。

（4）帷幕注浆，隔断水体与井下回采区域的水力联系。

2. 井下防水措施

井下防水措施有：

（1）建立完善的排水系统，配备足够的排水设备；

（2）临近井底车场处设置防水闸门；

（3）超前建立足够容积的水仓和水泵房，并考虑紧急时期的储水巷道；

（4）及时处理空区；

（5）进行矿床疏干，降低地下水位；

（6）留设防水矿柱隔断水源；

（7）施工超前探水钻孔；

（8）修筑隔水闸门，隔断水体。

（三）矿山爆破风险

爆破伤亡事故是常见的矿山伤亡事故之一。造成爆破事故的主要原因有以下几方面：

（1）由于管理不严造成火药库爆炸事故。一些临时性火药库，火药与雷管一起保管，有的甚至在库内用灯泡烘烤雷管、炸药，曾经多次导致火药库爆炸。

（2）火药燃烧中毒事故。东北某矿在大爆破运药过程中，由于电石灯坠落至药堆后面引燃火药，扑灭过程处理不当，致使该硐室3.5t炸药全部烧完，造成该矿区多人中毒伤亡事故。

（3）由于起爆材料质量不良或点炮拖延时间造成的迟爆或早爆事故。矿山由于保管不善导致爆炸材料变质或过期爆炸材料不及时销毁，致使在爆破工作中造成拒爆、迟爆、导火索断药、缓燃、速燃等爆破伤亡事故。

（4）残眼及盲炮处理不当占各类爆破事故的比例较大，在国外矿山也经常发生这类事故。

（5）爆破后过早地进入爆破工作面或爆破过程返回爆破工作面看回火，引起的爆破伤亡事故。

（6）其他如露天矿的爆破飞石、雷电、静电、杂电等电气爆破事故以及硫化矿药包自爆等。

严格执行爆破安全规程，加强爆破安全方面的科学研究，寻求安全、高效的爆破新材料、新方法，改进爆破材料的生产工艺等，是防止爆破伤亡事故的重要途径。近年来，爆破安全方面的科研工作，取得了一系列的进展，抗杂电雷管、无起爆药毫秒电雷管、低能导爆索、铵松蜡炸药以及其他安全、高效类炸药等相继研制成功，为安全、高效地进行爆破作业提供了良好的物质基础。特别是导爆管起爆系统研制成功，对降低因采用单个点火起爆的爆破伤亡事故，起到了关键性的作用。

（四）矿井运输和提升风险

矿山机车运输产生的伤亡事故主要是由于道路铺设不合规程要求，有的巷道过窄、坡度过陡等，另外就是照明和信号不合要求以及驾驶人员缺乏训练等。因此，改进道路设施，加强管理，特别是改进照明和信号设施以及对驾驶人员进行严格的培训等，是改进车辆运输安全的重要措施。

许多矿井（特别是中、小型矿井）由于提升装置及设备比较陈旧，加上管理方面的原因，竖井跑罐、过卷等重大伤亡事故时有发生，应从以下几方面采取技术措施：

（1）改进过卷保护装置。通常乘人罐笼均设有两个过卷保护开关，一个装在机房深度指示器上，一个装在井架上，由于维护检修不及时，过卷保护装置有时会失去作用。许多矿山采用冲击式行程开关，这种装置动作缓慢，当卷扬机全速运行时，即使采取紧急制动，罐笼仍继续滑行4～5m以上。因此，除两个过卷开关外，还要有自动减速、井口限速装置才能达到目的。新改进的过卷装置采用无触点感应开关作为减速讯号开关，合理调整减速点和动力制动强度，同时设计了一个到位开关，经多次试验，在减速、到位、过卷三开关的连续作用下，罐笼均能顺利地在离井口1.7m处停住。

（2）多数金属矿山卷扬机的开车和停车命令，都是以电铃声响的次数和长短作为信号，容易产生信号工发错信号、卷扬司机听错信号的事故。新研制的竖井信号装置包括：去向信号、开停命令信号、提升类别信号（提人、提物、慢车）、罐位信号、对罐信号、应急使用信号、事故警报信号、通信对讲联络共8种功能。装置中对信号联锁考虑周全，设计合理，可保证不出差错。尤其是装置中具有方向鉴别及自动发讯的功能，从而使竖井提升信号的可靠性大大提高。

（3）矿井发生跑罐事故的直接原因是设备的机械闸失灵或制动力矩降低，发生严重过卷事故的技术上的原因是缺少井口限速装置。因此，设计一套与机械闸彼此独立的、带有井口限速性能的电气制动-动力装置，可有效地消除以上两类事故。研制成的这种装置应用运算放大器作为调节器的自控技术，设计了速度保护闭环，提供了超速及井口限速保护，防止过卷。

（五）矿山火灾、中毒风险

矿山重大恶性火灾事故较多。造成火灾事故的直接原因，大多数是由于电气引燃，其次是由于明火或焊接火花引起，上述事故占矿井外因火灾事故的60%以上。我国金属矿山火灾造成的伤亡事故，绝大多数是由于缺乏防火计划，指挥失当，导致多人中毒伤亡。预防矿山火灾事故的措施主要有以下几点：

（1）严格按照《矿山安全规程》的要求，配置必要的防火设施，定期检查和维护，并对有可能导致火灾的火源严加管理，堵塞漏洞，防患于未然。

（2）建立完善的、能够适应火灾时期通风变化的通风系统和随时能够逆转的主力通风装置。

（3）建立灵敏、可靠并针对各主要火源点的探测警报系统和有效的灭火装置。

（4）应编制全矿性的灾害预防和处理计划，每年应根据矿井的变化情况，对计划做必要的补充和修订。计划中应包括矿内任何地点发生火灾时的通风措施、人员撤退路线、警报信号和避灾硐室，要有符合安全规程的要求、经常维护良好、有充足照明和明显指路标牌的安全出口，以保证火灾时人员能够迅速撤出。

（六）爆炸事故

在潮湿的或含有某种爆炸性气体的环境中使用的电气或电气设备是危险因素，电气设备和装置的设计须符合特殊的安全规定。

（七）滑坡、泥石流风险

我国矿山大多数位于山区，在矿产资源开发和建设中，常受到滑坡、泥石流的严重危害。造成危害的原因有：一是矿山、矿区位于老滑坡体和泥石流堆积扇上；二是矿山的不合理开采，引起的崩塌、滑坡和泥石流。此外，矿山建设中普遍加陡边坡，抬高河床，废石堵塞沟床等都是促使滑坡泥石流活动的因素。

针对矿山实际情况，矿山滑坡的防治措施主要有以下几项：

（1）禁止不开工作台阶，不剥离或边剥边采；严禁破坏山坡植被；

（2）严格禁止随沟就坡任意抛弃废石，保护河流、排洪沟经常畅行无阻；

（3）露天矿边缘必须设置疏导水的防洪设施；

（4）对边坡进行机械加固，设锚杆、锚桩等。

矿山泥石流的防治措施主要有：

（1）保护露天矿附近山坡的植被。

（2）严禁乱采滥挖，严禁任意丢弃废石与尾矿。

（3）在露天矿周围或有山洪暴发危险的坑口周围设置排水沟、挡土墙栅栏、阻泥不阻水的防泥石流坝。

（4）加强露天矿的防水、防洪的预报工作及周围山体覆土或风化平时位移的观察工作。

（5）泥石流流失区内的井（硐）口必须采取加固措施和防护措施。

（八）材料搬运事故

当工人在移动、提举、搬运、装载和存放材料、供应品、矿石或废料时发生的事故，主要是使用不安全的工作方法和判断失误引起的。对工人加强安全培训和教育，使用正确的提举、装载和搬运技术是防止这些作业事故的最有效方法。在地下矿井、地面矿场以及选矿厂中搬运事故是最容易发生的事故之一。在矿山作业中，特别容易发生材料运输事故的作业有：

（1）井下的巷道支护及支护拆除作业；

（2）井下的工作面支护和支护拆除作业；

（3）材料、矿石的装卸作业；

(4) 材料、矿石的运输作业;

(5) 掘进作业;

(6) 开采作业;

(7) 狭窄空间的其他作业。

(九) 人员滑跌或坠落

人员滑跌或坠落也是采矿业中容易发生的事故之一。进行作业安全教育,检查作业场所的管理和防护措施等情况,是防止此类事故发生的重要手段。容易发生人员滑跌和坠落的场所主要有:

(1) 露天矿山的台阶;

(2) 立井或斜井的人行道;

(3) 立井或斜井的平台;

(4) 露天矿山的行人坡道;

(5) 积水的采、掘工作面;

(6) 倾角较大的采、掘工作面。

(十) 机械伤害

在操作机器、移动设备、用机械运输、在机械周围工作时发生的事故占伤残事故的第三位,这类事故既普遍又严重。随着采矿工业机械化程度的提高,特别是大型和重型机械进入采矿场所,机械对其操作和周围人员伤害的可能性在增大。因此对工人进行细致的操作规程培训,使他们获得必要的能力和安全意识,自觉遵守作业操作规程,是非常必要的。同时,进行必要的技术检查和维护,以确保任何外露的转动部件都得到妥善的防护、机械的任何部分完好无缺陷,也是预防该类事故发生的必要手段。

(十一) 拖曳伤害

拖曳伤害在各类运输设备上都可能发生,如胶带输送机、链条输送机、轨道矿车、提升运输机、卡车和其他车辆等。对工人进行安全运输作业教育,以及对设备进行彻底的检查和维修是控制这类危险所必需的。

(十二) 井下柴油机污染

柴油设备具有生产能力大、效率高、机动灵活等特点,并可省去输风、输电设备。但柴油设备污染作业环境,其中一氧化碳和氮氧化合物等可引起急性和慢性中毒,甚至死亡,二氧化氮与3,4-苯并芘混合还有强烈的致癌作用。露天的光化学烟雾,已成为世界普遍关注的问题。解决柴油机废气污染,已成为矿山生产的当务之急。

柴油废气是柴油在高温、高压下进行燃烧时所产生的各种成分的混合体,其中有毒、有害成分有氟氧化物、一氧化碳、二氧化硫、醛类、油烟、碳氢化合物、多环芳香烃及3,4-苯并芘等。根据有害成分种类、浓度以及接触时间的长短,可对人的神经系统、血液循环系统、呼吸系统等造成不同程度的危害。控制柴油设备的污染源以及减少污染危害的措施主要有以下几方面:

(1) 控制污染源,采用低污染的柴油发电。研究表明:间接喷射式燃烧系统比直喷式产生的NO_2和CO少;四冲程发动机产生的碳氢化合物和油烟比二冲程的发动机少,但直喷式的发动机性能好,耗油率低。可利用控制燃烧过程产生污染危害的理化方法控制污染源,如在燃料油中加入钡添加剂,在燃料和火焰上放置磁场和电场,发动机汽缸加水,吸入空气加蒸汽，用燃料水乳浊液等。但采用单一措施还不足以使柴油机产生的有毒成分降到允许浓度。柴油机机内的净化措施还包括推迟喷油定时（可使 NO_2降低 30% ~50%），提高喷油速度（可控制 CO 和油烟增加）等。

（2）净化措施。20 世纪 70 年代以前，国外对柴油机废气的净化多采用铂铝催化净化器和水箱洗涤器，但铂等价格昂贵，容易失活，水箱净化效率不高，以后着重研究了稀土氧化物催化剂。研究发现二氧化铈在稀土催化剂方面具有良好的催化转化性能，目前尚在继续进行研究中。此外，Leak 等人研制了一种在金属网上沉积铝的新型催化剂载体，比通常采用的颗粒状结构和蜂窝状结构具有更好的耐磨阻力和低温活性。另一发明是将聚丙烯腈纤维进行碳酸化处理，然后再进行催化活性处理的活性炭纤维，它在低温下具有良好的催化氧化作用。在 200 ~300℃时，催化氧化作用更显著。中国研制的 0.8%、1.0%、3.0%铂球催化剂和陶瓷蜂窝状钯催化剂，对一氧化碳的净化率都在 9.5%以上，这类催化氧化剂已在金属矿山得到广泛使用。但铂球催化剂价格比较昂贵，许多科研人员正在寻求非铂型的氧化催化剂。如研制出的 TN-A-119 氧化催化剂（成分为钯、锂，载体为三氧化二铝），经试验，对一氧化碳的净化率达 70% ~80%，对碳氢化合物的净化率为 60% ~70%。柴油机废气经过净化处理后，仍难达到安全卫生标准要求，必须利用通风予以稀释和排除。

（十三）非铀金属矿山的辐射

不仅是含铀金属矿山存在着氡及氡子体的辐射危害，一些多金属共生的非铀金属矿山也存在着辐射危害问题，因此，某些矿山井下矿工的肺癌发病率相当于正常人群的 4 ~6 倍。存在着氡及氡子体危害的非铀金属矿中，约有 1/3 的作业地点氡子体潜能值超过国家安全标准。金属矿山氡及其子体的分布很不均匀，往往积聚在通风不良的采场和独头工作面，分析一些矿山的实测结果，独头区比系统风流区氡浓度平均高 26 倍，氡子体平均高 32 倍。在铀局部富集处，氡及其子体的浓度可超过标准几十倍甚至上百倍。这些地点多数都是工人密集的地点。

金属矿山的辐射防护措施如下：

（1）抑制氡源。大部分氡及其子体的析出来自采空区，因此要研究利用通风压力，按预定的周期性变化，使采空区暴露的岩面，保持正压通风，减少并抑制氡的析出。另外一种抑制氡的析出方法是在暴露的岩石表面涂敷密封剂，能减少进入通风系统氡气含量的 75%。抑制采空区密闭墙泄漏氡气，办法是从密闭墙装一通至低压回风区的塑料风筒，使密闭墙前端保持轻微的正压差，可使进入通风系统的氡含量减少一半以上。

（2）氡子体的净化。可采用活性炭、蛭石、超细纤维等作为净化放射性气溶胶的过滤材料，其过滤效率较高，但阻力大，容尘量低，过滤负荷小。美国矿务局采用一种以滤纸为滤料的移动式过滤系统，可以净化 90%以上的放射性气溶胶。

（十四）硅尘

矿山生产过程产生大量含游离二氧化硅的微细粉尘，矿工吸入这些粉尘引起肺部病变而得硅沉着病，即矽肺病。导致矿山产生矽肺病的因素有：（1）粉尘的质量浓度（mg/m^3）；（2）粉尘分散度；（3）游离二氧化硅含量；（4）粉尘矿物成分，即粉尘中是否含有毒矿物成分或放射性矿物成分；（5）接尘累积时间。

在采矿过程中，由于凿岩、爆破、装卸矿等过程，产生大量微细粉尘，其中小于 5μm

的粉尘叫做呼吸性粉尘。我国对粉尘颗粒一般划分为4个范围，即2μm以下，2～5μm，5～10μm，10μm以上。小颗粒越多，分散度就越高。井下粉尘的分散度较高，在湿式作业的条件下，5μm以下的粉尘占80%～90%以上。根据矿山测定，在湿式凿岩时，井下粉尘产生的比例是：凿岩占41.3%，爆破占45.6%，装运矿（岩）石占13.1%。二氧化硅是最常见的硅的氧化物，是许多矿石或岩石的重要组成部分。金属矿山井下粉尘中的游离化硅含量一般为39%～70%，少数可高达90%以上。

防止硅尘危害的措施主要是采取防尘综合措施。中国的八字综合措施为：风（通风）、水（湿式作业）、密（密闭、隔离尘源）、护（个体防护用品）、管（组织管理措施）、教（教育及培训）、革（技术革新）、查（检查）。其中以“风”、“水”最为重要。

（十五）致病、致癌金属粉尘

1. 金属粉尘的毒性及污染源

根据金属离子毒性比较，属于高毒的金属元素有：汞、铀、铟、镉、铊等13种，加上中毒和低毒的金属元素共有50多种；可能产生有害粉尘的含以下金属元素的矿物约有30种之多，这些矿物是：辰砂、黑铀矿、钒钾铀矿、沥青铀矿、辉砷钴矿、硫砷铜矿、雄黄、砷黄铁矿、砷钴矿、钒铅矿、绿柱石、硅铍石、镍黄铁石矿、铬铁矿、赤铁矿、黑钨矿等，吸入这些金属矿物粉尘，可以产生明显的职业性危害，大多数可致使肺部有明显的病变，一部分可以致癌，例如在含铀、含砷、含镍的坚硬矿石，含铬、含钴等金属矿物粉尘中，均有较明显的肺癌发病率，美国已将含三氧化砷的金属粉尘标准，从过去的50μg/m^{3}提高到0.1μg/m^3。上述金属矿物粉尘和矿石中的游离二氧化硅混合，多数对矽肺有促使作用。

另外是矿井水的污染，矿井水不但对设备有腐蚀损坏作用，对人也有明显的危害，矿井水一旦排到地表，有的直接流入江、河、湖泊，有的直接或间接渗入到农田、居民饮水区、果园等处。除了酸性水所造成的直接危害外，许多有色重金属如汞、镉、铅、砷以及放射性元素，随着水流四处渗漏，直接或间接为植物或动物所吸收，再转移到人体，造成无穷的后患。还有废石堆、矿砂坝，经过雨水洗涤或冲刷，渗流到江、河、湖泊、农田、居民饮水区、果园等处，从而也可造成上述同样的危害，即使采矿生产停止以后，含有有毒重金属的水或酸性水仍将不断地从平窿口、废石堆、矿砂坝等地继续流出或渗出，所以在废弃的矿山，仍然存在着遗留的巨大污染源。

2. 金属粉尘的预防措施

对金属粉尘致病、致癌的预防措施，首先是有关领导应具有对这方面存在问题的重视，加强组织管理和科研工作，并参照国内外经验采取有效措施。在现有的矿山防止矽尘危害的措施中，除了按含游离二氧化硅多少来衡量矿尘的危害程度外，还应按照矿物粉尘的性质来划分危害等级。为此，需要加强以下几方面的工作：（1）制定全国统一的呼吸性粉尘的标准，制定标准时，既要考虑粉尘的质量浓度、分散度和游离二氧化硅的含量，还应考虑矿物粉尘是否有毒或含致癌金属元素从而确定它的危险等级；（2）研究呼吸性粉尘的尘源抑制措施；（3）研究改进矿山现有的通风除尘设备，使之达到高效、经济、适用。

（十六）其他风险因素

其他风险因素包括：手工工具使用不当，物件或材料跌落，气焊和电弧焊或切割，酸性或碱性物质的灼伤，飞溅颗粒物，高温，冻伤等。

二、选矿系统主要风险

选矿系统的主要风险同采矿系统有类似之处，例如运输风险、机械伤害等，但对于选矿厂，最大的危险源是选矿产生的尾矿库。

金属矿床开采后，一般都要经过选矿工艺，提取有用的金属元素，而排弃大量的尾矿。因此，金属矿山都需要修造足够容量的尾矿库，以容纳选矿后排弃的尾矿。尾矿库是一个具有高势能的人为泥石流的危险源，是矿山的主要危险源之一。在长达十多年甚至数十年的期间里，各种天然的（雨水、地震、鼠洞等）和人为的（管理不善、工农关系不协调等）不利因素时时刻刻或周期性地威胁着它的安全。事实一再表明，尾矿库一旦失事，将给工农业生产及下游人民生命财产造成巨大的灾害和损失。据统计，在世界上的各种重大灾害中，尾矿库灾害仅次于地震、霍乱、洪水和氢弹爆炸等灾害，位列18位。尾矿库的风险类型，概括起来有以下几种类型：

（1）库区渗漏、坍岸和泥石流；

（2）坝基、坝肩的稳定和渗漏；

（3）尾矿堆积坝的浸润线溢出，坝面沼泽化、坝体裂缝、滑塌、塌陷、冲刷等；

（4）土坝类的初期坝坝体浸润线高或溢出，坝体裂缝、滑塌、塌陷、冲刷成沟；

（5）透水堆石初期坝出现渗漏浑水及渗漏稳定现象；

（6）浆砌石类坝体裂缝、坝基渗漏和抗滑稳定问题；

（7）排水构筑物的断裂、渗漏、跑浑水及下游消能防冲，排水能力不够等；

（8）回水澄清距离不够，回水水质不符合要求；

（9）尾矿库的抗洪能力和调洪库容不够，干滩距离太短等；

（10）尾矿库没有足够的抗震能力；

（11）尾矿尘害及排水污染环境。选矿厂产生的尾矿不仅数量大，颗粒细，且尾矿水中往往含有多种药剂，如不加处理，则必造成选矿厂周围环境严重污染。将尾矿妥善贮存在尾矿库内，尾矿水在库内澄清后回收循环利用，可有效地保护环境。

尾矿库风险产生的原因概括起来为设计不周、施工不良、管理不善和技术落后。因此，预防尾矿库风险的措施主要有：

（1）精心设计。设计是尾矿库（坝）安全、经济运行的基础。因此，在设计过程中应做到：坚持设计程序，切实做好基础资料的收集工作。鉴于尾矿设施的特殊性，设计时必须由持有国家认定的设计执照的单位设计，严格禁止无照设计，杜绝个人设计。

（2）精心施工。施工应选好队伍、认真会审施工图纸、明确质量标准、加强监督、严格验收。

（3）科学管理。尾矿库在运行期间的任务是十分艰巨的。坝体结构要在运行期间形成，坝的形态向不利的方向转化，需不断维修，坝的稳定性在运行期间较低，需认真监视和控制，坝要承受各种自然因素的袭击，需要认真地对待和治理。放矿、筑坝、防汛、防渗、防震、维护、修理检查、观测等项工作都要在运行期间进行。必须有一套科学的管理制度和与之相应的组织机构和人员。只有这样，才能弥补工程质量上的疏漏，设计上未能预见的不利因素，确保尾矿坝能安全运行。

第二章 焦化生产系统及风险

第一节 焦化生产原理及工艺流程

一、焦化生产的意义

焦化是煤炭化学工业也是钢铁工业的一个重要组成部分。煤炭主要的加工方法是高温炼焦和回收化学产品。产品焦炭可作高炉冶炼的燃料，也可用于制造水煤气、有色金属冶炼、铸造、制造电石、制造生产合成氨的发生炉煤气等，以获得有机合成工业的原料。在焦化生产过程中产生的化学产品经过回收、加工可以提取氨、硫化氢、萘、粗苯、焦油、氰化氢等产品，并获得净焦炉煤气。粗苯、焦油经精制加工和深度加工后，还可以制取苯、甲苯、二甲苯、三甲苯、二硫化碳、古马隆、酚、萘、蒽、吡啶盐基等，这些产品被广泛用于医药工业、化学工业、耐火材料工业和国防工业。净焦炉煤气还可供工业和民用燃料。煤气中的氨还可用来制造浓氨水、硫酸铵、无水氨等。目前，焦化生产的产品已达数百种，我国焦化生产已能从焦油、焦炉煤气和粗苯中制取 100 多种化学产品，这对我国的国民经济发展具有十分重要的意义。

二、焦化生产原理

焦化生产的基本原料是炼焦煤。将炼焦煤在密封的焦炉内隔绝空气高温加热放出吸附的气体和水分，随后分解产生焦油和煤气等物质，剩下以碳为主体的焦炭，这种煤热解过程称为煤的干馏。

煤的干馏分为高温干馏、中温干馏和低温干馏三种。它们的主要区别在于干馏的最终温度不同，高温干馏通常在 900 ~ 1000℃，中温干馏通常在 700 ~ 800℃，低温干馏通常在 500 ~ 600℃。目前的炼焦炉绝大多数属于高温炼焦炉，主要生产焦炉煤气、冶金焦和炼焦化学成品。这种高温炼焦过程称为高温焦化，简称焦化。

炼焦煤在隔绝空气高温加热过程中产生焦炭，其具有下列特性：当被加热到 400℃ 左右时就开始形成熔融的胶质体，并不断地自身裂解产生油气，这类油气经过冷凝、冷却及回收工艺，得到各种化工产品和净化的焦炉煤气。当温度不断上升时油气不断放出，胶质体进一步分解，部分气体析出，而胶质体逐渐固化成半焦，同时产生出一些小气泡，成为固体的疏孔。温度再升高时半焦继续收缩，放出一些油气，最后生成焦炭。从焦炉回收的焦炉煤气是一种优质气体燃料，从中还可以回收大量化学副产品。焦化产品是有机化学工业的基本原料，可以用来制取数百种供塑料、染料、化肥、医药、合成纤维等行业需要的化工产品。

三、焦化生产工艺流程

（一）焦化厂车间组成

焦化厂一般由备煤车间、炼焦车间、回收车间、焦油加工车间、苯加工车间、脱硫车间和废水处理车间等组成。其具体工艺流程如图 3-2 所示。

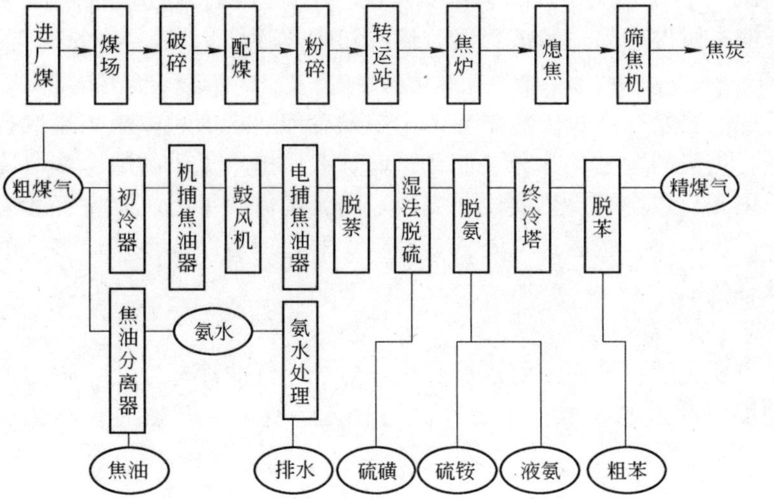

图 3-2 焦化生产工艺流程

备煤车间担负炼焦用煤的准备，包括来煤的装卸、贮存、倒运及煤的配合、粉碎、输送等任务。

炼焦车间的任务是把焦煤装入焦炉并干馏得到焦炭，然后焦炭经推焦车推出并运送到熄焦塔，最后筛分送焦槽。

回收车间一般包括鼓风冷凝工段、硫铵工段、吡啶工段、溶剂脱酚工段和粗苯工段。回收车间的任务是冷却煤气，回收煤气中的氨、焦油、苯等化学产品。

焦油加工车间的任务是使焦油通过加工和分离后得到如酚油、轻油、洗油、萘油、一蒽油、二蒽油和沥青等粗产品，将这些粗产品进一步加工可得到更多的产品，如：苯酚、邻甲酚、工业萘、古马隆-茚树脂、精蒽、工业菲、咔唑、吡啶、荧蒽、炭黑等。

苯加工车间的任务是对粗苯进行加工，以获得纯苯、甲苯、二甲苯和溶剂油等产品。

脱硫车间的主要任务是脱除煤气中的硫，以获得元素硫、硫氰酸钠和硫代硫酸钠等化学产品。

废水处理车间的任务是对全厂产生的废水进行集中处理，回收废水中的氰、氨、锗、酚等，同时使外排废水达到排放标准。

（二）焦化生产的主要工序

焦化生产主要由备煤、炼焦、干熄煤、回收、精苯加工、环保处理等工序组成。

1. 备煤

备煤工序包括：进厂原料洗精煤的接收、验收、储存、调配、输送、配合、粉碎等，为炼焦生产提供优质的配合煤。其中洗精煤是指从原料煤带到焦炭中的硫、灰分和磷等杂质，对于炼铁是极为有害的，为了除去这些杂质，就需要对原煤进行洗选，洗选后所得净煤称为精煤。配煤就是将各种结焦性能不同的煤按一定比例配合以扩大配煤品种，并获得质量合格的焦炭。

2. 炼焦

炼焦工序就是将配合好的煤料加入炼焦炉中，在隔绝空气的条件下加热到950～1000℃进行干馏，所得产品是焦炉煤气、焦炭和化学产品。

3. 干熄煤

干熄煤工序主要是在红焦由焦罐导入干熄槽冷却后，焦炭由熄焦罐底排焦机构排到运焦皮带机，进行焦炭的运输、筛分、储备，向炼铁厂提供优质的冶金焦。冷的氮气由循环风机送入干熄焦并与焦炭进行热交换，交换后的氮气进入重力沉降室经粗除尘后，进入余热锅炉冷却，产生蒸气，然后进入陶瓷多管除尘器处理后循环使用。多余的氮气经循环风机后通过放散管放散。

4. 回收

回收工序主要包括：采用浓氨水流程进行焦炉煤气的冷却净化、输送和煤化粗产品的回收、制取和工业废水的除氨。主要产品有轻苯、重苯、煤焦油、浓氨水、净焦炉煤气等。

5. 精苯加工

精苯加工工序主要包括：轻苯的接收、储存和精制加工，主要产品有纯苯、甲苯、二甲苯。

6. 环保处理

环保处理工序主要包括：预处理、溶剂脱酚、污水分配。主要目的是接收焦化厂生产工艺过程中产生的污水，并处理水中的重质油和轻质油；用溶剂油脱除水中的酚并与碱反应生成酚钠盐；通过泵房给回收蒸氨焦台和炼钢渣场分配污水。

7. 其他相关工序

焦化生产的其他相关工序主要有：

（1）制冷。制冷工序是为焦化厂焦炉煤气和化工产品冷凝冷却提供低、中温循环水；焦化厂各车间的蒸汽分配和平衡；供给球团厂中温循环水，保证竖炉的安全生产；冬季利用焦炉煤气的余热供职工、居民暖气；生产用水的加压和分配；在保证循环水系统不结垢和不腐蚀的条件下，向循环水投加杀菌剂和阻垢缓蚀剂。

（2）电气系统运行维护。电气系统运行维护工序主要包括自动化仪表日常维护保养、生产安全供电工作等。

（3）日常检修。日常检修工序主要包括公共管网点检维护、设备大中修、零星备件加工制造以及非生产设施的维护保养、设备改造。

（4）化验。化验工序是为回收提供化验数据，化验项目包括贫富油、煤气、浓氨水、富氨水等半成品的分析。

（5）环境监测。环境监测工序主要包括焦化厂总排水口、各个车间单位外排水、排水沟的水质监测，各个岗位的噪声监测，环保车间水处理效率监测等。

第二节 焦化生产设备

焦化过程是在焦炉的炭化室进行的。一个炭化室又称为一个炉孔，一座焦炉由数十个炉孔组成。小型焦炉炉孔的装煤量只有数吨，大型焦炉炉孔的装煤量可达数十吨。每孔的炼焦周转时间约为10多个小时。每吨干焦煤通常可得750kg左右的冶金焦。一座大型现代化焦化厂一般拥有两座或两座以上的大型焦炉。除了焦炉本身之外，还设有煤料加工和供应系统以及产品和副产品的加工回收系统。

焦炉按加热系统结构的不同分为双联火道废气循环式、双联下喷式、两分火道复热式等。其基本结构主要包括炭化室、燃烧室、蓄热室、烟道、装煤孔及炉顶等，如图3-3所示。生产时，在炭化室装煤炼焦，炭化室两侧的燃烧室将煤加热，因为煤料不与空气接触，在950～1000℃温度下，实现炭化结焦过程。加热煤料排出的挥发物由炉顶的上升管导送到化学产品回收系统，对于炼好的焦炭，打开炭化室两端的炉门将焦推出。

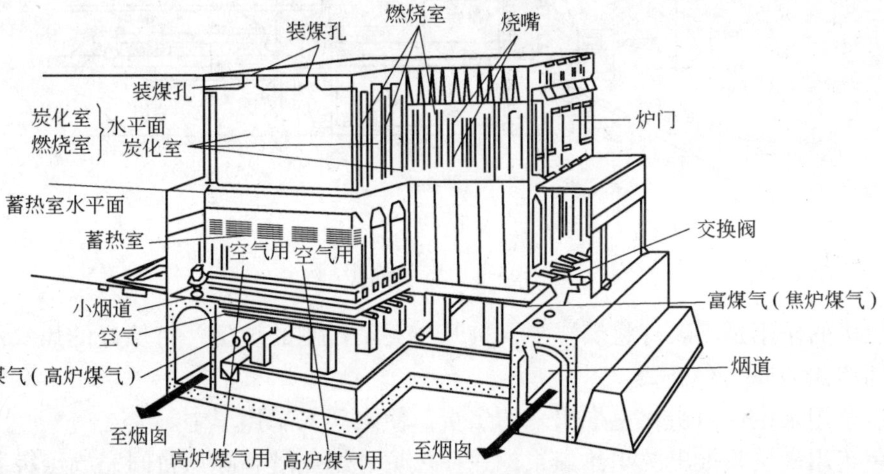

图3-3　焦炉基本结构

炭化室是硅砖砌筑成的矩形腔室。煤料在顶部的装煤孔用装煤车卸入，并被炭化室两侧的燃烧室加热。煤料加热过程中产生的挥发气体通过上升管进入化学产品回收系统，对于炼成的焦炭，则在打开炭化室两端的炉门后，由推焦机一侧的推焦车将赤热的焦炭推到出焦机一侧，通过拦焦机落到熄焦车上，熄焦车将焦炭运到熄焦塔用水熄火，熄火后再在晾焦台卸焦。

燃烧室与炭化室相间排列，由于一个炭化室必须在两侧各有一个燃烧室，所以焦炉的燃烧室比炭化室多一个。燃烧室用的煤气是提取过化学产品的焦炉煤气，它与经蓄热室预热过的空气混合进行燃烧。在独立的焦化厂，焦炉煤气量的40%～50%用于焦炉本身的加热，其余一半分送其他用户，在钢铁联合企业，由于焦炉煤气发热量高，用于炼焦过程不太经济合理，因而将其全部调出供给高热燃料用户，焦炉本身则使用发热量比较低的高炉煤气进行生产，从而体现了能源合理的调度。

蓄热室设在燃烧室下部，它由黏土质格子砖砌成。每个燃烧室系统至少有两个蓄热室，一个蓄热室通过空气和贫煤气，空气和贫煤气吸收格子砖的热量而使其温度提高，格子砖本身则被冷却降温。同时在相邻的另一个蓄热室中，从燃烧室下降的废气带出的热量被格子砖所吸收使其温度逐渐升高。每隔20～30min两个蓄热室换向一次。

如图3-4所示，贮煤塔设在焦炉顶部，用来贮存经过粉碎、配煤、混合好的煤料。

装煤车是由煤塔向炭化室顶部的装煤孔按一定的重量运卸煤料的专用车辆。

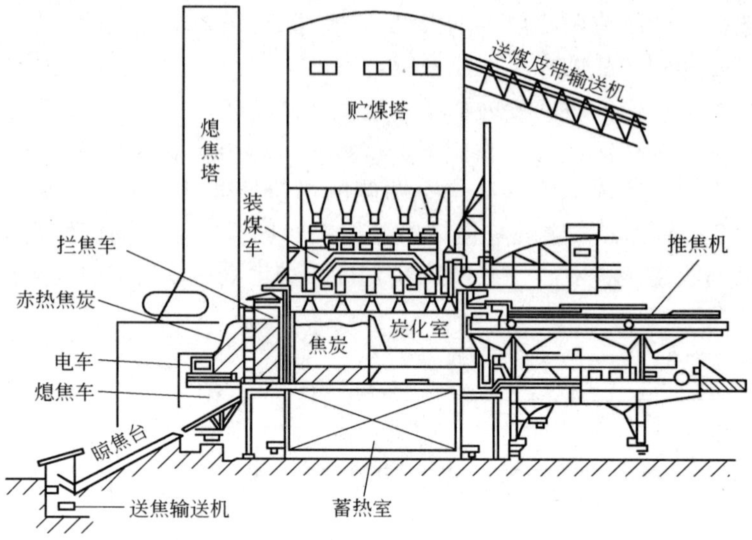

图 3-4 焦化车间结构

推焦机的作用是用煤杆将煤拉平，打开与关闭机侧的炉门，将炼好的焦炭从炭化室的机侧推到焦侧的熄焦车上。

拦焦车用来拦住由炭化室推出来的焦炭，使之落入熄焦车中。

熄焦车用来接收推出的炽热焦炭，并在焦炉、熄焦塔和晾焦台间完成焦炭运输工作。

晾焦台则是进一步晾焦的设施。焦炭冷却后由皮带运输机送至筛焦站进行分级处理，合格的焦炭运往高炉或者运往专设的贮焦场。

第三节 焦化生产系统的风险

焦化生产系统中存在的主要风险有：有毒有害及易燃易爆气体风险、粉尘风险、火灾爆炸风险、高温及噪声风险等。事故类别主要有：火灾、爆炸、中毒、机械伤害及灼烫等。根据钢铁企业焦化厂事故原因分析可知，导致风险事故发生的主要工序有：焦化生产中配煤作业、炼焦作业、化学产品回收作业。

一、焦化生产系统中配煤作业的危害及防护

焦化生产系统中配煤作业的风险主要来自运输皮带和贮煤槽。

（一）配煤作业的风险

（1）运输皮带造成的事故。皮带运输机是配煤作业时使用数量最多的设备。目前，各厂矿使用的皮带运输机，除极少数加罩外，均是敞开式的。皮带运输机转动部件多，两侧人行通道极狭窄，运送的物料易散落，需要人工清扫。从统计数字看，工人被皮带绞伤、绞死的事故中，绝大部分是在清扫皮带时发生的。

（2）煤掩埋事故。这主要是由于一些老的贮煤槽设计不合理所造成的。

（二）配煤作业安全防护

贮煤槽里的煤在沿贮槽倒锥体部分向下流动时受到了槽壁的摩擦阻力和煤粒相互之间的挤压力，当此二力大于煤层的重力时即发生悬料。处理悬料需工人进槽操作，若操作不慎就可能造成人被掩埋的事故。实践证明，将贮煤槽锥形部分设计为等截面收缩率的形状，可以有效减少下流的阻力，减少悬料的产生。在双曲线贮煤槽内煤可以全截面下流，消除了“死煤”现象，从而不需要人工清扫，也就不会产生掩埋事故。但一些老式的、设计不合理的贮煤槽，因条件限制还在使用，仍需人工清扫，因此清扫时必须注意：

（1）装放煤与扫煤时应有专人指挥，装放煤与扫煤不得同时进行。装放煤时必须停止扫煤。待清扫人员离开贮煤槽以后，经确认才能装放。

（2）槽内操作人员应站在坚实的煤层上，不得站在可能坍塌的危险煤堆上，也不许站在悬挂在槽壁上煤的下部进行操作，以防煤层坍塌造成风险事故。

（3）清扫人员必须佩带安全带，安全带的系绳端由槽上监护人员握持并保持绳的长度适当的松弛状态，不可过长。

（4）老式贮煤槽和溜煤槽应设风动或电动振煤装置，尽量避免人工捅煤。在必须人工捅煤时，应采取正确的姿势操作，特别要注意人体任何部位不可对着捅煤钎，也不可正对着溜槽口，以防止煤料突然下落时造成事故。

（5）冬季若使用煤气加热装置，则应在清扫前停止加热，并切断煤气来源。

（6）进行作业时要有足够的照明。照明灯具、导线、开关等应安置在不会被人或工具碰到的地方。

二、炼焦作业危害及防护

（一）炼焦作业的危害

炼焦作业是焦化生产系统中风险最大且造成人身伤害事故最多的工序，其人身事故大部分发生在焦炉的周围，其中与拦焦车和装煤车有关的事故占炼焦作业总事故的70%左右。

焦炉是一个巨大的高温设备，焦炉内部温度一般在1350℃左右，焦炉向四周散失的热量约为生产所需热量的8%～12%。其中焦炉炉顶的操作条件最为恶劣，炭化室的装煤盖表面温度可达400～500℃。炉顶工人操作空间的温度高达55℃左右，极易造成中毒及灼烫事故。

（二）炼焦作业的安全防护

焦炉炉顶是作业条件恶劣的场所，为使炉顶操作环境改善，可以采取以下措施：

（1）和配煤工序一样采用新式贮煤槽，不需要人工捅煤，能使装煤顺利进行，装煤时间明显缩短，能有效地防止烧伤及其他事故。

（2）使用隔热炉盖，能使炉盖表面温度降低120～140℃，使炉顶操作空间大气温度降低12℃左右。

（3）采用高压氨水无烟装煤技术。国内大部分焦炉原来都用蒸汽喷射无烟装煤装置，但蒸汽压力不足而不能发挥作用。采用高压氨水无烟装煤，不但免受蒸汽制约，而且效果好、费用省。

（4）用汽化冷却代替自然冷却的荒煤气上升管，可使炉顶操作空间温度降低约15℃。

（5）在北方寒冷地区，许多焦化厂安装煤气加热装置，这是应该禁止的。因为采用煤气加热，极易发生风险事故。如某厂由于粉煤被煤气加热装置点着燃烧，当用压缩空气振煤时，产生粉煤爆炸造成死亡事故。又如某厂由于煤被火烤而分解产生煤气，造成工人中毒死亡。

（6）炼焦机械操作频繁，加强安全操作技术管理显得特别重要。各行走机械都必须设置有效的信号警告装置，以显示机械所处的状态。司机必须严格按规定操作。

（7）采用水封上开管盖和桥管接头，可根本杜绝上开管及桥管冒烟现象。

（8）除焦炉炉顶外，焦炉两侧操作台包括熄焦车、拦焦车、推焦车、装煤车的操作人员工作条件也甚为恶劣。特别是焦炉两侧操作台上的工人，必须面对温度高达1000～1100℃的焦炭和迫近炉墙操作，受到强烈的热辐射。熄焦车上的红焦和熄焦产生的高温，使操作台上的工作条件更加恶劣。为避免事故的发生，主要应从提高操作的机械化水平入手。目前我国已有比较成功的操作机械，如炉门清扫机械，炉框和炉尾清扫机械，应推广使用。

（9）在炉顶设置吸烟气、洗涤、焚燃和扫余煤装置，可以有效地防止粉尘吸入及煤气中毒等风险事故的发生。

三、焦化生产中化学产品回收作业危害与防护

（一）化学产品回收作业中的危害

从焦炉炭化室出来的荒煤气，是一种既有毒又可燃、成分复杂、极易爆炸的混合气体，离炉后经气液分离器和初凝器到煤气鼓风机这一段处于负压状态，设备和管道破损后吸入空气会造成人体中毒或爆炸危害。

自煤气鼓风机开始，各个化学产品回收过程基本上是处于正压状态，除泄漏外还有回收产品所造成的危害。如苯、甲苯、二甲苯的静电积聚引起的火灾和爆炸，焦油加工过程过热引起的爆炸和火灾。

（二）化学产品回收作业安全防护

化学产品回收生产具有腐蚀性强、高温、高压的特点，因而其设备及管道阀门等附件在运行中极易腐蚀、磨损，检修任务繁重。因检修而引起的事故，如氰化氢、硫酸氢中毒和生产硫酸铵的饱和器着火爆炸等时有发生。

因此，在进行检修前应有完善的《设备检修方案》，根据《设备检修方案》做好化学产品回收设备的检修，确保设备以及附件的检修质量。《设备检修方案》的内容主要分以下三个部分。

1. 检修的准备

不论是大修还是中小修，计划检修还是计划外检修都必须在检修前根据《设备检修方案》，办理安全检修证，如动火证、容器内工作许可证等，并办理审核及批准手续。除此之外，还应做到：只要有两人以上参加的检修项目必须指定一人负责安全；施工要求应在检修准备阶段明确制定并经审核批准。

根据检修的内容、项目和要求，准备好所需的防护用具、脚手架以及测爆、测氧、测厚、无损探伤等检测仪器和消防器材，并指定专人分别负责仔细检查，确保完好。

按照检修计划，严格执行安全操作规程，停止设备运转。停运设备时，必须与上下工序及有关工段密切联系。设备停止运转后，根据安全检修的要求分别做好中和置换、排尽

物料、清扫清洗、可靠隔离等工作，还应做好设备安全标或栅栏。

2. 检修的实施

在检修准备工作完成后，应组织有各级安全负责人和检修项目负责人参与的安全检查，重点检查与检修项目安全措施是否已一一落实。检查发现的问题，应责成有关部门或人员限时解决，并作汇报。

设备停止运行并经操作人员进行中和置换以及清洁工作后，操作人员应向检修人员交代清楚。按动火、动土、容器内作业等有关安全规定要求，做好可靠隔离工作，经安全检测人员分析测定，在符合安全要求的条件下，方可进行作业。检修过程中，一般由操作人员负责监视，除注意检修质量外，还应监视安全情况，如是否有易燃、有毒物质泄漏，是否有缺氧状态发生等。检修人员应随时征询操作人员对检修作业的意见。检修完毕，在将设备转交给操作人员后，可解除检修时采取的安全措施。然后双方共同进行设备的验收与试车。

检修过程中对设备的缺陷状况、检修的内容、作业方法、更换的附件等应做详细记录。动火、动土、容器内作业、起重、登高和电气设备检修等必须严格遵循有关安全制度。

3. 检修的验收

检修作业结束前，项目负责人和安全负责人应组织负责有关检修和操作人员进行一次安全检查。检查项目主要是清点工具、人数、器材等，防止其遗留在设备或管道内。还应检查是否有漏掉的检查项目，应该进行的探伤、测厚等项目是否按要求全部进行结束；设备上的防护装置以及因检修工作需要而拆移的盖板栅栏等是否按照安全要求装上或恢复原状。最后检查现场是否已通过清理，达到“工完料净地清，所有通道畅通”的要求。

在试车与验收前应做好各项准备工作并检查核实。如各阀门是否灵活、完好，是否符合试车前开或关的要求；该抽、堵的盖板是否已抽去或堵上；全部管道和仪表接头是否复位；转动部件是否正常；冷却系统、润滑系统是否符合要求；电机的三根接线是否正确；所有安全仪表、附件、信号装置是否齐全、灵敏和可靠等。经检查核实无误，方可试车。

试车合格后，按规定办理验收手续，正式移交生产。验收所需的技术资料，一般包括安全记录、试验记录、缺陷记录、主要零部件的探伤报告以及更换零件的清单等。

四、焦化生产系统部分事故案例

（1）2001 年 6 月 24 日 12 时 10 分，河南省济源市豫港焦化公司在开挖管沟施工中，因挡土墙坍塌，6 名民工被埋，其中 4 人死亡，2 人重伤。

（2）2002 年 8 月 18 日 15 时 40 分，贵州六盘水市六枝特区中寨乡捞河焦化厂一栋三层楼房存放在一楼的两箱 48kg 矿山炸药和 290 枚电雷管发生爆炸事故，楼房坍塌，造成 10 人死亡，3 人重伤，4 人轻伤。

（3）2003 年 3 月 18 日 8 时，内蒙古鄂尔多斯市准格尔旗川掌乡蒙新焦化厂在砌墙过程中发生墙体坍塌事故，造成 3 人死亡。

（4）2007 年 9 月 27 日 9 时 48 分，山西吕梁地区华通电力公司第九项目部山西中吕焦化有限公司洗蒸氨岗位 1 号氨水贮槽放散管尾气回收安装管道时，发生爆炸，事故造成 4 人死亡，1 人轻伤。

（5）2001 年 6 月 14 日，山西省太原某焦化厂发生了一起皮带机伤害事故，导致 1 名操作工死亡。

事故经过：6 月 14 日 15 时，该厂备煤车间 3 号皮带输送机岗位操作工郝某从操作室进入 3 号皮带输送机进行交接班前检查清理，约 15 时 10 分，捅煤工刘某发现 3 号皮带断煤，于是到受煤斗处检查，捅煤后发现皮带机皮带跑偏，就地调整无效，即向 3 号皮带机尾轮部位走去，离机尾约 5 ~ 6m 处，看到有折断的铁锹把在尾轮北侧，未见郝某本人，意识到情况严重，随即将皮带机停下，并报告有关人员。有关人员到现场后，发现郝某面朝下趴在 3 号皮带机尾轮下，头部伤势严重，立即将其送医院，经抢救无效死亡。

从现场勘察情况推断，郝某是在清理皮带机尾上沾煤时，铁锹被运行中的皮带卷住，又被皮带甩出，碰到机尾附近硬物折断，郝某本人未迅速将铁锹脱手，被惯性推向前，头部撞击硬物后致死的。

事故原因：事故发生后，当地有关部门组成调查组对事故进行了分析，认为操作工郝某在未停车的情况下处理机尾轮沾煤，违反了该厂“运行中的机器设备不许擦拭、检修或进行故障处理”的规定，是导致本起事故的直接原因；皮带机没有紧急停车装置，在机尾没有防护栏杆，是造成这起事故的重要原因；该厂安全管理不到位，对职工安全教育不够，安全防护设施不完善，是造成这起事故的原因之一。

第三章 烧结及球团生产系统及风险

第一节 烧结及球团生产工艺流程

一、烧结球团生产的意义

将粉状物料根据不同需要制造成块状产品的工艺，已在国民经济中的有关工业生产领域得到广泛应用。在黑色冶金工业中，制造成块状产品的工艺主要有烧结和球团两大方法，其对促进钢铁工业发展起着举足轻重的作用。

为了保证高炉炼铁时在炉内的料柱透气性良好，要求炉料粉末少、粒度大且均匀、机械强度高，且具有良好的软熔性能；为了降低炼铁焦比，要求炉料有害杂质少，含铁品位高，且具有造渣性能、自熔性和良好的还原性能。生产表明，上述诸多要求，完全可以通过烧结或球团造块法达到。另外，贫矿经过深磨细选后所得到的细粒精矿以及开采富矿时对大块矿破碎过程中所产生的粉矿，都必须经过造块增大粒度后才能供高炉使用。对于含碳酸盐和结晶水较多的矿石，以及某些难还原和含有有害成分硫的矿石，都可以通过烧结或球团造块法使大部分脱除有害或无用成分，使有用成分富集。钢铁厂内的各种含铁废料，各种含铁泥、渣与烟尘的综合利用，都可用烧结或球团造块法返回再利用，充分回收含铁金属；为改善烧结球团产品质量，如钢渣、高碱度高炉渣等的回收利用，可提高烧结矿强度和还原性能，并使冶炼工厂环境质量得到提高。

烧结球团是将粉状物料变成在物理性能和化学组成上能满足下一步加工要求的人造块状原料的过程，所得产品不仅发生物理性质上的变化，也发生化学和物理化学性质上的变化，这类变化的结果更能满足下一步加工要求，并促进下一步加工或生产能力增长。

二、烧结球团生产原理

（一）烧结球团原料

制造供炼铁炉料的烧结球团所用原料主要包括：铁矿石、熔剂、锰矿、工厂含铁杂料及固体和气体燃料。

1. 铁矿石

铁矿石主要由一种或几种含铁矿物和脉石组成。根据含铁矿物的性质，主要有四类铁矿即：赤铁矿、磁铁矿、褐铁矿和菱铁矿。

四类铁矿含的有害杂质为磷和硫两种，其中硫可在烧结球团高温氧化造块中脱除大部分，但磷无法脱除。总的来说，要求造块产品中磷和硫杂质含量越低越好，因为磷易结合成 Fe_3P，形成 Fe_3P-Fe 二元共晶体，在钢铁内导致“冷脆”，最终使钢材质量降低，而硫在钢铁内以 FeS 形态存在于晶粒间界上，熔点较低，导致“热脆”。铁矿石内有益杂质为锰和其他金属元素，如铬、钒、铜及钼等，这类元素少量存在对保证钢材的某些特殊性能有显著作用。

2. 熔剂

将矿物中脉石造渣用的熔剂，按其性质可分为碱性熔剂、中性熔剂和酸性熔剂三类。由于铁矿石的脉石成分绝大多数以 SiO_2 为主，故常用 CaO 和 MgO 的碱性熔剂。常用碱性熔剂的矿物有石灰石、消石灰、生石灰和白云石。

3. 锰矿

锰矿是钢铁工业中应用很广泛的重要原料。锰是钢铁中的重要合金元素，它能增加钢的强度和硬度，使钢铁制件的耐磨耐冲击等性能提高，使用寿命延长。按锰矿的自然类型可分为氧化锰矿和碳酸锰矿。

4. 工厂含铁杂料

在钢铁企业生产过程中，常产生许多含铁杂料，类别较多，可充分回收利用作为炼铁原料。这类杂料包括高炉炉尘、转炉炉尘、轧钢皮、黄铁矿烧渣等。

5. 燃料

在烧结球团生产中所使用的燃料，主要为固体燃料和气体燃料，也有部分企业采用液体燃料。其中固体燃料包括煤和焦炭；气体燃料包括天然气、高炉煤气和焦炉煤气；液体燃料则主要采用重油。

（二）烧结球团造块法分类

1. 烧结法分类

烧结法按照烧结设备和供风方式不同，大致可分为抽风烧结、鼓风烧结和在烟气中烧结。

抽风烧结又可分为连续式抽风烧结与间歇式抽风烧结。国内外铁矿粉烧结生产中，广泛采用连续带式抽风烧结机，它具有劳动生产率高，原料适应性强，机械化程度高，劳动条件好，便于实现大型化和自动化的特点。间歇式抽风烧结机，具有投资节省、建设快捷、工艺简便等优点，但其生产能力低，劳动条件差。鼓风烧结法的特点是炉箅不黏结且不易烧坏、动力消耗少，风机寿命长，特别适合于有色金属硫化矿烧结，但 SO_2 气体容易逸出。在烟气中烧结，在我国用例很少，此处不做介绍。

2. 球团法分类

一般球团法主要根据固结方式、特殊用途和设备划分。主要分为：低温固结和高温固结。低温固结又分为热液法、锈化固结法和焦化固结法等。高温固结又分为还原焙烧、氧化焙烧和磁化焙烧等。

不同球团方法分别用于不同的目的，如低温固结球团法多用于向小高炉提供炉料。高温还原焙烧可向高炉炼铁或电炉炼钢提供炉料；氧化焙烧球团生产，主要向高炉炼铁提供炉料；磁化焙烧则针对弱磁性矿物处理后提高其磁性，然后经磁选工艺获得磁性精矿再造块。

（三）烧结生产基本原理

带式抽风烧结是目前生产烧结矿的主要方法。抽风烧结过程是将铁矿粉、熔剂和燃料经适当处理，按一定比例加水混合，铺在烧结机上，然后从上部点火，下部抽风，从而得到烧结矿。如图 3-5 所示，取一台车剖面分析，抽风烧结过程大致可分为五层，即烧结矿

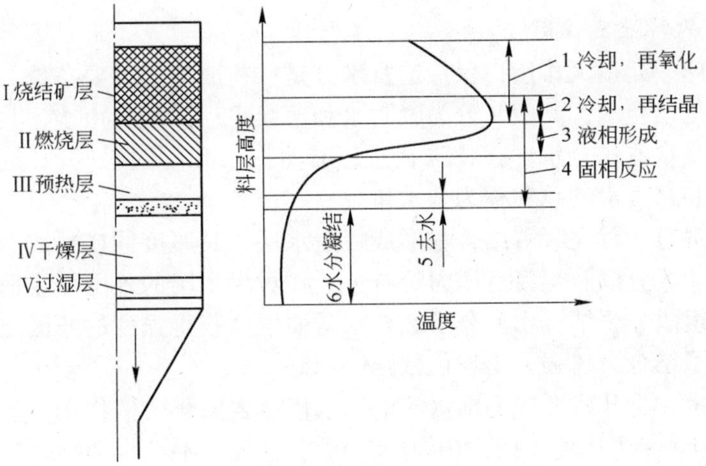

图 3-5 烧结过程各层反应及温度分布

层、燃烧层、预热层、干燥层和过湿层。

（1）烧结矿层主要反应是液相凝固，矿物析晶。随着烧结过程的进行，该层逐渐增厚，抽入的空气通过烧结矿层被预热，而烧结矿层则被冷却。在与燃烧层接近处，液相冷却结晶并固结形成多孔的烧结矿。

（2）燃烧层主要反应是燃料燃烧，温度可达 1100 ~ 1500℃，混合料在固相反应下软化并进一步发展产生液相。从燃料着火开始到燃烧完毕，需要一定时间，故燃烧层有一定厚度。燃烧层过厚导致料层透气性差，烧结产量降低，过薄则烧结温度低，液相不足，烧结矿固结不好。燃烧层沿着高度下移的速度称为垂直烧结速度，这一速度决定着烧结机的生产率。

（3）预热层中混合料被燃烧层的高温气体迅速加热到燃料的着火点，并进行氧化、还原、分解和固相反应，并出现少量液相。

（4）干燥层同预热层交界处温度约 120 ~ 150℃，烧结料中的游离水大量蒸发，使粉料干燥。同时料中热稳定性差的一些球形颗粒可能破裂，使料层透气性变坏。

（5）过湿层中，由于上层来的废气中含有大量的水蒸气，当其被湿料层冷却到露点温度以下时，水汽便重新凝结，造成过湿现象，使料层透气性恶化。为避免过湿，应确保湿料层温度在露点以上。

（四）球团生产基本原理

球团生产基本原理为铁精矿粉滚动成球，其成球作用力主要是水对矿粉的润湿作用与造球机械作用力的结合。

1. 铁矿粉表面的物理化学特性

干粉料粒度越细，比表面积越大，表面的自由能越大。这种体系有自动减少其自由能的倾向，使颗粒结合。但是，不同物质具有不同的亲水性，它与该物质的晶格类型、化学成分和表面状态有关。如具有完全或部分金属键的结晶物质和有层状结构的物质不易吸水，称为疏水性物质；具有离子键和共价键等极性键的物质，如大部分氧化物和二元化合物称为亲水性物质。铁精矿破碎成为矿粉后，易为水所润湿，具有良好的成球性。

2. 散料中水的特性及作用

水在矿粉成球中起很大作用，保持适宜水分是矿粉成球的重要条件。通常散料中的水有三种形态：一是结合水，其中又分为吸附水和薄膜水；二是自由水，其中包括毛细水和重力水；三是结晶水或化合水。在特殊状态还有蒸汽水和凝固水两种形态。造球过程中，物料所含结合水和自由水的总和称为全水量。

矿粉被水润湿时，首先吸着结合水形成吸附水层，其厚度同矿物成分、亲水能力、颗粒特性吸附离子的成分以及温度、压力等有关。在吸附水层的外围形成薄膜水。吸附水和薄膜水结合起来组成分子结合水。分子结合水是使生球获得强度的原因之一。矿粉越细亲水性越强，则分子结合力越强，生球机械强度越好。

矿粉继续吸水，将开始形成毛细水。毛细水依靠表面张力的作用，形成毛细压力。液体表面张力大、矿粉粒度细，则毛细压力大，成球性强。毛细水的结合强度实际由物料的亲水性和毛细管的直径而定。毛细压力是矿粉成球并获得强度的重要原因。

当矿粉完全为水所饱和时，还可能存在重力水。它是在重力和压力差的作用下发生移动的自由水，对成球不利。

综上分析，不同形态的水对矿粒成球起着不同的作用。毛细水能将矿粒拉向生球表面，而分子结合水能使矿粒黏结在一起。当体系为水所充满时，仅有分子结合力起作用。这说明毛细水在形成生球过程中起主导作用，而分子结合水则决定着生球的机械强度。

3. 细磨物料的成球性

细磨物料的成球性是物料在自然状态下滴水成球的性能及其在机械作用下的密度能力。它可理解为生球的形成和长大速度及其强度。因此成球性是一项综合指标，它可用成球指数 k 来判断。

$$k = \frac{W_{分}}{W_{毛} - W_{分}}$$

式中 $W_{分}$——细磨物料的最大分子湿容量,%；

$W_{毛}$——细磨物料的毛细湿容量,%。

显然 $k = f(W_{毛}, W_{分})$，它是 $W_{分}$和 $W_{毛}$两个综合参数的函数。$W_{分}$反映了细磨物料的表面能量状态，如比表面、亲水性、粒度组成及分子结合力等，而 $W_{毛}$则反映了细磨物料的宏观结构状态，如孔隙度等。故成球性指数 k 实际上反映细磨物料结合力的一个综合参数，用它可估计矿粉滚动成球的能力。细磨物料的成球性可按 k 值的大小分成以下几类：

$k < 0.20$	无成球性
$k = 0.20 \sim 0.35$	弱成球性
$k = 0.35 \sim 0.60$	中等成球性
$k > 0.80$	优等成球性

4. 成球过程

细磨物料的成球可分为三个成长阶段，即成核阶段、过渡阶段和生球长大阶段。

（1）成核阶段。母球是造球的核心，是毛细水含量较高的紧密颗粒集合体。开始加水润湿矿粉时，颗粒之间仍处于松散状态，薄膜水和毛细水不能发挥作用，成球还不能开始。对矿粉进一步加水润湿，通过造球机的滚动作用，矿粉得到局部紧密，产生毛细效应，矿粉中的水分由于毛细力作用则被拉向水滴中心，从而形成母球。

（2）过渡阶段。母球滚动受压，逐步紧密，颗粒间被水充填的孔隙减少，过剩的毛细水被挤到母球的表面，易粘上一层润湿程度较低的矿粉。继续滚动压密，毛细水外排，过湿的母球表面又粘上一层矿粉。如此反复，母球便不断长大，直到母球表面水分低于适宜毛细水含量时为止。若要继续长大，则需外补水，使母球表面过湿。如果水分过大，超过最大毛细湿容量时，颗粒完全为水所饱和，这时过量的水分便在重力作用下发生迁移，其浮力作用使颗粒脱离接触，瓦解母球强度，甚至使母球丧失滚动能力，对成球和生球强度十分不利。

（3）生球长大阶段。依靠毛细力作用形成生球的强度是不高的，因此，当母球长大到适当尺寸，需停止加水润湿，靠机械作用把生球中多余的水分挤出。由于进一步的压紧作用，有可能使颗粒间的薄膜水层互相接触、迁移，形成一个为众多颗粒所共有的水膜，产生强大的分子结合力，使生球强度不断提高，水分降低，密度增加。当生球达到一定的粒度和强度后，便从造球机中自动滚出。

由此可见，母球形成主要依靠加水点滴润湿，毛细效应对母球长大具有决定作用，而在生球密实阶段，则主要靠机械作用下分子结合力的加强而使生球强度提高。在加水润湿和机械力作用的前提下，加强毛细力、分子结合力和颗粒间的内摩擦力，是提高生球强度的关键。这三种力的数值越大，生球强度就越高。如果将全部毛细水从生球中排出，便得到机械强度最好的生球。

5. 生球强度控制

（1）原料性质的影响。原料的亲水性、孔隙度、颗粒表面性状都影响生球强度。

1）亲水性。亲水性强的矿粉，毛细力和分子结合力都大，成球性也好。褐铁矿亲水性最好，赤铁矿次之，磁铁矿最差。脉石对铁矿物的亲水性也有很大影响，以致可改变上述顺序。石英亲水而硫化物和云母岩等则是疏水的。

2）孔隙度。矿粒孔隙度高，分子湿容量大，成球性好。褐铁矿比磁铁矿孔隙度高，湿容量大，更易于成球。褐铁矿粉加水润湿时表面被溶蚀而产生微粒胶体物，可大大提高生球强度。

3）颗粒表面性状。表面粗糙呈针状的颗粒具有较大的接触面积和比表面，成球性好。疏松、多孔、亲水性强的褐铁矿比致密、表面平滑、亲水性弱的磁铁矿成球性好。往成球性差的矿粉中兑入一定数量的褐铁矿粉可提高生球强度。

（2）粒度。生球粒度从大小、组成、颗粒形状三方面影响成球。粒度小而有合适的粒度组成则颗粒间排列越紧密，毛细管平均直径也小，颗粒间黏结力就越大。随着粒度的减小比表面积增大，而比表面积的大小是决定生球中颗粒黏结强度的一个重要因素。粒度过细，导致毛细管过小，使毛细管的阻力增大，毛细水的迁移速度降低，因而成球的速度也降低，造球时间延长。不过生产中生球的强度具有决定性的意义，所以一般将矿粉都磨得很细，造球速度靠其他因素加快。颗粒的形状主要是影响比表面积，同样粒级的颗粒，褐铁矿以针状和片状存在，其比表面积大于多角形的磁铁矿等，因而其成球性较好。

（3）添加剂。常用的添加物是膨润土和消石灰。加入添加剂可改善物料的成球性。添加物本身是亲水性好和比表面积大的物质，改善了造球物料的亲水性；同时它们能提高颗粒间的黏结力，起着颗粒间分子力的传递作用，其黏结性越大，生球的机械强度也就越大。

（4）工艺操作。成球的工艺操作包括：

1）水加料方法。物料在进入造球机之前把水分控制在稍低于适宜水分，在造球过程中按照“滴水成球，雾水长大，无水压紧”的原则在球盘的不同部位补加少量水，即大部分补加水以滴状加在“成球区”的料流上，使散状精矿粉较快地形成母球，少部分的水以雾状加到“长球区”的母球表面上，促使母球迅速长大，而在“压球区”不加水，以防表面过湿的球遇水发生黏结而降低强度。加料的方法是将大部分物料下到“长球区”，以利于母球迅速长大而压紧；少部分下到“成球区”，供形成母球的需要。

2）造球时间。滚动造球所需时间视成品球的尺寸和原料成球的难易而定。增加造球时间对球的质量有好处，但产量会相应下降；缩短造球时间，球的机械强度低，而且多余的水分不能排出，将延长焙烧时的干燥时间。造球的大部分时间是用在母球长大阶段。在生产上采取一些措施，如将补加水喷得很细，适当提高造球机充填率，合理地设置刮板等以缩短造球时间，而且保持良好的生球质量。

3）球的尺寸。生球的大小在很大程度上决定了造球机的生产率和生球强度。生球的尺寸越小，生产率越高。从强度来看，生球落下最大不损坏的落下高度与生球直径的平方成反比，而生球的抗压强度则与其直径的平方成正比。

4）物料的温度。我国杭钢等厂在混合料烘干后造球，料温有所提高，对提高造球机的产量和生球质量都取得良好的效果。这是由于料温提高后，水的黏度降低，流动性变好，加快了母球的长大。当然随着温度的升高，水的表面张力也降低，影响成品球的机械强度。由于温度上升时，水的黏度比它的表面张力减小得多，在实际生产中表现出预热对造球有利，但是物料加热温度不宜过高，控制在50℃为宜。

6. 干燥

生球干燥是在预热、焙烧阶段之前进行的一项中间作业。其目的是为了使经干燥的球团能够安全承受预热阶段的温度应力。通常情况下，添加有亲水性黏结剂的生球，含有较多水分。这些水分一方面可导致生球塑性变形，另一方面由于受生球“破裂温度”的影响，而使其在预热阶段产生裂纹或“爆裂”。因此，在球团进入预热和焙烧阶段之前必须进行干燥，以满足下步工序的要求。

所谓破裂温度，即球团结构遭到破坏的温度。球团受破坏可分为两种类型：干燥初期的低温表面裂纹和干燥末期的高温爆裂。

干燥初期球团表面所产生的裂纹会使焙烧后的球团矿强度降低；干燥末期出现部分球团爆裂，会使球层透气性变坏，给预热、焙烧带来困难，最终导致生产率下降，成品球团矿质量不均，废品率上升等。因此，必须建立适宜的干燥制度，以获得优质球团。

实践表明，生球水分一般有60% ~90%是在恒温等速干燥阶段蒸发的，其余在降速干燥阶段去除。在干燥过程中，生球强度不断地发生变化，以天然磁铁矿为例，其一般规律如图3-6所示。

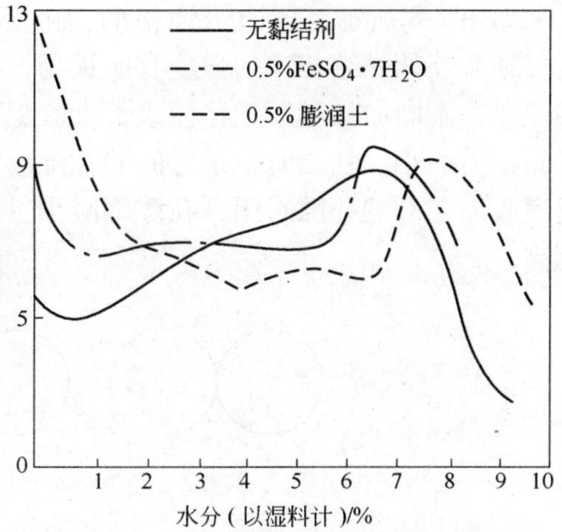

图3-6　天然磁铁矿生球干燥过程水分的变化与抗压强度的关系

从图3-6中可以看出随着水分的降低，强度有一个最低点，然后再升高。降低的原因是水分减少到一定量后，毛细黏结力减小，结构也由毛细转变为网络或摆线，这时球最易破损。然后由于添加剂胶体黏结桥的形成，球的强度相应提高。

7. 焙烧

（1）焙烧过程。生球的焙烧是球团生产过程中最为复杂的工序，它对球团矿生产起着极为重要的作用。滚动成型所得的生球仍需通过焙烧，即通过低于混合物料熔点的温度下进行高温固结，使生球发生收缩而且致密化，从而使生球具有良好的冶金性能，以此保证高炉冶炼的工艺要求。

高温氧化球团工艺按焙烧设备不同，可分为三大类：链箅机-回转窑球团、带式焙烧机球团和竖炉球团。根据不同情况，可使用液、固、气体燃料。三种工艺设备各有优缺点：链箅机-回转窑焙烧均匀，球团质量好，设备材质便宜，但易结圈，影响生产；带式焙烧机原料适应性强，可处理各种矿石，生产能力大；竖炉结构简单，材质价廉，热利用好，但焙烧不均，球团质量较差，适于处理磁铁矿。

整个焙烧过程通常可分为干燥、预热、焙烧和冷却四个阶段，如图3-7所示。在这些阶段中，有物理过程也有化学过程，它们与球团的热物理性质、热交换强度、加热介质特性和控制的升温速度等有关。尽管具体的变化与物料的化学组成和矿物组成有关，但是对不同的物料，许多现象是一致的。如产生的各组成间的某些固相反应，出现的新物质，生成的各种二元或三元化合物，某些组成或生成物的结晶和再结晶，生成熔融物，球团密度增加，孔隙率减少，机械强度提高，球团发生收缩和致密化等。

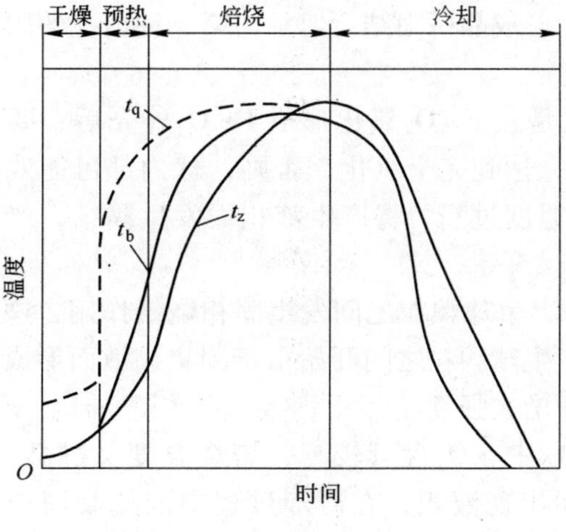

图3-7　球团焙烧过程温度变化

t_q—气体温度；t_b—表面温度；t_z—球团中心温度

生球干燥后，在进入焙烧之前，存在一个预热阶段。预热的温度范围一般为300 ~1000℃。在预热过程中，各种不同的反应，如结晶水蒸发、磁铁矿转变为赤铁矿、水合物和碳酸盐的分解及硫化物的煅烧等。因此，在预热阶段内，预热速度应与化合物的分解和氧化协调一致。

如图 3-8 所示，球团焙烧初期，由于颗粒表面原子扩散，使球内各颗粒黏结形成连接，颗粒互相黏结使球的强度有所提高，在颗粒接触面上，空位浓度提高，原子与空位交换位置，不断向接触面迁移使颈长大。温度越高，体积扩散增强，颗粒接触面增加，粒子之间距离缩小。初始时粒子之间的孔隙形状不一，相互连接，而后即形成圆形通道。这些通道收缩，有的孔隙封闭，孔隙率减少。同时产生再结晶和聚晶长大，使球团致密，强度调高。

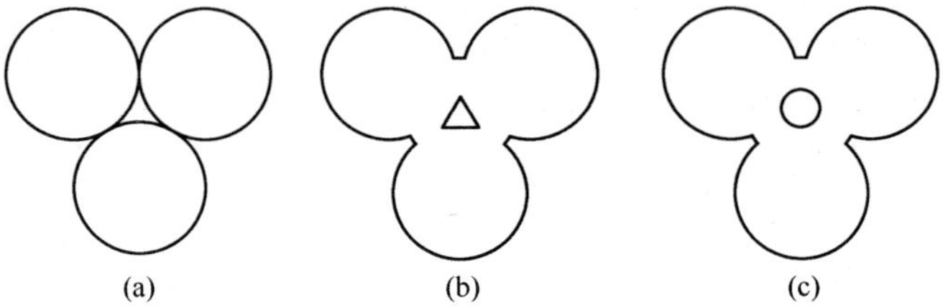

图 3-8　球形颗粒焙烧时的黏结模型

（a）形成连接颈；（b）间距缩小；（c）形成圆形通道

（2）焙烧固结机理。焙烧时，随着生球的矿物组成与焙烧制度的不同，发生着不同的固结反应。

1）晶桥固结。磁精矿粉生球在氧化性气氛中，在 200 ~ 300℃开始氧化，到 800℃形成 Fe_2O_3的外壳。Fe_3O_4氧化中产生 Fe_2O_3微晶，在这新生成的 Fe_2O_3微晶中，其原子具有高度的迁移能力，促使微晶长大，形成连接桥，称为 Fe_2O_3 “微晶键”，使生球中颗粒互相黏结起来。随着加热到 1100℃以上 Fe_3O_4完全氧化，生成的微晶再结晶，使互相隔开的微晶，长大连接成一片的赤铁矿晶体，球团矿获得了最高的氧化度和很大的机械强度。如果磁铁矿生球在中性或还原性气氛中焙烧，温度提高到 900℃时，则生球中的 Fe_3O_4晶粒可以再结晶和晶粒长大，球团以“Fe_3O_4晶桥键”固结。如果生球中的铁氧化物是 Fe_2O_3形态，在高温下也可以发生再结晶与晶粒长大而形成晶桥固结。但是与第一种情况的固结相比，后两种情况下的固结力较弱。

晶桥固结的关键是焙烧温度的控制，首先是在 Fe_3O_4氧化形成 Fe_2O_3外壳后，要小心控制加温速度，使氧能透过外壳向内部扩散，达到完全氧化，否则，球内部可能残存磁铁矿核心，影响球团矿的质量；其次是焙烧温度过高，将产生液相而发生黏结，严重影响焙烧。

2）固相烧结固结。当温度提高到 1100℃时，生球颗粒之间发生固相烧结作用，这是一种在粉末冶金及陶瓷工业中主要的固结机理。生球颗粒之间开始由于固相扩散而形成渣化连接颈，而后由于球团空隙减少，密度增加而增大强度。

3）液相烧结固结。焙烧过程中，如果生球中 SiO_2含量较高，焙烧温度又过高时，也可能像烧结矿生产中那样产生一定的熔化而出现液相，在冷却过程中液相凝固把生球中各矿粒黏结起来。同时，液相产生还会使球团之间相互黏结而结块，因而在生产中常加以抑制。

对于赤铁矿精矿球团，主要是通过 Fe_2O_3 的高温再结晶，使晶粒迅速长大而固结。同样在 CaO 含量较多时，还会有 $CaO \cdot Fe_2O_3$ 液相黏结作用。赤铁矿球团焙烧固结要求比较高的温度，但若超过 1350℃，Fe_2O_3 将产生分解。因此，赤铁矿球团焙烧温度在 1270 ~ 1350℃之间，同时应保证中性或弱氧化性气氛。

高炉冶炼效果随熟料的使用而提高，提高的程度不仅表现于随炉料中熟料比增加而增加，而且还随熟料精制程度的提高而提高。熟料的作用可具体表现为：

（1）经造块的产品物理性能和冶金性能得到改善，强化了下一步工序的使用效果，并使之获得最佳的生产产品质量，取得最大的经济效益，促进国民经济的发展。

（2）使冶炼厂含有用成分高的废料、尘泥和渣在造块中掺和使用或单独使用，使工厂环境质量提高，综合利用了资源。

（3）充分利用并扩大了有用资源的利用，如富铁粉矿和贫矿经深选得到的精矿皆须通过造块后才有可能被利用。

（五）烧结球团造块法比较

现有的造块方法中，一般情况下粉矿采用烧结法，细磨精矿采用球团法。下面着重对烧结法和球团法在铁矿粉造块工业中的应用加以比较。

1. 原料条件

球团法主要处理细粒精矿，比表面积大于 $1500cm^2/g$，烧结法主要处理粉矿，但目前对细磨精矿强化制粒后也可用于烧结。

2. 冶金性能

球团法用原料比较单一，最多可制造自熔性球团矿，其产品特点为粒度均一强度高，适合长途运输和储存，还原性好，铁分高，有利于降低焦比和提高冶炼时料柱透气性。烧结法也可制造高碱度烧结矿，但还原性和粒度均匀性较差，冶炼性能却比天然矿石好。

3. 冶炼效果

用球团矿和整粒后的烧结矿代替天然块矿冶炼，能大大提高高炉生铁产量，降低焦比，改善煤气利用率。

4. 经济效益

就标准值而言，用链箅机-回转窑生产的球团矿比带式烧结机生产的烧结矿稍贵。但按含铁量比则相反，球团矿燃料消耗费低于烧结矿，而动力费却高于烧结矿。

5. 环境保护

球团矿采用液体和气体燃料，烧结矿主要采用固体燃料，因此球团矿对生产环境污染少，劳动条件好，产生灰尘量少，一般都比烧结厂容易控制。

三、烧结生产工艺流程

根据原料特性，选择相应的烧结方法、工艺制度及加工程序，以获得预期的产品，这一过程称为烧结生产工艺选择过程。选择生产工艺必须保证其技术上先进可靠，经济上合理，以获得先进的技术经济指标为目的。在生产实践中，烧结生产工艺随原料条件，对产品质量要求和生产规模不同，其工艺流程也有差异。

烧结生产是粉料造块最重要的工艺方法。烧结是将精矿粉或富矿粉、熔剂、燃料及其他辅助添加剂按一定比例加水混合并造成小球。混合料铺在带式烧结机的台车上，自一定负压下点火开始烧结。在烧结料中的燃料燃烧所产生的高温下，混合料局部融化生成液相，冷却后矿粉相互黏结在一起，形成多孔而坚实的烧结矿。

在焙烧过程中原料的熔剂可伴随完成某些初步的造渣反应，使烧结矿的碱度达到1.6左右，从而可使高炉入炉料少加或不加熔剂。同时，在烧结过程中可以去除原料中的有害杂质硫等，对原料中的其他有益元素也可进行综合回收。

烧结好的烧结矿经破碎、筛选和冷却，得到品位高、碱度适宜、化学成分稳定、还原性好、强度高、有害杂质少、粒度均匀的烧结矿。

烧结过程可分为烧结料的准备、辅料点火烧结和产品处理三个大的工艺环节，其一般工艺流程如图3-9所示。

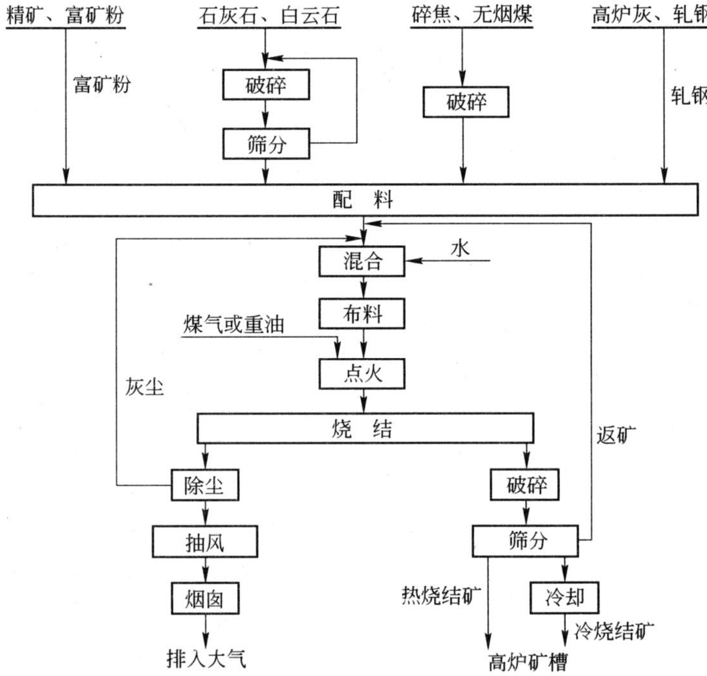

图3-9　烧结生产一般工艺流程图

原料准备对烧结生产影响很大。备料工作的主要内容是破碎整粒、配料和混匀造球。烧结原料主要有矿粉、燃料、熔剂和烧结附加物。为了保证烧结过程顺利进行，改善烧结生产技术经济指标，对烧结原料的化学成分、水分和粒度等均有一定的要求。含铁高的矿粉，对提高烧结矿的品位有利，所以一般要求精矿的含铁量为60%以上，且波动范围应在1%以内；而富矿粉为45%～50%，其波动也在1%以内。矿粉粒度过大，会降低烧结矿强度，对脱硫也不利。焦粉和熔剂的粒度过大或过小均不利于提高烧结矿产量和质量。烧结料含水分太高将影响整个烧结过程。

由于矿粉的含铁量和其他化学成分常有较大的波动，为了保证烧结质量均匀、成分稳定，需要进行很好的配料和混匀作业。配料就是将各种烧结原料按其不同的数量比例进行配合。配好的料运到配料机混合均匀，同时加水润湿造成小球，以改善烧结料层的透气性。

经过破碎、配料和均匀造球后的烧结混合料，随即运往烧结机头部，并由专用布料设备向台车箅面进行布料，布好的料层当其通过煤气点火器下部时被点火抽风烧结。由于抽风机的作用使台车下部抽风箱内产生一定的负压，这时大气中的空气被吸入料层，并使其中的燃料迅速燃烧而产生大量的热量，当温度达 1200～1600℃时形成液相体系。在其后的冷却过程中，这些液相体系使矿粉固结成块。

四、球团生产工艺流程

通常，球团矿生产过程一般包括原料准备、配料、混料、造球、焙烧和产品处理等几个基本环节。球团矿生产的工艺流程如图 3-10 所示。

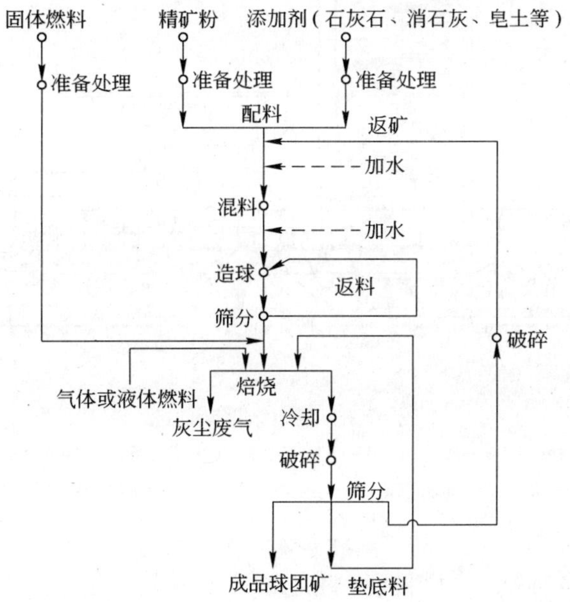

图 3-10　球团生产工艺流程

球团工艺对造球原料的粒度和含水量要求十分严格。因此，对造球用的各种原料视其不同情况进行必要的处理。原料处理的内容一般包括：各种原料的混匀；添加物和固体燃料应破碎到足够的细度，精矿粉或富矿粉粒度过粗时还需进行再破碎，原料水分过大时应考虑干燥处理。

经过处理的合格原料按一定的配比进行配料，所得混合料与经过细磨的球团矿返矿粉一起在混料机中加水混合均匀，然后运往造球机滚制成生球。生球经过筛分，筛下粉料再返回到造球机中造球，筛上合格生球则在其表面滚附少量固体燃料后，用给料器加到焙烧设备上进行焙烧。

焙烧好的球团矿必须经过冷却，冷却后的球团矿要再进行筛分，分别筛分出粒度不同的成品球团矿、垫底料以及返矿。垫底料直接加到焙烧机上，返矿则需细磨后再掺加混料造球和再焙烧。

第二节 烧结及球团生产设备

一、烧结生产设备

现代烧结生产的流程化、机械化和自动化程度很高，选择合适的设备是烧结生产获得优质、低耗、高产的必要条件。烧结生产是在众多设备相互配合的情况下来共同完成的。如图3-11所示，烧结设备大体上可分为烧结料破碎筛分设备、配料混料设备、烧结机、抽风机与除尘设备，以及烧结矿破碎、筛分和冷却设备等。下面简要介绍其中某些主要设备的基本结构及其特性。

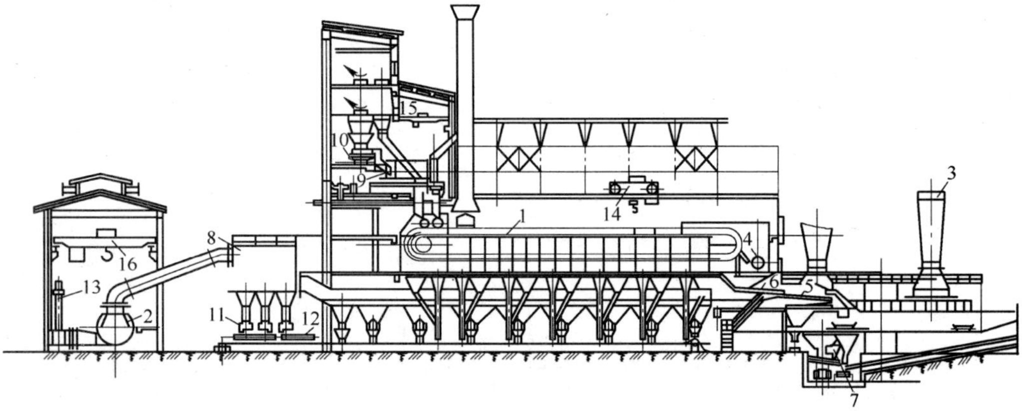

图3-11 某烧结厂断面图

1—烧结机；2—抽风机；3—环冷机；4—破碎机；5—振动筛；6，7，10—给矿机；8—除尘器；9—混合机；11—卸灰机；12—运输机；13—煤气闸阀；14～16—起重机

（一）配料设备

配料的任务是将各种烧结原料按配料计算确定的比例量配制成混合料，所用设备为圆盘给料机。

如图3-12所示，圆盘给料机安装在料槽漏斗底部，给料机筒身的一侧设有带闸门和刮板的排料口，排料口下则有皮带机受料。当筒身底部圆盘由转动装置驱动旋转时，槽内物料便被不断排出。如果有误码，可以通过流量控制给予及时的调整。这种设备结构比较简单，维修也很方便，只是由于给料准确性常受料槽中料面高度波动的影响，而需要经常检查给料量。

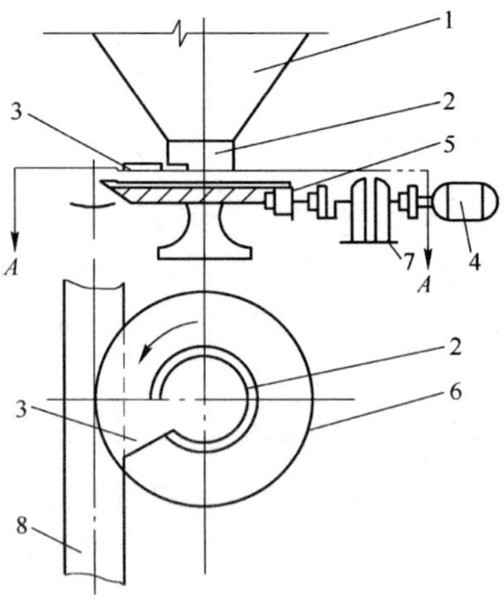

图3-12 圆盘给料机

1—料仓；2—套筒；3—刮板；4—电动机；5—齿轮；6—圆盘；7—变速箱；8—皮带运输机

（二）混料设备

混料设备的功能是将配好的烧结料进行混匀和造球。常用混料设备是圆筒混料机。如图

3-13 所示，圆筒混料机是一个带有倾角的回转圆筒。回转动作是由传动装置驱动筒身上的齿圈来实现的，而筒身则由托辊和定向轮将其定位。

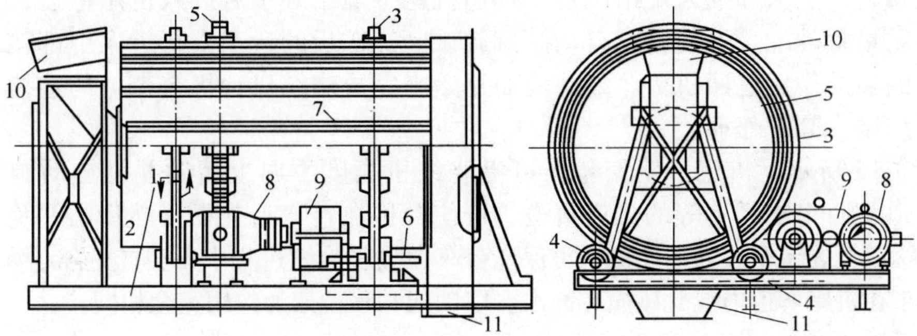

图 3-13　圆筒混料机

1—框架；2—转鼓；3—铁箍；4—支撑杆；5—齿环；6—定向杆；
7—角铁；8—电动机；9—减速器；10，11—漏斗

圆筒混料机结构简单，工作可靠，生产率高。存在的问题主要是内壁黏料，振动较大。混匀造球效果主要取决于设备特性、混料时间、原料性质、加水方式以及工艺操作制度等。

（三）带式烧结机

带式烧结机由烧结机本体、密封装置、布料设备、点火器和传动装置等部分组成。

1. 烧结机本体

如图 3-14 所示，烧结机本体的基本构造是：钢结构机架上铺有台车行走的封闭轨

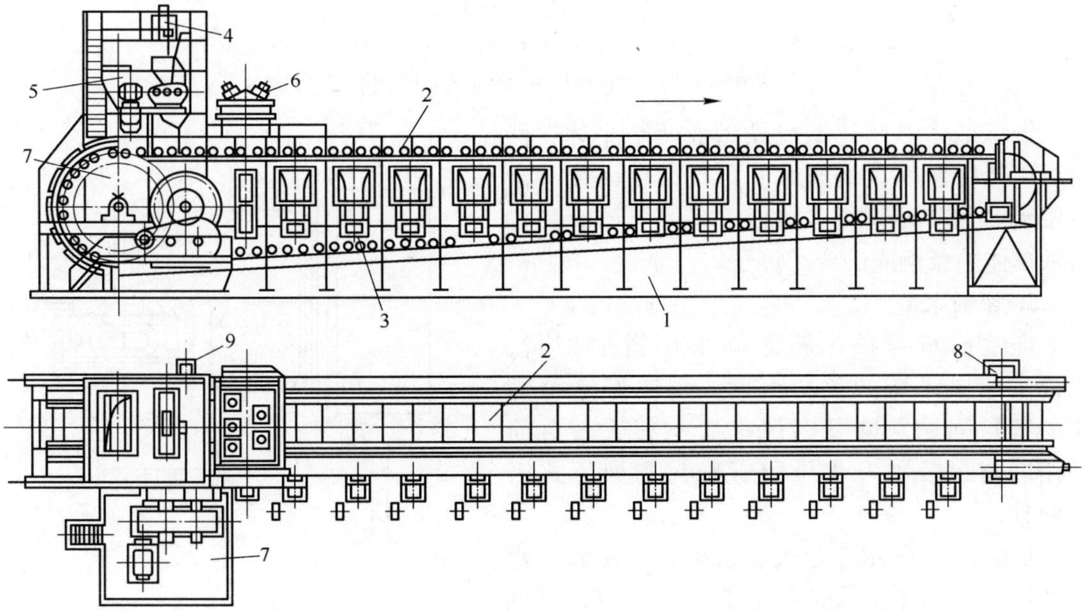

图 3-14　带式烧结机结构

1—框架；2—台车；3—抽风室；4，5—装料口；6—点火器；7—传动轴；8，9—碎屑出口

道，轨道上布满彼此靠紧而又互相独立的台车。由传动装备带动的机头星轮将台车从下部轨道经机头弯道抬到上部水平轨道，并推动前面台车向机尾方向移动。在台车移动过程中进行布料、点火和抽风烧结。台车到达机尾，烧结终了后进入机尾弯道，并在机尾弯道和机尾星轮的配合下使台车自动倾翻卸矿。卸矿后的台车空行进入下部轨道，并靠后边台车的顶推作用返回机头。如此周而复始来完成烧结机台机链带上的连续布料、点火和连续烧结、卸矿作业。

如图 3-15 所示，机尾星轮安装在可沿烧结机长度方向上活动并可自动调节的移动架上。弯道是曲率半径不等的弧形轨道，可使台机在转弯后先摆平然后再平稳靠近先行进入直线轨道上的台车。移动架机构可保证台车在热胀冷缩过程中不会产生隆起和间隙，也可避免台车在机尾弯道内彼此碰撞和冲击。摆动架和移动架的作用完全相同。

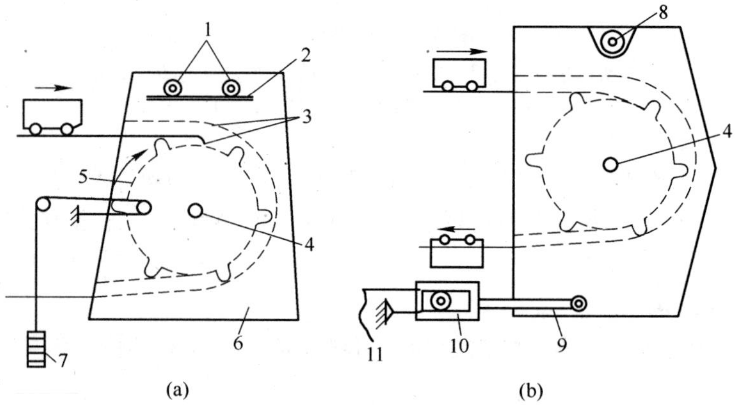

图 3-15 机尾移动架及摆架

（a）机尾移动架；（b）摆架

1—移动轮；2—轨道；3—压轨；4—星轮轴；5—星轮；6—框架；7—重锤；
8—摆架固定轴；9—拉杆；10—滑轮座；11—钢绳导向轮

台车车体多用铸钢或铁做成两个半体，然后再用螺栓紧固组装起来。台车滚轮内装有滚柱轴承，台车两侧装有挡板。车体上铺有三排铸铁单体炉条组成的台车箅子。

2. 密封装置

烧结台车与抽风箱之间采用滑道密封，以提高抽风系统的负压程度。解决好这个部位的密封问题对降低漏风率影响很大。目前常用的密封装置有水压胶管密封和弹压式密封两种。

如图 3-16 所示，老式烧结机多采用胶管水压密封，它在胶管承受台车部分重压时，借助水的压力和胶管的弹性力使胶管上的滑板与台车滑板紧密接触来达到密封的目的。为了减少

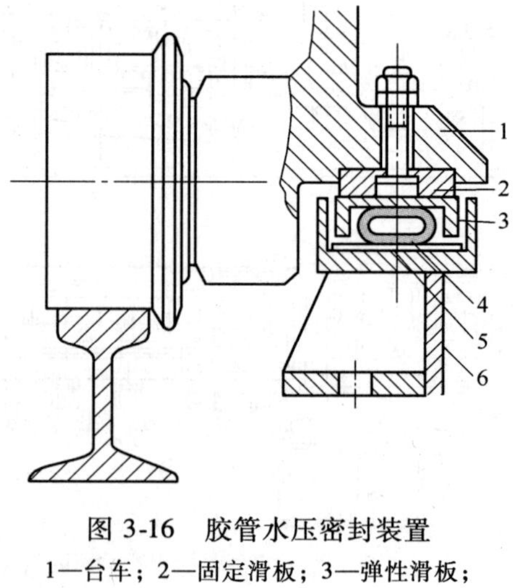

图 3-16 胶管水压密封装置

1—台车；2—固定滑板；3—弹性滑板；
4—胶管；5—胶垫；6—风箱

滑板之间的摩擦，采用自动给油润滑。这种密封方式的优点是两滑板之间接触的紧密程度可通过水压进行调节。存在的问题主要是由于该装置在温度较高且粉尘又大的环境条件下，胶管的烧漏或老化会使其失去弹力而丧失密封作用。

如图3-17所示，新式烧结机多采用弹压式密封装置，该装置一般有两种结构方式，一种是在滑道上的金属弹性滑道，另一种是在台车上的台车弹压密封。前者是启用金属弹簧产生的弹力使滑道与台车滑板之间压紧而达到密封的目的，其使用寿命较长。后者是借助弹簧压力使台车底部的游板在台车压力下可以上下活动而与安装在风箱上的固定滑道保持紧密的接触，这种密封方式的使用效果较好。

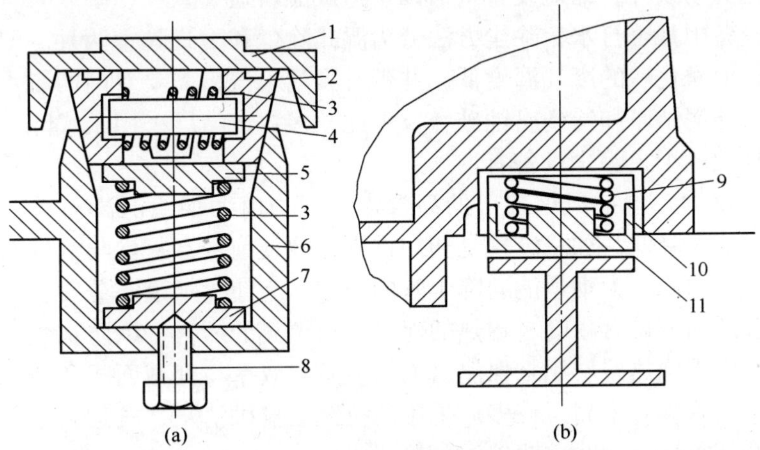

图3-17 弹压式密封装置

1—弹性滑板；2—游动板；3，9—弹簧；4—固定销；5—上垫；6—弹簧槽；7—下垫；8—调整螺丝；10—游板槽；11—游板

3. 布料设备

布料设备的作用是实现对台车链带进行均匀布料。常用布料设备是圆筒布料机，如图3-18所示。圆筒布料机是圆筒宽度与烧结机链带宽度相等，当它旋转时，其各点速度相等，从而可以实现沿链带宽度上的均匀布料。虽然圆筒布料机结构简单，运转可靠，但布料均匀程度常常要受到上部料槽中料面的高度和形状的影响。

4. 点火器

点火器安装在第一个风箱位置的台车链带上方，用来向烧结料面供给一定的热量和温度，保证点火后烧结过程自动向下进行。按所用燃料种类不同，点火器分为气体、固体和液体燃料三种类型，其中气体燃料点火器应用最广。

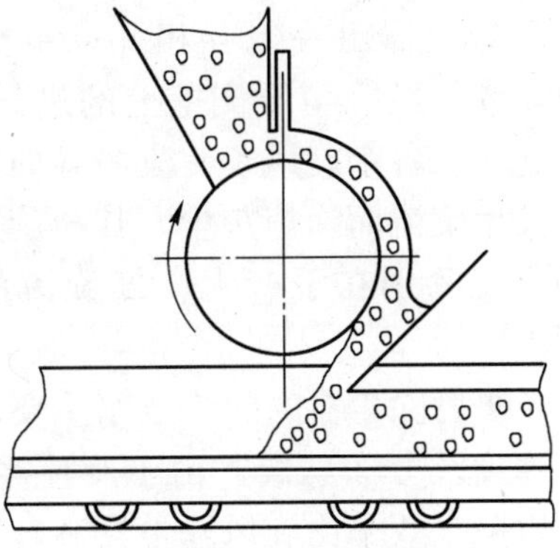

图3-18 圆筒布料机

气体燃料点火器是由耐火砖砌筑或耐热混凝土捣结而成的燃烧室构成，其外部衬以保温隔热层，并置于水冷空心铁框上。为了支撑和保护耐火砖体，燃烧室四周没有钢结构壳体。煤气和空气经燃烧室顶部烧嘴进入点火器燃烧，其用量可根据点火温度要求进行

自动调节。点火器长度由台车速度和工艺要求的点火时间确定，它应能保证台车在最大运行速度下，点火时间不少于30s。点火器宽度应比台车宽度稍大，以保证台车两侧的混合料得以充分点火。点火器燃烧产生的废气量要与下面风箱的抽风能力相适应，否则将会造成火焰外喷损坏设备或者是吸入大量冷气，降低料面点火温度，影响烧结过程正常运行。

（四）除尘系统

1. 抽风除尘

烧结过程中，通过烧结料层的废气带有大量灰尘，如不进行有效的回收处理，易污染厂区环境，恶化劳动条件，缩短设备寿命以及造成原料损失。

根据除尘设备中是否打水，除尘方法分为湿式除尘和干式除尘两种。湿式除尘虽有较高的除尘效率，但净化后的废气温度低，并带有大量水汽，需要专门的脱水设备，管道和风机的叶片容易挂泥结厚和受到腐蚀破坏。因此，多数烧结厂采用干式除尘来处理废气灰尘。常见的几种抽风干式除尘设备有：

（1）大烟道降尘。各抽风箱抽出的高含尘废气均由大烟道汇流输送。大烟道截面积大，废气进入后流速降低，加之废气是切向进入，螺旋前进，灰尘与管壁摩擦易失去动能而发生沉降分离。因此，大烟道能起降尘管的作用。为使大烟道充分发挥降尘作用，其结构是钢板圆形管道内壁设有耐磨、耐热的保温材料填充的内衬，以防灰尘磨损和废气温降过大。管外一般砌以绝热砖层用来保温。大烟道除尘效率与其截面积和废气流速有关，截面积大，流速小，除尘效率高。许多厂采用的拉链运输机清灰，既达到了清灰的目的，又保证了大烟道的密封性，同时也改善了环境。

（2）旋风除尘器。含尘废气切向进入旋风除尘器后产生旋流的过程中，灰粒受离心力作用被抛向器壁失去动能而沉降分离出来。它的除尘效率主要取决于气流速度及其旋流半径。气流速度增大，旋流半径减小，有利于提高除尘效率。但是，气流速度过大，阻力损失急剧增加，除尘效率显著下降。旋风除尘器有湿式和干式两种，湿式除尘虽然效率较高，但因随之产生的污水处理和设备及其管路金属结构的腐蚀问题而未能广泛应用。

（3）多管除尘器。如图3-19所示，多管除尘器由一组互相并联的除尘管组成。废气经除尘器侧壁上的进气口进入，分配进入各个旋风子，流经导向螺旋叶片时发生旋流而除掉灰尘。其与旋风除尘器的主要区别在于产生废气旋流的方式不同。

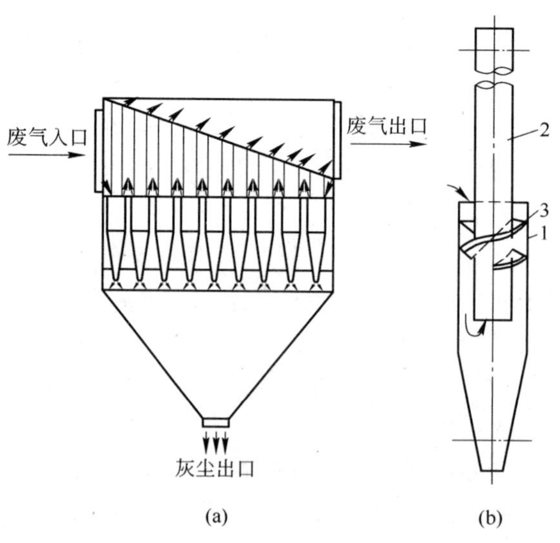

图 3-19　多管除尘器

（a）多管除尘器；（b）单个除尘管

1—旋风子；2—导气管；3—导气螺旋

多管除尘器的除尘效率主要取决于气流速度及分布状况。由于旋流半径较小，所以除尘效率比旋风除尘器高，当然阻力损失也略大。运行中主要存在磨损、堵塞和漏气窜风的问题，这将导致除尘效率降低。

（4）电除尘器。电除尘器是利用灰粒随废气由电位差很大的极板之间通过时产生的灰粒"电晕"现象来进行除尘的。电除尘器是一种精细除尘设备，具有更高的除尘效率。电除尘器造价较高，维修比较复杂，对操作条件的要求更加严格，但从环境效益的角度来看，电除尘器用于抽风除尘系统是具有优越性的。

2. 环境除尘

除烧结机抽风系统外，烧结生产作业上有很多扬尘点产生了大量粉尘，如不回收处理，将严重影响生产，危害环境，浪费资源，因此对除尘应备加重视。搞好环境保护，增加绿化面积，增强环境效益是当前工业建设中的重要目标之一。

3. 污水处理

烧结厂的湿式除尘及冲洗地面的污水中含有大量 Fe 和 CaO 粉泥，必须经过净化处理后才能循环使用。污水处理的目的在于节约用水、回收资源、维护设备和改善环境。目前，烧结厂污水处理还存在许多问题需要加以解决。解决这些问题的基本原则是：排入下水道的污水含尘浓度不大于国家卫生标准的规定；尽可能增加二次循环利用；污水处理方法应方便操作管理并具有一定的机械化程度。

4. 抽风机

烧结抽风机为离心式抽风机，是烧结生产的关键设备之一。其工作原理是：借助转子旋转，将其叶片间气体抛向机壳，造成局部静压升高，把废气排出机外，而转子处于负压状态，形成风机的吸力。

进一步延长抽风机转子寿命是十分重要的问题。提高转子寿命的主要措施有：提高抽风除尘设备系统的除尘效率；改善转子材料结构，提高安装质量，减少振动，维持良好的动平衡状态；加强混合料造球，改善机上操作，减少随废气抽入的粉尘含量；进入抽风机的废气温度不应低于水汽露点，以防水汽凝结而形成大量灰泥黏附在转子叶片上。

5. 灰尘处理

各种除尘设备捕集到的灰尘需要排运输出，排运方式和采用的设备因除尘方法、工作制度和灰尘性质不同而异。一般是大烟道清灰采用拉链运输，而除尘器灰的运输则多用阀门控制、螺旋运输、皮带运输和拉链运输方式。在灰量不大、集灰点分散、自然落尘面积大的除尘设备或作业区段，需要进行汽车运输和水力冲洗搬移，然后集中处理等辅助性处理方式。

（五）烧结矿破碎、筛分和冷却设备

烧结矿破碎、筛分和冷却是烧结矿生产的最终处理工序，目的是得到粒度均匀和粉末少的冷烧结矿。

常用烧结矿破碎机有两种，一种是单辊破碎机，另一种是双辊破碎机，前种使用较广。剪切式单辊破碎机，如图 3-20 所示，它借助转动的星辊与侧下方的箅板形成对烧结矿的剪切作用而达到破碎的目的。由于破碎过程中加强了剪切作用，减轻了挤压现象，因而破碎质量和设备作业率较高。

烧结机尾的热筛分是为了把烧结矿成品和返矿初步分开，以及对热烧结矿进行有效的冷却处理。常见机尾筛分设备主要有热振筛和固定筛两种。热振筛是用钢制成的振动筛，

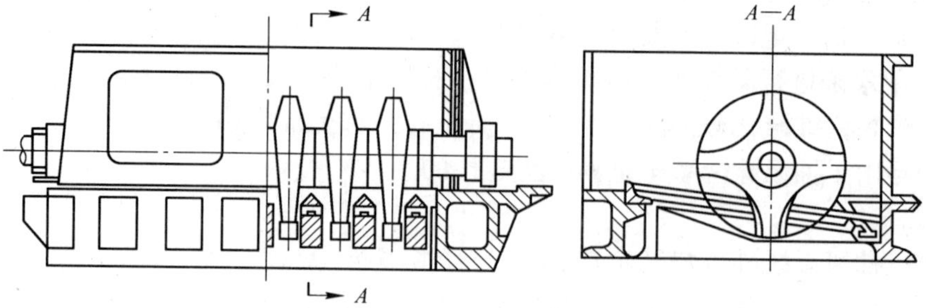

图 3-20 剪切式单辊破碎机

它除具有一般振动筛的优点外，还能在高温多尘的环境下可靠工作。固定筛的最大问题是筛分效率很低，筛上成品中夹有大量粉末，而筛下返矿中却仍有一定量的大颗粒烧结矿，工作效率不好，严重影响了烧结矿的质量、产量和冷却效果。

烧结矿的冷却方法对烧结生产影响很大。合适的冷却方法应能保证烧结矿质量少受或不受影响，冷却效率和经济效益更加合理。目前，烧结矿的冷却方法主要有打水冷却、自然通风冷却和强制通风冷却三种。打水冷却方法简单，冷却效率高，生产成本低，但由于烧结矿遇水急冷遭到剧烈粉碎，严重地影响了烧结矿的产量和质量。自然通风冷却由于冷却时间较长，生产效率低，烧结矿大量被风化而产生很多粉料，而且此法占地面积很大，生产管理困难。因此，多采用强制通风冷却方法，强制通风冷却方法生产效率高，烧结矿粉碎现象也较前两种方法大为减少。

目前，我国烧结生产中采用的冷却设备主要有带式冷却机和环形冷却机。带式冷却机是一种带有百叶窗式通风孔的金属板式输送机，如图 3-21 所示。其上设有密封罩，罩上有烟道与抽风机相连。冷风自下而上通过矿层使烧结矿受到冷却。带式冷却机的优点主要是：烧结矿冷却过程中同时进行运输，并适合于多台配置和老厂改造时增建冷却设备；生产效率高，冷却效果较好；阻力小、料层薄，而且抽风冷却过程中不需要进行除尘；被冷却的烧结矿属于静料床层，冷却过程不受机械磨损与碰撞，因此粉碎率较低。其缺点主要是设备庞大，投资较多。

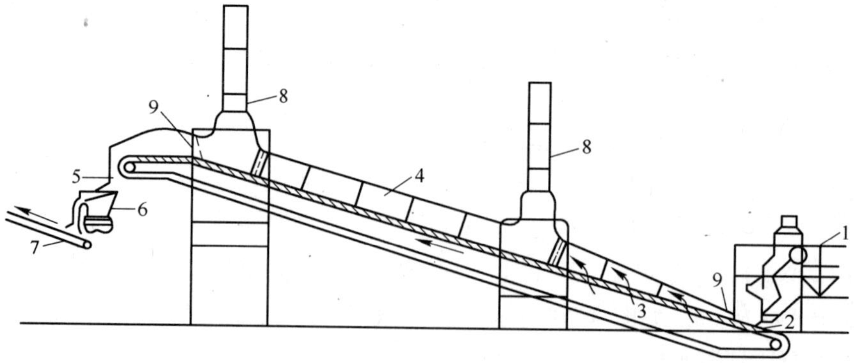

图 3-21 带式冷却机

1，5—卸矿端；2—给料器；3—冷却机；4—冷却机外罩；6—烧结矿筛；7—冷烧结矿输送机；8—通风机；9—闸门

环形冷却机是与带式冷却机工作原理相同的另一种强制通风冷却设备，多为大型烧结厂采用。如图3-22所示，在环形水平面上，若干带有百叶窗式箅底的台车组成的环形栅格上设有密封罩，罩顶有等距离分布的烟囱，每个烟囱内分别装有一台轴流式抽风机。冷却机的传动装置是由两个直径不等、处于同一水平面的同心圆环构成的金属传动架。传动架的外圆环焊有摩擦传动板。台车处于传动架的两个圆环之中，台车前部支撑并固定在连接两个圆环的钢管上，后部通过滚轮支撑在固定的水平轨道上。冷却机运行时，电机通过传动装置以摩擦传动方式驱动传动架转动，台车被传动架带动沿固定轨道运行。此时，抽风机将冷空气由台车箅底吸入，穿过烧结矿层并使其冷却。随着冷却机的转动，烧结矿自高温被冷却至规定温度后进入卸矿端。在卸矿端，台车滚轮台沿向弯道运动，使台车发生倾斜并随即卸下已被冷却的烧结矿。冷却过程产生的热废气经烟囱由抽风机带入大气。环形冷却机的优点主要是：冷却效果比较好；料层比较薄，气体阻损比较小，废气含尘量少，冷风通过矿层的流速低，所以抽风冷却过程不需要考虑除尘问题，冷却面积利用率高，而且无空载行程；设备运转平稳，烧结矿粉碎率较低。环形冷却机的不足之处是：设备庞大，投资大，占地面积大，冷却过程不能兼起运输作用。

带式冷却机和环形冷却机与大型烧结机配套使用，对铁矿粉的烧结处理获得了良好的使用效果。

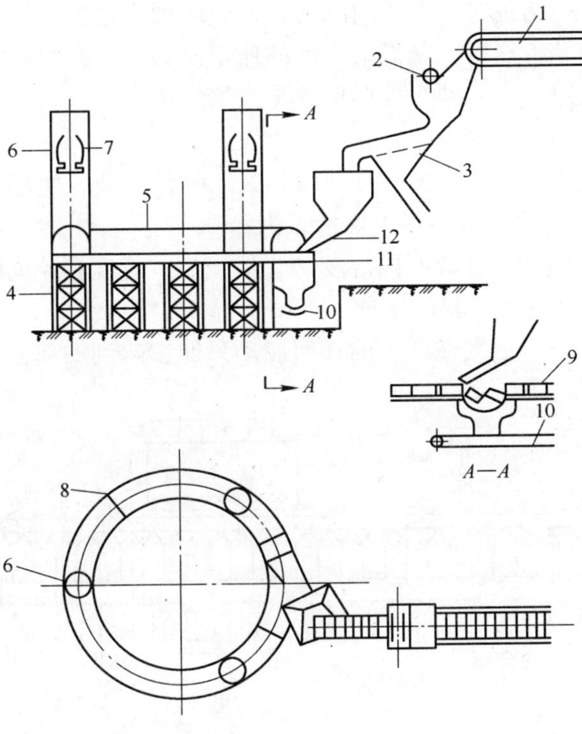

图3-22　环形冷却机

1—烧结机；2—破碎机；3—振动筛；4—钢架；5—烟罩；6—烟囱；7—轴流风机；8—挡风板；9—台车；10—冷矿运输带；11—冷却机；12—溜槽

二、球团生产设备

目前，球团矿高温焙烧设备主要有竖炉、带式焙烧机和链箅机-回转窑。其中，竖炉虽然面世较早，但发展比较缓慢，尚有许多问题有待解决；带式焙烧机发展很快，是当前使用比重最大的球团焙烧设备；链箅机-回转窑出现得较晚，但发展速度相当迅速。

（一）竖炉

焙烧球团矿的竖炉是一种按逆流原则工作的热交换设备。生球装入竖炉以均匀的速度连续下降，燃烧室生产的热气体从喷入口进入炉内，热气流自下而上与自上而下的生球进行热交换。生球经干燥、预热后进入焙烧区进行固相反应而团结，球团在炉中下部冷却，然后排出，整个过程在竖炉内一次完成。

要保证竖炉的正常生产的关键是炉内需要保持均匀而稳定的气流分布。没有均匀而稳定的气流分布，就没有相应的温度分布，焙烧的各个环节就不能正常进行。为了保证气流正常分布，首先要使生球具有足够的强度，因为竖炉料柱高，球在炉内要受到较大的压力和料球间的摩擦力。一些工厂由于原料原始水分过高，生球水分过大，强度降低，加入炉内极易破裂，从而恶化料柱透气性，使温度和气流的正常分布遭到破坏，造成炉况不顺，质量变差和产量减少。因此，采取使用黏结剂以提高其毛细湿容量、增加生球强度或增设原料干燥设备等措施是非常必要的。

（二）带式焙烧机

带式焙烧机与带式烧结机有许多相同的地方。生球加在焙烧机台机上，经过干燥、预热、焙烧、均热、冷却等阶段后，获得焙烧好的球团矿。

根据使用燃烧的条件，有三种比较典型的带式焙烧机。

1. 使用固体燃料的带式焙烧机

使用固体燃烧焙烧的带式焙烧机中有抽风和鼓风两种类型。使用固体燃料的带式抽风焙烧机工作示意图如图 3-23 所示，其主要特点为：

（1）可根据原料不同，设计成不同温度、气体流量、速度和流向的各个工艺段，因此带式焙烧机可以用来焙烧各种原料的生球。

（2）工艺气流以及料层透气性产生的任何波动只能影响到一部分料层，而且随着台车

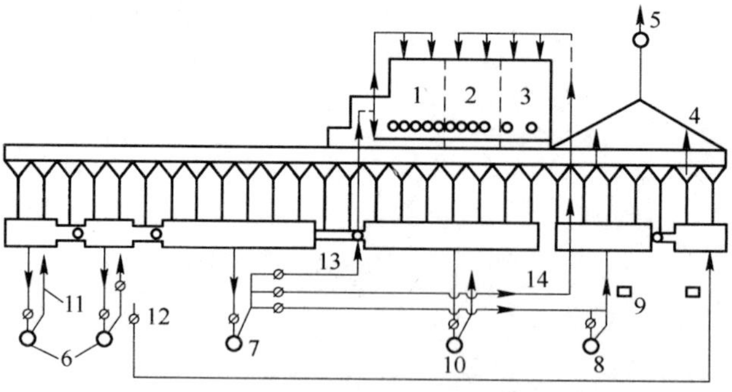

图 3-23　使用固体燃料的带式抽风焙烧机

1—点火；2—预热；3—干燥；4—抽风干燥；5，10，11—废气出口；6—冷却段；7，12～14—热废气返回；8—通风机；9—辅助烧嘴

水平移动，这些波动很快就消除。

（3）生球料层较薄，可避免料层压力负荷过大，又能保持料层透气性均匀。

（4）可以制造大型带式焙烧机，单机能力大。

（5）采用热气流循环，利用焙烧球团矿的显热，球团能耗较低。

如图 3-24 所示为使用固体燃料的带式鼓风焙烧机，可用来焙烧赤铁矿球团，其主要特点为：

（1）台车上先加球团垫底料，然后再铺一薄层同样粒度的无烟煤进行点火。

（2）除最后的球团矿冷却和最初的点火为自上而下的抽风外，其余各阶段均为鼓风。

（3）由自下而上的鼓风，起到了松动球层改善其透气性的作用，同时焙烧产生的高温气体不同台车箅条直接接触，保护了台车。

（4）在点火以后，分批向台车上加球层，焙烧过程所产生的粉末被上面所加的生球层所吸收，它还避免了在高料层抽风焙烧时可能造成的下部球层凝结过多的水分受压破裂的缺陷。

（5）它也是借助于生球表面固体的燃烧而进行焙烧的。

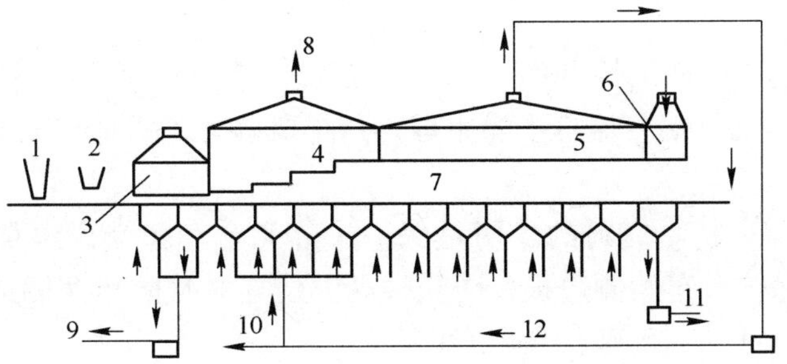

图 3-24　使用固体燃料的带式鼓风焙烧机

1—垫底料；2—点火燃料；3—点火段；4—焙烧段；5，6—冷却段；
7—加料层；8 ~ 11—放走的废气；12—热废气

2. 使用气体或液体燃烧的抽风焙烧机

使用气体或液体燃烧的抽风焙烧机是一种应用很广的焙烧设备，它具有如下特点：

（1）充分利用热能，降低球团焙烧的热量消耗，利用鼓风冷却热球团矿后的热空气和焙烧带的高温废气进行干燥和预热焙烧。

（2）在往台车上加生球时，先加一定厚度的球团矿垫底料和台车保护层，以减轻高温氧化性气氛对台车的烧蚀作用和改善边缘球团矿的焙烧质量，加之采用耐高温的材料，从而可提高台车的工作寿命。

（3）鼓风干燥的效果明显，无黏结及过湿现象，料层中分布均匀。

（4）球团中不加任何固体燃料，焙烧仅仅是借助于燃烧液体或气体燃料所获得的高温进行的，因此，焙烧的温度、气氛等条件有比较灵活的调节可能，适合于不同原料的焙烧。

3. 使用部分固体燃料和气体燃料焙烧的带式焙烧机

根据前面所介绍的使用综合燃料的优点，我国各大钢铁企业的球团焙烧机均采用气体燃烧焙烧配加少量固体燃料的生球。

如图 3-25 所示为带式抽风焙烧机。它最初设计时为全部使用煤气焙烧，后配加少量的固体燃料。

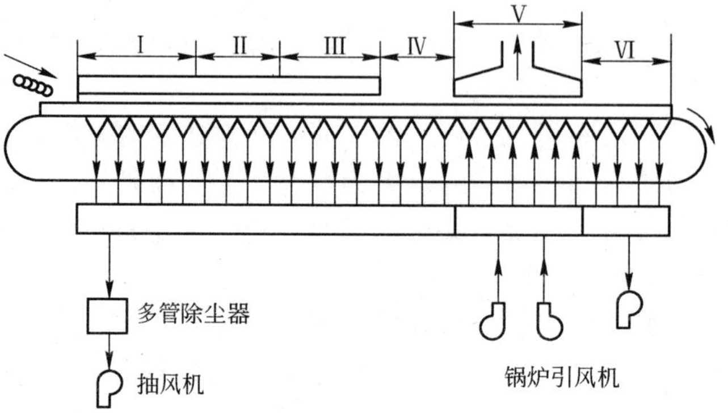

图 3-25 带式抽风焙烧机

Ⅰ—干燥；Ⅱ—预热；Ⅲ—焙烧；Ⅳ—鼓风冷却；Ⅴ，Ⅵ—抽风冷却

带式机焙烧工艺具有如下特点：

（1）采用鼓风与抽风混合流程干燥生球，这样既强化了干燥，又提高了球团矿的产量和质量。

（2）铺有底料和边料。底料的作用是保护炉箅和台车免受高温烧坏，使气流分布均匀；边料的作用是保护台车两侧边板，防止被高温烧坏并且防止两侧边板漏风。这两项可使料层得到充分焙烧且有利于延长台车寿命。

（3）球团矿冷却采用鼓风方式，冷却后的热空气一部分直接循环，一部分借助于风机循环，循环热气一般作为焙烧均热风和助燃空气。

（4）带式焙烧机全长都是鼓风或集气箱罩，并且有较长的点火炉罩。焙烧过程由燃料燃烧供热。焙烧和冷却带的热废气用于助燃、预热和干燥，其热量利用较好，使单位成品的热耗降低。

（5）干燥区的废气因温度低、水气多而排空。

（6）各抽风区风箱热废气可根据需要做必要的温度调节，然后循环送到风预热区或鼓风干燥区。

（三）链箅机-回转窑

链箅机-回转窑是一种联合机组，如图 3-26 所示，它是由链箅机、回转窑、冷却机及附属设备组合成的焙烧工艺。生球的干燥、脱水和预热过程在链箅机上完成，高温焙烧在回转窑内进行，冷却则在冷却机上完成。其工艺特点如下：

（1）球团在窑内不断滚动焙烧，各部分受热均匀，使球团中颗粒接触更紧密，球团矿强度好而且质量均匀。

（2）生球在链箅机上利用回转窑出来的热气体进行鼓风干燥、抽风干燥和预热，各段长度可根据矿石类型的特点进行调整。

（3）生产操作不当时容易“结圈”，其原因主要是在高温带产生的液相过多。物料中

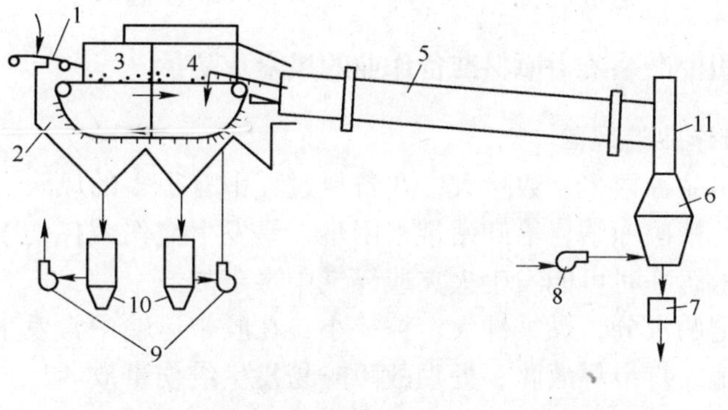

图 3-26　链箅机-回转窑焙烧球团工艺流程

1—布料机；2—链箅机；3—干燥室；4—预热室；5—回转窑；6，8—冷却机；7—给料器；9—抽烟机；10—除尘器；11—燃烧器

低熔点物质的数量及物料化学成分产生波动，气氛的变化及球团粉末数量和操作参数是否稳定等都对结圈有影响。为防止结圈，必须对以上因素进行分析，采取对应的措施，如生球筛除粉末，在链箅机上提高预热球的强度，严格控制焙烧温度和气氛，稳定原料化学成分，选用灰分熔点高的煤粉等。

（4）根据生产工艺的要求来控制回转窑内气氛，可生产氧化球团、还原球团，还可以通过氯化焙烧处理多种金属、矿物等。

链箅机-回转窑是一种很有发展前景的球团矿焙烧设备，其生产过程可分为四个阶段：

第一个阶段，将生球用布料机布于链箅机上；

第二个阶段，生球在不断运动的链箅机上进行干燥和预热；

第三个阶段，经过干燥、预热和部分氧化后的球团被送到回转窑中，受到逆向气流的氧化和焙烧固结；

第四阶段，焙烧后的球团矿卸入专门的环形冷却机中进行冷却，温度降低至 150℃以下。

这种方法可以根据具体情况选用固体、液体或气体燃料。由于热量利用较好，所以总的热量消耗不高。燃烧废气由于两次通过球层的过滤，含尘量大大降低。干燥、预热和焙烧可分别进行调整控制。生球在回转窑内焙烧加热均匀。因此，它对不同原料的球团矿焙烧具有很好的适应性。此外，生球在高温焙烧带停留时间较带式焙烧机为长，也有助于获得高强度产品。另外，在材料方面，这种方法不需要用高级耐热合金钢也是一个很大的优点。但回转炉易于“结圈”，则是这种方法的一个极大弱点。

第三节　烧结及球团生产系统的风险

烧结及球团生产系统中存在的风险主要有：高温风险、高速机械转动风险、粉尘风险、有毒有害气体及物质流风险、作业环境复杂、高处作业风险等。

导致烧结及球团事故发生的原因主要有设备设施缺陷、技术与工艺缺陷、作业环境差、防护装置缺陷、规章制度不完善和违章作业等。事故类别为：高处坠落、物体打击、机械伤害、灼烫、触电、起重伤害、中毒以及尘肺病等职业病。

一、烧结及球团生产系统中原料准备作业的风险及防护

（一）原料准备作业的风险

烧结及球团用料品种繁多、数量大，在备料过程中有很多的风险，例如铁精矿在寒冷地区的运输过程中，精矿冻结，给卸站带来困难，易发生撞伤或摔伤事故，冻层较厚的矿车，必须送解冻室，解冻时可能发生火灾或煤气中毒事故。

由于精矿含一定的水分，黏结性大，粒径小，在胶带运输中常发生机头、尾轮挂泥现象，使胶带发生跑偏、打滑等故障，处理故障时易发生绞伤事故。

焦炭和煤等燃料，常用四辊破碎机破碎，若有较大的块焦、块煤、石块等混杂其中，将会引起漏斗闸门和漏嘴被堵，使给料不均，上辊不但不进料，还易磨损辊皮。清理大块时常发生重大伤亡事故。

（二）原料准备作业的防护

为了消除原料准备过程中从原料运输、卸车、贮存到配料等风险，特别是精矿水分引起的黏结、冻结造成的危害，须采取以下措施：

（1）解冻室的各种仪表要齐全，并要保证精确、灵敏，同时要设置一定数量的防毒面具，并定期检测一氧化碳的含量。

（2）大气温度在 -20℃ 以上，精矿含水控制在 12% 左右，若精矿运输时间不超过 48h，可采用生石灰防冻。

（3）对短途运输的精矿，可在每个车厢上盖麻袋或麻布以防冻结，揭去麻布时要有稳固的作业平台。

（4）胶带运输机的各种安全设施要齐全，保证可靠、灵敏，并应实现自动化控制。

（5）加强与选矿厂的联系，根除精矿中的大块与杂物。

二、烧结机的风险及防护

（一）烧结机的风险

烧结机按烧结方式不同，可分为间隙式和连续式两大类。现在广泛采用的是连续式烧结机，它由驱动装置、供烧结台车移动用的走行轨和导轨、台车、装料装置、点火装置、抽风箱、密封装置部分组成。烧结机的主要风险有：

（1）没有机尾摆动架的烧结机，为了调节台机的热膨胀，在烧结机尾部弯道起始处与台车之间，工作状态时形成一定宽度的间隙。由于台车在断开处的撞击，促使台车端部损害变形，增加有害漏风，并增加工人更换台车的工作量，易导致人身事故的发生。

（2）由于烧结机体积大，而生产与检修工人往往因联系失误造成事故。相关统计表明，烧结机在风箱、机头、机尾等处往往易发生伤亡事故。

（3）由于台车在工作过程中要经受 200 ~ 500℃ 的温度变化，又要承受自重和烧结矿的重量以及由抽风负压造成的作用，易产生因热疲劳而损坏的“塌腰”现象；台车的连接螺栓也会出现断裂而使台车破损，工人在更换台车时，易发生人身伤害事故。

（4）烧结机检修过程中，要部分拆卸台车，若拆除时未对回车道上的台车采取适当的安全措施，往往发生台车自动行走而导致人员伤亡的事故。

(5) 随着烧结机长度的增大，台车跑偏现象将更为突出，台车轮缘与钢轨的踏面干涉严重时会造成台车脱轨掉入风箱或台车的回车轨道。

(二) 烧结机作业的防护

烧结机作业的防护措施有：

(1) 在烧结机首部的导轨与台车走行轨之间，安装杠杆式安全装置。

(2) 烧结机的停、开要设置必要的联系信号，并应加强安全装置。

(3) 为了防止烧结机过载造成设备的事故，一般安设过电流继电器作为保护装置。

(4) 烧结机尾部安设可动摆架，既解决了台车的热膨胀问题，也清除了台车之间的冲击，并克服了台车跑偏和轮缘走上轨道的故障，大大减少了工人检修设备的工作量，从而减少人身事故发生的概率。

三、烧结及球团生产系统事故案例

(1) 2008 年 4 月 4 日晚，位于忻州市繁峙县下茹越乡的吉利球团厂，因烧结炉冷却系统出现故障发生崩塌事故，造成 2 人死亡、12 人受伤。

(2) 2004 年 7 月 15 日，北京首钢炼铁厂烧结车间发生一起工人卷入皮带机事故，死亡 1 人。事故原因：工人违章作业，违反皮带机在运转中不准用手或工具刮、铲皮带机滚筒粘料的规定，安全防护装置存在缺陷。

第四章 高炉炼铁系统及风险

第一节 高炉炼铁工艺流程

高炉炼铁法，即传统的以焦炭为能源的炼铁法。由于高炉炼铁技术经济指标好，工艺简单、可靠，产量大，效率高，能耗低，这种方法生产的铁占世界生铁总产量的90%以上。

一、高炉炼铁生产流程概述

高炉炼铁的本质是铁的还原过程，即使用焦炭做燃料和还原剂，在高温下将铁矿石或含铁原料中的铁从氧化物或矿物状态还原为液态生铁。

冶炼过程中，铁矿石、焦炭和石灰石等炉料从炉后贮料槽排出，进行槽下筛除粉末并称量，然后通过斜桥或胶带机送至高炉炉顶，再通过炉顶布料和装料设备将炉料分批装入炉内。由高炉鼓风机送来的风经过热风炉加热到1100～1300℃，从高炉风口进入炉缸。这时，喷吹燃料通过喷枪也从风口与热风一起进入炉缸。炉料中的碳素和喷吹物中的可燃物在风口前与鼓风中的氧气产生燃烧反应，放出大量热量，生成含有 CO 和 H_2的高温还原性煤气，在炉内煤气和炉料的相向运动过程中，相互间发生一系列的十分复杂的物理化学变化，最后生成合格生铁和终渣，汇集于炉缸。熔渣由于密度小而浮于铁水上面。铁水定时从出铁口放出，通过出铁沟、渣铁分离器及流嘴流入铁水罐车，送往炼钢车间。熔渣定时从出渣口放出，然后进行干渣或水淬炉渣处理。高炉煤气从高炉炉顶煤气导出口排出，进入煤气除尘系统进行净化处理后供作热风炉和煤气发电的燃料。

此外，高炉生产还具有连续、不间断的特点。高炉开炉后，整个系统必须夜以继日地进行生产作业，除了计划检修和特殊事故暂时休风外，一般要到高炉寿命终了时才停炉。

二、高炉内部区域划分

高炉冶炼过程是在高温条件下进行的复杂的物理化学反应，并充满了动量、热量与质量传输等复杂现象，而这些复杂现象又直接关系到高炉内的还原反应。为了确定能够正确处理这些现象的操作技术，就必须正确掌握炉内情况的变化。但要准确地、及时地判断炉内发生的情况是比较困难的，因为高炉是一个密闭的、连续的高温反应器，对反应过程的变化要进行直接的观察与测试都难以进行，人们主要依靠间接的仪表反映与实践的经验来进行操作。为了搞清楚高炉内的变化规律，以往的冶金工作者采取了很多办法，例如：各个部位的测温、取样以及模拟实验等一系列的手段，取得了很多成果，从而增加了人们对高炉内部状况的了解。但是仍不能十分确切地描述炉内变化状况，而最直接和最有效的办法就是对高炉进行解剖研究。

高炉解剖后得到的分层情况如图 3-27 所示，它表示出固体炉料形态的变化。解剖调查初步确定了高炉的冶炼过程可分为五个主要区域，在炉料与煤气流逆向运动过程中，热交换、还原、熔化与成渣等反应依次在五个区域中进行，这五个区域一般称为五带。

1. 块状带

块状带位于炉内料柱的上部，矿石与焦炭始终保持着明显的固态的层次缓缓下降，但层状逐渐趋于水平，而且厚度也逐渐变薄。

2. 软熔带

软熔带由许多固态焦炭层和黏结在一起的半熔融的矿石层组成，焦炭矿石相间，层次分明，由于矿石呈软熔状，透气性极差，煤气主要从焦炭层通过，像窗口一样，因此称为“焦窗”。软熔带的上沿是软化线，下沿是熔化线，它和矿石的软熔温度区间相一致，其最高部分称为软熔带顶部，其最低部分与炉墙相连接，称为软熔带的根部，如图 3-28 所示。随着原料条件与操作条件的变化，软熔带的形状与位置也随之改变。

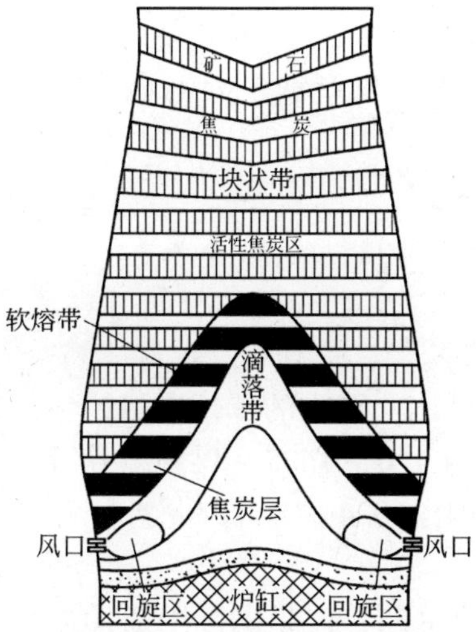

图 3-27 高炉内固体炉料形态变化示意图

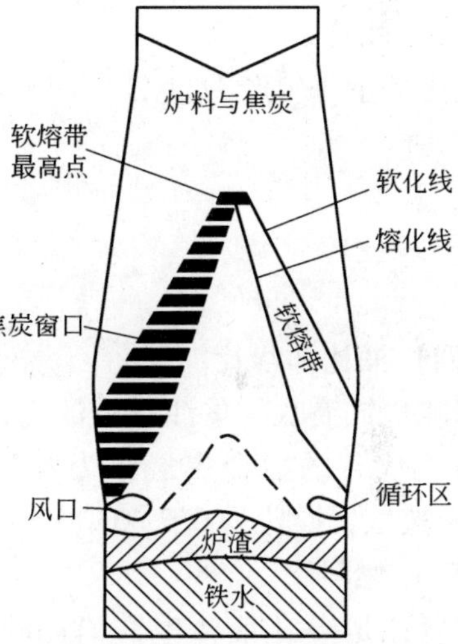

图 3-28 软熔带示意图

3. 滴落带

滴落带位于软熔带之下，熔化后的渣铁像雨滴一样穿过固态焦炭层而滴落。

4. 风口带

焦炭在风口前，由于鼓风动能的作用在剧烈地回旋运动中燃烧，形成一个半空状态的焦炭回旋区。这个小区域是高炉中唯一存在的氧化性区域。

5. 渣铁带

渣铁带在炉缸下部，主要是液态渣铁以及浸入其中的焦炭，铁滴穿过渣层以及渣铁界面时最终完成必要的渣铁反应，得到合格的生铁。

三、高炉生产主要技术经济指标

技术经济指标是用来衡量高炉生产技术水平和经济效果的重要参数。高炉生产技术经济指标主要有以下几项。

（一）高炉有效容积利用系数

高炉有效容积利用系数是指每 $1m^3$ 高炉有效容积一昼夜生产的生铁吨数，即高炉每昼夜产铁量 P 与高炉有效容积 V_u 之比值。

$$\eta_v = \frac{P}{V_u}$$

（二）高炉炉缸面积利用系数

高炉炉缸面积利用系数是衡量高炉效率的一个重要参考指标，它是指每 $1m^2$ 高炉炉缸有效面积一昼夜生产的生铁吨数，即高炉每昼夜产铁量 P 与高炉炉缸面积 S_A 之比值。

$$\eta_A = \frac{P}{S_A}$$

（三）焦比

焦比是指每生产 1t 生铁所消耗的焦炭重量，即高炉昼夜产铁量 P 与昼夜消耗的干焦量 Q_K 比值。

$$K = \frac{Q_K}{P}$$

（四）油比和煤比

每吨生铁喷吹的重油量为油比，喷吹的煤粉量为煤比。喷吹的单位质量或单位体积的燃料所能代替的冶金焦炭量为置换比。重油置换比为 1.0 ~ 1.35，煤粉置换比为 0.7 ~ 0.9，天然气置换比为 0.7 ~ 0.8kg/m³，焦炉煤气置换比为 0.4 ~ 0.5kg/m³。

（五）燃料比

燃料比是指冶炼 1t 生铁消耗的焦炭和喷吹煤粉的总和，这是国际上通用的概念。要注意燃料比与传统综合焦比的区别：

$$燃料比 = 焦比 + 煤比$$

$$综合焦比 = 焦比 + 煤比 \times 置换比$$

（六）冶炼强度和燃烧强度

冶炼强度是指每 $1m^3$ 高炉有效容积每昼夜平均消耗的燃料量。

$$I = \frac{Q}{V_u}$$

高炉有效容积利用系数 η_v、焦比 K 和冶炼强度 I 三者关系如下：

$$\eta_v = \frac{I}{K}$$

燃烧强度是指每 $1m^2$ 炉缸截面积每昼夜消耗的燃料质量，即炉缸截面积 A 与昼夜消耗的燃料量之比值。冶炼强度越高，燃烧强度越大。燃烧强度也可以用每 $1m^2$ 炉缸截面积每小时燃烧的焦炭重量来表示。

$$J_A = \frac{Q}{A}$$

（七）休风率

休风率是指休风时间与规定作业时间的比值百分数。休风率反映高炉设备维护和高炉操作水平的高低。先进高炉的休风率在1%以下。

四、高炉冶炼制度

高炉生产的目的是要以最少的投入，获得最大的产出。为此，要求高炉生产顺行、均衡、稳定、安全。顺行、稳定是优质、低耗、高产必要的前提条件，均衡生产是关键，安全生产是保证。

客观条件的变化或主观操作的失误，都将使炉况波动，破坏顺行。高炉的操作制度，是在一定的生产操作条件下，以高炉冶炼的基本理论为根据，以优质、高产、低耗、长寿为目的而制定的工作准则。由于高炉冶炼具有共同的客观规律，所以基本操作制度具有共同性，但因各高炉的具体生产和冶炼条件不同，各高炉的操作制度又有其特殊性。

高炉冶炼的操作制度包括装料制度、送风制度、热制度、造渣制度和冷却制度。彼此之间既有联系又有各自的特定内容。

（一）装料制度

装料制度是高炉上部调剂，选择正确装料制度以保证高炉顺行，获得合理煤气流分布，充分利用煤气的热能和化学能的制度。装料制度的内容包括装料顺序、批重大小和料线高低。

1. 装料顺序

对钟式炉顶，焦炭和矿石入炉的先后次序称为装料顺序。装入顺序不同，炉料在炉喉内的分布不同。

（1）倒装。先装焦炭后装矿石的顺序称为倒装，其对炉况的影响为疏松边缘，能促进炉料顺行，但也有降低炉温的作用。因此炉太凉时不宜采用倒装。若炉凉为防悬料而改加倒装时，必须相应减轻负荷，以防炉缸太凉。倒同装发展边缘的作用强于倒分装。

（2）正装。先装矿石后装焦炭的顺序称为正装，其对炉况的影响为抑制边缘气流，并有提高炉温的作用。当炉温急剧转热时，不应该用正装，以免难行悬料。若边缘气流发展而中心堵塞时，应逐渐加重边缘负荷，否则突然堵塞边缘气流通路而中心又未疏通，势必悬料。正同装加重边缘负荷的作用强于正分装。

（3）同装。同装是一批料的矿石和焦炭全部装在大钟上，然后开启大钟，将矿石和焦炭同时装入炉喉。

（4）分装。分装是装矿石时开启一次大钟，装焦炭时再开启一次大钟。

2. 批重大小

一批炉料的质量称为批重，一批炉料中矿石的质量称为矿石批重，而焦炭的质量则称为焦炭批重。矿石批重与焦炭批重之比称为焦炭负荷。批重过大会使料柱透气性恶化。因此在一定冶炼条件下，应有一个合适的矿石批重。当冶炼强度增加或喷吹燃料量增大时，矿石批重应相应增大。为改善软融带透气性和煤气利用，目前使用分装大批重的方法获得了良好效果。

3. 料线高度

调节料线高度，实质是改变炉料堆尖的位置。料线过低过高均不利于炉顶设备的维护。提高料线有发展边缘气流的作用；降低料线则相反。料线在炉喉碰撞点处边缘负荷最重。低料线操作对炉况和炉温影响很大，应加以避免。

（二）送风制度

送风制度是指在一定的冶炼条件下，控制鼓风的质量、数量、风口进风状态的制度。它是高炉操作的基础，送风制度合理稳定是保证炉缸热制度稳定和煤气流合理分布的关键，也是顺行的保证。通常，送风制度包括风量、风温、风口面积等参数。

1. 风量

风量是指单位时间鼓入高炉的风量。一般情况下，风量与冶炼强度成正比关系。若焦比不变，风量越多，则冶炼强度越高，高炉的产量也越高。

风量和料柱透气性是相适应的，任何改善料柱透气性的措施，都将有利于提高风量。为此，高炉操作者要力求不断地提高原燃料质量，选择合适的装料制度、造渣制度和风口直径，使炉料和煤气流分布合理，以保证炉况顺行稳定，为增加风量创造条件。

高炉鼓入的风量应该相对稳定。因为风量波动会影响下料速度，进而波及炉缸的热量平衡，造成炉温波动，严重时将使炉况失常。此外，风量波动也会影响炉内压力，这也影响下料的均匀性。

高炉需要增加风量时，应该逐步加风，否则顺行会受到破坏。高炉减风，可以一次减到要求水平，但在炉缸内渣铁多而炉温又低时，减风时要防止风口灌渣。除炉温偏低，崩、悬料，低料线，原燃料供应不上，渣、铁罐严重晚点，以及设备故障等原因外，要尽量保持全风操作，不要轻易减风。

2. 风压

在相同风量下，高炉风压大小直接反映出炉内煤气与料柱的透气性。因此原燃料的含粉量、粒度、机械强度、气孔度、炉渣性质、渣量、装料制度与焦炭负荷等影响料柱透气性的因素，以及风温、风量、喷吹燃料量、湿度、高炉剖面状况、炉温变化、煤气流分布等影响煤气的因素，都将影响风压的大小。

在炉况正常情况下，风量和风压的大小相适应，若风压出现过大或过小，则反映出炉况有异常情况。如炉况失常、悬料时，则可能出现风量低而风压高的情况；如管道难行时，则常常出现风量高而风压低的情况。风压并非随风量的增加而增加，随风量的减少而减少，当炉内压差急剧升高时，必须采取措施，使炉况恢复正常。

炉况正常时都是定风量操作，但风压也可作为一种调剂手段。如料柱透气性差，炉况不顺，崩料频繁时，可临时定风压操作，以风量的变动来适应炉料的透气性，往往会促使炉况转顺，待炉况逐渐恢复正常时，再定风量操作。

3. 风温

风温对炉况的影响，不仅限于炉缸温度，同时还影响煤气体积和鼓风动能，从而影响煤气的初始分布和炉料的顺行状况。提高风温可节约燃料消耗，但不同的风温水平所节约的燃料数量是不相同的。风温越低，节约燃料的效果越大。

由于风温的波动要引起热制度和风压的变化，使炉况不稳定甚至悬料，所以要尽量稳定风温，而且保持高风温操作。若需以改变风温来调节炉况时，增加风温要逐步进行，一次增加的风温幅度要小，以防止破坏顺行；而减少风温可以一次减到要求水平，使炉况迅速转为正常。

在喷吹燃料情况下，一般不再使用风温调节炉况，而是将风温固定在较高水平上，用改变喷吹燃料的数量来调剂炉温，最大限度地发挥高风温的作用。

4. 加湿或脱湿鼓风

加蒸汽鼓风曾作为高炉操作调剂炉况和强化生产的一种手段。因为增加湿度相当于降低风温；而减少湿度则相当于提高风温，而且调剂方便灵活。但是加湿鼓风需要热补偿，故喷吹燃料以后，不再加湿鼓风，甚至采用脱湿鼓风。

5. 喷吹燃料

（1）喷吹量。经验表明，随着喷吹量的增加，置换比是不断降低的，而且不适度的增大喷吹量，还可能使风口结焦，炉况不顺。因此，喷吹量应控制在一定范围内。如条件改善，风温提高，改进燃料的雾化，改善原料条件等，则喷吹燃料数量还可进一步提高。

（2）热滞后性。喷吹燃料量的变化对炉温的影响，不及改变风温、湿度见效快，它对炉温的影响，往往需经过一段时间才能反映出来，这种炉温变化滞后于喷吹量变化的现象，随冶炼强度、炉容、喷吹量等不同而异。当高炉因故使风温或风量大幅度降低时，必须相应地减少喷吹量，甚至停止喷吹燃料。

6. 富氧鼓风

当风量一定时，富氧鼓风率每增加1%，出铁量相应增加约5%，在炉腹煤气量一定的情况下，富氧鼓风率增加1%，可相对增产约2%。

富氧鼓风后对操作的另一明显影响，是提高了风口前理论燃烧温度。富氧率每增加1%，理论燃烧温度约提高43℃。因此，单独采用富氧鼓风往往会造成理论燃烧温度过高，使炉内压差升高，炉况失常。所以富氧通常是与喷吹燃料并用，以控制理论燃烧温度在合适的范围内。

7. 风口参数

影响进风状态的决定因素是风口直径和长度。改变风口直径、风口长度，可以调整边缘与中心的气流分布。所以改变风口直径和长度便成为下部调剂的重要手段。根据高炉操作的需要，有时也改变风口的形状和角度。风口向下倾斜一定角度，不仅适合中小型高炉，对大高炉尤其是炉缸较高的高炉同样是适用的。

确定风口面积的依据是：当原燃料条件好，如强度高、粉末少、渣量少、粒度均匀、料柱透气性好时，有可能接受较高的鼓风动能和压差而不妨碍顺行。在喷吹燃料时，煤气体积增多。为防止中心过度喷吹，应减小鼓风动能而相应调整风口面积。在高炉失常以致长期减风操作而造成炉缸中心堆积时，也可临时堵风口或缩小风口直径。高炉冶炼强度低和炉墙侵蚀严重时，可采用长风口操作，以利于吹透炉缸中心和保护炉墙。

（三）热制度

热制度是指控制炉缸的温度达到正常水平的制度，它直接反映炉缸的工作状态。均匀、稳定、充沛的炉温是高炉顺行的基础。在一定的冶炼条件和铁种要求下，具体高炉热制度是不尽相同的，冶炼高硅生铁时，要求的炉温水平比冶炼低硅生铁要高一些。

炉温实际上是指炉缸中炉渣和铁水的温度，它表示炉缸具有的物理热。炉温是否正常，不但要看渣铁温度的高低，还要看在同一次出铁中，铁水和炉渣温度及成分差异的大小，温度和组成是否均匀稳定。

维持稳定的热制度，对保持炉况顺行和取得好的冶炼效果有着重大作用。高炉操作者应认真判断炉温发展趋向，及时准确地调整炉温，使之基本稳定。

1. *热制度的选择*

在一定的原燃料条件下，选择合理的热制度要根据高炉的具体特点和冶炼生铁品种来确定。热制度的选择原则为：

（1）在保证顺行的基础上，可维持略高的炉渣碱度，适当降低生铁含硅量。

（2）依据铁种的要求，保证生铁含硅、含硫在所规定的范围内。冶炼铸造铁时，为节约燃料，生铁硅含量应尽可能控制在所要求牌号的下限；冶炼钢铁时，在条件允许下硅含量应尽可能的低。原燃料含硫高时，一般将炉温维持高些。

（3）根据高炉的特殊要求，如炉缸侵蚀严重，或者冶炼过程出现严重的故障时，要规定较高的炉温。

2. *影响热制度的主要因素*

影响热制度的主要因素有：

（1）炉料与煤气流分布。高炉内一切物理化学反应的发生、发展和完成，都处于炉料和煤气的逆流运动之中，炉料和煤气接触良好，煤气的能量利用充分，炉温就会增加；反之，当炉料与煤气流的分布失常，如发生管道、边缘或中心气流过分发展，使得炉料在下降过程中加热还原差，则煤气能量利用变差，炉温必然降低。

（2）原燃料性质。原燃料性质对热制度的影响又分为焦炭和矿石质量的影响。焦炭质量与矿石质量的好坏对热制度影响严重。焦炭质量与矿石质量好，炉内燃烧充分，炉温就会增加；反之焦炭质量与矿石质量差，炉内燃烧变差，炉温就会降低。

（3）其他操作因素。热风是仅次于燃料的第二大热源，而且热风的热能能在炉缸得到充分利用。因此增减风温，就会使炉缸热收入增加或减少，直接影响炉温。

风量是影响炉况最积极的因素，增减风量会使下料速度加快或减慢。在同样条件下，下料速度变快，炉料在炉内停留的时间缩短，加热和还原程度变差，会促使炉温降低；与此相反，下料速度减慢，一般情况下将使炉温上升。

炉渣成分和碱度的波动，势必引起炉渣性能如熔化性、黏度等的变化，从而影响热制度。造渣制度稳定是实现热制度稳定的基本保证。

装料方法的改变，会影响炉料在炉喉截面上的分布，因而影响煤气流分布和煤气能量的利用，最终影响炉温的变化。

此外，冷却设备冷水流量，原燃料称量误差，装料设备故障，大气湿度变化，休风前后操作等都将使炉缸热制度发生变化。可以认为，高炉生产的一切不稳定因素，都将反映在炉温上。因此，稳定的热制度，需要生产操作条件的稳定来保证。

3. 热制度调节

生产中要维持长期的相对稳定的热制度，主要是靠正确确定和调整焦炭负荷来实现。在炉温波动较小时，可以采用风温、喷吹物等手段来调节。当用风温调节时，加风温要缓慢，一次提高风温的数量不宜过大，减风温时可以一次减到要求水平。若热制度变化较大，则要调整焦炭负荷。特殊情况下，可临时通过拨料或加净焦以提高炉温，再视炉况和炉温变化，适时地找回部分或全部焦炭或矿石用量。

在下列情况下，必须及时准确地调整焦炭负荷。

(1) 低料线。由于坐料、崩料或其他原因长期低料线时，炉料和煤气流的合理分布受到破坏，矿石预热还原变差，使炉缸热量消耗增加，此时应及时减轻负荷，以免炉凉。

(2) 休风。长期休风时，炉料的预热还原都比正常生产时差，送风后料线也低，休风期间热收入为零，而热量却在不断散失，因此为保证送风后有充足的炉温和炉况易于恢复正常，需在休风料中适当减轻焦炭负荷。

(3) 改变铁种。因为冶炼铁种不同，需要的炉温和炉渣碱度也不一样，所以当改变铁种时，要调整焦炭负荷。

(4) 气候变化。当雨量较大或降雨时间较长时，要考虑入炉原燃料含水量的变化从而及时调整负荷。

(5) 喷吹设备事故。由于喷吹系统故障而迫使高炉停止喷吹燃料时，要及时补加与喷吹燃料相当的焦炭量。

(四) 造渣制度

造渣制度是指根据生铁成分和原燃料条件的要求，选择合适的碱度和炉渣成分，以此保证炉渣有较强的脱硫能力、良好的冶金性能、合格的生铁成分和炉况的顺行的制度。选择造渣制度的主要依据是：

(1) 保证炉渣具有良好的热稳定性和化学稳定性；

(2) 保证炉渣在一定温度下，有较好的流动性和足够的脱硫能力；

(3) 保证生铁成分合格和有利于炉况顺行。

(五) 冷却制度

冷却制度的改变也可作为调剂炉况的一种措施。因为高炉冷却水温差必然随热流强度的变化而变化，当某一部位热流强度大时，该部位的水温差必然随之升高，如超过规定范围，就表明炉墙侵蚀；反之，热流强度低时，水温差随之降低，若低于正常水平时，则表明炉墙可能有黏结现象。所以依据水温差的变化，就可以间接判断炉墙的变化状况，从而改变冷却强度以维护炉墙的规整。

借助冷却水水温差的变化，以监视高炉中下部炉墙的变化甚为有用。因为高炉的炉腹至炉身中部，往往是炉瘤最易形成区域。当发现水温差降低，再结合其他征兆而预示炉墙有黏结物时，即可减小该部位冷却强度并辅以其他措施，便能及时制止和消除结厚，避免炉瘤的生成。而水温差过高时，则表明炉墙受到侵蚀，可加强该部位的冷却和采取其他相应措施，以抑制炉墙的侵损。

依此分析，可以把高炉中部的水温差变化，以及炉身温度的变化结合起来，借以监视煤气流的分布和炉墙的状况，有针对性地加强冷却水管理和炉内调剂，从而维护炉墙的规整和炉况的顺行。这种方法可视为高炉的中部调节，它和上下部调节结合，对高炉行程的监视和控制，便更为全面和有效。

五、高炉强化冶炼技术

精料是高炉冶炼的基础，精料水平进一步提高是高炉强化冶炼极为重要的基础，只有精料技术做得好的高炉才能取得稳定的先进的生产技术经济指标。

我国总结并提出了高炉强化冶炼与降低焦比的主要技术措施，其主要内容是：在精料的基础上，采用高风温、大风量、富氧大喷煤量、高压操作、高寿命炉衬、低硅冶炼与钛护炉等技术。

高炉冶炼生产的目标是“优质、低耗、高产、长寿、高效益”。如何提高产量及降低燃料比是高炉生产的关键。高炉冶炼产量与消耗的三个重要指标——有效容积利用系数（η_v）、冶炼强度（I）和燃料比或焦比（K）之间有着如下的关系：

$$\eta_v = \frac{I}{K}$$

显然，利用系数的提高，也即高炉产量的增加，存在着四种途径：

（1）燃料比或焦比保持不变，冶炼强度逐步提高。

（2）冶炼强度保持不变，不断地降低燃料比或焦比。

（3）随着冶炼强度的提高，燃料比或焦比也有所上升，但燃料比或焦比上升的幅度不如冶炼强度增长的幅度大。

（4）随着冶炼强度的逐步提高，燃料比或焦比有所降低。

在高炉冶炼的技术发展过程中，人们通过研究总结出冶炼强度与焦比的关系如图 3-29 所示。在一定的冶炼条件下，存在着一个与最低焦比相对应的最适宜的冶炼强度 $I_{适}$。当冶炼强度低于或高于 $I_{适}$ 时，焦比将升高，而产量稍滞后，开始逐渐降低。这种规律反映了高炉内煤气和炉料两流股间的复杂传热、传质现象。在冶炼强度很低时，风量及相应产生的煤气量均小，煤气流速低，造成煤气沿炉子截面分布极不均匀，表现为边缘气流过分发展，煤气与矿石不能很好地接触，结果煤气的热能和化学能不能得到充分利用，炉顶煤气中 CO_2 含量低，温度高，而进入高温区的炉料因还原不充分，直接还原发展，消耗了大量高温热量，因此焦比很高。随着冶炼强度的提高，风量、煤气量相应增加，煤气的速度也增大，从而改变了煤气流的流动状态，由层流转为湍流，风口前循环区的出现，大大改善了煤气流分布和煤气与炉料之间的接触，煤气流的热能和化学能利用改善，间接还原的发展减少了下部高温区热量的消耗，从而焦比明显下降，直到与最适宜冶

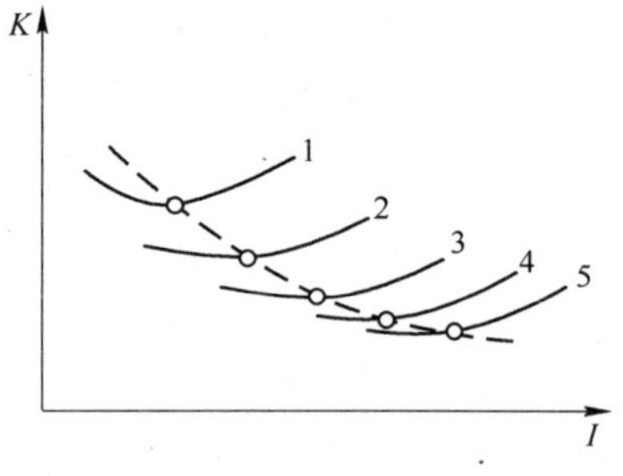

图 3-29　不同冶炼条件下的冶炼强度（I）与焦比（K）的关系

1～5—冶炼条件不断改善

炼强度 $I_{适}$ 相对应的最低焦比值。之后冶炼强度继续提高，煤气量的增加进一步提高了煤气流速，这将带来叠加性的煤气流分布，导致中心过吹或管道行程，在煤气流速过大时，它的压头损失可变得与炉料的有效质量相等或超过有效质量，炉料就停止下降而出现悬料。所有这些将引起还原过程恶化，炉顶煤气温度升高，炉况恶化，最终表现为焦比升高。

提高利用系数，强化高炉冶炼，一方面要提高冶炼强度，另一方面要努力降低焦比。提高冶炼强度和降低燃料比都可使高炉增产，都是强化高炉冶炼的重要方向。但是，在实际生产中，随着冶炼强度的提高，燃料比也有所上升。如果燃料比升高的速率超过冶炼强度提高的速率，则产量不但得不到增加，反而会降低；因此，冶炼强度对燃料比的影响，成为高炉冶炼增产的关键。

高炉强化冶炼的方针应是：以精料为基础，以节能为中心，改善煤气能量利用，选择适宜冶炼强度，最大限度地降低燃料比，有效地提高利用系数。强化高炉冶炼的方向是节能、降耗、增产。

要在节能、降耗的同时实现增产，必须重视开发和采用高炉炼铁新技术。国内外高炉强化冶炼普遍采用精料、高压操作、高风温、喷吹、富氧、综合鼓风和自动控制等技术，促进了高炉生产的发展。

六、高炉冶炼操作

（一）高炉开炉操作

开炉是一项复杂、细致而至关重要的工作，开炉好坏直接影响高炉寿命和开炉后的生产指标。开炉要求做到安全顺行，快速优质。

1. 设备检查与试车

高炉生产设备是一个庞大的体系，由许多系统组成，如高炉本体、送风系统、除尘系统、上料系统、渣铁处理系统等，只要有一个环节出问题，都将影响全局，使开炉不能正常进行，甚至酿成事故。因此，在高炉建成后，必须认真进行单体和联合试车，达到规定标准。

要求上料系统的供料和称量设备运转正常，料仓闭锁器开关灵活，卷扬机能力符合设计要求，炉顶装备的各种阀门开关自如，上料卷扬机要联合试车 24 小时以上；炉前设备运转灵活可靠；鼓风机、热风炉系统要检查试运转，确认无误；热风炉和高炉都应按规定进行试漏检查，确保各种设备和阀门不漏风，冷却设备不漏水，管道系统不漏气，一切设备经检查确认正常可靠后才能开炉。

2. 烘炉操作

烘炉的主要目的是缓慢地去掉炉衬中的物理水和结晶水，增加砌体的固结强度，避免水气逸出过快使砖衬膨胀和爆裂而损坏。

烘炉操作是否到位，将直接影响到开炉操作是否能顺利进行，不仅要求在规定时间内将炉内各部位砖衬烘干，而且还要保护好炉缸及炉身以下的炭砖完好，避免烧损。

（1）烘炉方法有：

1）用固体燃料烘炉。没有煤气供应的高炉车间，可采用在高炉铁口、渣口砌炉灶烧煤等方法。在炉缸内砌几个砖柱，上铺铁板，以使炉内燃烧的烟气沿炉墙上升更好地烘烤炉衬。烘烤时应将风口堵死，大钟关闭，废气从上升管逸出。热风炉的烘烤是在燃烧器口砌炉灶进行。高炉及热风炉烘烤所用燃料一般为煤或焦炭。

2）用热风烘炉。有煤气供应的车间用煤气先烧热风炉，然后用热风炉的热风烘高炉。这种方法简便可靠，容易控制烘炉温度。

（2）热风炉烘炉时应注意：

1）烘炉前松开地脚螺丝，先用木柴燃烧烘烤烟囱的烟道，然后再用煤气或固体燃料烘热风炉。

2）用煤气烘炉时，要先在火井内点燃木柴，然后再引燃煤气，依靠自然通风燃烧。要经常观察煤气燃烧情况，一旦熄火时要立即关闭煤气阀门，待热风炉直至烟囱里的残余煤气排净后，方能重新点火，以防止爆炸事故。

3）烘炉必须严格按照预定的烘炉曲线升温。如图3-30所示，是烘炉参考曲线。上面的曲线是中修热风炉的烘炉曲线；下面的曲线是大修或新修的热风炉烘炉曲线，后者烘炉时间不少于6～7天。

4）烘炉温度力求均匀，避免波动，以免影响砖衬寿命。烘炉时废气温度不高于300℃。

（3）高炉烘炉时应注意：

1）由于炉底砖衬较厚，是烘炉重点。一般烘炉时要安装炉底加热装置，先用煤气或电热单独烘烤数日。

2）烘烤时要严格按照烘炉曲线进行，如图3-31所示。

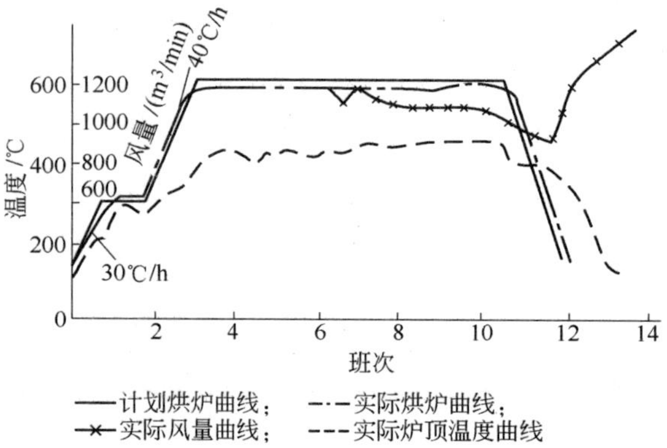

图3-30 热风炉烘炉温度图

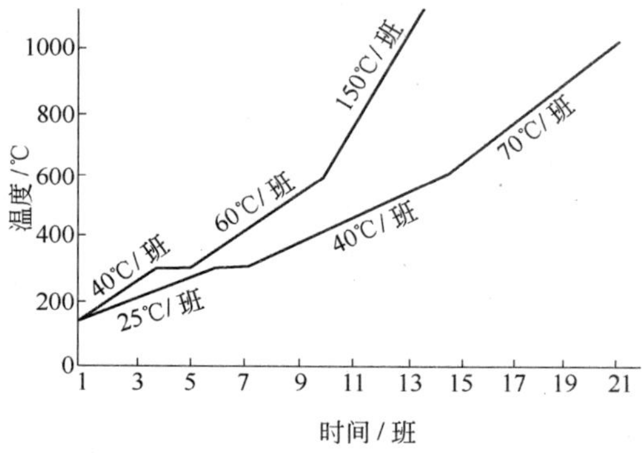

图3-31 高炉烘炉曲线

3）烘炉时风量一般为正常风量的1/4，然后逐渐加大到3/4。

4）冷却设备通水1/2到1/3，所有灌浆孔打开，烘完炉再关闭。

5）定期取炉顶废气以分析湿度含量，并与大气湿分对照，以确定炉衬烘烤程度。

6）用炭砖砌炉缸、炉底的高炉，在炭砖表面应砌一层黏土砖保护。

7）安装膨胀标志，以监测炉体各部位的膨胀。

8）烘炉应连续进行不得中断，风温保持稳定不得波动。

9）烘炉前要预先在铁口安装煤气导出管，并捣制好泥包，开炉送风后从铁口排出的煤气要引燃，以免中毒。

3. 开炉料准备

（1）对开炉料的要求有：

1）采用天然块矿时，粒度应不大于50mm，应筛除小于5mm的粉末，还原性要好，对于人造富矿，要求还原性好，硫磷低，粉末少，成分稳定。

2）焦炭强度要好，含硫低，灰分少，水分稳定。

3）石灰石要块度均匀，粒度小于50mm，粉末少，CaO含量高。

4）锰矿含锰量要高，磷、硫等杂质含量少。

（2）开炉配料计算包括：

1）开炉焦比的确定。开炉焦比系指填充料的焦比，即料线以下全部焦炭量与理论出铁量之比。开炉焦比皆高于正常炉料的焦比，因高炉开炉的热支出大，如加热炉衬、炉料，煤气带走热高，热损失大，熔剂消耗多等。合适的焦比取决于原燃料质量、风温水平。太高了会浪费焦炭，拖长转入正常生产时间；太少了供热不足，容易造成炉凉甚至炉缸冻结。

2）造渣制度的选择。开炉炉渣主要应保证良好的流动性，并兼顾脱硫要求。以往开炉，在炉底加干渣以增大渣量，生产实践表明该方法没有多大必要，现已逐渐淘汰。

3）开炉配料计算。开炉配料计算是开炉装料的依据，关系到开炉的成败。计算方法多样，但大体上可分为分析计算法和拉姆计算法两类。

4. 开炉具体操作

（1）装料。装料时应注意：

1）铁水应在炉缸积存有足够的高温熔渣后再进入炉缸，以免铁水直接与炉墙接触而凝固。

2）熔渣需在炉缸内冷料完全消失后才进入炉缸，以免造成炉缸冻结和铁口难开。

3）若用木柴填充炉缸时，木柴应一直装到风口以上的炉腹区域；若用焦炭充填炉缸时，炉缸为净焦，炉腹也为净焦或空料，炉腰及炉身高度为空料，再上为空料与正常料交替装入，最上为正常料。

4）按总焦比决定的焦炭量不应平均分配，焦比应由下到上逐步降低，以保证高炉下部炉墙和上部炉料得到充分预热。

（2）点火。由于焦炭着火温度为600～700℃，点火风温700℃以上即可。点火时全关冷风调节阀，待各风口焦炭燃烧正常后，再调剂风温，但不低于700℃。如无热风，则用红铁棍点火。即在各风口前装进易燃物，然后插入红铁棍点燃，自然通风燃烧。全部风口皆点燃后鼓入少量风，待各风口前焦炭燃烧正常后再逐渐加风。点火前要关闭大小钟，打开炉顶放散阀和小钟均压放散阀，关闭煤气切断阀和大钟均压阀，切断高炉与煤气系统联系。大小钟与下降管、除尘器均应通入蒸汽，送风弯管的拉杆要放松。

（3）炉内操作。炉内操作的装料制度和送风制度分别为：

1）装料制度。开炉时风量小，边缘气流容易发展，应适当加重边缘，这不仅对改善煤气分布，使炉况迅速转入正常有益，而且也对炉衬有好处。

2）送风制度。开炉时风口应加套圈或堵上部分风口，点火时鼓风为全风量的1/2～3/4，待各风口燃烧明亮后，可下降到全风量的1/3～1/2，以后视顺行和炉温情况逐渐加风，一般转入正常生产需3天或更长时间。

（4）炉前操作。炉前操作时应注意：

1）点火后从铁口吹出的煤气要点燃，待见熔渣后堵铁口。

2）开铁口往往有凝铁，应备用氧气以作烧铁口之用。

3）用冷风点火的高炉，送风后要经常观察风口，一旦堵塞要及时捅开。

4）铁口角度第一次控制在零度水平，待出铁正常后再逐渐加大角度。

5）铁水温度低时要防撇渣器被凝死。

（二）高炉停炉操作

高炉大修或中修都要停炉。大修与中修差别决定于炉缸、炉底是否需要检修及更换砖衬，大修停炉要放残铁，而中修则不用。

1. 停炉要求

停炉时要求：

（1）要有利于停炉后的拆除工作。停炉过程中要尽量放尽渣铁和残铁，清除炉墙和炉缸内的黏结物，以便缩短检修时间。

（2）确保安全，避免人身和设备事故。停炉过程中煤气含CO和H_2高，温度也高，要避免煤气爆炸和炉顶设备烧坏。

（3）尽可能加快停炉速度，这样既减少煤气爆炸的几率，也减少了经济损失。

2. 停炉方法

传统的停炉方法有空料线喷水法和物料填充法。

（1）空料线喷水法。该方法极大地减少了清炉工作量，缩短了大修时间。具体做法是从停炉操作开始，即不再装料，但仍继续送风，借助炉顶打水以控制炉顶温度不高于400～500℃。当料面降到风口水平时，停止打水，降低风压，开大钟，休风，卸下吹管，再继续打水。当渣、铁口已淌水时，预示红焦已熄灭，终断打水，清除炉缸残留物。在出最后一次铁时，一般开始放残铁，以免休风后再放残铁而延长了停炉时间。

（2）物料填充法。该方法较安全，不必担心停炉过程中炉身残存砖衬的倒塌，但停炉后清理炉内填充物费时费事，因此很多企业已不采用。

3. 停炉前准备工作

停炉前的准备工作包括：

（1）冶炼操作空料线开始时即停止喷吹燃料，停炉料减负荷，保持较高炉温操作，降低炉渣碱度，停炉料中可适当加硅锰渣或锰矿，以改善炉渣流动性，在空料线前要加几批净焦，以利于渣铁熔化便于扒炉。

（2）安装停炉辅助设备停炉前要休一次风，以完成下述工作：安装打水泵及打水管，从煤气取样孔插入炉内；保证煤气系统蒸汽畅通；在煤气切断阀上部或下降管堵盲板，可以拆除炉顶放散阀；安装长探尺，焊补炉壳，切断已坏冷却设备的进水管等。

（3）做好出残铁准备工作，残铁口方向可选在冷却壁水温差较高的部位，以便于配置铁水罐和操作方便为准。

4. 停炉操作

停炉操作包括：

（1）停止上料后，向大、小钟之间、炉喉和煤气系统通入蒸汽。

(2) 视炉顶温度升高情况进行打水，打水量不能过多，一般情况下煤气中 H_2 量不大于6%为宜。

(3) 料面下移到炉腹时，减风，风温也相应降低，以防炉顶温度过高。

(4) 停炉过程要维持顺行，如需休风，要先停止打水，炉顶要点火后，再休风。

(5) 铁口角度在停炉过程中逐渐加大，最后一次出铁要吹炉。

(6) 当风口不见焦炭，煤气中 CO_2、H_2 量骤增时，则料面已达到风口平面。如果中修，停炉时即可休风；若是大修停炉，则在出残铁后再休风。

(三) 炉前操作

炉前操作的基本任务是同炉内操作相互配合，搞好渣口、铁口、砂口的操作与维护，做到按时出尽渣铁，以利炉况顺行，保证安全生产。

炉前操作有四个主要指标，即出铁正点率、铁口合格率、铁量差和上下渣比。这些指标是衡量和评价炉前操作水平的主要标志。

1. 出铁正点率

出铁正点率是指正点的出铁次数和实际出铁次数之比值。

$$出铁正点率 = \frac{正点出铁次数}{实际出铁次数} \times 100\%$$

正点出铁一般是指按规定的出铁时间出铁，并在规定的出铁时间内出完铁，堵上铁口。规定的出铁时间随高炉容积大小而异。考核出铁正点率时，应将渣铁罐调配运输等外部原因造成的出铁晚点扣除。

2. 铁口合格率

铁口合格率是衡量铁口维护好坏的主要指标，用下式表示：

$$铁口合格率 = \frac{铁口深度合格的出铁次数}{总出铁次数} \times 100\%$$

3. 铁量差

铁量差是指按下料批数计算的理论出铁量与实际出铁量之差，是衡量铁水是否出净的标志。由于出铁量的不均匀，可能出现铁量高于理论出铁量的现象。

$$铁量差 = n(T_{理} - T_{实})$$

式中 n——两次铁间的料批数；

$T_{理}$——每批炉料的理论出铁量，t；

$T_{实}$——实际出铁量，t。

4. 上下渣比

上下渣比是指每一次铁的上渣量与下渣量之比，是衡量上渣放得好坏的指标。

$$上下渣比 = \frac{上渣量}{下渣量}$$

提高上下渣比不仅利于铁口维护，也有利于炉况的顺行。没有设渣口的高炉没有上下渣比。

炉前出渣出铁管理和冷却水管理是高炉操作管理的重要内容。为了稳定出渣出铁操作，管好铁口最为重要，为此要提高炮泥质量，选择合适的铁口直径和维护好铁口的深度。

（四）出铁操作与维护

铁口是高炉炉体最薄弱的部位，铁口操作是炉前操作的关键。在实际生产中，铁口状况如图 3-32 所示。由于铁口受频繁的铁、渣冲刷，周围砖衬很快被侵蚀，而被侵蚀掉的炉墙砖衬，全靠堵铁口时打进的炮泥形成的泥包所填补，维护铁口主要是维护好泥包。

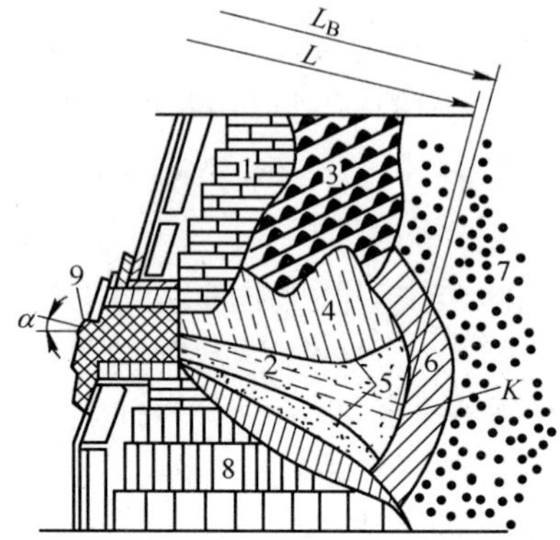

图 3-32 出铁口构造示意图

L_B—铁口的全深；L—铁口深度；K—硬壳；1—残存的炉墙砌砖；2—铁口孔道；3—炉墙渣皮保护层；4—旧堵泥；5—冲刷侵蚀层；6—新泥包层；7—炉缸焦炭；8—炉底砌砖；9—铁口泥套

铁口部位易于受侵蚀的原因主要是：铁水和高温煤气对泥包的巨大冲击；熔渣对泥包的化学侵蚀和强烈冲刷；炮泥太软或质量不好时，使铁口孔道断裂；潮湿泥包在高温作用下，其中所含水分与挥发物的急剧挥发，使泥包崩裂和塌落等。

1. 出铁操作

（1）开铁口出铁操作包括：开铁口一般用电动开口机的钻头，对准铁口泥套中心后启钻，直接钻到红点，然后用长钢钎捅开，现在高炉开铁口一般用开口机直接钻开铁口。开口机开铁口应注意以下事项：

1）使用无水炮泥时，开口机应正反转交替使用。

2）铁口孔道大小要和铁口深度相适应，铁口越深，铁口孔道相应增大，铁水流动性差时，也应将铁口孔道开大些。

3）若铁口内有潮泥，一定要烘干后才能出铁。

（2）堵铁口。堵铁口时应注意：

1）正常出铁必须渣铁出净后方能堵口。

2）在铁口正常深度时，打泥量要保持稳定。铁口过深要减少打泥量，过浅要增加打泥量。

3）使用含水炮泥，堵口后 3 ~ 5min 即可退炮，若为无水炮泥，必须堵铁口 40min 后才能退炮。

维护好铁口是确保按时出净渣铁的基础，保持铁口正常深度是铁口维护的关键，而出净渣铁又是保持铁口正常深度的中心环节。正常的铁口深度应大于或等于铁口区炉墙厚度。在实际生产中，铁口深度是指从铁口保护板到红点的长度。这个长度和炉墙的厚度应该接近。

2. 维护好铁口的主要措施

维护好铁口的主要措施有：

（1）按时出净渣铁，全风堵口，使打进铁口的泥能形成泥包，填补侵蚀的部位。

（2）确定适宜的出铁次数。每次最大出铁量不应超过炉缸的安全容铁量。炉缸安全容铁量，是指铁口至渣口高度间炉缸容积60%所能容纳的铁量，随着炉缸、炉底的侵蚀，安全容铁量不断增加。此外还应照顾到全厂高炉渣铁罐调度运转的方便。

(3) 改进炮泥质量。要求炮泥有一定的可塑性，较高的耐火度，良好的抗渣性，耐机械冲刷磨损和化学侵蚀，具有快干性和干燥后有足够强度。

(4) 放好上渣，以减轻铁口的侵蚀。

(5) 固定适宜的铁口角度，以利于保持一定的死铁层厚度，保护炉底和出净渣铁。

(6) 打泥量要稳定适当，打泥不足，铁口深度难以维持，打泥过多，可能使铁口过深潮湿，不易烤干。

3. 砂口构造与维护

砂口是渣铁分离设施，要求做到渣沟不过铁，铁沟不过渣，出铁时不阻铁，渣铁分离顺利。

(1) 砂口构造。砂口构造如图3-33所示，主要由主沟、砂坝、大闸、砂闸、砂口眼、小井、残铁眼等组成。

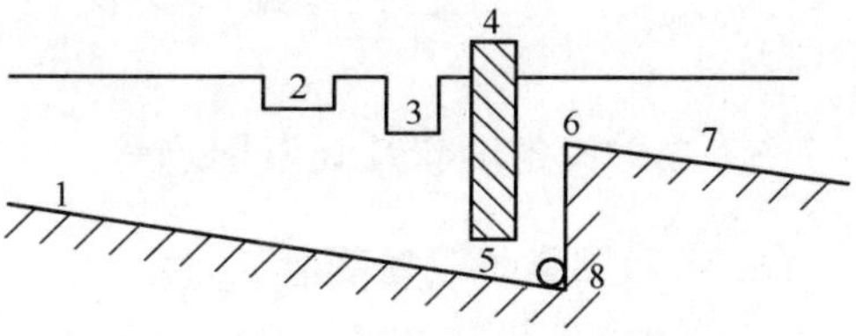

图3-33 砂口构造示意图

1—主沟；2—砂坝；3—砂闸；4—大闸；5—砂口眼；6—棱；7—铁沟；8—残铁眼

设计砂口应保证主沟有一定长度和倾斜度，使铁与渣流到砂口处已基本分开。主沟过长增加铁损与清理工作量，太短则渣铁分离不好。砂坝底应高于砂闸底，以保证下渣不过铁；砂闸的底和小井的棱在同一水平面上或略高于棱，以免铁水流入渣罐。但砂闸底不得高于棱太多，否则砂口容易过渣，影响铁罐清理。砂口过眼要适当，过大则砂口易过渣，渣铁分离不好；过小则阻铁，易使铁水流入渣罐或溢出主沟。保持适宜的砂口过眼和棱的高度，是确保渣铁完全分离的关键。

(2) 砂口维护。为保证砂口正常工作，必须定期检查和修补。修补时注意：

1) 将残铁及破损的旧泥层抠净，不能存在夹层；

2) 确保各部位尺寸适宜；

3) 新泥层要捣实；

4) 确保烤干后再出铁。为避免高温下短时间地修补砂口，可制成活动砂口，当砂口需更换修补时，换上备用砂口即可。

4. 放渣与渣口维护

大高炉渣口装置一般由四个套组成，大套、二套为中间嵌有循环水冷管的铸铁结构，三套和渣口为铜质空腔式水冷结构，其具体结构在后面高炉炼铁设备中介绍。

通常在出铁后6~7批料从低渣口放渣，出铁前应从高渣口放渣，要多放上渣，以减轻炉墙的侵蚀，改善炉内透气性，利于顺行和铁口的维护。

维护渣口需保持完整适合的渣口泥套。泥套要与渣口接触紧密，并与渣口下沿齐平。渣口带铁时要禁止放渣，渣口破损时要立即堵上休风更换；堵渣机要轻放轻拔；要定期检查各套是否紧密接触，大套、二套表面上的砌砖保护层是否完好。

5. 冷却系统设备检查与维护

冷却系统的检查、清洗和更换，由看水工负责。要定期测定冷却设备进出水温差，以监测炉墙侵蚀或结厚状况。风口烧坏时，出水时大时小，甚至时断时续；出水带有气泡；

"闭水"观察能清楚看到"白线"，这是煤气逸出痕迹；风口与二套接触处有漏水或潮湿以及风口发红等现象。

当风口区域有漏水迹象而检查证实确无损坏时，应进一步检查该处上方及左右侧冷却器，若冷却器为串联，应切断逐块检查。方法是闭水观察或极大地减少水量，进行点火试验，看能否有 CO 燃烧的蓝色火苗，能否自燃。冷却器烧坏了要减少水量，若一时不更换烧坏的冷却器，需切断水源，向内灌浆，炉壳喷水冷却。

第二节　高炉炼铁设备

一、高炉设备现状及其发展趋势

（一）我国高炉设备现状

在 21 世纪的最初几年，我国的炼铁技术取得了巨大的进步，这不仅表现在技术经济指标的显著提高，同时还表现在设备上有了飞速发展，其中有些已经进入了世界先进行列。

几年来，我国高炉大型化有了长足进步，但同时也新建了一大批小高炉，据 2006 年上半年的不完全统计，我国 $1000m^3$ 以上的高炉占高炉总数的 38.8%，$600 \sim 1000m^3$ 的中型高炉占 8.14%，$600m^3$ 以下的占 52.18%。这样的高炉结构对解决资源、能源、环境问题以及应对日趋激烈的国际竞争非常困难。

在高炉炉体结构中，两方面的进步是显著的。一是软水或纯水闭路循环冷却得到了大面积推广，其避免结垢、节水降耗的效果十分明显。同时，我国的冷却壁制造技术也发展迅速，热轧铜板生产的扁孔冷却壁、钢冷却壁及传统的球墨铸铁冷却壁都具有世界先进水平，合理使用能够为高炉长寿提供技术保障。二是国内的耐火材料技术已达到或接近世界先进水平，这包括热风炉用的低蠕变砖、硅砖和高炉炉缸使用的复合棕刚玉砖、刚玉莫来石砖、微孔刚玉砖、高导热微孔炭砖及炉身使用的铝炭砖、SiC 砖等。

无料钟炉顶在国内已经得到了广泛使用，其简化的结构、优良的密封和灵活的布料在生产中发挥着巨大作用。我国在实践中发明的 SS 型无料钟炉顶具有独特的料流调节阀结构，克服了料仓料位高低对料流大小的影响，在国内 20 多座高炉上使用效果很好。

我国近 200 座喷煤高炉，除几座高炉曾部分引进国外技术外，绝大部分是自行设计、用国产设备建设起来的。其中的煤粉防爆技术、配煤喷吹技术、浓相输送、喷吹技术、氧煤喷枪技术、均匀分配技术、计量和自动控制技术等，都达到了国际先进水平。

近年来高炉的风温水平有了提高，不过对于 $1100 \sim 1150℃$ 的目标风温，大多数企业仍然有改进空间。国内热风炉的结构形式多种多样，其中以内燃式为主，顶燃式也占较大比例。不过我国大多数热风炉在高温区仍然采用没有蠕变要求的高铝砖，对热风炉管道的膨胀处理也存在一些不足，这些问题都需要进一步改进。

称量漏斗和胶带运输机的供料方式逐渐成为上料系统的主流方式，实现了炉后供料自动化和机械化。

水渣处理装置多采用 INBA 法或底滤法，近几年我国自主开发的明特法和嘉恒法也逐渐在新建或改造的高炉上得到应用，效果明显。

自动化和检测水平明显得到提升，自主研制的红外摄像仪和计算机图像处理系统在高炉上得到了普遍应用。

总体来看，国内的高炉炼铁技术及装备发展迅速，与国际先进水平的差距在日渐缩小。目前面临的比较突出的问题是中小型的高炉还普遍存在，其规模小、效率低、消耗高、污染重的特点使得我国的整体炼铁工艺装备的水平不容乐观，达到国际先进水平的炼铁装备不足50%，这也是炼铁技术发展近几年亟待解决的问题。

（二）高炉发展的趋势

高炉发展的总趋势是高炉现代化。高炉现代化主要表现为炉容大型化、生产高效化及控制自动化。

1. 炉容大型化

随着精料技术和高压操作等新技术的发展，世界各国高炉的有效容积都在不断地增加，向着炉容大型化方向发展。高炉是炼铁工艺的主要冶炼设备，按其有效容积的大小，可划分为大、中、小三种类型。有效容积小于1000m^3的为中、小型高炉，不小于1000m^3的为大型高炉。实践证明，大型化高炉具有低焦比、低燃料比、低能耗的优势，从而可以取得低成本、低污染的效果。所以，大型高炉取代落后的中小型高炉是必然趋势。

2. 生产高效化

依靠科学技术，强化高炉冶炼，促进高炉生产进一步实现优质、高产、低耗、低成本，提高经济效益，使高炉生产高效化。世界各国强化高炉生产的新技术主要包括精料、高风温、降低鼓风湿度、高压操作、富氧大喷吹、加强二次能源回收、加强环境保护，提高环保投资费用等。

3. 高炉自动化

高炉自动化的最终目标是计算机控制，实现高炉总体的全部自动控制，即包括冶炼过程、供料、热风炉等各系统的综合闭环控制。目前，高炉采用自动化监测，计算机处理信息和数据，用以指导生产的已越来越多。不少国家为争取实现高炉生产的全面自动化进行了大量研究工作。

高炉的自动化包括基础自动化、过程自动化和管理自动化。从2003年的调查结果来看，国内的高炉已基本普及了基础自动化，过程自动化在吸收和消化的基础上也有了一定的发展，而生产管理自动化以及生产制造执行系统尚处于研究阶段。因此，在未来较长的时间内，普及提高基础自动化、大力发展过程自动化、重视制造执行系统建设等仍将是国内高炉工作的方向。

二、高炉炼铁设备主要系统

（一）高炉本体系统

高炉本体是冶炼生铁的主体设备，包括高炉基础、高炉炉衬、冷却设备、高炉炉壳、高炉支柱及高炉炉顶框架等。其中高炉基础为钢筋混凝土和耐热混凝土结构，高炉炉衬为耐火材料砌筑而成，其余设备均为金属结构件。在高炉的上部设置有炉料装入口和煤气导出口，下部设置有风口、铁口及渣口。

1. 高炉基础

高炉基础承受着高炉炉体、支柱及其他有关附属设施所传递的重力，并将这些重力均匀地传递给地层。高炉基础一般由埋在地下部分的基座和露在地面的基墩组成，如图3-34

所示。

高炉基础所承受的静力载荷主要包括：高炉本体、炉料、附属设施、基础自身等的重力。高炉基础承受的静力载荷常为高炉有效容积的13～15倍的重力。这些静力载荷作用于高炉基础的方式取决于高炉和附属设施的结构形式。

高炉基础还承受着由于生产过程中发生的煤气爆炸、坐料和其他事故等所产生的动力载荷。动力载荷有时相当大，不容忽视，设计时应予以考虑。

高炉基础还受到炉底温度的影响而产生热应力作用，它可能造成高炉基础开裂破坏。

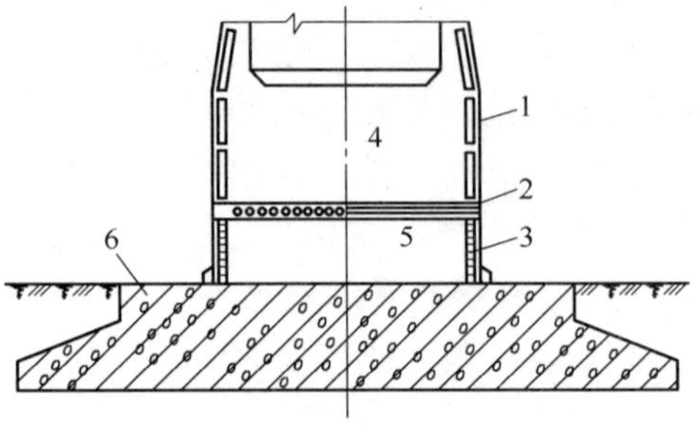

图 3-34　高炉基础

1—冷却壁；2—风冷管；3—耐火砖；4—炉底砖；5—混凝土墩；6—基座

根据高炉基础的工作条件，高炉基础应当满足以下几方面的要求：

（1）传递给地层的压力不应超过地层的允许承载力；

（2）土方工程量少，施工方便，投资少；

（3）应有足够的机械强度和耐热能力；

（4）在工作期间的均匀下沉量应越小越好，不得产生过度沉陷，特别是不均匀沉陷要求更要严格，以保证设备的相对位置稳定，防止设备变形破坏，以维护高炉正常生产。

2. 高炉炉衬

高炉炉衬是用能够抵抗高温和化学侵蚀作用的耐火材料砌筑成的。炉衬的主要作用是构成工作空间，减少散热损失，以及保护金属结构件免遭热应力和化学侵蚀作用。延长炉衬寿命是高炉设计的重要任务，也是高炉操作的重要任务。

（1）炉衬破损的原因。高炉炉衬一般是以炭质和陶瓷材料砌筑。炉衬的破坏和侵蚀与冶炼条件密切相关，各部位侵蚀破损机理并不相同，研究炉衬的破损机理与合理选择耐火材料及设计炉衬结构有重要关系。因此，炉衬破损机理主要有以下几个方面：1）高温和热震破损；2）高温渣铁的渗透和侵蚀；3）碱金属及其他有害元素的破坏作用；4）炉料和煤气流的摩擦冲刷及煤气碳素沉积的破坏作用。

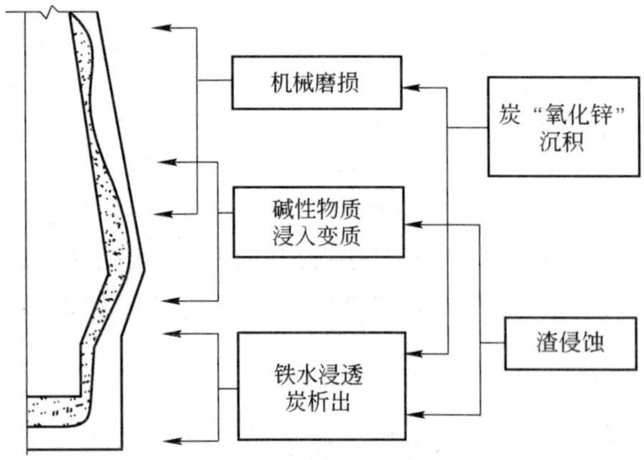

图 3-35　高炉内衬的损伤结构

高炉炉体各部位炉衬的工作条件及炉衬本身的结构都是不相同的，即各种因素对不同部位炉衬的破坏作用，以及炉衬抵抗破坏作用的能力均不相同，因此，各部位炉衬的破损情况也各异，如图 3-35 所示。

（2）高炉用耐火材料。随着炼铁生产的发展，砌筑高炉用的耐火材料品种不断增加，质量要求也不断提高。目前高炉常用的耐火材料主要有硅酸铝质和炭质材料。

1）陶瓷耐火材料。陶瓷耐火材料包

括有高炉常用的高铝砖、黏土砖、刚玉砖和不定型耐火材料等。传统的高铝砖比黏土砖含的Al_2O_3成分高，其耐火度及荷重软化开始温度均比黏土砖高，其抗渣性能及抗磨性能，特别是抗磨性能更好，随着高铝砖Al_2O_3含量的增加，这些性能也随之提高。高炉的大型化、高效化及长寿化要求在高温区的陶瓷质耐火材料具有超高含量的氧化铝，新型的刚玉砖用于高炉炉底的陶瓷杯结构中，具有理想的保温性能、抗铁水渗透和冲刷性能，并能有效防止炭砖脆性断裂。高炉用黏土砖和高铝砖应满足下列要求：三氧化二铁含量要低，主要是为限制炭黑的沉积和防止它由于同SiO_2生成低熔点物质而降低耐火度；Al_2O_3含量要高，以保证有足够高的耐火度，使砖在高温下的工作性能强；因为高炉砌体是在高温和很大压力条件下工作的荷重软化开始温度要高；气孔率，特别是显气孔率要低，防止炭黑等沉积和增加抗磨性；重烧线收缩要小，使砌体在高温下产生裂缝的可能性减小，避免渣、铁及其他沉积物渗入砖缝侵蚀耐火砌体。

2）炭质耐火材料。近代高炉逐渐大型化，炉衬热负荷加重，冶炼强度也有所提高，炭质耐火材料所具有的独特性能使其逐渐成为高炉炉底和炉缸砖衬的重要部分。炭质耐火材料的特点为：①炭质耐火材料具有很好的抗渣性，除高FeO渣外，即使含氟高、流动性非常好的渣也不能侵蚀它；②耐火度高，碳实际上是不熔化的物质，在3500℃时升华，所以用在高炉上既不熔化，也不软化；③热膨胀系数小，热稳定性好，不易发生开裂，防止渣铁渗透；④有良好的导热性和导电性，用在炉底、炉缸以及其他有冷却器的地方，能充分发挥冷却器的效能，延长炉衬寿命；⑤碳和石墨在氧化气氛中氧化成气态，碳化硅在高温下缓慢发生氧化作用。

因此，改善炭砖的质量，主要是提高导热性、降低气孔率、缩小气孔直径、提高耐碱性等。操作过程中应特别注意防止漏水，以避免炭砖被侵蚀。

目前认为自然结合或氮化硅结合的碳化硅，是高炉炉身下部较理想的耐火材料。碳化硅砖用于炉身下部，与其他砖比较，它的侵蚀速度最慢。

近年来，有的高炉使用耐火混凝土大型预制块砌筑炉底和炉身，或者用耐火混凝土作为冷却壁的内衬填料。用耐火混凝土砌筑炉衬，施工简单，工程成本低。但耐火混凝土炉衬还存在着在高温下长期工作容易产生剥落等质量问题，故未能获得普遍采用。耐火混凝土是一种很有发展前途的炉衬材料。

（3）不定形耐火材料。不定形耐火材料主要有捣打料、喷涂料、浇注料、泥浆和填料等。按成分可分为炭质不定形耐火材料和黏土质不定形耐火材料。不定形耐火材料与成形耐火材料相比，具有成形能耗低、工艺简单、抗热震性强、整体性好、耐剥落等优点，同时还可减小炉衬厚度，改善导热性等。

3. 冷却设备

高炉炉衬必须冷却，冷却介质通常为水、气水混合物及空气。这些冷却介质的共同特点是输送方便、传热能力大、易于获取、安全可靠及成本低等。冷却的形式有冷却器和炉外喷水冷却。高炉的主要冷却器有冷却水箱、冷却板、冷却壁、风渣口水套及风冷或水冷管等。冷却器的工作原理是将由炉衬或构件传来的热量由冷却介质带走，使炉衬或构件得以冷却。

高炉各部位由于工作条件不同，冷却的作用不完全相同，总起来说高炉冷却有以下几方面的作用：（1）使炉衬表面形成保护性渣皮，并依靠渣皮保护或代替炉衬工作，维持合理的操作炉型；（2）降低耐火砖衬温度，使其能保持足够的强度，维持高炉合理工作空间；（3）不影响炉壳的气密性和强度；（4）保护炉壳及金属构件，使其不致在热负荷作用下遭到损坏。

改进冷却设备结构，合理布置冷却设备，提高冷却介质质量是进一步延长高炉寿命的重要措施。

（1）高炉冷却设备的分类。高炉冷却设备分为：

1）喷水冷却装置。炉外喷水冷却是在炉壳外面的周围安装环形喷水管，在喷水管朝着炉壳的方向钻有喷水小孔，水流股直接喷洒在炉壳外表面上，并沿着炉壳向下流入集水槽，然后流入排水管排走。

炉外喷水冷却的特点是冷却不能深入炉衬内部，冷却深度浅，但设备简单，使用方便，一般在不安装冷却器的小高炉上采用。在大中型高炉的炉身最上部或在冷却器已损坏的区域可以采取喷水冷却，作为辅助性冷却。国外一些大型高炉，由于采用炭砖炉衬，为发挥炭砖导热性能强的特点，在炉壳内不设置冷却器，而采取炉外喷水冷却，也取得了满意的冷却效果。

2）冷却壁。冷却壁是内部铸有无缝钢管的大块金属板冷却件。冷却壁安装在炉壳与炉衬之间，并用螺栓固定在炉壳上，均为密排安装。冷却壁的金属板是用来传热和保护无缝钢管的。冷却壁一般为铸铁件，内部无缝钢管呈蛇形布置，用以通冷却介质。在风口、渣口部位要安装异形冷却壁，以适应开孔的需要。

冷却壁结构形式分为光面冷却壁和镶砖冷却壁两种。光面冷却壁的特点是金属板表面不镶砖，导热能力较强，一般用于炉底四周和炉缸。炉腹以上采用炭质耐火砖砌筑时，也采用光面冷却壁冷却。光面冷却壁与炉衬砌体之间一般为碳素捣打料层。光面冷却壁的结构如图 3-36 所示。镶砖冷却壁的特点是在金属板表面镶有耐火砖，导热效率较低，但当炉衬被侵蚀后，所镶耐火砖抗磨损能力强，并在其表面容易形成稳定的保护性渣皮，代替耐火砖衬工作。因此，镶砖冷却壁一般用于炉腹、炉腰及炉身下部，并直接与黏土砖或高铝砖炉衬相接触。

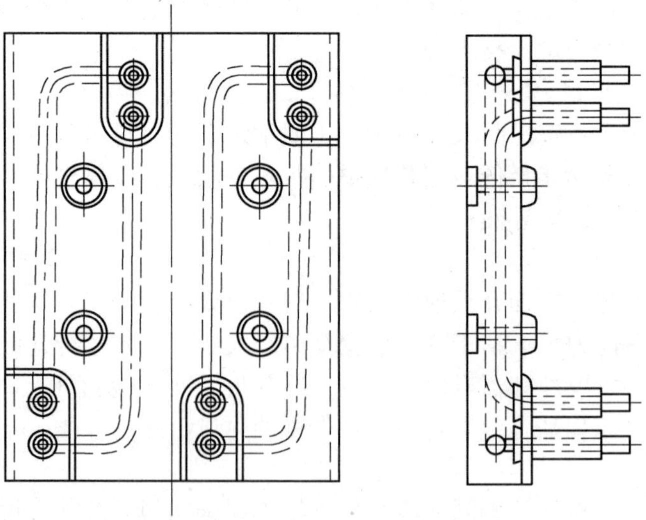

图 3-36　高炉光面冷却壁

冷却壁与其他形式冷却器比较具有的优点是：炉壳不需要开设大孔，炉壳密封性好，不会损坏炉壳强度，采取紧密布置，冷却均匀，炉衬内壁光滑平整，有利于炉料顺利下降；镶砖冷却壁表面能形成保护性渣皮，使高炉工作年限延长。其主要缺点是：冷却深度不如冷却板和支梁式水箱大，烧毁后拆换困难，普通冷却壁没有支承上部炉衬砖的能力，并且容易断裂。

3）冷却板。冷却板分为铸铜冷却板、铸铁冷却板、埋入式冷却板等。铸铜冷却板在局部需要加强冷却时采用，铸铁冷却板在需要保护炉腰托圈时采用，埋入式铸铁冷却板是在需要起支撑内衬作用的部位采用。各种形式的冷却板如图 3-37 所示。

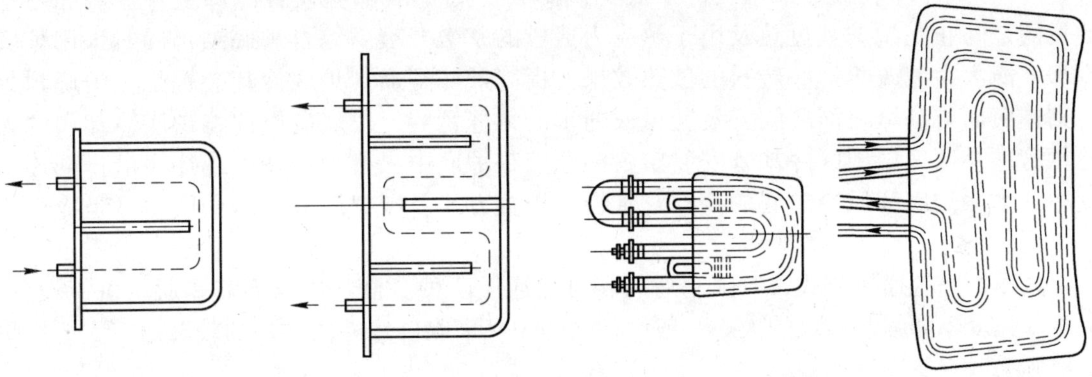

图 3-37　冷却板
（a）铸铜冷却板；（b）埋入式冷却板；（c）铸铁冷却板

冷却板内铸有通冷却水的无缝钢管，并呈 U 形布置。冷却板安装时埋设在砖衬内。冷却板使用部位，通常用于厚壁炉腰、炉腰托圈及厚壁炉身中下部砖衬的冷却。也有的高炉，炉腹至炉身均采用密集式铜冷却板冷却。

冷却板用在炉层托圈上面，一般采取密排布置。冷却板在冷却砖衬时，相邻上下层以棋盘式交错布置。冷却板固定是依靠进出冷却水管和导管穿过炉壳与炉壳焊接固定。

采用冷却板冷却的主要优点是：冷却能深入砖衬内，冷却深度、冷却强度均大，拆换方便，易于维护。其缺点是：为点式布置，冷却不均匀，容易造成侵蚀后的炉墙内表面不平整，影响炉料顺利下降。随着炉衬耐火材料质量的提高，炉墙厚度逐渐减薄。

4）板壁结合冷却结构。冷却板的冷却原理是通过分散的冷却元件伸进砖衬内的长度来冷却周围的耐火材料，并间接冷却炉壳。冷却壁的冷却原理是通过冷却壁形成一个密闭的围绕高炉内衬的冷却结构，直接对耐火材料和炉壳实现冷却。

全部使用冷却板实现冷却的高炉，冷却板设置在风口部位以上一直到炉身中上部，炉身中上部以上及风口以下采用光面冷却壁或炉壳喷水。全部采用冷却壁实现冷却的高炉，一般在风口以上直到炉喉钢砖采用镶砖冷却壁，风口以下采用光面冷却壁。

5）支梁式水箱。支梁式水箱一般采用铸铁铸造而成，目前也有采用铸钢铸造的。支梁式水箱为中空长方楔形状，水箱壁内铸有冷却水管。

支梁式水箱一般布置在炉身其他冷却设备的最上面，即紧接着炉身其他冷却设备上面安装2~4层支梁式水箱，冷却炉衬及支承上部砖衬。此种水箱不仅强度大，而且由于埋设在砖衬内，用法兰盘螺栓与炉壳上的法兰结构相联结，保证了它有足够的支撑砖衬的能力。

支梁式水箱的主要优点是：机械强度高，冷却深度和强度大，当下部砖衬被侵蚀、破损剥落时，水箱对上部砖衬起着支撑作用，避免上部砖衬发生垮塌。其缺点是：为点式布置，冷却砖衬不够均匀，因而炉衬受侵蚀也不均匀，炉墙曲线不规整，炉衬严重被侵蚀后，支梁式水箱可能被裸露出来，在炉内形成凸起，阻碍炉料的顺利下降，安装时炉壳开孔较大，影响炉壳的机械强度和密封严密性。

6）炉底冷却装置。采用炭砖炉底的高炉，炉底一般都应设置冷却装置。炉底冷却的目的是防止高炉炉基过热及由于热应力造成的基墩开裂。综合炉底结构同时采用炉底冷却，能大大地改善炉底砖衬的散热效果，提高炉底寿命。炉底冷却装置是在炉底耐火砖砌体底面与基墩表面之间安装通风或通水的无缝钢管。炉底砌筑前将炉底冷却用的无缝钢管埋在碳捣层中。冷却管安装布置的原则是炉底中央排列较密，越往边沿排列逐步变稀。水冷炉底和风冷炉底的冷却管管径、布置方式及碳捣层等基本相同，只是冷却介质不同。

风冷炉底的通风方式，有强制通风和自然通风两种。自然通风不需要通风机等设备，但冷却强度不如强制通风的大。一般中型高炉炉底采取自然通风冷却的较普遍，大型高炉炉底则采取强制通风冷却。

水冷炉底的供水方式也有两种。一种是利用炉缸的冷却排水管供水，以节约冷却水。另一种是炉底冷却水管与供水总管接通，靠炉体给水总管供水。

在安装炉底冷却管时，管子两端应伸出炉壳外，并用加强钢板与炉壳焊接。安装水冷管时要求切断供水后，管内积物和积水均可排出管外，且排水管口要升至水冷管平面以上，然后再倒下流入排水槽，以保证管内充满冷却水，增强冷却效果。

总体来说，对选用合理冷却结构形式的看法并不一致，但希望单靠冷却设备的合理配置来实现高炉长寿是不现实的。实际选用冷却设备结构形式时，可以参照下列要求：

1）推荐采用全冷却壁薄炉衬炉体结构。

2）炉身上部宜采用镶砖冷却壁。

3）炉腰和炉身中、下部的冷却设备宜采用强化型铜冷却壁或铸铁镶砖冷却壁，以及冷却板和冷却壁组合的形式，推荐采用铜冷却壁。

4）炉腹宜采用铸铁或铜冷却壁或密集式铜冷却板。

5）炉底推荐采用水冷，炉缸、炉底侧壁宜采用光面冷却壁。

（2）高炉汽化冷却。高炉汽化冷却是利用接近饱和温度的水在汽化时大量吸收冷却件的热量，从而达到冷却设备的目的。

汽化冷却水的循环方式有两种。一种是自然循环，即水在冷却系统中，由下降管进入冷却器的水被加热至沸腾状态，产生部分蒸汽，形成汽水混合物并进入上升管。由于下降管中的水和上升管中的汽水混合物密度的不同，造成系统的推动力，使系统的水进行循环。自然循环不消耗动力，安全可靠。另一种是强制循环，即是依靠循环水泵产生的动力，推动水在系统内循环，这种循环要消耗动力。

汽化冷却与水冷却相比有如下优点：由于水汽化时吸收大量汽化潜热，所以冷却强度大、耗水量极少，还可节约电能；由于耗水量少，水进行软化处理后可防止冷却设备结垢，冷却设备的寿命更长；产生的大量蒸汽可作为二次能源回收利用；冷却设备的安全性更高，如果采用自然循环方式，当断电时可利用汽包中储备的水维持短时间生产。

汽化冷却应用并不广泛，并逐渐被软水闭路循环冷却所取代。主要原因是在冷却器热负荷比较高的时候，汽化冷却的循环变得不稳定，冷却器容易被烧坏。对于已烧坏的冷却器，其检测技术不完善，对炉衬侵蚀的反应不敏感。

（3）软水闭路循环冷却。由于汽化冷却效果并不理想，所以将汽化冷却的自然循环改为了强制循环，继而将强制循环的汽化冷却发展为软水闭路循环冷却，其冷却的效果非常好，为延长高炉寿命创造了条件。

1）高炉软水闭路循环冷却的工作原理。高炉软水闭路循环冷却系统的工作原理如图3-38所示，它是一个完全密闭的系统，用软水作冷却介质。软水由循环泵送往冷却器件组，冷却器件组排出的冷却水经膨胀水箱送往空气冷却器，冷却水由冷却器件组带来的热量，经空气冷却器散发于大气中，然后再经过循环泵送往冷却器件组，由此循环工作。

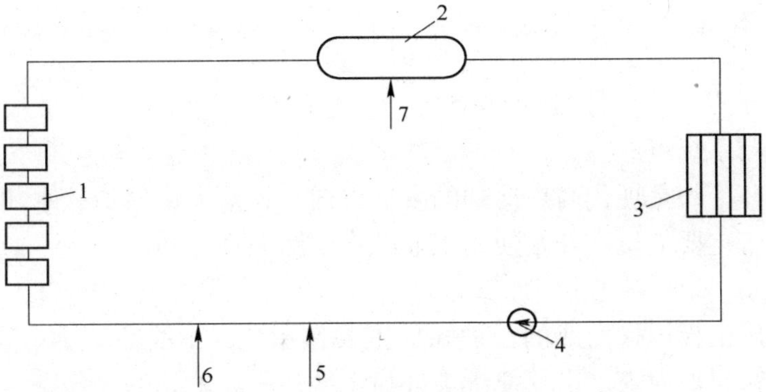

图3-38　高炉软水闭路循环冷却系统原理

1，3—冷却器组；2—膨胀水箱；4—循环泵；5—补水装置；6—加药装置；7—充氮装置

膨胀水箱为一圆形密闭容器，其中充以氮气，用以提高冷却介质压力，提高饱和蒸汽温度，达到提高饱和蒸汽温度与冷却器件内冷却水实际的温度差的目的。膨胀水箱具有补偿由于温度的变化和水的泄漏而引起冷却水体积变化的功能，稳定冷却系统的运转。通过冷却罐内水位的变化，可以判断系统泄漏情况并合理补充软水。空气冷却器由风机和散热器组成，用来散发热量，降低冷却水温度。

2）软水闭路循环冷却的形式。目前，在国内采用的软水闭路循环冷却按其膨胀水箱设置的位置，分为上置式和下置式两种，两种系统的原理如图3-39和图3-40所示。

上置式软水闭路循环冷却形式把膨胀水箱布置在高于最上层冷却器的位置，其相对于下置式的优点有系统运行安全可靠、系统内各回路间相互影响小、系统内的压力波动较小。

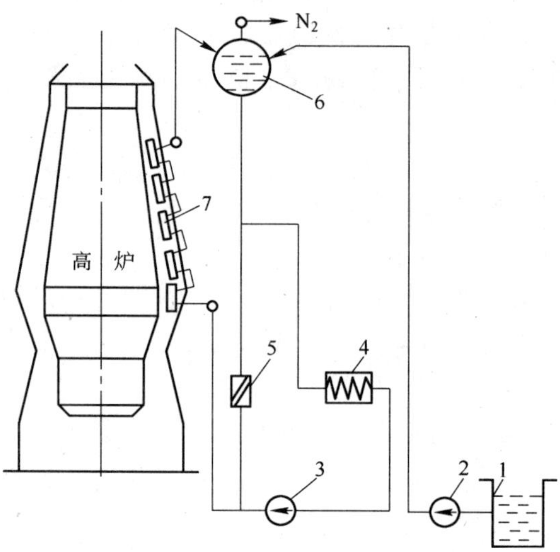

图 3-39 上置式软水闭路循环冷却形式
1—补水箱；2—补水泵；3—循环泵；4—空气冷却器；
5—逆止阀；6—膨胀水箱；7—冷却壁

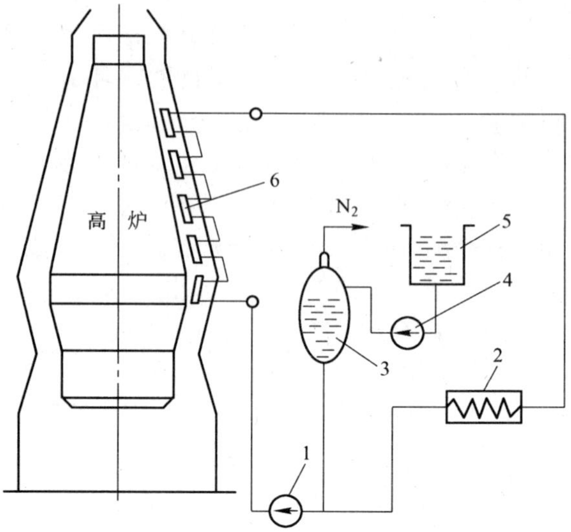

图 3-40 下置式软水闭路循环冷却形式
1—循环泵；2—空气冷却器；3—膨胀水箱；
4—补水泵；5—补水箱；6—冷却壁

软水闭路循环冷却系统主要由热交换器、循环泵、氮气罐、膨胀水箱、软水制造设施、补水泵及加药系统组成。

软水闭路循环冷却是现代高炉冷却的发展方向，目前大型高炉软水闭路循环系统使用的范围越来越大，重要部位已开始使用工业纯水闭路循环冷却。

4. 高炉炉壳

高炉炉壳是用钢板焊接而成的。炉壳的主要作用是：承受热应力、重力及炉内压力，固定冷却设备，密封炉内煤气以及便于炉外喷水冷却等。炉壳的工作条件比较恶劣，不仅受到动力载荷、静力载荷和热应力作用，而且这些作用力是不稳定的，另外安装冷却设备的需要，在炉壳的不同部位还开有大小及形状不同的孔，容易产生应力集中，这些都是使炉壳容易发生变形和破损的主要因素。

5. 炉体支柱

炉体支柱是支撑炉体及炉顶设备重量的钢结构件。炉体支柱的结构形式取决于炉体内衬结构及炉顶设备的载荷传递到炉基的方式。

炉缸支柱和炉身支柱，一般都是用钢板焊成的，其断面为工字形。炉缸支柱的数目为风口数目的1/2或1/3，均匀分布在炉钢周围。为了扩大炉缸支柱与炉壳之间的净空尺寸，炉缸支柱一般是倾斜6°左右安装。在风口平台以下的炉缸支柱段应砌耐火砖或浇注耐热混凝土保护层，以避免在发生事故时被铁水烧坏。炉身支柱一般为6根，垂直安装。炉身支柱上端应尽可能与炉顶框架柱足对应，下端与炉缸支柱柱足对应安装，否则炉腰托圈应作成加强型结构。

6. 炉顶框架

炉身支柱或大框架支柱的上部顶端一般都用横跨钢梁将支柱连接成整体，并在横跨钢梁上面铺钢板作为炉顶平台。

炉顶框架是设置在炉顶平台上面的钢结构支撑架。它主要支撑受料漏斗、大小料钟平衡杆机构及安装大梁等。炉顶框架必须具有足够高的强度和刚性，以避免歪斜和因过度摇摆而引起装料设备工作失常。

炉顶框架结构形式有门型和 A 字型两种。门型炉顶框架由两个门型钢架和杆件构成，如图 3-41 所示。门型钢架一般由钢板焊成或槽钢制成。拉杆由各种型钢构成，并在靠除尘器侧做成拆卸的结构，以方便吊装设备时拆卸。A 字型结构简单，节省钢材。

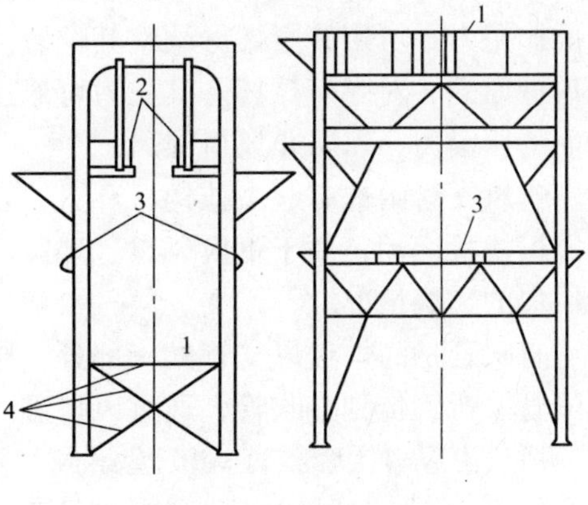

图 3-41 炉顶门型框架

1—平衡杆梁；2—安装梁；3—受料斗梁；4—可拆卸的拉杆

7. 高炉本体其他设备

高炉本体其他设备包括：

（1）炉体平台与走梯。高炉炉体凡是在设置有探测孔、人孔、冷却设施及机械设备的部位，均应设置工作平台，以便于检修和操作。各层工作平台之间用走梯连接。高炉炉体平台设置情况如图 3-42 所示。

平台与走梯应当满足下列要求：

1）平台和走梯与炉壳间的净空距离应能满足冷却器配管操作的需要，工作平台的标高应满足工作操作方便的要求。

2）各层工作平台宽度一般应不小于 1200mm，过道平台与走梯宽度一般为 700～800mm，栏杆高度一般为 1100mm。

3）走梯上下层之间应尽量错开，坡度不得过大。平台铺板及走梯踏板不得采用圆钢焊接，而应采用花纹板制作，并应设置踢脚板，以保证安全。

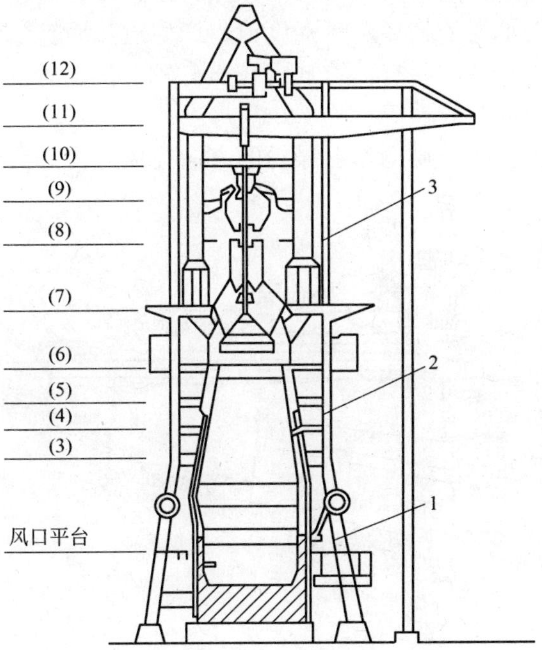

图 3-42 炉体钢结构及炉体平台

1—下部框架；2—上部框架；3—炉顶框架；(3)～(12)—炉体平台

（2）风口。风口装置是向高炉送风的设备。风口装置包括：热风围管以下的弯管、鹅颈管、风口各水套、直吹管及吊挂装置等。

送风支管紧固装置用于稳定和紧固送风支管的位置，并使直吹管紧压在风口小套上。紧固装置包括拉紧螺丝、吊挂装置和紧固装置三部分。拉紧螺丝是支撑和固定送风支管的两根可调螺丝，安装在异径管两侧，一端与异径管相连，另一端与炉体环梁相连，其作用是和紧固装置一起，用以调节直吹管与风口球面间的压紧力，防止漏风。吊挂装置的作用是固定送风支管，主要承受送风时伸缩管产生的反作用力，可用旋紧螺母调整其位置。紧固装置是安装于弯管下方两侧，将直吹管紧压风口球面的一对弹簧拉杆。其拉力可通过手柄调整，两根拉杆用来调整直吹管端头与风口球面的压紧力，以防止风口漏风。

送风支管附件有起吊挂钩、环梁、窥视孔等。起吊挂钩用于更换风口时使弯管和直吹管成振摆状运动，便于更换风口。环梁固定在炉壳上，用来固定拉紧螺丝。窥视孔用来观察风口的燃烧情况。

直吹管是高炉送风支管的一部分，尾部与弯管相连，端头与风口紧密相连。热风经热风围管、弯管传到直吹管，通过风口进入炉缸。

风口由风口大套、二套和三套组成。风口大套一般用铸铁或铸钢制成，内有蛇形无缝钢管通水冷却，用法兰盘与炉壳联结。高压高炉的风口大套与炉壳焊接。风口二套和小套常用紫铜铸成空腔式结构，空腔内通水冷却。风口二套靠固定在炉壳上的压板压紧，小套由直吹管压紧。风口三个水套之间均以摩擦接触压紧固定，因此，接触面必须精加工，以避免漏气。

风口小套的通风道一般为锥状，其通风道前端内径应根据高炉操作对风速的要求来确定。有的高炉由于高炉操作的需要，风口通风道也有设计成向下倾斜的或椭圆形的。

风口装置不仅要求耐高温、密封性好和隔热，而且要求拆换风口水套应方便、迅速，以免影响高炉操作。

风口破损一般由于渣、铁熔蚀；磨损破坏；龟裂破损。风口破损的部位，一般为风口伸入炉内部分的前端上缘和下缘，而中部破损的占极少数。

风口被渣、铁熔蚀破坏，是由于在某种因素的作用下，渣、铁熔液与风口前端接触，风口局部区域的热流强度超过了风口材质所能承受的临界热流强度值，产生过热而被熔化所致。造成渣、铁熔液与风口前端接触的可能条件主要有：炉缸内在盛有较多铁水时发生坐料、炉缸堆积、未能按时放渣、炉况剧烈波动、放铁等。

风口的磨损破坏，主要是喷吹煤粉的高炉，由于喷枪喷射煤粉的方向与风口中心线之间的夹角过大，使含有煤粉的高速气流与风口壁发生强烈冲刷，使风口壁磨损形成槽痕、裂缝等，导致风口破损。一般下降的炉料和鼓风对风口的磨损作用并不严重，也不至于在短时间内把风口磨损至漏水。

风口产生龟裂，主要是由于风口的铜材质量不纯，组织疏松，铸造时气泡和有夹杂物等，在高温、高压和氧化等作用下所致。

延长风口寿命的措施有提高铜材纯度、使用贯流式风口、提高冷却水质量和增加水速、加强风口监测。

（3）渣口。大中型高炉的渣口装置，一般由大套、二套、三套和渣口等四个部分组成，如图3-43所示。小型高炉也有由三个水套构成的。国外部分薄壁炉缸的高炉，其渣

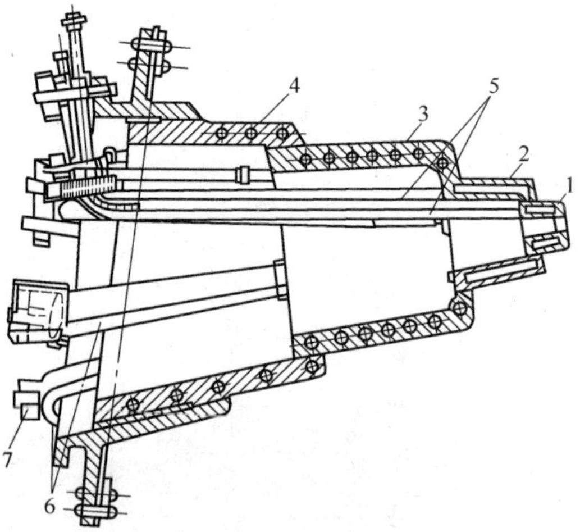

图3-43 渣口装置

1—小套；2—三套，3—二套；4—大套；5—冷却水管；6—压杆；7—楔子

口也有由三个水套组成的。

渣口各套的材质、结构及固定方式均与风口基本相同，只是渣口二套和渣口小套，由于热负荷不如风口大，均为空腔式结构。

（4）铁口。铁口装置主要是指铁口套。铁口套的作用是保炉铁口处的炉壳。铁口套一般用铸钢制成，并与炉壳焊接或铆接。考虑不使应力集中，铁口套的形状，一般做成四角大圆弧半径的方形或椭圆形。

（二）装料系统

装料系统的主要任务是将炉料装入高炉并使之分布合理，设备主要包括装料、布料、探料及均压几部分。装料系统的类型主要有钟式炉顶、钟阀式炉顶和无料钟炉顶。钟式炉顶主要包括受料漏斗、旋转布料器、大小料钟、大小料斗、大小料钟平衡杆机构、大小料钟电动卷扬机或液压驱动装置、探料装置及其卷扬机等。钟阀式炉顶还有贮料罐及密封阀门。无料钟炉顶不设置料钟，并采用旋转溜槽布料，其他主要设备与钟阀式炉顶大体相同。

炉顶装料设备的任务是将高炉所需要的原燃料按其数量合理地装入炉内的设备，主要包括装料、布料、探料和均压等几个组成部分。

1. *炉顶装料设备形式分类*

炉顶装料设备按上料方式，分为料罐式、料车式及胶带运输机式。其中料罐式上料已被淘汰，料车式和胶带运输机式为目前国内高炉普遍采用的方案。

按装料方式，分为料钟式、钟阀式（如图 3-44 所示）及无料钟炉顶。其中料钟式炉顶又分为双钟式、三钟式和四钟式几种。增加料钟个数的目的是为了加强炉顶煤气的密封，但会使炉顶装料设备的结构更加复杂化。我国高炉普遍采用双钟式炉顶结构。钟阀式炉顶是在双钟式炉顶的基础上发展起来的，其主要目的也是为了加强炉顶煤气的密封。钟阀式炉顶由于贮料罐个数的不同又分为双钟双阀和双钟四阀两种，目前这两种炉顶在我国高炉均有采用。无料钟炉顶很好地解决高炉炉顶的密封问题，而且还为灵活布料创造了条件。无料钟炉顶已成为目前国内外大型高炉优先选用的炉顶装、布料方案。

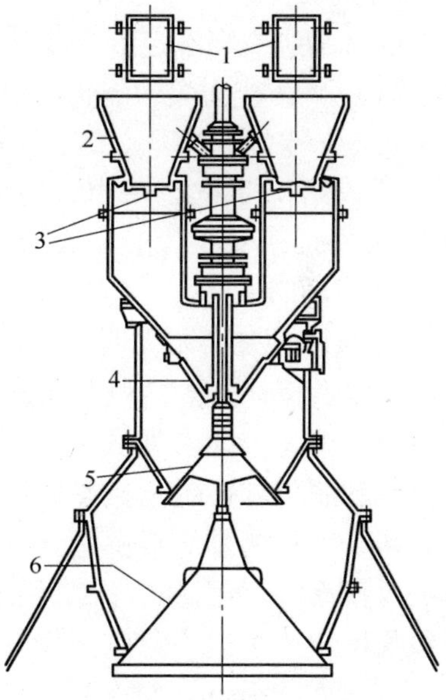

图 3-44　双钟双阀式装料装置

1—料车；2—受料漏斗；3—密封阀；4—旋转漏斗；5—小钟；6—大钟

按炉顶布料方式，主要有马基式布料器，空转及快速布料器以及溜槽布料等。其中马基式布料器由于密封复杂，又容易损坏而逐步被淘汰。空转和快速布料器二者结构基本相同，但布料操作方式各异，前者为不带料旋转，后者为带料旋转，它们均能满足布料要求和能较好地解决炉顶煤气的密封问题，因此目前我国大、中、小型高炉均普遍采用空转布料器布料。溜槽布料由于布料调节更加灵活方便，为大型高炉推广采用。

按炉顶煤气压力高低，分为常压炉顶和高压炉顶。炉顶煤气压力小于 0.03 ~ 0.04MPa 的称为常压炉顶；炉顶煤气压力大于常压炉顶煤气压力的称为高压炉顶。高压炉顶结构比常压炉顶复杂，它包括均压系统。炉顶压力的提高是依靠高压调节阀组的操纵来实现的。

炉顶探料设备的类型主要有链条式软探尺、钢钎式硬探尺及放射性同位素探料等。

2. 对炉顶装料设备的要求

炉顶设备的工作条件十分恶劣，经常处于200～250℃或更高的温度下工作。由于温度的频繁变化，炉顶设备受着剧烈的热应力作用，并受到坚硬炉料的打击和磨损，还受到含有大量坚硬颗粒的高速煤气流的剧烈冲刷磨损和化学腐蚀等。

为了使炉顶装料设备的寿命能维持高炉一代炉龄，炉顶装料设备应当满足下列要求：

（1）要有足够高的刚性和强度，能抵抗急剧的温度变化和高温所产生的应力作用。

（2）炉顶结构密封必须可靠、严密，密封材料能在250℃温度下长时期正常工作。

（3）检修方便，结构简单，容易维护，能实现自动化操作。

（4）能抵抗炉料的煤气流的冲刷磨损、冲击磨损以及化学腐蚀。

（三）上料系统

上料系统的任务是保证连续、均衡地供应高炉冶炼所需原料，主要设备包括贮矿槽、贮焦槽、槽下筛、称量漏斗或称量车、槽上槽下胶带运输机、斜桥、料车及其卷扬机等。采用皮带上料的高炉还有向炉顶供料的皮带运输机。

1. 对供料系统的要求

供料系统应当满足下列要求：

（1）生产能力大，能连续供料，能适应高炉强化生产的供料要求和原料品种变化后的要求。

（2）结构简单、操作方便、易于维护。应废除人工操作，全面实现机械化和自动化供料。

（3）抗磨性能好，机械强度高，并能在高温、多粉尘条件下长时间地连续工作。

2. 供料系统的形式与布置

目前我国高炉炉后供料系统有以下三种形式：

（1）称量车、料车式上料。我国过去建的高炉，一般采取炉后称量车称量及运输，通过料车和斜桥将炉料运到炉顶。这种炉后供料系统的布置，一般是贮矿槽列线与斜桥垂直，两个贮焦槽紧靠斜桥两侧。当矿石品种单一，贮矿槽容积较大，槽数较少时，贮矿槽可成单排布置，当矿石品种复杂，贮矿槽容积小而个数较多时，可成双排布置，以缩短供料线长度，减短运输距离。

（2）称量漏斗、料车式上料。炉后采用称量漏斗称量，槽下运料采用胶带运输机。这种供料方式将称量和运输分开，设备职能单一，可以简化设备构造，增强使用的可靠性，并为提高生产能力和实现自动化操作创造了条件。我国近年新建和改建的高炉普遍采用这种供料方式。这种炉后供料系统的布置，如图3-45所示。

采用这种供料系统时，设置两个容积比较大的主焦仓和主矿仓及一些容积比较小的备用焦仓和备用矿仓。在料车坑两侧分别设置矿石称量漏斗和焦炭称量漏斗，在杂矿仓出口处设置杂矿及熔剂称量漏斗。焦炭和矿石称量漏斗中的料，靠落差向料车供料，而杂矿称量漏斗中的料靠胶带运输机向料车供料，主焦炭仓和主矿石仓的料可以直接放入其称量漏斗，其余焦仓、矿仓的料则靠胶带运输机或链板机运入其称量漏斗。

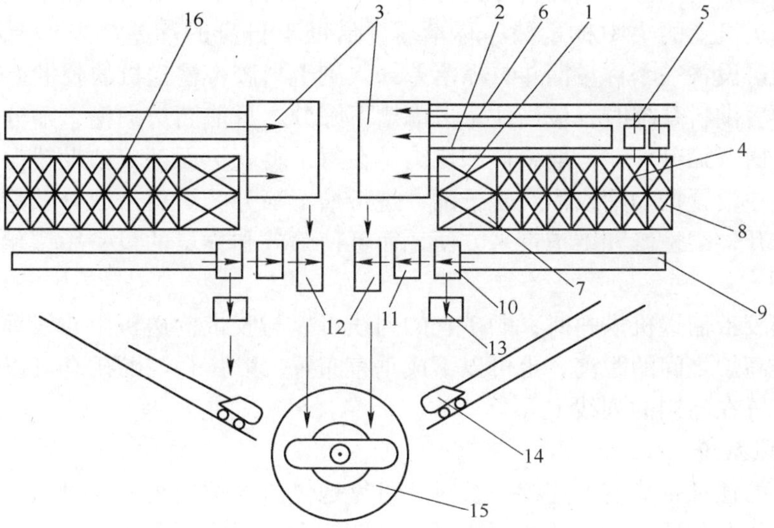

图 3-45 槽下运输与称量分开的供料形式

1—主矿仓；2—运输机；3，5，11—称量漏斗；4，16—矿仓；6—运输皮带机；
7，8—焦仓；9—胶带运输机；10—焦炭筛；12—料车；13—焦末仓；
14—焦末料车；15—高炉；16—备用矿仓

这种设置集中称量漏斗的供料方式，适合于矿石品种比较单一的高炉，不适于矿石品种复杂的高炉。矿石品种复杂时，可以采取分散称量，即在每个矿仓下设置独立的称量漏斗，或者采取分散称量与集中称量相结合设置称量漏斗的方式。

（3）称量漏斗、胶带机上料。高炉容积的大型化，要求提高炉后供料能力，国内外大型高炉采用胶带运输机供料的已越来越多。

采用胶带输运机供料的炉后供料系统，如图 3-46 所示，一般矿石采取分散称量，分

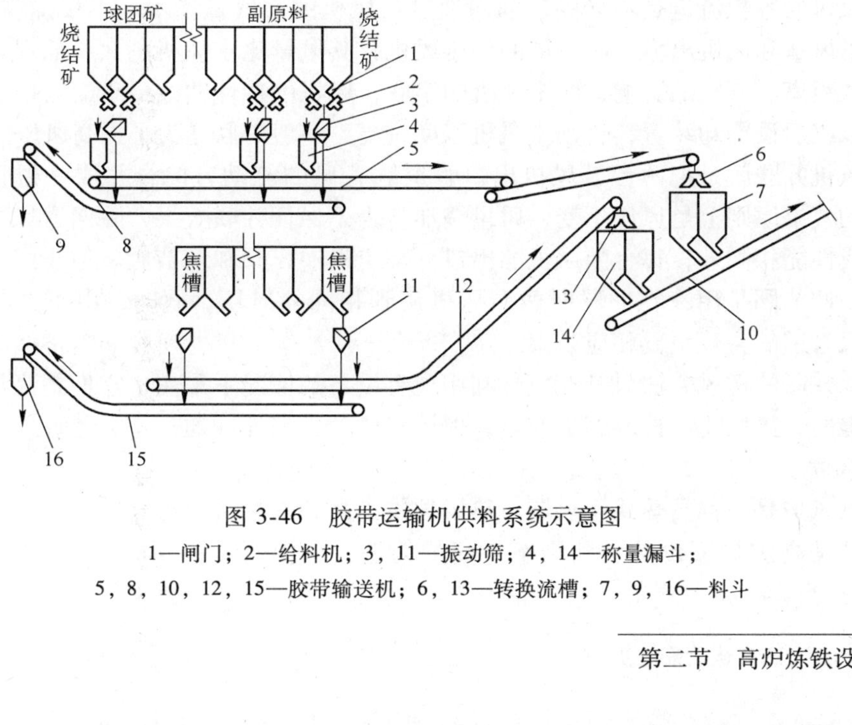

图 3-46 胶带运输机供料系统示意图

1—闸门；2—给料机；3，11—振动筛；4，14—称量漏斗；
5，8，10，12，15—胶带输送机；6，13—转换流槽；7，9，16—料斗

别设置矿石称量漏斗和矿石中间料斗，将料卸入到上料胶带输送机的胶带上，焦炭靠设置在上料胶带输运机上的集中称量漏斗称量后，借助于自身的落差卸入到上料胶带输送机上，熔剂和杂矿设置一个称量漏斗，靠落差卸入到上料胶带输送机的胶带上输送。

在设计炉后供料系统时，应当注意考虑槽下筛分。目前高炉的槽下筛分，除杂矿和熔剂可以不设置槽下筛分外，一般生矿和烧结矿在每个料仓下面都单独设置振动筛，在每个焦炭仓下也单独设置振动筛或焦炭辊子筛，进行槽下筛分。炉后采取分散筛分和称量，不仅使其职能分开，给检修和维护带来方便，而且使筛分和称量的设备小型化，制造、运输方便。

炉后采用胶带输送机供料时，贮矿仓的列线可以与胶带输送机中心线垂直布置。为了缩短贮矿仓与高炉之间的距离，也可以不成垂直布置。贮焦仓与贮矿仓可以布置在同一列线上，也可布置在不同的列线上。

（四）送风系统

送风系统的任务是稳定、连续、及时、可靠地供给高炉冶炼所需热风，主要设备包括高炉鼓风机、脱湿装置、富氧装置、热风炉、废气余热回收装置、热风管道、冷风管道及冷热风管道上的控制阀门等。

1. 鼓风机

对于已建成的高炉，由于生产条件的改变，风机能力减弱，或新建的高炉缺少配套的风机，都要求采取措施提高现有风机的输出能力，以满足高炉生产的需要。

提高风机出力的措施主要有：改造现有鼓风机本身的性能，如改变风机叶片尺寸，叶片加宽或改变其角度均可改变风量；还可以改变驱动力，增大其功率，使风量、风压增加；提高转子的转速使风量风压增加。改变吸风参数，改变吸风口的温度和压力，如设置前置加压机，吸风口处喷水降温，均可提高风机的出力。通常使用的办法是同性能风机的串联或并联。

所谓风机串联，即在风机吸风口前置一加压机，使主风机吸入的空气密度增加，由于离心式鼓风机的容积流量是不变的，因而通过主风机的空气量增大，不仅提高了压缩比，而且提高了风量和风机出力。串联用的加压风机，其风量比主风机稍大，而风压较低。受两风机串联距离、管网的影响，两个风机的串联，风机的特性曲线低于二者的叠加。同时应在加压风机后设冷却装置，否则主风机温度过高，一般串联是为了提高风压。

所谓风机并联就是把两台鼓风机出口管道顺着风的流动方向合并成一根管道送往高炉。并联的效果原则上是风压不变，风量叠加。为了保证并联效果，除两台风机应尽量采用同型号或性能相同外，每台鼓风机的出口，都应设逆止阀和调节阀。逆止阀是用来防止风的倒灌，调节阀是用来在并联时两台风机调到相同的风压。同时，由于并联后风量增加，其送风管道的直径也要相应扩大。

串联、并联的送风方法只是在充分利用现有设备的情况下采用，它们提高风机的出力程度是有限的，虽然能够提高高炉产量，但风机的动力消耗增加，是不经济的。

2. 热风炉

现代热风炉是一种蓄热式换热器。热风炉供给高炉的热量约占炼铁生产耗热的四分之一。高风温是高炉最廉价的、利用率最高的能源，风温每提高 100℃ 约降低焦比 4% ~ 7%，产量提高 2%。

借助煤气燃烧将热风炉格子砖烧热，然后再将冷风通入格子砖，冷风被加热。由于燃烧和送风是交替工作的，为保证向高炉连续供风，故每座高炉至少需配置两座热风炉，一般配置三座，大型高炉以四座为宜。自从使用蓄热式热风炉以来，其基本原理至今没有改变，而热风炉的结构、设备及操作方法却有了重大改进。当前，热风炉的结构有三种形式：内燃式热风炉、外燃式热风炉和顶燃式热风炉。

（1）内燃式热风炉。内燃式热风炉包括燃烧室、蓄热室两大部分，并由炉基、炉底、炉衬、炉箅、支柱等构成。

1）炉基。热风炉主要由钢结构和大量的耐火砌体及附属设备组成，具有较大的荷重，对热风炉基础要求严格，地基耐压力不足时，应打桩加固。为防止热风炉产生不均匀下沉，使管道变形或撕裂，将同一座高炉的热风炉组基础的钢筋混凝土结构做成一个整体，并高出地面以防水浸。基础的外侧为烟道，它采用地下式布置，两座相邻高炉的热风炉组可共用一个烟囱。

2）炉壳。炉壳的作用，一是承受砖衬的热膨胀力；二是承受炉内气体的压力；三是确保密封。热风炉的炉壳由钢板连同底封板焊成一个不漏气的整体。在其内部衬以耐火砖砌体，并用地脚螺丝将炉壳固定在基础上，以防止底封板由于砌体膨胀作用向上抬起。

3）大墙。大墙即热风炉外围炉墙，一般为三环，内环砌以耐火砖砌体；外环是硅土砖的绝热层。现代大型热风炉炉墙为独立结构，可以自由膨胀，在稳定状态下，炉墙仅成为保护炉壳和降低热损失的保护性砌体。炉墙的温度是由下而上逐渐升高的。在不同的温度范围应选用不同厚度和材质的耐火砖或隔热砖，并分段砌筑。

4）拱顶。拱顶是连接燃烧室和蓄热室的空间，它长期处于高温状态下工作，除选用优质耐火材料外，还必须在高温气流作用下保持砌体结构的稳定性，燃烧时的高温烟气流均匀地进入蓄热室。此外，还要求砌体质量好，隔热性能好，施工方便。

目前，内燃式热风炉拱顶有锥形、半球形、悬链形和抛物线形。通常为半球形，它可使炉壳免受侧向推力，拱顶荷重通过拱脚正压在大墙上，以保持结构的稳定性。拱顶由大墙支撑显然不利于提高它的寿命和稳定性，因此随着高温热风炉的发展，应将拱顶与大墙分开，支在环形梁上，使拱顶砌体成为独立的支撑结构，如图3-47所示。

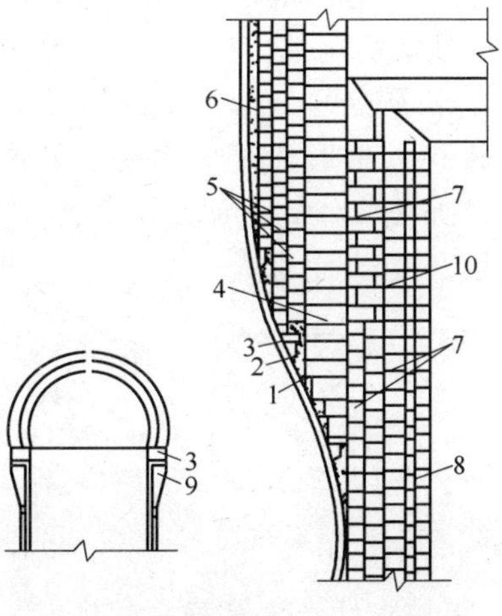

图3-47　拱顶砌体独立支撑结构
1，10—填料；2—喷涂层；3—砖托；4，8—耐火砖；5—拱顶绝热层；6—陶瓷纤维；7—炉墙绝热砖；9—环行梁

拱顶内衬的耐火砖材质，决定了炉顶温度水平，为了提高拱顶的稳定性，应尽量缩小拱顶的直径，并适当减薄砌体的厚度。拱顶砌体厚度减薄后，其内外温差降低，热应力减少，可相应延长拱顶寿命。

5）隔墙。隔墙即为燃烧室与蓄热室之间的砌体，两层砌砖之间无咬缝，以免受热不均造成破坏，同时便于检修时更换。隔墙与拱顶之间不能完全砌死相互抵触，要留有膨胀缝，为了使气流分布均匀，隔墙要比蓄热室的格子砖高。

6）燃烧室。煤气燃烧的空间即燃烧室。内燃式热风炉的燃烧室位于炉内一侧。其断面形状有圆形、眼睛形和复合形，如图 3-48 所示。圆形燃烧室结构稳定，煤气燃烧较好，但占地面积大，蓄热室死角面积大，相对减少了蓄热面积。目前，除了外燃式外，新建的内燃式热风炉均不采用圆形燃烧室。眼睛形占地面积小，烟气流在蓄热室分布均匀，但燃烧室当量直径大，烟气流阻力大，对燃烧不利，在隔墙与大墙的咬合处容易开裂，故一般多用于小高炉。复合形兼有上述二者的优点，但砖砌复杂，一般多用于大中型高炉。

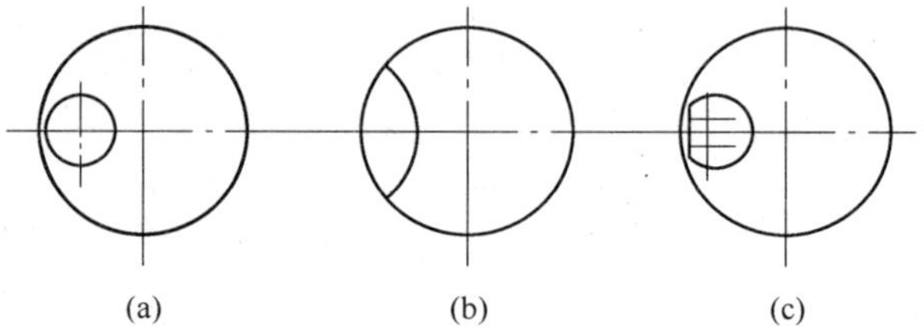

图 3-48　燃烧室断面形状
（a）圆形；（b）眼睛形；（c）复合形

燃烧室所需空间的大小和燃烧器的形式有关，套筒式燃烧器是边混合边燃烧，要求有较大的燃烧空间；而短焰或无焰型的燃烧器，则可大大减小或无需专门的燃烧室。

7）蓄热室。蓄热室是充满格子砖的空间。格子砖作为贮热体，砖的表面就是蓄热室的加热面，格子砖体就是贮存热量的介质，所以蓄热室的工作既要传热快，又要贮热多，而且要有尽可能高的温度。

蓄热室工作的好坏，风温和传热效率如何，与格孔大小、形状、砖量等有很大的关系。对格子砖砖型的要求是：有和受热面积相适应的砖量来贮热，以保证在一定的送风周期内，不引起过大的风温降落；单位体积格子砖具有最大的受热面积；尽可能地引起气流扰动，保持较高流速，以提高对流换热速度；便于加工制造、安装、维护，成本低；有足够的建筑稳定性。

格子砖可分为板状砖和块状砖，板状砖砌筑的格孔砌体稳定性差，已被淘汰。块状砖有六角形和矩形两种，它是在正块砖上穿有圆形、方形、三角形、菱形和六角形孔，如图 3-49 所示，其中普遍采用的是五孔砖和七孔砖。这类砖建筑稳定性好、砖筑块、受热面积大。

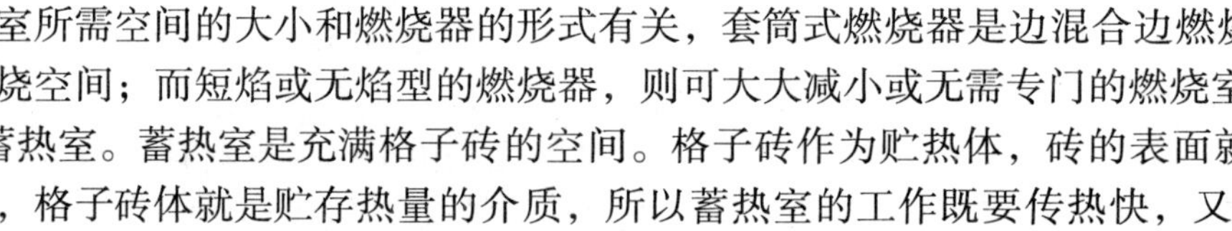

图 3-49　块状格子砖砖型

8）支柱及炉箅子。蓄热室全部格子砖都通过炉箅子支撑在支柱上，当废气温度不超过 350℃，短期不超过 400℃时，用普通铸铁件能稳定工作。当废气温度较高时，可用耐热铸铁或高锰耐热铸铁。

为了避免堵塞格孔，支柱及炉箅子的结构应和格孔相适应，故支柱做成空心的。支柱高度要满足安装冷风管道和烟道的空间需要，同时保证气流畅通。炉箅子的块数与支柱数相同，而炉箅子的最大外形尺寸，要能从烟道口进出。

9）人孔。人孔为检查、清灰、修理而设，对于大中型高炉热风炉，在拱顶部分蓄热室上方设两个人孔，以供检查格子砖、格孔是否畅通，清理格孔表面的灰尘。为清灰工作，在蓄热室下方也设有两个人孔，布置时应避开炉箅子支柱及下部各口。为了便于清理燃烧室，在燃烧室的下部应设置一个人孔。

（2）外燃式热风炉。尽管对内燃式热风炉作了各种改进，但由于内燃式热风炉的燃烧温度总是高于蓄热室温度，隔墙的两侧温度不同，炉墙四周仍然变形，拱顶仍有损坏，还存在隔墙窜风、寿命短等问题。外燃式热风炉是由内燃式热风炉演变而来的。它的燃烧室设于蓄热室之外，在两个室的顶部以一定的方式连接起来。就连接的方式不同分为四种，如图 3-50 所示。

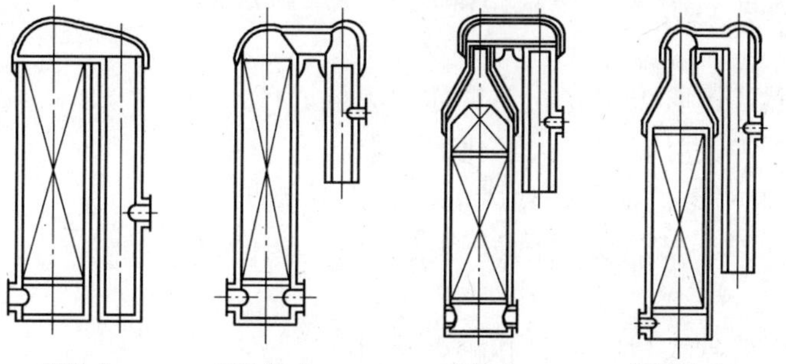

图 3-50 外燃式热风炉形式

外燃式热风炉的优点是它取消燃烧室和蓄热室的隔墙，使燃烧室和蓄热室都各自独立，从根本上解决了温差、压差所造成的砌体破坏。由于圆柱形砖墙和蓄热室的断面得到了充分的利用，在相同的加热条件下，与内燃式相比，炉壳与砖墙直径都较小，故结构稳定。此外它受热均匀，结构上都有单独膨胀的可能，稳定性大大可靠。由于两室都做成圆形断面，炉内气流分布均匀，有利于燃烧和热交换。

生产实践表明，外燃式热风炉也存在着许多问题。主要是：

1）砌砖结构复杂，需要大量复杂的异型砖，对砖的加工制作要求很高。

2）它比内燃式热风炉的投资多，钢材和耐火材料消耗大。

3）拱顶钢结构复杂，不仅施工困难，而且由于它的结构不对称，受力不均匀，不适应高温和高压的要求。很难处理燃烧室和蓄热室之间的不均匀膨胀，在高温高压的条件下炉顶连接管容易偏移或者开裂窜风。

4）外燃式热风炉不宜在中小高炉上使用。

5）由于钢结构复杂，在高温高压的条件下容易造成高应力部位发生晶间应力腐蚀，钢壳开裂，从而限制了热风炉顶温的升高，进一步限制了风温的继续提高。

（3）顶燃式热风炉。所谓顶燃式热风炉，就是指燃烧器安装在热风炉炉顶，在拱顶空间燃烧，不需专门的燃烧室，如图 3-51 所示。

将煤气直接引入拱顶空间燃烧，为了在短时间里，保证煤气与空气很好地混合并完全燃烧，需采用燃烧能力大的短焰或无焰烧嘴，烧嘴的数量和分布形式应满足燃烧后的烟气在蓄热室内均匀分布的要求，通常采用炉顶侧面双烧嘴或四烧嘴的结构形式。

由于顶燃式热风炉的热风出口高，导致热风总管的安装平面要求高，从而对支柱结构强度要求较高。故采用热风炉呈矩形组合的平面布置。

顶燃式热风炉吸收了内燃式、外燃式热风炉的优点，并克服了它们的一些缺点。与内燃式热风炉相比，顶燃式热风炉有如下特点：

1）取消了燃烧室扩大了蓄热室容积，可增加蓄热面积25%～30%，有利于提高风温。

2）取消了燃烧室，解决了燃烧室隔墙开裂窜风和隔墙上部倒塌的问题。

3）保留了内燃式热风炉钢壳均匀对称的优点。

4）气流分布均匀，可以满足大型化的要求。

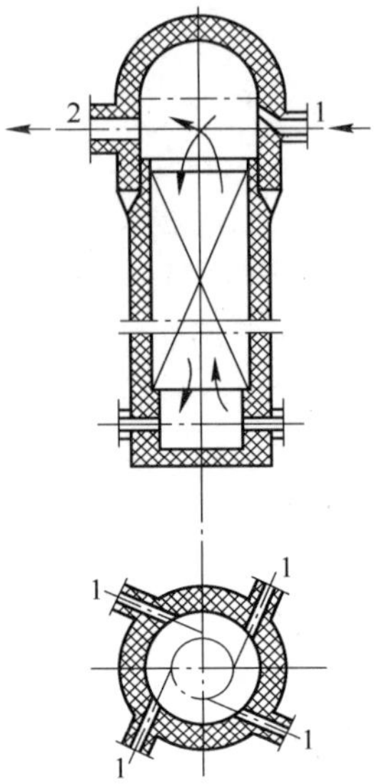

图 3-51　顶燃式热风炉结构形式

1—燃烧口；2—热风出口

与外燃式热风炉相比，顶燃式热风炉具有如下特点：

1）砌砖结构简单，节省大量的异型砖，对于砖的制造和施工都有利。

2）投资小，可节省大量的钢材和耐火材料。

3）钢结构简单，可以免除应力集中，因而可以避免或减少晶间应力腐蚀的可能性。

4）拱顶结构简单，而且均匀对称，稳定性好，能够充分适应高温和高压的要求。

顶燃式热风炉的结构能适应现代高炉向高温、高压和大型化发展的要求，因此，它代表了新一代高风温热风炉的发展方向。

（4）球式热风炉。球式热风炉以自然堆积的耐火球代替格子砖。其加热面积大，风温高，热交换好，节省材料，体积小，施工方便，节省投资，建设周期短。

球式热风炉要求耐火球质量好，煤气净化程度高，煤气压力大，助燃风机的风量风压要大。否则煤气含尘量多时，耐火球孔隙易被堵塞，表面渣化黏结，耐火球甚至变形破损，使阻力损失增大，热交换变差，风温降低。煤气压力和助燃空气压力大，才能保证发挥球式热风炉的优越性。

球式热风炉球床使用周期短，需定期卸球换球，但卸球换球劳动条件差，休风时间长，加之阻力损失大，当量厚度小，功率消耗大，这是限制推广使用的主要原因，在大中型高炉上不宜使用。

（五）煤气除尘系统

煤气除尘系统的任务是对高炉煤气进行除尘降温处理，以满足用户对煤气质量的要求。设备主要包括煤气上升管、煤气下降管、重力除尘器、洗涤塔、文氏管、静电除尘器、脱水器、捕泥器、净煤气管道、调压阀组与阀门等。小型高炉煤气除尘系统一般采用干式布袋除尘器装置。

高炉冶炼产生大量煤气。高炉煤气中含有一氧化碳、氢气和甲烷等可燃气体成分，可以作为热风炉、烧结点火和锅炉的燃料。但是，未经除尘的高炉煤气中含有灰尘，如直接使用，不仅运送时堵塞管道，而且会使热风炉和燃烧器等的耐火砖衬被侵蚀破坏。因此，高炉煤气必须除尘后才能作为燃料使用。

高炉煤气的除尘，一般都是利用高炉煤气流出高炉时所具有的压力作为动能，克服煤气除尘系统的阻力损失来完成的。因此，在选择高炉煤气除尘系统的工艺流程时，应当充分考虑高炉炉顶煤气压力水平的高低。

除尘设备根据除尘后煤气所能达到的净化程度可分为粗除尘设备、半精除尘设备和精除尘设备三种。

粗除尘设备主要是指旋风除尘器和重力除尘器。从高炉出来的荒煤气首先经过粗除尘设备，除去粒径较大的灰尘。半精除尘设备主要是指溢流文氏管和洗涤塔。精除尘设备主要包括电除尘器、文氏管和布袋除尘器。除尘设备的生产能力，一般用每小时所通过的标准状态的煤气体积流量来表示。

1. 重力除尘器

重力除尘器是荒煤气首先进行粗除尘的装备，其工作原理是：荒煤气自高炉顶部下降管流出，进入重力除尘器中心导入管的上端，并沿中心导管下降，在中心管的下端出口处转向180°向下流动，流速也因截面的扩大而减慢，荒煤气中的灰尘与烟气由于重力和惯性力的不同而分离开来，灰尘靠自重的作用沉降到除尘器底部而堆积，从清灰口定期排出，烟气从除尘器的上端导出，如图3-52所示。

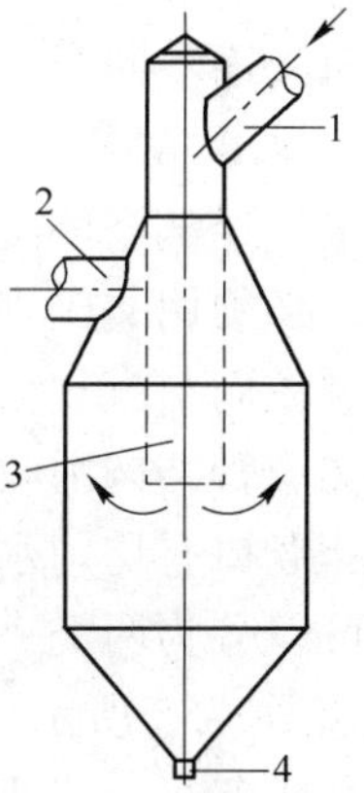

图3-52 重力除尘器

1—煤气下降管；2—塔前管；3—中心导入管；4—清灰口

重力除尘器的特点是：结构简单；除尘效率可达80%～85%，出口含尘量为2～10g/m^3。这种除尘器阻力较小，其尺寸不能过大，尺寸越大，虽然煤气流速越小，除尘效果越高，但体积和投资大。

在除尘器的底部排灰口处通常设置一个清灰阀，当灰尘积至一定数量时，打开清灰阀将灰放出。除尘器中的灰尘又细又干，由于除尘器内压力大，当在高压操作时，灰尘飞扬，不仅劳动环境恶劣，而且运输也困难，故多数高炉均采用螺旋清灰器清灰。

2. 洗涤塔

经重力除尘器不能去除的细颗粒灰尘，要进一步清除，应用较多的半精细除尘设备是空心洗涤塔，属湿法除尘。空心洗涤塔具有结构简单、节约木材、投资小、建设速度快、不易堵塞、容易维修等特点。

洗涤塔除尘只适用于湿法半精细除尘，其原理是既靠水滴和灰颗粒碰撞将灰粒吸收，又靠除尘过程中形成的蒸汽以灰颗粒为中心冷藏，促使灰粒凝聚成大颗粒，在其重力的作用下，这些大颗粒灰尘离开煤气流随水一起流向洗涤塔下部，与污水一起经塔底水封排走。在水与煤气进行热交换的同时，降低煤气温度，经冷却和洗涤后的煤气由塔顶导管导出。

常压高炉洗涤塔可采用水封排水装置，如图3-53所示。水封高度与煤气压力相适应。当塔内煤气压力加上洗涤水超过一定压力时，水就不断从排水管排出，当小于一定压力时则停止，保证了塔内煤气不会经水封逸出。

高压洗涤塔上设有自动控制的排水装置，如图3-54所示。高压塔由于压力大，需采用浮标式水面自动调整机构。当塔内压力突然增加时，水面下降，通过连杆将蝶阀关小，

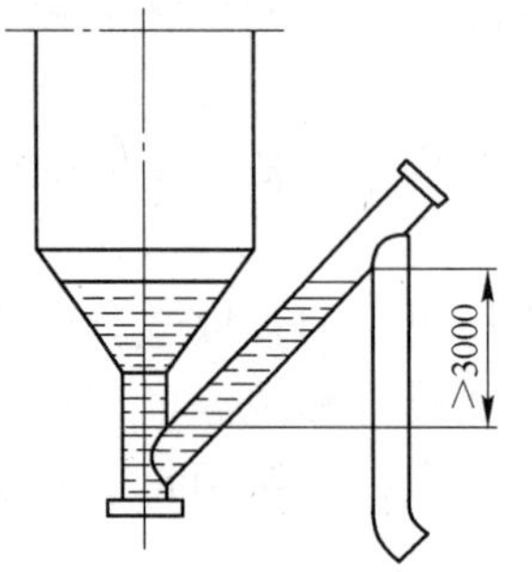

图 3-53　常压洗涤塔排水装置

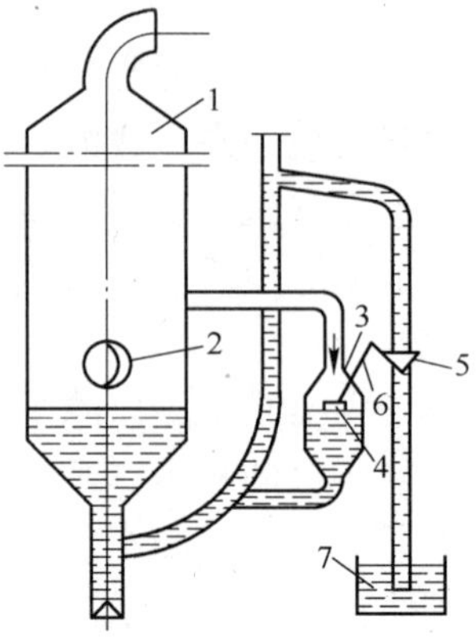

图 3-54　高压煤气洗涤塔的水封装置

1—洗涤塔；2—煤气入口；3—水位调节器；4—浮标；5—蝶阀；6—连杆；7—排水沟

则水面又逐步回升；反之，则将蝶阀调大。

3. 文氏管

煤气经洗涤塔洗涤后，仍有一部分颗粒更细的灰尘悬浮于煤气中，不能被洗涤塔喷水湿润，必须用文氏管这种精除尘设备，才能够施加更强大的外力使细小的灰尘微颗粒聚合成大颗粒而与煤气分离。

文氏管结构由收缩管、喉口和扩张管三部分组成。其种类按喉口有无溢流水膜可分为两类：喉口有均匀水膜的称为溢流文氏管，无水膜的称为文氏管。另外按喉口有无调节装置也可以分为两类：喉口装有调节装置的称为调径文氏管，无调节装置的称为定径文氏管，如图 3-55 所示。

文氏管的工作原理是：当水和煤气以极大的流速通过文氏管的收缩口时，水滴被高速煤气流雾化，煤气中的灰尘被细小的水雾侵湿，灰粒和水滴凝聚在一起，最后在重力式灰泥捕集器内水滴脱离煤气流。

定径或溢流调径文氏管多用于清洗高温的未饱和的荒煤气。文氏管口上部设有溢流水箱或喷淋冲洗水管，在喉口周边形成一层连续不断的均匀水膜，避免灰尘在喉口壁上聚积，同时起到保护文氏管和降温的作用。

文氏管除尘不仅具有重量轻、结构简单，操作、维护和制造安装极为方便的特点，而且节水、省电、除尘效率高。因此，只要能够满足高炉炉顶煤气压力用作除尘系统的要求，作为精细除尘设备的文氏管既合理又经济。

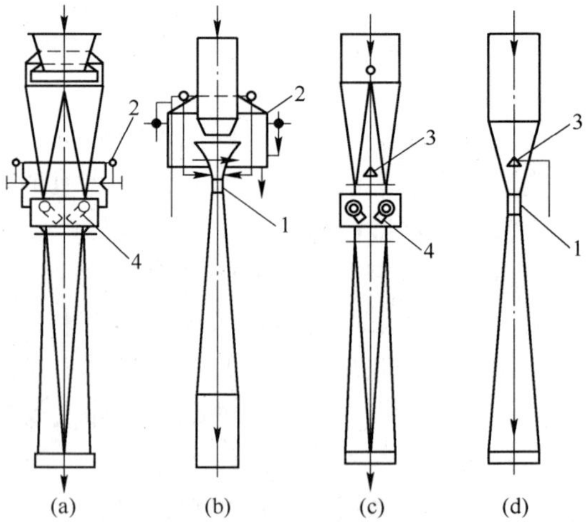

图 3-55　文氏管的类型

（a）溢流调径型；（b）溢流定径型；（c）调径型；（d）定径型

1—喉口部；2—溢流水箱；3—喷水嘴；4—调径机构

4. 静电除尘器

为了得到含尘量更低的煤气，可用静电除尘器作为精细除尘设备。静电除尘器就是利用电晕放电，使含尘气体中的粉尘带电而通过静电作用进行分离的一种除尘设备。其种类有平板式、单管式和套筒式三种，如图 3-56 所示。

通常正极接地叫集尘极，负极称为放电极。静电除尘器的工作原理是：煤气在高压静电场的两极间通过时，电晕放电的作用使煤气电离，带负离子部分气体聚集在灰尘上，使灰尘带负电被正极所吸收，沉集在正极上的灰尘达到一定厚度后，断电失去电荷，用振动或水冲的办法使灰尘流下排除，如图 3-57 所示。

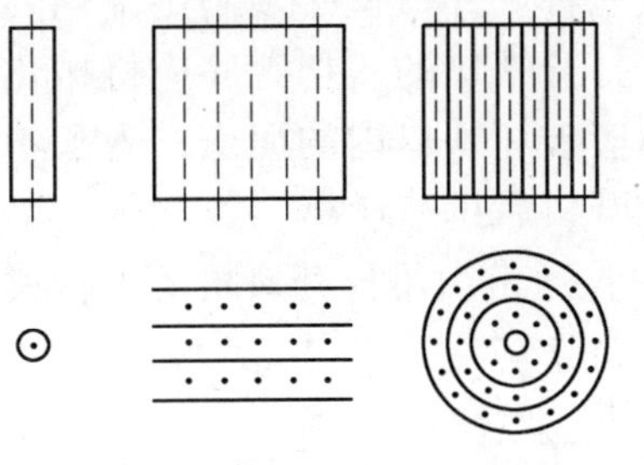

图 3-56 静电除尘器结构形式

（a）单管式；（b）平板式；（c）套筒式

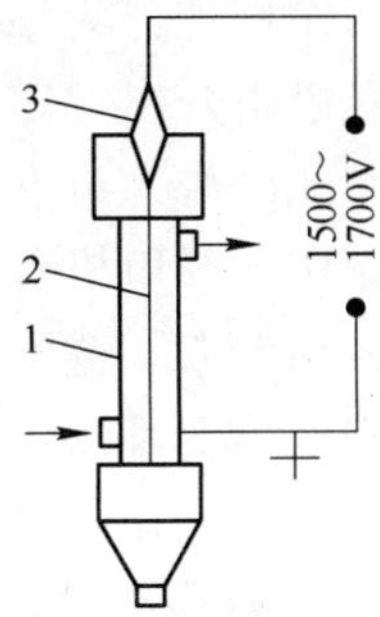

图 3-57 静电除尘原理

1—沉积电极；2—电晕电极；3—绝缘子

静电除尘器具有如下特点：受高炉操作影响小；流经静电除尘器的煤气压头损失少；耗电量少。但安装静电除尘器的投资多，需要设备材料多，各厂可根据具备的条件选用。

5. 干式布袋除尘器

前述四种湿法除尘器所需设备多，投资高，耗水量大，在缺水地区使用时供水难解决。干式除尘是在高温条件下进行煤气净化的设备。因此可以充分利用高炉煤气所具有的物理能，又能提高煤气质量，节省投资。减少污染，克服湿法除尘的不足，它已成为当代炼铁新技术的一项重要内容。

干式除尘有三种：布袋除尘器、颗粒层过滤装置和电除尘器。其中最优越的是布袋除尘器。

布袋除尘的工作原理是：含尘气体通过滤袋时，煤气中的尘粒附着在袋壁和织孔上，并逐渐形成灰膜，煤气通过布袋和灰膜时得到净化。灰膜随着过滤的进行不断增厚，阻力增加，达到一定数量时，必须进行反吹，才能抖落大部分灰膜，并使阻力降低，恢复正常的过滤。反吹是利用自身的净煤气进行的，一个除尘系统要设置多个箱体，以保持煤气净化过程的连续性和满足工艺上的要求，分箱体轮流进行。反吹后的灰尘落到箱体下部的灰斗中，经卸灰装置排出外运。布袋除尘的特点是：煤气质量好、除尘效率高且比较稳定。

对高炉煤气除尘设备的要求是：除尘效率高，生产能力大，耗水量和耗电量少，压力损失小，密封严和耐高压等。

高炉煤气除尘系统总的发展趋势是降低系统气流阻损，提高除尘设备的除尘效率，发展余压透平发电。设计应尽量采用高炉煤气干式除尘装置，并保证可靠的运行，使煤气干式除尘系统的作业率与高炉一致。

（六）渣铁处理系统

渣铁处理系统的任务是及时处理高炉排出的渣、铁，保证生产的正常进行，主要设备包括开铁口机、堵铁口泥炮、铁水罐车、堵渣口机、炉渣粒化装置、水渣池及水渣过滤装置等。

在高炉风口和出铁口水平面以下设置有风口平台和出铁场。在风口平台上布置有出渣沟，在出铁场上布置有铁水沟和放渣沟。在出铁场还设置有行车和烟气除尘装置。在热风围管下或风口平台上有换风口机等。

1. 开口机

开口机按动作原理分为钻孔式、冲击式和冲钻式三种。开口机必须满足下列要求：开孔钻头应在出铁口中开出一定倾斜角度的直线孔道；打开铁口的一切工序应机械化，并能远距离操作，保证操作人员安全；打开出铁口时，不应破坏铁口内的泥道；为了不妨碍炉前其他设备的操作，开口机外形应尽可能小，并能在开口后迅速撤离。

（1）钻孔式开口机。这种开口机的机构比较简单，通常由吊挂开口机的走行梁、旋转机构和递进机构三部分组成。钻杆一边旋转一边进风，当吹屑中带铁花时，说明已接近终点，此时应退出钻杆，捅孔出铁。钻杆旋转机构如图3-58所示，其两级齿轮减速箱分为两段，一段是和钻杆连在一起，另一段和电动机轴直接连接，再用一对平行杆将两段齿轮锁紧，并利用这段平行杆吊挂和调整中心位置。

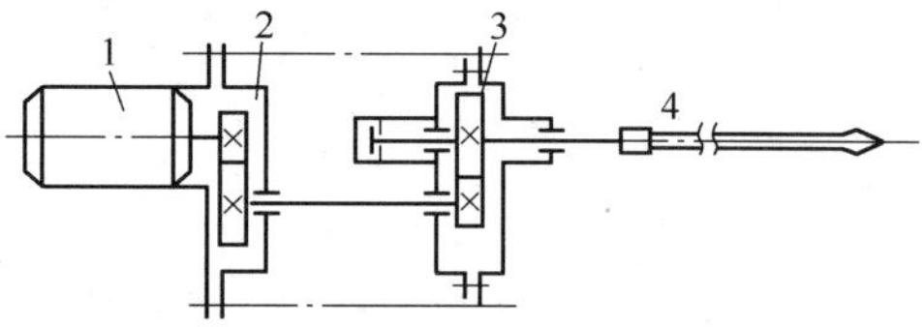

图 3-58　钻杆旋转机结构

1—电动机；2，3—齿轮减速器；4—钻杆

开口机钻杆用厚壁无缝钢管做成，钻头是用铜焊的硬质合金。一般钻杆分成四段，即钻头、进入铁口内的短杆、主杆和带有密封的空心连轴。钻杆又直又长，故加工钻头时中心要求准确，否则钻杆一弯曲，转动时就会跳动，甚至使电动机跳闸。

（2）冲钻式开口机。冲钻式开口机用压缩空气作为动力，其钻头以冲击运动为主，并有旋转的钻孔机构，由风动回转马达带动钻头凿孔，用气锤式风缸驱动的钢钎打击装置构成。

冲钻式开口机的结构，由于铁口附近的布置不同，一般有两种。一种是安装在铁口外侧的悬臂式开口机，它是利用回转电动机将悬臂梁下的槽形轨道转到铁口的正前方，而开口机本体则在槽形轨道内进退，其运动方式类似于电炮；另一种是安装在铁口上方的吊挂式开口机，如图3-59所示，其卷扬机将槽形轨道和开口机本体一起固定在铁口前面，以便开铁口，其运动方式与四连杆式堵渣机相近。开口机本体构造中，除上述风钻和捅钎做在一起外，有全风动双杆开口机，一个长行程风缸驱动的速动捅口杆和一个风动的旋转凿杆，两者同放在一个可旋转可平移的床面上，工作时也同样可以旋转，通过床面平移，使不同的杆对中。开口机除了可以捅开铁口和钻孔外，还可以捅去堵住铁口的焦炭，使铁流畅通。有的在开口机本体上还装有送入氧气的机构，以便必要时用氧气烧开铁口。

（3）开口机的维护检查。使用开口机之前，必须认真检查以下各项，发现问题及时处理：

1）各减速机连接螺栓是否松动。

2）电气设备操作运转是否正常。

3）钻头、钻机是否损坏，钻杆是否弯曲，钻杆法兰连接螺栓是否齐全，是否拧紧。

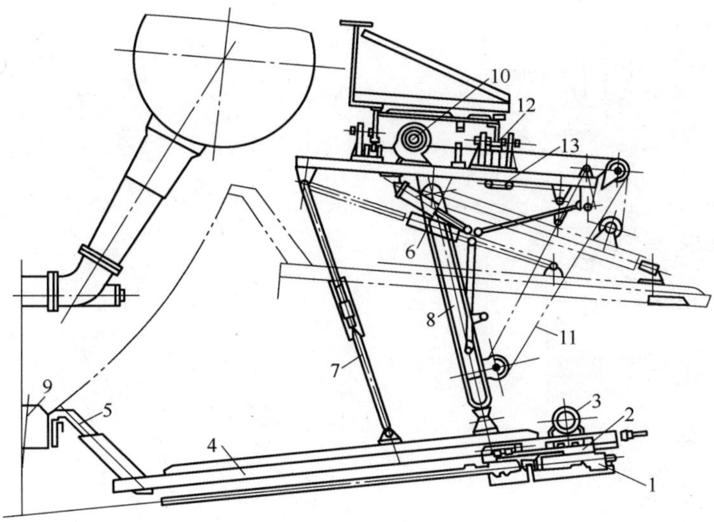

图 3-59 吊挂式开口机

1—钻孔机构；2—送进小车；3—风动电动机；4—轨道；5—锁钩；6—压紧气缸；
7—调节连杆；8—吊杆；9—环套；10—升降卷扬机；11—钢绳；
12—移动小车；13—安全钩汽缸

4）各传动钢绳是否起刺，连接是否牢固。

5）悬挂开口机大梁的支座转轴是否磨损，吊挂开口机大梁的吊挂钢绳是否磨损腐蚀。

6）钻铁口时，严禁钻漏烧坏开口机。

7）通风用的风管，接头是否牢固。

2. 堵铁口泥炮

对泥炮的基本要求：泥炮工作缸应有足够的容量，保证供应足够的堵铁口耐火泥，能一次堵住出铁口；活塞应具有足够的推力，用以克服较密实的堵口泥的最大运动阻力，并将堵口泥分布在炉缸内壁上；炮嘴应有合理的运动轨迹，泥炮到达工作位置时应有一定的倾角，而且炮嘴进入出铁口泥套时，应尽量沿直线运动，以免损坏泥套；工作可靠，能进行远距离操作。

泥炮是堵铁口的专用设备。高炉堵铁口的泥炮有电动和液压泥炮两种形式。

（1）电动泥炮。电动泥炮主要由转炮机构、压炮机构和打泥机构组成，如图 3-60 所示。

电动泥炮基本上能满足生产的要求，但在实际使用中还存在不少问题：外形尺寸大，妨碍出铁口附近的换风口操作；泥缸活塞推力不足，特别是采用无水炮泥时；丝杆及螺母的磨损太快，丝杆还容易顶弯，而更换螺母又十分困难；更换压紧机构的螺母和其他零件比较困难。

（2）液压泥炮。液压泥炮是将电动机驱动机构改变为液压传动机构。液压传动机构是用液体来传递能量。液压泥炮由打泥、压炮、转炮、锁炮和液压装置等机构组成，如图 3-61 所示。

液压泥炮的打泥机构是通过双向油缸的活塞推动泥缸活塞前进，来完成打泥工作的。打泥机构根据液压打泥的方法不同有两种。一种是采用固定的液压缸，而打泥活塞直接固定在活塞杆上一同做往复运动，因此，活塞杆要进入泥腔内，在那里容易被炮泥弄脏，可

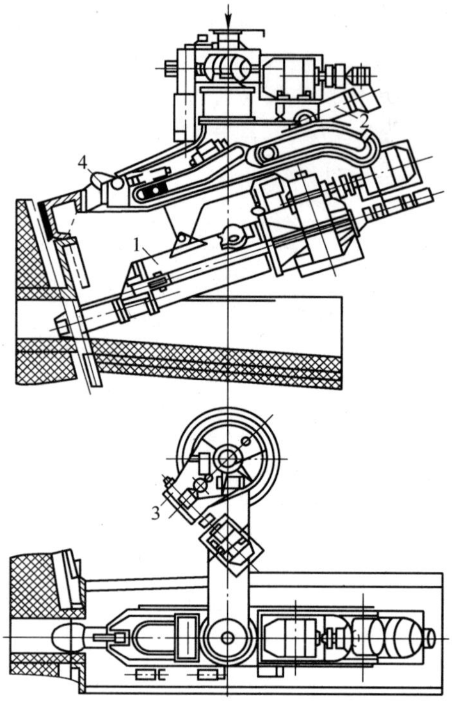

图 3-60 电动泥炮装置
1—打泥机构；2—压炮机构；
3—转炮机构；4—锁炮机构

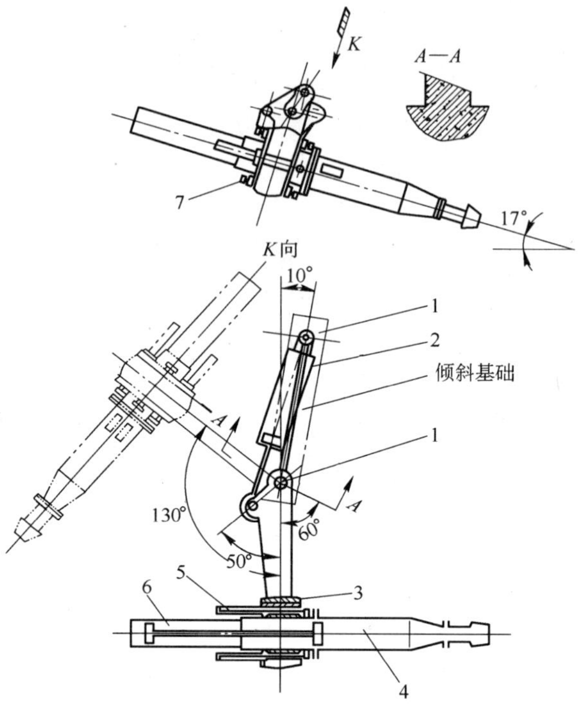

图 3-61 液压泥炮结构
1—立柱；2，5，6—油缸；3—球面轴承；
4—泥缸；7—定位栓

能影响到液压密封的寿命。另一种是固定的液压活塞杆，而打泥活塞往复运动，在泥腔和后空腔装有固定括环，可以保证没有炮泥窜到液压缸的活塞杆区域内，油通过固定活塞杆进入液压缸，这种结构有利于保护油缸，减少维修，延长油缸的使用寿命。

锁炮装置是把锚钩机构固定在转炮装置的架子上，锚钩座固定在基础上。在泥炮旋转至铁口位置后，锚钩背的斜坡在前进中从挡板上滑起，炮转正后落下，通过弹簧作用，将锚钩锁紧在锚钩座上，然后才可以打泥，在打完泥后转炮之前，先将高压油通入锁炮油缸，使活塞缸前进，推动锚钩转起，即可摘钩。

（3）泥炮的检查维护。电动泥炮的检查维护内容包括：

1）严禁将冻泥块或干硬泥块装入泥筒内，清理干净活塞后面的残渣及硬泥以防止打泥时顶弯拉杆或拉坏传动螺母。

2）电动泥炮操作必须严格执行操作规程，杜绝各安全装置运转时超过极限。

3）严禁用凉炮嘴堵铁口，防止发生爆炸，应用之前应先烘烤炮嘴。

4）应保持炮嘴完整，炮头内壁光滑，发现炮泥结焦黏结时要及时去除。

5）电气线路要保持干燥，定期检查、维护更换。

6）泥筒内定期加油润滑，压炮和打泥机构的传动螺杆及丝母定期注油，各装置机械部分定期检修更换，特别是压炮丝母要定期更换。

液压泥炮的检查维护内容包括：

1）操作液压泥炮时必须保证油压不得低于规定压力，液压油接头处、管路不得漏油，保证电气线路畅通，油泵工作正常。

2）定期检查维护液压系统的各仪表、阀门，保证完好。

3）注意检查泥缸中活塞是否倒泥，倒泥严重时应及时处理。

4）液压系统内液压油应保持清洁干净，滤油设备要定期清扫，确保洁净无异物、污垢。

5）液压油温不能超过60℃。

3. 堵渣口机

堵渣口机的作用是不放渣时将渣口堵上。通常采用气动、电动或液压驱动的堵渣口机。堵渣机的检查维护应注意以下几点：

（1）注意观察堵渣机杆是否平直，保证不能弯曲；

（2）注意观察堵渣机塞杆和渣口中心线是否在同一垂直平面内，否则应及时调整；

（3）经常检查堵渣机的水压及风压是否正常；

（4）注意观察堵渣机各机械部件工作是否正常，要定期注油，定期更换有关部件；

（5）注意观察堵渣机钢绳是否起刺，应定期更换。

4. 冲渣设备

（1）喷嘴。喷嘴也叫冲渣嘴，是高炉水力冲渣的主要设备。喷嘴一般用钢管或异径钢管做成扁口形式。冲渣时水流方向和熔渣方向应一致，喷嘴结构使喷出的高压水成带状，并大于渣流宽度，喷嘴上沿与熔渣下沿有200~300mm的距离，用耐火砖砌上。

（2）冲渣沟。冲渣沟是将水淬后的炉渣借助于冲水使其输送到沉淀池的装置。为了保证顺利输送，应保证冲渣沟具有一定的坡度，同时保证具有足够的水量和水压。当冲渣沟必须拐弯时要有足够大的曲率半径。若曲率半径过小，渣水混合物在拐弯处呈螺旋运动，水速变小，产生涡流，渣粒将在此处沉积堵塞通路，造成跑渣事故。

冲渣沟在靠近喷嘴处一般为钢板结构，其余部位为钢筋混凝土结构。大型高炉冲渣沟通常采用铸铁衬板做内衬，也有采用铸石板的，以提高渣沟的耐磨性和寿命。

渣、铁处理系统设备与设施应当满足下列要求：

1）必须有足够的渣铁处理和运输能力；

2）出渣、出铁设备工作必须可靠；

3）有利于提高生铁质量，增加生铁的回收率；

4）改善劳动条件，有较高的机械化和自动化水平；

5）有利于炉渣的综合利用。

（七）喷吹系统

喷吹系统的主要任务是均匀稳定地向高炉喷吹煤粉，促进高炉生产的节能降耗，主要设备包括磨煤机、主排风机、收尘设备、煤粉仓、中间罐、喷吹罐、混合器、输送气源装置、控制阀门与管道以及喷煤枪等。

1. 煤粉喷吹

喷吹装置包括集煤管、贮煤罐、喷吹罐、输送系统及喷枪。按喷吹罐工作压力可分为常压喷吹装置和高压喷吹装置两种。

（1）常压喷吹装置。喷吹用的煤粉管处于常压状态下，由罐下面的输煤泵向高炉喷吹，煤粉从喷吹管送到高炉，经分配器分给各风口喷枪。由于煤粉罐未充压，所以输煤泵出口压力不允许过高，否则容易向煤粉罐倒风。常压喷吹装置设备简单，安全性较好，故常用于中小型高炉。

（2）高压喷吹装置。喷吹罐一直在高压状态下工作，按仓式泵的原理向高炉喷吹煤粉，常用于大中型高压操作的高炉上。

2. 天然气喷吹流程

天然气喷吹流程如图3-62所示。天然气送到总配气站，再输送到调压站，再由流量自动调节阀调节到高炉所需的流量，经围管、支管和风口喷入炉内。总管上装有自动切断阀，当天然气或热风压力降低到一定数值时，自动切断天然气并通入蒸汽。

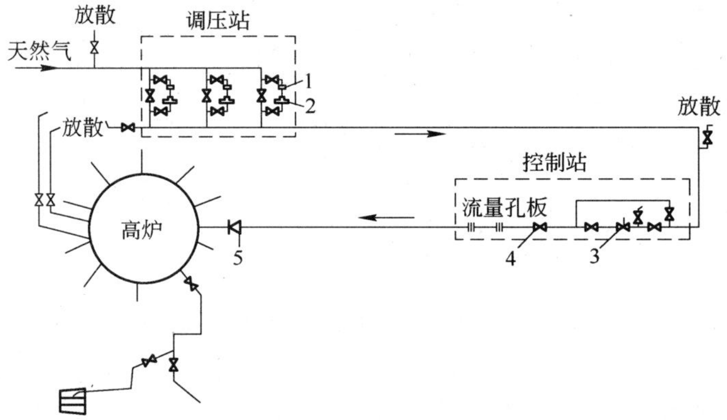

图3-62 天然气喷吹流程

1—过滤器；2—调压器；3，4—自动调节阀；5—逆止阀

3. 焦炉煤气喷吹流程

焦炉煤气喷吹流程如图3-63所示。焦炉煤气由气压机加压送到高炉旁，经风口端的喷嘴喷入炉内。气压机到达风口平台时应比热风压力稍高，以保证有较大的速度喷入炉内，从而加强与鼓风的混合和充分燃烧。气压机后设有储气罐以稳定煤气压力。

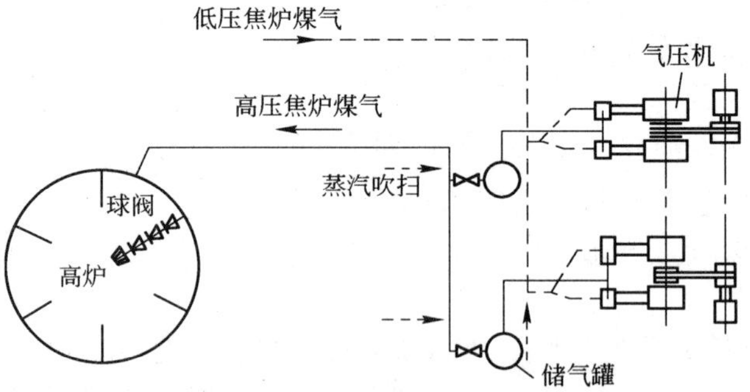

图3-63 焦炉煤气喷吹流程

高炉无论喷吹何种燃料，作为喷吹设备都应满足下列要求：

（1）计量准确，调节灵活、方便；

（2）能连续、稳定地把燃料喷入炉内；

（3）设备安全、可靠、易于维护；

（4）各个风口喷入量应接近，其误差不应影响炉缸工作的均匀性。

现代化高炉，其设备不仅承受着巨大的载荷，而且在生产过程中还处于高温、高压和多尘的环境条件下工作，极易侵蚀和磨损。为确保高炉生产长时期顺利进行，对炼铁设备提出了越来越高的要求。这些要求主要包括：有高度的工作可靠性；寿命长，易于维修；尽可能定型化和标准化；易于实现自动化操作等。

由此可见，高炉炼铁生产过程非常复杂，高炉本体为主体结构，原燃料系统、上料系统、送风系统、渣铁处理系统、煤气处理系统等为辅助系统。通常，辅助系统的建设投资是高炉本体的4~5倍。生产中，各个系统互相配合、互相制约，形成一个连续的、大规模的高温生产过程。

第三节 高炉炼铁系统的风险

炼铁生产工艺设备复杂、作业环境差、作业种类多、劳动强度大。炼铁生产过程中存在的主要危险源有：烟尘、噪声、高温辐射、铁水和熔渣喷溅与爆炸、高炉煤气中毒、高炉煤气燃烧爆炸、机具及车辆伤害、煤粉爆炸、高处作业危险等。根据历年事故数据统计，炼铁生产中的主要事故类别按事故发生的次数排序分别为：灼烫、机具伤害、车辆伤害、物体打击、煤气中毒和各类爆炸等事故。此外，触电、高处坠落事故以及尘肺病、矽肺病和慢性一氧化碳中毒等职业病也经常发生。导致事故发生的主要原因为：人为原因、管理原因和物质原因三个方面。人为原因中主要是违章作业，其次是误操作和身体疲劳。管理原因中最主要的是不懂或不熟悉操作技术，劳动组织不合理；其次是现场缺乏检查指导，安全规程不健全，以及技术和设计上的缺陷。物质原因中主要是设施工具缺陷，个体防护用品缺乏或有缺陷；其次是防护保险装置有缺陷和作业环境条件差。

一、高炉停炉操作的风险

高炉停炉时主要存在煤气中毒风险、煤气爆炸风险和炉内崩料风险等。

（一）停炉回收煤气风险

准确地确定回收煤气的时间，是安全顺行停炉的关键。出现下述情况，应立即停止回收煤气，改为炉顶放散：

（1）煤气中含 CO_2量大于2%，含 H_2量大于12%，此时易引起煤气爆炸事故。

（2）料线降到炉腹或炉腰下部，此时易造成煤气爆炸事故。

（3）有连续崩料，炉顶压力剧烈波动，此时炉内情况不稳定，易造成煤气爆炸、严重崩料事故。

（二）停止回收煤气注意事项

停止回收煤气时应注意：

（1）除尘器系统通入蒸汽，使煤气中的杂质迅速脱除，稳定煤气成分，防止发生煤气爆炸事故。

（2）全开炉顶放散阀，关切断阀，使炉内剩余煤气平稳放散，防止发生煤气爆炸事故。

（3）关大钟均压阀，开小钟均压阀，使炉内煤气压力稳定，防止发生煤气爆炸事故。

（三）停炉休风标准

高炉出现下列现象时准备休风，若不及时休风，将会造成煤气爆炸事故。

（1）风口暗黑无焦炭，或混浊无焦炭循环，局部风口吹空；

（2）炉顶放散阀冒白烟；

（3）炉顶煤气中含CO_2量大于15%；

（4）全压差接近0.01MPa。

（四）换气工作

停止回收煤气后关闭切断阀，但常因切断阀不严，使停炉残余煤气串入整个煤气系统。为了防止煤气爆炸事故的发生，时常采取换气操作，即把除尘器放散阀打开，将燃气厂的正常高炉煤气通入除尘器，以驱赶煤气管道里的残余煤气，然后再按长期休风程序处理煤气。

（五）注意问题

高炉停炉操作应注意：

（1）在停炉前2～3天借休风机会处理炉喉煤气取样孔，试插打水枪，并检查炉顶、煤气系统和蒸汽管道，确保畅通无阻，若有堵塞极易引起煤气爆炸事故。其他工作如安装高压水泵，从炉顶安装煤气管引至炉台，安装出残铁设备等均可在正常生产时进行。

（2）停炉过程中随着料层减薄，风压降低及风量增大现象会反复出现，前期应严格控制风量不超过正常数值，当料线过拐点时应主动减风，停止回收煤气，否则会出现炉内情况不稳定，造成严重崩料事故。

（3）停炉前将炉顶放散阀配重减轻，能承受压力0.08MPa即可。停炉休风后在煤气前的换气，以及炉身下部通蒸汽或氮气，是安全停炉的重要措施，否则会出现炉内压力失常，造成崩料爆炸事故。

二、高炉日常变料风险

高炉原燃料性能、品种的改变以及生铁成分、风温、喷吹量等参数的变化，必然引起炉内热制度和造渣制度的波动，从而影响高炉生产。当上述因素变动不大时，利用日常调剂即可维持正常冶炼。但上述因素变动显著时，会存在炉内情况不稳定甚至失常的风险，严重的可能导致崩料和爆炸，影响正常的生产作业。因此，必须校正炉料，调整原燃料配比，才能保证正常生产和获得要求的生铁。

三、造渣制度失常风险与调剂

高炉渣应有良好的流动性、脱硫能力与合适的熔化温度，易于与铁分离。这些性能主要受炉渣成分，尤其是碱度的影响。而碱度的高低主要取决于硫负荷大小，以及对生铁质量的要求。铸造铁炉温高于炼钢铁，所以仅从脱硫考虑，在同样硫负荷条件下，冶炼铸造铁时炉渣碱度可低一些。

造渣制度失常将影响热制度、生铁质量和炉况的顺行，因而将影响高炉产量，严重时会造成产量下降甚至停产。造渣制度失常的原因主要是配料不当。

（一）造渣制度失常的征兆

造渣制度失常的征兆有：

（1）炉渣流动性差，严重时影响渣铁分离。

（2）炉渣碱度过高过低。碱度过高脱硫能力增强，但影响顺行和硅的还原；碱度过低则脱硫能力差。

（3）炉渣熔化性温度过高过低，将影响炉缸温度。

（二）造渣制度失常的调节

造渣制度失常的调节方法有：

（1）为改善流动性，可添加白云石以增加渣中 MgO 含量；避免渣中 Al_2O_3过高或过低，Al_2O_3过高时，可通过配料进行调整。

（2）碱度太高太低时，相应地减少或增加熔剂用量。

（3）可查相图判断炉渣熔化性温度是否恰当，并依此作为调整根据。

（4）若渣量大时，则消耗高，产量低，炉况也不易顺行；而渣量过小操作也不稳定，脱硫也难保证。

四、煤气分布失常风险与调剂

炉料性质、炉温、喷吹量和其他操作条件的改变，都将导致煤气流分布的变化，严重时会造成煤气分布的失常甚至造成煤气爆炸。

（一）边缘气流过分发展风险

边缘气流过分发展，则中心气流不足，最终形成中心堆积，炉温降低，炉缸堵塞，生铁含硫升高，焦比上升，严重时会造成中心崩料事故。造成边缘气流过分发展的原因是长期风量不足，鼓风动能小，长期使用发展边缘的装料制度，原料强度差，粉末多，常压改为高压操作时未相应增加风量等。

1. 边缘气流过分发展的征兆

边缘气流过分发展的征兆有：

（1）CO_2曲线的边缘低，中心高，曲线似馒头状；

（2）炉喉及炉身温度普遍升高 100～200℃；

（3）炉顶煤气压力不稳，出现尖峰；

（4）炉顶温度偏高，各点温度分散，波动大；

（5）热风压力降低，易出现压力突然升高而悬料的现象；

（6）炉温尚高时，风口敞亮耀眼但不活跃；炉温不足时，风口极不均匀，部分风口有生料下降现象。炉凉时易自动灌渣，中心堆积严重时，风口大量烧坏；

（7）压差偏低，但不易加风；

（8）上渣热、下渣凉，前后渣温波动大，渣口带铁易烧坏；

（9）下料不均，易出现停滞和突然塌落现象，休风、低压和悬料后恢复较难；

（10）铁水温度低，易出现高硅高硫铁，铁样断口多为白口或夹黑心。

2. 边缘气流过分发展的调剂

边缘气流过分发展的调剂方法为：

（1）轻微时可用疏松中心的装料制度，但要注意不能过分加重边缘，以免中心边缘同时堵塞，严重悬料；

（2）提高炉温，适当降低炉渣碱度，改善炉渣流动性；

（3）严重时可缩小风口直径，或堵部分风口、改用长风口。

（二）中心气流过分发展风险

中心气流过分发展则边缘气流不足，结果边缘堆积，炉况失常，严重时易引发煤气爆炸事故。造成中心气流过分发展的原因是鼓风动能过大，长期使用加重边缘的装料制度，经常使用高炉温高碱度渣操作等。

1. 中心气流过分发展的征兆

中心气流过分发展的征兆有：

（1）CO_2曲线的边缘高中心低，相差很大；

（2）炉喉及炉身温度普遍降低；

（3）炉顶温度形成紧密交错的狭窄曲线，温度偏低，炉顶煤气压力不稳，出现尖峰；

（4）不接受风量，减风时炉况极易好转，而加风则易引起悬料；

（5）热风压力偏高且波动大，出渣出铁前风压显著升高；

（6）上渣凉下渣热，上渣不好放，渣中带铁增多，严重时渣口大量破坏；

（7）风口工作不均匀，有时个别风口涌渣，但低压时不易灌渣；

（8）下料不均，经常出现小崩料及探尺停滞现象，但易崩料而不易悬料，出铁前下料慢，出铁后料速显著加快；

（9）初期可获得低硅低硫生铁，但时间越长铁水物理热越低，流动性越差。

2. 中心气流过分发展的调剂

中心气流过分发展的调剂方法为：

（1）适当减风量以降低冶炼强度，或减少喷吹量；

（2）采取适当发展边缘的装料制度；

（3）适当增大风口直径或改用短风口；

（4）长期失常可能导致炉墙结厚，此时除用洗炉料洗炉外，应强烈发展边缘以清洗炉墙；

（5）适当降低炉渣碱度，改善炉渣流动性。

（三）管道及偏行风险

当高炉横截面上局部透气性特别好时，可能造成气流分布不均，局部气流特别发展后即成为周围堆积中心疏空的一根管道；而炉料在圆周某一方向急速下降则为偏行。如管道和偏行未得到及时制止，将随之出现崩料或悬料，造成炉况不稳定，产量下降，严重时会造成爆炸事故。

产生管道或偏行原因是风量和料柱透气性不相适应或设备故障，如风量过大，各风口进风不均，炉料粉末多，炉渣黏稠，设备故障，布料装置缺陷，装料方法不当，结瘤等引起炉内布料和煤气分布不均。

1. 产生管道情况的征兆

产生管道情况的征兆有以下几个方面：

（1）CO_2曲线不规整，最低点在管道处；

（2）炉喉及炉身温度不均，温度曲线分散，在管道方向，温度特别高；

（3）炉顶温度分散，相差悬殊，炉顶压力出现高压尖峰，平均压力提高；

（4）风量风压极不对应，呈锯齿状波动，风压下降，风量自动增加，管道被堵时则风压突然升高，风量锐减；

（5）风口工作不均，管道方向的风口出现黑块；

（6）炉顶煤气中 CO/CO_2 比值增大；

（7）下料不均，料尺停滞或突然崩落；

（8）管道行程最终造成渣铁温度降低，严重时炉温剧冷甚至炉缸冻结，生铁质量变差；

（9）管道情况严重时，炉顶放散阀可能被吹开，装料时管道为方向的上升管可能出现响声。

2. 对管道情况的调剂

（1）利用布料器偏布料，使矿石及堆尖布在管道方向；

（2）采用疏松边缘的装料方法，如双装或倒装，以加厚矿层堵塞管道，迫使煤气重新分布；

（3）炉温充足时，可降低风温，或减少喷吹燃料量；

（4）加净焦几批以改善料柱透气性，然后视恢复情况，找回部分或全部焦炭；

（5）降低风量；

（6）改善炉渣性能，增加炉渣流动性；

（7）若因设备缺陷引起管道情况，应采取治本的办法，修复或更换设备；

（8）如经常发生管道情况，可缩小管道方向风口直径，甚至暂时堵风口。

预防管道的主要措施，一是防止粉末入炉，提高矿石和焦炭强度；二是不要盲目提高冶炼强度，不顾客观条件的加风。

五、低料线、崩料和悬料风险

高炉冶炼过程失常，往往形成悬料、崩料，破坏顺行。而低料线操作，也常常成为顺行破坏的重要原因。在日常生产中有时难以杜绝低料线及悬料、崩料，但如处理及时，措施得当，可以将损失减少到最低程度。

（一）低料线风险

由于各种原因造成料线低于规定数值 0.5m 以上，称为低料线。

1. 低料线的危害

低料线的危害有：

（1）引起煤气流分布失常，热能和化学能利用变差，导致炉凉，使产量降低；

（2）破坏炉料的分布，恶化炉料透气性，导致炉况不顺，严重时会引发炉体爆炸；

（3）低料线时间长极易造成炉缸大凉、继而崩料、悬料，甚至风口灌渣，风管烧穿而被迫休风，严重时炉缸冻结，造成巨大经济损失；

（4）料线过低，矿石预热变差，为补足热量损失势必要减轻负荷，使焦比升高，增大焦炭消耗量，从而增大冶炼成本；

（5）炉顶温度升高，导致炉顶设备变形，甚至烧坏；

（6）炉况不顺，生铁质量差，高炉产量低；

（7）烧损炉衬，剧烈的气流和炉温波动，会引起炉墙结厚乃至结瘤，同时对炉体冷却设备也有巨大损坏。

2. 低料线处理

低料线时间一般不允许超过 1h，否则必须采取以下调剂措施：

（1）低料线时快速赶料，炉料分布紊乱，为减轻炉料对煤气流分布的不良影响，在赶料过程中可采取适当发展边缘的装料方法，以防炉子不顺；

（2）减风，以风口不灌渣，炉顶温度升高不超过规定为准；

（3）低料线时间较长时要适当减轻负荷，以补偿热量之不足；

（4）如果长时间不能上料而造成低料线，应提前出铁后休风，一直到恢复上料能力时再复风。送风后采取疏松边缘的装料制度，并根据料线深度、休风时间长短、炉况顺行和炉温等情况，加足够数量净焦或适当减轻负荷，以确保炉温充沛和顺行。

（二）崩料风险

炉料下行停止或缓慢下行后突然崩落即为崩料。如短期内反复崩料则为连续崩料；如崩料深，炉料靠崩料下落，严重影响炉况时，则为恶性崩料，恶性崩料易引发炉体爆炸。

崩料可能发生在高炉上部或下部，也可能在炉凉、炉热时，依此可叫上崩、下崩和凉崩、热崩。以下部和炉凉时的崩料对炉况的影响最大，危害最重。煤气流分布失常，炉缸热制度破坏。原料质量差，高炉行程调节的失误等，都可能崩料。崩料会破坏炉料的合理分布，引起煤气流失常，料柱透气性恶化，下部热量过量支出而炉凉，因此要及时处理。

1. 崩料的征兆

崩料的征兆有：

（1）风压、风量剧烈波动；

（2）探尺突然陷落；

（3）炉顶与炉喉温度波动较大；

（4）炉顶压力曲线出现尖峰，上升管可能出现不正常声响；

（5）下部崩料时对炉温影响大，风口有生料下降，炉温急剧下行，生铁含硫升高；

（6）CO_2曲线紊乱。

2. 崩料的处理

崩料的处理方法为：

（1）疏松边缘，并适当减轻负荷，崩料严重时应加净焦；

（2）炉热崩料时，可降低风温，必要时可减风量；

（3）炉温低时要及时放渣放铁，风口有灌渣危险时要停止燃料喷吹；

（4）炉温低时崩料应减风量，到不崩料为止，高压改为常压操作；

（5）必要时可以坐料，然后定风压操作，视恢复情况逐渐提高风压并改为定风量操作；

（6）恶性崩料炉温又低时，要多加净焦并严格控制风量，以免酿成炉缸大凉甚至冻结；

（7）改善造渣，增加炉渣流动性。

预防崩料应从加强原料准备，改善炉料质量着手，操作中要避免低料线作业，稳定炉温，改善造渣，防止过吹。

（三）悬料风险

高炉炉料停止下降，超过 1～2 批料时，即为悬料。如同崩料一样，高炉悬料可发生在上部、下部或炉热、炉凉时，因此依据不同情况可分为上悬、下悬，或冷悬、热悬。如果悬料很难处理，经久不下，则为顽固悬料。以炉凉时悬料危害最大，严重的悬料不仅会减少产量，当其突然崩落时可以引发炉体爆炸。

造成悬料的原因很多，总的来说是高炉内煤气流不能顺利通过料层，煤气浮力一旦大于炉料下降的重力时，就产生悬料。当原燃料粉末多，强度差，还原粉化率高；炉渣黏稠，透气性差；炉温剧烈波动调节不当；布料不合理；煤气分布失常；风量过大与料柱透气性不相适应；下料过快造成滑料；休风后送风料柱很死；内型失常；以及一切失常炉况的最终结果都可能悬料。

悬料后冶炼强度必然降低，产量降低，同时增加燃料消耗，危及生铁质量，尤其是炉凉时的顽固悬料，处理时有很大困难，给生产造成更大损失，要竭力防止发生。

1. 悬料征兆

悬料很易判断，料尺停止下降即已悬料，但上悬与下悬在反映上有所区别。

（1）上部悬料，悬料前出现崩料；热风压力稍降低后突然高于正常水平，但没有下部悬料对风压的影响大；上部压差升高，下部压差下降，风压升高；风口工作一般也较均匀，拉风容易坐下。

（2）下部悬料，悬料前1～1.5h风压已逐渐升高，随之出现崩料和停滞，下料不均匀；在一次或数次崩料后风压迅速上升，超过正常水平；下部压差升高，上部压差波动不大；风口迟钝且不均匀。

此外，无论上悬或下悬，风量都会降低，炉顶煤气温度升高，顶压下降，探尺停止或下降极慢。

2. 悬料处理

由于悬料产生的原因和表现不尽相同，危害也不一样，因此在处理悬料时应区别对待。

（1）在出现悬料前期征兆时，及时处理往往可以化险为夷，把悬料消除在萌芽状态。一般出现悬料迹象时，可减少风量，降低风温，减少喷吹量，疏松边缘等，使难行缓解，避免悬料发生。

（2）一旦悬料，采取减风等措施也无效时，应及时坐料，时间拖得越久，后果越严重。坐料前应出净渣铁，以免风口灌渣。坐料要彻底，回风压力要小于原来风压，并视情况决定恢复速度，以免回风过快造成重复悬料。坐料后疏松边缘，适当减轻负荷，并根据炉温和炉料陷落深度适当加入净焦。连续坐料时要防凉，每次坐料后一般都应加净焦，尤其是冷悬料时。

3. 不同状态下产生悬料的处理办法

（1）上部悬料。悬料在15min以内即应坐料。高压高炉改为常压，往往炉料会自行塌落，如炉料未塌落则随即减风或排风坐料，下料正常后再恢复高压和风量。

（2）热悬处理。关键在于减少煤气体积，因此应减风温，减少甚至停止喷吹，争取炉料不坐自落。如无效则应放风坐料，坐料后回风较原风量稍低，视情况再逐渐恢复正常。风温的恢复一般应在风量恢复之后。据风压与炉温情况也可适当减负荷或加净焦。

（3）冷悬处理。关键在于提高炉温和防止炉温的进一步降低。为此，主要借助于减风量，停喷吹，争取自动崩落。若无效则应放尽渣铁，拉风坐料，避免坐料时风口灌渣甚至被堵死；坐料后回风要低些，之后视炉温逐渐加风，恢复喷吹，同时为防重复悬料和炉缸太凉，应加入足够的净焦，并减负荷，待炉温转热后冷悬料才能根本消除。

（4）顽固悬料。悬料多次坐料不下时，即成顽固悬料。

1）风压适应法。坐料后休风堵部分风口，回风用低风压送风，装5~10批净焦，减负荷，待高炉料柱透气性好转后再逐步加风。

2）高压硬吹法。加大风压到鼓风机允许程度，这样强行送风，一方面可燃烧焦炭，一方面在很大风压下炉料可能被冲开一条通路，形成管道，风压则逐渐降低，炉料可能自动崩落。或者再坐料，之后低风压操作，上部加净焦和减负荷。

3）空喷渣铁口。打开铁口或渣口喷吹，吹出低温渣铁和部分炉料，使炉缸空畅，以促进炉料崩落，或者再行坐料，同时继续送风，加热炉缸，熔化炉料。若铁口不通，取下渣口喷吹，若渣口也不通，则改用风口喷吹，反复进行，终会见效。在上部要加净焦、减负荷。

处理顽固悬料回风时，风压要一次更比一次低，以免连续悬料。

（5）在处理悬料过程中要做好外围工作，注意操作细则，尽量减少休风，频繁地休风犹如雪上加霜，往往使事态加剧，处理时间拖长。

（6）综合上述，对悬料处理都应注意以下几点：

1）坐料后低料线期间，一般应停止喷吹，为防炉凉应临时减轻焦炭负荷，并视情况加足够净焦。

2）坐料和处理顽固悬料时，炉顶应通蒸汽，保持正压以防煤气爆炸。

3）适当疏松边缘。

4）回风后保持风量与料柱透气性相适应的关系按风压或压差操作，正常后再按风量操作。

5）适当降低炉渣碱度。改善炉渣流动性。对顽固悬料，还应在恢复过程中装洗炉料洗炉，以维护炉墙的规整。

六、煤气爆炸风险

在高炉炼铁生产中主要使用的煤气是高炉煤气，此外有的企业也使用部分焦炉煤气和天然气等。有毒、易燃易爆是各种煤气的共性。炼铁厂是产生和使用煤气的大户，若在管理上、使用上、操作上发生问题，就可能造成煤气中毒、着火和爆炸事故，造成严重后果，危及人身和设备安全。

（一）煤气爆炸的原因

煤气爆炸实质上是在特定条件下突然发生的剧烈燃烧反应。在反应中温度急剧上升，体积骤然膨胀，产生极大压力，当其压力超过了容器所能承受的压力时，容器则被炸毁或安全装置被炸开。煤气爆炸的破坏程度取决于爆炸时的压力，同时与容器的开孔多少有关。在开孔多时，释放能量的面积大，破坏程度相应减轻。

一般情况下煤气发生爆炸的条件是：

（1）温度达到着火点以上或被明火引燃；

（2）空气和煤气在着火点以下混合，且混合比例达到爆炸范围。

只要同时具备了上述条件，就必然发生爆炸。高炉生产中在特殊操作和处理煤气过程中，容易形成上述条件。国内各大钢铁企业，几乎都发生过煤气爆炸事故，只是爆炸强度及随之产生的破坏程度不同而已。

（二）煤气爆炸的预防

（1）严格控制炉顶温度，温度过高容易烧坏炉顶设备，同时易将放散的煤气引燃，一旦发生爆震，将加剧破坏作用。

（2）停炉时向炉内打水量要均匀，喷水管应从炉喉煤气取样孔插入高炉中心，均匀喷水以控制适当的炉顶温度，切忌大量冷水一下降落到高温区。

（3）采用适当的操作制度，降低料线过程中要以顺行为前提，风量风压相适应，发生崩料悬料时要及时减风。

（4）检测煤气含 H_2 量，当 H_2 量高时，应果断减风和减少喷水量。

（5）停炉操作要统一指挥，严格执行有关的停炉技术操作规程。

处理煤气设备中残余煤气时的爆炸预防措施：高炉休风后处理煤气系统残余煤气，是用蒸汽和空气赶净煤气，操作原则是“灭火种、通蒸汽、断来源、再沟通”。

处理煤气注意事项：

（1）严禁火源；

（2）始终保持足够蒸汽量，不能中断；

（3）处理煤气应先放散后开孔，即先开路，后放行的办法。

对炉顶点火的休风，如若熄火，可立即投入火把点燃。若熄火时间长或根本不知道熄火时间，则应视下列情况采取相应措施：

（1）如检修工作已进入结尾，炉顶和煤气系统设备不需要再带火星进行检修作业，应将各部位人孔关闭，炉顶与除尘器通入蒸汽，将已可能形成的爆炸性混合气体赶出去，等待送风。

（2）若检修还需进行一段时间，且炉顶和煤气系统设备仍需带火星检修，则应关闭各部位人孔和煤气切断阀，炉顶通蒸汽，低压送风半小时后，再按炉顶点火休风程序重新进行炉顶点火。

七、炉前事故的预防和处理

高炉炉前的风险十分巨大，任何一个风险都有可能造成严重的事故，炉前产生事故不仅损坏设备，造成生产损失，而且增加劳动强度，甚至会造成人身伤亡，高炉操作者必须提高警惕，加强检查，认真防止。

炉前发生的事故，如渣口爆炸，风口烧穿，冲渣沟爆炸，铁口堵不住，撇渣器跑铁，铁水罐溢铁等，都有其发生的具体原因，但也有其共同点，而且是可以预防的。

高炉铁水出不净，炉缸积铁过多是造成炉前事故最经常的原因。比如铁水达到渣口水平，则易造成渣口烧坏，甚至渣口或冲渣沟爆炸；铁水未出净强行堵铁口，则易烧坏泥炮头，堵不住铁口时，铁罐溢铁，烧坏铁道，凝死铁罐等。因此，出铁不净，尤其是连续出铁不净时，高炉应减风控制铁量，炉前还应采取防范措施。渣中带铁时，则停放上渣；强制堵铁口时，则应先将泥炮头烤热等。

炉缸工作不好，常常引起风口事故。如因各种原因造成炉缸中心或边缘堆积时，风口可能连续烧坏。处理不当时，风口烧穿并产生爆炸事故，风口烧穿常引起大喷焦炭。对此应从炉内采取措施消除炉缸堆积，同时对连续烧坏的风口应暂时堵泥。风口破损严重时，可关小进水阀门，外部加强喷水，但不能过早切断冷却水。风口一旦烧穿要紧急休风。严重破损或炸坏的风口、渣口，休风后要断水，以免往炉内大量漏水引起炉凉。

设备不合格或安装质量不符合要求，往往造成事故。因此，在风口、渣口、吹管、弯头、泥炮安装检修时一定装正装严。

铁口深度过小铁口堵不住，铁水自动喷出。为避免这类事故，一定要提高炮泥质量，加强铁口维护，此外还应加强生产平衡与组织调度工作。

许多事故是由于操作者责任心不强，疏忽大意或操作失误造成的。因此，加强企业管理，严格执行岗位责任制和操作规程，不断总结经验，提高技术操作水平，是防止炉前事故的根本措施。

第五章 炼钢系统及风险

第一节 铁水及废钢预处理工艺流程

一、铁水预处理工艺流程

（一）铁水预处理的意义

近年来，由于生产发展和技术进步，对于钢的力学性能和表面质量要求日益提高，要求钢中的含硫量应控制在0.02%以下，有的甚至要求磷、硫含量达到近于“双零”的水平。传统的高炉到转炉炼钢工艺很难满足上述要求，这是因为低硫的原料和焦炭日益减少，铁水含硫量有逐渐升高的趋势。如果加大在高炉内的脱硫，需要一定的碱度以增大渣量和增加焦比。同样转炉炼钢脱硫通常只有30%～50%左右，用高炉铁水或者一般铁水炼低硫钢，需要采用高碱度渣，从而增加了渣量消耗，延长了冶炼时间，降低了金属收得率。为了解决以上这些问题，现广泛采用炉外预脱硫的方法。炉外预脱硫包括在高炉出铁时脱硫和在炼钢厂设置铁水预处理装置，而后者则被广泛采用。“高炉→铁水预处理→复吹转炉→炉外精炼→连铸→连轧”已经成为当代钢铁生产的主要模式和生产流程。

铁水预处理在日本、美国等国发展非常快，处理量基本上在70%～80%以上，有的企业已达100%。日本“三脱”技术发展最快，应用最广泛。我国铁水预处理起步较晚，但近年来发展很快，宝钢、太钢等分别建成了“三脱”预处理设备，鞍钢、武钢等多家企业都建成了铁水预脱磷、预脱硫设备。

（二）铁水预处理工艺

铁水预处理是指铁水兑入炼钢炉之前对其进行脱除杂质元素或从铁水中回收有价值元素的一种铁水处理工艺。

铁水预处理分为普通铁水预处理和特殊铁水预处理两类。普通铁水预处理包括铁水脱硅、脱磷和脱硫。特殊铁水预处理是针对铁水中的特殊元素进行提纯精炼或资源综合利用而进行的处理过程，如铁水提钒、提钨、提铌等。

1. 铁水预脱硅

铁水预脱硅指铁水进入炼钢前的脱硅处理，它是分步精炼工艺发展的结果。铁水预脱硅能改善炼钢炉的技术经济指标，降低炼钢费用，也可作为预处理脱磷、硫的前处理，以提高脱磷脱硫的效率。处理后的铁水进入转炉，只需要完成脱碳和提高温度，起到保护渣层的作用。总之，铁水预脱硅已经成为冶炼优质钢种，改善预处理脱磷、硫和转炉冶炼技术的重要工序。

（1）铁水预脱硅的方法。铁水预脱硅主要有三种方法：鱼雷罐车或铁水罐中喷射脱硅剂脱硅、高炉出铁沟脱硅、“两段式”脱硅，即为前两种方法的结合，先在铁水沟内加脱硅剂脱硅，然后在鱼雷罐车或铁水罐中喷吹脱硅。

1）鱼雷罐车或铁水包中喷射脱硅剂脱硅法。这种方法的特点是工作条件好，处理能力大，脱硅效率高且稳定；缺点是占用时间长，温降较大。

2）高炉出铁沟脱硅法。该方法是直接将脱氧剂加入高炉铁水沟中脱硅，脱氧剂一般是铁鳞。其优点是脱硅不占用时间，能大量处理，温降小，时间短，渣铁分离方便；缺点是用于脱硅反应的氧的利用率低和工作条件较差。

3）“两段式”脱硅法。当铁水含硅量低于0.4%时，可采用铁水沟脱硅法。当硅含量大于0.4%时，脱硅剂用量增大，泡沫渣严重，适宜采用脱硅效率高的喷吹法或两段法。若炼钢厂扒渣能力不足，应采用两段脱硅法，利用挡渣器分离渣铁。

（2）脱硅剂。脱硅剂主要是冶金厂各种氧化铁、烧结返矿、烧结尘、热轧钢皮，也可考虑转炉尘和铁精矿粉。脱硅效果以转炉尘最好，轧钢皮次之，烧结矿粉第三。用轧钢皮处理后的含硅量比用烧结尘低，有的要加入一定量的熔剂用于改进脱矿渣的性能，提高流动性，有利于提高氧效率，降低渣中氧化铁和氧化锰的含量。

（3）脱硅渣起泡。炉前脱硅和铁水包脱硅均出现较严重的起泡问题。脱硅渣起泡有两方面的原因：一是脱硅过程中碳的氧化，形成CO气体；二是气体在脱硅渣中释放不及时。渣中氧化铁和生铁中的碳反应是产生气体的来源。这种碳氧化现象虽然不严重，不至于影响炼钢过程，但其产生气体的体积很大。因此，脱硅过程中保碳是很重要的。采取方法就是控制较低温度，适当提高渣碱度，加强搅拌和吹氮气促进气体溢出和吹入氮气破泡，投入无水炮泥压渣和控制脱硅剂加入速度等。

2. 铁水预脱硫

铁水中含有大量的硅、碳和锰等还原性好的元素，能够大大提高硫的活度系数。在使用不同类型的脱硫剂，特别是强脱硫剂如镁、钙、稀土等金属及其合金时，硫很容易就能脱到很低水平。对炼钢来说，铁水炉外脱硫能减轻负担、提高炼钢生产率和简化操作。可提高金属收得率和减少渣量，并为转炉冶炼品种钢创造条件。

在铁水预处理温度下，硫元素的稳定状态是气态，但在有熔渣和金属液的情况下，硫能溶解在熔渣和金属液中。硫在铁液中的溶解度很高，在铁水温度下能同很多金属和非金属元素结合成液、气相化合物。

各种脱硫方法的实质都是将溶解在金属液中的硫转变为在金属液中不溶解的相，进入熔渣或经熔渣再从气相逸出。

（1）铁水预脱硫的方法。铁水预脱硫的方法很多，有的因处理能力较小，主要部件耐火材料寿命短，处理效果及可控性较差和环境污染问题较严重而逐渐被淘汰。下面介绍几种工业上应用较成熟的方法和有应用前景的方法。

1）KR搅拌法。KR搅拌法是用一种外衬耐火材料的搅拌器，浸入铁水包内旋转搅动铁水，使铁水产生旋涡。同时加入脱硫剂，该脱硫剂由槽车用氮气压送到贮料罐内，再经压送泵通过溜槽加入铁水包的铁水中并把搅拌桨也下降到铁水中，使其卷入铁水内部进行充分反应，在铁水进行脱硫之后要进行扒渣，从而达到铁水脱硫的目的。KR搅拌法具有脱硫剂耗量少、脱硫效率高、金属损失率低等特点。

2）喷吹法。喷吹法是将脱硫剂用载气经喷枪吹入铁水深部，使粉剂与铁水充分接触，在上浮过程中将硫除去的方法。为了完成这一过程，要求从喷粉罐送出的气粉流均匀稳定，喷枪出口不发生堵塞，脱硫剂粉粒有足够的速度进入铁水，在反应过程中不发生喷溅，最终取得较高的脱硫率，使处理后的铁水含硫量能满足低硫钢生产的需要。

（2）脱硫剂。在工业上采用的铁水脱硫种类很多，有金属镁系、石灰系、电石系等。为了满足铁水脱硫的要求，多使用复合型脱硫剂。

1）石灰系脱硫剂。主要成分石灰是冶金中常用的熔剂，其价格便宜，来源广泛，以其组成的脱硫剂能满足铁水脱硫的要求。

2）镁和电石系脱硫剂。镁系脱硫的方法主要有：向炉内喷吹镁焦、喷吹石灰-镁、喷吹电石-镁或包盐镁粒等方法。这些方法的变化主要在于抑制镁的剧烈反应，即加入钝化剂，降低镁的消耗量，保证处理后的铁水达到硫含量极低的水平。该方法生成渣量少，耗量低，温降小，脱硫效果稳定。

电石用于脱硫已有较长时间，它比石灰脱硫能力强，而耗量约为石灰的一半左右，对减少脱硫渣量和铁损有利，因而广泛地应用于铁水脱硫。但在生产实践中发现有少量的回硫现象。因此，电石系脱硫剂的发展有两种趋向，一种是配入更强的镁作为脱硫，另一种是配入石灰防止回硫。

（3）脱硫渣的扒除。脱硫渣的扒除是脱硫处理过程的重要环节，完成这一操作与三方面的因素有关：一是扒渣机的性能；二是脱硫渣的性能和状态；三是其他影响脱硫渣效果的因素，如高炉渣过多，使脱硫性能变差，或者铁水罐带有残渣，铁水温度过低等。

3. 铁水预脱磷

近年来，随着企业对高韧性、高强度、高抗应力腐蚀性能钢种需求量的不断增加和质量要求的日益严格，世界各国都在努力降低钢中磷含量。如对于低温用钢、海洋用钢、抗氢致断裂钢和部分厚板用钢，除了要求极低的硫含量以外，也要求钢中的磷含量小于0.01%，甚至在0.005%以下。此外，为了降低氧气转炉钢的生产成本和实行少渣炼钢，也要求铁水磷含量小于0.015%。因此，20世纪80年代以来，许多冶金工作者致力于研究铁水的预处理脱磷问题，开发了各种处理方法。

在铁水的高温下，由于铁水中的磷不能直接氧化成P_2O_5气体而去除，而是首先氧化成P_2O_5，然后与强碱性氧化物结合成稳定的磷酸盐而从铁水中去除。因此，在实际铁水预脱磷过程中，如果要有效地脱去铁水中的有害杂质磷，首先要有适当的氧化剂将溶解于铁水中的磷氧化，然后采用强有力的固定剂，使被氧化的磷牢固地结合在炉渣中。

（1）铁水预脱磷的方法。根据所用的容器不同，铁水预脱磷的方法可以分为三类：第一种是在铁水包或鱼雷罐车中进行预脱磷；第二种是在高炉出铁沟或出铁槽内进行预脱磷；第三种是在专用转炉内进行铁水预脱磷。

与铁水包内或鱼雷罐车内进行的铁水预处理脱磷相比，在转炉内进行铁水预脱磷预处理的优点是转炉的容积大、效率高、反应速度快，可节省造渣剂的用量，吹氧量较大时也不易发生严重的溢渣现象，有利于生产超低磷钢，尤其是中高碳的超低磷钢。另外，在转炉内进行铁水预处理时，脱磷剂可以喷粉或块状的形式加入。

（2）脱磷剂。铁水脱磷剂主要由氧化剂、造渣剂和助熔剂组成。其作用在于将铁水中磷氧化成P_2O_5，使它与造渣剂结合成磷酸盐留在脱磷渣中。目前工业上应用的脱磷剂有两类：一类为石灰系脱磷剂，它由氧化铁或氧气将磷氧化成P_2O_5，再与石灰结合生成磷酸钙留在渣中；另一类为苏打，它既能氧化磷又能生成磷酸钠留在渣中。工业上使用的氧化铁有铁矿厂、轧钢皮、锰矿石、烧结返矿等。此类脱磷剂往往需要加助熔剂来改善脱磷渣的性能，助熔剂常采用氯化钙和萤石。

（3）脱磷处理中铁水温度的控制。由于加入的脱磷剂量大和氧化铁熔融还原的吸热，处理后的铁水降温很大。当不吹氧时，处理后的铁水温度降到130℃左右。当氧气占全部供氧50%时，铁水降温减少至30℃左右。因此，总供氧量是保证脱磷的关键因素。

4. 铁水预处理提钒、铌

由于各地矿产资源不同，铁水中其他元素含量各不相同。部分地区矿石中含有钒、铌等金属元素。由于钒是重要的工业原料，因此，有必要对这些铁水采用特殊的预处理方法而提取其中的钒、铌。

二、废钢预处理工艺流程

废钢按回收渠道分为普通废钢和返回废钢两大类。废钢是电炉炼钢的主要原料，废钢的质量好坏直接影响到电炉的各项技术经济指标，因此，必须重视对废钢的管理和使用前的加工处理工作。

（一）废钢加工处理

冶炼前的废钢铁加工处理是炼钢炉料准备的重要内容之一。钢铁企业内部设有废钢处理厂，用来专门从事废钢铁的加工处理工作。不是所有废钢铁都需要加工处理的，而仅仅是那些只有经过处理后才能直接入炉的废钢铁需要加工处理。

一般是加工那些尺寸过大的钢铁废旧件，使其成为尺寸合格的废钢铁炉料；其次是将轻薄分散的钢铁废料加工成尺寸和单重较大的块状废钢铁炉料。废钢铁的来源，一是社会废钢铁，二是厂内废钢铁。合格废钢铁的去向：符合炼钢要求的作为炼钢炉料；不符合炼钢要求的作为炼钢炉料中的金属附加物；分散钢铁废料则可直接用于烧结生产。

常见废钢铁的加工处理如下。

1. 废钢铁的综合处理

废钢铁进厂后的综合处理是先行工序。处理工作的内容主要是：安全处理；分选有色金属废件和废料；按废钢铁的种类和分类等级事先分离出尺寸合格的废料；将尺寸不合格的废料按进一步处理的工序和方法分开；对于废旧机器，则首先解体，然后分选。

2. 废钢的切割处理

废钢气割是最简单、最普遍的处理方法之一。常用切割设备主要为燃气切割器。切割的目的是将大件分割成规定尺寸的小块。由于切割作业要动火，操作安全非常重要，对有潜在危险的易燃易爆器件，特别是封闭容器和贮罐，则应严禁施行气割处理。

3. 废钢的剪切处理

废钢剪切材的加工处理，常用设备是剪切机。剪切的目的是使长材变短并达到使用要求。超长废材的剪切加工工具有产量大和成本低的特点。剪切生产的安全防范重点是剪切块飞溅伤人。目前，剪切生产线已日趋机械化和大型化，生产率也比较高。

4. 轻薄废钢的打包

轻薄废钢的打包也是废钢处理的主要方法之一。常用设备是打包机。可以冷态打包，也可以热态打包。打包的目的在于使其密度提高，尺寸适宜。

5. 金属切屑的压块

金属切屑经压块机压缩成具有一定体积密度的团块。它与散装料相比，可使冶炼设备的容积得到充分的利用，可以缩短装料和冶炼的时间，提高炉子生产能力和降低金属烧损。这种处理方法可以在冷态下进行，也可以在热态下进行。

6. 废钢铁的落锤破碎

废钢铁的落锤破碎是借助于钢铁重锤下落的冲击力使大块废钢铁发生脆性断裂而破碎的处理方法。破碎能力取决于落锤重量及其提升速度。待破碎钢铁的厚度和强度越大，要求落锤提供的冲击力也应越大。落锤破碎的安全问题主要是碎块飞溅伤人，因此需要较大的安全场地。这种方法的生产效率比较低。

7. 废钢铁的爆破破碎

这是一种利用炸药的爆炸力来使大型钢铁废件破碎的方法。爆破作业过程主要有：在待爆块体上打出装药炮眼，炮眼内填装炸药并安装导火线，人员撤离隐蔽，开始引爆。在确定没有哑炮的情况下，清理出已被破碎的废钢铁碎块。其中可能会有块度不符合要求的大块，对于这种大块如进行二次爆破多有不便，通常是用落锤破碎方法进行再破碎。爆破作业的安全至关重要，它需要严密的安全操作规章制度予以保证。

当今常规废钢处理主要工艺有：废钢破碎生产线、液压废钢打包机处理以及液压废钢剪切机处理等；用氧气加乙炔、丙烷或煤气作为气源的人工火焰切割处理；人工火焰切割开口后，再用落锤砸或单一用落锤砸处理、爆破处理等。

（二）废钢预热

电弧炉在此用了强化冶炼技术、增加辅助能源后，排除炉外的烟气温度大幅上升。为了最大限度地减少输入炉内的电能和最大限度地提高过程的能效，20 世纪末，人们全面地开发了电弧炉炼钢节能技术。据测量常规电弧炉用氧及增加辅助能源后，烟气带走的热能可占到电弧炉热量总收入的 20% 左右。为了充分回收过程产生废气的能量，1980 年日本在 50t EAF 上安装了第一座预热装置。操作结果表明，该装置可回收烟气显热，降低电弧炉电耗，缩短冶炼时间，降低电极消耗量。同时也降低了耐材消耗。随后，废钢预热这一新技术在世界范围内得到广泛应用。

目前，工业应用较为普遍的新型废钢预热方式大约有以下三种。

1. 竖炉法

竖式电弧炉是在炉盖一侧装有废钢预热竖井。废钢全部或大部分由竖井进入炉内，随着冶炼的进行，竖井下部的废钢不断熔化，上部的废钢逐渐缓慢下降。电弧炉烟气由下部进入竖井，自下而上与下降的废钢形成逆流运动，在运动的过程中将自身的函热传给废钢。这种预热方法的优点是：

（1）节约时间。因为竖井容积很大，往竖井中装入废钢时，不需要移开电弧炉炉盖，可以节约一定的时间。同常规电弧炉相比，可节省出钢时间。同时，少移开炉盖可减少散热、节省电能。

（2）节约能量。竖式电弧炉比常规电弧炉可节省大量电能。

（3）减少灰尘、提高金属收得率。带有大量烟气的电弧炉废气在穿过废钢时，烟雾气中的颗粒受到废钢的阻挡而沉降于废钢表面，最后随废钢下降一起进入电弧炉炉内。这样一方面可以降低烟尘排放，另一方面也可增加金属收得率。

这种预热方法的缺点是：预热废钢后的烟气若不另加处理，会有二噁英和呋喃等致癌有毒气体排放。

2. 双炉壳法

用两个完全相同的炉壳，其中一炉冶炼时将其排出的废气送入另一个装满废钢的炉体，共用一套供电系统，两个炉体轮流进行装料、熔化、精炼出钢操作。节电效果与常规电弧炉相比比较明显。双炉壳法的主要优点是：（1）由于缩短冶炼间隙供电系统停机时间，变压器的利用率得到提高；（2）缩短冶炼时间，提高生产率。双炉壳法的缺点是两座炉子的生产节奏不易掌握，生产调节和操作难度大。

3. 水平式废钢预热 Consteel 法

废钢通过水平烟道下部的传送料车连续地送入炉内，在水平热烟道中的不同位置上装有燃烧嘴，主要吹入空气或富氧空气以使电弧炉废气中的 CO 在热烟道内充分进行燃烧，外排的炉内烟气与废钢逆向运动进行热交换。这种预热方式的主要特点是加料时间长，留钢量较大，熔池始终处于“熔清”状态，可促进以钢化钢；另外在冶炼过程中炉盖一般不开启，烟气中的氧化铁尘粒可由废钢吸附回炉内，提高金属收得率。预热后的废钢连续地加入炉内，带来的好处不仅是烟气预热利用与减少烟尘排放，而且有利于电极电弧稳定，消除电网闪烁，保持较高的输入功率。

为了降低能耗、回收能量，在废钢熔炼前，利用电炉产生的高温废气进行废钢预热，节能效果明显。

第二节 铁水及废钢预处理设备

一、铁水预处理设备

铁水预处理设备包括铁水罐车、喷粉罐、喷枪、扒渣机、铁水罐。铁水罐车作为运输铁水的工具对其要求如下：

（1）足够的稳定性，重心要低于枢轴，保证运行平稳，同时应容易翻罐。

（2）单位长度上有最大的容量，以保证最大的装入量。

（3）有足够的强度，安全可靠，结构紧凑合理，本身质量越轻越好。

（4）外形合理，适合保温，热损失小，便于承受应力且维修方便。

铁水罐车由车架、铁水罐、连接缓冲装置及转向架四部分组成。铁水罐车按外形结构可分为梨形、圆锥形和混铁炉形三种。圆锥形罐体成本较低，维修方便，但热量损失大，容易结瘤而使容积逐渐变小，通常用于小高炉上。

如图 3-64 所示，梨形罐车由罐帽、中部圆柱体和罐底三部分组成，罐口是一个不正规的截头圆锥，口部是椭圆形的，罐底呈半球形。罐外壳由钢板与铸钢的吊架焊接，内衬耐火砖。在砖衬和罐壳之间填石棉板绝热。在吊架上铸有起吊用的耳轴及供铁水罐坐于车架上的支轴，与吊架铸在一起的还有供铁水罐在铸铁机前方支柱上倾翻回转的支爪。罐下部焊接或铆有吊耳座，吊耳座上装有销轴，供铁水罐翻转时卷扬机吊钩提升用，罐嘴用螺钉联结在铁水罐口上。

车架由两个向下弯曲的梁连接起来的平台组成，它与铸钢支座用螺栓连接起来，能承受全部载荷。中部箱形梁用厚钢板焊接而成，它应具有足够的强度和刚度。转向架是用竖直的铰链把车架和四轮双轴小车连在一起的导框式结构，双轴小车为滚动轴承式轴箱无制动式。

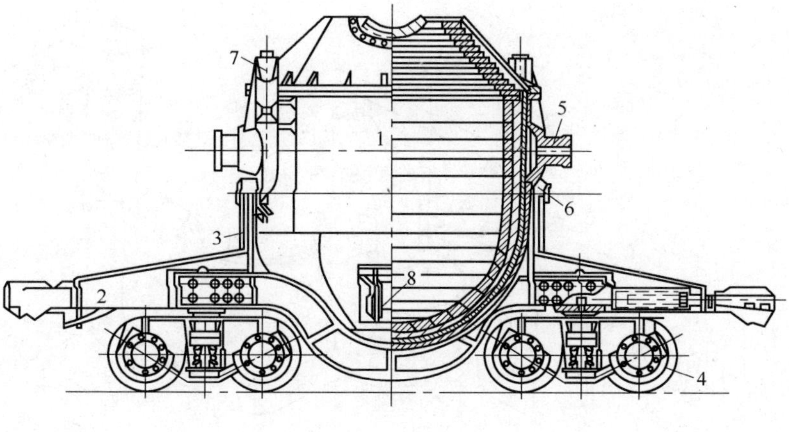

图 3-64 梨形铁水罐车

1—罐体；2—车架；3—吊架；4—车轮；5—吊轴；6—支轴；7—支爪；8—吊耳座销轴

混铁炉形铁水车又叫鱼雷铁水罐车。其保温性能好，残铁形成量小，有利于进行铁水预处理，是目前铁水罐车中最好的一种。

如图 3-65 所示，大型混铁炉形铁水车的车体由两段圆锥体中间夹圆柱体组成，在两端有耳轴，分别由轴承支撑，轴承安装在轴承座的支架上，而支架是通过圆心盘的平衡梁坐落在复式转向架上。为了方便装入和倒出铁水，车体中部设有流铁嘴，整个车体为全焊接结构，罐内砌保温砖衬。倒出铁水时，倾翻速度为两级，高速用于炼钢车间，用交流电动机驱动，低速用于铸铁机铸铁块，可用直流电动机驱动。为了防止停电事故，铁水车安装有从倾翻位置到复原位置的手动或自动装置。在厂内运行的铁水车采用大轴压、低速，所以可不设置制动装置，单靠机车制动；有些铁水车惯性较大，可在一部分轴上设置制动装置。

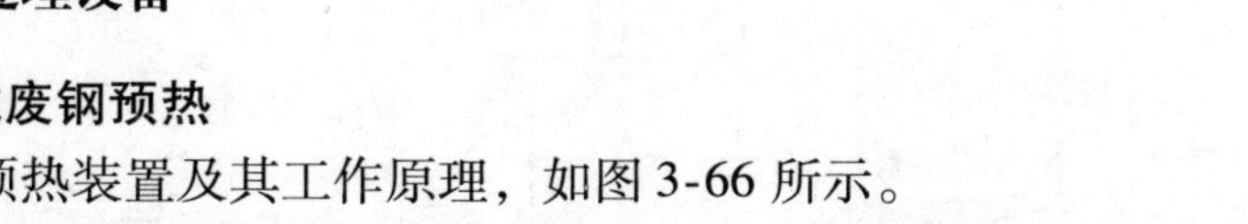

图 3-65 混铁炉形铁水车

二、废钢预处理设备

（一）料罐式废钢预热

料罐式废钢预热装置及其工作原理，如图 3-66 所示。

料罐预热法的工作原理及预热效果：电炉产生的高温废气由第四孔水冷烟道经燃烧室后进入装有废钢的预热室内进行预热。每炉钢的第一篮废钢可以得到预热。料罐预热法能回收废气带走的部分热量，同时可节约电能、节约电极、提高生产率。

该种废钢预热存在的主要问题是：

（1）预热温度低，废钢装料过程温降大。

（2）产生白烟、臭气新的公害。

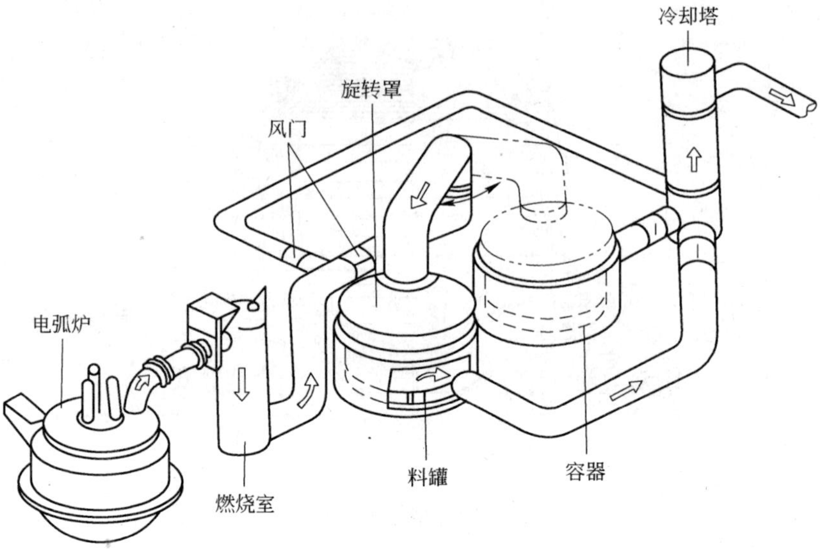

图 3-66　料罐式废钢预热装置

(3) 高温废气使料篮局部过烧，降低其使用寿命。

由于这些问题，常常采取再循环、加压、多段预热以及喷雾冷却等方式措施对付白烟与臭气；采取水冷料罐以及限制预热时间、温度等措施来提高料罐的寿命。但是，结果表明不理想，而且这些措施均使原本废钢预热温度就不高的情况进一步恶化，综合效益甚微。

(二) 双壳电炉法

双壳炉是利用电炉产生的高温废气进行预热的。该方法具有一套供电系统、两个炉体。一套电极升降装置交替对两个炉体进行供热熔化废钢，双壳炉运行与工作原理如图3-67所示。

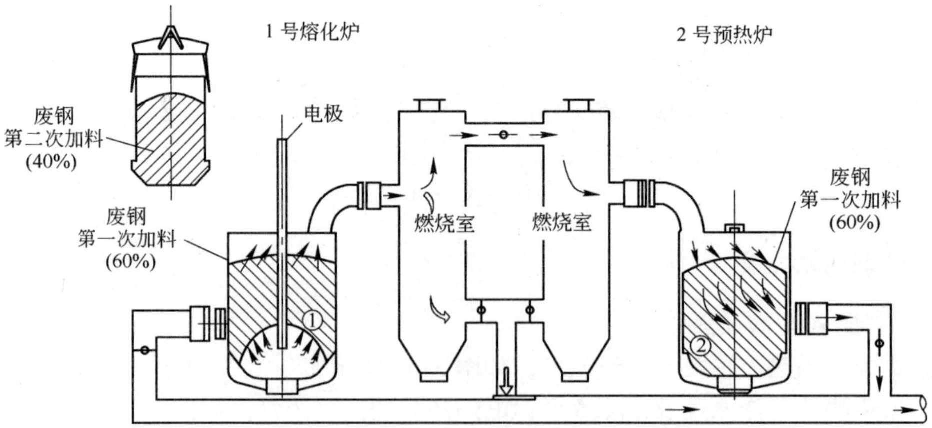

图 3-67　双壳炉工作原理

双壳炉的工作原理：当 1 号熔化炉进行熔化时，所产生的高温废气由炉顶排烟孔经燃烧室后进入 2 号预热炉中进行预热废钢，预热后的废气由出钢箱顶部排出、冷却与除尘。每炉钢的第一篮废钢可以得到预热。双壳炉的主要优点是：

（1）提高变压器的时间利用率；

（2）缩短冶炼时间，提高生产效率；

（3）可回收废气带走的部分热量，节约部分电能。

（三）竖窑式电炉

竖窑炉体为椭圆形，在炉体相当炉顶第四孔的位置配置一竖窑烟道，并与熔化室连通。在竖窑烟道的下部与熔化室之间有一水冷活动托架，将竖窑与熔化室隔开，废钢分批加入竖窑中，废钢经预热后，打开托架加入窑中，可实现100%废钢预热，竖窑运行与工作原理如图3-68所示。

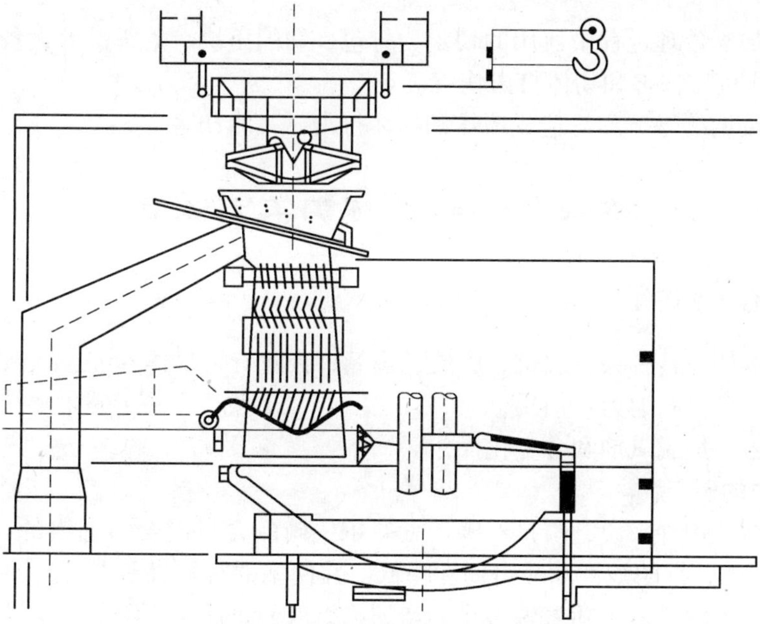

图3-68 竖窑的运行工作原理

新开炉的第一篮废钢直接加入炉中，余下的由受料斗加入竖窑中。送电熔化时，窑中产生的高温废气直接对竖窑中废钢料进行预热。

当炉膛中的废钢基本熔化后，竖窑中废钢温度经预热，温度高达600～700℃时，打开托架将预热好的废钢加入高温炉膛中。随后关闭托架，再由受料斗将废钢加入竖窑中进行预热。周而复始，使废钢料分批、分期地，100%地进行预热。

出钢时，炉盖与竖窑一起提升、炉体倾动，由偏心底出钢口出钢。竖炉的主要优点：节能节电效果明显；提高生产率；减少环境污染；与其他预热法相比，还具有占地面积小、投资省等优点。

第三节 铁水及废钢预处理系统的风险

一、铁水预处理系统的风险

铁水预处理系统的风险有：

（1）铁水运输线上或铁水罐车运行和停车对位时容易发生铁路机车车辆伤害事故。

（2）混铁炉出铁或铁水倒罐时，如果作业区地面或受铁坑内有水时，易发生铁水喷溅，从而造成人员烫伤、灼伤事故。

（3）起重机械钩挂较重铁水罐时，如果吊具未挂牢固，容易发生起重伤害。

（4）混铁炉兑铁水过程中，容易发生铁水喷溅，从而造成人员烫伤、灼伤事故。

二、废钢预处理系统的风险

（1）废钢经常粘有油脂或润滑剂类型的污染物，在预热过程中不完全燃烧会造成大气污染。

（2）废钢加工处理过程中所用的切割、打包、切削压块、落锤破碎设备，若防护措施不当，容易造成机械伤害和物体打击伤害。

（3）大块废钢的爆破容易造成爆炸和物体打击、飞溅伤害。

第四节　转炉炼钢工艺流程

一、炼钢的基本任务

炼钢的基本任务是脱碳、脱磷、脱硫、脱氧，去除有害气体和非金属夹杂物，提高温度和调整成分。可以归纳为："四脱"、"二去"、"二调整"。采用的主要技术手段为：供氧、造渣、升温、加脱氧剂和合金化操作。

（一）钢中的磷

对于绝大多数钢种来说，磷是有害元素。钢中磷的含量高会引起钢的"冷脆"，即从高温降到0℃以下，钢的塑性和冲击韧性降低，并使钢的焊接性能与冷弯性能变差。磷是降低钢的表面张力的元素，随着磷含量的增加，钢液的表面张力降低显著，从而降低了钢的抗裂性能。磷是仅次于硫在钢的连铸坯中偏析度高的元素，而且在铁固熔体中扩散速率很小，因而磷的偏析很难消除，从而严重影响钢的性能，所以脱磷是炼钢过程的重要任务之一。

磷在钢中是以 Fe_3P 或 Fe_2P 形式存在，但通常是以［P］来表达。炼钢过程的脱磷反应是在金属液与熔渣界面进行的。

鉴于磷对钢的不良影响，不同用途的钢对磷含量（质量分数）有着严格的要求。如非合金钢中普通质量级钢［P］≤0.045%；优质级钢［P］≤0.035%；特殊质量级钢［P］≤0.025%，有的钢种甚至要求［P］≤0.010%。但有些钢种如：炮弹钢、耐腐蚀钢等，则需要加入磷元素。

（二）钢中的硫

硫对钢的性能会造成不良影响，钢中硫含量高，会使钢的热加工性能变坏，即造成钢的"热脆"性。硫在钢中以 FeS 的形式存在，FeS 的熔点为1193℃，Fe 与 FeS 组成的共晶体的熔点只有985℃。液态 Fe 与 FeS 虽可以无限互溶，但在固溶体中的溶解度很小。当钢中的硫含量超过0.020%时，钢液在凝固过程中由于偏析使得低熔点 Fe-FeS 共晶体分布于晶界处，在1150～1200℃的热加工过程中，晶界处的共晶体熔化，钢受压时造成晶界破裂，即发生“热脆”现象。如果钢中的氧含量较高，则 FeS 与 FeO 形成的共晶体熔点更低，更加剧了钢的“热脆”现象的发生。锰可在钢凝固范围内生成 MnS 和少量的 FeS，纯 MnS 的熔点为 1610℃，共晶体 FeS-MnS 的熔点为 1164℃，它们能有效地防止钢热加工过程的“热脆”

此外，硫还会明显降低钢的焊接性能，引起高温龟裂，并在金属焊缝中产生许多气孔和疏松，从而降低焊缝的强度。硫含量超过 0.06% 时，会显著恶化钢的耐蚀性。硫还是连铸坯中偏析最为严重的元素。

不同钢种对硫含量（质量分数）有严格的规定。非合金钢中普通质量级钢要求 [S] ≤ 0.045%；优质级钢 [S] ≤ 0.035%；特殊质量级钢 [S] ≤ 0.025%，有的钢种要求如管线钢 [S] ≤ 0.005%，甚至更低。但对有些钢种，如易切削钢，硫则作为合金元素加入，要求 [S] = 0.08% ~ 0.20%，常用于制作易加工的螺钉、螺帽、纺织机零件、耐高压零件等。

（三）钢中的氧

在吹炼过程中，由于向熔池供入了大量的氧气，这样当达到吹炼终点时，钢水中含有过量的氧，也就是说钢中实际氧含量高于平均值。如果不进行脱氧，这样在其后的出钢和浇铸过程中，随着温度的降低，钢液中的氧溶解度降低，促使碳氧反应继续进行，钢液剧烈沸腾，不仅使浇铸变得困难，而且也得不到正确的凝固组织结构的连铸坯。钢中氧含量高，还会产生皮下气泡、疏松等缺陷，并加剧硫的热脆作用。在钢的凝固过程中，氧将会以氧化物的形式大量析出，这样会降低钢的塑性、冲击韧性等加工性能。

脱氧的任务包括：

（1）得到细晶结构组织。

（2）根据具体的钢种，将钢中的氧含量降低到所需的水平，以保证钢水在凝固时得到合理的凝固组织结构。

（3）使成品钢中非金属夹杂物含量最少、分布合适、形态适宜，以保证钢的各项性能指标。

（四）钢中的气体

钢液中的气体会显著降低钢的性能，而且容易造成钢的许多缺陷。钢中气体主要是指氮与氢，它们可以溶解于液态和固态的纯铁和钢中。

钢中的氮是以氮化物的形式存在，它对钢质量的影响体现出双重性。氮含量高的钢种长时间放置，将会变脆，这一现象称为“老化”或“时效”。原因是钢中氮化物的析出速度很慢，逐渐改变着钢的性能。低碳钢因此而产生的脆性比磷还严重。钢中氮含量高时，在 250 ~ 450℃ 温度范围，其表面发蓝，钢的强度升高，冲击韧性降低，称之为“蓝脆”。氮含量增加，钢的焊接性能变坏。但钢中加入适量的铝，可生成稳定的 AlN，能够压抑 Fe_4N 生成和析出，不仅改善钢的时效性，还可以阻止奥氏体晶粒的长大。氮可以作为合金元素起到细化晶粒的作用。在冶炼镍铬系钢、铬钢或铬锰系等高合金钢时，加入适量的氮，能够改善塑性和高温加工性能。

氢在固态钢中溶解度很小，在钢液凝固和冷却过程中，氢会与 CO、N_2 等气体一起析出，形成中心缩孔、皮下气泡和疏松，造成发纹和白点。在钢的热加工过程中，钢中含有氢气的气孔会沿加工方向被拉长形成发裂，进而引起钢材的强度、塑性和冲击韧性的降低，即发生“氢脆”现象。在钢材的纵向断面上，呈现出圆形或椭圆形的银白色斑点称之为“白点”，实为交错的细小裂纹。它产生的主要原因是钢中的氢在小孔隙中析出的压力和钢相变时产生的组织应力的综合力超过了钢的强度，产生了“白点”。

（五）钢中的非金属夹杂

钢中的非金属夹杂按来源可以分成内生夹杂和外来夹杂。

内生夹杂包括四个方面：脱氧时的脱氧产物；钢液温度下降时，氧、硫、氮等杂质元素溶解度下降而以非金属夹杂形式出现的生成物；凝固过程中因溶解度降低、偏析而发生反应的产物；固态钢相变溶解度变化生成的产物。钢中大部分内生夹杂是在脱氧和凝固过程中产生的。

外来夹杂是指冶炼和浇铸过程中，带入钢液中的耐火材料和炉渣以及钢液被大气氧化所形成的氧化物。

根据成分的不同，夹杂物可分为：氧化物夹杂，即 FeO、MnO、SiO_2、Al_2O_3、Cr_2O_3 等简单的氧化物，FeO-Fe_2O_3、FeO-Al_2O_3、MgO-Al_2O_3 等尖晶石类和各种钙铝的复杂氧化物，以及 2FeO-SiO_2、2MnO-SiO_2、3MnO-Al_2O_3-2SiO_2 等硅酸盐；硫化物夹杂，如 FeS、MnS、CaS 等；氮化物夹杂，如 AlN、TiN、ZrN、VN、BN 等。

按照加工性能区分，夹杂物可分为：脆性夹杂，它是完全不具有塑性的夹杂物；塑性夹杂，它是在热加工时，沿加工方向延伸成条带状；点状不变性夹杂。

由于非金属夹杂对钢的性能会产生严重的影响，因此在炼钢、精炼和连铸过程中，应最大限度地降低钢液中夹杂物的含量，控制其形状和尺寸。

（六）钢的成分

为了保证钢的各种物理和化学性质，应将钢的成分调整到规定的范围之内。钢的主要成分有碳、硅、铝和锰。

1. 碳

炼钢的重要任务之一就是要把熔池中的碳氧化脱除至所炼钢中的要求。从钢的性质可看出，碳也是重要的合金元素，它可以增加钢的硬度和强度，但对韧性产生不利影响。钢中的碳决定了冶炼、轧制和热处理的温度。碳能显著改变钢的液态和凝固性质。

2. 硅

硅是钢中最基本的脱氧剂。普通钢中硅含量（质量分数）在 0.17% ~0.37%，是冶炼镇静钢的合适成分。1450℃左右钢凝固时，能保证钢中与其平衡的氧量小于与碳平衡的量，从而抑制凝固过程中 CO 气泡的产生。生产沸腾钢时，钢液中的硅含量为 0.03% ~0.07%，钢液中的锰含量为 0.25% ~0.70%，它只能微弱控制 C-O 反应。硅具有提高钢力学性能的作用，它还增加了钢的电阻和导磁性，是生产用于制作电机、变压器、电器等硅钢的重要元素。

3. 铝

铝是终脱氧剂，钢中铝的加入量因氧的含量而异，对高碳钢而言，铝应少加些，而低碳钢则应多加。铝加入到钢中将与氧发生反应生成 Al_2O_3，在出钢、镇静和浇铸时生成的 Al_2O_3 大部分上浮排除，在凝固过程中大量细小分散的 Al_2O_3 还能促进形成细晶粒钢。铝是调整钢的晶粒度的有效元素，它能使钢的晶粒开始长大并保持到较高的温度。

4. 锰

锰的作用是消除钢中硫的热脆倾向，改变硫化物的形态和分布以提高钢质。钢中的锰是一种非常弱的脱氧剂，在钢中的碳含量非常低、氧含量很高时，可以显示出其脱氧作用，协助脱氧，提高其脱氧能力。锰还可以略微提高钢的强度，并可以提高钢的淬透性能。它可稳定并扩大奥氏体区，常作为合金元素生成耐热钢、奥氏体不锈钢等。

二、钢的分类

（一）按化学成分分类

按是否加入合金元素可将钢分为碳素钢和合金钢两大类。

碳素钢是指钢中除含有一定量为了脱氧而加入硅和锰合金元素外，不含其他合金元素的钢。根据碳含量的高低又可分成低碳钢、中碳钢和高碳钢。

合金钢是指钢中除含有硅和锰作为合金元素或脱氧元素外，还含有其他合金元素如铬、钼、镍、钒、钛、钨、铜、钴、铝、铌、锆和稀土元素等，有的还含有某些非金属元素如氮、硼等的钢。根据钢中合金元素含量的多少，又可分为低合金钢、中合金钢和高合金钢。一般合金元素总含量（质量分数）小于3%的为普通低合金钢，总含量为3%～5%的为低合金钢，大于10%的叫高合金钢，总含量介于5%～10%之间为中合金钢。按钢中所含有的主要合金元素不同可分为锰钢、硅钢、硼钢、铬镍钨钢、铬锰硅钢等。

（二）按冶炼方法和质量水平分类

按炼钢炉设备不同可分为电炉钢和转炉钢。其中电炉钢包括感应炉钢、电弧炉钢、电渣钢、电子束熔炼及有关的真空熔炼钢等。

按脱氧程度不同可分为镇静钢、半镇静钢和沸腾钢。利用电炉冶炼的都是镇静钢。沸腾钢的特点是钢中含硅量很低，通常适用于模铸，钢的收得率高，生产成本低，表面质量和深冲性能好。缺点是偏析大，性能不均匀。镇静钢模铸时收得率低，其优点是组织致密、偏析小、质量均匀，优质钢和合金钢一般都是镇静钢。

按质量水平不同可分为普通钢、优质钢和高级优质钢。主要是针对钢的硫含量、磷含量和其他杂质元素的含量要求划分。

（三）按用途分类

按用途分类可大致分为三大类：结构钢、工具钢和特殊性能钢。

结构钢是目前生产最多，使用最广的钢种。它包括碳素结构钢和合金结构钢，主要用于制造机器和结构的零件及建筑工程用的金属结构等。碳素结构钢是指用来制造工程结构件和机械零件用的钢，其磷、硫等杂质含量（质量分数）比优质钢高些，一般[S]≤0.055%，[P]≤0.045%，优质碳素钢[S]和[P]均不大于0.040%。碳素结构钢的价格最低，工艺性能良好，产量最大，用途最广。

合金结构钢是在优质碳素结构钢的基础上，适当地加入一种或数种合金元素，用来提高钢的韧性、强度和淬透性。合金结构钢根据化学成分、热处理工艺和用途的不同，又可分为调质钢、渗碳钢和氮化钢。调质钢的含碳量大于0.25%，所制成的零件经淬火和高温回火调质处理后，可得到适当的高强度与良好的韧性。渗碳钢是指用低碳结构钢制成零部件，经过表面化学处理，淬火并低温回火后，使零件表面硬度高而心部韧性好，既耐磨又能承受高的交变负荷或冲击负荷。氮化钢一般是指以中碳合金结构钢制成零件，先经过调质或表面火焰淬火、高频淬火处理，获得所需要的力学性能，最后再进行氮化处理，以进一步改善钢的表面耐磨性能。

工具钢包括合金工具钢和碳素工具钢及高速工具钢，再细分又有量具钢、刃具钢和模具钢等。碳素工具钢的硬度主要以含碳量的高低来调整，为了提高钢的综合性能，有的钢中加入少量锰。它主要用来制作锉刀、车刀、锯条、刨刀等。合金工具钢不仅含有很高的碳含量，而且含有较高的钨、铬、钼、钒等合金元素，这类钢主要用于各式模具。高速工具钢除含有较高的碳外，还含有很高的铬、钨、钒和钼等合金元素，具有较好的赤热硬性，这类钢主要用于制作切削性能要求较高的工具。

特殊性能钢是指具有特殊化学性能或力学性能的钢，如弹簧钢、轴承钢、高温合金钢、不锈钢等。弹簧钢主要含有硅、锰、铬合金元素，具有高弹性极限、高疲劳强度以及高冲击韧性和塑性，专门用于制造螺旋簧及其他形状的弹簧，对钢的表面性能及脱碳性能的要求比一般钢较为严格。轴承钢是指用于制造各种环境中工作的各类轴承圈和滚动体的钢，要求具有高而均匀的硬度和耐磨性，内部组织和化学成分均匀，夹杂物和碳化物的数量及分布要求高。高温合金指的是在应力及高温同时作用下，具有长时间抗蠕变能力与高的持久强度和高的抗蚀性的金属材料，常用的有镍基合金、铁基合金、钴基合金，另外还有钼基合金、铬基合金及其他合金等。高温合金主要用于制造燃汽轮机、喷气式发动机等高温下工作零部件。不锈钢是指在大气、酸、水、碱和盐等溶液或其他腐蚀介质中具有一定化学稳定性的钢的总称。一般来讲，耐大气、蒸汽和水等弱介质腐蚀的称为不锈钢，耐酸、碱和盐等强介质腐蚀的钢称为耐腐蚀钢。不锈钢具有不锈性，但不一定耐腐蚀，而耐腐蚀钢则一般都具有较好的不锈性。

三、炼钢原材料

原材料是炼钢的基础，原材料的质量和供应条件对炼钢生产的各项技术经济指标产生重要影响。对炼钢原料的基本要求是：既要保证原料具有一定的质量和相对稳定的成分，又要因地制宜充分利用本地区的原料资源。炼钢原料分为金属料、非金属料和气体。金属料包括铁水、废钢、生铁、合金钢、海绵铁；非金属料包括造渣剂、冷却剂、增碳剂和燃料；氧化剂包括氧气、铁矿石、氧化铁皮。

转炉入炉原料结构对炼钢进程及各项指标结构产生重要影响。原料结构包含三方面的内容：造渣料结构；钢铁料结构；铁水和废钢及废钢种类的合理分配，应充分发挥各种炼钢原料的功能使用效果，合理利用钢铁料和造渣料。

（一）金属料

1. 铁水

铁水是转炉炼钢的主要原材料，一般占装入量的70%～100%。铁水的化学热和物理热是转炉炼钢的主要热源。因此，对入炉铁水的化学成分和温度有一定的要求。

（1）铁水成分对转炉冶炼的影响有：

1）碳的高低，一般对转炉冶炼的影响不大，但是低碳铁水能减少CO_2的排放，减少对环境的污染。

2）硅是重要的发热元素，铁水中含硅量高，炉内的化学热增加，铁水中硅量增加

0.10%，废钢的加入量可提高1.3%～1.5%。铁水含硅量高，渣量增加，有利于脱磷、脱硫，但硅含量过高将会使渣料和消耗增加，易引起喷溅，金属收得率降低；同时渣中过量的SiO_2也会加剧对炉衬的侵蚀，影响石灰化渣速度，延长吹炼时间。

3）磷是高发热元素，来源于矿石，100%还原进入铁水，对一般钢种来说是有害元素，因此要求铁水含磷量越低越好，一般要求铁水中磷的含量为0.20%。目前采取铁水预处理、转炉脱磷等方式解决低磷钢的冶炼问题。

4）硫除了含硫易切削钢外，绝大多数钢种要求去除硫这一有害元素。氧气转炉单渣操作的脱硫效率只有30%～40%。

5）锰是发热元素，铁水中锰氧化后形成的MnO能有效促进石灰溶解，加快成渣，减少助熔剂的用量和炉衬侵蚀。同时铁水含锰高，终点钢中余锰高，从而可以减少合金化时所需要的锰铁合金，有利于提高钢水的纯净度。

（2）对铁水带渣量的要求。高炉渣中含硫、Al_2O_3和SiO_2量较高，过多的高炉渣进入转炉内会导致转炉钢渣量大，石灰消耗增加，造成喷溅，降低炉衬寿命，因此，进入转炉的铁水要求带渣量不得超过0.5%。

（3）对铁水温度的要求。铁水温度是铁水含物理热多少的标志，铁水物理热占转炉热收入的50%。铁水温度越高，提供给转炉炼钢过程的显热就越多，便于在转炉吹炼前期的成渣。所以，应努力保证入炉铁水的温度，保证炉内热源充足和成渣迅速。我国炼钢规定入炉铁水温度应大于1250℃，并且要相对稳定。

2. 废钢

转炉和电炉炼钢都使用废钢，氧气顶吹转炉用废钢量一般是总装入量的10%～30%。废钢分为一般废钢、废铁、轧辊、废旧车辆等。

转炉炼钢对废钢的要求有：

（1）废钢的外形尺寸和块度应能保证从炉口顺利加入转炉。废钢的长度应小于转炉口直径的50%，块重一般不应超过300kg。国际要求废钢的长度不大于1000mm，最大单件重量不大于800kg。

（2）废钢中不得混有铁合金。严禁混入锌、铜、铅、锡等有色金属和橡胶，不得混有封闭器皿、爆炸物和易燃易爆品以及有毒物品。

（3）废钢应清洁干燥，不得混有水泥、泥沙、油物、耐火材料等。

（4）不同性质的废钢分类存放，以免混杂。低合金钢、非合金钢、废钢可混放在一起，不得混有合金废钢和生铁。合金废钢要单独存放，以免造成冶炼困难，产生熔炼废品或造成贵重合金元素的浪费。

电炉炼钢对废钢的要求与转炉炼钢的要求基本相同，只是不同容量的电炉对废钢的尺寸要求有所不同，如50t的电炉要求废钢的最大截面不超过800mm×800mm，最大长度不超过1000mm；100t电炉最大截面不超过2000mm×2500mm，最大长度不超过2500mm。

3. 生铁

生铁主要在电炉炼钢中使用，其主要目的在于提高炉料或钢中的碳含量，并解决废钢来源不足的困难。由于生铁中碳含量及杂质含量高，因此电炉炼钢中炉料生铁配比通常为10%～25%，最高不超过30%。电炉炼钢对生铁的质量要求较高，一般磷、硫含量要低，锰含量不能高于2.5%，硅含量不能高于1.2%。

4. 海绵铁

海绵铁是用氢气或其他还原性气体还原精铁矿而得。一般是将铁矿石装入反应器中，通入氢气或 CO 气体或使用固体还原剂，在低于铁矿石软化温度以下的温度范围内反应，不生成铁水，也没有熔渣，仅把氧化铁中的氧脱掉，从而获得多孔性的金属铁即海绵铁。

海绵铁中金属铁含量较高，磷、硫含量较低，杂质较少。电炉炼钢直接采用海绵铁代替废钢铁料，不仅可以解决钢铁料供应不足的困难，而且可以大大缩短冶炼时间，提高电炉钢的生产率。此外，以海绵铁为炉料还可以减少钢中的非金属夹杂物及氮的含量。由于海绵铁具有较强的吸水能力，因此使用前必须保持干燥或以红热状态入炉。

5. 铁合金

铁合金用于调整钢液成分和脱除钢中杂质，常用的铁合金种类有：

（1）Fe-Mn、Fe-Si、Fe-Cr、Fe-V、Fe-Ti、Fe-Mo、Fe-W 等。

（2）复合脱氧剂：Al-Mn-Si 合金、Ca-Si 合金、Cr-Si 合金、Mn-Si 合金、Ba-Al-Si 合金、Ca-Ba-Si 合金、Mn-Al 合金等。

（3）纯金属：Cr、Mn、Ni、Al、Ti 等。

（二）非金属料

1. 造渣剂

造渣剂主要有：

（1）石灰。石灰是碱性炼钢方法的造渣料，主要成分为 CaO，是由石灰石煅烧而成，是脱磷、脱硫不可缺少的材料，用量比较大。其质量好坏对吹炼工艺、产品的质量和炉衬寿命等产生重要影响。因此，要求石灰中 CaO 含量高，SiO_2和 S 含量低，石灰的生过烧率低，活性高，块度适中。此外，石灰还应保持清洁、干燥和新鲜。

石灰的化渣速度是炼钢过程成渣速度的关键，所以对炼钢用石灰的活度提出要求。石灰的活度也称水活度，是石灰反应能力的标志，也是衡量石灰质量的重要参数。通常把在1050～1150℃下，在回转窑或新型竖窑内焙烧的石灰，即具有高反应能力的体积密度小、气孔率高、比表面积大、晶粒细小的优质石灰称为活性石灰，也称软性石灰。使用活性石灰能减少石灰、萤石消耗量和炼钢渣量，有利于提高脱硫、脱磷效果，减少炉的热损失和对炉衬的侵蚀。

此外，石灰极易水化潮解，生成 $Ca(OH)_2$，要尽量使用新焙烧的石灰。同时对石灰的储存时间应加以限制，一般不得超过两天。

（2）萤石。萤石的主要成分是 CaF_2，熔点约930℃。萤石能使 CaO 和阻碍石灰溶解的 $2CaO \cdot SiO_2$外壳的熔点显著降低，生成低熔点 $3CaO \cdot CaF_2 \cdot 2SiO_2$，加速石灰溶解，迅速改善炉渣流动性。萤石助熔的特点是作用快，时间短。但大量使用萤石会增加喷溅，加剧炉衬侵蚀并污染环境。

近年来，萤石供应不足，各钢厂从环保角度考虑，使用多种萤石代用品，如氧化铁皮、铁锰矿石、铁矾土、转炉烟尘等。

（3）白云石。白云石的主要成分为 $CaCO_3 \cdot MgCO_3$，经焙烧可成为轻烧白云石，其主要成分为 $CaO \cdot MgO$。实践证明，采用白云石造渣时对减轻炉渣对炉衬的侵蚀，提高炉衬寿命具有明显效果。溅渣护炉操作时，通过加入适量的生白云石或轻烧白云石保持渣中的MgO含量达到饱和或过饱和，使终渣能够做黏，出钢后达到溅渣护炉的要求。

（4）火砖块。火砖块是浇铸系统的废弃品，它的作用是改善熔渣的流动性，特别是对含MgO高的熔渣，稀释作用优于萤石。火砖块中含有约30%的Al_2O_3，易使熔渣起泡并具有良好的透气性。但火砖块中还含有SiO_2，能大大降低熔渣的碱度及氧化能力，对脱磷、脱硫极为不利。因此，在电炉炼钢的氧化期应绝对禁用，在还原期要适量少用，只有在冶炼不锈钢或高硫钢时才稍多一些。

（5）合成造渣剂。合成造渣剂是用石灰加入适量的氧化铁皮、萤石、氧化锰或其他氧化物等熔剂，在低温下预制成型。这种合成渣剂熔点低、碱度高、成分均匀、粒度小，且在高温下易碎裂，成渣速度快，因而改善了冶金效果，减轻了连钢造渣负荷。高碱度烧结矿或球团矿也可以作为合成造渣剂使用，它们的化学成分和物理性能稳定，造渣效果良好。

2. 增碳剂

在冶炼过程中，由于配料或装料不当以及脱碳过程等原因，有时造成钢中碳含量没有达到预期的要求，这时要向钢液中增碳。常用的增碳剂有电极粉、增碳生铁、木炭粉、石油焦粉和焦炭粉。转炉冶炼中、高碳钢种时，使用含杂质很少的石油焦作为增碳剂。对顶吹转炉炼钢用增碳剂的要求是固定碳要高，灰分、挥发分和磷、硫、氮等杂质含量要低，且干燥、干净、粒度适中。

3. 氧化剂

氧气是转炉炼钢的主要氧化剂，其纯度达到或超过99.5%，氧气压力要稳定，并脱除水分。铁矿石中铁的氧化物存在形式是Fe_2O_3、Fe_3O_4和FeO，其氧含量分别是30.06%、27.64%和22.28%。在炼钢温度下，Fe_2O_3不稳定，在转炉中较少使用。铁矿石作为氧化剂使用要求高，杂质量少，块度合适。

氧化铁皮也叫铁鳞，是钢坯加热、连铸和轧制过程中产生的氧化壳层，铁量约占70%～75%。氧化铁皮有助于化渣和冷却作用，使用时应加热烘烤，保持干燥。

四、氧气转炉炼钢法

（一）顶吹氧气转炉炼钢法

1. 顶吹氧气转炉炼钢过程

顶吹氧气转炉操作过程如图3-69所示。

（1）准备期：上炉出钢—溅渣—检查炉体—堵出钢口—装入废钢—加入铁水—降枪、同时加入第一批渣料。

（2）吹炼初期：点火—硅锰氧化—形成初渣—吹炼提温—炭烟渐起—进入中期。

（3）吹炼中期：炭烟浓烈—快速脱碳—炉渣返干—提强加第二批渣料—加入萤石化渣。

（4）吹炼末期：炭烟渐弱—火焰变短而透明—根据供氧时间和氧气量等，确定拉碳时间—提枪倒炉—取样测温—根据炉内化渣情况，取样的碳火化长短、力度等经验，判断炉内［C］含量，确定等待，还是点吹——点吹控制终点。

（5）出钢：待温度、［C］、［P］含量达到要求，打开出钢口，出钢。

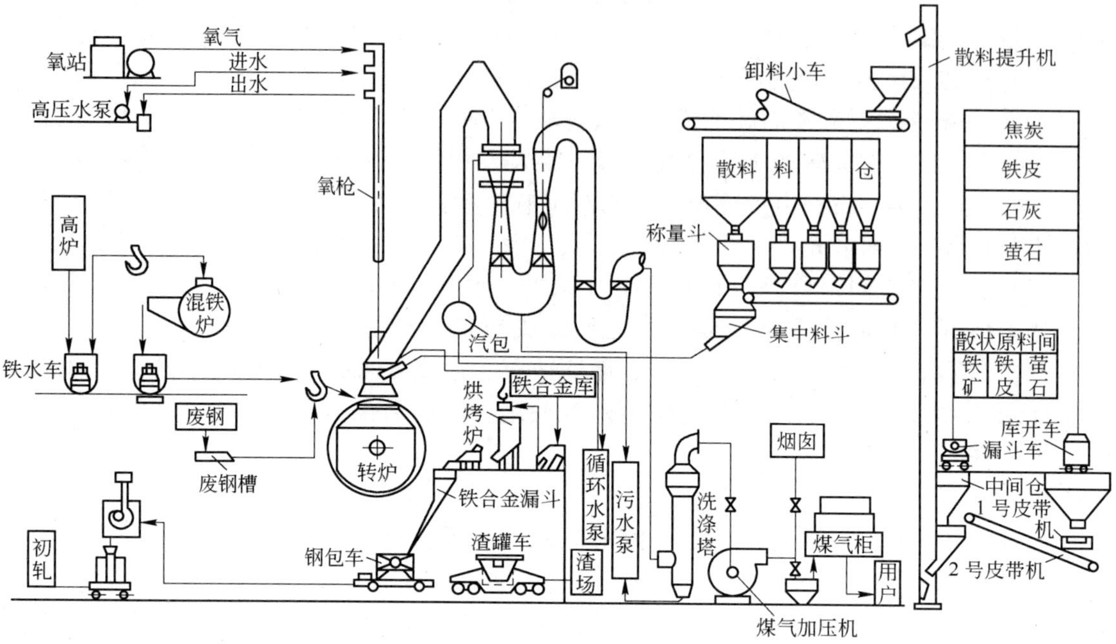

图 3-69　顶吹氧气转炉炼钢生产工艺流程

2. 顶吹氧气转炉的操作制度

顶吹氧气转炉的操作制度有：

（1）装入制度。装入制度包括：

1）装料次序。对使用废钢的转炉，一般先装废钢后装铁水。先加洁净的轻废钢，再加入中型和重型废钢，以保护炉衬不被大块废钢撞伤，而且过重的废钢最好在兑铁水后装入。为了防止炉衬过分急冷，装完废钢后，应立即兑入铁水。炉役末期，以及废钢装入量比较多的转炉也可以先兑铁水，后加废钢。

2）装入量。装入量指炼一炉钢时铁水和废钢的装入数量，它是决定转炉产量、炉龄及其他技术经济指标的主要因素之一。装入量中铁水和废钢配比是根据热平衡计算确定。通常，铁水配比为70% ~90%，其值取决于铁水温度和成分、炉容比、冶炼钢种、原材料质量和操作水平等。确定装入量时，考虑的因素有炉容比，它是指转炉内自由空间的容积与金属装入量之比；熔池深度，合适的熔池深度应大于顶枪氧气射流对熔池的最大穿透深度，以保证生产安全，炉底寿命和冶炼效果；炉子附属设备，应与钢包容量、浇注吊车起重能力、转炉倾动力矩大小、连铸机的操作等相适应。

目前国内采用三种控制装入量的方法：即定深装入量、定量装入量和分阶段定量装入法。定深装入量指整个炉役期间，随着炉子容积的增大依次逐渐增大装入量，保证每炉的金属熔池深度不变；定量装入量指整个炉役期间，保证金属料装入量不变；分阶段定量装入法指将整个炉按炉膛的扩大程度划分为若干阶段，每个阶段实行定量装入法。分阶段定量装入法兼有前两者的优点，是生产中最常见的装入制度。

（2）供氧制度。供氧制度的主要内容包括：确定合理的喷头结构、供氧强度、氧压和枪位控制。供氧是保证杂质去除速度、熔池升温速度、造渣制度、控制喷溅去除钢中气体与夹杂物的关键操作，关系到终点的控制和炉衬的寿命，对一炉钢冶炼的技术经济指标产生重要影响。

（3）造渣制度。造渣制度包括以下内容：

1）炉渣碱度和石灰加入量。碱度指渣中碱性氧化物/酸性氧化物。

2）炉渣氧化性。炉渣氧化性高，利于成渣，脱磷，但降低金属回收率。

3）渣中 MgO 的含量。为防止炉渣侵蚀炉衬，造渣时加入含镁材料。

4）造渣方法。单渣法、双渣法、双渣留渣法。渣料分批加入，开吹时加入 1/2 ~ 1/3，其余分批加入。

（4）温度制度。在吹炼一炉钢的过程中，需要正确控制温度。温度制度主要是指炼钢过程温度控制和终点温度控制。转炉吹炼过程的温度控制相对比较复杂、困难，因为炉内温度的在线监测困难；升温、控温手段有限；温度上升速度快。

（5）终点控制和出钢。终点控制是转炉吹炼末期的重要操作。终点控制主要是指终点温度和成分的控制。由于脱磷、脱硫比脱碳操作复杂，总是尽可能提前让磷、硫达到终点所需的范围，因此，终点的控制实质就是脱碳和温度的控制，把停止吹氧又俗称为“拉碳”。

达到终点的具体表现为：出钢条件；钢中碳达到所炼钢种要求的控制范围；钢中磷、硫低于规定下限要求的一定范围；出钢温度保证能顺利进行精炼和浇铸；达到钢种要求控制的氧含量。

终点控制方法：拉碳法与增碳法。拉碳法就是熔池中含碳量达到出钢要求时停止吹氧，即吹炼终点符合终点的具体目标。不需要再专门向熔池中追加增碳剂增碳，因此，它具有终点钢水氧含量和终渣 FeO 含量较低，终点钢水含锰量较高，氧气消耗量较少等优点。

转炉出钢：转炉出钢时间为 2 ~ 6min，采用红包出钢和挡渣出钢法。

（二）底吹氧气转炉炼钢法

1. 底吹氧气转炉结构特点

底吹氧气转炉结构如图 3-70 所示，炉身和炉底可拆卸分开，不同吨位的炉子，在底吹上安装不同数目的吹氧喷嘴。

喷嘴在炉底上的布置，最常用的是炉底和喷嘴垂直，而且与炉子转动轴对称。也有为了改善熔池搅拌，喷嘴与炉底倾斜布置，而且与炉子转动轴不对称。

喷嘴冷却剂可根据当地的实际采用天然气、丙烷、丁烷等碳氢化合物。为了提高脱磷、脱硫效率，由喷嘴内管吹氧的同时吹炭粉和萤石粉等造渣剂。根据不同的精炼目的，内管除吹氧外，还可吹氩气或氮气。

2. 底吹转炉与顶吹转炉的比较

底吹转炉与顶吹转炉比较有以下优势：

（1）Fe-Mn、Al 等合金消耗降低；

（2）铁收得率高；

（3）氧气消耗降低；

（4）脱氧剂和石灰降低；

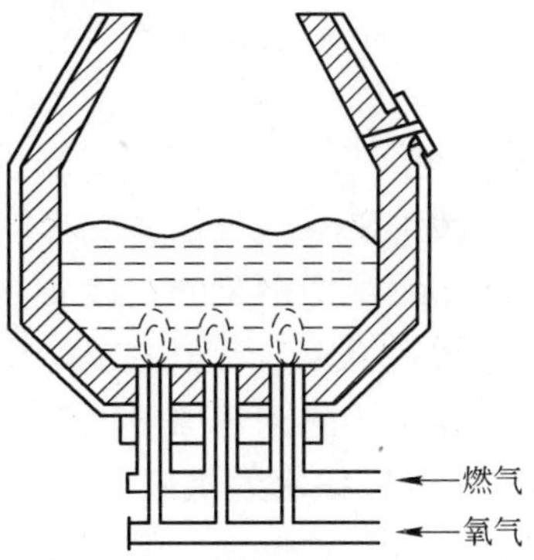

图 3-70　底吹氧气转炉结构

(5) 脱碳速度快，冶炼周期短，生产率高；

(6) 烟尘少，是顶吹的1/2～1/3，喷溅少；

(7) 搅拌能力大，氮含量低；

(8) 废钢比增加。

3. 底吹转炉所反映出来的缺点

(1) 氧气消耗较高；

(2) 钢中氢含量较高；

(3) 炉龄较低。

(三) 顶底复合吹炼转炉炼钢法

1. 复吹转炉炼钢法的类型

氧气转炉顶底复吹冶炼法如图3-71所示，一共有三种类型：

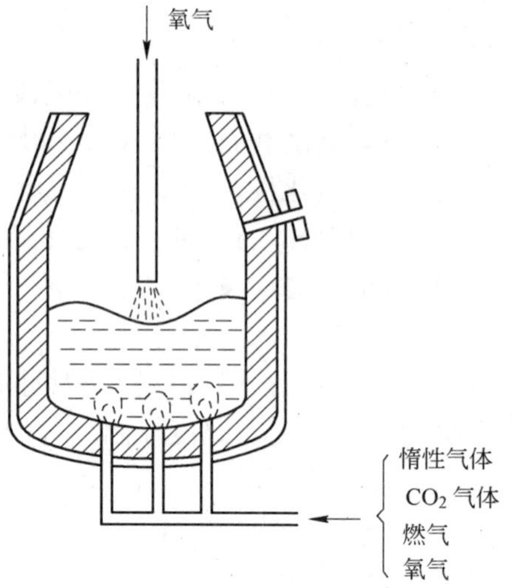

图3-71 顶底复吹转炉

(1) 顶吹氧、底吹惰性气体的复吹工艺，其代表方法有LBE、LD-KG、LD-OTB、NK-CB、LD-AB等。

(2) 顶、底复合吹氧工艺，其代表方法有BSC-BAP、LD-OB、LD-HC、STB、STB-P等，属于强搅拌类型。

(3) 底吹氧喷熔剂工艺，其典型代表有K-BOP。从顶吹转炉底部，通过底枪，在吹氧的同时，还可以喷吹石灰等熔剂。

2. 顶底复合吹炼转炉少渣冶炼

铁水经预脱硅、预脱磷和预脱硫处理后，为转炉提供低硅、低磷和低硫的铁水，这样就可以不大量造渣，简化转炉操作，转炉内只进行脱碳和升温操作。这就是转炉少渣冶炼的基本含义。

复吹转炉少渣冶炼的冶金特性是具有还原性功能。吹入的锰矿粉，可利用渣量少、熔池温度高的特点，使MnO直接还原，回收锰矿中的锰元素，从而提高钢液中锰含量。另外，钢中的氢明显减少，由于散装料及铁合金消耗量减少，少渣精炼时钢水和炉渣的氢含量明显减少。由于渣量减少，渣带走的铁损明显减少。

第五节 转炉设备

一、供料系统

转炉供料系统包括铁水供应、废钢供应、散状料和铁合金供应。高炉铁水直接装入鱼雷罐车运至炼钢车间。废钢用废钢槽运到炉前。散状料供应系统包括散状料场、地下料仓、运料设施、转炉上方高位料仓、称量和加料设备。铁合金供应由铁合金料仓及称量和输送设备、向钢包加料设备组成。

(一) 铁水的供应

目前转炉炼钢一般采用高炉铁水热装，供应方式有：混铁炉、混铁车和铁水罐车。在无高炉铁水的小型转炉车间，则采用化铁炉供应铁水。

1. 混铁炉供应铁水

采用混铁炉供应铁水时，高炉铁水经铁水罐车由铁路运入转炉车间加料跨，用铁水吊车将铁水兑入混铁炉内。转炉需要铁水时，从混铁炉将铁水倒入转炉车间的铁水罐内，经称量后用铁水吊车兑入转炉。

混铁炉的作用主要是贮存并混匀铁水的成分和温度。因为高炉出铁的时间和数量与转炉往往不一致，采用混铁炉后有助于解决上述矛盾。另外，高炉每次出的铁水成分和温度往往有波动，尤其是几座高炉同时向转炉供应铁水时波动更大。采用混铁炉后可使供给转炉的铁水相对稳定，有利于实现转炉自动控制和改善技术经济指标。采用混铁炉的缺点是：一次投资较大，比混铁车多倒一次铁水，因而铁水热量损失较大。

混铁炉炉身为圆筒形，如图 3-72 所示。外壳钢板制作，炉身和炉顶分别用镁砖和黏土砖砌筑，炉壳与炉衬之间为绝热层，受铁口在顶部。混铁炉的一侧设出铁口兼做出渣口，也有出铁口和出渣口分设于混铁炉两侧的。混铁炉一般采用齿轮和齿条传动的倾动机构。在混铁炉两端和出铁口的上方分别设燃烧器，用煤气或重油等燃料加热。高炉铁水带入混铁炉的低碱度含硫炉渣用扒渣机从出渣口扒除，以免带入转炉。

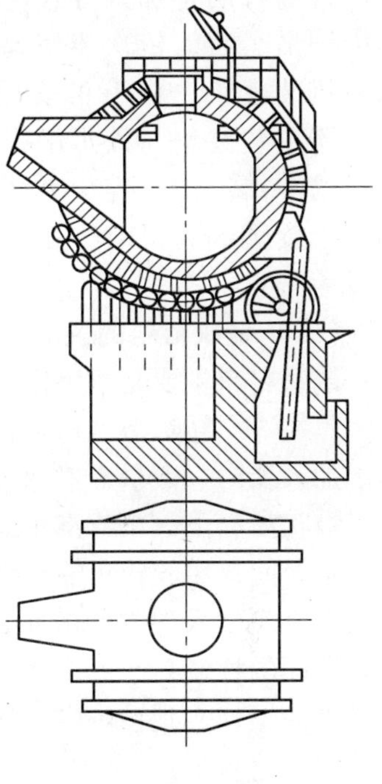

图 3-72 混铁炉

2. 混铁车供应铁水

混铁车即混铁炉型铁水车，又称鱼雷罐车。混铁车兼有运送和贮存铁水两种作用，实质上是列车式的小型混铁炉，或者说是混铁炉型铁水罐车。

采用混铁车供应铁水时，高炉铁水出到混铁车内，由铁路机车将混铁车牵引到转炉车间倒罐坑旁。转炉需要铁水时，将铁水倒入坑内的铁水罐中，经称量后由铁水吊车兑入转炉。如果铁水需要预脱硫处理时，则先将混铁车牵引到脱硫站脱硫，再牵引到倒罐坑旁。

采用混铁车供应铁水比采用混铁炉投资小，铁水在运输过程中散热降温比较少，铁水的粘包损失也较少，并有利于进行铁水预处理。

3. 铁水罐车供应铁水

采用铁水罐车供应铁水时，高炉铁水出到铁水罐内，由铁路运进转炉车间。转炉需要时倒入转炉车间铁水罐内，称量后兑入转炉。这种供铁方式设备最简单，投资最节省。但是铁水在运输和待装过程降温较大，特别是用一罐铁水炼几炉钢时，前后炉次的铁水温度波动较大，不利于稳定操作，还容易出现粘罐现象，当转炉出现故障时铁水不好处理。

采用这种供铁方式是一些小型转炉车间，为了减少热损失，铁水罐应有保温措施，如加保温盖和保温剂，特别要注意空罐的保温。

4. 化铁炉供应铁水

化铁炉供应铁水是在转炉车间加料跨旁边建造 2～3 座化铁炉，熔化生铁向转炉供应铁水。化铁炉也可以使用一部分废钢做原料。这种方式供应的铁水温度便于控制，并可在化铁炉内脱除一部分硫。其缺点是额外消耗燃料、熔剂，熔损增大，需要管理人员较多，因而生产成本高。它适用于没有高炉或高炉铁水不足的小型转炉车间。

（二）废钢供应设备

转炉原料的10%～30%是废钢，加入转炉的废钢体积和重量都有一定要求。如果体积过大或重量过大，应破碎或切割成适当的重量和块度。密度过小而体积过大的轻薄料，应打包，压成密度和体积适当的废钢块。

废钢在车间内部或车间外部分类堆放，用磁盘吊车装入废钢槽，并进行称量。在车间外装槽时，需用运料车等将废钢槽运入原料跨。

装好槽并经称量的废钢加入转炉时，应尽可能迅速，尽量避免与其他作业相互干扰。目前有两种加入方式。一种是用吊车装废钢，可用铁水吊车装，也可用专门设置的废钢吊车装，依次能吊起两槽废钢。这种方式是用设置在炉前或炉后平台上的地上加料机装废钢，机上可安放两个废钢槽。它可以缩短装废钢的时间，减轻吊车的负担，避免装废钢与铁水吊车之间的干扰，并可使废钢料槽伸入炉口以内，减轻废钢对炉衬的冲击。炉子容量大而废钢用量又多时，地上装料机的优越性显得更为突出。但用地上废钢装料机时，在平台上需铺设轨道，装料机往返行驶，易与平台上的其他作业发生干扰。

（三）散状材料的供应

散状材料主要是指炼钢用造渣剂和冷却剂等，如石灰、白云石、萤石、矿石、氧化铁皮和焦炭等。转炉散状材料供应的特点是品种多，用量大，又要在冶炼过程中分批加入，要求加入及时、数量准确而且工作可靠。

散状材料由火车或汽车运到转炉车间，分别卸入主厂房外面散料间的低位料仓内。每隔一定时间，用胶带运输机将各种散状材料，分别从低位料仓运到转炉上方相应的高位料仓内。将需加入炉内的散状材料，分别通过每个高位料仓下面的称量料斗和振动给料器运到汇集料斗，然后沿着溜槽加入到转炉内，如图3-73所示。

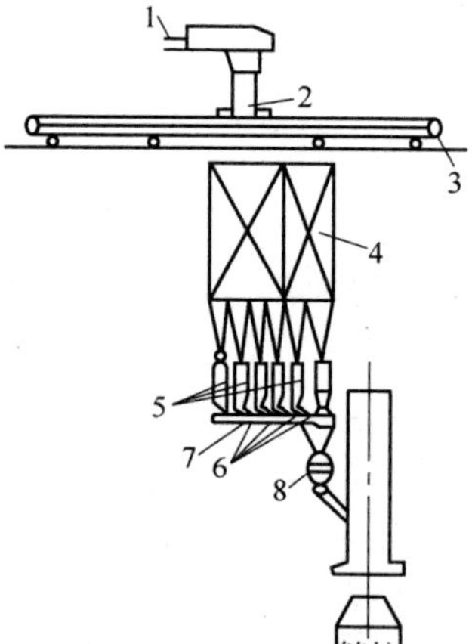

图3-73 固定皮带、可逆皮带上料机

1，7—皮带运输机；2，5，8—漏斗；
3—可逆活动皮带机；4—高位料仓；
6—电磁振动给料器

二、进料系统

低位料仓兼有贮存和转运的作用。低位料仓的数目和容积应保证转炉连续生产的需要，一般布置在主厂房外。布置形式有地上式、地下式和半地下式三种。地下式较为方便，便于火车或汽车在地面上卸料，故采用得较多。

三、输送系统

目前大、中型转炉车间，散状材料从低位料仓运输到转炉上的高位料仓，都采用胶带运输机。胶带运输机安全可靠，输送能力大，上料速度快。为避免厂房内粉尘飞扬污染环境，有的车间对胶带运输机整体封闭，同时采用布袋除尘器进行胶带机通廊的净化除尘。也有的车间在高位料仓上面，采用振动运输机代替敞开的可逆活动胶带运输机配料，并将称量后的散状材料直接加入汇集料斗，取消了汇集胶带运输机。

也有的车间散状材料水平运输是采用胶带运输机，垂直输送则用斜桥料斗或斗式提升机。这种输送方式占地面积小，并可节约胶带，但维修操作复杂，而且可靠程度较差。

还有的车间用吊车直接把地面上的散状材料提升到高位料仓内。这种方式上料不连续，可靠程度差，厂房结构复杂。

四、给料系统

高位料仓的作用是临时贮料，保证转炉随时用料的需要。一般高位料仓内贮存1～3天的各种散状材料。石灰容易受潮，在高位料仓内只贮存6～8h。高位料仓下部出口处安装有电磁振动给料器。电磁振动给料器由电磁振动器和给料槽两部分组成。接通电源后，由于电磁作用产生机械振动，使散状材料进入称量料斗。达到要求的数量时，电磁振动给料器便停止给料。一般在每个料仓下面都配置有独用的称量料斗，以准确地控制每种料的加入量。也有的转炉采用集中称量，在高位料仓下面集中配备一个称量漏斗，各种料依次叠加称量。集中称量设备少，布置紧凑，但准确性较差。

汇集料斗的作用是汇总批料，集中一次加入炉内。称量好的各种料进入汇集料斗暂存。汇集料斗下面接有圆筒式溜槽，中间有气动或电动闸板。溜槽下部伸入转炉罩内的部分在高温下工作，所以要在槽壁内通水冷却保护。也有的溜槽外面部分是固定的，而伸入烟罩部分做成活动的，加料时伸入烟罩，加完后便提升回来。为防止煤气和火焰从溜槽外溢，一般采用氮气密封。

为了保证及时而准确地加入各种散状材料，给料、称量和加料都在转炉的中央控制室由操作人员或电子计算机进行控制。

五、铁合金供应系统

各厂的铁合金供应方式往往不同，但总的说来可分为铁合金的供应、贮存、称量、烘烤及加入几个工序。

常规用的铁合金由合金库用汽车或平板车运至转炉车间，用吊车将铁合金从自卸式料罐卸入铁合金料仓，需要时用烘烤炉烘烤，用叉式翻斗车运至铁合金溜槽，再加入钢包内。不需要烘烤的铁合金用称量车送到中间料斗，再用叉式翻斗车送往钢包。

大型转炉车间采用类似于散状材料系统的“地面料仓—胶带运输机—高位料仓”的方式。铁合金从料仓中用电磁给料器卸入称量料斗，称量后卸到胶带运输机上，然后运动中间料斗，再通过振动给料器直接卸入铁合金溜槽，加入钢包内。此种系统工作可靠，运输量大，机械化程度高，特别适用于铁合金用量大的情况。

六、转炉系统

（一）转炉炉壳

如图3-74所示，炉壳由炉帽、炉身和炉底三部分组成。各部分用钢板加工成型后，焊接或用销钉连接成整体。

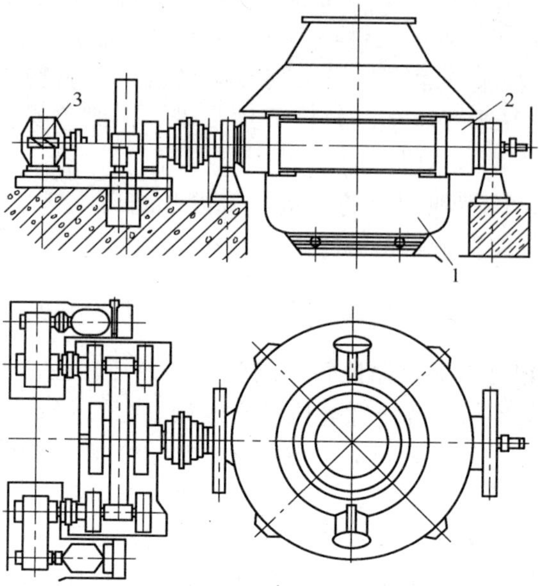

图 3-74 氧气顶吹转炉总体结构

1—炉体；2—支撑装置；3—倾动机构

炉壳的作用主要是承受炉衬、钢液和炉渣的全部重量，保持炉子固有的形状，并承受转炉倾动时巨大的扭矩。炉壳在工作时，还要受到加料，特别是加废钢和清理炉口结渣时的冲击，受到炉子受热时产生的热应力和炉衬的膨胀应力，所以要求炉壳必须有足够的强度和刚度，避免因产生裂纹和变形造成炉壳的损坏。

（二）转炉炉衬

转炉炉衬由永久层、填充层和工作层组成。

永久层紧贴着炉壳钢板，通常是用一层镁砖或高铝砖侧砌而成，其作用是保护炉壳。修炉时一般不拆除炉衬永久层。

填充层介于工作层与永久层之间，一般用焦油镁砂或焦油白云石料捣打而成。此层的作用是减轻炉衬膨胀时对炉壳的挤压，而且也便于拆除工作层残砖，避免损坏永久层。

工作层直接与钢水、炉渣和炉气接触，不断受到物料的机械和化学的冲刷、撞击和侵蚀作用，另外还要受到工艺操作因素的影响，所以其质量直接关系到炉龄的高低。为提高炉衬寿命，目前已广泛使用镁质白云石为原料的烧成油浸砖，如图 3-75 所示。

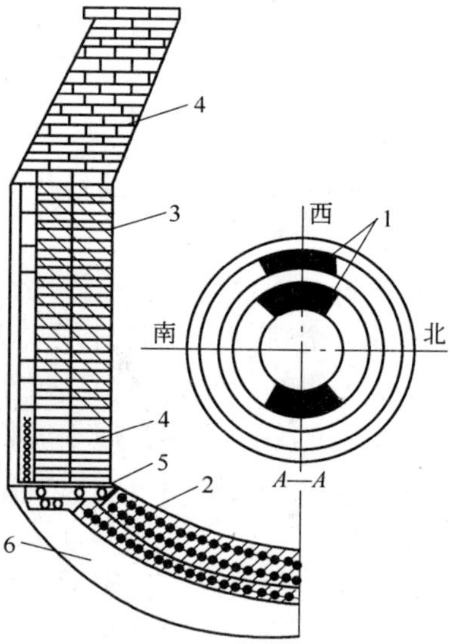

图 3-75 转炉砌砖图

1—镁白云石烧成油浸砖；2—合成高钙镁砖；3—高档镁炭砖；4—中档镁炭砖；5—低档镁炭砖；6—永久层

（三）转炉系统

1. 托圈与耳轴

托圈与耳轴是用来支撑炉体并使之倾动的构件。

它们在工作中除承受炉壳、炉衬、炉渣和钢水以及自重外，还要承受由于频繁启动、制动和兑铁水、加废钢等操作产生突然冲击的应力。托圈结构必须具有足够的强度、刚度和冲击韧性。

托圈的断面形状有开口形和闭口形。一般中等容量以上的转炉都采用重量较轻的钢板焊接结构。其断面为箱形框架，因为封闭的箱形断面受力好，托圈中切应力分布均匀，还可以直接通入冷却水冷却托圈，加工制造也较方便。小型转炉的托圈做成整体结构。大中型转炉的托圈由于重量和尺寸大，为了便于制造和运输，通常分成两段或四段制造，分块运至现场进行组装。

转炉两侧的耳轴是阶梯形圆柱体构件，由长侧耳轴低速转动将大扭矩从倾动机构传递给托圈。转炉和托圈的全部重量都是通过耳轴经轴承座传递给基础的。倾动机构的扭矩又通过一侧耳轴传递给托圈和炉体。为使耳轴有足够的强度和刚度，一般用合金钢锻造或铸造加工而成。为通水冷却托圈、炉帽和耳轴本身，将耳轴制成空心的。托圈的结构如图3-76所示。

耳轴与托圈的连接一般有三种方式：静配合连接、法兰螺栓连接和耳轴与托圈直接焊接。直接焊接结构简单、质量轻、机械加工量小、安装方便。

2. 炉体和托圈连接装置的基本形式

支撑夹持器的基本结构是沿炉壳圆周固接着若干组上、下托架，托架和托圈之间有支撑斜垫板。炉体通过上、下托架和斜垫板夹住托圈，借以支撑其重量。如图3-77所示。炉壳与托圈膨胀或收缩的差异由斜楔的自动滑移来补偿，并不会出现间隙。

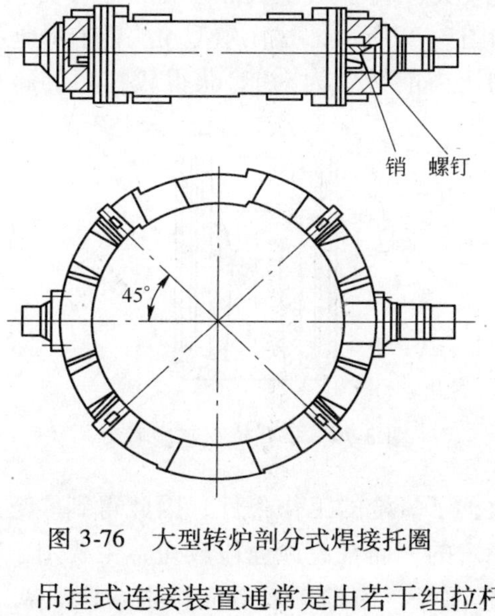

图3-76 大型转炉剖分式焊接托圈

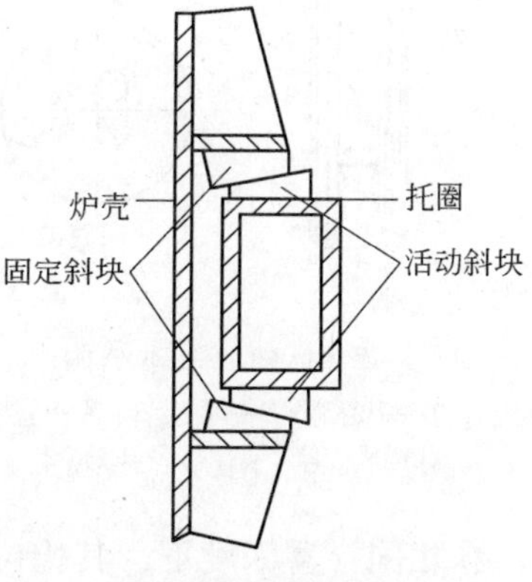

图3-77 转炉与托圈和支撑斜块连接

吊挂式连接装置通常是由若干组拉杆或螺栓将炉体吊挂在托圈上。该装置又分为法兰螺栓连接和自调螺栓连接装置。

七、供气系统

（一）氧枪的结构

氧枪的作用是向熔池吹氧。因其在高温条件下工作，故氧枪是采用循环水冷却的套管结构，由喷头、枪身及尾部结构所组成，如图3-78所示。

枪身由三层同心套管构成，中心管通氧经喷头喷入熔池，冷却水由中心管与中层管间的间隙进入，经由中层管与外层管间的间隙上升而排出。枪身的三层套管一般均为无缝钢管。为保证枪身三个管同心装套，使水缝间隙均匀，在中层管和中心管的外管壁上，沿长度方向焊有若干组定位短筋，每组三个短筋均布于管壁圆周上。枪身上端与尾部结构连接，下端与喷头连接。尾部结构是指氧气及冷却水的连接管头以及把持氧枪的装置、吊环等。

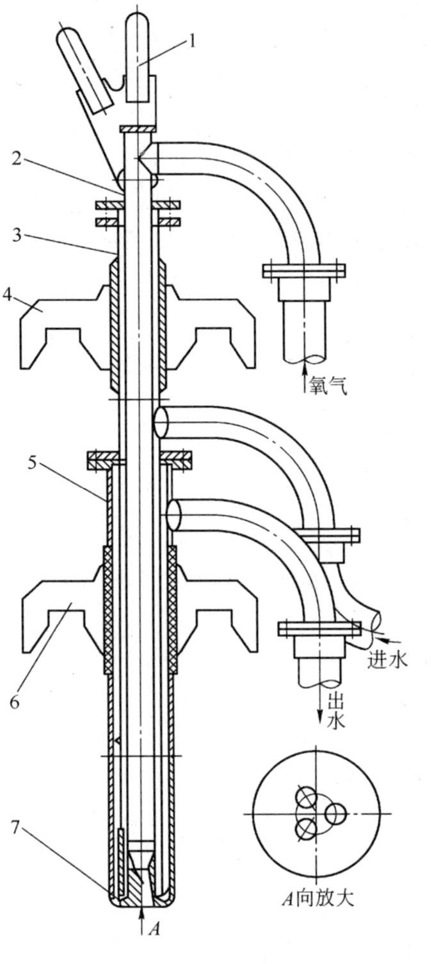

图3-78 吹氧管基本结构

1—吊环；2—中心管；3—中层管；4—上托座；5—外层管；6—下托管；7—喷头

（二）喷头

喷头通常采用导热性良好的紫铜经锻造和切削加工制成，也有用压力浇铸成型的。喷头与枪身外层管焊接，与中心管用螺纹或焊接方式连接。喷头内通高压水强制冷却。为使喷头在远离熔池面工作也能获得应有的搅拌作用，以提高枪龄和炉龄，所用喷头均为超声速喷头。

喷头的类型很多，按结构形状可分为拉瓦尔型、直筒型、螺旋型等；按喷孔数目可分为单孔、三孔和多孔喷头；按吹入的物质又可分为氧气喷头、氧-燃气喷头和喷粉料的喷头。

如图3-79所示，拉瓦尔型喷头能有效地把氧气的压力能转变为动能，获得较稳定的超声速射流。在相同穿透深度下，其枪位较高，大大改善了氧枪的工作条件，因此得到广泛应用。直筒型喷头在高压下获得的超声速流股是不稳定的，而且超声速段较短，主要用于喷石灰粉。螺旋型喷头能加强熔池面的搅拌，但结构复杂，寿命短，故应用不普遍。氧-燃气喷头则主要用于帮助熔化废钢，以提高转炉废钢用量。

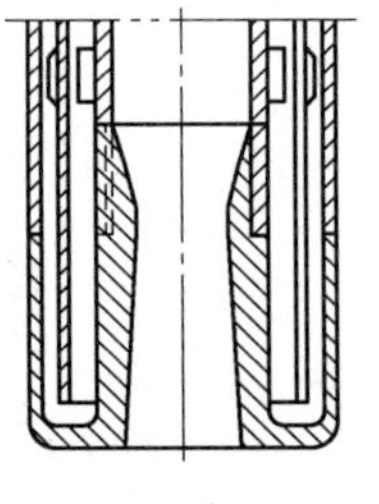

图3-79 单孔拉瓦尔型喷头

拉瓦尔型喷头的工作原理是：高压低速的气流经收缩段时，气流的压力能转化为动能，使气流获得加速度；当气流到达喉口截面时，气流速度达到音速。在扩张段内，气流的压力能除部分消耗在气体的膨胀上外，其余部分继续转化为动能，使气流速度继续增加。在喷头出口处，当气流压力降到与外界压力相等时，即获得了远大于声速的气流速度。

氧气转炉发展初期，采用的是单孔喷头。随着炉容量的大型化和供氧强度的不断提高，单孔喷头由于其流股与熔池的接触面积小，存在易引起严重喷溅等缺点，而不能适应生产要求，所以逐渐发展为多孔喷头，其中最常用的为三孔拉瓦尔喷头。

（三）氧枪升降机构和换枪机构

氧枪升降机构主要用于吹炼中调整枪位，其主要由卷扬机、平衡锤、滑轮和钢绳卷筒组成。通常，氧枪升降机构可以分为单卷扬型氧枪升降机构和双卷扬机氧枪升降机构。

为了适应转炉工艺变化的要求，一炉钢吹炼过程中需要多次升降氧枪以调整枪位，因此对氧枪的升降机构和更换装置提出以下要求：

（1）氧枪应严格沿铅垂线升降，升降平稳，停位准确，控制灵活。

（2）应具有合适的升降速度并可以变速。冶炼过程中氧枪在炉口上应快速升降，以缩短冶炼周期。当氧枪进入炉口以下时则应慢速升降，以便控制熔池反应。

（3）能快速换枪。

（4）安全可靠。有完善的安全装置，当事故停电时，氧枪可以从炉内提出，当钢绳等零件破损断裂时，氧枪不坠入熔池，有防止其他事故和避免误操作所必须的电气联锁装置和安全措施。

八、净化系统

氧气转炉炼钢过程中，要向熔池吹氧，使金属中的一系列元素氧化，同时放出大量热量。碳氧反应除产生大量 CO 和 CO_2外，还夹杂着大量金属铁、氧化铁和其他氧化物粉尘。这股高温含尘气流冲击炉口时，会吸入部分空气使 CO 燃烧，炉气成分等均会发生变化。

（一）烟罩

炉口上方的烟罩主要用于烟气收集，需通水冷却。烟罩分为固定烟罩和活动烟罩两种形式。

（二）弯头脱水器

弯头脱水器是利用烟气做旋转 90°的运动时，含尘水滴在离心力的作用下被甩至脱水器叶片及器壁，通过排水槽排走，从而达到烟气净化的目的。

（三）汽化冷却烟道

汽化冷却烟道能将烟气冷却。其结构为密排式无缝钢管排列围成筒状，冷却水从烟道下部通入，流经无缝钢管时，由于吸收高温烟气的热量而汽化，从而将高温烟气冷却。

（四）定径溢流文氏管

定径溢流文氏管属于两级全湿法除尘的第一级，起降温和粗除尘的作用。由收缩段、喉口和扩张段组成，烟气被收缩段加速并冲击水幕，迅速吸收热量汽化，使烟气温度下降，细小水滴吸附烟尘并去除。

（五）可调喉口文氏管

可调喉口文氏管工作原理与定径溢流文氏管相似，不同在于喉口可调，可以随炉气量变化而变化，以维持喉口流速，主要用于精除尘。

（六）副枪

所谓副枪，是相对于氧枪而言的，它是设置在氧枪旁的另一根水冷枪管。用副枪能快速检测熔池钢水温度、氧含量、碳含量及液面高度，并且能在不倒炉情况下取样。副枪已被广泛用于转炉冶炼计算机动态控制系统，采用副枪可有效地提高吹炼终点命中率，提高转炉质量、产量、炉龄及降低消耗。此外，劳动强度也大为改善。

（七）挡渣机构

由于合金化过程将降低钢液的氧化性，因此，要防止炉内含有 P_2O_5 的高氧化性渣进入钢包造成回磷，必须进行挡渣操作，采用挡渣机构在即将完成出钢前将挡渣球送入炉内，防止炉渣进入钢包。

第六节　电炉炼钢工艺流程

一、电炉炼钢原材料

电炉炼钢的原材料主要分为金属材料和辅助材料两大类。

（一）金属材料

金属材料包括废钢铁料、废钢代用品以及铁合金等。

1. 废钢铁料

（1）废钢资源情况。世界范围可利用的废钢量不缺乏，且随着积累钢产量的增加，废钢利用率的提高，可利用的废钢量将会继续增加。不过不同地区和国家是不均衡的，比如美、英、法、德及前苏联，每年出口废钢 300 万 ~ 1000 万吨不等。其中美国出口量最大，平均每年出口约 1000 万吨。就连资源缺乏的日本从 1992 年也开始出口废钢，其主要原因是汽车业的发展。同时土耳其、西班牙、意大利、韩国、印度、印尼以及中国每年需要进口废钢 100 万 ~500 万吨不等。

我国解放前的钢产量很少，历经半个世纪，中国钢的蓄积量也不过几百万吨。1949 年才 15.8 万吨，钢材产量仅 14 万吨。自 1949 年至 2005 年，积累钢产量超过 30 亿吨，加之钢产品变为废钢的折旧期很长，废钢利用率也很低，造成我国废钢短缺。这种现象将随着每年 3 亿吨以上的钢产量的增加，大量钢铁设备、流程改造更新，使得废钢循环进入动态平衡，废钢再生流程的正常启动而得到明显好转。但目前，中国还是个废钢缺乏、废钢质量低劣的国家，解决的途径有两条：1）进口废钢；2）使用直接还原铁等废钢代用品。

（2）废钢分类。按其来源可分为循环废钢、自产废钢和加工废钢三种：

1）循环废钢，即外购废钢，数量最大、成分复杂、质量差；

2）自产废钢，即钢铁厂内返回废钢，质量好、成分易控制；

3）加工厂废钢，即制造厂的边角余料等，质量较好，但回收后应注意分类。

2. 废钢代用品

目前用于生产中的废钢代用品有：生铁与铁水，直接还原铁与热压块铁等。它们具有共同的优点：杂质元素含量极低，其中微量元素 Zn、Cu、Sn、Ni、Pb、Mo 等均为恒量，可以对废钢中的残余元素进行稀释；去氮效果好，因其碳含量高，熔化过程产生大量的 CO，去气效果好。

（1）生铁和铁水。传统的做法是用生铁来提高炉料中的配碳量，同时解决废钢的不足。目前，中国铁钢比大于 1，生铁较富余，且价格与优质废钢相当，加之废钢质与量不佳，故可用生铁/铁水补充废钢的不足，生产高质量的钢材。但从长远观点看，新建高炉向电炉提供铁水炼钢，其能耗和成本将高于转炉流程。另外还将受到环境保护的影响。电炉还原期碳低时，常用优质生铁增碳。

（2）直接还原铁与热压块铁。直接还原铁与热压块铁都是铁矿石粉在低于熔化温度下进行还原得到的直接还原品种。

废钢代用品的使用，不仅可以弥补废钢的不足，而且能够提高钢水的清洁度，生产高质量的钢材。

3. 铁合金

铁合金按用途分为脱氧剂与合金剂。

（1）脱氧剂：用来脱除钢中的氧，常用的有：Fe-Mn、Fe-Si、Al、Fe-V、Mn-Si、Ca-Si等。

（2）合金剂：用来调整钢液的化学成分，种类取决于钢种的要求，有近40余种。常用的有：Fe-Mn、Fe-Si、Al、Fe-V、Fe-Cr、Mn、Cr、Ni、Co、Fe-Co、Fe-Ti、Fe-B等。

由上可见，有些合金如：Fe-Mn、Fe-Si、Al等即可作脱氧剂，也可作合金剂。这主要取决于加入炉内的时间，其原则是：作为脱氧剂的合金要先加；作为合金剂调整成分，要在钢液脱氧良好的情况下加入，以提高合金的收得率。

（二）辅助材料

1. 氧化剂

氧气、铁矿石及氧化铁皮等。氧气作为主要的氧源，铁矿石已被氧气所取代，氧化铁皮脱磷效果好。

2. 造渣剂

石灰是主要的造渣剂，用来提高炉渣的碱度，石灰在造渣剂中的用量最大、效果最好；萤石用于化渣，降低氧化钙的熔点，改善炉渣的流动性；火砖块是浇铸系统用的废旧耐火砖，用于改善炉渣的流动性。

3. 增碳剂

增碳剂主要有焦炭粉、石墨电极块及生铁等。焦炭粉是主要的也是最普通的增碳剂；石墨电极块增碳效果最好，但价格贵；生铁配料时常用来配碳，精炼期增碳要求用优质生铁；国内钢厂也曾使用过煤来代替生铁增碳，以补充生铁的不足。

（三）配料

电炉炼钢的配料是根据冶炼钢种及其冶炼操作方法进行的。配料力求准确，配料不准指质量或成分不准。质量不准导致合金加入不准，成分不易控制；而成分不准则增加操作上的难度，严重使钢报废。配料不准影响过程操作及钢的产量、质量以及消耗等，故应予以重视。电炉氧化法的配料计算主要指废钢铁配入量与配碳量的计算。

二、电炉炼钢冶炼工艺

（一）电炉冶炼操作方法

一般是按造渣工艺特点来划分的，有单渣氧化法、单渣还原法、双渣还原法与双渣氧化法，目前普遍采用后两种。

1. 双渣还原法

它的特点是冶炼过程中有较短的氧化期，造氧化渣，又造还原渣，能吹氧脱碳，去气，除夹杂。但由于该种方法脱磷较难，故要求炉料应由含低磷的返回废钢组成。由于它采取了小脱碳量、短氧化期，不但能去除有害元素，还可以回收返回废钢中大量的合金元素。因此，此法适合冶炼不锈钢、高速钢等含 Cr、W 高的钢种。

2. 双渣氧化法

它的特点是冶炼过程有正常的氧化期，能脱碳、脱磷，去气、除夹杂，对炉料也无特殊要求，还有还原期，可以冶炼高质量钢。

（二）电炉传统冶炼工艺

传统氧化法冶炼工艺是电炉炼钢法的基础。其操作过程分为：补炉、装料、熔化、氧化、还原与出钢六个阶段。因主要由熔化、氧化、还原期组成，俗称老三期。

1. 补炉

（1）影响炉衬寿命的“三要素”为：

1）炉衬的种类、性质和质量；

2）吹氧操作与渣、钢等机械冲刷以及装料的冲击；

3）高温电弧辐射和熔渣的化学侵蚀。

（2）补炉部位。炉衬各部位的工作条件不同，损坏情况也不一样。炉衬损坏的主要部位如下：

1）渣线热点区。该热点区受到电弧功率大、偏弧等影响侵蚀严重，该点的损坏程度常常成为换炉的依据；

2）炉壁渣线。受到高温电弧的辐射，渣、钢的化学侵蚀与机械冲刷，以及吹氧操作等损坏严重；

3）炉门两侧。常受急冷急热的作用，流渣的冲刷及操作与工具的碰撞等损坏也比较严重；

4）出钢口附近。因受渣钢的冲刷也极易减薄。

（3）补炉方法。补炉方法分为机械喷补和人工投补，根据选用材料的混合方式不同，又分为湿补和干补两种。机械喷补设备有炉门喷补机和炉内旋转补炉机，机械喷补补炉速度快、效果好。

（4）补炉材料。机械喷补材料主要用镁砂、白云石或两者的混合物，并掺入磷酸盐或硅酸盐等黏结剂。

2. 装料

目前，广泛采用炉顶料罐装料，每炉钢的炉料分 1 ~ 3 次加入。装料的好坏影响炉衬寿命、电耗、电极消耗、冶炼时间以及合金元素的烧损等。因此，要求合理装料，这主要取决于炉料在料罐中的布料合理与否。

3. 熔化期

如图 3-80 所示，传统冶炼工艺的熔化期占整个冶炼时间的 50% ~ 70%，电耗占 70% ~ 80%。因此熔化期的长短影响生产率和电耗，熔化期的操作影响氧化期、还原期的顺利与否。

（1）熔化期的主要任务。将块状的固体炉料快速熔化，并加热到氧化温度；提前造渣，早期去磷，减少钢液吸气与挥发。

炉料熔化过程基本可分为四个阶段，即点弧、穿井、主熔化及熔末升温。

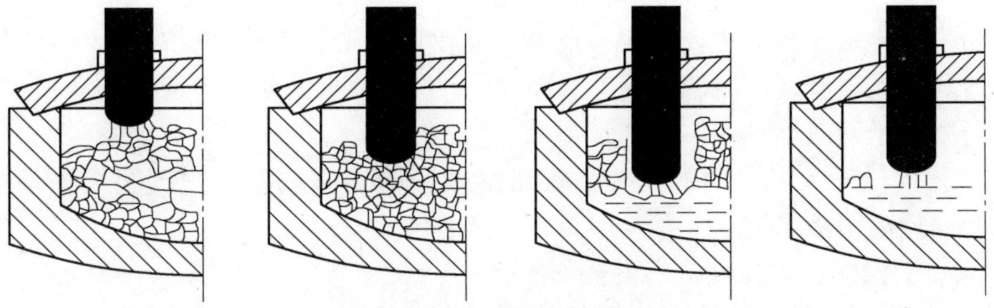

图 3-80　炉料熔化过程

（a）点弧；（b）穿井；（c）主熔化；（d）熔末升温

（2）点弧期。点弧时电流不稳定，电弧在炉顶附近燃烧辐射，二次电压越高，电弧越长，对炉顶辐射越厉害，并且热量损失也越多。为保护炉顶，在炉上部布一些轻薄料，以便让电极快速进入料中，减少电弧对炉顶的辐射。供电上采用较低电压、较小电流。

（3）穿井期。点弧结束至电极端部下降到炉底为穿井期。此期虽然电弧被炉料所遮蔽，但因不断出现塌料现象，电弧燃烧不稳定。注意保护炉底，办法是：加料前采取外加石灰垫底，炉中部布置大、重废钢以及采用合理的炉型。供电上采取较高的二次电压、较大电流，以增加穿井的直径与穿井的速度。

（4）主熔化期。电极下降至炉底后开始回升时，主熔化期开始。随着炉料不断地熔化，电极渐渐上升，至炉料基本熔化，仅炉坡、渣线附近存在少量炉料，电弧开始暴露时主熔化期结束。主熔化期由于电弧埋入炉料中，电弧稳定、热效率高、传热条件好，故应以最大功率供电，即采用最高电压、最大电流供电，主熔化期时间占整个熔化期的70%以上。

（5）熔末升温期。电弧开始暴露给炉壁至炉料全部熔化为熔末升温期。此阶段因炉壁暴露，尤其是炉壁热点区的暴露受到电弧的强烈辐射。应注意保护炉壁，即提前造好泡沫渣进行埋弧操作，否则应采取低电压、大电流供电。

（6）及时吹氧与元素氧化。熔化期吹氧助熔，初期以切割为主，当炉料基本熔化形成熔池时，则以向钢液中吹氧为主。吹氧是利用元素氧化热加速炉料熔化。当固体料发红开始吹氧最为合适，吹氧过早浪费氧气，过迟延长熔化时间。

（7）提前造渣。用2% ~3%石灰垫炉底或利用前炉留下的钢和渣，实现提前造渣。这样在熔池形成的同时就有炉渣覆盖，使电弧稳定，有利于炉料的熔化与升温，并可减少热损失，防止吸气和金属的挥发。由于初期渣具有一定的氧化性和较高的碱度，可脱除一部分磷；当磷高时，可采取自动流渣换新渣操作，脱磷效果更好，这样为氧化期创造条件。

（8）脱磷反应条件及操作。脱磷反应条件为高碱度时，造高碱度渣，增加渣中氧化钙；为高氧化性时，造高氧化性渣，增加渣中氧化铁；为低温时，抓紧在熔化期进行；为大渣量时，采取流渣造新渣。实际电炉脱磷操作正是通过提前造高碱度、高氧化性炉渣，并采用流渣造新渣的操作等，抓紧在熔化期基本完成脱磷任务。

4. 氧化期

氧化期是氧化法冶炼的主要过程，能够去除钢中的磷、气体和夹杂物。当废钢料完全熔化，并达到氧化温度，磷脱除70%～80%以上时进入氧化期。为保证冶金反应的进行，氧化开始温度高于钢液熔点50～80℃。

（1）氧化期任务。氧化期的主要任务是继续脱磷达到要求；脱碳至规格下限；去除气、去夹杂；提高钢液温度。

（2）氧化期操作。氧化期进行的操作有：

1）造渣与脱磷。传统冶炼方法中氧化期还要继续脱磷，由脱磷反应式可以看出：在氧化前期，造好高氧化性、高碱度和流动性良好的炉渣，并及时流渣、换新渣，实现快速脱磷是可行的。

2）氧化与脱碳。近些年，强化用氧实践表明：除非钢中含磷量特别高需要采用碎矿造高氧化性炉渣外，均采用吹氧氧化，尤其当脱磷任务不重时，通过强化吹氧氧化钢液降低钢中碳含量。

3）气体与夹杂物的去除。去气、去夹杂是在电炉氧化期的脱碳阶段进行的。它是借助碳氧反应、一氧化碳气泡的上浮，使熔池产生激烈沸腾，促进气体和夹杂的去除、均匀成分与温度。

4）氧化期的温度控制。氧化期的温度控制要兼顾脱磷与脱碳反应的需要，并优先脱磷。在氧化前期应适当控制升温速度，待含磷量达到要求后再放手提温。

一般要求氧化末期的温度略高于出钢温度20～30℃，以弥补扒渣、造新渣以及加合金造成的钢液降温。当钢液的温度并且含磷、碳量等符合要求时，扒除氧化渣、造稀薄渣进入还原期。

5. 还原期

传统电炉冶炼工艺中，还原期的存在表明了电炉炼钢的特点。而现代电炉冶炼工艺的主要差别是将还原期移至炉外进行。

（1）还原期任务。还原期的主要任务是脱氧并达到要求；脱硫至一定值；调整成分、合金化；调整温度。其中脱氧是核心，温度是条件，造渣是保证。

（2）脱氧方法。脱氧方法有沉淀脱氧、扩散脱氧及综合脱氧法。

电炉炼钢采用沉淀脱氧法与扩散脱氧法交替进行的综合脱氧法，即氧化末期、还原前期用沉淀脱氧，还原期用扩散脱氧，出钢前用沉淀脱氧。沉淀脱氧是将块状脱氧剂加入钢液中，直接进行钢液脱氧。常用的脱氧剂有：Fe-Mn、Fe-Si、Al、V和复合脱氧剂Mn-Si、Ca-Si等，脱氧能力依次增加。该法具有操作简单，脱氧迅速，脱氧产物易留在钢中的特点。

扩散脱氧是将粉状脱氧剂加在渣中，使炉渣脱氧，钢中氧再向渣中扩散，间接脱出钢中氧。粉状脱氧剂有：C、Fe-Si、Ca-Si、CaC、Al粉等。

与沉淀脱氧法比较，扩散脱氧法的特点：反应在渣中进行，产物不进入钢中，钢质好；脱氧速度慢，时间长。此法常用在电炉还原期稀薄渣形成后。

（3）温度控制。考虑到出钢到浇注过程中的温度损失，出钢温度应比钢的熔点高出100～140℃。由于氧化末期控制钢液温度大于出钢温度20～30℃以上，所以扒渣后还原期的温度控制总的来说是保温过程。若还原期大幅度升温，则造成钢液吸气严重、高温电弧加重对炉衬的侵蚀及局部钢水过热。

6. 出钢

传统电炉冶炼工艺，钢液经氧化、还原后，当化学成分合格、温度符合要求、钢液脱氧良好、炉渣碱度与流动性合适时即可出钢。

传统电炉老三期冶炼工艺操作集熔化、精炼和合金化于一炉，包括熔化期、氧化期和还原期，在炉内既要完成废钢的熔化，钢液的升温，钢液的脱磷、脱碳、去气、去除夹杂物，又要进行钢液的脱氧、脱硫，以及温度、成分的调整，因而冶炼周期很长。这既难以保证对钢材越来越严格的质量要求，又限制了电炉生产率的提高。

7. 钢液的合金化

炼钢过程中调整钢液合金成分的操作称为合金化，它包括电炉过程钢液的合金化及精炼过程后期钢液的合金成分微调。传统电炉冶炼工艺的合金化一般是在氧化末期、还原初期进行预合金化，在还原末期、出钢前或出钢过程中进行合金成分微调。而现代电炉炼钢合金化一般是在出钢过程中在钢包内完成，出钢时钢包中合金化为预合金化，精确的合金成分调整最终是在精炼炉内完成的。合金化操作主要指合金加入的时间、加入的数量及加入的方式。

（1）合金加入时间总的原则是：熔点高，不易氧化的元素可早加；熔点低，易氧化的元素后加。

（2）合金加入量的原则是：化学成分对钢液质量和性能影响很大，现场是根据冶炼钢种、炉内成分、炉内钢水量、合金成分及合金收得率等快速准确地计算合金加入量。

（三）超高功率电炉及其技术特征

1. 超高功率电炉及其主要优点

超高功率，一般指电炉变压器的功率是同吨位普通电炉功率的 2 ~ 3 倍。超高功率电炉主要优点：

（1）提高电、热效率，降低电耗；

（2）缩短熔化时间，提高生产效率；

（3）容易与炉外精炼、连铸相配合，实现优质、高产、低耗。

2. 超高功率电炉技术特征

判断一座电炉是否为超高功率电炉，不仅要看其功率的高低，还要看变压器利用率，工艺流程优化程度，公害抑制程度，以及是否高效节能。

超高功率电炉有以下技术特征：

（1）功率水平高。这是超高功率电炉的主要技术特征，它是以每吨钢占有的变压器额定容量来区分高功率、超高功率。

（2）变压器利用率要高。变压器利用率指时间利用率与功率利用率。它反映出电炉车间的生产管理和技术操作水平。时间利用率是指一炉钢总通电时间与总冶炼时间之比。功率利用率是指一炉钢实际输入能量与变压器额定能量的比值。

（3）电炉炼钢工艺及其流程的优化，如图 3-81 所示。传统电炉冶炼工艺操作集熔化、精炼和合金化于一炉，包括熔化期、氧化期和还原期，在炉内既要完成废钢的熔化，钢液的脱磷、脱碳、去气、去除夹杂物以及升温，又要进行钢液的脱氧、脱硫，以及温度、成

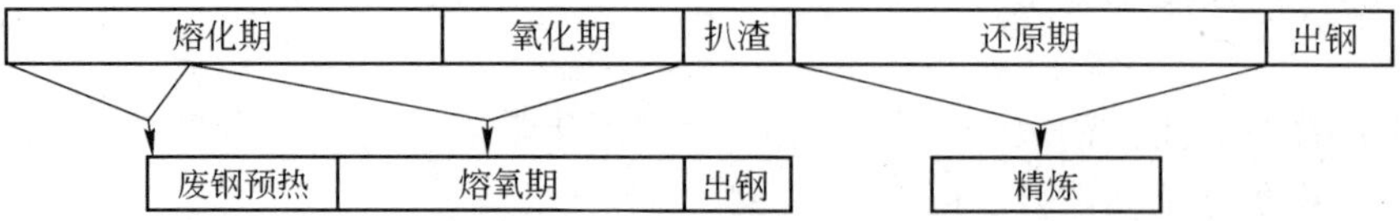

图 3-81 电炉的功能优化图

分的调整，所以冶炼周期很长。这既难以保证对钢材越来越严格的质量要求，又限制了电炉生产率的提高。

3. 超高功率电炉冶炼工艺

超高功率电炉将工艺分化，使电炉仅保留升温、熔化和必要精炼功能，而其余的任务都移至钢包中进行。从提高生产率和降低消耗方面考虑，要求超高功率电炉具有最短的熔化时间和最快的升温速度以及最少的辅助时间，以期达到最佳经济效益。

（1）电炉炼钢工艺相关术语有：

1）耐火材料侵蚀指数。是描述由于电弧辐射引起耐火材料损坏的指标，并以它的大小来反映耐火材料损坏的外部条件。

2）电炉的热点与冷点。在电炉炉衬的渣线水平面上，距电极最近点叫热点，而距电极最远点叫冷点。其中热点区炉衬的损坏最严重，炉体的更换也常常以热点区炉衬的损坏程度作为依据。

3）三相电弧功率不平衡度。当功率一定时，低电压、大电流，将使三相电弧功率不平衡度增大；反之减小。

4）粗短弧与细长弧。当功率一定时，低电压、大电流，电弧的状态粗而短；反之电弧细而长。

5）电抗百分数与功率因数。电抗百分数，即电炉装置电抗的相对值。

（2）超高功率电炉的工艺操作要点有：

1）快速熔化与升温操作。快速熔化和升温是超高功率电炉最重要的功能，将预热好的第一篮废钢加入炉内后，这一过程便开始进行。为了快速熔化和升温，超高功率电炉以最大可能的功率供电，采用氧燃烧嘴助熔，强化吹氧去碳，底吹搅拌，泡沫渣埋弧操作等技术。

2）脱磷操作。超高功率电炉要求尽可能把脱磷，甚至少部分脱碳提前到熔化期进行。脱磷三要素：炉渣温度、炉渣氧化性和炉渣碱度。

采取的主要工艺操作如下：强化吹氧和氧燃助熔，提高初渣的氧化性；提前造成氧化性强、碱度高的泡沫渣，并充分利用熔化期温度较低的有利条件，提高炉渣脱磷的能力；及时放掉磷含量高的初渣，并补充新渣，防止温度升高后和出钢时下渣回磷；采用无渣出钢技术，严格控制下渣量，把出钢后磷降至最低。

3）脱碳操作。超高功率电炉要求把脱磷任务，甚至少部分脱碳任务提前到熔化期进行，而熔化后的氧化精炼和升温期只进行碳的控制。电炉就是通过高配碳，利用吹氧脱碳这一手段，来达到加速反应，去除气体和夹杂的目的。超高功率电炉采用炉门氧枪、炉壁烧嘴等强化吹氧去碳。

脱碳反应的作用：熔化期吹氧助熔时，碳比铁先氧化，减少了铁的烧损；渗碳作用可使废钢熔点降低，加速熔化；碳-氧反应造成熔池搅动，促进了渣-钢反应，有利于早期脱磷；在精炼升温期，活跃的碳-氧反应，扩大了渣-钢界面，有利于进一步脱磷，有利于钢液成分和温度的均匀化和气体、夹杂物的上浮；泡沫渣的形成，提高传热效率，加速升温过程。

第七节 电炉炼钢设备

电炉炼钢设备主要包括机械结构和电气设备两部分，如图 3-82 所示。

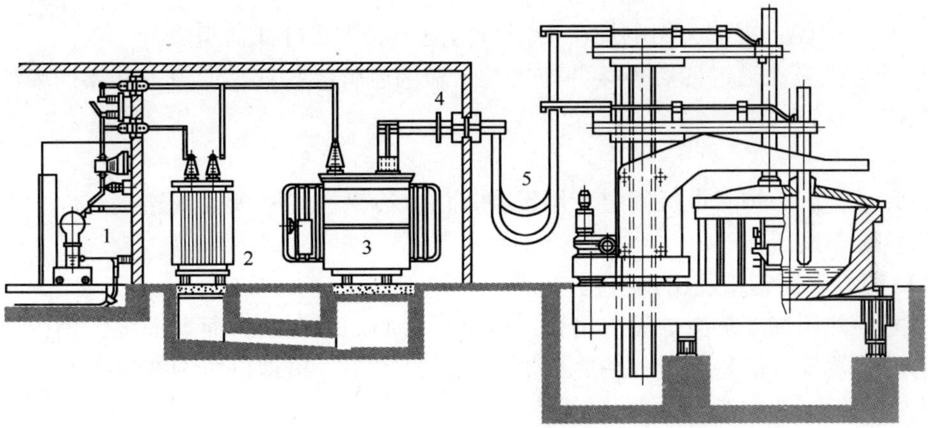

图 3-82 电炉设备布置

1—高压控制柜；2—电抗器；3—电炉变压器；4—次级电流互感器；5—短网

一、电炉的大小与技术经济指标

电炉的大小可以用其熔池的额定容钢量或炉壳直径来表示。随着电炉超高功率化、大型化的发展，炉子大与小的区分界限也在改变，通常把额定容钢量为 40t，炉壳直径为 4.6m 以下的电炉认为是小炉子，把额定容钢量为 50t，炉壳直径为 5.2m 以上的电炉认为是大炉子。

电炉超高功率化和大型化提高了生产率，降低了炼钢成本。在电炉发展过程，超高功率化和大型化对电炉的发展起到积极促进作用。但目前来看，较多的电炉容量在 60 ~ 120t 之间，其原因如下：

（1）60 ~ 120t 范围内的电炉本身单体技术比较完善和成熟。

（2）60 ~ 120t 范围内的电炉与精炼、连铸、轧机等在工程上的匹配与衔接更容易优化，经济上也更合理。

我国现代电炉炼钢流程在工程技术方面取得了长足进步，主要体现在：以炉子容量大型化为主，形成了“三位一体”或“四个一”现代化电炉流程，电炉生产技术经济指标大幅度提高。

二、电炉的机械结构

电炉的机械结构主要由四部分组成：炉体装置、炉子倾动机构、电极升降机构和炉盖升转机构。

（一）炉体装置

1. 炉壳

炉壳为钢板结构件，并且为分段式圆桶形，上部为水冷炉壁，下部为圆柱和平底焊接结构；内衬为耐火材料，炉底铺有镁砖永久层和镁砂打结工作层。

2. 炉门

炉门开在炉壳前方由一组水冷钢管组成，炉门的开关由电机带动链条实现。

3. 炉盖

（1）水冷炉盖：用于关闭电炉，由钢结构框架和管式冷却盘组成。

（2）炉盖提升：通过四点连接件与提升炉盖的悬臂梁相连，通过电动卷扬或液压缸带动连杆机构提升炉盖。

4. 小炉底

小炉底是直流炉炉底电极固定专用设备，由水冷钢棒底电极及其连接部件、耐火材料和底部法兰等组成。

（二）偏心底出钢箱及出钢机构

电炉配炉外精炼要求电炉无渣出钢，常采用偏心炉底出钢，而取消出钢槽，以改善炉外精炼的冶金效果。但是，偏心炉底电炉的偏心度大小、出钢口粗细及出钢箱高低等均影响它的生产效果，故应予以重视。

（三）倾动机构

为了满足电炉出钢及出渣操作，要求电炉能够前后倾动。对于槽式出钢电炉要求能向出钢方向倾动 42°～45°出净钢水，对于偏心炉底电炉要求能倾动 15°～20°；还要求炉子能向炉门方向倾动 10°～15°以方便出渣，这些都要靠倾动机构来完成。

目前广泛采用摇架底倾结构，整个倾动机构由导轨、摇架平台及驱动机构组成。倾动机构驱动方式多采用液压倾动。偏心炉底电炉为了防止炉渣进入钢包中，采取提高电炉的回倾速度，故要求用活塞油缸。

（四）电极升降机构

电极升降机构由电极夹持器、横臂等组成。

1. 电极夹持器

多用铜质或内衬铜质的钢夹头，铬青铜的强度高，导电性好。夹持器的夹紧常用弹簧式的，而放松则采用气动或液压的。

2. 横臂

横臂是用来支持电极夹头和布置二次导体。横臂要有足够的强度，大电炉常设计成水冷的。近年出现的铜-钢复合水冷导电横臂和铝合金水冷导电横臂，不但结构简单，而且阻抗低、强度高，后者还具有重量轻、反应灵敏等优点。

三、电炉炼钢的排烟与除尘

钢铁工业对环境造成的污染，主要是向环境排放的“三废”，危害极大。其中影响最大的就是废气。每吨钢的灰尘量高达 15～20kg，且粉尘粒度很细，通常粒度不大于 1μm 的超过 50%。

（一）排烟方法

目前，电炉常采用的排烟方法有：炉顶开孔排烟法、车间屋顶大罩法、电炉封闭罩法，以及它们之间的结合法等，如图 3-83 所示。

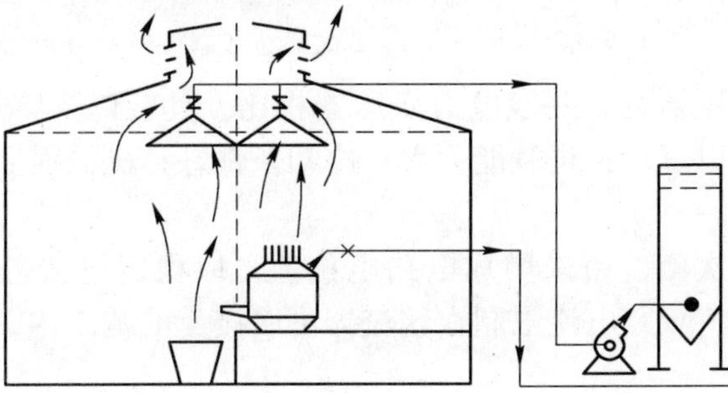

图 3-83　电炉排烟除尘方法

（二）布袋除尘器结构与工作原理

将若干布袋布置在除尘室中，当烟尘经冷却后进入除尘室中，通过联合管板进入过滤布袋。粉尘和气体通过滤袋分离，净化气体经气孔排出。

当布袋中灰尘聚积至一定厚度时，对气流的阻力加大，布袋的内外压差增大，将触发一个信号，启动空气反吹或振打装置，使灰尘由布袋外壁下落，进入到布袋除尘器下部的灰仓中，再经铰笼运送至储灰室，灰尘定期进行清理。

（三）重力除尘器

重力除尘器的工作原理为：粉尘随高速气体进入集尘器，其管径突然变大，造成气流速度降低，粉尘汇集于集尘器底部，净化气体从上部排出。

四、电炉电气设备

电气设备包括“主回路”设备和电控设备。一般电炉炼钢车间的供电系统有两个：一个系统由高压线直接供给电炉变压器，然后送到电炉上，这段线路称电炉的“主回路”；一个系统由高压线供给工厂变电所，再送到需要用电的其他低压设备上，这也包括电炉的电控设备，如低压配电柜、低压控制柜及电极升降调节器等。

（一）电炉的主电路

电炉的主回路，如图 3-84 所示，电炉主电路的作用是实现电热转换，完成冶炼过程。主电路电器的组成及其作用如下。

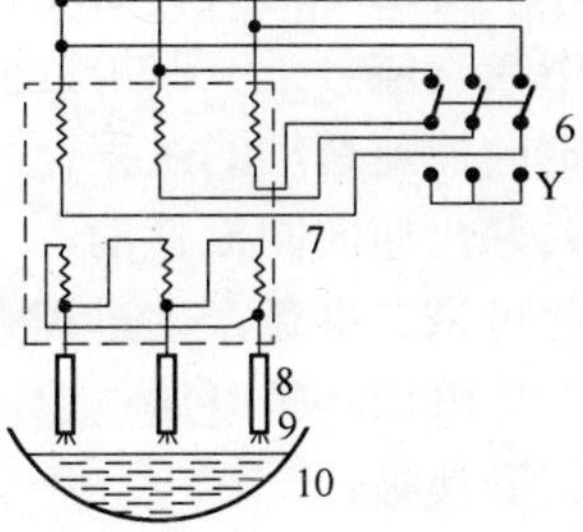

图 3-84　电炉主电路

1—高压电缆；2—隔离开关；3—高压断路器；4—电抗器；5—电抗器转换开关；6—变压器转换开关；7—变压器；8—电极；9—电弧；10—熔池

1. 隔离开关

隔离开关用以检修设备时断开高压电源，为一无载刀形开关。

2. 高压断路器

高压断路器为电炉的操作开关。当电流过大时，断路器会自动跳闸切断电源，以保护电源和电器，为一有载开关。

3. 电炉变压器

电炉变压器是一特种变压器，与一般电力变压器相比，具有以下特点：变压级别多，变压比大；二次电流大，数以万计；过载能力大；冷却条件好；机械强度大。

4. 电抗器

电抗器串联在变压器一次侧，用来增加电路电抗值，以稳定电弧燃烧及限制短路电流。当电弧炉发生短路时，将短路电流限制在整流器可以接受的范围内，减轻电弧负载波动。

5. 电极

电炉炼钢用电极要求强度大、电阻低及热膨胀系数小，故常用石墨电极。由于制造石墨电极的石油焦价格及加工成本不断上涨，使得电极消耗占炼钢成本提高，因而降低电极消耗十分重要。

6. 电炉短网

短网是指从电炉变压器低压侧出线到石墨电极末端为止的二次导体，它包括石墨电极、横臂上的导电铜管，挠性电缆及硬母线。由于这段导线流过的电流特别大，又称大电流导体，而长度与输电电网相比又特别短，故常称为短网。短网中因流过的电流很大，故要求水冷。三相短网的布线方式影响三相功率的平衡；短网的阻抗，影响输入功率的大小。

7. 电弧

电炉是利用电弧产生的高温进行熔炼金属的。电弧是气体放电现象的一种形态。气体放电的形式按气体放电时产生的光辉亮度不同可分为：无声放电——弱，辉光放电——明亮和电弧放电——炫目三种。电弧产生过程：从电炉操作的表面现象看，合闸后，首先使电极与钢铁料做瞬间接触，而后拉开一定距离，电弧便开始燃烧。实质上，当两极接触时产生非常大的短路电流，在接触处由于焦耳热而产生赤热点，于是在阴极将有电子逸出。当两极拉开一定距离后，极间就是一个电场。在电场作用下，电子向阳极加速运动，在运动过程中与气体分子、原子碰撞，使气体发生电离。这些电子与新产生的离子和电子在电场中做定向加速运动的过程，又使另外的气体电离。这样电极间隙中的带电质点数目会突然增加，并快速向两极移动，气体导电形成电弧。电流方向由阳极向阴极。

由此可见，电弧产生过程大致分四步：短路热电子放出；两极分开形成气隙；电子加速运动气体电离；带电质点定向运动，气体导电，形成电弧。这一过程是瞬间完成的，电极与钢料交换极性。

（二）电炉电控设备

电炉电控设备包括高、低压控制系统及其相应的台柜以及电极自动调节器等。

1. 高压控制系统

高压控制系统的基本功能是接通或断开主电路及对主电路进行必要的保护和计量。一般电炉的高压控制系统由高压进线柜、真空开关柜和过电压保护柜三个高压柜组成。这些高压控制柜上装有真空断路器、隔离开关手柄、高压仪表和信号装置、电抗器及变压器的开关等。

高压控制系统所计量的主要技术参数有：高压侧电流、高压侧电压、功率因数、有功电度、无功电度及有功功率。

2. 低压控制系统及其台柜

电炉的低压控制系统由低压开关柜、基础自动化控制系统和人机接口相应网络组成。低压开关柜系统主要由低压电源柜及电炉操作台等组成。电炉操作台上安装有控制电极升降的手动、自动开关，电炉倾动及炉门，炉盖提升旋转，出钢口等炉体操作开关，低压仪表和信号装置等。

3. 电极自动调节器

电极自动调节系统包括电极升降机构与电极自动调节器。电炉对调节器的要求为要有高灵敏度、惯性小、调整精度高。

按电极升降机构驱动方式的不同，电极升降调节器可以分为液压式调节器和机电式调节器两种。液压式调节器按控制部分的不同有：模拟调节器、微机调节器和 PLC 调节器。液压式调节器中前两种已经逐渐被 PLC 调节器取代。尤其新建的电炉基本都是采用 PLC 控制。

五、电炉供电制度

供电制度指某一特定的电炉，当能量供给制度确定之后，在确定的某一电压下工作电流的选择。而电气特性是制定供电制度的基础。

在一定设备条件下，供电制度合理与否，不但影响冶炼过程的顺利进行，还影响冶炼时间、炉衬寿命、电能消耗以及设备利用等。供电制度指某一特定的电弧炉，当能量供给制度确定之后，在确定的某一电压下工作电流的选择。在传统的确定方法中，最重要的是遵守电气特性所表达的规律性，即以“经济电流”概念来确定工作电流。

第八节 转炉、电炉炼钢系统的风险

炼钢生产中高温作业线长，设备和作业种类多，起重作业和运输作业频繁。其主要危险源有：高温辐射、钢水和熔渣喷溅与爆炸、氧枪回火燃烧爆炸、煤气中毒、车辆伤害、起重伤害、机械伤害、高处坠落伤害等。炼钢生产的主要事故类别有：氧气回火、钢水和熔渣喷溅等引起的灼烫和爆炸，起重伤害，车辆伤害，机具伤害，物体打击，高处坠落，以及触电和煤气中毒事故。统计表明，炼钢生产安全事故的主要原因有：人为的违章作业和误操作，作业环境条件不良，设备有缺陷，操作技术不熟悉，作业现场缺乏督促检查和指导，安全规程不健全或执行不严格，操作技术不熟悉，个体防护措施不完备和防护用品有缺陷等。

一、炼钢中主要风险概述

炼钢中主要风险包括：煤气使用风险、钢包准备风险、罐器使用风险、烘烤器使用风险、爆炸喷溅风险、铁水废钢预处理风险、转炉炼钢风险、电炉炼钢风险、钢水二次精炼风险等。

其中转炉炼钢风险又可以分为转炉炼钢工艺风险和转炉炼钢设备风险，电炉炼钢风险也可以分为电炉炼钢工艺风险和电炉炼钢设备风险。

（一）钢包准备中的主要风险

钢包准备中的主要风险有：

（1）新砌或维修后的钢包，应经烘烤干燥方可使用，否则在兑入钢水时易发生爆炸事故。

（2）钢包浇注后，应进行检查，发现异常应及时处理或按照规定报修、报废，否则由于人员疏忽而未检修，将会引发安全事故。

（3）热修包时，包底及包口黏结物应清理干净，否则黏结物质熔化会引起烫伤事故；更换氩气底塞砖与滑动水口滑板，应正确安装，并检查确认，否则若安装不当造成堵塞会导致浇注断流事故。

（4）浇注后倒渣应注意安全，人员应处于安全位置，倒渣区地面不得有水或潮湿物品，其周围应设防护板，否则会发生渣直接烫伤人员或渣掉入水或潮湿物上引起爆炸事故。

（5）滑动水口引流砂应干燥，否则会引起爆炸事故。

（二）炼钢中煤气使用的主要风险

1. 煤气中毒事故

炼钢生产中转炉要产生大量煤气，电炉无排烟系统，用氧强化冶炼时也有大量煤气溢出炉外，因此，煤气中毒事故时有发生。其主要表现为：

（1）阀门失灵、水封断水，造成大量煤气外溢，使附近操作人员中毒。

（2）误入煤气危险地区，如转炉料仓内常有大量煤气积聚，其浓度足以造成中毒致死，一旦误入，必然发生中毒事故。

2. 煤气中毒事故预防

预防煤气中毒事故的措施有：

（1）确定煤气危险区并有醒目的警告标志；

（2）经常检查煤气管道、阀门、水封等，严防漏气；

（3）设立煤气防护站，配备一定的防护人员和急救器；

（4）在工作值班场所，安装一氧化碳报警信号装置；

（5）加强通风管理，减少作业场所的煤气浓度。

（三）炼钢中爆炸与熔融物喷溅的风险

1. 爆炸与熔融物喷溅事故

炼钢车间是一个高温、高压、易燃、易爆作业场所，作业中随时要与高温熔融物接触，由高温熔融物引发的爆炸或由爆炸引起的熔融物喷溅对安全的威胁最为严重。

（1）熔融物遇水引起的爆炸。水与高温熔融物接触时将迅速汽化而使体积急剧膨胀，极易发生爆炸。被熔融物覆盖、包围的水，相当于在密闭容器中汽化，由此引发的爆炸，其猛烈程度和危害作用尤为突出。除冲击波、爆炸碎片造成伤害外，由于爆炸伴随着熔融物的飞溅，还很容易引起连锁作用造成大面积灾害。

在炼钢生产中引起熔融物与水接触的主要因素如下：

1）往熔池内加入潮湿炉料。

2）炉体及附属设备的高压水冷装置穿漏，高压流股穿入熔池内部或水冷构件落入熔池。

3）熔融物由炉内或盛装容器中漏出、溢出、倾翻而与湿地面接触。

4）用潮湿容器盛装熔融物。

（2）炉内化学反应引起的爆炸与喷溅。炼钢熔池中发生化学反应，产生 CO 气体，当熔池中积聚了大量反应物质并相互充分接触时，反应就能以极大的速度爆发进行，在短时间内产生大量 CO 气体。这些气体从炉内急速外溢，可将熔融物一并带出，气流喷出的反作用力可将熔融物自炉内压出，于是形成熔融物喷溅。

CO 气体与空气或氧气在炉内熔池上空混合，达到爆炸浓度范围便发生爆炸。CO 在空气中的爆炸浓度范围为 12.5% ~74.0%，在纯氧中爆炸浓度范围为 15.5% ~94.0%，其爆炸危险度与汽油不相上下。这种炉内有限空间的爆炸，不仅引起熔融物的大量喷出，而且摧毁设备，破坏厂房，威力有时竟与成吨 TNT 炸药的爆炸相仿，其危险的严重性可以想象。

引起爆炸与喷溅的具体原因如下：

1）低温操作：低温下集中加入铁矿石过多，使碳氧反应停止进行，炉内积聚大量 FeO 及 C，当温度逐渐升高到一定程度时，碳氧反应迅猛进行，于是引起爆炸与喷溅。

2）高温操作：炉温升高、供氧过快，也会引起碳氧剧烈反应。

3）炼钢炉装入量过多，熔池过深，渣层过厚或炉渣黏度过大等，都使 CO 气泡不能顺利排出，当其积聚到压力足够大时便突然喷出，引起熔融物喷溅及燃气爆炸。

4）转炉留渣操作：留渣中含有大量 FeO，当铁水高速兑入时立即发生剧烈的碳氧反应。

5）操作失当，造成钢液过氧化，出钢时被迫在盛钢桶内向钢液增碳引起强烈的碳氧反应。

6）电炉操作中铁水兑入过早、过晚：过早则固体炉料加热不充分，相当于低温操作；过晚则固体料全部熔化，形成了 FeO 浓度相当高的熔渣，相当于留渣操作。

（3）转炉煤气在烟气净化系统中的爆炸。转炉吹炼中形成的大量烟气含 CO 很高，除了能在炉内引起爆炸外，还可能在炉外其他地区如转炉烟气净化系统中引起爆炸。当除尘系统的管道气密性较差，有空气进入系统或吹氧管切断阀不能关紧，有氧气漏入烟气时，烟气中的 CO 与一定量的氧混合容易达到爆炸极限，一遇火种即能引起爆炸。转炉大喷可能将大量熔融物导入文氏管，如果文氏管中的喷水量不足以熄灭熔融物，则这些熔融物就可能成为引发爆炸的火种。

（4）用氧中的爆炸。氧气是炼钢中应用最多、最普遍的物质。转炉以氧气为主要氧化剂，电炉也普遍采用吹氧操作以强化冶炼过程。氧气是通过氧枪以高压输入炉内的，在高温、高压条件下极易引起爆炸事故。

1）氧枪回水不通，枪内积水在熔池高温作用下汽化，阻止高压水进入，当枪内蒸汽压力高于枪壁强度极限时便发生爆炸。若停水不及时，一旦高压水进入熔池还将引起更严重的二次爆炸。

2）低压用氧导致氧管负压，易引起高温熔池产生的燃气倒灌回火，发生爆炸事故。

（5）其他方面引起的爆炸和喷溅。其他方面引起的爆炸和喷溅有：

1）入炉废钢中混入了密封容器及易爆物，和废旧武器中遗留的弹药、雷管等引起爆炸。

2）炼钢炉炉顶和炉衬坍塌、炉衬材料剥落及熔池中的大块料塌落均可能引起喷溅。

2. 熔融物遇水爆炸的预防

预防熔融物遇水爆炸的措施有：

（1）从安全角度改进各种设备的设计、制造并配备有效的检测、监视仪表以及指示、报警装置和连锁快速切断、自动制动装置。如：

1）将氧枪下端设计成上粗下细的锥形结构，则可使氧枪上黏结的钢渣因热胀冷缩而自动脱落于炉内。这就可以避免黏结钢渣的枪头在提升时拉坏烟罩或水套而造成漏水引起爆炸的事故。氧枪经焊接、冷弯工艺后，应先进行无损探伤检验，避免漏氧、漏水。

2）在电炉上推广使用三联电极水冷圈，将三根电极的水冷圈互相串联并固定于炉盖上方，以防万一。发生爆炸时不致因某一水冷圈炸落而发生二次爆炸。

3）采用测厚仪对炼钢炉及熔融物容器砖衬的蚀损及残余厚度予以准确可靠的检查、测绘和记录，发现问题及时采取措施，可防熔融物泄漏事故发生。

4）保证盛装熔融物的各种包罐的壳体具有一定的强度和足够数量的排气孔。

（2）各种设备的准备、使用、检修、维护及定期更换都必须建立完善的规章制度并严格实施。如：盛装熔融物的包罐使用后必须消除积渣，使用前必须烘烤并进行安全检查；新砌的或存放的包罐第一次使用时应按规程烘烤方能使用；为了保证熔融物运输中的安全，首先要保证运输起重机械及各种附件、工具的完好、可靠，做到经常检查，定期维修更换，控制装入量及运行车速，以免熔融物晃动泼出；装料槽在装料时应无积水及潮湿废物。

（3）原材料在存放时必须保证防雨、防潮、入炉前必须干燥、烘烤。

（4）从设计、管理两个方面保证地下排水系统容量足够，畅通无阻，以避免厂房地面潮湿积水。

（5）各种炼钢炉拆修时不允许冲水冷却，以免镁质耐火材料水化，造成漏钢事故的隐患。

3. 化学反应引起的爆炸与喷溅的预防

预防化学反应引起的爆炸与喷溅的措施有：

（1）在燃料完全燃烧的前提下增大热负荷，使炉内的加热速度适应加料速度，避免炉料冷冻和过烧。

（2）杜绝低温操作、高温操作及留渣操作。如有特殊原因必须留渣时，必须先加入石灰，使渣内氧化铁与氧化钙结合后再缓缓兑入铁水，可避免碳氧剧烈反应。

（3）采用先进的自动调节炉膛压力系统，使炉膛压力始终保持正常；增大炼钢炉排烟系统及抽风机能力，使冶炼中产生的大量 CO、CO_2气体得以顺利排出，避免达到爆炸浓度范围。

（4）控制供氧量，不允许单位时间内生成的最大烟气量超过抽风机风量的0.75倍，以避免炉内气流不畅，使CO容易达到爆炸浓度范围。

4. 煤气在烟气净化系统爆炸的预防

预防煤气在烟气净化系统爆炸的措施有：

（1）密切监视煤气中的含氧量，发现超过规定值时应立即放空，停止回收。

（2）增加文氏管喷水量，保持规定水压和充沛的水量。开足阀门尽量灭火。

（3）炉前操作防止大喷，避免火种喷入文氏管。

5. 氧枪爆炸的预防

预防氧枪爆炸的措施有：

（1）保持氧枪所有联锁装置齐全有效。

（2）严格控制冷却水质，以防结垢、堵塞和腐蚀。

（3）严密监视氧压，多个炉子用氧时，不要互相争着用氧，防止管道造成负压回火。

（四）罐器使用风险

罐器使用的风险有：

（1）铁水罐、钢水罐和中间罐修砌后，应保持干燥，并烘烤至要求温度方可使用，若未烘烤干燥便使用易引起爆炸事故，若烘烤温度不够便使用，耐火材料易崩落。

（2）使用中的设备，耳轴部位应定期进行探伤检测。凡耳轴出现内裂纹、壳体焊缝开裂、明显变形、耳轴磨损大于直径的10%、机械失灵、炉衬损坏超过规定，均应报修或报废，若不按规定报修、报废，易造成其断裂，整体破损，酿成重大安全事故。

（3）钢水罐需要卧放在地上时，应放在专用的钢包支座上；热修包应设作业防护屏；两罐位之间净空间距离应不小于2m，否则钢水罐未放平稳，发生滚动会造成人员伤亡；相临工位工作时会造成烫伤、烧伤。

（4）渣罐使用前应进行检查，其罐内不应有水或潮湿的物料，否则高温炉渣遇水或潮湿物料将会发生爆炸事故。

（5）吊运装有铁水、钢水、液渣的罐，应与邻近设备或建筑物保持大于1.5m的净空距离，否则若吊运不当易造成与临近设备或建筑物碰撞。

（五）烘烤器使用风险

烘烤器使用的风险有：

（1）采用氧气助燃时，氧气不应在燃烧器出口前与燃料混合，并应在操作控制上确保先点火后供氧，否则易引起爆炸事故。

（2）采用煤气燃料时，应设置煤气低压报警及与煤气低压讯号连锁的快速切断阀等防回火设施；应设置供设备维修时使用的吹扫煤气装置，煤气吹扫干净方可修理设备，否则煤气回火将引起爆炸事故，吹扫不干净将引起煤气中毒事故。

二、转炉炼钢法的风险

（一）转炉炼钢工艺中主要风险

转炉炼钢工艺中的主要风险有：

（1）兑铁水时炉口不应上倾，人员应处于安全位置，否则易发生铁水罐脱钩造成人身伤亡事故。

（2）废钢配料，应防止带入爆炸物、有毒物或密闭容器。废钢料高不应超过料槽上口。转炉留渣操作时，应采取措施防止喷渣，否则会发生爆炸事故。

（3）炉前、炉后平台不应堆放障碍物，否则会造成人员摔倒受伤。转炉炉帽、炉壳、溜渣板和炉下挡渣板、基础墙上的黏渣，应经常清理，否则会脱落砸伤人员。

（4）炉下钢水罐车及渣车轨道区域，不应有水和堆积物，否则会发生爆炸事故。转炉生产期间需要到炉下区域作业时，应通知转炉控制室停止吹炼，并不得倾动转炉。无关人员不应在炉下通行或停留，否则会发生喷溅钢液烫伤、烧伤人员事故。

（5）转炉吹氧期间发生以下情况，应及时提枪停吹：氧枪冷却水流量、氧压低于规定值，出水温度高于规定值，此时氧枪易被烧损造成损失；氧枪漏水，水冷炉口、烟罩和加料溜槽口等水冷件漏水，此时钢水与水接触易造成爆炸事故。

（6）转炉修炉停炉时，各传动系统应断电，氧气、煤气、氮气管道应堵盲板隔离，煤气、重油管道应用蒸汽吹扫；更换吹氧管时，应预先检查氧气管道，如有油污，应清洗并脱脂干净方可使用，否则气体与油脂接触易发生爆炸事故。

（7）倒炉测温取样和出钢时，人员应避免正对炉口，否则若发生喷溅或爆炸易造成人身伤亡事故；采用氧气烧出钢口时，手不应握在胶管接口处，否则若接口漏气燃烧易烧伤手。

（8）火源不应接近氧气阀门站。进入氧气阀门站不应穿钉鞋。油污或其他易燃物不应接触氧气阀及管道，否则易发生严重爆炸事故。

（9）有窒息性气体的底吹阀门站，应加强检查，发现泄漏及时处理。进入阀门站应预先打开门窗和排风扇，确认安全后方可入内，维修设备时应始终打开门窗和排风扇，否则易发生中毒事故。

（10）转炉修炉时，应事先全面清除炉口、炉体、汽化冷却装置、烟道口烟罩、溜料口、氧枪孔和挡渣板等周围的残钢和残渣，然后进行拆炉，否则残钢或残渣掉落后会造成人员砸伤事故。

（11）修炉时，在炉体内外作业，除执行停电挂牌制度外，还应将炉体倾动制动器锁定，否则作业时炉体倾动易发生人员伤亡事故。

（二）转炉炼钢设备主要风险

转炉炼钢设备的主要风险有：

（1）转炉氧枪与副枪升降装置，应配备钢绳张力测定、钢绳断裂防坠、事故驱动等安全装置；各枪位停靠点，应与转炉倾动、氧气开闭、冷却水流量和温度等连锁；当氧气压力小于规定值、冷却水流量低于规定值、出水温度超过规定值、进出水流量差大于规定值时，氧枪应自动升起，停止吹氧，否则易发生爆炸事故。转炉氧枪供水，应设置电动或气动快速切断阀，若氧枪漏水不能快速切断，易造成爆炸事故。

（2）氧气阀门站至氧枪软管接头的氧气管，应采用不锈钢管，并应在软管接头前设置长1.5m以上的铜管。氧气软管应采用不锈钢体，氧枪软管接头应有防脱落装置，否则若接头锈蚀脱落会造成氧气泄漏爆炸。

（3）转炉宜采用铸铁盘管水冷炉口；若采用钢板焊接水箱形式的水冷炉口，应加强经常性检查，以防止焊缝漏水造成爆炸事故。

（4）从转炉工作平台至上层平台之间，应设置转炉围护结构。炉前后应设置活动挡火门，否则若钢水喷溅易造成人员伤亡。

（5）烟道上的氧枪孔与加料口，应设置可靠的氮封。转炉炉子跨炉口以上的各层平台，宜设置煤气检测与报警装置；上述各层平台，人员不应长时间停留，以防煤气中毒；若需要长时间停留，应与有关方面协调，并采取可靠的安全措施，否则易造成煤气中毒事故。

（6）转炉煤气回收，应设一氧化碳和氧含量连续测定和自动控制系统；回收煤气的氧含量不应超过2%；煤气的回收与放散，应采用自动切换阀，若煤气不能回收而向大气排放，烟囱上部应设点火装置，否则易造成煤气中毒事故。

三、电炉炼钢法的风险

（一）电炉炼钢工艺中主要风险

电炉炼钢工艺中的主要风险有：

（1）电炉吹氧喷碳粉作业，应加强监控。当泡沫渣升至规定高度时，应停止喷碳粉，否则会淹没氧枪造成漏水爆炸或泡沫渣过多喷溅。水冷氧枪应设置极限位，以确保氧枪与钢液面的安全距离，否则氧枪若与钢液面接触易造成氧枪漏水，形成爆炸。

（2）炉前热泼渣操作，应防止洒水过多，否则积水后会产生爆炸事故。

（3）电炉通电冶炼或出钢期间，人员应处于安全位置，不应登上炉顶维护平台，不应在短网下和炉下区域通行，否则会造成高压电击事故。

（4）电炉冶炼期间发生冷却水漏入熔池时，应断电、升起电极，停止冶炼、炉底搅拌和吹氧，关闭烧嘴，并立即处理漏水的水冷件，不应动炉。直至漏入炉内的水蒸发完毕，方可恢复冶炼，否则易发生爆炸事故。

（5）电炉炉下区域、炉下出钢线与渣线地面，应保持干燥，不应有水或潮湿物，否则会造成钢液或渣液触水发生爆炸事故。

（6）电炉加热吊运炉底、吊运电极，应有专人指挥。吊物不应从人员和设备上方越过，人员应处于安全位置，否则一旦吊运设备脱落将造成砸伤事故。

（7）正常生产过程中，应经常清除炉前平台流渣口和出钢区周围构筑物上的黏结物。黏结物厚度不应超过0.1m，以防坠落造成人员伤亡事故。

（二）电炉炼钢设备主要风险

电炉炼钢设备的主要风险有：

（1）根据国家标准规定，额定容量大于或等于40MVA的电炉变压器室，应设置CO_2等气体自动灭火系统，否则若CO_2等气体泄漏发生火灾易造成二次灾害的发生。

（2）设在密闭室内的氮、氩炉底搅拌阀站，应加强维护，发现泄漏及时处理；并应配备排风设施，人员进入前应排风，确认安全后方可入内，维修设备时应始终开启门窗与排风设施，否则易造成人员窒息事故。

（3）水冷炉壁与炉盖的水冷板、Consteel炉连接小车水套、竖井水冷件等，应配置出水温度与进出水流量差检测、报警装置。出水温度超过规定值、进出水流量差报警时，应自动断电并升起电极停止冶炼，操作人员应迅速查明原因，排除故障，然后恢复供电，否则若冷却件烧穿，冷却水漏入炉内，将发生爆炸事故。

（4）竖炉的竖井移动与停留区域下方空间，不应设置阀站等有火灾危险的建筑物，不应有电缆架或易燃管线穿越，否则易发生火灾事故。Plus2000 炉废钢预热的预热料篮旋转区域下方空间，人员应处于安全位置，否则料篮旋转时易造成碰撞人员事故。

（5）Consteel 炉废钢传送带两侧应设置宽度不小于 0.9m 的安全走道。传送带支架下方，不应有人员通行；若有道路通过，应采取可靠的防护措施，否则易发生人员卷入传送带伤亡事故。

（6）电炉供电设施及其各部位的绝缘电阻，应符合有关电气规程、规范的规定；炉壳与电极、炉盖升降装置，应可靠接地。供电设施附近，不应有易造成短路的材料与物件，否则易造成电器短路，设备损坏。

（7）炉后出钢操作室应设在较安全的位置，其正对出钢口的窗户应有防喷溅设施。操作室出入口应设在远离出钢口的一侧。炉下钢水罐车运行控制应与电炉出钢倾动控制组合在一个操作台上，以便协调操作。电炉出钢倾动应与炉下钢水罐车的停靠位置及电子秤连锁，出钢水量达到规定值，电炉回倾到适当位置后，钢水罐车方可从出钢工位开出，以保证出钢作业安全，否则出钢时若钢水发生喷溅甚至爆炸，将造成人员伤亡事故。

（8）直流电弧炉炉底冷却水管，应悬挂设置，不应采用落地管线，否则若发生漏钢易造成爆炸事故。

（9）电极连接站，应设置可靠的防护设施，否则易造成红热电极灼伤人员或损坏周围设施。

（10）采用铁水热装工艺的电炉，应能正确控制兑铁水小车的停车位和铁水罐倾动的速度与位置，否则易造成铁水溢漏事故。

四、炼钢系统事故案例

（一）爆炸风险

黑龙江勃利县钢铁总厂炼钢分厂 2 号 5t 电炉于 1993 年 6 月 21 日 6 时 25 分发生一起爆炸事故，造成 3 人死亡，2 人重伤，直接经济损失 18 万元。

1. 事故经过

事故发生在勃利县钢铁总厂炼钢分厂 2 号电炉第一作业班，6 月 21 日 6 时 25 分，2 号电炉第三炉钢进行第二次加料后，炉盖旋转尚未回位时，突然发生爆炸，导致正在炉前作业的 3 人死亡，2 人重伤。

2. 事故原因

事故的直接原因是由于投进炉内的废钢料中混入可爆物，引起爆炸。

事故的主要原因是：

（1）由于上料工由山东省新泰市劳务队组成，新工人成分多，安全意识不强，违章装料现象时有发生，致使可爆物混入料筐中。

（2）工人夜班作业至凌晨，出现疲劳现象，上料工上料把关不细，混入可爆物。

（3）该厂对有事故隐患的上料工序缺乏有效的、严格的控制手段和监督措施。

（二）起重风险

2007 年 4 月 18 日 7 时 45 分，辽宁省铁岭市清河特殊钢有限责任公司生产车间，一个装有约30t钢水的钢包在吊运至铸锭台车上方2～3m高度时，突然发生滑落倾覆，钢包倒向车间交接班室，钢水涌入室内，致使正在交接班室内开班前会的32名职工当场死亡，另有6名炉前作业人员受伤，其中2人重伤。

造成这起事故的主要原因：一是该公司生产车间起重设备不符合国家规定，按照《炼钢安全规程》的规定，起吊钢水包应采用冶金专用的铸造起重机，而该公司却擅自使用一般用途的普通起重机；二是设备日常维护不善，如起重机上用于固定钢丝绳的压板螺栓松动；三是作业现场管理混乱，厂房内设备和材料放置杂乱、作业空间狭窄、人员安全通道不符合要求；四是违章设置班前会地点，该车间长期在距钢水铸锭点仅5m的真空炉下方小屋内开班前会，钢水包倾覆后造成人员伤亡惨重。

（三）灼烫风险

2004年11月12日广东省河源市连平县元善镇穗连钢铁厂发生一起安全事故，该厂一车间的密封管破裂钢水溅出，导致1人当场死亡，9人被烧伤，其中有5人重伤。事故原因是：该厂一车间煅烧铁坯的电弧炉密封管，在高温高压作用下发生破裂，致电弧炉钢水飞溅外溢，造成此次事故。

五、炼钢系统职业危害及预防措施

（一）炼钢系统的职业危害

1. 工伤事故

炼钢生产工伤事故在钢铁工厂中最为严重，一般居钢铁厂职工伤亡率的首位，伤亡严重程度也较高。据20世纪80年代初统计，平炉与转炉炼钢厂平均死亡1.2～1.5人/（年·厂），电炉炼钢厂平均死亡为0.5人/（年·厂），死亡、重伤、轻伤比例约为1∶3∶138。按事故类别，转炉与平炉炼钢主要是灼烫，占20%，车辆伤害18%，物击15%，机具伤害10%；电炉炼钢主要是灼烫，占28%，起重伤害28%，物击19%，触电9.5%，机具伤害9.5%。按工种，主要是炼钢工占27%，注锭工、整模工、吊车司机和修炉、修罐工各占10%。国外炼钢伤亡率在钢铁工厂中也是占第一位。据西欧煤钢联营集团6个国家统计，炼钢伤亡率比炼铁高51%，比轧钢高19%，死亡事故与非死亡事故的比例为1∶519。日本炼钢伤亡率比钢铁工业平均伤亡率高一倍多。氧气转炉炼钢与平炉炼钢的生产与设备事故，主要是炉子故障，钢液、渣喷溅爆炸，氧枪与供氧系统故障，注锭或连铸漏钢，吊车故障和除尘系统故障。而电炉炼钢则电气故障事故较多，约占电炉炼钢生产设备事故的1/3以上。

2. 钢液、渣喷溅与爆炸事故

炼钢厂重大生产设备事故和重大伤亡事故主要是钢液、渣喷溅爆炸。该类事故往往造成重大损失，且事故发生概率高，约为3.35×10^{-2}次/时，属于较常发生的事故。据13个企业20世纪80年代初的统计，平均每个厂发生大喷溅15.7次、爆炸23.6次。事故原因主要是氧枪与炉子的冷却水系统漏水，氧枪坠落，炉衬与炉盖坍塌，炉料含油、水、雪、湿料、密闭容器和炸药雷管等爆炸物，炉子留钢留渣或打水压渣作业，以及其他引起突然剧烈碳氧反应，发生大沸腾喷溅爆炸等。钢液、渣喷溅爆炸类重大生产设备事故，能导致重大伤亡事故的频率较高，大喷溅为0.69次/次，爆炸为0.61次/次；且发生伤亡事故的严重程度也较高，大喷溅平均伤亡2.2人/次，其中死亡、重伤0.64人/次；爆炸平均伤亡2.1人/次，其中死亡、重伤0.7人/次。炼钢厂喷溅爆炸事故的特点是容易发生特大恶性伤亡事故。譬如，某厂转炉大喷溅伤亡55人（死亡4人，重伤1人，轻伤50人）；某厂转炉爆炸伤亡15人（死亡6人，重伤3人，轻伤6人）。此外，炼钢厂其他着火与爆炸事故也值得注意。一是大量用氧而带来的着火与爆炸事故，如某平炉炼钢厂使用氧气管在炉门和炉头吹氧，发生多次回火与爆炸事故，前后累计烧伤100多人；某炼钢厂检修氧气管道起火，现场7人全被烧死。二是电炉炼钢电气设备着火与爆炸事故，如某电炉炼钢厂多次发生炉用变压器、电抗器等起火爆炸的重大生产设备事故，每次均损失几十万元。

3. 烟尘

炼钢厂烟尘危害大，接尘工人占职工总数的39%～43%，有的平炉炼钢厂高达69%。主要尘源是吹氧烟尘，其次是出钢、出渣、浇注、整脱模和混铁炉倾倒铁水作业，修炉、拆炉和修罐作业，以及普遍使用压缩空气吹扫积尘所引起的二次扬尘。炼钢厂烟尘是含大量氧化铁粉和约20%游离二氧化硅，粒度绝大部分小于10μm的混合粉尘。其特点是量大，使用吹氧的电炉、平炉炼钢比不吹氧的烟尘量约大10～15倍。据测定，炼钢车间粉尘浓度平均为70mg/m^{3}左右，最高可达1000mg/m^{3}以上，其中修炉100mg/m^3，炉下清渣125mg/m^3，注锭平台114mg/m^3，整模33mg/m^3，铸锭吊车司机室36mg/m^3。目前，治理较好的炼钢厂岗位粉尘浓度或降到10mg/m^{3}左右，粉尘合格率可达70%以上。20世纪80年代以来，炼钢厂已开始陆续发现矽肺患者。据某钢厂649例炼钢工人胸部X光片检查，矽肺检出率为0.3%，可疑矽肺5.6%，出现网影12.6%，其中主要是修炉修罐工、炉前工、原料工和吊车工。

4. 高温热辐射危害

炼钢生产是钢铁工厂中高温热辐射危害最为严重的系统，高温工人大约占工人总数的56%～70%，有87%作业点夏季超过35℃，其他季节超过35℃的作业点达31%以上，高温岗位占岗位总数34%以上。炉前温度高达57℃，头昏、心慌、恶心等中暑前兆时常发生，尤其是高温作业引起呼吸和消化系统疾病，以及风湿性关节炎和眼结膜炎等多发病较多。据某钢厂968个慢性病例分析，胃病、关节炎和眼病约占75%，而秋冬两季门诊病例分析则以感冒较为突出，约为65%。

5. 其他危害

炼钢生产噪声污染较严重，转炉与平炉炼钢主要是气流噪声，电炉炼钢主要是振动和电磁噪声。据测定，转炉与平炉炼钢的噪声，氧枪为105～110dB，炉子兑铁水前102～107dB，兑铁水后93～102dB，注锭91～97dB，整脱模平台90～96dB；电炉炼钢熔化期118～122dB。此外，炼钢修炉和补炉用沥青焦油，整修钢锭模喷涂焦油，以及滑动水口板制作与保温产生的沥青烟气等，均含有多环芳烃类致癌物。如锭模喷涂焦油作业场所，空气中苯并芘浓度达(13.99±2.92)mg/m^3。其他如注锭和电渣熔炼烟气含氟化物，铁水预脱硫烟气含二氧化硫，混铁炉含钠离子烟尘，以及整脱模绝热板粉化产生含酚醛树脂等有机物的烟尘等。

（二）预防措施

1. 组织安全管理

炼钢生产不安全因素多、事故率高、危险性大，必须做好炼钢危险源的辨识、分析和划分的基础工作。尤其是应针对易引起钢铁液、渣喷溅爆炸，跑钢漏钢和电气设备着火爆炸等重大生产设备事故和重大伤亡事故的系统和因素进行分析。这包括炉子及其操作，氧枪和供氧，炉子和氧枪的冷却水系统，电气设施与供电，吊运钢铁水的吊车，钢浇注系统，炉料准备系统，修炉和修罐作业以及各种高空立体交叉作业等。所有这些应专门列出并作为炼钢生产的重大危险源和危险作业来强化安全管理。对于炉料、炉子冶炼、浇注和供氧、供电、供水等中心环节，必须严格执行生产技术操作规程和安全技术操作规程，开展反对"双违"活动。对于要害工艺设备和岗位，应进行安全标准化作业，制定出作业的安全标准和程序要求；还应建立现场抢救和支援体制。必须突出安全教育，强化职工安全意识，可采用目前较先进的炼钢厂强化职工自身保护安全意识的管理方法，诸如炼钢厂职工自主安全管理，安全员管理，工厂、亲属和社会多方位管理和支持安全，以及进行职工安全风险抵押承包等办法。对炼钢工、注锭工、吊车工、修炉修罐工、煤气工、电气工和爆破工，必须进行严格的专业安全技术知识的培训和考核。对拆炉用的炸药雷管和平炉开出钢口用的穿甲弹等的贮存和使用，必须严格执行国家有关规定。

2. 工程措施

不少炼钢厂都是20世纪五六十年代建设起来的，且大多炼钢厂几经扩大规模，提高产量，因此普遍存在车间布置过分拥挤，设备陈旧，事故隐患多等问题。必须设置完整的隐患检测系统，采取相应的整改措施，或者有计划地在大修和改造中逐步加以解决。对炼钢厂的主要危险源，应采取有效的安全防护措施，配备完好齐全的安装装置；对要害设备应实行"双保险"原则，应设有相应的备用电源、水源和自动切换装置。在生产工艺上，必须采取严密措施，防止炉料带有油、水、雪、湿料、密闭器皿、未烧透的石灰石及炸药雷管等爆炸物。在生产操作上，应采取有效措施，防止炼钢炉熔池突然发生剧烈碳氧反应造成喷溅爆炸，禁止使用留钢、留渣和用水或潮湿物压渣等危险作业。铁水吊车和钢水铸锭吊车必须设有防碰撞、端头缓冲、上下限位、过载保护、钢绳防断防松等安全装置。氧枪系统必须设有测量冷却水流量、温度的报警和联锁装置、防氧枪坠落的安全装置以及事故紧急开关，供氧系统的管道、闸阀和仪表应符合国家有关规定。进入厂房内的铁水线、渣线、铸锭线、整脱模线等铁路线，应设有声光报警和显示信号装置。

3. 工业卫生

炼钢生产由于普遍采用氧强化冶炼和大幅度提高产量，使车间作业环境恶化。因此，在采取各种必要的防护措施的同时，必须制定从根本上改善车间劳动环境的规划，有计划地在工厂大修或改造中逐步解决。必须重视炼钢厂已陆续发现矽肺病这一严重事实，炼钢炉、铸锭、混铁炉、整脱模和原料系统等产生尘源场所均应设除尘装置，逐步淘汰采用压缩空气吹扫积尘以致造成二次扬尘的落后方法。高温作业岗位，应有隔热设施和通风降温设施；各种高温作业吊车，应设有隔热、密闭，并带有双层钢化玻璃和空调装置的司机室。对于噪声危害，应采取隔声、消声、密闭和工人佩戴耳塞等综合治理措施。对于毒物危害，目前应着重加强各种毒物的检测及其特性的分析研究工作，并在此基础上采取相应的有效防护措施。

第六章　铸钢系统及风险

第一节　钢水二次精炼工艺流程

一、钢水二次精炼的概况

目前，经钢水二次精炼的普通钢已超过总钢产量的80%，特殊钢的钢水二次精炼比已超过95%，而且出现大量钢水二次精炼比达到100%的车间。现代炼钢流程：高炉—铁水预处理—转炉—钢水二次精炼—连铸；电炉—钢水二次精炼—连铸。钢水二次精炼技术是在初炼炉以外的钢包或专用容器中，对钢液进行炉外处理的精炼方法。钢水二次精炼处理的主要目的是脱碳、脱气、脱氧、脱硫、去除夹杂物、控制夹杂物的形态、调整成分及温度等。

二、钢水二次精炼的基本手段

如图3-85所示，为了创造最佳的冶金反应条件，所采用的基本手段不外乎加热、真空、搅拌、渣洗、喷吹及喂丝等几种。当前各种炉外精炼方法也都是这些基本手段的不同组合。

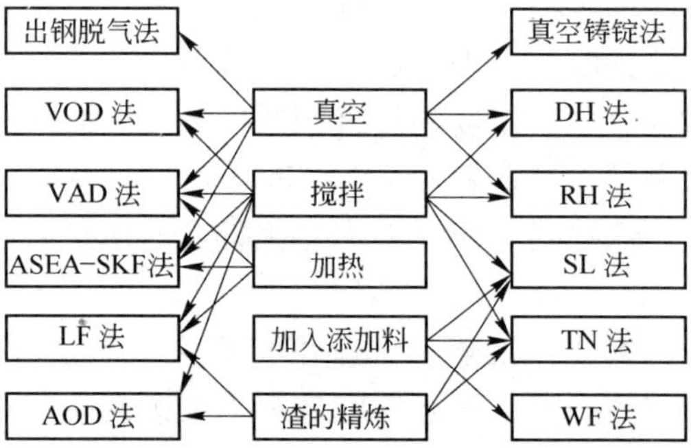

图3-85　炉外精炼不同基本操作的结合

（一）搅拌

对反应器中的钢液进行搅拌是钢水二次精炼的最基本、最重要的手段。它是采取某种措施给钢液提供动能，促使钢水在精炼反应器中对流运动。搅拌可改善冶金反应动力学条件，强化反应体系的传质和传热，加速冶金反应，均匀钢液成分和温度，有利于夹杂物聚合长大和上浮排除。

1. 气体搅拌

（1）顶吹氩。顶吹氩是通过吹氩枪从钢包上部浸入钢水进行吹氩搅拌。这一方法要求设立固定吹氩站，操作稳定也可喷吹粉剂。顶吹氩搅拌效果不如底吹氩好。

（2）底吹氩。底吹氩是通过安装在钢包底部一定位置的透气砖吹入氩气。其优点是：均匀钢水温度、成分和去除夹杂物的效果好，设备简单，操作灵便，不需占用固定操作场地，可在出钢过程或运输途中吹氩。还可与其他技术配套组成新的炉外精炼方式。其缺点是：透气砖有时易堵塞，与钢包寿命不同步。

2. 电磁搅拌

对钢水施加一个交变磁场，当磁场以一定速度切割钢液时，会产生感应电势，这个电势可在钢液中产生感应电流，载流钢液与磁场的相互作用产生电磁力，从而驱动钢液运动，达到搅拌钢液的目的。电磁搅拌能主要决定于磁场强度，而要增大磁场强度，必须增大输入感应线圈中的电流。常用的电磁搅拌装置的感应方式有基于异步电动机原理的旋转搅拌和基于同步电动机原理的直线搅拌。

3. 循环搅拌

典型的循环搅拌有 RH 与 DH。循环搅拌又称吸吐搅拌。在 RH 精炼中，钢包内的搅拌是由真空室内钢液注流进入钢包中引起的，其搅拌能为注入钢液的动能。

（二）真空

当反应生成物为气体时，通过减小反应体系的压力，可以使反应向着生成气态物质的方向移动。因此，在真空状态下，钢液将进一步脱气、脱碳及脱氧。

向钢液中吹入氩气，从钢液中上浮的每个小气泡都相当一个“小真空室”，气泡内的 H_2、N_2及 CO 等分压接近于零，钢液中的氢、氮以及碳氧反应产物 CO 将向小气泡中扩散并随之上浮排除。因此，吹氩对钢液具有“气洗”作用。采用专门的真空装置，将钢液置于真空环境中精炼，可以降低钢中气体、碳及氧含量。

（三）添加精炼剂

钢水二次精炼中钢液的精炼剂一类为以钙的化合物为基础的粉剂或合成渣，另一类为合金元素如 Ca、Mg、Al、Si 及稀土元素等。将这些精炼剂加入钢液中，可起到脱硫、脱氧、去除夹杂物、夹杂物变性处理以及合金成分调整的作用。添加方法有喷吹法、合成渣洗法和喂线法。

1. 喷吹法

喷吹法是用氩气将精炼粉剂流态化，形成气固两相流，经过喷枪直接将精炼剂送入钢液内部。由于精炼粉剂粒度小，进入钢液后，与钢液的接触面积大大增加，因此，可以显著提高精炼效果。

2. 合成渣洗法

合成渣洗法是在出钢时利用钢流的冲击作用使钢包中的合成渣与钢液混合，精炼钢液。

3. 喂丝法

喂丝法是将易氧化、密度轻的合金元素置于低碳钢包芯线中，通过喂丝机将其送入钢液内部。其优点是：添加过程无喷溅，避免了钢液再氧化；可防止易氧化的元素被空气和钢液面上的顶渣氧化，准确控制合金元素添加数量，提高和稳定合金元素的利用率；设备投资少；精炼过程温降小；处理成本低。

（四）加热

钢液在进行钢水二次精炼时，有热量损失，会造成温度下降。若钢水二次精炼方法具有加热升温功能，可避免高温出钢和保证钢液正常浇铸，增加钢水二次精炼工艺的灵活性，在精炼剂用量、钢液处理最终温度和处理时间等方面均可自由选择，以获得最佳的精炼效果。常用的加热方法有电加热和化学加热。

1. 化学加热

化学加热是利用放热反应产生的化学热来加热钢液的。常用的方法有硅热法、铝热法和 CO 二次燃烧法。化学加热需吹入氧气，与硅、铝、CO 反应，才能产生热量。

2. 电加热

电加热是将电能转变成热能来加热钢液的。这种加热方式主要有电弧加热和感应加热。

三、钢水炉外精炼方法

钢水炉外精炼方法多达几十种，从精炼方法上分为：渣洗精炼法、真空精炼法、非真空精炼法、喷射冶金及合金特殊添加法。从有无补偿加热装置分为：钢包处理型、钢包精炼型。尽管炉外精炼方法多达几十种，但比较普遍的、常用的就那么几种。

针对不同钢种、不同流程，应采用不同的炉外精炼方法，如合金钢应采用：电炉（EBT）—LF 炉—连铸；轴承钢应采用：电炉（EBT）—LF 炉—VD—连铸；电炉（EBT）—LF 炉—RH—连铸；不锈钢应采用：电炉—VOD—（LF 炉）—连铸；电炉—AOD—（LF 炉）—连铸；电炉—AOD—VOD—（LF 炉）—连铸，如图 3-86 所示。

（一）钢包精炼型

1971 年，日本特殊钢公司开发的 Ladle Furnace，简称“LF”、“LF 炉”、“LF 钢包炉”、“LF 钢包精炼炉”、“钢包炉”、“钢包精炼炉” 等。该炉采用碱性合成渣，埋弧加热，吹氩搅拌，在还原气氛下精炼。

1. LF 炉设备组成

LF 炉主要由钢包炉体、电极加热系统、吹氩搅拌系统、合金加料系统以及测温取样系统等部分组成。因 LF 炉设备简单，操作灵活，精炼效果好以及投资费用低等，而受到普遍重视，并得到了广泛的应用。

2. LF 炉主要冶金功能及精炼手段

LF 炉具有的主要冶金功能有：钢水升温、调温及保温功能；强化脱氧、脱硫功能；合金微调功能。采用的精炼手段有：吹氩搅拌；埋弧加热；造强还原气氛；造碱性合成渣；氩气搅拌。强化精炼即加速钢-渣之间接触，有利于钢液脱氧、脱硫反应，加速夹杂物的上浮及均匀钢液成分与温度。

（1）埋弧加热。LF 炉三根电极插入渣层中进行埋弧加热，这种方法辐射热小，对炉衬有保护作用，热效率高，浸入渣中石墨与渣中氧化物反应不仅提高了渣的还原性，而且还提高合金回收率，生成 CO 使 LF 炉内气氛更具还原性。

（2）制造强还原气氛。LF 炉本身不具备真空系统，但由于钢包与炉盖密封隔离空气，加热时石墨电极与渣中 MnO、FeO、Cr_2O_3 等反应生成 CO 气体，使 LF 炉内气氛中氧含量减至 0.5%，使炉内具有强还原气氛。钢液在强还原气氛条件下可以进一步脱氧、脱硫及去除非金属夹杂。

（3）造高碱度白渣。LF 炉白渣以 $CaO\text{-}CaF_2$、$CaO\text{-}Al_2O_3\text{-}SiO_2$ 为主要成分，一般渣量

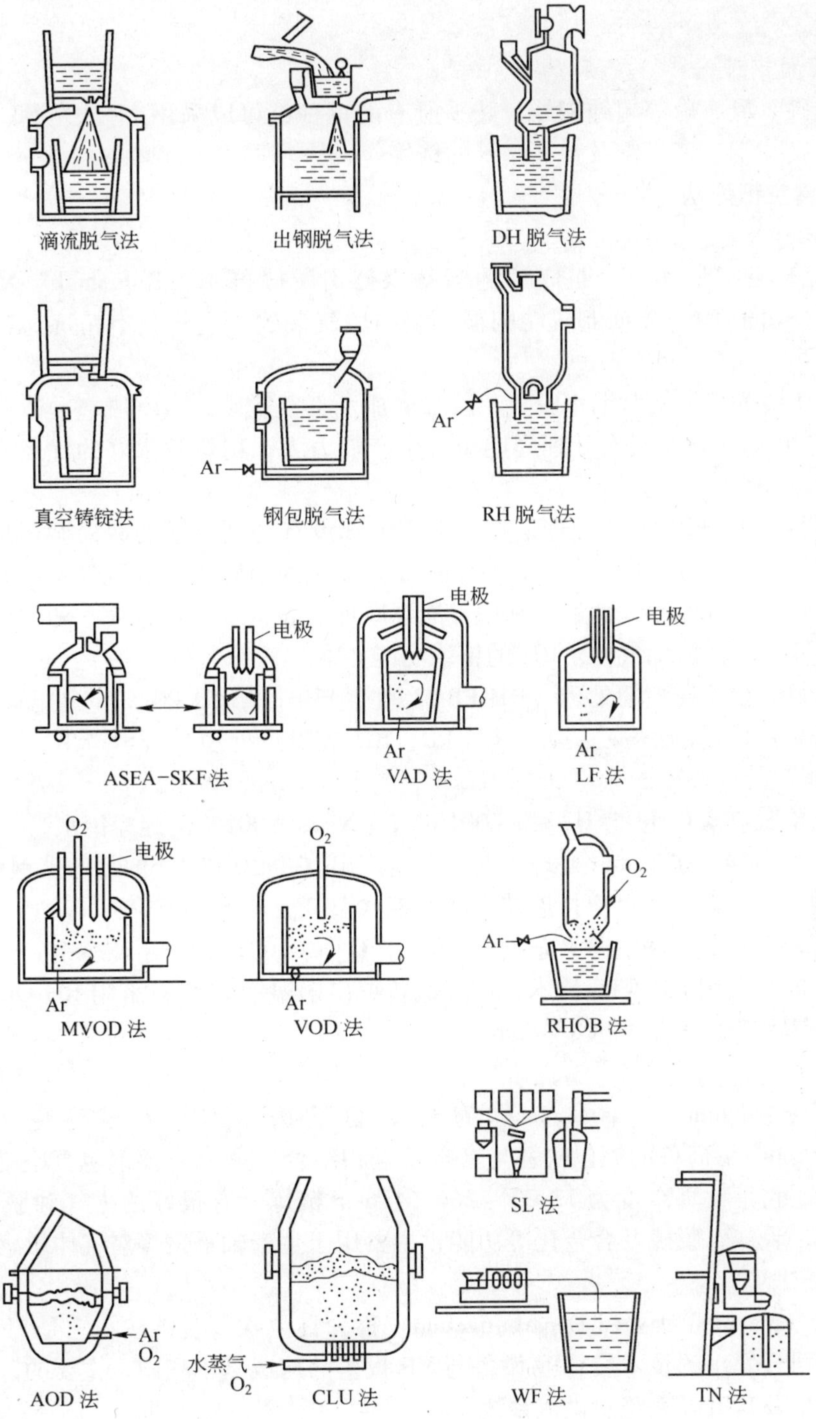

图 3-86　各种炉外精炼方法

为钢液的 2% ~4%，渣对钢液中氧化物进行吸附和溶解，达到脱氧效果。LF 炉由于有温度补偿，吹氩强烈搅拌，随渣中碱度提高，硫的分配比增大，可炼出含硫量仅为 0.0004% ~

0.0005%的低硫钢。钢液在强还原气氛、高碱性炉渣条件下可以进一步脱氧、脱硫及去除非金属夹杂。

3. 适用的钢种

除超低碳、氮、硫等超纯钢外，几乎所有的钢种都可以采用LF法精炼，特别适合轴承钢、合金结构钢、工具钢及弹簧钢等的精炼。

（二）真空精炼法

1. RH法

RH（循环真空脱气法）是联邦德国蒂森公司所属鲁尔（Ruhrstahl）公司和海拉斯（Heraeus）公司于1959年研制成功的循环真空脱气装置。它将真空精炼与钢水循环流动结合起来。

最初RH装置主要是对钢水脱氢，后来增加了真空脱碳、真空脱氧、改善钢水纯净度及合金化等功能。RH法具有处理周期短，生产能力大，精炼效果好的优点，非常适合与大型炼钢炉相配合。

RH法设备的特征与工作原理是在脱气室下部设有与其相通的两根循环流管，脱气处理时将环流管插入钢液，靠脱气室抽真空的压差使钢液由管子进入脱气室，同时由两根管子中的上升管，吹入驱动气体氩，利用气泡泵原理引导钢水通过脱气室和下降管产生循环运动，并在脱气室内脱除气体。RH的精炼功能如下：

（1）脱磷。经RH喷粉处理（RH-PB），可生产出[P]≤0.002%的超低磷钢。

（2）脱硫。RH附加喷粉装置（RH-PB、RH-MFB）处理后可生产出[S]≤0.001%的超低硫钢水。

（3）真空脱气。可生产[H]≤0.00015%，[N]≤0.002%的纯净钢水。

（4）真空脱碳。在25min处理周期内可生产出[C]≤0.002%的超低碳钢水。

（5）均匀钢水温度。可保持连铸中间包钢水温度波动不大于5℃。

（6）均匀钢水成分和去除夹杂物。生产出[O]≤0.0015%的超纯净钢。

（7）升温。采用RH-KTB技术，可降低转炉出钢温度26℃；采用RH-OB法加铝吹氧提温，钢水最大升温速度可达8℃/min。

2. VD法

VD法（Vacuum Degassing）称为真空脱气法，是由美国芬克尔父子公司（A. Finkl & Sons）将简单的钢包吹氩与真空脱气相结合，形成一种钢包真空处理方法，也叫芬克尔法。它是在真空度为13.33～266.64Pa下精炼，有很好的去气和脱氧效果。VD法具有脱氧、脱气、脱硫及合金化等功能，主要用于生产轴承钢等对气体敏感的钢种。

3. VOD法

VOD法（Vacuum Oxygen Decarburization）称为真空吹氧脱碳法，它是1965年由联邦德国维腾公司开发出的技术。VOD设备与VD设备的构成基本相同，主要的区别在于VOD法增加了氧枪及其升降系统、供氧系统。

VOD法是在真空室内由炉顶向钢液吹氧，同时由钢包底部吹氩搅拌钢水，当精炼达到脱碳要求时，停止吹氧，然后提高真空度进行脱氧，最后加Fe-Si脱氧。它可以在真空下加合金、取样和测温。因为强烈的碳氧反应，要求钢包上部的自由空间的高度为1.0～1.2m。VOD法具有脱碳、脱氧、脱气、脱硫及合金化等功能，主要用于生产不锈钢或超低碳合金钢。

当电炉初炼钢液经脱磷及脱碳至0.4% ~0.5%，以及进行适当的脱硫后进入VOD炉中。当初炼钢液中含碳偏高时，对铬的回收有利。VOD炉中脱碳量0.3% ~0.5%。

采用消耗式喷枪或水冷喷枪吹氧，可根据氧利用率控制终点碳。用VOD炉冶炼超低碳、超低氮不锈钢十分有利。

真空吹氧脱碳，钢液温度急剧由1580℃增加到1680℃；真空脱碳/合金化，温度由1680℃降到1600℃；脱气/调整温度，温度由1600℃降到1580℃左右。

（三）不锈钢炉外精炼

1. 概述

近20年来世界不锈钢产量增长了4倍以上，2003年世界不锈钢产量超过2200万吨，占钢总产量的2%以上。这是由于近年不锈钢在化工及动力设备方面的传统市场有所发展，在汽车工业及建筑业方面的应用正在扩大，不锈钢的应用深入到家庭灶具、厨具及餐具等方面。

近十年世界不锈钢生产设备开工率一直保持在90%左右，在世界总钢产量徘徊十几年的今天，其产量仍以每年6% ~7%的速率增长，这无疑促进了不锈钢炉外精炼及薄板连铸连轧的发展。当前不锈钢生产技术的发展方向是：

（1）开发新产品，如高纯铁素体不锈钢$Cr_{18}Mo_2$、$Cr_{26}Mo$等马氏体不锈钢。

（2）采用廉价原料降低生产成本，如采用高碳铬铁代替微碳铬铁，用白冰镍（NiO）代替金属Ni，应用不锈钢返回料冶炼，回收有价值金属，采取相应技术降低废料中杂质。

（3）发展不锈钢冶炼工艺，完善现有炉外精炼方法生产不锈钢的技术，开发新技术。

（4）完善配套技术，完善综合技术，特别是不锈钢连铸技术，如不锈钢带钢连铸。

炉外精炼为使用廉价的高碳铬铁、高硅铬铁提供了可能。因为钢水中铬、碳的含量与钢水的温度及生成一氧化碳的分压有一定的平衡关系。即在常压下，在炉衬所允许的温度范围内，要把钢中的碳氧化到超低碳水平，大部分铬也被氧化，此时必须重新加入微碳铬铁来补足，这样必然导致不锈钢成本剧增。

基于该原理，炉外精炼通过真空或稀释气体的作用降低CO的分压，使钢中碳氧化到很低，而铬仅少量被氧化。因此，炉外精炼可以使用廉价原料，很简便地生产各种不锈钢，其成本低、质量优良、操作方便等优点为冶金界所公认。

2. AOD法

AOD法即氩-氧脱碳法（Argon Oxygen Decarburization）。它是美国联合碳化物公司（UCC）的克里夫斯基（W. Krivsky）的一项专利，1968年乔斯琳（Joslyn）钢铁公司在世界上建成第一台AOD炉。至今UCC公司仍对世界各国AOD炉收专利费。

目前，全世界不锈钢总产量的75%是由AOD法生产的，其次是VOD法占总产量15%，其余10%为CLU法、ASEA-SKF法、RH-OB法、LFV法等生产。

AOD的原理是通过吹入熔池的惰性气体作稀释气体，降低碳-氧反应产物CO的分压，使冶炼平衡从Cr氧化移到C氧化精炼法，从而达到降碳保铬的目的。

3. AOD与VOD炉的比较

目前，不锈钢二次精炼工艺设备主要以AOD和VOD为主，而AOD法较VOD法的发展速度快，其主要原因是：

（1）采用电炉—AOD炉双联，电炉只进行熔化升温，熔化完毕初钢含碳在1.5%～2.0%即可精炼，因而生产率高，一座AOD炉可配两座电弧炉进行生产。

（2）AOD炉热效率好，脱C时可添加大量的冷却材料，添加总量可占出钢量的0%～15%，甚至可增加到25%，而VOD炉废钢或其他冷料的加入总量仅为出钢量的百分之几。因此，AOD炉除二次精炼外，还可承担部分冶炼任务。

（3）采用电炉—AOD炉双联炼钢工艺法，由于AOD炉可吹入大量气体，因此炉料的选择灵活性大，脱碳速度快，可使用100%废不锈钢或廉价的高碳铬铁及废普通碳钢来配料，对Si、S等含量限制范围较宽，故生产效率高，成本低，而VOD炉脱C量只有0.5%左右，必须在电炉或顶底吹转炉中进行脱C粗炼。

（4）AOD炉可以随时扒渣和进行二次造渣，故容易生产含硫极低的钢。

（5）AOD法比VOD法精炼过程更容易控制，易于实现自动化。

（6）AOD与VOD精炼设备相比，设备简单、投资省，AOD的投资额是VOD的1/2～1/3；维修简便、不易发生差错或事故，若生产中有些耽搁或其他问题，用AOD法钢水可以较长时间地停在炉内，通过后吹提温不会影响成分或产品质量。

但VOD法也有它的独到之处，如：

（1）通过对真空度控制，可完全控制钢液中的碳氧化进行脱碳，脱碳后，还原渣中的Cr_2O_3只需添加少量的还原剂即可。

（2）在钢包内精炼，精炼后不吸收钢液中的氮和碳，一般碳和氮含量小于0.02%，而AOD炉则在0.03%以上。所以VOD更易于冶炼超低碳、氮及氧不锈钢。

（3）VOD法的氩气消耗量少，小于$1m^3/t$，而AOD精炼不锈钢氩气消耗在$1\sim12m^3/t$，消耗氩气费用占成本的40%。目前国内虽然有较大的制氧能力，但早期建的制氧机附带制氩装置的极少。

通过比较可以看出：AOD炉设备简单、基建投资少、操作维修便利，重复性高，对原料要求不严格，可以全部使用返回钢及高碳铬铁等廉价材料，生产率高，经济性好。不仅能生产不锈钢、耐热钢、耐蚀钢、高温合金、硅钢及纯铁，还可冶炼结构钢、工具钢。而VOD法则特别适合于生产碳、氮、氧含量极低的特殊钢，以及适合于VOD所生产的钢种。

第二节 钢水二次精炼设备

一、RH法和RH-OB法设备

RH法设备的特征是在脱气室下部设有与其相通的两根环流管，脱气处理时将环流管插入钢液，靠脱气室抽真空的压差使钢液由管子进入脱气室，同时从两根管子之一吹入驱动气体，利于气泡泵原理引导钢水通过脱气室和下降管产生循环运动并在脱气室内脱除气体。它将真空精炼与钢水循环流动结合起来。RH法具有处理周期短，生产能力大，精炼效果好的优点，非常适合与大型转炉相配合。

如图3-87所示，RH真空处理设备系统主要由真空脱气室、真空室加热设备、升降和旋转设备、合金加料设备、真空泵系统和电气设备测量控制仪表等部分组成。

（一）真空室

对真空室的技术要求是：应使钢水在真空室中有足够长的停留时间，足够大的脱气表面积以及脱气过程中热损失要小，同时要易于维护，生产率要高。

如图3-88所示，真空室的外壳为焊接的钢制圆柱形容器，它由上部、下部和插入管三部分组成，各部分之间用法兰互相连接。真空室内部衬有耐火材料。在上升管的法兰结合处，安装有钢管，驱动氩气或反应气体由此通入。脱气室的顶盖上设有加合金用的圆孔、烘烤脱气室的排烟孔及窥视孔。脱气室的中、上部两侧有排气孔与抽气系统相连。

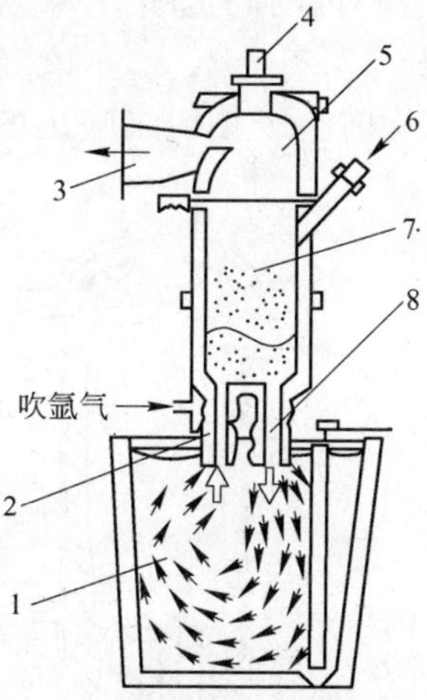

图3-87　RH法设备

1—钢包；2—上升管；3—排气孔；4—合金加料设备；5—真空脱气室；6—加热设备连接管；7—真空加热室；8—下降管

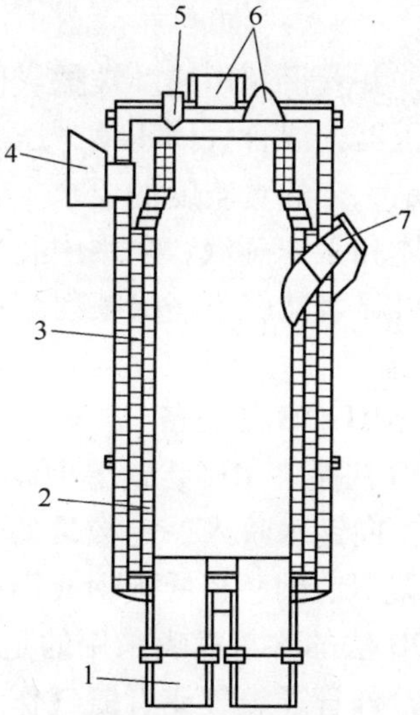

图3-88　真空室

1—插入管；2—真空室下部；3—真空室上部；4—排气管；5—加合金的连接管；6—窥视孔；7—加热设备连接管

（二）加热装置

为了减少真空处理中钢液温度下降和防止溅铁黏附在槽内耐火材料上，真空槽要进行预热。可采用各种气体或液体燃料通过预热孔喷入燃烧的方式进行预热，也可采用插入电加热器的方式。

（三）合金添加装置

在厂房上部有合金料仓若干个，每个料仓下口处有电磁振动给料器，可使合金进入称量漏斗。当合金达到预定数量后，可将其送入真空室顶部的双料钟真空漏斗内，再经电磁振动给料器，溜槽加入到真空室内。合金加入真空室时，是通过双层料钟来进行密封的，因此加料是在真空条件下进行的。

（四）真空泵系统

钢水真空处理不需要太高的真空度，一般真空度在13.33～133.32Pa之间就能满足生产工艺的要求。真空室系统一般由4～6级蒸汽泵、几个冷凝器及相应的控制仪表、闸阀管道等组成。

如图3-89所示，工作蒸汽通过喷嘴渐扩部分而得到膨胀，蒸汽的压力能转变为动能，

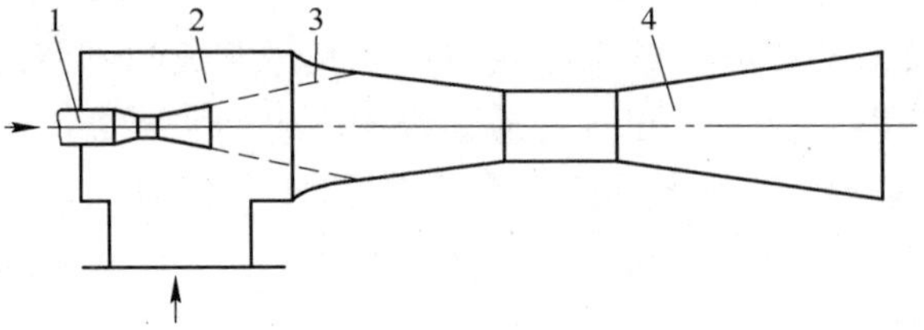

图 3-89 蒸汽喷射泵构造原理

1—喷嘴；2—真空室；3—混合室；4—扩压器

减压增速，并获得超声速。被抽气体从真空室引入，在混合室内与高速喷射蒸汽混合，随后通过扩压器，混合气体压缩，压力开始回升，从出口喷出。

为满足一定的真空度的要求，常将喷射泵串联工作。从前一级喷射泵喷出的气流中，有被抽气体和工作蒸汽。采用中间冷凝器使蒸汽被冷凝后排出，这样可显著减轻下一级喷射泵的负荷并减少蒸汽的消耗量。

（五）RH-OB 法设备

RH-OB 法是在 RH 装置上加设一套吹氧设施，在低真空的情况下，向钢水吹入一定数量的氧气，进行强制脱碳，用以生产低碳不锈钢、超低碳钢或铝镇静钢，如图 3-90 所示。

RH-OB 法的吹氧喷嘴采用的是不锈钢双层套管形式，内管吹氧用，外管通氩气或者氮气作为冷却用，外管表面涂以耐火材料。吹氧喷嘴设置在两个循环管的垂直位置。吹氧喷嘴中心线距脱气室底部耐火材料约 150mm。

已经有 RH 真空处理设备的工厂，将其改造成为 RH-OB 法，基本上不需要基建投资，在现有的 RH 真空处理设备上稍加改造即可实现。

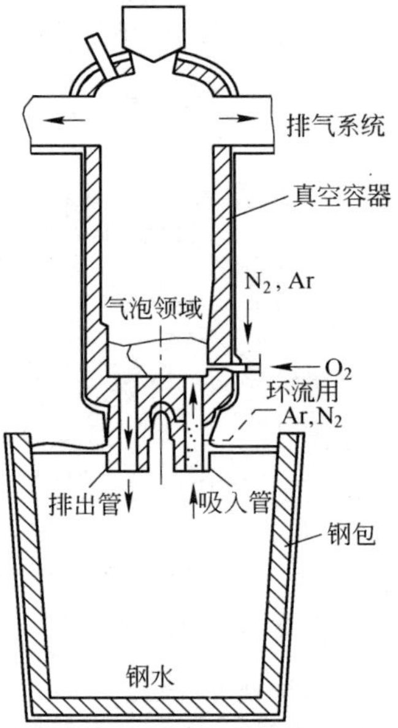

图 3-90 RH-OB 法

二、钢包精炼炉设备

钢包精炼炉的特点是同时具备真空装置和加热装置，可以完成真空脱气、电弧加热和感应搅拌钢液等工作。

钢包精炼炉设备及配备的辅助设施主要包括：

（1）电极加热炉盖和变压器；

（2）由非磁性材料制作的配有真空密封结构的钢包；

（3）水冷电磁感应搅拌器及其变频器；

（4）与真空泵相连的真空密封盖；

（5）冷却水系统以及提供压缩空气和氮气的装置；

（6）铁合金加料系统；

（7）吹氧枪；

（8）测温、取样、操作等仪表；

(9) 设备运转的机电和液压动力系统。

(一) 钢包精炼炉设备结构形式

钢包精炼炉设备结构形式分为固定式钢包炉和移动式钢包炉，如图 3-91 所示。

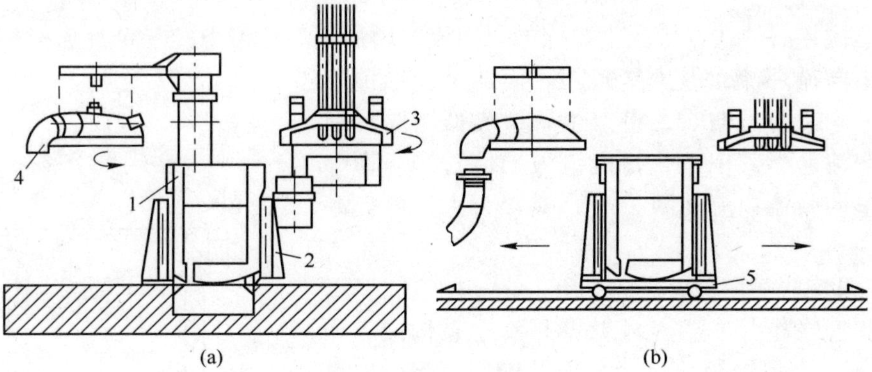

图 3-91 钢包精炼炉设备结构

(a) 固定式钢包炉；(b) 移动式钢包炉

1—炉体；2—感应搅拌装置；3—电弧加热装置；4—真空密封炉盖；5—钢包车

固定式钢包炉即钢包放在固定的电磁搅拌装置中，加热炉盖与真空炉盖交替旋转与钢包炉口盖合。移动式钢包炉即钢包炉和电磁感应搅拌装置均放在钢包车上，移动钢包车使钢包分别与固定在一定位置的加热炉盖或真空炉盖盖合，而加热炉盖或真空炉盖只相对于钢包车做上下移动。移动式钢包炉虽然多了一台钢包车，但从设备布置、生产操作来看是比较适合的，因此目前多采用移动式钢包炉，而固定式钢包炉只用于吨位较小的炉子。

(二) 钢包炉炉体及钢包车

钢包炉炉体与普通钢包相似，外壳由钢板制成，内衬耐火材料，直径也大致相同，只是比一般的钢包要高些。钢包外壳的形状是圆柱形，通常是没有锥度的。为了适应感应搅拌，让磁场穿透外壳，钢包外壳材料被搅拌器包围的部分需采用无磁性奥式体不锈钢板，其他部位采用碳素钢板。为了避免脱气及搅拌过程中钢水及炉渣从炉口溢出，熔池面至炉口之间要有一定的沸腾空间，其自由空间高度一般取 1000 ~ 1400mm。为了保证脱气时的真空密封效果，炉口做成水冷凸缘，其上表面与真空炉盖的密封胶圈密合，因此要求加工平整，以防漏气。包底通常设滑动水口，需要时还设有吹惰性气体的透气砖。炉壳上部设有取样孔，两侧装有耳轴。为了便于炉体放入圆筒形感应搅拌器中，炉壳上装有导轨。

钢包车采用坚实的横梁式结构，电磁搅拌装置和钢包炉都装在钢包车上。钢包炉是可倾动的，钢包车在轨道上运行是由液压驱动的。车上还装有对准位置用的定位装置以及电子称量系统。

(三) 电磁感应搅拌装置

感应搅拌的目的是使钢水充分脱气，加速渣、钢化学反应及金属夹杂物的上浮，保证合金成分和钢水温度均匀。感应搅拌装置主要由变压器、低频变频器和感应搅拌器组成。一般要求搅拌频率为 0.5 ~ 3Hz，钢水运动速度约 1m/s。

变压器一般采用油浸式自然冷却三相变压器。变压器经过水冷电缆将交流电供给变频器。目前多采用晶闸管低频变频器，由可调式配电盘调整电源的频率和输入功率，以达到不同要求的搅拌强度。感应搅拌器常用的有两种，一种是圆筒形，另一种是片形。

圆筒形搅拌器的缺点是产生搅拌的双回流，增加了流动阻力。一个片形搅拌器可以只产生一个单向循环流，但力量较弱。而两个片形搅拌器使用同一个磁力方向时，将产生一个类似圆筒形搅拌器的双回流，当其中一个把电流方向倒过来，即串联时产生单向旋流，流动阻力小，搅拌力大，可提高搅拌效果。

（四）真空脱气装置

真空脱气装置由真空密封炉盖和真空泵构成，如图3-92所示。真空炉盖盖口为水冷凹槽法兰圈，内设有密封胶圈与炉口凸缘相盖合，在胶圈下面设有防热挡板，炉盖离开炉体后防热板自动挡在胶圈上。炉盖上还设有窥视孔，用以观察炉内反应情况。采用真空吹氧脱碳精炼低碳钢时，可装设吹氧装置。

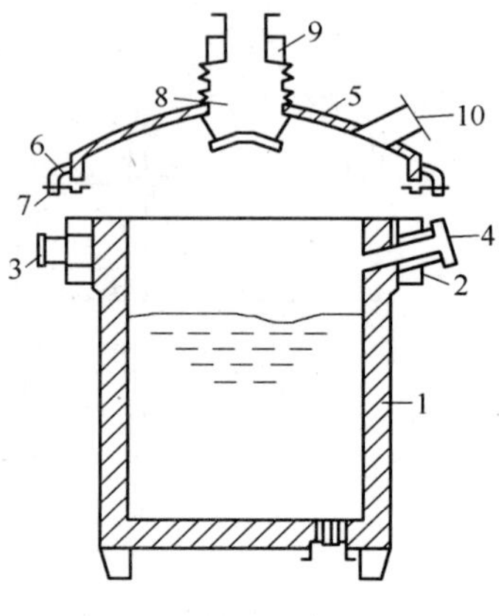

图 3-92　炉体及真空炉盖结构

1—炉壳；2—凸缘；3—耳轴；4—取样孔；5—真空密封炉盖；6—密封胶圈；7—防热挡板；8—真空管道；9—活动密封；10—窥视孔

（五）电弧加热装置

钢包精炼炉的电弧加热设备与一般电弧炉相似，电极通过炉盖插入炉内。由于加热的目的只是为了补偿在运送钢水、脱气、造渣及合金化过程中钢水的热量损失，与电弧炉相比所需功率较小，因此所用的电极较细，变压器的容量较小。

（六）加料系统

加料系统包括料仓、振动给料器、称量车、皮带运输机、布料器和加料器等。合金料仓大多采用高架式布置，根据精炼配料的需要量，合金料经给料器装入自动称量漏斗车内，称量后停止给料。称量车运行至皮带运输机处，经布料器和加料孔将合金加入钢包炉内。合金料也可从布料器经真空罐在真空下加入炉内。

真空炉盖上的加料装置是设有双层密封的真空罐，罐内设有密封卸料阀。合金料倒入罐内通过卸料阀加入炉内，以实现在真空下加料。

（七）吹氧装置

精炼不锈钢时，在真空下吹氧脱碳，可精炼出高质量、低成本的不锈钢。吹氧装置包括氧枪、氧枪升降机构、氧气调节机构和氧枪行程指示器等。

三、LF炉设备

LF法采用碱性合成渣、埋弧加热、吹氩搅拌，在还原性气氛下精炼。LF炉由炉盖、钢包、包底吹氩系统、除渣装置、加料装置、电极和电极加热系统组成，如图3-93所示。

（一）LF炉炉盖

LF炉炉盖是水冷的，炉盖内层衬有耐火材料。为了防止钢液喷溅而引起的炉盖与包体的粘接，在炉盖下还吊挂了一个防溅挡板。整个水冷炉盖在四个点上用可调节的链钩悬挂在门形吊架上，吊架上有升降机构，可根据需要调整炉盖的位置。有真空脱气系统的LF炉，除上述加热盖以外，还有一个真空炉盖，与真空系统相连，用来进行钢液脱气。LF炉的两种炉盖上都设有合金加料口、渣料加料装置及测温装置。

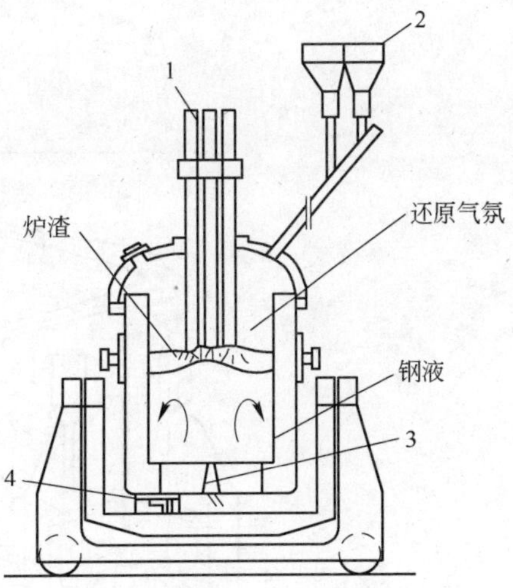

图 3-93　LF炉

1—电极；2—合金漏斗；3—透气砖；4—滑动水口

（二）LF炉炉体

LF炉的炉体是一个钢包，但与普通钢包有所不同。这种钢包的上口有水冷法兰盘，通过密封橡胶圈与炉盖密封，以防止空气的侵入。钢包底部有出钢用的滑动水口及吹惰性气体的透气砖。

（三）电弧加热装置

LF炉所用的电弧加热系统与炼钢电弧炉相同，以三根石墨电极与钢液间产生的电弧作为热源，故加热设备也与电炉基本相同。其不同之处是LF炉内无熔化过程，而且采用的是埋弧加热方法，所以与电炉相比，可采用较高的二次电压。

（四）除渣装置

LF炉精炼功能之一是靠还原性白渣精炼。为此，在LF炉精炼之前，必须将氧化性渣去掉。因此，LF炉必须具备除渣的功能。除渣的方式有以下两种：

（1）当LF炉采用多工位操作时，可在放钢包的钢包车上设置倾动、扒渣装置。当钢包车开到扒渣工位时，即可进入扒渣操作。

（2）如果LF炉采用固定位置、炉盖移动形式时，则需把钢包倾动装置设在LF炉底座上，在精炼前先扒渣，加新渣料，再加热精炼。

（五）加料装置

LF炉一般在加热工位的炉盖上设合金及渣料料斗，通过每个料斗的导向阀，定量地加入所需的合金或渣料。有真空系统的LF炉，一般在真空室盖上设合金和渣料的加料装置，其结构基本上同加热时所用的一样，只是在各接头处均需要加上真空密封阀。

（六）喷粉装置

LF炉精炼时，常采用喷粉设备对钢液进行脱硫、净化及微合金化等操作。喷粉设备包括钢包盖、喷枪、粉料分配器和粉料料仓等。喷粉采用高纯氩气做载流气体。

（七）真空泵

同其他的钢包精炼炉一样，LF炉所采用的真空泵大多数也为蒸气喷射泵，与机械泵相比，喷射泵更适用于冶金过程。因为它不必顾虑排气温度，抽出气体中的微小渣粒及金属尘埃等，而且还具有机械泵无法比拟的巨大排气能力。蒸气喷射泵的抽气能力取决于处理的钢水量、钢种及处理时间。

四、VOD炉设备

VOD炉设备如图3-94所示，它由钢包、真空罐、氧枪、真空泵、加料系统、终点控

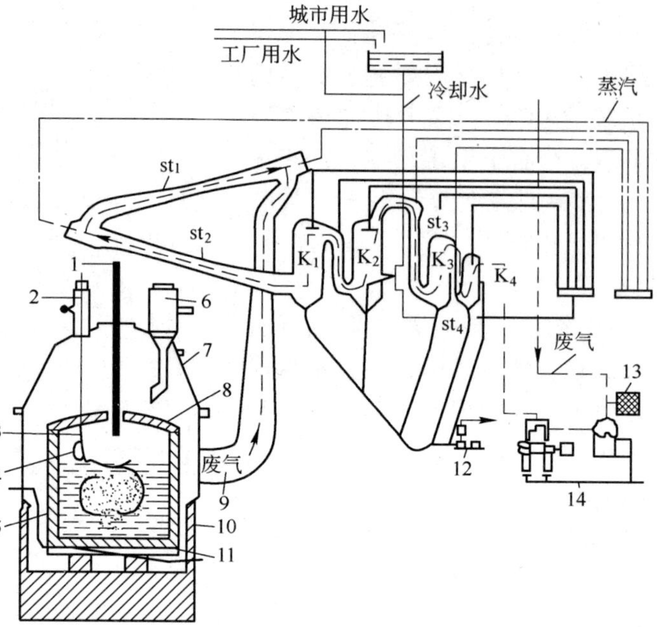

图 3-94　VOD 炉设备

1—氧枪；2—取样，测温；3—热电偶；4—样模；5—钢桶；6—合金料仓；
7—罐盖；8—防溅盖；9—废气温度测量；10—真空罐；11—滑动水口；
12—冷却水泵；13—EMK 电池；14—水环泵；
$st_1 \sim st_4$—蒸汽喷射泵；$K_1 \sim K_4$—冷凝器

制仪表和取样测温装置等组成。

（一）钢包

由于 VOD 炉有罐式和桶式的区别，钢包的结构也有所不同。罐式的钢包不设密封法兰，钢包的自由空间比较小。桶式 VOD 炉的钢包为了密封应设有法兰，为保护法兰，其自由空间比前者要加高 25% ~50%，往往要求有 1.5 ~2m 的自由空间以承受激烈的沸腾。和罐式 VOD 炉一样，为了预防钢渣喷溅，除了包盖之外，应另设防溅盖。包衬目前多采用镁白云石砖或镁铬砖。为了加速脱碳，一般将透气砖装于包底中心部位。

（二）真空罐

VOD 炉在结构上有两种形式，一种是罐式，即钢包置于真空罐内进行精炼；另一种是桶式，即钢包本身加真空室盖，并在其中进行精炼，不设真空罐。两种方式各有优缺点，但实践使人们认识到罐式 VOD 的优越性是完全可以弥补其缺点的。为了防止漏钢，真空罐下应设防漏盘，其容量应能容纳全炉钢水和炉渣，以免损坏罐体。为了减少钢渣喷溅和防止罐盖过热，在精炼钢包和罐盖之间设有防溅盖。

（三）氧枪

VOD 炉的氧枪可分为两种类型，一种是普通钢管或在钢管上涂耐火材料的消耗式氧枪；另一种为水冷非消耗式氧枪。后者又分为直管和拉瓦尔式两种。目前拉瓦尔氧枪用得较多，因为它使用起来稳定可靠，寿命很长，可以有效地控制气体成分，增强氧气射流压力。

（四）真空泵

因向真空泵吹入氧气进行脱碳时，会产生大量 CO 气体，必须及时抽出，所以和其他精炼设备相比，VOD 所配的真空泵抽气能力应该大一些。

（五）加料系统

VOD 炉的加料系统设于真空室盖上，采用多仓真空料仓，于加料前预先将料加入料仓，在精炼过程中按工艺要求分批将料加入炉内。

（六）吹炼终点控制仪表

为了控制 VOD 炉吹炼过程，一般采用以氧浓差电池为主，废气温度计和真空计为辅的废气检测系统。在备有红外线气体分析仪和热磁式定氧仪的 VOD 炉上，也可以利用吹炼过程中炉气的 CO、CO_2和 O_2的含量变化来判断吹炼终点。

五、钢包吹氩及 CAB、CAS-OB 设备

（一）钢包吹氩设备

钢包吹氩是目前应用最广泛的一种简易炉外精炼方法，它可以均匀钢水的浇注性能，同时设备简单、投资少、操作方便。为此钢包吹氩得到广泛应用，一般钢厂都规定连铸钢水必须经过吹氩处理。钢包吹氩的方式基本上分为顶吹和底吹两种方式。

顶吹是从钢包顶部向钢水内垂直插入一根吹氩枪吹氩精炼。氩枪是由厚壁钢管和高铝或黏土袖砖组成，顶端装有一个透气砖。氩气由钢管引入经透气砖吹入钢水中。氩枪装在平台上并由机械带动升降。有些钢厂在炼钢车间内安装一个吹氩台，如图 3-95 所示。

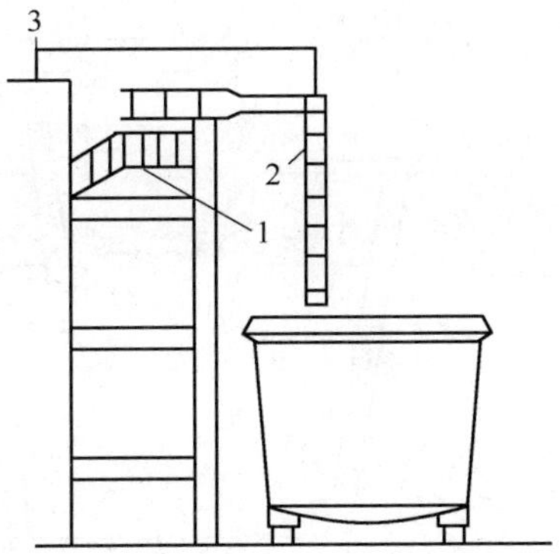

图 3-95 吹氩台

1—吹氩平台；2—氩枪；3—流量计

底吹是在钢包底部安装透气砖，氩气通过透气砖吹入钢水中。吹氩用的透气砖是由高铝质材料制成，其形状如截头圆锥，外面包有钢套。钢套底部焊有空心螺栓。用钢套包住透气砖，是为了防止氩气从透气砖的边上跑掉，使全部氩气从透气砖上面流出以搅拌钢液。透气砖安装的最佳位置是在钢包底半径的中心。容量大的钢包可采用多孔式，增强对钢液的搅拌能力。实践表明，采用底部透气砖吹氩，设备简单，适应性强，搅拌效果好。可随时吹氩，可在出钢结束时吹氩，也可在出钢过程中吹氩，甚至可在钢包移动过程中吹氩。对钢液质量要求较高的场合，特别是钢液还需进一步精炼时，一般都采用底部吹氩的方法。

透气砖的安装方式有内装式和外装式两种。钢包内衬使用寿命和透气砖寿命同步，可采用内装式。外装式便于更换透气砖，劳动条件较好。

在钢包吹氩过程中，需要进行合金成分的微调及测温、取样等操作。为此在吹氩点还设置有测温、取样及铁合金加入装置，并设有操作台，进行吹氩流量和压力的调整等操作。

（二）带盖钢包吹氩法（CAB 法）设备

带盖钢包吹氩所用钢包，起浇钢口必须采用滑动水口。钢包盖外壳用钢板焊成，内衬

耐火材料。盖上一般有测温孔、窥视孔及合金加入口。合金加入口要求设在吹氩口的上方，这样有利于合金的均匀熔化。钢包内衬一般采用熔点高、性能比较稳定的高铝砖。吹氩用透气砖一般采用 Al_2O_3 大于 85% 的高铝砖。透气砖周围先用 0.5mm 的薄铁皮全部包紧焊好，只留下与钢液接触的一端不包铁皮，与此相对的另一端焊有吹氩嘴，以便与氩气管联结。

（三）封闭式吹氩成分微调法

1. 成分高速密封吹氩法（CAS 法）

CAS 法是用来在钢包内对钢液合金元素含量进行调整的方法，如图 3-96 所示，将一个带盖的耐火材料管隔离罩插入钢液内吹氩口上方，并挡住炉渣。管内可加入各种合金元素进行微合金化。由于钢液受底部吹氩搅拌，成分与温度迅速均匀，在密封条件下受氩气保护的合金收得率很高，对镇静钢而言，钛收得率 100%，铝回收率 85%。

2. 吹氧升温精炼法（CAS-OB 法）

CAS-OB 法是在 CAS 装置上加一氧枪，并在精炼过程中加铝调温，如图 3-97 所示。吹氧升温精炼法的设备由底吹氩系统、合金称重及加入系统、隔离罩及升降机构、氧枪及升降机构、烟气净化系统、自动测温取样装置等组成。

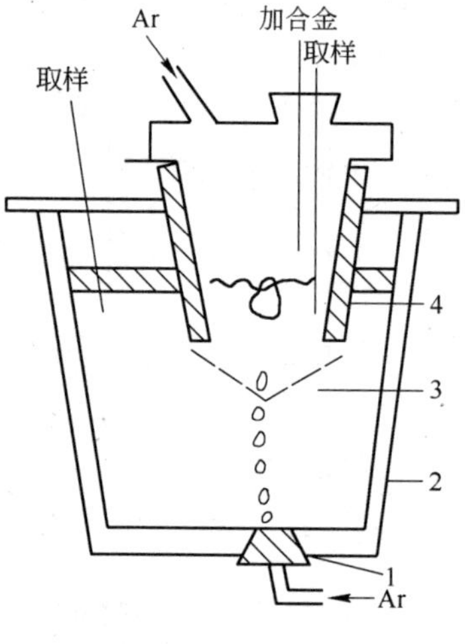

图 3-96　CAS 法

1—透气砖；2—钢包；3—装入钢包时的挡渣帽；4—高铝耐火材料管

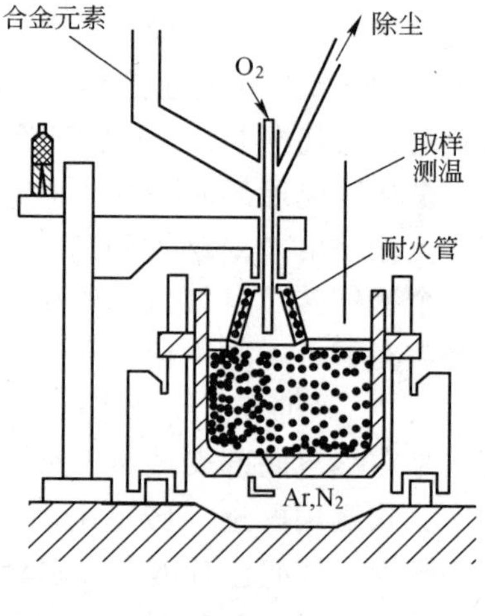

图 3-97　CAS-OB 吹氧升温精炼法

CAS-OB 法的精炼作用是：均匀钢液成分和温度，加热钢液，微调合金成分，降低钢中气体和非金属夹杂物等。由于加热是采用化学热法，故升温速度快，同时省掉了电弧加热设备。这是一种既经济效率又高的精炼方法。

六、钢包喷粉设备

钢包喷粉是利用氩气作载体，将粉料直接喷射到钢包中钢液深部的一项技术。钢包喷粉主要以提高质量为目标，可以脱氧、脱硫、改变夹杂物形态和微量合金化等，也能改善钢的浇铸性能及力学性能，对于电炉还可以缩短冶炼时间。它是一种快速精炼手段，与其他炉外精炼方法相比具有设备简单、投资少、操作费用低、灵活性大等优点，是目前提高钢质量最有效的方法之一。目前生产中应用的钢包喷粉方法主要有 TN 法和 SL 法，如图 3-98和图 3-99 所示。

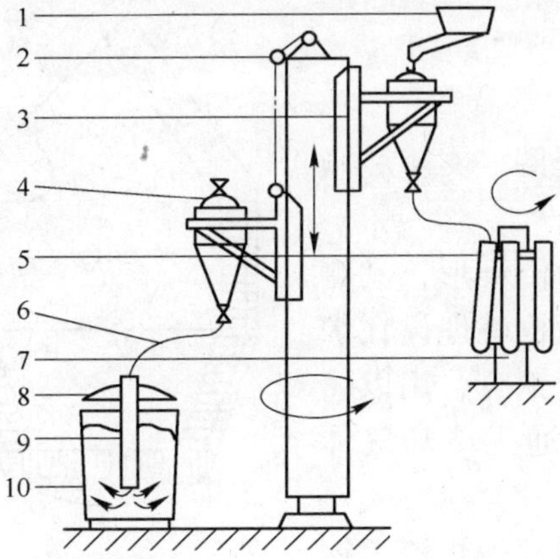

图 3-98　TN 法喷粉设备

1—粉剂给料系统；2—升降机构；3—可移动悬臂；4—喷粉罐；5—喷枪；6—喷吹管；7—喷枪架；8—钢包盖；9—工作喷枪；10—钢水包

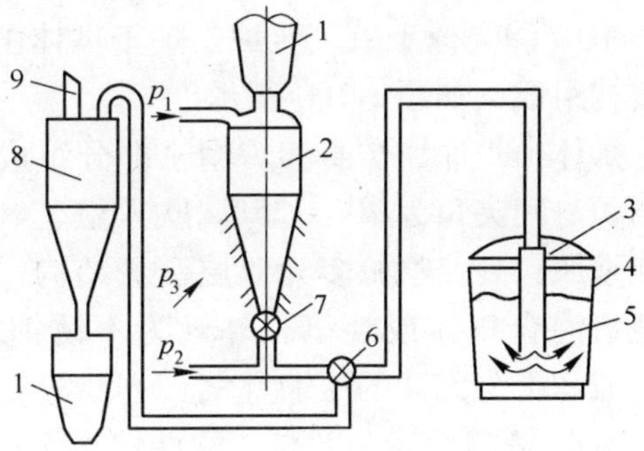

图 3-99　SL 法喷粉设备

1—密封料罐；2—分配器；3—钢包盖；4—钢水包；5—喷枪；6—三通阀；7—喷嘴；8—分离器收粉装置；9—过滤器；p_1—分配器压力；p_2—喷吹压力；p_3—松动压力

（一）TN 法喷粉设备

TN 法设备较简单，由喷粉罐、喷枪、喷枪旋转及升降机构、给料系统、气体输送系统和钢包等组成。其特点是喷粉罐容积小，可装在悬臂上与喷枪一起旋转和升降，操作方便，而且喷粉罐到喷枪距离短，压力损失小。喷粉罐可根据物料特性全流态或部分流态输送物料。喷枪由特殊钢管和特制袖砖组成，通常有直筒形、倒 Y 形和倒 T 形。生产实践表明，多孔喷枪使用效果优于单孔喷枪。

喷枪旋转及升降机构可使喷枪由准备位置进入喷射位置，喷射后进行复合。喷粉用钢包要比普通钢包高 0.2～0.3m，钢包内衬用白云石砖砌筑。钢包上有耐火材料砌筑的包盖，主要作用是为了减少喷吹过程中的热量损失和防止渣钢被空气氧化。为了集尘，往往装有与除尘系统相接的排尘管道。

（二）SL 法喷粉设备

SL 法喷粉设备较完善，除有喷粉罐、喷枪、喷枪旋转及升降机构、气体输送系统和钢包等外，还有密封料罐、粉料回收装置和过滤器等。它是一种多用途的适应性更强的喷粉设备。

SL 法一个特点是喷粉速度可用压差原理控制，以保证喷粉过程顺利进行，当喷嘴直径一定时，喷粉速度随压差而变化。采用恒压喷吹，利于防止喷溅与堵塞。另一特点是设有粉料回收装置，当更换粉料时可将分配器中残存的粉料通过三通阀送至粉-气分离器回收。用 SL 法喷粉设备还可进行假喷试验，从而获得顶气、流态化和喷口气体的压力与流速的最佳数据。SL 法钢包采用烧成的黏土砖或高铝砖做内衬。

七、AOD 炉设备

AOD 法是 1968 年美国联合碳化物公司（UCC）发明的精炼不锈钢的新技术。AOD 炉设备一般由炉子本体、供气系统、供料系统和除尘系统四部分组成。

（一）炉子本体

AOD 炉类似于氧气转炉，炉子本体由炉体、托圈、支座和倾动机构组成，如图 3-100 所示。

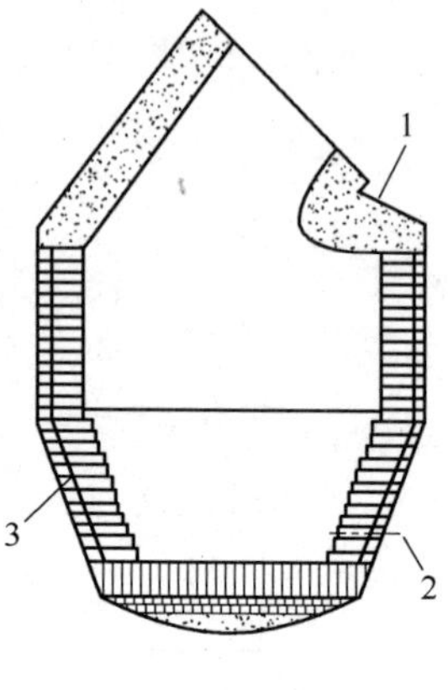

图 3-100　AOD 炉

1—炉帽；2—风口；3—炉底

炉体由炉底、炉身和炉帽三部分组成。炉底为倒锥形，其侧壁与炉身间夹角为 20°～25°。吹入氩、氧气体的喷枪就埋设在炉底侧壁风口处。喷枪多为双层套管结构，内管为紫铜管，用以通入氩氧混合气体或纯氩。外管为不锈钢管，用以通入冷却气体氩、氮和干燥无油的压缩空气。

AOD 炉的精炼温度高，酸性炉渣作用期长，受高速炉渣、钢液、炉气的涡流冲刷作用剧烈，炉衬蚀损严重。炉衬多使用碱性耐火材料。

（二）供气系统

AOD 炉是氩、氧和氮气的使用大户，为了贮存足够的气体，需要分别配置氩、氧和氮气的球罐。为了向 AOD 炉输送气体，需要铺设相应的管道和配备必要的阀门。在 AOD 炉上使用两种气体，分别为按一定的压力和比例配备成的混合气体和冷却气体，需要装设相应的混气包和配气包以及流量调节阀、流量计、压力调节阀等。供气系统按工艺设定后，可程序控制，也可手动控制。

（三）供料系统

为了减轻劳动强度，使造渣材料和铁合金装炉机械化，需要设置足够数量的高位料仓，每个料仓下面装设电磁振动给料器。为了运送这些材料，还需要配置抓斗和皮带运输机等运输工具。

（四）除尘系统

由于在 AOD 炉内进行吹氧脱碳，排放的 CO、CO_2 等气体量极大，由此夹带出的粉尘量也极为可观。如不采取措施消除，势必超过国家规定的粉尘排放标准。AOD 炉多采用干式滤袋除尘法。炉气经炉口混合燃烧，冷却到 300℃ 左右，再经混合管二次混风冷却到 100℃ 左右进入滤袋除尘器。烟气经滤袋净化后，由风机抽出，经烟囱放入空气中。如进入滤袋前烟气温度超过 120℃，则通过管道上的切断阀控制。烟气经旁通管，再经抽风机进入烟囱而排至空气中，从而保证滤袋除尘器的安全运行。

（五）控制系统

AOD 炉的控制系统主要有如下控制功能：

（1）对炉体运转进行显示和控制；

（2）对生产过程中各类气体压力、流量和消耗量进行显示和控制；

（3）对各类管道、阀门的动作，实行自动化控制，并在屏幕上用画面显示；

（4）对生产各期工序进行显示和控制。

除此之外，还设有各类打印机，以便记录操作过程中各类工艺参数和消耗指标。其主要控制方式是通过集散控制仪进行控制，通过荧屏进行显示。另外，用 PLC 来控制 AOD 炉的倾动角度和各工序的动作。

八、喂线机

喂线机也称喂丝机，作为一种炉外精炼装置现已在国内外得到广泛使用。对脱氧、脱硫、合金化、改善钢水浇铸性能、改变夹杂物形态等，均有明显效果。喂线机可将包有合金的芯线以一定的速度直接喂入钢包、中间包、中注管或结晶器内钢液中。

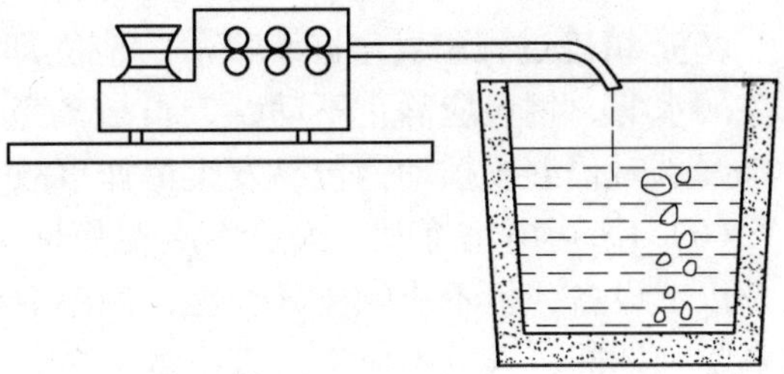

图 3-101 喂线机

（一）喂线机

喂线机由主机、芯线架和控制系统组成，如图 3-101 所示。

主机由多组辊轮组成的送线机构、行走小车和喂线导管等组成，是完成喂线的执行机构。

辊轮可正反旋转，速度和间隙可调。包芯线靠下辊轮驱动，上辊轮靠手动或气动夹紧芯线，使芯线和下辊轮间有足够的摩擦力来实现喂线。行走机构是由交流电驱动的小车，使主机沿轨道前进或后退。喂线机前面安装有导线管装置，导线管可升降，并可拆下更换。

芯线架有多组支架存放芯线，线盘放在线架上。调节拉紧螺栓，将线盘牢固地固定在线架上，便可开始喂线。外抽头线架、放线盘可转动，线架上设有抱闸机构和控制装置。

喂线时，喂线机把芯线从放线盘拉出矫直后经导线管垂直喂入钢液中。为了控制芯线的喂入速度和长度，喂线机上装有显示喂线长度的计算器和速度控制器，整个喂线过程由计算机自动控制。芯线以一定的速度喂入预定长度后，喂线机自动停止工作。

（二）喂线机的形式

喂线机按喂线根数可分为单线和双线两种。一般双线喂线机应用比较多，它可同时喂入包芯线和裸铝线，也可以单独喂入其中一根线。

按放线盘抽头形式喂线机又可分为内抽头和外抽头两类。外抽头式可使用各种不同断面形状的芯线，但必须要注意线架抱闸的同步，设备可靠性要求高，送线动力要大。内抽头式不需要带抱闸的线架，但启动时因芯线拉动的惯性易造成散乱和折断。内抽头式拉线时芯线要扭曲，每抽一圈会扭转 360°，这要求芯线的断面必须是圆形。

第三节 钢水二次精炼系统的风险

一、钢水二次精炼生产操作的风险

钢水二次精炼生产操作的风险有：

(1) RH 或 RH-KTB 新的或修补后的插入管，应经烘烤干燥方可使用；VD、VOD、

RH 或 RH-KTB 真空罐新砌耐火材料以及喷粉用喷枪，应预热干燥，否则若未干燥易发生爆炸事故。

（2）应做好精炼钢包上口的维护，防止包口黏结物过多，若黏结物过多，易造成脱落后砸伤人员事故。

（3）氩气底吹搅拌装置应根据工艺要求调节搅拌强度，若搅拌强度过大易发生喷溅或溢钢。

（4）炉外精炼区域与钢水罐运行区域，地坪不得有水或潮湿物品，否则易发生爆炸事故。

（5）精炼过程中发生漏水事故，应立即终止精炼，若冷却水漏入钢包，应立即切断漏水件的水源，钢包应静止不动，人员撤离危险区域，待钢液面上的水蒸发完毕方可动包，否则漏水时仍继续摇动钢包易发生爆炸事故。

（6）LF 通电精炼时，人员不应在短网下通行，工作平台上的操作人员不应触摸钢包盖及以上设备，也不应触碰导线体；测温取样时应断电；RH、RH-KTB 采用石墨棒电阻加热真空罐期间，人员不应进入真空罐平台，否则易发生触电事故。

（7）RH、RH-KTB 的插入管与 CAS-OB、IR-UT 的浸渍罩下方，不应有人员通过与停留；精炼期间，人员应处于安全位置，否则易造成人员烫伤、烧伤。

（8）AOD 的配气站，应加强检查，发现泄漏及时处理。人员进入配气站应预先开启门窗与通风设施，确认安全后方可入内，维修时应始终开启门窗与通风设施，否则易发生中毒事故。

（9）吊运满包钢水或红热电极，应有专人指挥；吊放钢包应检查确认挂钩、脱钩可靠，方可通知司机起吊，若挂钩、脱钩未到位便起吊，易发生钢包掉落等重大事故。

（10）喂线机卷放置区，宜设置安全护栏；从线卷至喂线机，凡线转向运动处，应设置必要的安全导向结构，确保喂线机工作时人员安全；向钢水喂线时，线卷周围 5m 以内不应有人，若操作人员违规靠近线卷，极易将操作人员卷进钢水中造成人员伤亡。

二、钢水二次精炼设备及相关设施的风险

钢水二次精炼设备及相关设施的风险有：

（1）若工厂停电或因故断电，很容易使精炼设备中的水冷元件供水中断造成元件烧坏，甚至漏水造成爆炸事故。受钢液高温影响的水冷元件，应设可靠的断电供水设施，确保在断电期间保护设备免遭损坏；可能因冷却水泄漏酿成爆炸事故的水冷元件，如 VOD、CAS-OB、IR-UT、RH-KTB 中的水冷氧枪，应配备进出水流量差报警装置；报警信号发出后，氧枪应自动提升并停止供氧，停止精炼作业。

（2）VOD 与 RH-KTB 等真空吹氧脱碳精炼装置、蒸汽喷射真空泵的水封池易泄漏煤气，造成煤气中毒事故，所以应密闭，并设风机与排气管，排气管应高出厂房 2～4m。所在区域设置“警惕煤气中毒”、“不准停留”等警示牌。

（3）LF 与 RH 电加热的供电设施若绝缘措施不到位易造成设备短路和人员触电事故，因此，应遵循有关电气规程、规范，设备与线路的绝缘电阻应达到规定值，电极与炉盖提

升机械应有可靠接地装置；若 RH 与 RH-KTB 采用石墨电阻棒加热真空罐，真空罐应有可靠接地装置。

（4）蒸汽喷射真空泵的喷射器在运行时会发出尖锐的噪声，造成噪声污染，因此应包裹隔声层，废弃排出口与蒸汽放散口应设消声器。

（5）RH 装置的钢水罐或真空罐升降液压系统若自动换向阀失灵或损坏易影响生产正常、连续地进行，因此应设手动换向阀装置。

第四节 连铸工艺流程

一、连铸中间包冶金与结晶器冶金

（一）中间包冶金

当前对钢产品质量的要求变得更加严格。中间包不仅仅只是生产中的一个容器，而且在纯净钢的生产中发挥着重要作用。在现代连铸的应用和发展过程中，中间包的作用显得越来越重要，其内涵在不断扩大，从而形成一个独特的领域——中间包冶金。中间包冶金具有如下两大功能：

（1）净化功能。防止钢水二次氧化；改善钢水流动形态、延长钢水在中间包内停留的时间，从而促进钢水中夹杂物的上浮分离。

（2）采用附加的冶金工艺完成中间包精炼功能，如夹杂物形态控制、钢水成分微调、钢水温度的精确控制等。

1. 中间包流动特征的控制

控制中间包内钢液流动的主要目的是：消除包底铺展的流动，使下层钢液的流动有向上趋势，延长由注入流到出口的时间，增加熔池深度以减轻旋涡等。

在中间包设计中，一方面要增大中间包容量；另一方面在容积一定的条件下，增大有效容积，减小死区体积。增大中间包容积，使钢液平均停留时间增加，有利于夹杂物去除。对于不够大的中间包，可通过改进内部结构，如加设挡墙或导流隔墙并采用过滤器等，改变钢液流动的途径，延长滞止时间。小方坯连铸使用的多水口中间包，各流钢液的停留时间分布曲线差别较大，外侧各流钢液停留时间长，造成温度不均，应设法尽可能使各流停留时间分布均匀化，以利于均匀温度和成分。目前改进中间包内钢液流动特征的途径主要有：包型的改进、挡墙和挡坝的合理设置等。中间包应用挡墙和坝后钢液流动特征，如图 3-102 所示。

2. 中间包内吹惰性气体

从中间包底部通过透气砖吹入惰性气体的主要作用是：有效改变中间包内钢液流动状况；促进夹杂物上浮。

3. 中间包加热技术

在连铸生产过程中，中间包开浇、换钢包和浇注结束时，钢水温度还是处于不稳定状态。这种不稳定状态给连铸浇注带来下列不利影响：

（1）不利于中间包钢水夹杂物上浮分离。

（2）中间包钢水温度不稳定加重了结晶器坯壳生长的不均匀性，严重时会导致漏钢。

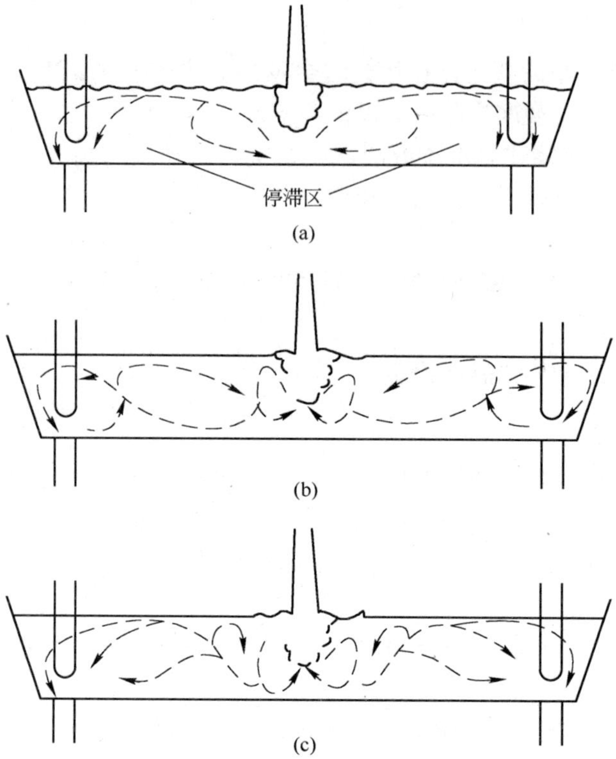

图 3-102 中间包内钢液流动特征对比

（a）中间包内钢液无控制；（b）中间包内砌有挡墙；（c）中间包内挡墙和坝联合使用

（3）温度降低过大，开浇时会出现水口凝钢，甚至使开浇失败，要相对提高中间包钢水目标温度值，就必须提高出钢温度。

为此，在开浇初期，换钢包、浇注末期对中间包加热，以补偿钢水温度的降低，使中间包钢水温度保持在目标值附近。这将有利于浇注操作，提高铸坯质量。在正常浇注期间，适当加热可以补偿钢水温度自然温降。

4. 中间包加钢水覆盖剂

中间包加钢水覆盖剂的作用是：绝热保温，吸收上浮夹杂，隔绝空气。

根据钢种的需要可以综合应用上述各种精炼方法，提高钢的纯净度，改善铸坯质量，如图 3-103 所示。

（二）结晶器冶金

结晶器是水冷的铜模，钢水进入后初步凝固成形，并形成一定厚度的凝固坯壳。若实施必要手段可以完成以下的冶金功能。

1. 夹杂物的上浮与排除

进入结晶器的钢液中，总是有一些夹杂物，而且钢液在结晶器凝固时，还会有新析出的夹杂物。所以采取一些措施，促进结晶器中夹杂物上浮是必要的，结晶器是保证连铸坯清洁性的最后一关。在结晶器中促使夹杂物上浮是比较困难的，这主要是因为在结晶器中钢水处于剧烈的搅动状态，还受钢流流动与拉速影响。因此，要创造钢水的合理流动状态

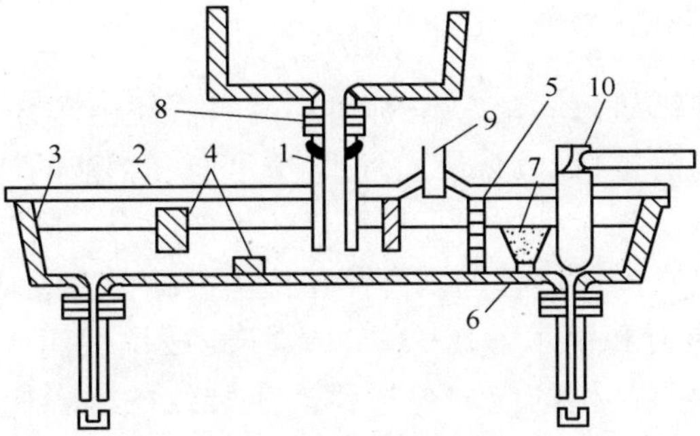

图 3-103　中间包提高钢水纯净度的各种方法

1—长水口 + 吹氩气；2—封盖；3—中间包内衬；4—挡墙和坝；
5—过滤器；6—吹氩气搅拌；7—覆盖渣；8—渣子探测器；
9—加热装置；10—塞棒

使夹杂物不被生长的凝固界面捕捉，并能顺利地从液相穴上浮分离出去。目前通常采取的措施主要有：

（1）对于板坯采用电磁制动技术，使注流速度降低，注流深度减小，从而使铸坯中夹杂物减少。

（2）合适的浸入式水口形状、出口倾角，合理控制水口浸入深度。

（3）结晶器液面自动控制技术，保持结晶器液面稳定，防止卷渣。

（4）使用性能优良的合适的结晶器保护渣。

（5）采用结晶器电磁搅拌技术。在结晶器中使用低频旋转磁场，可减小从水口流出的钢液的穿透深度；而且由于夹杂物与钢水的电导率不同，从而钢液与夹杂物受的电磁力不同，二者结合，均有利于气体、夹杂物上浮，实践中也证明了这一点。

2. 凝固坯壳的均匀生长

过热钢水强制对流会冲刷已凝固的坯壳使之重熔，从而出现坯壳厚度不均匀。目前主要通过合适的浸入式水口形状与出口倾角或使用结晶器电磁搅拌技术，保证坯壳的均匀生长。

3. 控制凝固组织

在结晶器内加微型冷却剂降低钢水过热度，使结晶器内钢水在液相线温度凝固，或采用结晶器电磁搅拌技术，使结晶器的平均热流量增加，铸坯内部的温度分布趋于均匀并降低凝固前沿的温度梯度，增加铸坯等轴晶，改善铸态组织，减轻中心疏松。

4. 结晶器微合金化

使用合金包芯线或金属丝直接喂入钢水中，不仅精确控制成分，而且合金元素损失少，回收率高且稳定。通过中间包塞棒和浸入式水口喂入 Al、Ti、Ba 等包芯线，进行微合金化，可防止 Al_2O_3、TiO_2、TiN 堵塞水口。结晶器中喂入稀土丝，可以防止浸入水口下部结瘤，改善铸坯凝固组织，提高等轴晶率，改善铸坯中硫化物夹杂形态和分布。

二、连铸拉速的控制

拉坯速度通常是指连铸机每一流单位时间从结晶器拉出铸坯的长度（m/min），或每一流单位时间内拉出铸坯的重量（t/min）。拉坯速度应和钢液的浇注速度相一致。它是连铸机的重要工艺参数之一，其大小决定了连铸机的生产能力，同时又直接影响钢水的凝固速度、铸坯的冶金质量以及连铸过程的安全性。拉速过高会造成结晶器出口处坯壳厚度不足，从而不足以承受拉坯力和钢水静压力，以致坯壳被拉裂而产生漏钢事故；即使不漏钢，当钢水静压力和拉坯力产生的应力超过钢产生裂纹的临界应力就会造成铸坯形成裂纹。因此，合理控制拉速，不但可以保证连铸生产的顺利进行，而且可以提高连铸生产能力，改善铸坯的质量。

（一）拉速的确定原则

确保铸坯出结晶器时能承受钢水的静压力而不破裂，对于参数一定的结晶器，拉速高时，坯壳薄；反之，坯壳厚。一般拉速应确保出结晶器的坯壳厚度。

（二）连铸拉速的控制

拉速的影响因素主要有：机身长度的限制；拉坯力的限制；结晶器导热能力的限制。此外，拉速的控制还和中间包钢流控制装置——滑动水口、定径水口和塞棒有密切的关系。现从工艺角度分析这三种方式的工艺特点。

1. 滑动水口式

滑动水口通过滑板的滑动控制钢流的大小。其优点是行程较长，能精确调节钢水流量，工作安全可靠，寿命较长，且易于实现自动控制。

2. 定径水口式

定径水口控制系统主要用于小方坯。因为浇注小断面铸坯的拉速高，用塞棒控制钢流容易造成结晶器内液面波动大，而采用定径水口控制流量稳定。一般情况下，只要中间包中钢水液面稳定，流量即可稳定。但是为稳定流量，定径水口的直径必须保持恒定。

3. 塞棒式

塞棒控制是通过塞棒的升降来控制钢流的大小的。其结构有组合式和整体式两种。前者由多节袖砖和塞头组合而成。组合式塞棒在使用过程中，钢水易从接缝中浸入而引起塞棒断裂和掉塞头事故。因而使用铝碳质，由等静压成形的整体塞棒效果较好。塞棒控制的优点是开浇时控制方便，常能做到一次开浇成功。此外，能够有效地防止钢水发生旋涡，从而可避免把渣子带入结晶器。

目前还有采用塞棒和滑动水口双重控制的，开浇时采用塞棒控制利于稳定，浇注过程采用滑动水口控制。

三、连铸过程冷却控制

（一）结晶器一次冷却控制

1. 冷却水流量

冷却水流量越大，冷却强度也越大。但当冷却水的流量增加到一定数值后，冷却强度就不再增加。冷通水的流量是根据经验确定，以在一定工艺条件下钢水在结晶器内能够形成足够的坯壳厚度和确保结晶器安全运行为前提。

2. 冷却水压力

结晶器冷却水压力一般控制在0.4~0.7MPa，为了防止结晶器水缝产生间断沸腾，可提高水压，缩小水缝，以增加水流速避免结晶器铜管产生热变形。实际生产操作中一般使水压保持在0.5MPa左右，不应低于0.4MPa。

3. 冷却水温度

生产中要保持结晶器冷却水量和进出温度差的稳定，以利于坯壳均匀生长。结晶器冷却水进出温度差应低于10℃，一般控制在3~8℃。

（二）结晶器二次冷却控制

二次冷却是指出结晶器的铸坯在连铸机二冷段进行的冷却过程。其目的是对带有液芯的铸坯实施喷水冷却，使其完全凝固，以达到在拉坯过程中均匀冷却。

1. 确定冷却强度的原则

二次冷却通常结合铸坯传热与铸坯冶金质量两个方面来考虑。铸坯刚离开结晶器，要采用大量水冷却以迅速增加坯壳厚度，随着铸坯在二冷区移动，坯壳厚度增加，喷水量逐渐降低。因此，二冷区可分若干冷却段，每个冷却段单独进行水量控制。同时考虑钢种对裂纹敏感性有针对性的调整二次冷却喷水量。

确定冷却强度的原则为：

（1）在确定冷却强度时必须根据不同钢种的需要，特别是裂纹敏感性强的钢种，要采用弱冷。

（2）避免铸坯表面温度局部剧烈降低而产生裂纹，应使铸坯表面横向及纵向都能均匀降温，通常铸坯表面冷却速度应小于200℃/m，铸坯表面温度回升应小于100℃/m，铸坯断面越大，其铸坯表面冷却速度及铸坯表面温度回升应越小。

（3）二冷配水应使得矫直时铸坯表面温度避开脆性“口袋区”，控制在钢延性最高的温度区，对于低碳钢，矫直时铸坯表面温度应大于900℃。对于含Nb的钢，矫直时铸坯表面温度应大于980℃，在整个二冷区应限定铸坯表面温度，铸坯表面温度通常控制在1100℃以下。

（4）在整个二冷区应当采取自上而下、冷却强度由强到弱的原则。

2. 二次冷却方式

二次冷却方式有以下几种：

（1）气-水喷雾冷却。气-水喷雾冷却目前主要应用在特殊钢方坯连铸机及对铸坯质量要求高的板坯连铸机。气-水喷雾冷却可按气和水相交的方式不同分为外混式结构和内混式结构。外混式结构是气和水在喷口处混合；内混式结构是气和水在喷口以前的混合管内混合。

气-水喷雾冷却的优点为：

1）流量控制范围大，一个喷嘴就可适应多钢种和所有拉速的需要。

2）气-水喷嘴喷孔口径较大，堵塞事故发生率低。

3）水滴细小，冲击力大，被蒸发的水量，冷却效率高，未蒸发的水相对减少，对改善铸坯边角过冷有明显效果。

4）气-水喷嘴冷却的覆盖面大，铸坯表面冷却均匀。铸坯表面温度波动范围缩小到50～80℃，而水喷雾冷却铸坯表面温度波动在200～300℃。

（2）水喷雾。水的雾化仅靠所施加的压力和喷嘴的特性。按照喷出水雾的形状不同，雾化喷嘴分为实心圆锥、空心圆锥、矩形、扁平形四种，目前我国普通钢方坯连铸机广泛采用喷淋冷却。

喷淋冷却的缺点为：

1）喷孔节流部分的直径很小，易堵塞喷嘴。

2）冷却不均匀，冷却水利用率不高。喷射到铸坯表面的水，小部分被蒸发，大部分集存在铸坯表面与辊子接触处的尖角内并向两边横流，而后通过铸坯两侧边缘下流，使铸坯边角部区域过冷。特别是弧形连铸机，内弧面导辊处容易积存水，造成内外弧冷却不均匀。

3）喷淋冷却调节流量的范围不大。喷嘴的流量大致与喷嘴内外压差的平方根成正比。因此，通过增加水压的办法来提高冷却强度效果很差，只能更换大流量的喷嘴才能达到目的。

（3）干式冷却。干式冷却是依靠导辊间接冷却的一种弱冷方式。与喷水冷却相比，干式冷却能提高铸坯表面温度，铸坯显热增加，有利于浇注裂纹敏感的钢种。

它的优点是：铸坯表面质量良好，适于浇注裂纹敏感性强的钢种；铸坯温度高，适于热送与直接轧制；省去了水喷雾系统，使二冷区的管路设施得以简化，降低了操作成本。

3. 二次冷却水的分配

实际生产中对二次冷却水量的分配有以下几种方案：

（1）等负荷给水。在二冷区的各段采用相同的给水量，保持传热系统不变。这种方法配水简单、操作方便。

（2）分段按比例递减给水量。水量按由上至下递减的原则进行控制。这种方案的优点是：冷却水的利用率高，操作方便，并能有效控制铸坯表面温度的回升，从而防止铸坯鼓肚和出现内部裂纹。

（3）等表面温度变负荷给水。铸坯进入二冷区，即加大冷却强度以加快铸坯的凝固速度，使铸坯表面温度迅速降至出拉矫机的温度，即900～1100℃。然后逐渐减少给水量，使铸坯表面温度不变。这种方案的优点是：上部冷却强度大，铸坯凝固快，收缩也均匀，有利于减少铸坯的内部缺陷及形状缺陷。

4. 二次冷却的控制方式

二次冷却的控制方式有：

（1）人工配水。人工配水方法一般是由工艺人员在开浇前按设计好的配水表，根据不同钢种、不同断面以及不同拉速，按一定的冷却强度设定二冷总水量和各段冷却水量。配水工根据实际拉速迅速调整各阀门的开度使供水流量达到配水表上的要求。然后用目测或用红外辐射测温仪测量二次冷却区出口铸坯表面温度，适当调整水量，使铸坯表面温度控制在1000℃左右，达到控制水量的目的。由于人工配水受到人为因素的影响，特别是拉速变化时水量控制的滞后现象，这种控制方式难以保证铸坯质量。

（2）参数控制。这种方法是计算机过程控制，是一种动态控制，它不仅考虑拉速，还考虑了浇铸温度、铸坯宽度等因素。

（3）比例控制。比例控制即二次冷却的水量按拉速成一定比例的控制。实际上与人工控制的计算方法相同，仅是用 PLC 或计算机指令来控制水阀门的开度，使水流量接近设定值。此时流量计会将流量信号反馈到 PLC，经过 PLC 对信号的处理及比较，然后再调整阀门开度，使水量精确地控制在设定值上。

（4）目标表面温度动态控制。该方法是考虑到钢种、拉速及浇注状态，由计算机对二次冷却配水的控制所建立的数学模型，每隔一段时间计算一次铸坯表面温度，并与考虑了二冷配水原则所预先设定的目标表面温度进行比较，根据比较的结果给出各段冷却水量，以使得铸坯的表面温度与目标表面温度相吻合。

四、连铸操作工艺

（一）钢包浇注

钢包浇注的具体操作为：

（1）钢包到达回转台上，转至浇注位置，并锁定。停止中间包的烘烤，并关闭塞棒或滑板。

（2）将中间包小车由烘烤位开到浇注位，并将水口与结晶器对中。

（3）下降中间包，将浸入式水口伸入结晶器到设定位置，重新开启塞棒或滑板，确信正常并再次关闭。

（4）将钢包旋转至浇注位，下降钢包，并安装保护管。

（5）打开钢包滑动水口，钢水流入中间包。

（6）按规定数量向中间包钢液面加入中间包覆盖剂及其他保温材料。

（二）中间包浇注

1. 塞棒开浇

用塞棒进行中间包开浇通常以手动方式进行，开浇步骤如下：

（1）开启塞棒，钢水流入结晶器。这其中要特别注意控制钢流，不能过大、过猛，以免引起锭头密封材料被冲离原来位置或钢液飞溅造成挂钢、重皮。

（2）钢液注入结晶器后，在液面未淹没浸入式水口侧孔时，塞棒应开启 1～2 次，确认塞棒控制正常。

（3）当钢水淹没浸入式水口侧孔时，向钢液面添加保护渣。

（4）若塞棒有吹氩功能，开浇时氩气流量控制在较低范围，当结晶器液面稳定之后再调整氩气流量，以防止结晶器液面翻动。

（5）从中间包开浇到钢水接近正常钢液面的时间按断面大小不同大致为 35～50s。

2. 定径水口开浇

中间包加入覆盖剂后，液面达到预定高度时，可导出水口的引流砂，水口自动开浇，钢液流进摆动槽；若不能自动开浇，需烧氧引流。烧氧时注意不要造成水口内径变形，以防止影响拉速的控制。该过程应注意以下几点：

（1）为了确保铸坯坯壳厚度，通过摆动槽控制起步时间，一般摆动 1～3 次，起步时间在 20～35s。

（2）多流连铸机中间包的水口可按顺序逐一开浇。一般离钢包注流近的水口先开，远离注流的水口后开。

（3）结晶器液面稳定后，可将开关置于自动控制位置，实施液面自动控制。

（三）正常浇铸

当铸机开浇正常，拉速达到与浇注温度相适应的值时，就可转入正常浇注操作，正常浇注操作应注意以下几点：

（1）添加保护渣必须均匀，要勤加少加，均匀覆盖，不能局部透红，渣条、渣圈及时捞出。

（2）结晶器液面距铜管上沿 75 ~ 100mm 为宜，并保持结晶器液面的稳定，通常其波动控制在 ±3mm 以内，通常采用液面自动控制。

（3）钢包滑动水口通常是通过中间包内钢液重量或液面高度来控制钢包注流，因此操作过程中应注意观察中间包的钢液重量或液面高度，同时注意保护套管的密封和中间包的保温，并按规定进行测温。

（4）主控制室监视各设备运行情况及各参数的变化。

（5）注意调整浸入式水口插入深度使结晶器内热流分布均匀。

（四）换钢包操作

换钢包操作应注意以下几点：

（1）对卸下的保护管的水口衔接碗口部位进行清理，确保下一炉使用有一个尽可能好的配合面，从而保持长水口良好的密封性。

（2）换包前要使中间包装有足够的钢水，以免在换包过程中降低拉速，给第二包钢水的衔接留有充分的时间。

（3）借助称重设备、操作人员的经验或浇注铸坯的长度等手段估算钢包中钢水的重量，接近结束时，适时关闭滑动水口，防止下渣。

（五）快速更换中间包操作

更换中间包操作是为了实现多炉连浇的需要，由于该项操作通常在停机状况下进行，因此操作难度大，要求设备稳定、操作熟练。大致操作步骤如下：

（1）将下一炉钢包旋转到浇注位置。

（2）当上一个中间包钢水大约剩 40% ~50% 的钢水时，降低拉速。

（3）停止下一个中间包的烘烤，并将其开到还在浇注的中间包的旁边。

（4）关闭上一个中间包，停止拉矫机。然后升起上一个中间包，同时同向开动两个中间包，使下一个中间包达到浇注位置。

（5）打开钢包，使钢水注入新中间包，并根据中间包钢水的情况开始下降中间包。

（6）当浸入式水口插入结晶器后，可逐步提高拉速并转入正常拉速。

（六）浇铸结束

1. 浇铸结束操作

钢包浇注完毕后，中间包继续维持浇注，当中间包钢水量降低到 1/2 时，就要开始逐步降低拉速，直至正常拉速的 30% ~40%。当中间包钢液量降低到最低限度时，迅速将结晶器内保护渣捞干净，之后立即关闭塞棒或滑板，并开走中间包车，浇注结束。

2. 封顶操作

当捞净结晶器保护渣后，用细钢棒或吹氧管轻轻搅动钢液，然后用水喷淋在钢坯尾端，加快其凝固。确认尾坯凝固后，拉出尾坯，拉速缓慢提高，最高拉速仅是正常拉速的20% ~30%，连铸结束。

第五节　连铸设备

连铸设备主要由钢包、中间包、结晶器、结晶器振动装置、二次冷却和铸坯导向装置、拉坯矫直装置、切割装置、出坯装置等部分组成。

一、连续铸钢的优越性

连续铸钢有以下几点优越性：

（1）降低了能源消耗。采用连铸工艺比传统工艺可节能1/4 ~1/2。

（2）提高了金属收得率。采用模铸工艺，从钢水到钢坯，金属收得率为84% ~88%，而连铸工艺则为95% ~96%，金属收得率提高10% ~14%。

（3）简化了工序，缩短了流程。省去了脱模、整模、钢锭均热、初轧开坯等工序。由此可节省基建投资费用约40%，减少占地面积约30%，节省劳动力约70%。

（4）提高质量，扩大品种。几乎所有的钢种均可以采用连铸工艺生产，如超纯净度钢、硅钢、合金钢、工具钢等约500多个钢种都可以用连铸工艺生产，而且质量很好。

（5）生产过程机械化、自动化程度高。设备和操作水平的提高，采用全过程的计算机管理，不仅从根本上改善了劳动环境，还大大提高了劳动生产率。

二、连铸机相关术语

（一）台数

凡是共用一个盛钢桶，浇注1流或多流铸坯的1套连续铸钢设备称为1台连铸机。

（二）机数

凡具有独立传动系统和独立工作系统，当它机出现故障，本机仍能照常工作的一组连续铸钢设备，称之为1个机组。1台连铸机可以由1个机组或多个机组组成。

（三）流数

1台连铸机能同时浇注铸坯的总根数称之为连铸机的流数。

1台连铸机有1个机组，又只能浇注1根铸坯，称为1机1流；若1台连铸机有多个机组，又同时能够浇注多根铸坯，称其为多机多流；1个机组能够同时浇注2根铸坯的称为1机2流。

三、连铸机的主要设备

（一）连铸机的分类

如图3-104所示，按结晶器是否移动可分为两类：一类是固定式结晶器连铸机，如立式连铸机、立弯式连铸机、弧形连铸机、椭圆形连铸机、水平式连铸机等；另一类是同步

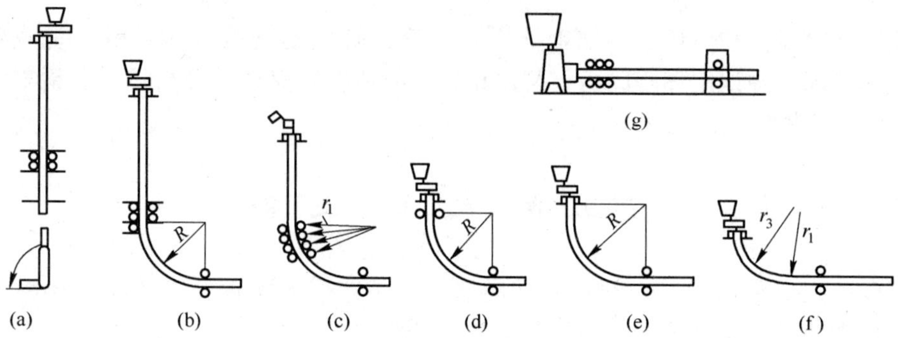

图 3-104 连铸机机型

（a）立式连铸机；（b）立弯式连铸机；（c）直结晶器多点弯曲连铸机；（d）直结晶器弧形连铸机；（e）弧形连铸机；（f）椭圆形连铸机；（g）水平式连铸机

运动式结晶器连铸机，如双带式连铸机、双辊式连铸机、单带式连铸机、单辊式连铸机、轮带式连铸机等，这种机型的结晶器与铸坯同步移动，铸坯与结晶器壁间无相对运动，适于生产接近成品钢材尺寸的小断面或薄断面的铸坯。

按铸坯断面形状分为板坯连铸机、方坯连铸机、圆坯连铸机、异型连铸机、方/板坯兼用型连铸机等。按钢水的静压头可分为高头型连铸机、低头型连铸机和超低头型连铸机等。

1. 立弯式连铸机

立弯式连铸机是连铸技术发展过程的过渡机型。立弯式连铸机是在立式连铸机基础上发展起来的，其上部与立式连铸机完全相同，不同的是待铸坯全部凝固后，用顶弯装置将铸坯顶弯 90°，在不同方向切割出坯，它主要适用于小断面铸坯的浇铸。

2. 弧形连铸机

弧形连铸机是世界各国应用最多的一种机型。弧形连铸机的结晶器、二次冷却段夹辊、拉坯矫直机等设备均布置在同一半径的 1/4 圆周弧线上；铸坯在 1/4 圆周弧线内完全凝固，经水平切线处被一点矫直，而后切成定尺，从水平方向出坯。弧形连铸机的高度比立弯式连铸机又降低了许多，仅为立弯式连铸机的 1/3，因而减少了基建投资。

为了改善铸坯质量，在弧形连铸机上采用直结晶器，在结晶器下口设 2 ~ 3m 垂直线段，带液芯的铸坯经多点弯曲或逐渐弯曲进入弧形段，然后再多点矫直。垂直段可使液相穴内夹杂物充分上浮，因而铸坯夹杂物的不均匀分布有所改善，偏析减轻。

3. 椭圆形连铸机

椭圆形连铸机的结晶器、二次冷却段夹辊、拉坯矫直机均布置在 1/4 椭圆圆弧线上。椭圆形圆弧是由多个半径的圆弧线组成，其基本特点与全弧形连铸机相同。它又进一步降低了连铸机和厂房的高度，可为低头和超低头连铸机。

低头或超低头连铸机的机型是根据连铸机高度与铸坯厚度之比确定的，比值为 25 ~ 40 时，称为低头连铸机；比值小于 25 时，则称为超低头连铸机。

4. 水平连铸机

水平连铸机的结晶器、二次冷却区、拉矫机、切割装置等设备安装在水平位置上。中间包与结晶器是紧密相连的，相连处装有分离环。拉坯时，结晶器不振动，而是通过拉坯机带动铸坯做“拉—反推—停”的不同组合从而实现周期性运动的。水平连铸机是高度最低的连铸机，其设备简单、投资省、维护方便；结晶器内钢液静压力最小，避免了铸坯的鼓肚变形，中间包与结晶器之间是密封连接，有效地防止了钢液流动过程的二次氧化；铸坯的清洁度高，夹杂物含量少。

（二）钢包和钢包回转台

钢包的容量应与炼钢炉的最大出钢量相匹配。考虑到出钢量的波动，留有10%的裕量和一定的炉渣量。大型钢包的炉渣量为金属量的3%～5%，小型钢包的渣量为5%～10%。另外，钢包上口还应留200mm以上的净空，作为精炼容器时要留出更大的净空。

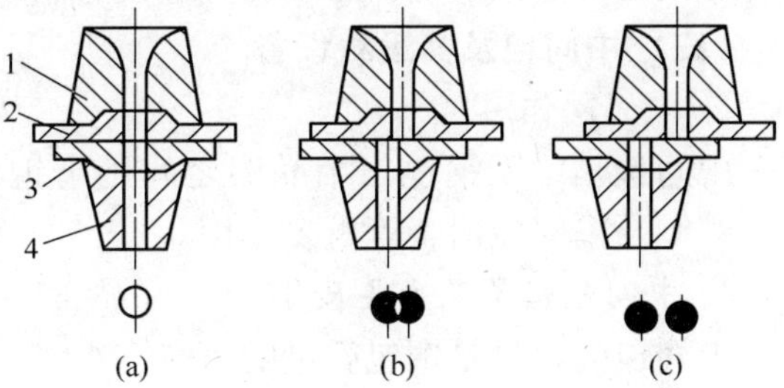

图 3-105 滑动水口控制原理图

（a）全开；（b）半开；（c）全闭

1—上水口；2—上滑板；3—下滑板；4—下水口

钢包通过滑动水口开启、关闭来调节注流的流量。滑动水口由上水口、上滑板、下滑板、下水口组成，靠下滑板带动下水口移动调节上下注孔间的重合程度来控制注流大小，如图3-105所示。

长水口又称保护套管，用于钢包与中间包之间保护注流，避免了注流的二次氧化、飞溅以及敞开浇注带来的卷渣问题。目前长水口的材质有熔融石英质和铝碳质两种。

钢包回转台是现代连铸中应用最普遍的运载和承托钢包进行浇注的设备，通常设置于钢水接受跨与浇注跨柱列线之间。钢包回转台能够在转臂上同时承放两个钢包，一个用于浇注，另一个处于待浇状态。浇注前用钢水接受跨内的吊车将装满钢水的钢包放在回转台上，通过回转台回转使钢包停在中间包上方供应钢水。浇注完的空包则通过回转台回转运回到钢水接受跨，从而实现钢液的异跨运输。回转台可以减少换包时间，有利于实现多炉连浇，对连铸生产进程的干扰少，占地面积小。

钢包回转台主要有直臂式和双臂式两类，如图3-106所示。

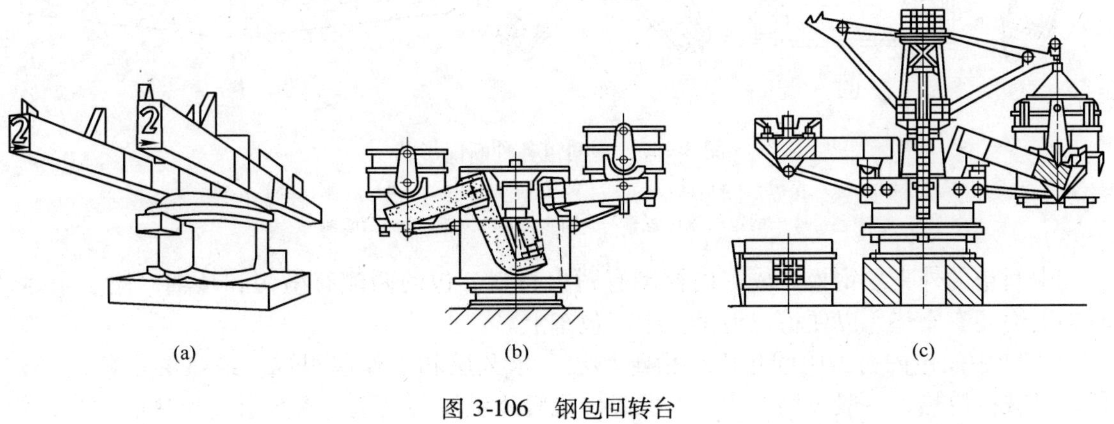

图 3-106 钢包回转台

（a）直臂整体旋转升降式；（b）双臂整体旋转单独升降式；（c）双臂单独旋转单独升降式

图 3-106（a）所示为直臂整体旋转升降式，两个钢包坐落在同一直臂的两端，同时作回转和升降运动；双臂式回转台有双臂整体旋转单独升降式（如图 3-106（b）所示）和双臂单独旋转单独升降式（如图 3-106（c）所示）。钢包转台设有独立的称量系统，为了适应连铸工艺的要求，目前钢包回转台趋于多功能化，增加了调温、吹氩、加盖保温、倾翻倒渣等功能。

钢包回转台的驱动装置是由电动机构和事故气动机构组成。正常操作时由电力驱动；发生故障时，启动气动马达工作，以保证生产安全。转臂的升降可用机械或液压驱动。为了保证回转台定位准确，驱动装置还设有制动和锁定机构。

（三）中间包及其运载设备

1. 中间包作用

中间包是位于钢包与结晶器之间用于钢液浇注的装置，起着稳流、减压、去渣、分流、贮钢及中间包冶金等重要作用。

2. 中间包容量及主要尺寸

中间包的容量是钢包容量的 20% ~40%。在通常浇注条件下，钢液在中间包内停留时间应在 8 ~10min，才能起到上浮夹杂物和稳定注流的作用，为此，中间包目前是朝大容量和深熔池方向发展，容量可达 60 ~80t，熔池深为 1000 ~1200mm。

3. 中间包的构造

（1）包体结构。中间包的结构、形状应具有最小的散热面积，良好的保温性能。一般常用的中间包断面形状为椭圆形、圆形、三角形、T 形和矩形等，根据浇注流数又可以分为单流、双流、四流、六流和八流等，如图 3-107 所示。

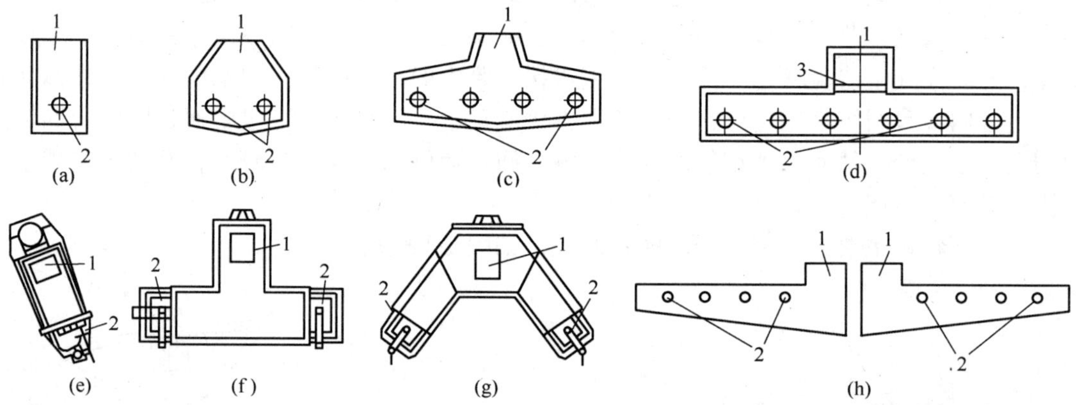

图 3-107 中间包各种断面形状

(a)，(e) 单流；(b)，(f)，(g) 双流；(c) 四流；(d) 六流；(h) 八流

1—钢包注流位置；2—中间包水口位置；3—挡渣墙

中间包的外壳用钢板焊成，内衬砌有耐火材料，包的两侧有吊钩和耳轴，便于吊运；耳轴下面还有座垫，以便稳定地坐在中间包车上。

（2）中间包内衬。中间包内衬由绝热层、永久层和工作层组成。绝热层紧贴包壳钢板，以减少散热，一般可用石棉板、保温砖或轻质浇注料浇筑。永久层和绝热层相邻，用黏土砖砌筑或整体浇注成形。工作层与钢液直接接触，可用高铝砖、镁质砖砌筑，砌砖中间包在使用前必须烘烤到1200℃以上；也可用硅质绝热板或镁橄榄石质绝热板组装砌筑；还可以在工作层砌筑表面喷涂10～30mm的一层涂料。涂料有镁质、高铝质和镁铬质等材料。如使用绝热板砌筑，在绝热板与永久层之间要填充河砂，其目的是缓冲中间包内衬受热的膨胀压力，其次可起到一定的绝热作用，并便于拆卸内衬。

（3）中间包包盖。中间包包盖的作用是保温、保护钢包包底不致过分受烘烤而变形等。在包盖上开有注入孔和塞棒孔。中间包包盖用钢板焊接而成，内衬砌耐火材料，或用耐热铸铁铸造而成。中间包上还设有溢流槽，当钢包注流失控时，可使多余的钢液流出。为促使非金属夹杂物上浮，在中间包内砌有挡渣墙和挡渣坝，还可安装过滤器。

4. 中间包水口

中间包水口形式有以下几种：

（1）定径水口。小方坯连铸机中间包过去常用定径水口，并采用稳定性好的耐火材料，如采用锆质 ZrO_2 耐火材料或内镶锆质外套高铝质复合材料制作，浇注前水口必须充分烘烤，否则在浇注时有炸裂的危险。

（2）滑动水口。中间包采用滑动水口，虽然有安全可靠，利于实现自动控制等优点，但结构比较复杂，尤其在装有浸入式水口的情况下，加大了中间包与结晶器之间的距离，增大了中间包升降行程。

（3）浸入式水口。目前除了部分小方坯连铸机外，都采用了浸入式水口加保护渣的保护浇铸。浸入式水口的形状和尺寸直接影响结晶器内钢液流动的状况。

目前应用最多的浸入式水口有单孔直筒形和双侧孔式两种。双侧孔浸入式水口其侧孔有向上倾斜、向下倾斜和水平状三类，如图3-108所示。

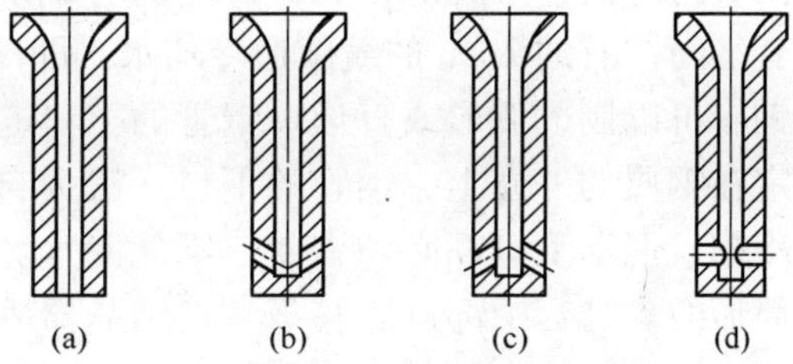

图3-108 浸入式水口基本类型

（a）单孔直筒形水口；（b）侧孔向上倾斜状水口；（c）侧孔向下倾斜呈倒Y形水口；（d）侧孔呈水平状水口

5. 中间包塞棒

中间包用塞头与水口相配合来控制注流。由于塞棒长时间在高温钢液中浸泡，容易软化、变形，甚至断裂。为提高塞棒使用寿命，一般用厚壁钢管作棒芯，浇注时在芯管内插入直径稍小的钢管引入压缩空气进行冷却，这对延长塞棒寿命有一定效果。也可以将塞棒作为中间包吹氩棒，这样不仅可以控制注流，还可以在一定程度上起到净化钢液的作用。

（四）结晶器

1. 结晶器的技术要求

结晶器是连铸机非常重要的部件。钢液在结晶器内冷却初步凝固成一定坯壳厚度的铸坯外形，并被连续地从结晶器下口拉出，进入二冷区。结晶器应具有良好的导热性和刚性，不易变形和内表面耐磨等优点，而且结构要简单，便于制造和维护。

2. 结晶器参数

结晶器的参数主要有：

（1）结晶器长度。作为一次冷却，结晶器长度是一个非常重要的参数。结晶器越长，在相同的拉速下，出结晶器坯壳越厚，浇铸安全性更好。结晶器过长，冷却效率就会降低。

（2）结晶器锥度。由于铸坯在结晶器内凝固的同时伴随着体积的收缩，因此，结晶器铜板内腔必须设计成上大下小的形状，即所谓的结晶器锥度。根据钢种、铸坯断面及拉速等不同，锥度在0.5% ~0.9%范围变化。对于板坯连铸，结晶器锥度分为宽度方向和厚度方向两种，结晶器宽度方向上的锥度比厚度方向上的锥度更为重要。因此，通常所说的结晶器锥度就是指结晶器宽度方向上的锥度。

（3）结晶器断面尺寸。结晶器断面尺寸的设定要考虑从液态钢液完全凝固以及冷却到常温所有收缩量。根据钢的成分以及连铸机型等因素，这种总的收缩取1.3% ~2.5%为宜，普通深冲钢可取1.5%。

（4）铜管材质。一般结晶器热面使用温度为200 ~300℃，特殊情况时最高处可达500℃。这就要求结晶器材质导热性好，抗热疲劳，强度高，高温下膨胀小，不易变形。

3. 结晶器的构成

按结晶器的外形结晶器可分为直结晶器和弧形结晶器。直结晶器用于立式、立弯式及直弧形连铸机；而弧形结晶器用在全弧形和椭圆形连铸机上。从其结构来看，结晶器有管式结晶器和组合式结晶器，小方坯、圆坯及矩形坯多采用管式结晶器，大方坯、大矩形坯和板坯多采用组合式结晶器。

（1）管式结晶器。管式结晶器的结构如图3-109所示。其内管为冷拔异形无缝钢管，外面套有钢质外壳，钢管与钢套之间留有约7mm的缝隙通冷却水，即冷却水缝。钢管和钢套可以制成弧形或直形。钢管的上口通过法兰用螺钉固定在钢质的外壳上，钢管的下口一般为自由端，允许热胀冷缩；但上下口都必须密封，不能漏水。结晶器外套是圆筒形的。外套中部有底脚板，将结晶器固定在振动框架上。

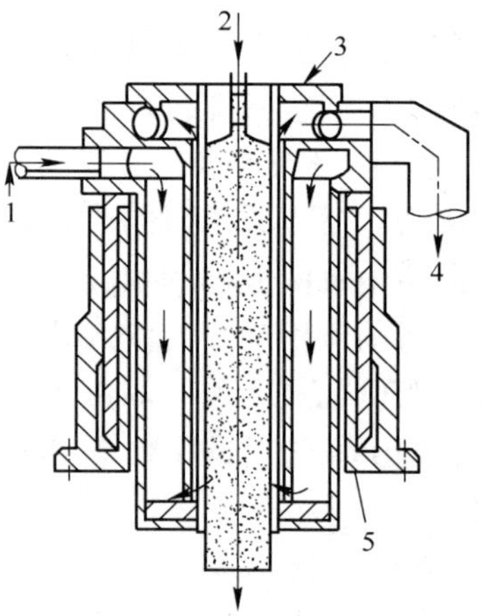

图3-109 管式结晶器

1—冷却水入口；2—钢液；3—夹头；4—冷却水出口；5—油压缸

带锥度弧形结晶器的铜管可用仿弧形刨床加工成形，也可在带内芯的外模中压力成形或爆炸成形。

管式结晶器结构简单，易于制造、维修，广泛应用于中小断面铸坯的浇注，最大浇注断面为180mm×180mm。另外，有的管式结晶器取消冷却水缝，直接用冷却水喷淋冷却。结晶器铜管壁厚为10 ~15mm，磨损后可加工修复，但最薄不能小于5 ~6mm。考虑铸坯的冷却收缩，在铜壁的角部应有一定的圆角过渡。

（2）组合式结晶器。组合式结晶器是由4块复合壁板组合而成。每块复合壁板都是由铜质内壁和钢质外壳组成。在与钢壳接触的铜板面上铣出许多钩槽形成中间水缝。复合壁板用双螺栓连接固定，如图3-110所示，冷却水从下部进入，流经水缝后从上部排出。4块壁板有各自独立的水冷却系统。在4块复合壁板内壁相结合的角部，垫上厚3 ~5mm并带45°倒角的铜片，以防止铸坯角裂。

（3）多级结晶器。随着连铸机拉坯速度的提高，出结晶器下口的铸坯坯壳厚度越来越薄；为了防止铸坯变形或出现漏钢事故，采用多级结晶器技术。它还可以减少小方坯的局部裂纹和菱变。多级结晶器即在结晶器下口安装足辊、铜板或冷却隔栅。

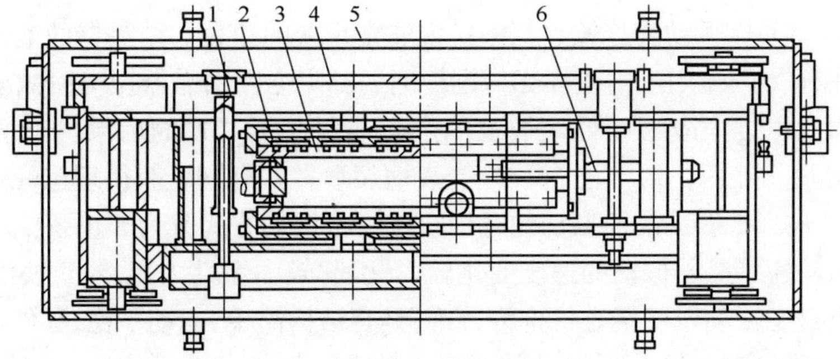

图 3-110 组合式结晶器结构图

1—调厚与夹紧机构；2—窄面内壁；3—宽面内壁；
4—结晶器外框架；5—振动框架；6—调宽机构

1）足辊。在结晶器的下口四面装有多对密排夹辊，其直径较小且具有足够的刚度，辊间安有喷嘴喷水冷却，这些小辊称为足辊，如图 3-111（a）所示。为了防止足辊对铸坯造成横向应力，足辊的安装位置应与结晶器对中。这种装置拉坯阻力较小，但冷却效果欠佳，足辊若发生变形会造成铸坯鼓肚或菱变。

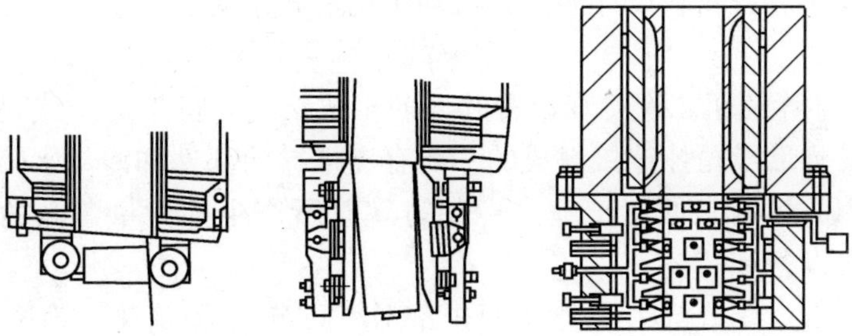

图 3-111 多级结晶器结构

（a）足辊；（b）冷却板；（c）冷却隔栅

2）冷却板。在结晶器下口每面安装一块铜板，且在铸坯角部喷水冷却，铜板靠弹簧支撑紧贴在坯壳表面，保证了铸坯的均匀冷却，如图 3-111（b）所示。这种装置拉坯阻力稍大，但冷却、支撑效果很好，主要用在小方坯连铸机管式结晶器上。有的结晶器在冷却板下还安装 1~2 个足辊。

3）冷却隔栅。冷却隔栅是一种带有许多扁方孔的铜板，也叫隔栅或隔板。冷却水通过方孔直接喷射在铸坯表面。结晶器下口每面安一块冷却隔板，隔板背面有加强筋板。为了便于清除氧化铁皮和其他杂质，筋板略呈倾斜，如图 3-111（c）所示。这种装置冷却效果较好，拉坯阻力略大，发生漏钢后清理困难。

（4）漏钢检测装置。为了能够预报结晶器漏钢事故，在结晶器四面铜壁外通过均布的螺栓埋入多套康铜热电偶；热电偶测到的温度数据输入计算机或仪表上显示，若某一点温度突然升高，说明这一点附近出现了漏钢。热电偶的套数越多，检测也越精确。也有根据结晶器内壁与铸坯坯壳间摩擦力的大小来测定结晶器内坯壳是否漏钢。

4. 结晶器振动

(1) 作用。结晶器振动在连铸过程中扮演非常重要的角色。结晶器的上下往复运行，实际上起到了“脱模”的作用。由于坯壳与铜板间的黏附力因结晶器振动而减小，因而防止了在初生坯壳表面产生过大应力而导致裂纹的产生或引起更严重的后果。当结晶器向下运动时，因为“负滑脱”作用，可“愈合”坯壳表面裂痕，并有利于获得理想的表面质量。

(2) 振动方式。根据结晶器振动的运动轨迹可将振动方式分为非正弦振动和正弦振动两大类。非正弦振动使结晶器振动的速度变化较大,引起较大惯性力矩,对重要的零件和轴承产生很大负荷。正弦型振动以四偏心机构为首推,具有结构简单,运动平稳,零件寿命长等优点。

(3) 振动主要参数。结晶器振动的主要参数有：振幅、振动速度、振频、平均振动速度、最大振动速度、负滑脱时间、负滑脱率。

(五) 二次冷却装置的结构

二次冷却装置的主要结构形式分为房式和箱式两大类。

1. 房式结构

房式结构的夹辊全部布置在敞开的牌坊结构的支架上，整个二冷区是由一段或若干段开式机架组成。在二冷区四周用钢板构成封闭的房室，故称为房式结构，如图 3-112 所示。房式结构的二次冷却装置具有结构简单、方便观察设备和铸坯等一系列优点，但风机容量和占地面积较大。目前新设计的连铸机均采用房式结构。

2. 箱式结构

图 3-113 是板坯连铸机二次冷却装置的早期箱式结构。机架的形式是箱体，整个二冷区是由五段封闭的扇形段箱体连接组成的，所有支撑导向部件和冷却水喷嘴系统都装在封闭的箱体内，封闭的目的是便于把喷水冷却铸坯时所产生的大量蒸汽抽掉，以免影响操作，但不便于观察设备和铸坯。

箱体沿铸坯中心弧线分割为内外弧两个部分，即箱盖和箱座。箱座固定在水泥基础上，箱座与箱盖之间有一条弧形侧面水箱，它兼作固定侧向导辊和调节夹辊的开口度用。整个箱体都是由铸钢件组成。箱式结构刚性较好，所占用空间小，所需抽风机容量小，维修和处理事故比较方便。

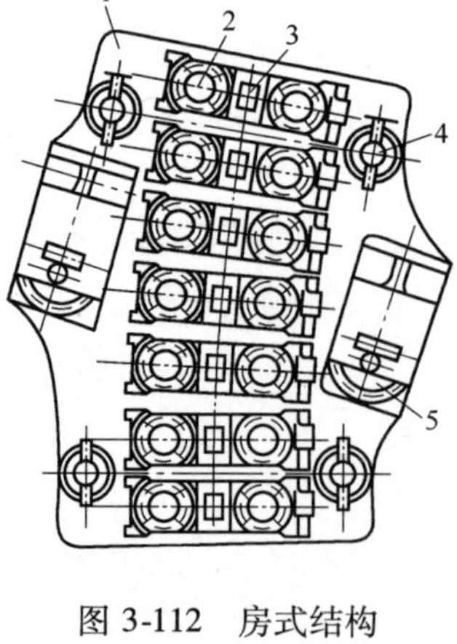

图 3-112 房式结构

1—牌坊架；2—夹辊；3—垫块；4—拉杆；5—车轮

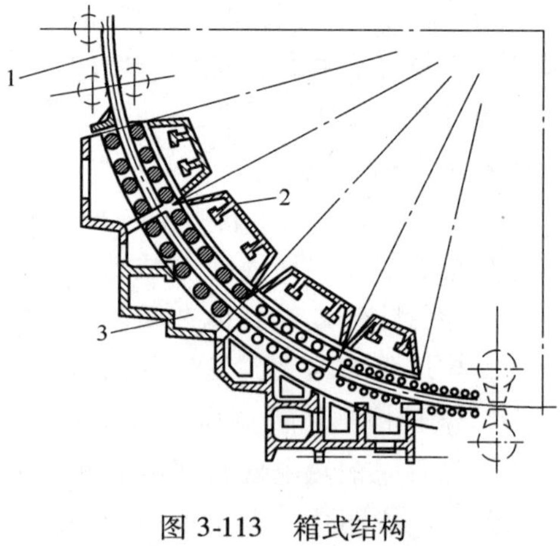

图 3-113 箱式结构

1—铸坯；2—箱体；3—夹辊

（六）拉矫装置的作用与要求

弧形连铸机的拉坯矫直装置由拉坯矫直机和引锭杆两部分组成。拉坯矫直机由辊子或夹辊组成，有驱动力的辊子，称为拉坯辊。这些辊子既有拉坯作用，也有矫直作用，连铸机的拉坯和矫直这两个工序，通常由一个机组来完成，故称为拉坯矫直机，简称拉矫机。引锭杆部分由引锭杆及其存放装置、脱引锭装置组成。

现代化板坯连铸机采用多辊拉矫机，辊列布置“扇形段化”，驱动辊已伸向弧形区和水平段，拉坯传动已分散到多组辊上，形成了驱动辊列系统。

弧形连铸机弧形铸坯的自重产生下滑力，但它不能克服铸坯的阻力自动运行，仍需拉坯辊拉坯。立式连铸机是垂直布置的，铸坯自重产生的下滑力很大，足以克服铸坯的运行阻力；为了平衡下滑力和控制铸坯拉出速度，设置了拉坯辊，用来产生制动力以平衡铸坯的下滑力。水平连铸机只有拉坯机。

拉坯矫直机的作用是：拉坯、矫直、送引锭杆、处理事故以及配合板坯连铸机由辊缝测量仪检测二冷段的装配工作状态。对拉坯矫直的要求有：

（1）能够在较大范围内调节拉速，适应改变断面和钢种的工艺要求，快速送引锭杆的要求；拉坯系统应与结晶器振动、液面自动控制、二次冷却区配水实现计算机闭环控制。

（2）应具有足够的拉坯力，以在浇注过程中能够克服结晶器、二次冷却区、矫直辊、切割小车等一系列阻力，将铸坯顺利拉出。

（3）在结构上除了适应铸坯断面变化和输送引锭杆的要求外，还要考虑使未矫直的冷铸坯通过，以及多流连铸机结构布置的特殊要求，结构简单，安装调整要方便。

（4）应具有足够矫直力，以适应可浇注的最大断面和最低温度铸坯的矫直，并保证在矫直过程中不影响铸坯质量。

小方坯和小矩形坯的铸坯厚度轻薄，凝固较快，液相深度也较短，当铸坯进入矫直区已完全凝固，通常采用一点矫直。而对大方坯、大板坯来说，铸坯较厚，等铸坯完全凝固后再矫直，就会增加连铸机的高度和长度，因而采用带液心多点矫直。连续矫直即带液心的铸坯在矫直区内连续变形，应变力和应变率分散变小，极大地改善了铸坯受力状况，有利于提高铸坯质量。

第六节　连铸系统的风险

一、钢包滑动水口风险

钢包滑动水口风险主要有：滑动水口不能自动开浇和钢包注流失控等。若滑动水口不能自动开浇和钢包注流失控，则严重影响中间包的正常、连续工作。

二、中间包风险

中间包风险主要有：开浇自动浇钢；中间包开浇后控制失灵；水口堵塞等。若开浇自动浇钢、中间包开浇后控制失灵、水口堵塞易造成漏钢事故。

（一）开浇自动浇钢

发生开浇自动浇钢的原因是：塞棒安装时塞棒头与水口碗配合不严或有异物；开闭机

构失灵；钢液温度偏低及中包水口碗烘烤不良，导致水口附近有凝钢。

（二）中间包开浇后控制失灵

发生中间包开浇后控制失灵的原因是：使用塞棒时，钢水温度过低，塞头结冷钢，塞棒与水口之间有异物；使用滑板时，电气或液压故障。

（三）水口堵塞

发生水口堵塞有两种情况：

（1）由于钢水温度过低或中间包预热不良，造成水口附近钢液温度低，水口内有冷钢被堵。此时可采取降低拉速，迅速开或闭塞棒以冲洗水口内冷钢。

（2）钢液铝或夹杂物含量高，使夹杂物沉积于水口内壁，随浇铸进程水口内壁聚集物越来越多，最终将水口堵塞。

避免水口堵塞应采取的措施有：

（1）采用吹氩塞棒。

（2）选择合理的脱氧制度，加强钢水精炼，提高钢水纯净度。对铝镇静钢，需控制钢中的铝含量，并相应进行钙处理。

（3）控制钢水有合适的过热度。

（4）采用中间包过滤技术。

三、漏钢风险

漏钢风险具体的表现形式主要有开浇漏钢和黏结漏钢。

（一）开浇漏钢

发生开浇漏钢的原因主要有：

（1）引锭杆密封不良，冷却废钢数量加入不足或者撒入的铁屑未能覆盖住石棉绳；

（2）开浇前引锭杆下滑；

（3）开浇起步过早，起步拉速过大；

（4）保护渣加入过早，一次加入过多堆积而造成坯壳卷渣；

（5）结晶器没有振动等。

（二）黏结漏钢

发生黏结漏钢的原因是：由于使用不适当的保护渣或结晶器液面控制不好，造成液面波动，使结晶器润滑不良。

避免黏结漏钢应采取的措施有：

（1）定期检测振动参数，确保合适的负滑脱率；

（2）保证润滑，选用性能良好的保护渣，并保持足够的液渣层厚度；

（3）安装漏钢监测预报设施，及时预报；

（4）保持结晶器液面平稳，安装液面自动控制装置。

第七节　模铸工艺流程

模铸法是将盛钢桶内的钢水注入具有一定形状和尺寸的钢锭模中铸成钢锭的方法。钢锭还需经过初轧机轧制成钢坯，然后再进一步轧制成各种钢材。

一、模铸原理

根据浇注系统的摆放位置，模铸可分为坑铸和车铸。坑铸是将钢锭模摆放在铸坑内的固定底板上进行浇注，浇铸作业全在铸锭跨内进行。这种方法生产效率低，劳动条件差，铸锭质量难以保证，因此，仅在国内一些小型、老式炼钢车间采用。车铸是将钢锭模摆放在固定于铸车上的底板上进行浇注的。车铸除了在铸锭跨内进行浇注钢液外，其他作业如脱模、整模等均在另外的厂房内进行，从而克服了坑铸的缺点。但车铸占地面积大，基建投资多。

此外，根据钢液由盛钢桶注入钢锭模的方式不同，又将模铸分为上注法和下注法两种，如图 3-114 所示。钢液由钢锭模上口直接注入模内者称为上注；钢液经中注管、汤道从模底进入模内者称为下注。

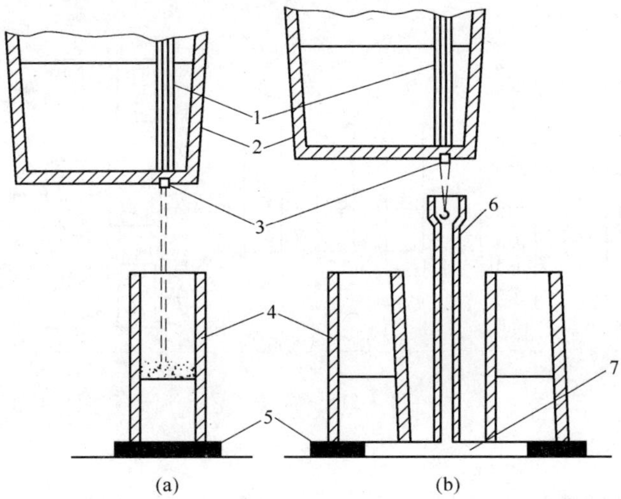

图 3-114　上注法和下注法

（a）上注法；（b）下注法

1—塞棒；2—钢包；3—水口；4—钢锭模；5—底盘；6—中注管；7—汤道

下注法具有如下优点：能同时浇注若干支钢锭；钢液在模内上升平稳，钢锭表面质量好；有利于钢中气体向上排出，因此，国内各厂普遍采用。其缺点是：钢锭准备工作复杂；增加浇注系统耐火材料的消耗量，导致钢锭成本增加；由于钢液对耐火材料的侵蚀，可能使钢中夹杂物增加；钢锭上部钢液温度低，不利于钢液的补缩，使钢液内部质量不如上注法。

上注法的优点是：耐火材料消耗少，钢水收得率高，钢锭成本低；铸锭准备工作简单；浇注速度比下注法快，注温比下注法低；由于耐火材料侵蚀产生的夹杂物少；由于模内高温钢液始终位于钢锭上部，并可反复进行添注，因此，有利于减少翻皮、缩孔和疏松等问题，钢锭内部质量好。

上注法的缺点是：开浇时易引起飞溅，造成结疤、皮下气泡等；一次只能浇一支或 2～4 支钢锭；由于钢水对模底的冲刷，容易烧坏钢锭模和底板，钢模消耗较高。为减轻上注时钢液的冲压力，可采用中间漏斗或中间盛钢桶，以降低其液面高度，使钢液入模速度下降；为防止钢液飞溅，还可采取将模底做成球形，锭模内表面喷以涂料以及模内放置防溅筒等措施。

采用哪一种浇注方法，应根据钢锭的大小、钢种特点和生产条件等因素合理选择。对表面质量要求严格的硅钢、不锈钢、轧制薄板的钢等，宜采用下注；对内部质量要求较高的炮钢、轴承钢等，宜采用上注；对于高碳钢，因其体积缩小大、线缩性小，可快速上注；而低碳钢体积收缩小、线收缩性大，因此下注更适宜；小钢锭适于下注，沸腾钢适于下注，半镇静钢适于上注。

二、模铸工艺

模铸工艺流程大致由生产准备、浇注钢锭和钢锭处理三个步骤组成，详细工艺如图3-115所示。

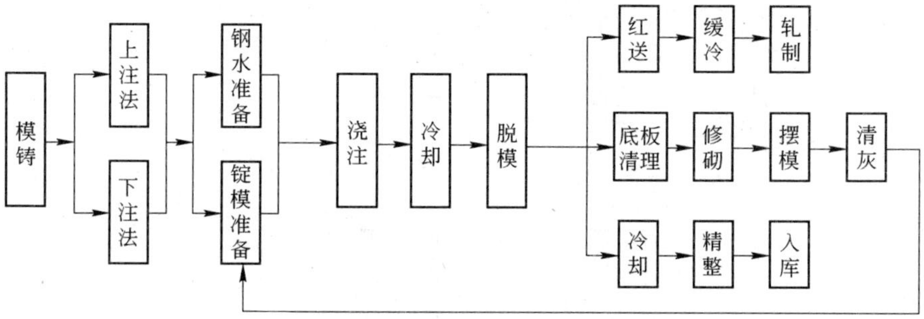

图 3-115 模铸工艺

（一）生产准备

在浇钢前必须将盛钢桶清理干净并烘烤好，特别是刚砌好内衬的钢包，必须充分干燥去除水分；要根据钢种要求选好合适的水口，安装时要使水口孔垂直，塞棒与水口接触紧密，控制机构灵活好用；底板与中注管的修砌要严密、平整，汤道砖内清洁无杂物；钢模使用前要仔细检查，有严重裂纹的不能使用，在底板上摆放位置正确且平稳；安装好挂板或保温帽。一切准备妥当，将铸车开到浇注操作线上等待浇钢。

（二）钢锭的浇注

进行钢锭浇注应首先使钢液镇静，并控制注温、注速，必要时尚需采取保护措施，严格操作程序。

1. 钢液在盛钢桶内的镇静

从出完钢到开始浇注，钢液在盛钢桶内静置的时间，称为镇静时间。镇静操作程序为：

（1）均匀钢液温度，出钢温度过高时，可适当延长镇静时间，以降低浇注温度；

（2）使脱氧产物和其他外来夹杂物充分上浮排除，以纯净钢质；

（3）使钢液完成脱氧和合金化，成分进一步均匀。

镇静时间长短应根据盛钢桶容量、钢种特点、出钢温度、浇注方法等来确定，一般为5～10min。

2. 注温和注速

浇注温度和浇注速度是浇注工艺的两个基本参数，应严格加以控制。

浇注速度是指单位时间内注入锭模的钢液量，或指单位时间内锭模内钢液面上升的高度。通常采用后一种表示方法。注速的确定必须综合考虑浇注温度、浇注方法和钢种，其原则是：高温慢注，低温快注；上注快注，下注慢注；裂纹倾向性大的钢种慢注；含易氧化元素的钢种快注。

浇注速度主要通过选择不同的水口直径来控制。浇注过程中可以根据需要通过调整节塞棒的开闭程度，在一定范围内进行调节。

合适的注温是保证钢液顺利浇注成合格钢锭的前提条件，可根据钢种、锭型和浇注方法来确定。

3. 保护浇注

近年来对钢的质量要求日益提高，炉外精炼得到广泛应用。但大部分经过精炼后的纯净钢液是在大气中浇注，由于钢液的二次氧化和从空气中吸收氢、氮等，使钢水再次受到沾污，几乎使冶炼中所做各种去气、去夹杂的努力前功尽弃。因此，为防止钢液再次污染，解决各种钢锭的表面质量问题，对从盛钢桶水口流出的注流和钢锭模内上升的钢液面采取保护措施的做法，得到普遍应用。

保护浇注按所选的保护介质可分为无渣保护浇注和有渣保护浇注。保护浇注主要是用在钢锭模内进行的。其中，无渣保护是借助可燃材料或气体，在模内造成还原性或惰性气氛保护钢表面不被空气氧化。有渣保护则是用加入模内的各种固体或液体渣料，通过产生还原气隔绝空气，还兼有捕集钢流中浮起的非金属夹杂物的作用。而注流气体保护，则是防止注流的二次氧化，一般是用氮气或氩气密封气流，如图 3-116 所示。

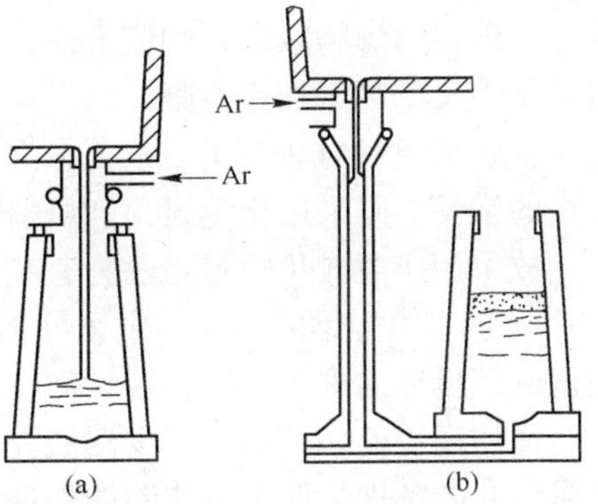

图 3-116　氩气保护浇注

（a）上注法；（b）下注法

4. 浇注操作

不同的钢种，其操作方法也不相同：

（1）镇静钢的浇注。浇注镇静钢可采用上注法或下注法。

1）上注法。上注法盛钢桶水口中心必须对准锭模中心，使钢流落在两对角线的交叉点上，避免冲刷模壁和减少结疤。开浇后 3 ~ 5s 内，将注速均匀地开到满流并保持圆柱形。若注流呈喇叭形，则钢流易被氧化，注流会洒在模壁上，恶化表面质量。当钢液上升到钢锭模与保温帽接口下 100mm 时，应开始缓慢而均匀的减速。保温帽部分应细流填注，使钢液能很好地充填钢锭本体，使缩孔集中到保温帽内。保温帽注满后应及时加入保温剂。

2）下注法。其操作基本与上注法相同。浇注时，水口中心对准中注管中心，避免注流冲刷中注管和造成漏钢事故。开浇要稳，使钢水缓慢充满并充分加热钢流砖的汤道，然后均匀加速，使钢水在模内平稳上升，以避免飞溅。如钢锭模是上大下小，上部应比下部有较快的注速。若用石墨保护剂，应在浇注前用袋装好放入模内。

（2）沸腾钢的浇注。其基本特征是钢液在模内沸腾，沸腾强度和持续时间决定了钢锭结构，从而也就成为影响钢锭质量的重要因素。模内适合的沸腾是获得良好沸腾钢锭结构的必要条件，但是，当锭模注满钢水后，模内的持续沸腾不但不会改善钢锭结构，反而会增大钢锭内部偏析。如能及时地封顶，即使钢锭顶面迅速生成一层40～50mm的致密层，以封闭气体逸出的道路，较好地制止模内沸腾，减少偏析程度。可见，采取适当的注温和注速，调整沸腾强度和封顶操作，是沸腾钢浇注工艺的中心内容。模内沸腾在较低温度下才能大量发生，所以浇注温度不能太高。但太低又有形成钢锭上涨和表面不良的危险，所以应严格控制过热度ΔT。

浇注过程中，应根据不同阶段的特点来控制注速。开浇时，为防止钢液飞溅，应缓流浇注；当模内钢液升至一定高度后，则加快注速；当钢液快注满时，应适当慢注，以利于气体充分排出。

钢液注满后，当模内沸腾已不十分激烈时，即应进行封顶操作，常用的封顶方法有：

1）化学封顶。浇注完毕向模内钢液面加粒状硅铁或铝条等强脱氧剂以抑制沸腾，加速钢锭头部凝固，这种方法称为化学封顶。

2）机械封顶。浇完经过一段时间的沸腾后，钢液已经凝固成一定厚度的外壳，此时在钢锭顶面压上铁盖，利用铁盖吸热使顶面钢液封顶，此法亦称压盖封顶。还有一种机械封顶叫瓶口模法，即应用瓶口模浇注沸腾钢。当液面接近瓶口时，停止浇注并压上半球形铁塞，致模内沸腾减弱，钢液上涨，待钢液面与铁塞接触后即冷凝封顶。此外，压盖后还可向钢锭头部喷水加速冷凝。

一般来说，对非金属夹杂要求严、偏析要求小的钢，采用瓶口模法为好；对表面要求较严的钢锭，则采用化学封顶和压盖封顶法为好；对上注或小钢锭，采用瓶口模法操作困难，故采用压盖或化学封顶法为宜。

（3）半镇静钢的浇注。半镇静钢多采用上注法浇注，都以低温快注为宜。快注能抑制模内碳氧反应的进行，减轻脱氧和气体含量等对钢锭结构的影响，减少气泡暴露废品；同时，加注还能消除结疤和减少浮渣卷入钢锭内部的机会，从而减少结疤和分层废品。低温则是快注的条件，低温浇注除能保证快注条件下钢锭不产生裂纹外，还有利于加快钢锭的凝固速度，可加厚激冷层和减轻偏析程度。

（三）钢锭冷却和退火

浇注完毕后应停歇一定时间，以待钢液在锭模内凝固。凝固后的钢锭温度仍然很高，对普通镇静钢，当其完全凝固后即可脱模。但对某些碳素钢或合金钢钢锭，若凝固后的冷却太快，将因内外冷却速度相差悬殊，在钢锭内部产生很大的内应力而引起开裂。因此，钢锭完全凝固之后，尚需根据钢种特点，采取缓冷或退火措施。其目的在于：消除钢锭的内应力；使硬度较高的钢锭软化，便于精整；使钢锭的组织及成分均匀化等。

钢锭的冷却方法，一般可分为坑冷、模冷和热送等几种。对冷却过程发生相变的钢种，需采取不同方式进行退火。

（四）钢锭的检查及精整

钢锭送往加工车间前，应检查其质量。表面有缺陷的钢锭，需经修整后，才能送去热加工。修整时，应根据钢锭的物理性能和表面缺陷等特征，选择适当的方法。

表面夹杂、结疤和裂纹等缺陷不严重的钢锭，一般用风铲或火焰清理。硬度和韧性大的钢种，用砂轮打磨。用砂轮清理时，要防止产生局部过热现象，以免重新产生裂纹。含

Ni、Cr、Al、Ti 等元素较多、液态时黏度很大的钢种，可在车床上剥去钢锭表皮，以清除表面缺陷和查明皮下裂纹。对布氏硬度值大于265 的钢种，剥皮前应进行软化退火。热送钢锭时，加工前无法对钢锭进行检查和精整，则应在加工之后对钢坯进行检查，包括低组织检查、力学性能试验等。

第八节 模铸设备

模铸设备主要由钢包、锭盘、钢锭模、保温帽和钢包烘烤装置等组成。

一、钢包的主要结构和组成

钢包也叫盛钢桶，是盛装和运载钢水的浇注设备。在浇注过程中可通过开启水口大小来控制钢流。钢包还可以作为精炼炉的重要组成部分。在钢包中配置电极加热、合金加料、吹氩搅拌、喂丝合金化、真空脱气等各种精炼措施，通过钢包精炼处理可以使钢水的温度更加精确，成分控制命中率及钢水纯净度进一步提高，满足浇注生产对钢水供应质量的需要。钢包主要由钢包本体、耐火衬和水口启闭控制系统等组成。

（一）钢包本体

钢包本体主要由外壳、加强箍、耳轴、溢渣口、注钢口、透气口、倾翻装置、支座和氩气配管等零部件组成。

钢包外壳是钢包的主体构架，由钢板焊接而成。在外壳钢板上加工有一定数量的排气孔，这样能排放耐火衬中的湿气。

为了保证钢包的坚固性和刚度，防止钢包变形，必须在钢包外壳焊有加强箍和加强筋。

在钢包的两侧各装一个耳轴，可以用于吊运钢包。

设置溢渣口可以使出钢时钢包内的炉渣流入已经备好的渣罐内。溢渣口的高度比钢包上沿低100～200mm，其位置与耳轴错开，以免干扰钢包的吊运。

在钢包底部一侧设置一个注钢口。它可以使钢水流出，所以又叫钢包水口。在其周围安装水口砖，钢包水口有普通水口和滑动水口两种形式。

在钢包底部可以根据需要设置 1～2 个透气口，主要用于安装吹氩搅拌的透气砖。

倾翻装置可以将钢包翻转 180°完成倒渣和倒钢作业，它由连杆机构和吊环装置组成。

在钢包底部一般设置 3 个支座，既可以保证钢包的平稳放置，又能保护钢包底部的倾翻装置以及滑动水口机构。

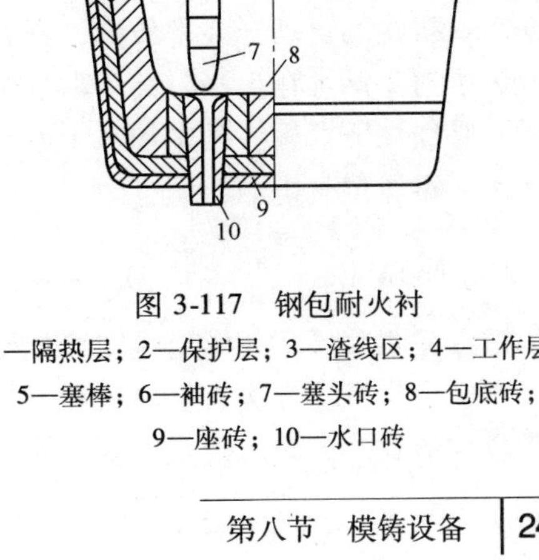

图 3-117 钢包耐火衬

1—隔热层；2—保护层；3—渣线区；4—工作层；5—塞棒；6—袖砖；7—塞头砖；8—包底砖；9—座砖；10—水口砖

（二）钢包耐火材料

钢包耐火衬一般由三层组成。如图 3-117 所示，外层是隔热层，中间是保护层，里面是工作层。由于耐火衬各层的工作条件不同，因此耐火材料的选择和砌筑也不同。

隔热层紧靠外壳由石棉板或石棉泥铺砌而成，用以减少钢水的热损失。

保护层也叫非工作层，一般采用黏土砖或高铝砖砌筑，有时采用整体浇注成形。保护层的作用是当工作层的厚度侵蚀到较薄时，防止钢包穿漏事故。

工作层直接与钢水接触，承受高温、化学侵蚀、机械冲刷和急冷急热作用。当损坏到一定程度时，必须予以拆修和更换。工作层一般采用镁炭砖、高铝砖或铝镁材料整体浇注成形。

（三）塞棒控制系统

钢包水口启闭控制系统的作用是在浇注过程中可以开启、关闭钢包水口，从而实现钢水流量的控制，它有塞棒控制系统和滑板控制系统两种。塞棒机构主要由水口砖、塞棒和启闭机械装置组成。

（四）滑板控制系统

滑板控制系统又称滑动水口，它通过安装在桶底外面的两块滑板的相互错位来控制钢流。目前广泛采用的滑动水口有两种类型：一类是滑板做直线运动；另一类是滑板做旋转运动，也称旋转水口。两种滑动水口的结构大致相仿，由上水口、上滑板、下水口和下滑板组成，如采用氩气引流，下滑板上还安装有透气塞砖。

滑动水口使用过程中要承受温度急变、钢水静压力和高温钢渣的冲刷、侵蚀。因此，其材质必须是有足够的高温强度、耐冲刷、耐磨性好、热稳定性强、抗渣性好的材料。从外形上看必须规整，上下滑板的滑动平整度要高。

滑板控制系统与塞棒控制系统相比有以下优点：

（1）由于安装水口的操作在盛钢桶外进行，既改善了劳动条件，又减少了钢包的热损失，节约了烘烤用燃料，同时又加快了钢包的周转，减少了因急冷急热造成的钢包损害，提高了钢包的使用寿命。

（2）由于取消了塞棒，根本上杜绝了塞棒掉头、熔断等事故，同时放宽了钢水镇静时间的限制，便于真空处理、炉外精炼、连续浇铸等工艺的操作。

（3）由于取消了塞棒，能连续使用，节约了耐火材料，同时避免了因袖砖被侵蚀带入钢水的非金属夹杂，提高了钢锭的质量。

滑板系统的主要缺点有：滑板的物化性能较差，使用次数少，寿命低，一般只能使用1~2个炉次，因此在生产过程中对上、下滑板砖的更换工作量大，滑板的消耗量也很大；滑动水口机构的自动开浇率较低，通常可采用烧氧法引流进行补救。

为了避免钢水在上水口和上滑板注孔中凝结，一般采用吹氩引流或填料引流。吹氩引流时，必须在下滑板注孔中加入干砂、炭粉或白渣粉等填料，防止凝结，成本虽低，但填料注入对钢质量有影响。

二、锭盘

锭盘又叫底板，其作用是支撑钢锭模、衔接和分配钢流。

由于模铸浇注方法有上注法和下注法两种，因此锭盘也相应分为上注用锭盘和下注用锭盘两种形式。上注用锭盘主要用来盛放钢锭模，并承受钢水冲刷，作为钢锭模的底模，如图 3-118 所示。下注用锭盘除用于盛放钢锭模外，还对钢流起到衔接和分流的作用，如图 3-119 所示。上注用锭盘一般按 1 个锭盘浇注 1 支钢锭，下注用锭盘则按 1 个锭盘可以浇注多支钢锭。人们通常所称的锭盘是指下注用锭盘。

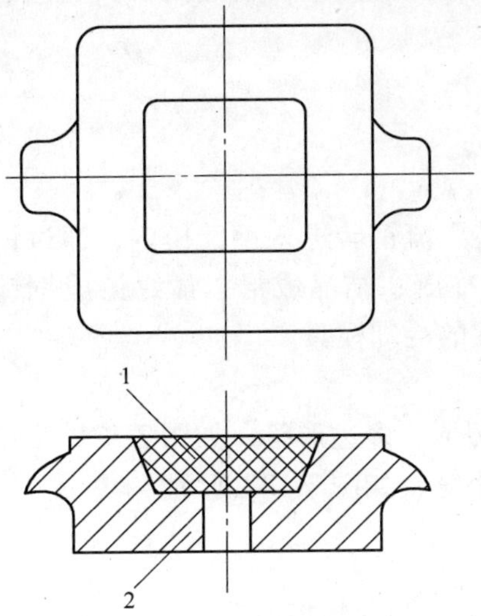

图 3-118　上注用锭盘结构

1—耐冲蚀材料；2—铸铁底座

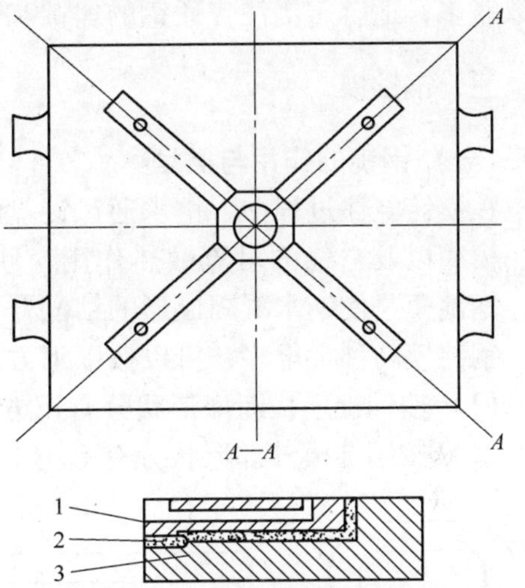

图 3-119　下注用锭盘结构

1—中心分流砖、流钢砖；2—填砂；3—铸铁底板

下注用锭盘的形状有正方形、圆形及其他形状，锭盘的分类是根据所盛放的钢锭模的支数和砖槽布置形状来确定的。锭盘中砖槽的作用是砌筑流钢砖，使浇注钢水通过中注管、中心分流砖流入锭盘内，并得到合理的分配和导流。通常锭盘的砖槽分布形状有树枝形、放射形、直角形和裆形等，如图 3-120 所示。

放射形锭盘各钢锭模与中注管之间的距离均相等，砖槽分布均匀，有利于钢锭质量均匀一致。其缺点是所浇注的钢锭的支数不多，所以常用于浇注优质钢。

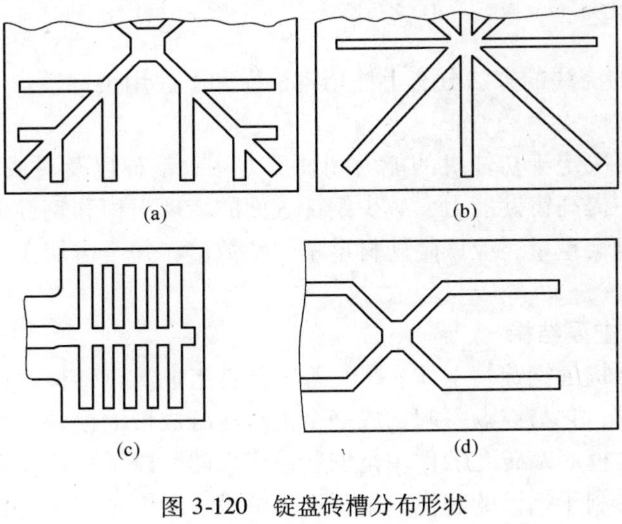

图 3-120　锭盘砖槽分布形状

（a）树枝形；（b）放射形；（c）直角形；（d）裆形

树枝形和直角形锭盘砖槽分布不及放射形锭盘均匀，因此会造成某些钢锭的杂质集中和成分偏析，不适于浇注优质钢，但这两种类型的锭盘可以浇注多支数的钢锭，一般适合浇注普通钢的小尺寸钢锭。

裆形锭盘砖槽分布的均匀状况介于放射形和树枝形及直角形锭盘之间，其浇注的钢锭支数略多，适合于浇注普通钢的扁锭和大尺寸钢锭。

三、钢锭模

（一）钢锭的作用与类型

在模铸浇注过程中，钢水通过锭盘的中心分流砖、流钢砖进入钢锭模内，通过钢锭模壁、模底以及空气的对流散热作用，使钢水不断地冷凝、结晶成形，最终铸成钢锭。因此，钢锭模是使钢水凝固成形的结晶器，是浇注钢锭的冷却模具。

钢锭模的种类很多，可以按以下方法进行分类：

（1）按钢锭模横断面形状分有正方形、矩形、圆形、多边形等，如图 3-121 所示。

（2）按钢锭模外部形状分有上小下大和上大下小等，如图 3-122 所示。

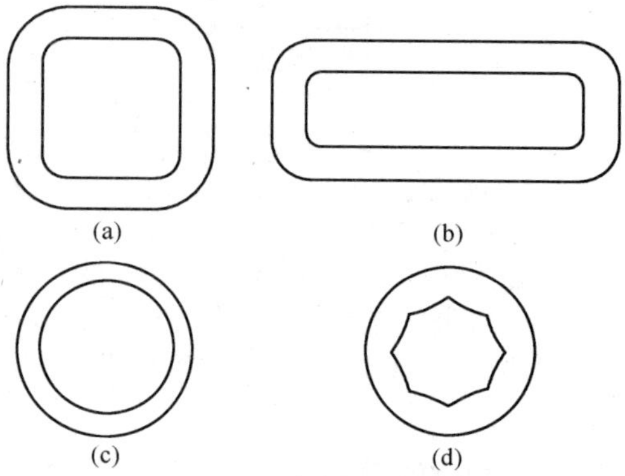

图 3-121　钢锭模断面形状

（a）正方形；（b）矩形；（c）圆形；（d）多边形

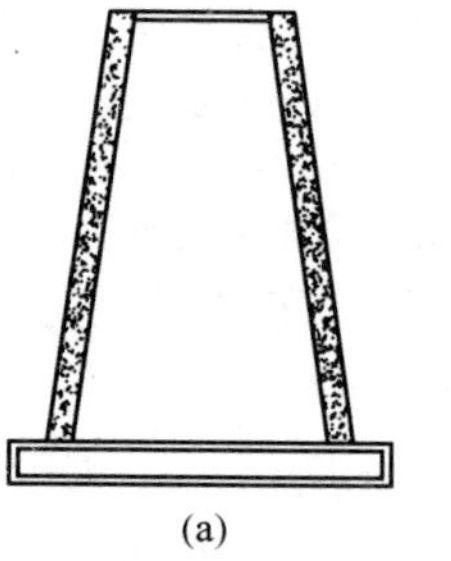

图 3-122　钢锭模外部形状

（a）上小下大形；（b）上大下小形

（3）按钢锭模的浇注的方法分有上注用钢锭模和下注用钢锭模。

（二）钢锭重量

钢锭的重量主要决定于初轧机的能力和加工方法、钢种以及对成品钢材的质量要求。为了缩短整模时间，提高铸锭能力，减少钢锭表面的清理面积和钢锭模的消耗，钢锭应尽可能大些。另外，钢锭重量还应该是轧材重量的整数倍，并考虑切头、切尾和烧损的重量损失。

（三）钢锭模的主要结构

钢锭模的主要结构由钢锭模本体、吊耳等零部件组成。钢锭模本体由模壁、模底和模底塞砖孔等部分组成，它与锭盘一起构成一个钢水冷凝成形的模具。钢锭模本体中的模壁和模底是一个整体。模底塞砖孔的作用是安装模底塞砖，以及防止高温钢水与模底孔相接触，避免烧损，又有利于钢锭的脱模。吊耳用于整模、脱模过程中对钢锭模的吊装。钢锭模的材质一般是铸铁材料，由铸造方法制成。

四、中注管

中注管是下注时钢水进入钢锭模的总通道。钢水从钢包水口流出后首先进入中注管，然后依靠中注管内钢水的静压力及钢流的冲击力，使钢水经过流钢砖、中心分流砖进入钢锭模内。

中注管主要由铸铁外壳、漏斗砖和注管砖等零部件组成，如图 3-123 所示。铸铁外壳由上部喇叭口、中部管身和下部底座三部分组成。铸铁外壳的内部砌筑漏斗砖和注管砖。漏斗砖要比铸铁外壳高 50 ~ 100mm，漏斗砖的下面是注管砖，注管砖之间必须砌筑密合、垂直。砖与外壳间隙为 30 ~ 60mm，并用石英砂、河砂或火砖粒等填实。

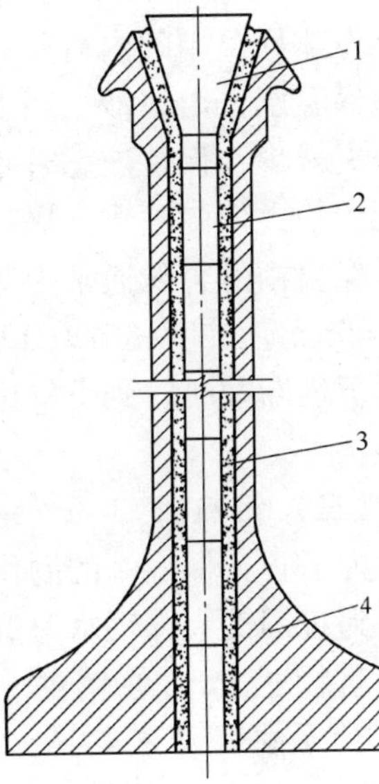

图 3-123　中注管结构
1—漏斗砖；2—注管砖；
3—填砂；4—铸铁外壳

五、保温帽和绝热板

（一）保温帽和绝热板的作用

使用保温帽和绝热板的目的，是为了使镇静钢钢锭头部能在较长时间保持为液体状态，避免钢锭本体因体积收缩而产生的缩孔和疏松，从而获得致密的钢锭。

（二）保温帽的结构和类型

保温帽由铸铁外壳和内衬组成。根据它在钢锭模上的放置情况，可分为固定式和浮游式两种，如图 3-124 所示。前者使用普遍，后者仅用于生产批量小、锭型大的锻造钢锭。根据内衬材料的不同，保温帽又可分为普通保温帽、绝热保温帽和发热保温帽。

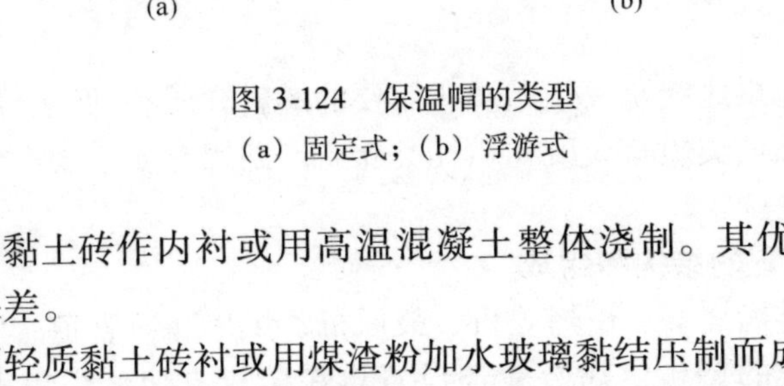

图 3-124　保温帽的类型
（a）固定式；（b）浮游式

普通保温帽使用黏土砖作内衬或用高温混凝土整体浇制。其优点是制作简便，寿命长，缺点是保温效果差。

绝热保温帽是用轻质黏土砖衬或用煤渣粉加水玻璃黏结压制而成。采用绝热帽口可减少帽口本身吸收热量和通过保温帽散失的热量，保温效果比普通型保温帽好，成材率与发热帽相当，成本比发热帽低。但绝热帽使用寿命短，修补工作量大，且煤渣帽衬只能使用一次。

发热保温帽的内衬分为两层。内层为发热层，由发热材料、氧化剂和黏结剂组成；外层为保温层，由河沙、黏土等保温材料组成。发热保温帽的内衬特点是使钢锭头部钢水热量散失减少，保持液态时间延长，使钢锭头部收缩良好，成材率提高。但发热层要消耗大量的铝粉，使浇注成本提高。

保温帽的容积通常为锭身容积的 13% ~17%，保温帽下部边长应比钢锭上部边长少 40 ~60mm，锥度一般取 17% ~20%，转角半径应从上向下逐渐减小，到下口边时与锭身上口的转角半径相等。

（三）绝热板

为了省去保温帽的制作、修衬、安装等操作，又要达到对钢锭头部钢水保温的效果，可使用绝热板代替保温帽进行镇静钢的浇注，也叫整体模，如图 3-125所示。

绝热板一般以 70% ~85% 的高耐火度材料为骨料，8% ~20% 的有机纤维材料加入 5% ~20% 的轻质材料、3% ~5% 的无机纤维材料，经粉碎加入黏合剂混合后压模成形，并经烘干制成，具有重量轻、气孔率高、保温效果好的特点。

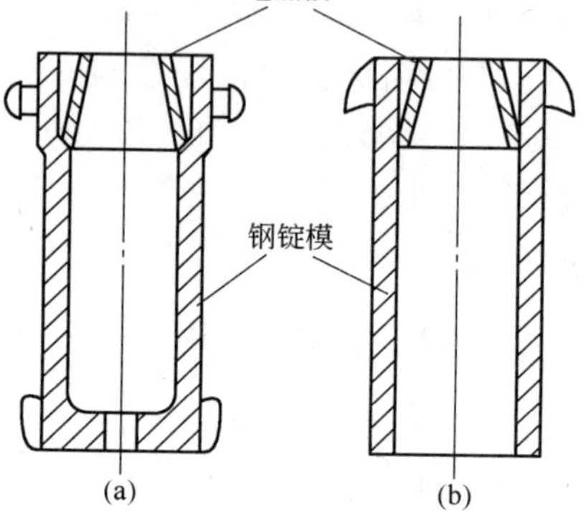

图 3-125　整体模
（a）镇静钢锭模；（b）沸腾钢锭模

六、钢包烘烤装置

钢包的烘烤装置是对钢包进行烘烤，可去除钢包耐火衬中的水分，提高钢包耐火衬的使用温度。

（一）钢包烘烤装置的作用和类型

钢包在受钢前必须在钢包烘烤位置的工位上，按规定的钢包烘烤制度进行烘烤作业。通过烘烤处理，既能够去除钢包耐火衬中的水分，提高耐火材料耐冲刷、耐侵蚀性能，又能够提高钢包耐火衬的使用温度，减少耐火衬的破损，减少钢包的钢水温降。钢包烘烤装置的形式有立式钢包烘烤装置和卧式钢包烘烤装置两种。前者的特点是烘烤温度比较均匀，有利于水分挥发，操作也比较方便，但浪费烘烤介质。后者则相反。

（二）烘烤介质

烘烤介质是指钢包烘烤装置火焰燃烧所需要的燃料介质和助燃介质。

燃料介质主要有燃油类燃料介质和燃气类介质。助燃介质主要有压缩空气、鼓风机供给的空气以及氧气。

（三）钢包烘烤装置的结构和组成

钢包烘烤装置由烘烤烧嘴、烘烤盖板、鼓风机、烘烤介质管道、管道调节阀和计量仪表等零部件组成。立式的钢包烘烤装置还设置烘烤装置支架、烘烤盖支架及升降回转机构、钢包放置支架等零部件。卧式钢包烘烤装置还设置排气烟囱、烘烤盖板移动支座及传动机构、轨道、钢包放置支架等零部件。

第九节 模铸系统的风险

模铸系统的风险主要包括：高温钢锭辐射与灼伤、浇注钢水和熔渣喷溅与爆炸、钢水浇注时漏钢等风险。针对以上风险，模铸生产过程中应遵守以下安全规定：

（1）新建、改建或扩建炼钢工程，必须采用部分模铸时，应采用小车模铸系统，不应采用地面浇铸或坑铸系统，因为新建、改建或扩建工程地面或地坑往往不够干燥，易发生爆炸事故。

（2）靠车间外侧纵向布置的铸钢平台，应在平台外设安全平台，其宽度应不大于0.9m。两种平台之间有隔墙时，平台之间通道门的间距应不小于36m。

（3）钢锭车外边缘与钢水罐车外边缘的距离，应不小于1m。

（4）铸锭平台的长度，除满足工艺要求外，还应留有一定的裕量。其高度应低于有帽钢锭模的帽口和无帽钢锭模的模口，宽度应不小于3m。

（5）浇注时应遵守下列规定：

1）浇注前应详细检查滑动水口及液压油路系统；往罐上安装油缸时，不应对着传动架调整活塞杆长度；遇有滑板压不动时，确认安全之后方可在铸台松动滑动水口顶丝；油缸、油带漏油，不应继续使用；机械封顶用的压盖和凹形窝内，不应有水，否则易造成爆炸事故。

2）浇注钢锭时，钢水罐不应在中心注管或钢锭模上方下落，否则钢锭模中钢液的高温将影响钢水罐寿命。

3）开浇和烧氧时应预防钢水喷溅，水口烧开后，应迅速关闭氧气，否则易发生喷溅。

4）使用凉铸模浇注或进行软钢浇注时容易造成喷溅，因此应时刻提防钢水喷溅伤人。

5）出现钢锭模或中注管漏钢时，不应浇水或用湿砖堵钢。

6）正在浇注时，不应往钢水包内投料调温，否则会造成钢水流不稳定，浇注不均匀。

7）取样工具应干燥，人员站位应适当，样模钢水未凝固不应取样，否则钢水喷溅易造成人员伤亡。

8）不应在有红锭的钢锭模沿上站立、行走和进行其他操作，否则易造成烫伤、烧伤或灼伤。

（6）整模应遵守下列规定：

1）列模、列帽应放置整齐，并检查确认无脱缝现象。

2）安放模子及其他物体时，应等起重机停稳、物体下落到离工作面不大于0.3m时，方可上前校正物体位置和放下物体。

3）钢锭模应冷却至200℃左右，方可处理。

4）经常检查钢锭模、底盘、中心注管和保温帽，如发现破损和裂纹，应按报废标准报废，或修复达标后使用，否则在浇注过程中易造成漏钢事故。

第七章 轧钢系统及风险

第一节 轧钢工艺流程

一、轧制原理

(一) 轧制过程的基本概念

轧制过程是靠旋转的轧辊与轧件之间形成的摩擦力将轧件拖进辊缝之间，并使之受到压缩产生塑性变形的过程（参见图3-126）。轧制过程除使轧件获得一定的形状和尺寸外，还必须使轧件组织和性能得到一定程度的改善。了解和控制轧制过程，必须对轧制过程形成的变形区及变形区内金属流动规律有一定的了解。

1. 变形区主要参数

通常，在生产实践中所使用的轧机结构形式多种多样，为了弄清楚其共同性的问题，轧制原理要先从简单轧制过程讲起。所谓简单轧制过程，是指两个轧辊都被电动机带动，且两轧辊直径相同，转速相等，轧辊为刚性；被轧制的金属上只有轧辊所施加的压力，即不存在前后拉力或推力，且被轧制的金属做等速运动；被轧制的金属性质均匀一致，即变形温度一致，变形抗力一致，变形一致。理想的简单轧制过程在实际中很难找到，但为了讨论问题方便，常把复杂的轧制过程简化成简单轧制过程。

（1）轧制变形区及主要参数。轧件承受轧辊作用发生变形的部分称为轧制变形区，即从轧件入辊的垂直平面到轧件出辊的垂直平面所围成的区域 AA_1-BB_1（如图3-127所示），通常又把它称为几何变形区。轧制变形区主要参数有咬入角和接触弧长度。

1）咬入角。轧件与轧辊相接触的圆弧所对应的圆心角称为咬入角。压下量与轧辊直径和咬入角存在如下对应关系：

$$\Delta h = 2(R - R\cos\alpha)$$

于是有

$$\Delta h = D(1 - \cos\alpha)$$

又

$$\cos\alpha = 1 - \frac{\Delta h}{D}$$

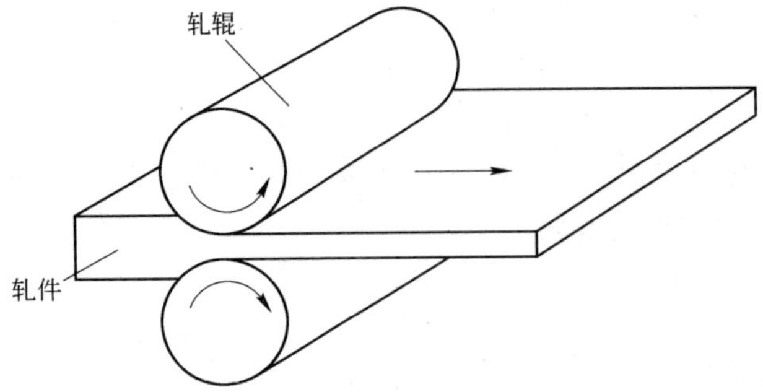

图3-126 轧制过程示意图

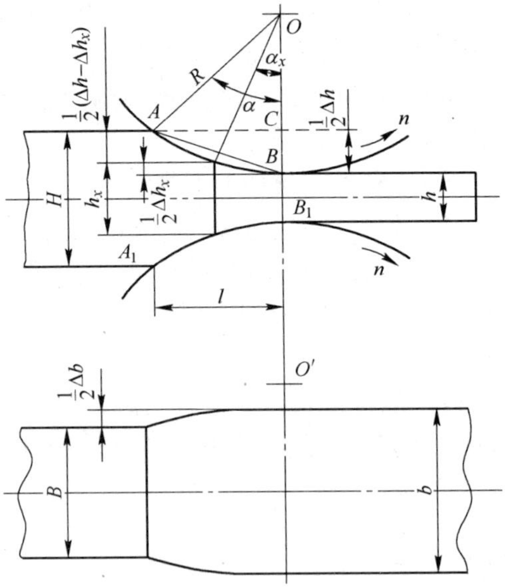

图3-127 变形区几何形状

得
$$\sin\frac{\alpha}{2}=\frac{1}{2}\sqrt{\frac{\Delta h}{R}}$$

当 α 很小时（$\alpha<10°\sim15°$）。取 $\sin\frac{\alpha}{2}\approx\frac{\alpha}{2}$，可得 $\alpha=\sqrt{\frac{\Delta h}{R}}$。

式中 D，R——轧辊直径和半径；

Δh——压下量。

这样就可以在已知 R、Δh 和 α 三个参数中任意两个的情况下，求出第三个参数。

2）接触弧长度。轧件与轧辊相接触的圆弧的水平投影长度称为接触弧长度，也称为咬入弧长度，即图 3-127 中的 AC 线段。通常又把 AC 称为变形区长度。接触弧长度公式：

$$l=\sqrt{R\Delta h}$$

式中 R——轧辊工作半径；

Δh——该道次压下量。

压下量、轧辊直径和咬入角的关系：$\Delta h=D(1-\cos\alpha)$。

（2）轧制变形的表示方法。轧制变形的表示方法有：

1）用绝对变形量表示。用轧制前、后轧件绝对尺寸之差表示的变形量称为绝对变形量。

绝对压下量为轧制前后轧件厚度 H、h 之差，即 $\Delta h=H-h$；

绝对宽展量为轧制前后轧件宽度 B、b 之差，即 $\Delta b=B-b$；

绝对延伸量为轧制前后轧件长度 L、l 之差，即 $\Delta l=L-l$。

用绝对变形量不能正确的说明变形量的大小，但在习惯中，常用前两种变形量，而绝对延伸量一般情况不用。

2）用相对变形量表示。即用轧制前后轧件尺寸的相对变化表示的变形量，称为相对变形量。表示方法有：

相对压下量：$\frac{H-h}{H}\times100\%$；$\frac{H-h}{h}\times100\%$；$\ln\frac{h}{H}$

相对宽展量：$\frac{b-B}{B}\times100\%$；$\frac{b-B}{b}\times100\%$；$\ln\frac{b}{B}$

相对延伸量：$\frac{l-L}{L}\times100\%$；$\frac{l-L}{l}\times100\%$；$\ln\frac{l}{L}$

前两种表示方法只能近似地反映变形大小，但较绝对变形表示法已经进了一步。后一种方法导自移动体积的概念，能够正确反映变形的大小，相对延伸量也称为真变形。

3）用变形系数表示。用轧制前后轧件尺寸的比值表示变形程度，此比值称为变形系数。变形系数包括：

压下系数：$\eta=\frac{H}{h}$

宽展系数：$\beta=\frac{b}{B}$

延伸系数：$\mu=\frac{l}{L}$

根据体积不变原理，三者之间存在如下关系，即 $\eta=\mu\cdot\beta$。变形系数能够简单而正确地反映变形的大小，因此在轧制变形方面得到了广泛的应用。

2. 金属在变形区内的流动规律

（1）沿断面高度方向上变形的分布。关于轧制时变形的分布有两种不同的理论，一种是均匀变形理论，另一种是不均匀变形理论。后者比较客观地反映了轧制时金属变形规律。均匀变形理论认为，沿轧件断面高度方向上的变形、应力和金属流动的分布都是均匀的，造成这种均匀性的主要原因是由于未发生变形的前后外端的强制作用，因此又把这种理论称为刚端理论。

不均匀变形理论认为，沿轧件断面高度方向上的变形、应力和金属流动分布都是不均匀的。其主要内容是：1）沿轧件断面高度方向上的变形、应力和流动速度分布是不均匀的。2）在几何变形区内，在轧件与轧辊的接触表面上，不但有相对滑动，而且有粘着，就是指轧件与轧辊之间无相对滑动。3）变形不但发生在几何变形区内，而且也产生在几何变形区以外，其变形分布都是不均匀的。这样就把轧制变形区分为变形过渡区、前滑区、后滑区和黏着区。4）在黏着区内有一个临界面，在这个面上金属的流动速度分布均匀，并且等于该处轧辊的水平速度。

近年来大量实验证明，不均匀变形理论是比较容易接受的。

（2）沿断面宽度方向上变形的分布。根据最小阻力定律，由于变形区受纵向和横向的摩擦力 σ_3 和 σ_2 的作用（见图3-128），大致可将轧制变形区分为四个部分，即 *ADB*、*CGE* 和 *ADGC*、*BDGE* 四个部分。

ADB 及 *CGE* 区域内的金属流沿横向流动增加宽展，而 *ADGC* 及 *BDGE* 区域内的金属流沿纵向流动增加延伸。不仅上述四个部分是一个互相联系的整体，它们还与其前后两个外端互相联系着。外端对变形区金属流动的分布也产生一定的影响作用，前后外端对变形区产生张应力。另一方面，由于变形区的长度 l 小于宽度 b，故延伸大于宽展，在纵向延伸区中心部分的金属只有延伸而无宽展，使其延伸大于两侧，结果在两侧引起张应力。这两种张应力与延伸阻力方向相反，削弱了延伸阻力，引起形成宽展的区域 *ADB* 及 *CGE* 收缩为 *adb* 和 *cge*。事实证明，张应力的存在引起宽展下降，甚至在宽度方向上发生收缩，产生所谓“负宽展”。

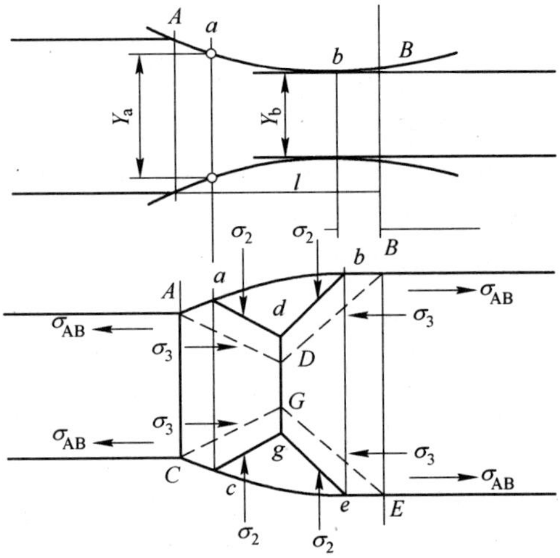

图3-128　轧件在变形区的横向流动

沿轧件高度方向金属横向变形的分布也是不均匀的，一般情况下接触表面由于摩擦力的阻碍，使表面的宽度小于中心层，因而轧件侧面呈单鼓形；当 $l/\bar{h}$ 小于0.5时，轧件变形不能渗透到整个断面高度，因而轧件侧表面呈双鼓形，这种现象在初轧机上可以观察到。

3. 体积不变和最小阻力定律

体积不变条件（或称体积不变定律）是指物体的体积在塑性变形中为一常数。实际上，物体在塑性变形中体积会有微小的变化。这是由于通过塑性变形会使物体密度增加或减小（如钢锭或钢坯经过轧制，组织变得致密使密度增加；热轧过的金属再进行冷轧，由于晶体间及晶体内的破坏增加了疏松程度，因而密度略有减小）。此外在弹性变形时，体积也略有减小。但是，上述体积变化是微小的，在实际计算时可以认为是不变的。体积不变定律在压力加工中得到广泛应用，是计算轧制前后轧件尺寸参数的基本依据。

最小阻力定律是指物体在变形过程中，当质点有向各方向移动的可能时，物体质点将向着阻力最小的方向移动。例如在平辊上轧制钢板时，由于沿辊身方向存在摩擦阻力，轧件高度方向又受到轧辊的限制，因而轧件主要是沿阻力最小的轧制方向伸长，而在宽度方向移动很小。

（二）实现轧制过程的条件

1. 咬入条件

依靠旋转的轧辊与轧件之间的摩擦力，轧辊将轧件拖入轧辊之间的现象称为咬入。为使轧件进入轧辊之间实现塑性变形，轧辊对轧件必须有与轧制方向相同的水平作用力。如图 3-129 所示，轧辊对轧件的作用力，根据牛顿力学基本定律可知：轧辊对轧件将产生与 P 力大小相等、方向相反的径向反作用力 N，在后者的作用下，产生与轧制方向相同的切线摩擦力 T，力图将轧件咬入辊缝中进行轧制。

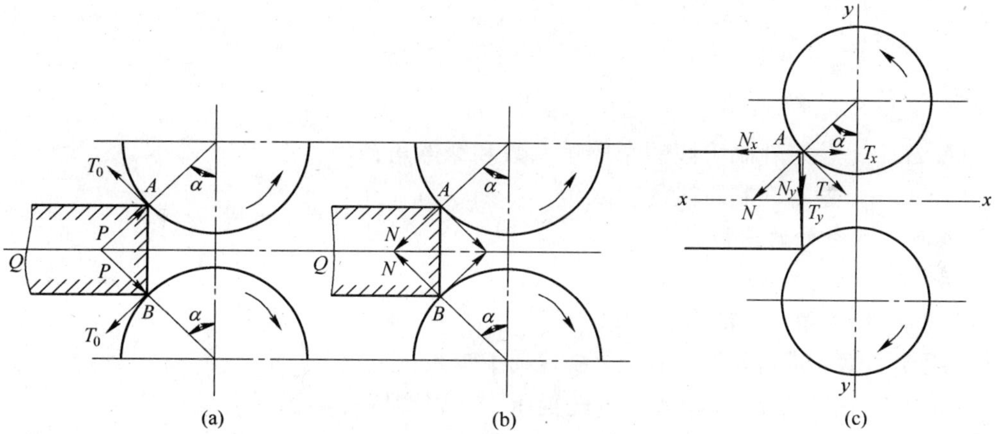

图 3-129　轧件受力图

（a）轧辊受力分析；（b）轧件受力分析；（c）上轧辊对轧件的作用力分解图

由图 3-129 可知咬入力 T_x 与咬入阻力 N_x 之间的关系有以下三种可能的情况：

$T_x < N_x$，不能实现自然咬入；

$T_x = N_x$，平衡状态；

$T_x > N_x$，可以实现自然咬入。

咬入力　　$T_x = T \cdot \cos\alpha$

推出力　　$P_x = P \cdot \sin\alpha$

因为 $T = P \cdot f$，$f = \tan\beta$，因此，实现自然咬入的条件为：$T_x \geqslant P_x$，或 $\beta \geqslant \alpha$。

即当摩擦角大于咬入角时开始自然咬入。当 $\beta \geqslant \alpha$ 时，轧辊对轧件的作用力 T 与 N 合力 F 的水平分力 F_x 与轧制方向相同，则轧件可以被自然咬入。

2. 稳定轧制条件

当轧件被轧辊咬入后开始逐渐充填辊缝，在此过程中，轧件前端与轧辊轴心连线间的夹角δ不断减小，当轧件完全充满辊缝时，$\delta=0$，即开始稳定轧制阶段（如图3-130所示）。表示合力点的中心角φ在此过程中也在不断变化着，随轧件逐渐充填辊缝，合力作用点内移，φ角从$\varphi=\alpha$开始逐渐减小，相应的，轧辊对轧件作用力合力逐渐向轧制方向倾斜，向有利于咬入的方向发展。当轧件充填辊缝，过渡到稳定轧制阶段时，合力作用点的位置固定下来，φ角也不再变化，且为最小值，即：

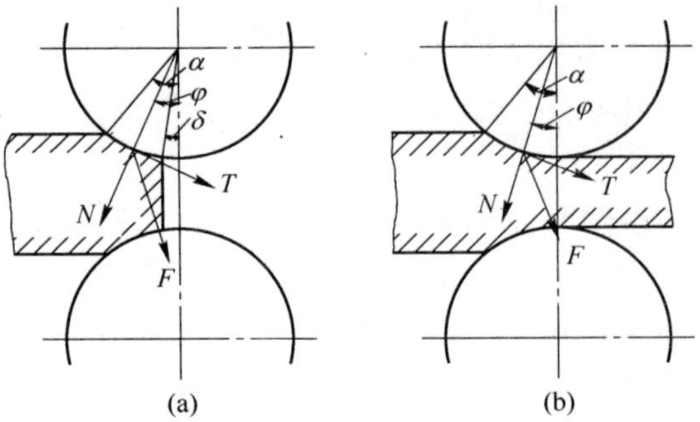

图 3-130　轧件充填辊缝过程中作用力条件变化图

$$\varphi = \frac{\alpha}{K_x}$$

式中　K_x——合力作用点系数。

分析受力条件可知稳定轧制条件为：

$$f_y > \tan\frac{\alpha_y}{K_x}$$

或

$$\beta_y > \frac{\alpha_y}{K_x}$$

式中　f_y，β_y——稳定轧制阶段的摩擦角系数和摩擦角；

α_y——稳定轧制阶段的咬入角。

3. 改善咬入条件的途径

实际生产中，改善咬入的措施有：

（1）减小咬入角，方法有：

1）用楔形钢坯进行轧制，使$\alpha<\beta$有利于咬入；

2）带钢压下，以$\alpha<\beta$咬入后将轧辊压下，以增加α增加压下量；

3）冲力送入（强迫送入），使轧件冲向轧辊，将轧件前端压扁成楔形。

（2）提高摩擦角，方法有：

1）改变轧件或轧辊的表面状态，以提高摩擦角（在轧辊上刻痕、堆焊或滚花的轧辊）；

2）降低轧辊咬入轧件时的速度，以增加摩擦角；

3）减小孔型侧壁斜度的角度。

（三）轧制过程中的横变形——宽展

1. 宽展及其实际意义

在轧制过程中轧件的高度方向承受轧辊压缩作用，压缩下来的体积，将按照最小阻力法则沿纵向和横向移动。沿横向移动的体积所引起的轧件宽度的变化称为宽展。轧制中的宽展可能是希望的，也可能是不希望的，要视轧制产品的断面特点而定。如用宽度较小的钢坯轧成宽度较大的成品时希望有宽展，必须设法增大宽展；若是从大断面钢坯轧成小断面成品，则不希望有宽展，因为消耗于横变形的功能是多余的，在这种情况下，应力求以最小的宽展轧制。

纵轧的目的是为了得到延伸，除特殊情况外，应尽量减少宽展，降低轧制功能消耗，提高轧机生产率。不论是否希望有宽展，都必须掌握宽展的变化规律和正确的计算方法。

2. 宽展的分类

在不同的轧制条件下，坯料在轧制过程中的宽展形式是不同的，根据金属沿横向流动的自由程度，宽展可以分为自由宽展、限制宽展和强迫宽展。

（1）自由宽展。坯料在轧制过程中，被压下的轧件其金属质点在横向移动时，具有沿垂直于轧制方向朝两侧自由移动的可能性，此时金属流动除受接触摩擦的影响外，不受其他任何的阻碍和限制，结果明确表现出轧件宽度上尺寸的增加，这种情况称为自由宽展。自由宽展发生于变形比较均匀的条件下，如在平辊上轧制矩形断面轧件，以及宽度有很大富裕的扁平孔型内轧制。自由宽展轧制是最简单的轧制情况。

（2）限制宽展。坯料在轧制过程中，金属质点横向移动时，除受接触摩擦的影响外，还承受孔型侧壁的限制作用，因而破坏了自由流动条件，此时产生的宽展称为限制宽展。由于孔型侧壁的限制作用，使横向移动体积减小，所以形成的宽展小于自由宽展。

（3）强迫宽展。坯料在轧制过程中，金属质点在横向移动时，不仅不受任何阻碍，而且受到强烈的推动作用，使轧件宽度产生附加的增长，此时产生的宽展称为强迫宽展。由于出现有利于金属质点横向流动的条件，所以强迫宽展大于自由宽展。典型例子是在凸型孔型中及有强烈局部压缩的轧制条件下轧制。

3. 影响宽展的因素

影响金属在变形区内沿纵向及横向流动的数量关系的因素很多，这些因素都是建立在最小阻力定律和体积不变定律的基础上的。影响宽展的因素可以归纳为两方面：一是高向移动体积，二是变形区内轧件变形的纵横阻力比。变形区内轧件的应力状态取决于多种因素，这些因素通过变形区形状和轧辊形状反映变形区内轧件变形的纵横阻力比，从而影响宽展。

（1）相对压下量的影响。压下量是形成宽展的源泉，是形成宽展的主要因素之一，没有压下量宽展就无从谈起，相对压下量越大宽展也越大。实验表明，随着压下量的增加，宽展也增加，这是因为压下量增加时，变形区长度增加，变形区水平投影形状$\frac{l}{b}$增大，使得纵向塑性流动阻力增加，纵向压缩主应力值增加，根据最小阻力定律，金属沿横向运动的趋势增大，因而使宽展加大。另一方面，高向压下来的金属体积也增加，使得Δb也增加。

（2）轧制道次的影响。在总压下量一定的前提下，轧制道次越多，宽展越小。因为在其他条件及总压下量相同时，一道次轧制时变形区形状$\frac{l}{b}$比值较大，宽展也较大；而多道次轧制时，变形区形状$\frac{l}{b}$比值较小，所以宽展也较小。因此，不是从原料和成品的厚度来决定宽展，而是应该按照各个道次来分别计算。

（3）轧辊直径对宽展的影响。在其他条件不变的情况下，宽展Δb随轧辊直径D增加而增加。这是因为当D增加时变形区长度加大，使纵向阻力增加，根据最小阻力定律，金属更容易向宽度方向流动。应当注意的是，轧辊为圆柱体，沿轧制方向是圆弧形的，必然产生有利于延伸变形的水平分力，它使纵向摩擦阻力减小，有利于纵向变形，即增大延伸。所以，即使变形区长度与轧件宽度相等，延伸与宽展的量也不等。受工具形状的影响，延伸总是大于宽展。

（4）摩擦系数的影响。当其他条件相同时，随摩擦系数的增加，宽展也增加。这是因为随着摩擦系数的增加，轧辊的工具形状系数增加，使得轧件纵横阻力比增加，相应的使延伸减小，宽展增大。凡是影响摩擦系数的因素，都会通过摩擦系数引起宽展的变化，主要有轧制温度、轧制速度、轧辊表面状态、轧件/轧辊化学成分等。

（5）轧件宽度对宽展的影响。变形区长度一定，随轧件宽度增加时，宽展也逐渐增加；而当轧件宽度大于变形区长度时，宽展区变化不大，延伸区逐渐增加。也就是说，从绝对量上来说，宽展的变化是先增加，后趋于不变。

（四）轧制过程中的纵变形——前滑和后滑

1. 轧制过程中的前滑和后滑现象

轧制过程中，轧件在高度方向上受到压缩的金属，一部分纵向流动形成延伸；另一部分横向流动形成宽展。轧件的延伸是由于被压下金属向轧辊入口和出口两个方向流动的结果。在轧制过程中，轧件出口速度大于轧辊在该处的线速度的现象称为前滑；而轧件进入轧辊的速度小于轧辊在该处的线速度的水平分量的现象称为后滑。

2. 影响前滑的因素

前滑和后滑是延伸的组成部分，在轧制过程中，轧件的出辊速度与轧辊的圆周速度不一致，而且这个速度差在轧制过程中并非始终保持不变，它受许多因素的影响，如压下率、轧件厚度、摩擦系数、轧辊直径、前后张力、孔型形状等。

（五）轧制压力和力矩

1. 轧制压力的概念

通常所说的轧制压力是指用测压仪在压下螺丝下实测的总压力，即轧件塑性变形时作用在轧辊上的总压力的垂直分量。简单轧制条件下的合力方向如图 3-131 所示。

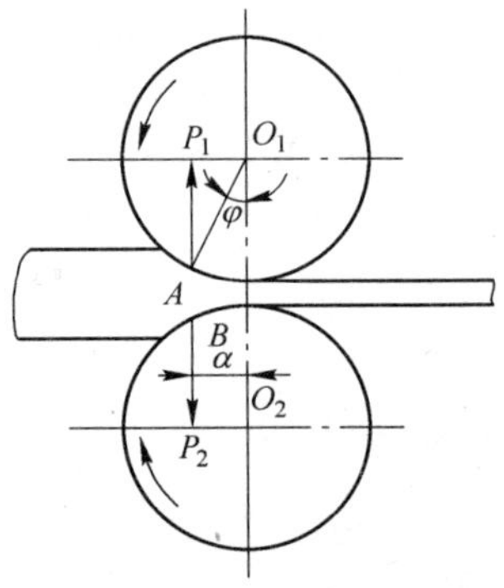

图 3-131　简单轧制条件下合力方向

单位压力在变形区内的分布是不均匀的，故常用其平均值，即平均单位压力计算。轧制压力、平均单位压力和接触面积有以下关系：

$$P = \bar{p}F$$

式中　P——轧制压力；

$\bar{p}$——平均单位压力；

F——接触面积，$F = \bar{B}l$。

2. 传动力矩的组成

在轧制过程中，在主电机轴上传动轧辊所需的力矩由以下四部分组成：

$$M_{\Sigma} = \frac{M_Z}{i} + M_m + M_k + M_d$$

式中　M_Z——轧制力矩，即用于轧件塑性变形所需的力矩；

M_m——克服轧制时发生在轧辊轴承、传动机构中的附加摩擦力矩；

M_k——空转力矩，即克服轧机空转时的摩擦力矩；

M_d——动力矩，即轧辊速度变化时的惯性力矩；

i——轧辊与主电机之间的传动比。

二、轧钢工艺

轧钢是将钢锭或钢坯轧制成具有一定形状、尺寸和性能的钢材所需的一系列工序的组合。轧制产品不同，生产工艺流程也不一样。轧钢生产工艺流程的制定是轧钢车间设计的重要项目之一。在轧钢厂，从均热炉出来的钢锭首先在初轧机或板坯轧机上加工，生产出大方坯、短条坯或扁坯，或者是由连铸机直接铸成各种尺寸的钢坯，然后把扁坯轧成钢板和带钢，把方坯或短条坯轧成结构钢、型钢和棒材。一般用热轧加工大型材，冷轧只用于截面变化较小的型材，使其表面状态符合要求。轧制（必要时冷却）以后，产品被切成标准长度，经过捆扎或用其他方式整理后送到精整工段。

轧钢生产工艺流程可归纳为 3 种基本流程，即碳素钢（低合金钢）热轧生产工艺流程、合金钢热轧生产工艺流程和冷加工生产工艺流程。生产同一种钢材，可能采用不同的工艺流程，能得到的技术经济效果也是不同的。因此，在制订产品工艺流程时，要正确选择所需的工序、工序排列的顺序、每个工序的具体内容及其参数，这样才能达到高产、优质、低耗的目的。

制订工艺流程时必须遵守下列原则：（1）产品必须达到技术条件的要求；（2）材料的塑性加工容易进行；（3）生产规模能够实现；（4）产品成本低；（5）工人的劳动条件好，安全有保障。

轧制产品的工艺流程比较复杂，工序的取舍不是任意的。此外，随着对轧制产品质量要求的提高，品种范围的扩大以及新技术、新设备的应用，轧制产品的工艺流程及工序的具体内容也会有相应的变化。但就总体上看，对热加工而言，轧钢生产工艺流程由以下几个基本工序组成：即坯料准备、坯料加热、钢的轧制、轧后冷却与精整。只是产品不同，每个基本工序的内容有所不同罢了。冷加工生产工艺流程受其特点的影响，加工前一般要进行热处理及酸洗，并且在加工过程中要进行一次或多次中间热处理。

（一）轧钢生产概述

钢的总产量中，除少部分是用铸造和锻造法制成器件以外，其余 90% 以上的钢都需要经过轧制成材。有些钢材虽然不是在轧钢车间生产，但也需要由轧钢车间提供坯料。因此，在现代化钢铁联合企业中，作为钢铁生产的最后一个环节，轧钢生产在国民经济中占有极其重要的地位。

钢铁材料制品的生产方式中，最主要的是轧制。这是因为轧制法生产钢材效率高，产品种类多，生产成本低，适合于大规模生产。轧钢是将金属坯料通过一对旋转轧辊的间隙（各种形状），因受轧辊的压缩使材料截面减小，长度增加的压力加工方法，这是生产钢材最常用的生产方式，主要用来生产型材、板材、管材。根据钢材加工温度不同分为冷加工和热加工两种。随着生产的发展，科学技术的进步，轧制技术也在不断发展和进步，主要体现在以下几个方面：

（1）生产过程缩短、紧凑。炼钢与轧钢的衔接形成连铸连轧。与传统的铸锭、开坯、轧制成材相比，生产周期短、工序少、能耗降低，形成紧凑式短流程生产线。

（2）新技术大量应用于轧钢生产。计算机控制、液压技术、板形控制、控轧控冷等技术使轧制过程向最佳化、轧制产品向最优化发展。

（3）塑性加工基础理论的发展使轧制过程模型化。建立各种生产条件下的轧制数学模型、综合力学模型，利用计算机控制生产过程，使工艺技术向工程科学迈进。

（4）利用最优化技术确定最佳参数和工艺制度，优化生产过程，以便优质、高产、低消耗、低成本地生产钢材。

用轧制法生产钢材，生产效率高、质量好、金属消耗少，且生产成本较低。现代的轧制产品，对实物质量要求越来越高，市场竞争也十分激烈，大量新技术和新工艺的应用，使轧制产品质量和性能得到提高，钢材的品种也越来越多，满足了使用上越来越高的要求。

（二）热轧和冷轧

热轧和冷轧都是型钢或钢板成型的工序，它们对钢材的组织和性能有很大的影响，钢的轧制主要以热轧为主。

1. 热轧

热轧是指把钢材加热后控制在再结晶温度以上进行轧制加工的工艺。图 3-132 所示为热轧型钢生产。

图 3-132　热轧型钢生产

其优点是：（1）可以破坏钢锭的铸造组织，细化钢材的晶粒，并消除显微组织的缺陷，从而使钢材组织密实，力学性能得到改善。这种改善主要体现在沿轧制方向上，从而使钢材在一定程度上不再是各向同性体。（2）浇注时形成的气泡、裂纹和疏松，也可在高温和压力作用下被焊合。（3）加热后的钢坯具有良好的塑性，容易成形，成形后钢材没有内应力，便于下面工序加工。

其缺点是：（1）经过热轧之后，钢材内部的非金属夹杂物（主要是硫化物和氧化物，还有硅酸盐）被压成薄片，出现分层（夹层）现象。分层使钢材沿厚度方向受拉的性能大大恶化，并且有可能在焊缝收缩时出现层间撕裂。焊缝收缩诱发的局部应变时常达到屈服点应变的数倍，比荷载引起的应变大得多。(2) 不均匀冷却造成残余应力。残余应力是在没有外力作用下内部自相平衡的应力，各种截面的热轧型钢都有这类残余应力，一般钢截面尺寸越大，残余应力也越大。残余应力虽然是自相平衡的，但对钢构件在外力作用下的性能还是有一定影响。如对外形、稳定性、抗疲劳等方面都可能产生不利的影响。

2. 冷轧

冷轧是指在常温下，经过冷拉、冷弯、冷拔等冷加工把钢板或钢带加工成各种形式的钢材。图 3-133 所示为冷轧板材生产。

图 3-133　冷轧板材生产

其优点有：(1) 成型速度快、产量高，且不损伤涂层，可以做成多种多样的截面形式，以适应使用条件的需要。(2) 冷轧可以使钢材产生很大的塑性变形，从而提高了钢材的屈服点。

其缺点有：(1) 虽然成型过程中没有经过热态塑性压缩，但截面内仍然存在残余应力，对钢材整体和局部屈曲的特性必然产生影响。(2) 冷轧型钢样式一般为开口截面，使得截面的自由扭转刚度较低。在受弯时容易出现扭转，受压时容易出现弯扭屈曲，抗扭性能较差。(3) 冷轧成型钢壁厚较小，在板件衔接的转角处又没有加厚，承受局部性的集中荷载的能力弱。

（三）轧材种类及工艺流程

轧制钢材的种类很多，随着社会的需求和轧制技术的发展，轧制产品的规格和种类仍在不断增加。按产品的断面形状轧材可以分为板带材、型材、线材、管材等种类。

1. 轧钢工艺流程

轧钢工艺流程包括以下部分：

(1) 坯料准备。坯料的准备包括按炉号将坯料堆垛在原料仓库，清理钢坯表面缺陷，去除氧化铁皮和预先热处理坯料等。

(2) 坯料加热。坯料的加热是热轧生产中的重要工序，是将坯料在加热炉中加热到所要求的温度后，再进行轧制。

(3) 钢的轧制。轧制是轧钢生产工艺过程的核心。轧钢工序的任务是精确成型和改善组织性能。

（4）精整。精整工序通常包括钢材的切断或卷取、轧后冷却、矫直、成品热处理、成品表面处理、包装等工序。精整工序对产品质量起着最终保证作用。

2. 型钢

型钢在钢材中品种最多，每种形状的断面又有很多不同尺寸规格。按其断面形状可以分为简单断面和复杂断面两大类（见图 3-134 和图 3-135）。

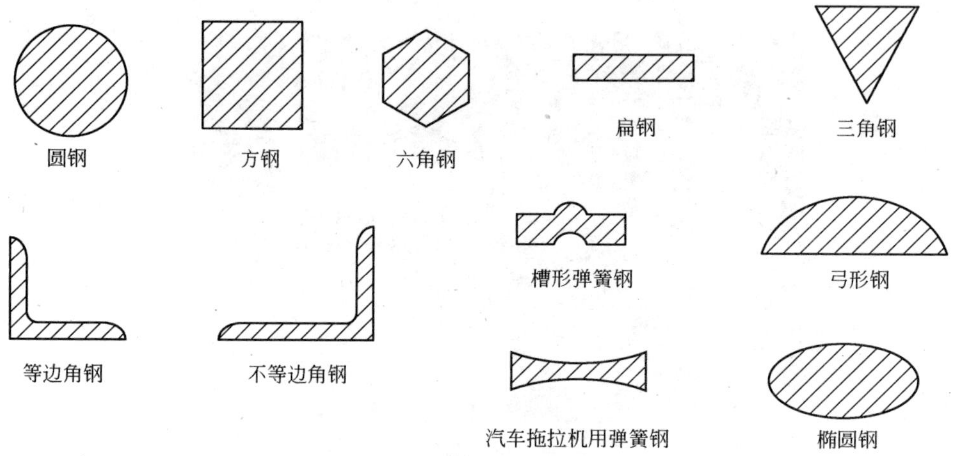

图 3-134　简单断面型钢

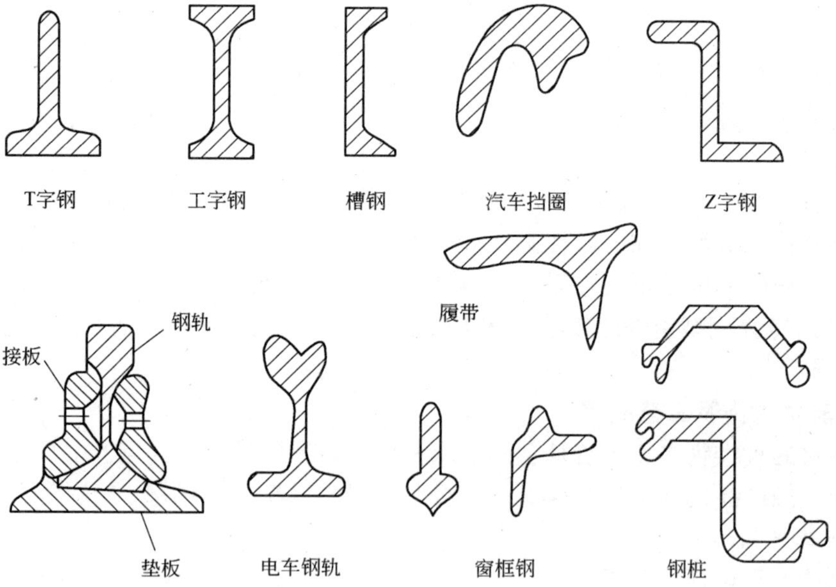

图 3-135　复杂断面型钢

简单断面的特点是过断面周边上任意点作切线一般不交于断面之中，例如圆钢、方钢、六角钢、扁钢、三角钢、弓形钢和椭圆钢等，一般把直径 5～9mm 的圆钢和 10mm 以下的螺纹钢称为线材。复杂断面包括角钢、工字钢、槽钢、T 字钢、H 型钢、Z 型钢、钢轨、钢板桩、窗框钢及其他杂形断面型钢。复杂断面型材在加工成形过程中各部分金属变形不均匀、断面各处温度不均、工具磨损不均、轧件尺寸难以精确计算以及轧机调整和导卫装置的设计与安装复杂，其成形比较困难，生产不易实现连轧。型钢生产流程如图 3-136 所示。

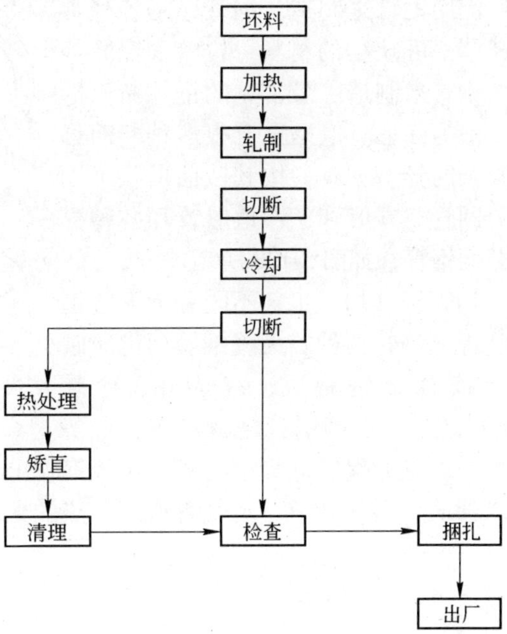

图 3-136　型钢生产流程

3. 钢板

钢板是一种宽厚比和表面积都很大的扁平钢材。按厚度不同分薄板（厚度小于 4mm）、中板（厚度 4 ~ 20mm）和厚板（厚度大于 20mm）三种。根据不同的用途，薄钢板采用不同材质钢坯轧制而成，通常采用的材质有普碳钢、优碳钢、合金结构钢、碳素工具钢、不锈钢、弹簧钢和电工用硅钢等。它们主要用于汽车工业、航空工业、搪瓷工业、电气工业、机械工业等部门。薄钢板除轧制后直接交货外，还有经过酸洗、镀锌和镀锡等种类。厚钢板是厚度在 4mm 以上的钢板的统称，在实际工作中，常将厚度小于 20mm 的钢板称为中板，厚度在 20 ~ 60mm 的钢板称为厚板，厚度大于 60mm 的钢板则需在专门的特厚板轧机上轧制，故称特厚板。厚板按用途又分造船钢板、桥梁钢板、锅炉钢板、高压容器钢板、花纹钢板、汽车钢板、装甲钢板和复合钢板等。钢带是钢板的一个分支，钢带实际上是很长的薄板，宽度比较小，常成卷供应，也称为带钢。钢带常在多机架连续式轧机上生产，切成定尺长度后就是钢带，因此生产率比单张机制时高。此外，厚度小于 0. 2mm 以下的钢板称为箔材。板材（中厚板）生产工艺流程如图 3-137 所示。

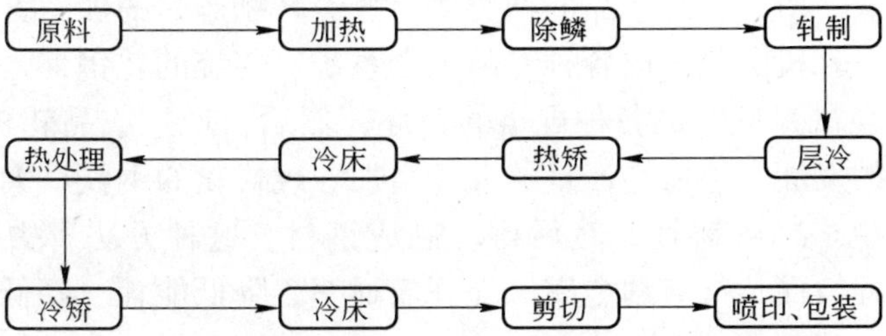

图 3-137　板材（中厚板）生产工艺流程

4. 钢管

空心封闭断面的钢材称为钢管。钢管具有中空截面，大量用作输送流体的管道，如输送石油、天然气、煤气、水及某些固体物料的管道等。钢管与圆钢等实心钢材相比，在抗弯抗扭强度相同时，重量较轻，是一种经济截面钢材，广泛用于制造结构件和机械零件，如石油钻杆、汽车传动轴、自行车架以及建筑施工中用的脚手架等。用钢管制造环形零件，可提高材料利用率，简化制造工序，节约材料和加工工时，如滚动轴承套圈、千斤顶套等，目前已广泛用钢管来制造。钢管还是各种常规武器不可缺少的材料，枪管、炮筒等都要钢管来制造。最常见的钢管断面形状一般为圆形。但是也有很多种断面形状复杂的异型钢管，按其截面形状不同可分圆管、方形管、六角形管和各种异形截面钢管，如图 3-138 所示。

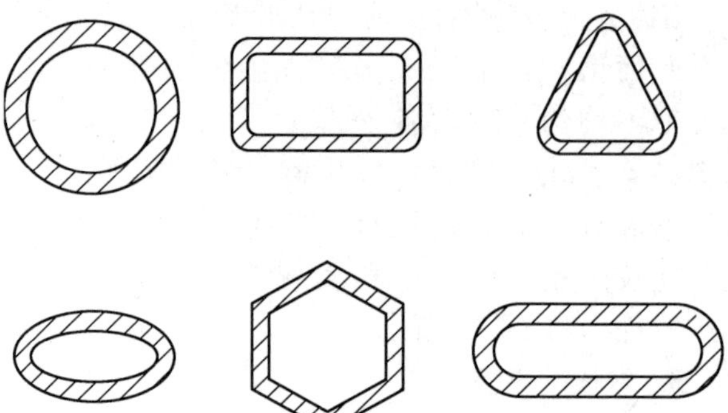

图 3-138　钢管断面图

钢管按其加工工艺不同分为无缝钢管和焊接钢管两种。无缝钢管用优质碳素钢或合金钢制成，有热轧、冷轧（拔）之分。焊接钢管是由卷成管形的钢板以对缝或螺旋缝焊接而成。无缝钢管可用于各种液体、气体管道等，焊接管道可用于输水管道、煤气管道、暖气管道等。热轧无缝钢管生产工艺流程如图 3-139 所示。

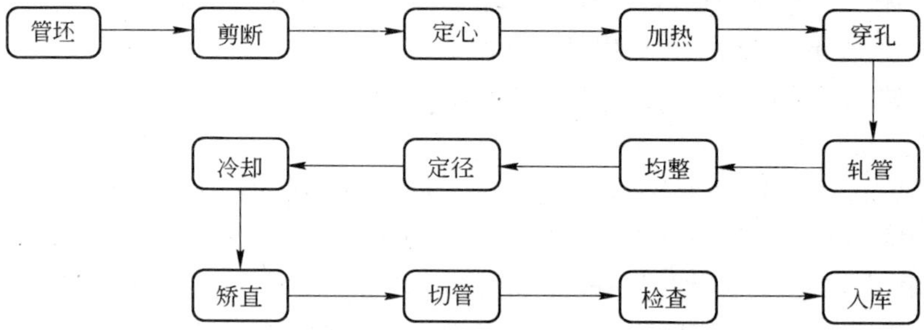

图 3-139　热轧无缝钢管生产工艺流程

5. 特殊断面钢材

特殊断面钢材常见的有车轮、轮毂和钢球等。这些产品只能在特殊轧机上才能生产。

（四）轧钢生产系统

在钢铁联合企业，由于轧制产品的种类多，各类轧制产品的加工方法也不同，所以按照轧制产品的不同，轧机必须组成各种专门生产系统。传统的轧钢，是由炼钢车间浇铸钢锭，经初轧机（开坯机）轧制成各种规格的钢坯，然后再通过成品轧机轧制成各种钢材。随着连续铸钢技术的发展，连铸坯产量的大量增加，现代化的钢铁厂大多将钢水通过连铸机直接浇铸成各种规格的连铸坯，然后再轧制成钢材。这种方法省去了铸锭、初轧等工序，简化了生产过程，而且有节约金属、提高成材率、降低能耗、降低生产成本、改善劳动条件、提高劳动生产率等一系列优点。

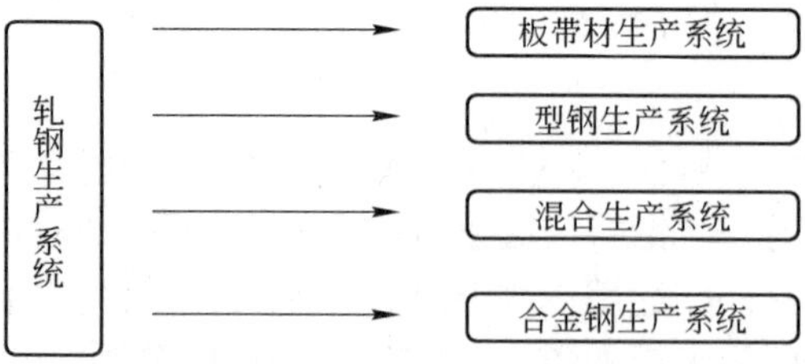

图 3-140　轧钢生产系统

轧钢生产系统是依据原料、产品种类和生产规模不同，将铸机和各种成品轧机配套设置，形成在原料规格和生产能力上供求平衡的生产流程（见图 3-140）。轧钢生产系统按生产规模可以分为大型、中型和小型生产系统，按产品种类可分为板带材、型钢、合金钢和混合生产系统。

（五）轧钢生产的发展趋势

钢铁材料具有成本低、强度高、易回收、能再生等特点，广泛应用于各个领域。在人们能够预见的未来，还没有任何一种材料能够动摇钢铁材料的霸主地位，而作为钢材成形的支柱技术的轧钢生产工艺也无法取代。近些年我国钢产量迅猛发展，企业大量采用新工艺、新技术，高效、高品质、高精度、连续化、智能化和节能环保的轧钢技术装备成为发展的大趋势，有力地推动了我国轧钢技术装备的发展。据统计，近年来我国重点钢铁企业的投资有62.95%是用于轧钢系统的，而且在轧钢的投资大多集中在生产热轧板、冷轧板、涂镀板等高技术含量产品上。据统计，“十五”期间我国钢铁行业高速轧机增加25套，达到63套；热轧宽带钢轧机增加15套，达到24套，总能力达到7100万吨/年；冷轧宽带钢轧机增加24套，达到31套，总能力达到2405万吨/年；中厚板轧机增加9套，达到35套，总能力达到2949万吨/年。

为满足国民经济建设发展的需要，我国轧钢界加大了技术创新的工作力度，在钢材品种结构优化方面取得了显著成绩：攀钢、鞍钢、包钢生产出高强度、高平直度、高表面质量的钢轨，能够满足时速350km以上高速铁路的需求，并实现强度级别在880～1275MPa钢轨的批量出口；宝钢、武钢、邯钢、舞钢、天钢和东北特钢等企业生产出高性能的石油石化用钢；宝钢梅山公司、鞍钢、马钢、莱钢等一批企业生产出大跨度桥梁和体育场馆、高层建筑、核电站和机场建设所需的建筑用高性能钢材；鞍钢开发成功大型水轮机压力管线钢；宝钢、攀钢、本钢等企业生产出高质量的家电用钢，并获得国际著名认证机构的认证；太钢、宝钢、东北特钢等企业生产出多种性能的不锈钢，使我国成为世界不锈钢生产大国；宝钢、太钢等企业生产的航天用特种材料，被用在“神舟六号”飞船上，促进了我国航天事业的发展。此外，我国钢铁行业轧钢节能技术不断进步，连铸坯热装热送比不断提高，直送钢坯温度也在提高，蓄热式加热与汽化冷却等节能技术与装备更得到了普遍推广和应用。

随着科学技术的发展和进步，轧钢生产中新技术、新工艺、新设备不断出现。其他领域的新技术也不断应用于轧钢生产，促使轧制品种增加、质量提高，满足越来越高的使用要求。近年来，轧钢生产中所涌现的新技术、新工艺主要是围绕节约能源、降低成本、提高产品质量、开发新产品所进行的。这些技术的应用可极大地提高产品的竞争能力。

1. 以节能降耗为目标的新技术

（1）连铸坯热送热装技术。连铸坯热送热装技术是指在400℃以上温度装炉或先放入保温装置，协调连铸与轧钢生产节奏，然后待机装入加热炉。在轧钢采用的新技术中热送热装效益明显，主要表现在：大幅度降低加热炉燃耗，减少烧损量，提高成材率，缩短产品生产周期等。我国20世纪80年代后期开始首先在武钢进行热送热装试验，90年代宝钢、鞍钢等在板带轧制中试验，并逐步采用了热送热装技术。90年代中期以后我国棒线材大量采用了热送热装技术，但是距日本和一些欧美国家的水平还有较大的差距。

连铸坯热送热装技术的实现还需要以下几个条件：1）质量合格的连铸板坯；2）工序间的协调稳定；3）相关技术设备要求，如采用雾化冷却、在平面布置上尽可能缩短连铸到热轧之间的距离、在输送辊道上加设保温罩及在板坯库中设保温坑等；4）采用计算机管理系统。

根据国内目前的实际情况分析，需要继续推广该技术，已经采用的轧机应当在提高水平上下功夫。通过加强管理保证该技术的连续使用，不断提高热装率和提高热装温度，同时进行必要的攻关，解决由于采用热装技术以后，产生的产品质量不稳定问题。

（2）薄板坯连铸连轧技术。薄板坯连铸连轧是20世纪80年代末实现产业化的新技术，是钢铁生产近年来最重要的技术进步之一。采用薄板坯连铸连轧工艺与传统钢材生产技术相比，从原料至产品的吨钢投资下降19%～34%，厂房面积为常规流程的24%。生产时间可缩短10倍以至数十倍，金属消耗为常规流程的66.7%，加热能耗是常规流程的40%，吨材成本降低80～100美元。

根据国外的统计，目前薄板坯连铸连轧生产线可以生产的品种主要有：低碳钢、低合金钢、普通管线钢、可热处理钢、弹簧钢、工具钢、电工钢、耐磨钢和部分不锈钢等。现在，薄板坯连铸连轧厂可以覆盖大多数的热轧带钢的品种范围，但是一些高性能要求和高附加值的品种还不能生产。国外正在进行扩大品种的研究工作，希望在短时间内能够使薄板坯连铸连轧的产品覆盖更多传统轧机生产的热轧带钢。目前的发展工作主要集中在低碳和超低碳深冲钢的生产、高牌号管线钢的生产、高强度钢的生产等几个方面。

增加薄板坯连铸连轧品种所采取的主要措施归结起来主要有：改进电炉原料结构，普遍进行铁水预处理，加强钢水精炼，配备真空精炼设备，从根本上改善钢水的纯净度；改进结晶器的结构；二冷普遍采用轻（软）压下技术，并根据钢种、铸速对二冷区域轻（软）压下的起、终点、压下量及压下速率进行智能化控制；加大铸坯厚度以增加压缩比，提高浇铸过程中结晶器液面的稳定性；进行粗轧；多次高压水除鳞；进行铁素体轧制等7个方面。这样不仅全面提高了热轧薄带卷的质量，而且可扩大产品品种范围。

从工艺理论上来分析，薄板坯连铸速度高、凝固传热强度大，只要控制低的系统浇铸温度，加上电磁搅拌、轻压下等技术，铸坯质量就可以达到或接近传统板坯连铸的质量。快速边部加热、均热，多道次高压水除鳞，加上新流程的精轧机组配备了最新的技术装备，轧制质量可以优于部分传统热轧机组的轧制质量，在同样的洁净钢生产条件下，新流程生产各种优质薄带材应当可以达到传统流程的质量水平，只是在新的压缩比和热衔接条件下，需要继续探索和完善工艺技术和装备。

（3）节能加热炉技术。高效蓄热技术是目前世界上先进的燃烧技术，可以从根本上提高企业能源利用率，对低热值煤气进行合理利用，最大限度地减少污染排放，很好地解决燃油炉成本高、燃煤炉污染重的难题。该技术是1982年由英国开发的，此后，世界上一些工业发达国家相继开发和采用了这项技术。新型蓄热式加热炉技术能最大限度地回收出炉烟气的热量而大幅度节约燃料、降低成本，还能提高炉子的产量，同时减少CO_2和NO_2的排放量，有利于环境保护，因此得到普遍重视和迅速推广。新型蓄热式加热炉技术的重大突破主要表现在两个方面：一是蓄热体改为陶瓷小球、蜂窝体等陶瓷质蓄热体，表面积比格子砖大了几十甚至上百倍，因而传热效率很高，蓄热室体积大大减少；二是换向设备的改造和控制技术的提高，使换向时间大大缩短，可靠性增强。传统蓄热室的烟气温度为300℃、600℃，而新型蓄热室烟气排出的温度只有200℃或更低。新型蓄热室可以将空气或煤气预热到比炉烟气温度只低100℃左右，热效率可达到70%以上。

我国钢铁企业高炉煤气放散率为13.72%，如果将放散煤气全部利用，可节约标准煤260万吨。采用高效蓄热技术后，可实现轧钢加热炉的高效、低耗和清洁生产，生产成本可大大降低，提高产品竞争能力。

（4）热轧工艺润滑技术。对许多轧机而言，采用工艺润滑能降低轧制压力、转矩和能耗，特别是对钢板轧机尤为重要。轧板时往往因为轧制力能参数而限制了允许压下量，在薄板轧机上采用润滑可以减薄轧制带钢的厚度，以及减少轧辊磨损而改善产品表面质量。钢的热轧温度一般在 800～1250℃，在变形区轧辊表面的温度可高达 450～550℃，因此，需要用大量的水冷却轧辊。在这种情况下，热轧润滑剂应具备以下性能：对轧辊表面有牢固的附着能力，不易被水冲掉；高温下有良好的抗氧化及耐热性；抗乳化性好，轧制后容易与冷却水分离。

通过试验可得出以下结论：

1）采用热轧工艺润滑，轧制压力比初期轧制时的轧制压力降低得多。

2）由于润滑剂附在辊面上生成了薄膜，使辊面始终保持光滑的状态。

3）由于轧制力的降低和轧辊表面生成薄膜，轧辊磨损量通常可减少 30%。

4）由于轧辊磨损的减少和轧制压力的降低，使成品的形状和断面得到改善。

5）由于轧制力的降低，轧制动力的消耗约下降 8%。

2. 以提高产品性能、质量为目标的新技术

（1）TMCP 技术。TMCP 技术是通过控制轧制温度和轧后冷却速度、冷却的开始温度和终止温度，来控制钢材高温的奥氏体组织形态以及控制相变过程，最终控制钢材的组织类型、形态和分布，提高钢材的组织和力学性能。通过 TMCP 可以替代正火处理，利用钢材余热可进行在线淬火—回火（离线）处理，取代离线淬火—回火处理，改善钢材的力学性能，大幅度减少热处理能耗。

TMCP 技术的核心包括：钢材的成分设计和调整、轧制温度、轧制程序、轧制变形量的控制、冷却速度的控制等；在装备上主要是采用高刚度、大功率的轧机，以及高效的快速冷却系统和相关的控制数学模型。采用 TMCP 技术的控制冷却线，可以使用高密度管层流、水幕层流和气雾冷却系统。这些技术目前国内均已掌握，国内设计的高密度管层流冷却成套设备包括高位水箱、水量分配器、流量调控装置、冷却区前后吹扫装置、侧吹扫装置、控制阀门、检测仪表、控制系统和钢种数学模型。

TMCP 技术的关键是选择合理的冷却装置和控制模型。国内开发的 TMCP 技术采用高密度管层流冷却装置，配备高精度温度控制软件。采用 TMCP 技术，目前已经开发的新品种包括 X70、HJ58D、B620、DB685 等低合金高强度钢，可以降低钢种的 Mn、Nb、V、Ti 合金含量，降低冶炼成本；取代 Q345D、Q345C、DH36、16MnR 等钢种的正火处理工艺，实现 HG70、HG785 等钢种的在线淬火，减少生产工艺环节，降低能源消耗。另外，通过 TMCP 技术，还可以提高钢板的性能合格率 1%～3%。

（2）高精度轧制技术。为了提高轧钢产品表面质量和尺寸精度，在轧钢生产中针对一些不同产品而开发了相应的技术，主要有以下几个方面：

1）板带轧制技术。热轧板坯的在线调宽，采用重型立辊、定宽压力机实现大侧压，重型立辊每道次宽度压下量一般为 150mm，定宽压力机每道次宽度压下量可达 350mm 以上；宽度自动控制（AWC）系统，宽度精度可达 5mm 以下；液压厚度自动控制（AGC）带钢全长上的厚度精度已达到 ±30μm；板形控制，研制开发了 HC、CVC、PC 等许多机型和板形仪，可实现板形的自动控制；全液压卷取机，助卷辊、液压伸缩采用踏步控制，卷筒多级胀缩，可更好地控制卷形。

2）型钢轧制技术。型钢生产中采用柔性轧制技术、切分轧制技术和紧公差精密轧制技术，实现了H型钢自由尺寸轧制、延伸道次无孔型轧制、多辊万能孔型轧制；其产品公差范围可控制在1/4～1/10。

3）棒、线材轧制技术。棒、线材轧制广泛采用了摩根第六代V字形精轧轧辊箱结构组成的微型模块式轧机，可扩大产品规格范围，提高生产能力，其结构紧凑、换辊方便、利用率高，使最高设计速度达到140m/s，产品尺寸精度可达±0.1mm，生产率提高15%以上，轧机利用率提高5%～10%，椭圆度0.1，可实现自由尺寸轧制，自由定径范围±0.3mm，还可通过机前水冷提高力学性能。

4）无缝管轧制技术。在无缝管轧制生产中，直接采用ϕ80～560mm的连铸管坯，使其内部质量和尺寸公差都优于轧制管坯，金属收得率可提高10%～15%，节能40%～50%，管坯成本降低20%～50%。另外，采用锥形穿孔机提高了穿孔效率，扩管比可达1.4～2；限动（半限动）芯棒轧管机的应用，使钢管内壁光滑，工具消耗低，钢管降温少，可取消定径前的再加热炉；最新开发的三辊可调限动芯棒连轧管机（PQF）可轧制高强度和壁厚更薄的钢管，对头尾可进行预压下，以减少管端增厚。

3. *以生产连续化、自动化为目标的新技术*

（1）无头轧制技术与半无头轧制技术。无头和半无头轧制技术是近年出现的新技术，无头轧制主要应用在热轧带钢和棒线材生产中，半无头轧制主要应用在薄板坯连铸连轧生产中。传统的分块轧制方式轧机要频繁的咬钢、抛钢，甚至升速降速，钢材头、尾部的质量难以保证，并且轧机作业率低下、尺寸精度的控制也有一定的困难。无头轧制技术是指粗轧后的带坯在进入精轧机前，与前一根带坯的尾部焊接起来，并连续不断地通过精轧机，这种技术扩大了传统热带轧机的轧制范围，可批量生产薄带钢。实现无头轧制后预计可以得到以下效果：

1）由于中间坯全长在恒定张力的作用下进行轧制，因此轧制的带钢厚度精度高、板形波动减少，与传统轧制法相比，成材率可提高0.5%～1.0%。

2）带钢按照一定的轧制速度连续轧制，不受传统轧制法的速度规范的限制，可使生产率提高15%。

3）能生产薄规格产品。因为用传统的轧制法轧制薄板时不稳定，有跑偏、甩尾、浪形等，而无头轧制无此现象，提高了钢带行走的稳定性，所以可生产0.8～1.0mm的薄带材。

4）可进行润滑轧制和加大压下量轧制，为生产深冲性能良好的热轧板创造条件，同时由于润滑轧制，也可使产品的表面光滑性提高。

5）无头轧制使钢带全长都在恒张力下轧制，故走行稳定，可进行强力冷却，从而可生产薄且强度高的带钢。

由传统的连续式热带轧制发展成为无头轧制，其关键是把相邻的中间坯的头部和尾部焊接起来，连续不断地向精轧机组供应中间坯，因此，必须解决以下技术难点：（1）在前一块中间坯进行精轧的条件下，如何确保与后一块中间坯进行焊接所需的时间。（2）如何防止中间坯温降，并保证焊缝与母材的组织及强度接近。（3）如何将焊接后的带坯经精轧机组轧制后，在高速时及卷取前再切断，分别卷取。

半无头轧制主要用于薄板坯连铸连轧生产线，主要是为生产薄规格热轧带钢设计的，该生产线的基本设备配置与传统的薄板坯连铸连轧大体相同，但是技术有很大变化，在工艺上称为半无头轧制技术。如CSP连铸的薄板坯出了结晶器，经过液芯压下后，铸坯不剪断进入隧道式加热炉（传统的CSP技术铸坯剪断为40余米），铸坯经均热以后进入连轧机组轧制成材。半无头轧制技术利用了连铸坯可以较长的特点，减少了穿带过程产生的带钢温度降低、厚度不易控制和生产不稳定的问题，因此非常有利于薄规格的轧制。

(2) 冷轧板带及涂镀层技术。冷轧板带技术发展主要表现在：酸洗-冷轧联合机组，可提高成材率1%～3%，提高机时产量30%～50%，减少中间仓库5000～10000m^2，降低轧辊消耗40%～50%，并降低了生产成本和建设投资；连续退火技术，其产品质量高、板形好、表面光洁、性能均匀，可提高成材率1%～3%，钢种多样化，节能20%以上，生产周期由10天缩短到1天以内，设备占地面积小。

(3) 计算机生产过程管理技术。在钢铁生产流程中，无论是以铁矿石为原料，还是以废钢为原料，炼钢、连铸、热轧都是不可缺少的三大关键工序。它们之间呈现顺序加工关系，不仅存在物流平衡和资源平衡问题，而且由于高温作业，还存在着能量平衡和时间平衡问题。钢水要保质保量并按一定节奏送交连铸工序，以实现更多炉次的连铸，连铸高温坯的运送要与热轧的轧制计划有机结合，争取更高的装炉温度和热装比。这就要求将这三道工序视为一个整体，实现一体化管理，做到前后工序计划同步，物流运行准时，充分利用高温潜热，取消或减少再加热过程，降低能耗，减少烧损，缩短生产周期，减少在制品库存，增加企业效益和市场竞争力。

一体化管理是指炼钢—连铸—热轧生产的一体化管理，统一计划，统一调度，以此指导炼钢—连铸—热轧的生产，使物流连续高效运作。一体化管理是钢铁企业近期生产组织追求的目标，其核心就是计算机生产过程的管理与调度系统。

第二节 轧 钢 设 备

轧钢机械或轧钢设备是指完成由原料到成品整个轧钢工艺过程中使用的机械设备，一般包括轧钢机及一系列辅助设备组成的若干个机组，轧钢机由工作机座、传动装置（接轴、齿轮座、减速机、联轴器）及主电机组成。这一系统称为主机列，也称轧钢车间主要设备。主机列的类型和特征标志着整个轧钢车间的类型和特点。除轧钢机以外的，用来完成轧件的运输、收集、剪切、矫正、清理的辅助设备、起重运输设备和附属设备等统称为轧钢车间辅助设备。辅助设备质量大、种类多，随着车间机械化、自动化水平的提高，辅助设备的数量所占的比例也越大。

一、轧机

（一）轧机的构成

轧机构成示意图如图3-141所示。

1. 工作机座

工作机座由轧辊、轧辊轴承、机架、轨座、轧辊调整装置、上轧辊平衡装置和换辊装置等组成。

(1) 轧辊是使金属塑性变形的部件。

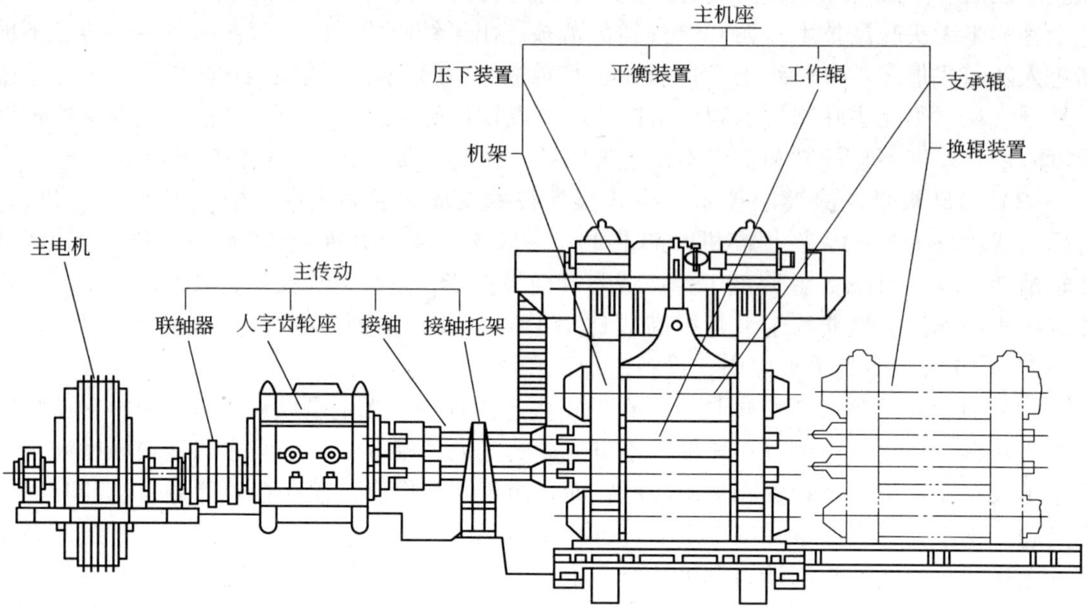

图 3-141 轧机示意图

（2）轧辊轴承支承轧辊并保持轧辊在机架中的固定位置。轧辊轴承工作负荷重、变化大，因此要求轴承摩擦系数小，具有足够的强度和刚度，而且要便于更换轧辊。不同的轧机选用不同类型的轧辊轴承。

（3）轧机机架由两片“牌坊”组成以安装轧辊轴承座和轧辊调整装置，需有足够的强度和刚度承受轧制力。

（4）轧机轨座用于安装机架并固定在地基上，又称地脚板，承受工作机座的重力和倾翻力矩，同时确保工作机座安装尺寸的精度。

（5）轧辊调整装置用于调整辊缝，使轧件达到所要求的断面尺寸。上辊调整装置也称“压下装置”，有手动、电动和液压三种。

（6）上轧辊平衡装置是用于抬升上辊和防止轧件进出轧辊时受冲击的装置，弹簧式多用在型材轧机上，重锤式常用在轧辊移动量大的初轧机上，液压式多用在四辊板带轧机上。

2. 传动装置

传动装置由电动机、减速机、齿轮座和连接轴等组成。齿轮座将传动力矩分送到两个或几个轧辊上。

（二）轧机的标称

轧钢机的标称有许多习惯称谓，一般与轧辊或轧件的尺寸有关。

1. 钢坯轧机和型钢轧机

钢坯轧机和型钢轧机是以轧辊的名义直径标称的，或者是用人字齿轮座齿轮节圆直径标称。当轧钢车间装有数列或数架轧机时，则按最后一架精轧机（成品轧机）轧辊的名义直径作为轧钢机的标称。

2. 钢板轧机

钢板轧机是以轧辊辊身长度标称的，这是因为轧辊辊身长度与其能够轧制的钢板最大宽度有关。

3. 钢管轧机

钢管轧机是以能够轧制的钢管最大外径来标称的。

（三）轧机的类型

轧机是实现金属轧制过程的设备。习惯上轧机可以按照其用途、按轧辊在机座中的布置方式及轧机的排列方式进行分类。轧钢机由于它所要生产的钢材形状不同可以分为钢坯轧机、板带轧机、线棒材轧机、型钢轧机、无缝钢管轧机和特殊用途轧机（车轮、轮箍、钢球等）等多种类型。

1. 按轧辊在机座中的布置方式分类

按轧辊在机座中的位置方式可分为：具有水平轧辊的轧机、立辊轧机、万能轧机（既有水平辊又有立辊的轧机）与斜辊轧机等。轧辊水平放置的轧机，应用最广，是最普遍的。按轧辊的数目及排列方式可分为二辊、四辊、八辊、……、二十辊轧机和行星轧机等。以二辊和四辊轧机最为常用，广泛用于初轧、型钢及板带轧机上。多辊轧机的支承辊其目的是增强工作辊的刚性。多辊轧机主要用来轧制冷轧薄带。

2. 按轧钢机的布置形式分类

轧机的生产能力除取决于标称外，还决定于布置形式。轧钢机的布置形式是依据生产产品及轧制工艺的要求来确定的，机座排列的顺序和数目的多少，构成了不同车间的布局特点。根据轧钢机布置形式可分为：单机架式、多机架顺列式、横列式、连续式、半连续式、串列往复式、布棋式等，如图 3-142 所示。

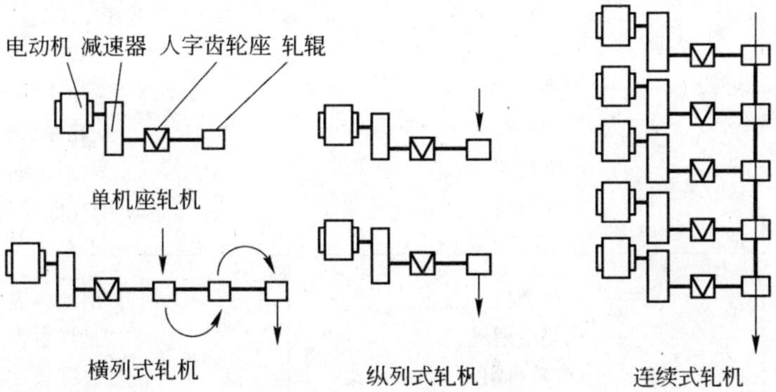

图 3-142 轧钢机布置形式

二、辅助设备

（一）辅助设备的分类

在轧钢生产中，除了在轧钢机上完成金属塑性变形的轧制工序外，还需要一系列辅助工序。在热轧车间中有表面清理、加热、轧制、剪切（锯切）和矫正等工序；在冷轧带钢（薄板）车间中，有酸洗、冷轧、电解清洗、退火、平整、横切、纵切和表面镀层等工序。轧钢辅助设备在生产中起着十分重要的作用。辅助设备的机械化和自动化程度及生产能力的高低，直接影响着轧钢生产现代化水平和生产率。

随着轧钢生产的发展，在现代化热轧和冷轧车间中，往往根据工艺要求将为各个工序服务的轧钢辅助设备组成连续作业机组，以提高机械化和自动化程度，使产品产量和质量得到提高。例如在现代化的冷轧薄板车间中，除了冷连轧机是主要设备之外，各种连续生产的精整机组所占比重非常大，如退火、平整、横切、纵切机组等。它们已经成为现代化轧钢车间的重要组成部分。表3-3列出了常见的轧钢辅助设备。

表3-3　常见的轧钢辅助设备

类　别	设 备 名 称	用　　途
剪切类	平行刀片剪切机 斜刀片剪切机 圆盘剪 飞剪机 热锯机	剪切钢坯、管坯 剪切钢板、带钢 纵向剪切钢板、带钢 剪切运动轧件 锯切型钢
矫正类	压力矫正机 辊式矫正机 张力矫正机 拉伸弯曲矫正机	矫正型钢、钢管 矫正型钢、钢板 矫正有色板材、薄钢板 矫正极薄带材、高强度带材
卷取类	带钢卷取机 线材卷取机	卷取板材、带钢 卷取线材
运输翻转类	辊　道 升降台 推　床 冷　床 回转台 钢锭车 翻钢机	轴向输送轧件 垂直（摆动）输送轧件 横向输送移动轧件 冷却并横移轧件 使轧件水平旋转 运送钢锭 使轧件轴向旋转
表面清理加工类	修磨机 火焰清理机 酸洗机组 镀锌（锡）机组 清洗机组	修磨坯料表面缺陷 清理坯料表面缺陷 酸洗去除轧件表面锈层 对轧件表面镀锌（锡） 对轧件表面清理、洗净、去油

（二）辅助设备的工作制度

根据轧钢辅助设备的工作情况以及电动机的发热情况，其工作制度可以分为连续工作制、短时工作制、启动工作制和阻塞工作制四种。

1. 连续工作制

这种工作制的电动机运转时间很长，足以使电机的温升达到与其额定电流相应的稳定值。属于这种工作制的辅助设备并不多，如矫直机、圆盘剪、热锯机等。

2. 短时工作制

电机启动后，运转时间较短，其温升来不及达到稳定值，间隙时间较长，在电机下次启动前，其温度下降并恢复到外界环境温度。采用这种工作制度的辅助设备也不多，如热锯机的移动机构、换辊装置、定尺挡板移动机构等。

3. 启动工作制

电机启动、制动频繁，运转期与间隙期交替出现，电机的温升随运转期和间隙期而升降，最后在某一稳定范围内波动。很多轧钢辅助设备均采用启动工作制，如升降台、辊道、推床、翻钢机等。

4. 阻塞工作制

阻塞（止动）工作制是采用了具有阻塞特性的电动机。当外负荷增加时，电机转速迅速降低，而最大力矩增加到额定力矩的2～2.5倍；当外负荷减小时，电机转速迅速上升。这类电机用于热锯机、初轧机推床、带钢轧机张力装置等设备上。这种工作制度，有时也采用液压与气动装置，以保持一定的阻塞负荷。

三、起重运输设备

在钢铁冶金企业中，广泛的使用起重运输设备来进行装卸、运转、输送、分配等生产作业。没有现代化、高效率的起重运输设备，是无法进行生产的。在轧钢生产过程中，起重运输设备的作用早已超出单纯搬运的辅助设备范围，而是被直接应用于生产工艺过程中。

（一）起重机械的工作特点

起重机械是以间歇、重复的工作方式，通过吊钩，或其他吊具起升、搬运物料的一种危险因素较大的特种机械设备。其工作特点具有周期性。在每一工作循环内，它的主要机构做一次正向及反向运动，每次循环包括物品的装载及卸载、搬运物品的工作行程和卸载后的空钩回程、前后两次装卸之间还有包括辅助准备时间在内的短暂停歇。

（二）起重机械的分类

起重运输形式多样，种类繁多，按其结构和用途可分为起重机具（简单起重机械）和起重机两大类。

1. 起重机具的分类

起重机具主要分为以下几类：

（1）千斤顶，分为齿条千斤顶、螺旋千斤顶、液压千斤顶和气压千斤顶等。

（2）葫芦，分为手动葫芦、电动葫芦和气动葫芦等。

（3）卷扬机，分为手动卷扬机、电动卷扬机等。

（4）升降机，分为电梯、货用电梯和建筑升降机等。

（5）扒杆，分为独脚扒杆、人字扒杆和龙门扒杆等。

2. 起重机的分类

起重机可根据产品的结构、用途和国内生产管理上的习惯，分为以下两大类：

（1）桥式类型，分为桥式起重机、龙门起重机、装卸桥、缆索起重机和桥式缆索起重机。

（2）旋转式类型，分为塔式起重机、门座式起重机、浮船式起重机、桅杆式起重机和自行式起重机等。

3. 起重机械存在的危险因素

起重机械存在以下的危险因素：

（1）起重机械通常具有庞大的结构和比较复杂的机构，作业过程中常常是几个不同方向的运动同时操作，技术难度较大。

（2）能吊运的重物多种多样，载荷是变化的。有的重物重达上百吨，体积大且不规则，还有散粒、热融和易燃易爆危险品等，使吊运过程复杂而危险。

（3）需要在较大的范围内运行，活动空间较大，一旦造成事故，影响的面积也较大。

（4）有些起重机械（仅指施工升降机等），需要直接载运人员做升降运动，其可靠性直接影响人身安全。

四、附属设备

轧钢生产线附属设备包括供电、配电，磨辊，润滑/液压，供水、排水，燃气，压缩空气，清除氧化铁皮，机修，电修，排酸，油、水、酸的回收，以及环境保护等设备。

第三节　轧钢系统的风险

一、轧钢系统风险及特点

（一）危险源

轧钢生产主要由加热、轧制和精整三个主要工序组成，生产过程中工艺、设备复杂，作业频繁，作业环境温度高，噪声和烟雾大。主要危险源有：高温加热设备，高温物流，高速运转的机械设备，煤气氧气等易燃易爆和有毒有害气体，有毒有害化学制剂，电气和液压设施，能源、起重运输设备，以及作业、高温、噪声和烟雾影响等。

（二）事故类别

根据冶金行业综合统计，轧钢生产过程中的安全事故在整个冶金行业中较为严重，高于全行业的平均水平，事故的主要类别为：机械伤害、物体打击、起重伤害、灼烫、高处坠落、触电和爆炸等。

（三）事故原因

事故的主要原因依次为：违章操作和误操作，技术设备缺陷和防护装置缺陷，安全技术和操作技术不熟悉，作业环境条件缺陷，以及安全规章制度执行不严格等。

（四）轧钢生产工序部分危险源识别（以型钢生产为例）

1. 原料准备

轧钢工艺原料准备阶段的主要危险源参见表3-4。

2. 加热

钢坯加热阶段主要危险源参见表3-5。

3. 轧钢

轧钢阶段主要危险源参见表3-6。

表 3-4 轧钢工艺原料准备阶段主要危险源一览表

序号	作业活动	危险源	可能导致的事故	涉及相关方
1	原料入库	汽车撞人	车辆伤害	原料作业人员
		夹具磨损	起重伤害	操作者、相关人员
2	吊运原料	不用工具操纵	起重伤害	操作者、相关人员
		人员在危险区	起重伤害	操作者、相关人员
3	钢坯切割、火焰清理	煤气泄漏	中毒和窒息	操作者、相关人员
		违反程序操作	瓦斯爆炸	操作者
		钢坯翻滚	物体打击	操作者
4	跑 号	违反行走路线	灼 烫	操作者
		不确认、联系	物体打击、车辆伤害	操作者

表 3-5 钢坯加热阶段主要危险源一览表

序号	作业活动	危险源	可能导致的事故	涉及相关方
1	落 吊	抽钢绳	起重伤害	操作者、相关人员
		钢坯翻滚	物体打击	操作者、相关人员
2	推钢机运行	钢坯掉下	物体打击	操作者、相关人员
3	辊道运行	钢坯窜出	物体打击	相关人员
		钢坯翻滚	物体打击	操作者
4	装 炉	操作不当	物体打击	操作者
		煤气泄漏	中毒窒息	操作者、相关人员
5	出 钢	操作不当	灼 烫	操作者、相关人员
		站位不安全	物体打击	操作者、相关人员
6	看 火	热辐射	中 暑	操作者、相关人员
		煤气泄漏	中毒窒息	操作者、相关人员
		煤气回火	爆 炸	操作者、相关人员
7	停炉检修	违反开、停炉程序	爆 炸	操作者、相关人员
		楼梯台阶破损	高处坠落	操作者
		未确认堵盲板	中毒窒息	操作者、相关人员
		未确认停水停气	其他伤害	操作者、相关人员
		未进行通风	中毒窒息	操作者、相关人员
		未进行 CO 监测	中毒窒息	操作者、相关人员
		未使用安全电压	触 电	操作者、相关人员
		不按标准佩戴劳保品	其他伤害	操作者
8	CO 监测仪	无合格证	中毒窒息	操作者
		未按周期检定	中毒窒息	操作者

表 3-6 轧钢阶段主要危险源一览表

序 号	作业活动	危险源	可能导致的事故	涉及相关方
1	摆动台升降运转操纵	站位不安全	灼烫、其他伤害	操作者、相关人员
		操作不确认	灼 烫	操作者、相关人员
		线路破损	触 电	操作者
2	调整质量	行走不确认	灼 烫	操作者
		站位不安全	灼 烫	操作者
		热辐射	中 暑	操作者
3	换 辊	操作不当	物体打击	操作者、相关人员
		吊具变形	起重伤害	操作者、相关人员
		误开、停车	机械伤害	操作者、相关人员
4	型钢轧制	跨越辊道	灼 烫	操作者
		窜 钢	灼 烫	操作者、相关人员
		地板不平、破损	灼烫、其他伤害	操作者、相关人员
		不停机在入口处调整导卫板	机械伤害	操作者
		冬季雾气	烫伤、机械伤害	操作者
		地面潮湿积水	其他伤害	操作者
		热辐射	中 暑	操作者、相关人员
		轧机粉尘	尘 肺	操作者、相关人员
		轧机噪声	噪声耳聋	操作者、相关人员
5	取 样	锯片裂纹	物体打击	操作者
		热辐射	中 暑	操作者、相关人员
6	冷台运行	不停轧处理出槽铁	机械伤害	操作者
		上冷台处理轧件	灼 烫	操作者
		冷台下面处理铁头	机械伤害	操作者
7	轧辊车削	电气线路破损	触 电	操作者
8	轧辊摆放	操作不确认	起重伤害	操作者
		轧辊滚动	其他伤害	操作者
9	铁屑处理	用手处理	机械伤害	操作者
		不停机处理	机械伤害	操作者

4. 精整

精整工艺中的矫直、锯切、吊装主要危险源参见表 3-7 ~ 表 3-9。

表 3-7 矫直过程主要危险源一览表

序 号	作业活动	危险源	可能导致的事故	涉及相关方
1	装卸矫直辊	扳手没扶住	物体打击	操作者、相关人员
2	调整矫直辊	出钢不正	机械伤害	操作者、相关人员
		不停机处理辊面	机械伤害	操作者

续表 3-7

序 号	作业活动	危险源	可能导致的事故	涉及相关方
3	矫直型钢	矫直倒钢时弓钢	机械伤害	操作者
		矫直粉尘	尘 肺	操作者、相关人员
		矫直噪声	噪声耳聋	操作者、相关人员
4	钢材横移	不停机处理轧件	机械伤害	操作者
		横移噪声	噪声耳聋	操作者、相关人员

表 3-8 锯切过程主要危险源一览表

序 号	作业活动	危险因素	可能导致的事故	涉及相关方
1	换锯片	锯片倾倒	其他伤害	操作者
		误合开关	机械伤害	操作者、相关人员
2	吊运料斗	吊具破损	起重伤害	操作者
		站位不安全	起重伤害	操作者
3	测量定尺	确认不好	起重伤害	操作者
		操作不当	其他伤害	操作者
4	锯切型钢	锯罩破损	机械伤害	操作者
		锯机不退锯	机械伤害	操作者
		锯片有裂纹	机械伤害	操作者、相关人员
		垂直夹紧失效	机械伤害	操作者、相关人员
		锯机噪声	噪声耳聋	操作者、相关人员
5	拣铁头	联系确认不好	机械伤害	操作者
		站位不安全	机械伤害	操作者
		环境潮湿有水	其他伤害	操作者
		信号失灵	机械伤害	操作者

表 3-9 吊装过程主要危险源一览表

序 号	作业活动	危险因素	可能导致的事故	涉及相关方
1	上下吊车	走梯破损	其他伤害	司机操作者
		走台板不平、破损	高处坠落	司机操作者
		护栏开焊	高处坠落	操作者
2	检 查	车体盖板不平	其他伤害	司机操作者
		没停电检查	触 电	司机操作者
3	操纵作业	违反“十不吊”作业	起重伤害	相关人员
		钩头极限失灵	起重伤害	相关人员
		卷筒压板松动	起重伤害	相关人员
		抱闸失灵	起重伤害	相关人员
		钩上钢绳破损	起重伤害	相关人员
		同轨道两车相撞	起重伤害	相关人员
		钩头磨损超标准	起重伤害	相关人员
		报警铃不响	起重伤害	相关人员
		操作不确认	起重伤害	相关人员

续表 3-9

序 号	作业活动	危险因素	可能导致的事故	涉及相关方
4	处理故障	不与邻车联系确认 工具、备件放置不牢 不停电处理	起重伤害 高处坠落 触　电	司机操作者 相关人员 操作者
5	清　扫	使用不合格的除尘器 除尘器线路破损 开关失灵	物体打击 触　电 触电、机械伤害	操作者 操作者 操作者

（五）典型事故案例

1. 机械伤害

2007 年 11 月 12 日，浙江瑞浦机械有限公司将轧钢车间二期建设工程冷却塔钢构项目承包给无资质的个人施工中，1 名电焊工冒险穿行有行车运行的导轨，被运行的行车挤压至厂房立柱与行车栏杆间造成死亡。

2. 物体打击

2007 年 3 月 18 日，舞钢第一轧钢厂热处理车间发生一起物体打击事故，造成 1 人死亡。

3. 起重伤害

2005 年 7 月 24 日，某钢铁集团有限公司轧钢工段 3 名职工，配合天车从一架轧机渣沟槽中将渣斗吊出，将渣斗吊至翻斗汽车上后，一职工上车去摘渣斗上面的钢丝扣后，未及时撤离危险区域。在地面负责挂钢绳的人挂好渣斗底部吊点后，指挥天车起吊。天车司机在起升过程中没有进行安全确认，渣斗晃动，将站在翻斗车内职工挤伤，经抢救无效死亡。

4. 高处坠落

2003 年 2 月 12 日，酒钢集团公司宏兴股份公司轧钢部新高线成品库一名成品工在高空作业时，不慎从电磁盘上跌落，从线材垛上滚下地面摔成重伤，经抢救无效死亡。事故发生后，酒钢公司有关部门和嘉峪关市公安、检察、安监、工会等部门组成了事故联合调查组，经调查认为，该成品工违章作业、有章不循和设备缺陷是导致事故发生的主要和直接原因，但轧钢部相关领导的安全管理不到位、对职工教育不够、监督检查不力是造成事故发生的管理原因。在确定事故责任，并制定了防范措施之后，对 20 名相关负责人进行了行政和经济处罚。

5. 爆炸

2007 年 11 月 11 日，温州一家钢铁厂锅炉发生爆炸。爆炸把附近居民的窗户玻璃全都震破，还导致作业区的 3 名工人受伤，并引燃了毗邻一家鞋厂和部分居民房。据分析，此次爆炸事故是工人操作不当引起。

6. 触电

2004 年 4 月 8 日，广东揭阳市榕城区仙桥街道中润钢铁有限公司发生一起因基建施工移动工棚，不慎接触 10kV 电线，导致现场施工人员触电死亡 12 人（当场死亡 11 人，送医院抢救无效死亡 1 人），受伤 3 人的特大伤亡事故。

7. 窒息

2008 年 3 月 3 日，宝钢股份特殊钢分公司条钢厂酸洗热处理分厂连续退火炉 5 号门开启发生故障，当班组长与副组长在未关闭氮气开关的情况下，从 6 号门进入炉内查看，窒息昏倒。经过 30min 左右，其他人员发现后，当班作业长与另外 2 名职工先后进入炉内施救，3 人均昏倒。其余人员在充入空气后，先后将 5 人急送医院抢救，其中 2 人死亡。违规操作导致此起事故。操作人员在未关闭氮气开关并进行有效通风同时未采取任何有效防护措施的情况下，进入炉内检查故障，是事故发生的主要原因。施救人员未对危险因素进行有效辨识的情况下实施救援，是事故进一步扩大的重要原因。

8. 煤气中毒

2006 年 5 月 8 日，新疆和静县金特和钢钢铁有限公司轧钢厂加热炉工段长徐某在直材液压处进行调试。在加热炉煤气区域未经检测、无人监护的情况下，徐某违章擅自下地坑绑水管，造成煤气中毒，经抢救无效死亡。

二、轧钢职业危害和防护

（一）人身伤害

1. 危害

在轧钢生产中造成的人身危害事故主要有：

（1）机械挤压。在冷轧中，特别是在不停机进行清理的时候，有轧压于两根轧辊之间的危险。所以轧辊辊隙应妥善防护，并应严格监督，防止不停机进行清理。剪切机、切料头机、剪边机的危险部件都应严加防护，否则会造成严重事故。

（2）滑跌。滑跌是带钢和薄板轧钢车间常遇到的一种危害，主要由于喷涂大量的油和防锈剂而引起的。一般情况下，各轧钢厂都会采取防护措施来限制已喷涂油或防锈剂的产品的放置，但这些产品往往积在地坪和通道上，容易引起滑跌事故。还有许多事故是下列原因引起的：如地坪保养很差、物件杂乱堆放、钢锭（材）端部伸出及轧辊堆叠等原因造成跌倒、绊倒。

（3）割伤。在带钢轧机和薄板轧机上，要特别注意防止工人被割伤。不但薄钢卷容易造成这种事故，捆扎钢卷用的铁皮也会割伤工人。搬运钢卷时，可能因铁皮折断而造成严重伤害。

2. 防护

在换辊或更换其他备件时，必须有适当的、甚至专用的工具；除了必须定期揩拭地面外，还应在地面上铺设格栅或吸油材料，并应向工人提供带防滑底的靴子；全厂应有良好的照明设施；对所有地平面和出入要道需进行良好的维护，明确规定安全通道，正确堆放物料，废料堆之间保持规定间距；个体防护用品对防止轧钢事故极为重要，须穿戴安全帽、眼罩、眼镜、护臂手套、安全靴、鞋罩等，以防止可能发生的危险；进行安全培训和建立有工人或工人代表参加的、能有效地预防事故的组织。

（二）高温和热辐射

1. 危害

在轧钢车间生产现场夏季所测的温度往往高达 40～60℃，操作点测得的辐射热往往高达 4200kJ/m^2。高温易发生中暑，灼热的物体辐射出的大量红外线，可以使上呼吸道发生慢性疾病和职业性白内障，通风机或操作点附近的鼓风机可能使工人感冒。暑天为补偿出汗而提供的饮料，有可能被冷却到远低于允许的低温，而且工人仓促饮用，会引起胃肠失调。

2. 防护

高温工作场所风扇和冷风机的位置不应使工人着凉；饭厅和休息室应靠近工作地点；须供应充足的合适软饮料，但软饮料的温度不应低于10℃。

（三）噪声

1. 危害

整个轧制区会产生很大的噪声。轧机和矫直机的齿轮箱、高压水泵、剪切机和锯床、成品抛入坑内或金属挡板拦住正在移动的材料，都会发出噪声。这种噪声的强度不仅会损害人的植物神经系统，甚至会使人半聋。操作时发出的噪声，其强度一般约为90dB，峰值往往达115dB，甚至更高。

2. 防护

应该采取各种技术措施防止在操作时发出过大的噪声。在设计阶段,就应使操作区尽量远离噪声源。控制室和起重机驾驶室应该隔音和隔热。备有空调和隔音设备的控制室不但能防止高温和噪声对健康的危害,还能提高操作人员的效率与注意力。如果技术措施还不足以限制噪声的干扰,操作人员就需要戴护耳器。这类保护器的结构不应过分影响操作人员与他人交谈。

（四）有害气体和尘毒

1. 危害

有害气体和尘毒造成的危害有：

（1）工人在使用火焰清理机和气割装置时，不但可能吸进铅，而且也暴露在氮氧化物（NO_x）及铬、镍和铁的氧化物中。

（2）焊接会产生臭氧，吸入臭氧造成刺激与 NO_x 的刺激相同。

（3）均热炉和加热炉的值班人员可能暴露在有害气体中，有害气体的成分与所用燃料（高炉煤气、焦炉煤气、油）有关，通常含有 CO 和 CO_2。

（4）用油雾润滑轧钢设备的工人，其健康可能受到油和油中所含添加剂的危害。

（5）精整工序用的大量脱脂剂会挥发，并被工人吸入体内，不仅能引起中毒，而且在溶剂处理不当时会使皮肤因脱脂而受到损害。

（6）酸洗除锈工序所用的盐酸会造成化学灼伤或刺激呼吸道。

2. 防护

根据生产工艺及原辅料、产品的特殊要求及尘毒有害物及其气体的危害性特征，实施有效可靠的防尘防毒技术措施，切合实际地采用湿法或干法、全面通风或局部通风除尘排毒技术，采用高效稳定的除尘净化设备，并用相适应的动力设备（泵、风机）与之匹配，设计符合尘毒源散发空气动力特性的尘毒有害物控制设施，选用有效的劳动防护用品（手套、口罩、防护服等），另外，还应配备一定的尘毒泄漏或浓度增高的报警设备和制定相应的报警制度。

三、轧钢安全生产的主要安全技术

（一）原料准备的安全技术

1. 物料堆放

要设有足够的原料仓库、中间仓库、成品仓库和露天堆放场地，安全堆放金属材料。

2. 装卸

钢坯通常用磁吊或单钩吊装卸，挂吊人员在使用磁吊前应该仔细检查磁盘是否牢固，以免脱落砸人。使用单钩卸车时要检查钢坯在车上的位置，钢绳是否牢固，使用是否正常，严格遵守吊车安全生产操作规程，防止出现压伤、挤伤事故。

3. 火焰清理

大型钢坯需要用火焰清理表面缺陷。火焰清理机是利用煤气和氧气的燃烧来工作，火焰清理机应有煤气、氧气紧急切断阀，煤气火灾报警器和超敏度气体报警器，发生回火必须马上拉下煤气胶管，迅速关闭风阀，防止火焰枪发生回火爆炸伤人事故。火焰枪的操作必须按照操作规程进行。

（二）加热与加热炉的安全技术

1. 燃料与燃烧的安全

工业炉的燃料有固体、液体和气体。燃料与燃烧的种类不同，其安全要求也不同。气体燃料有运输方便、点火容易、易达到完全燃烧的优点，但某些气体燃料有毒，且具有爆炸危险，使用时要严格遵守安全操作规程；使用液体燃料时，应注意燃油的预热温度不宜过高，点火时进入喷嘴的燃油量不得多于空气量。为防止油管的破裂、爆炸，要定期检验油罐和管路的腐蚀情况，储油罐和油管回路附近禁止烟火，应配有灭火装置。

2. 工业炉事故原因

工业炉发生事故，大多数是由于维护、检查不彻底和操作失误造成的。因此，首先要检查各系统是否完好，加强维护，及时发现隐患部位，迅速整改，防止事故的发生。

3. 安全注意事项

均热炉、加热炉、热处理炉的安全注意事项有：各种传动装置应设有安全电源，氢气、氮气、煤气、空气和排水系统的管网、阀门、计量仪表，以及各种分析仪器和防火、防爆、防毒器材，必须确保完好。注意个体防护与加热炉的安全技术。使用煤气必须严格遵守《煤气安全操作规程》。

（三）冷轧生产安全技术

1. 冷轧

冷轧的特点是加工温度低，产品表面无氧化铁皮等缺陷，表面粗糙度低、轧制速度快。而酸洗主要是为了清除表面氧化铁皮。生产时应注意：

（1）保持防护装置完好，以防机械伤害；

（2）注意穿戴好相应的防护用品，以防酸液伤人；

（3）处理事故时必须停车进行，切断电源，手柄打到零位；

（4）采用X射线测厚时，要有可靠的防射线装置。

2. 热处理

热处理是保证冷轧钢板性能的主要工序，存在的事故危险主要有：火灾、中毒、倒炉和掉卷等。主要防护措施有：

（1）在煤气区域操作时必须严格遵守《煤气安全操作规程》，保持通风设备状况良好。

（2）吊具磨损及时更换，以防吊物坠落伤人或掉卷。

（四）设备检修安全

1. 设备检修前的安全管理

在设备检修前，有关部门要提前制定安全防范措施，这是保证设备检修安全顺利进行的前提，具体内容包括：

（1）设备管理部门要制订严谨、科学、有效的《设备检修方案》。

（2）各检修单位对《设备检修方案》中具体的检修项目和作业流程要进行全面深入的危险源辨识、风险评价和制订周密、可靠的风险控制措施（包括组织措施、技术措施和管理措施）。

（3）设备管理部门要对各单位报送的《设备检修方案》进行审核并提出修改意见，必要时督促检修单位重新修订《设备检修方案》；安全管理部门要对检修项目危险源辨识的充分程度和控制措施的完善程度进行审查，对不符合要求的提出修改意见，督促检修单位重新进行危险源辨识，直到完全符合要求。

（4）检修单位要向施工单位就检修项目进行安全技术交底，让施工单位充分了解检修内容和检修过程中的安全风险，签订《检修项目安全协议书》。

（5）施工单位要根据检修单位下达的检修项目委托书，结合自己的施工经验，制订具体、详细的施工作业方案，主要包括：编写施工网络计划、落实安全责任、安全技术措施、安全监督与安全防护等。

2. 检修过程中的安全管理

严格落实设备检修过程中的各项安全措施是保证设备检修安全的关键。施工单位要严格按照施工作业方案落实危险源控制措施，严格执行“工作票制度”、电气检修“挂牌制度”和“安全确认制度”，实施有效的安全监督。要明确每一个检修项目、作业区域的安全负责人，并佩戴醒目的安全监督标志，形成一个“横到边、纵到底、专管成线、监管成网”的安全监督管理网络。要做好检修现场与生产区域的安全防护和可靠隔离，加强检修现场定置定位管理，做到检修物品定点、定量存放，摆放整齐有序，安全通道连续、平坦、畅通，检修完工要料尽、人走、场地清。设备管理部门、安全管理部门要加强对检修作业现场的监督检查，督促检修单位落实各项安全防范措施，对检查发现的问题，要立即责令检修单位整改落实，并对整改情况进行跟踪验证。

3. 检修完成后的总结

做好检修完工后的总结、评价、考核。这是总结经验、举一反三、纠正不足、持续提高检修安全管理水平的重要手段。检修结束后，检修方、参检方要认真总结检修工作，重点评价检修安全管理责任是否有效落实，安全控制措施是否完善。对好的做法和经验，予以推广应用；对存在的问题和不足，分析原因，制定预防和控制措施，并在今后的检修工作中予以纠正。同时对检修过程中出现的问题，提出明确的考核意见，做到奖惩分明。

4. 检修重要环节的安全管理

检修重要环节的安全管理包括以下内容：

（1）能源介质停送环节的安全确认。在检修作业中，停送电、停送气、停送水等环节是最容易出事故的作业。抓好这一环节的安全确认极其重要。检修前，要组织管理、技术和班组成员深入分析作业特点，从标准化的角度，重新审编能源介质停送环节的每一项作业，特别是协同交叉作业的确认制，并印发到相关参检人员，保证作业确认制得到有效落实。

（2）煤气检修作业安全管理。煤气是钢铁企业重要的危险源，具有易燃、易爆、毒害大的特点，容易引起群体伤害事故。煤气设施停气检修时，应切断煤气来源并将内部煤气吹净。进入煤气设施内工作时，要检测一氧化碳和氧气含量。经检测合格后，允许进入煤气设施内工作时，同时携带一氧化碳及氧气检测装置，并采取防护措施，设专职监护人。带煤气作业或在煤气设备上动火，应严格按程序办理动火证，并取得安全主管部门的批准。带煤气作业如带煤气抽堵盲板、带煤气接管等危险工作，操作人员应佩戴呼吸器或通风式防毒面具，且检修时间不应在雷雨天或夜间进行。外来相关方单位进行煤气检修作业，应有专职人员在现场进行确认、监护。

（3）作业资质的审查。检修作业中，一般都汇集了电焊、气焊、电气维修、起重、高空、厂内运输等多个特殊工种作业。因此，必须按照特殊工种持证上岗的要求，对从事特殊工种作业人员的资质进行严格审查，对未经过特殊工种培训取得相应作业资质的人员，坚决不允许进行检修作业。对可能进行多个特殊工种作业的人员，必须取得多个工种的作业资质方可作业，确保特殊工种持证上岗率100%。

（4）起重作业安全管理。起重机械在进行吊装作业时，由于吊运作业人员和地面作业人员直接接触，潜在着许多偶发的事故因素，导致起重伤害事故较多。要认真执行起重作业操作规程，严格落实“十不吊”规定。在检修前要特别对吊运用的钢丝绳、吊装带进行严格检查，确保吊具安全可靠。

（5）电气作业安全管理。检修作业时所用的临时灯、电动工具、电焊工具等用电设备需要配接临时电源、临时电线。在检修现场，特别是雨雪天气情况下，因乱拉、接临时线，或临时线配接不规范造成触电伤害也常有发生。因此，必须强化检修过程中的电气作业安全管理。认真抓好临时电源线搭接手续的审批，由需要单位提出，车间、机械动力科层层审核把关，搭接时遵循“近距、隐蔽、安全、规范”的原则。电动工具、电焊工具等用电设施要采取可靠的接地接零安全防护措施，严防漏电伤害。

（6）高空作业安全管理。高空作业是检修过程中的重要作业内容，具有风险高、事故率高的特点。相对于立体交叉作业来说，既要保证高空作业人员的安全，又要保证地面作业人员的安全。因此，高空作业人员必须具有很强的“不伤害自己，不伤害他人”的安全防护意识。高空作业时，作业人员必须佩戴必要的劳动防护用品，安全带要系在牢固、可靠的部位。为防止作业工具失手掉落伤人，使用的小型工具（如手锤、扳手等）应用绳子系扣，系在工具袋上或套在操作者的手腕上，拆卸的物件事先应有良好的固定，拆除后尽快移出作业区。

（7）相关方安全管理。检修作业现场相关方单位多、相关方员工多，相关方单位安全管理基础薄弱，相关方员工操作技能较差，是事故多发群体。要坚持“谁主管谁负责，谁用工谁管理”的原则，从法人资格、队伍资质、施工合同、安全协议、培训教育、人员素质、特种作业人员持证情况、年龄层次等方面入手，严格把关，逐项落实，做到监督有效、控制有力、责任落实。

第八章　给排水、空分、内部运输系统及风险

第一节　给排水系统及风险

一、给排水系统简介

（一）给水系统

全厂性给水系统按用户所需水种类划分，一般可分为原水供水系统、工业新水给水系统、生活给水系统；当有多个用户需供给过滤水、软水、纯水时，可设置过滤水给水系统、软水给水系统、纯水给水系统；当设置集中的含油排水处理装置时，可设置含油排水系统和回用水系统。各给水系统由水处理设施、供水泵站和管网组成。

（1）原水供水系统。由水源向原水处理设施送水的系统，称为原水供水系统。

（2）工业新水系统。指为使工业生产正常进行，保证生产过程对水的需要，而实际从各种水源引取的、为任何目的所用的新鲜水源供水系统。

（3）过滤水系统。水过滤系统是将介质水中含有的尘埃、微粒、矿物质沉淀物过滤去除的装置。

（4）纯水系统。纯水处理是从原水中去盐，去阴阳离子性质，按处理后的水质标准达到工业用水要求的处理过程。

（5）软水系统。软水处理是从原水中的降硬度、降碱度和按处理后的水质要求去软化原水的过程。有时处理过的软水还需要降酸处理。

（6）生活水系统。钢铁厂的生活水可与城市生活水相结合，从城市自来水管网结水，结水管不少于2根，每根水管的供水能力按最高日大小水量设计。如果厂内有生活贮水池，则每根供水管的供水能力宜按最高日平均水量设计。当工厂建有自备水厂时，水厂能力按最高日水量设计。

（二）排水系统

排水系统按有害无害的原则分为有害排水系统和无害排水系统。有害水体经过无害化处理，达到国家（包括地方）排放标准，进行排放。无害废水可与雨水排水系统合流排放。一般常设的排水系统有：生产水、雨水排水系统，含油排水系统、生活污水排水系统。

（1）生产水、雨水排水系统。该系统接纳对环境无污染的生产废水、循环水系统的排污水，有污染但经处理后达到排放标准的水，以及雨水。

（2）生活污水排水系统。该系统接纳各种卫生设施、食堂、浴室排出的生活污水。

（3）含油排水系统。该系统用来接纳连铸、轧钢、修理设施直接循环水系统的排污水、地下油库含油污水及修理过程排出的含油水。

（4）全厂总排水处理后的回用。

二、供排水设施及材料

给水排水设施所包含的设备材料很多，基本上可以分为两类：一类为通用设备，如水

泵电机、阀门等。这类设备应妥善保管维护，按期检查，以维护设备正常工作，从而减低风险。另一类是专用设备，是为钢铁工业给水排水设施服务的专用设备，如热交换器、冷却塔、斜板沉淀器、过滤器、除油设备、水稳剂以及投加装置、离子交换器和材料。这类设备除注意按期检修外，还应认真核对材料批次，备件数量，以备出险后及时抢修。

环境保护是我们的一项基本国策，钢铁工业在我国国民经济中是一个用水大户，同时也是一个污染大户。为此，我们必须按照国家的有关政策规定，对各种废水进行必要的处理，使其符合排水标准，不污染环境。

给排水设备一般包括：水泵、蝶阀、止回阀、闸门及启闭机、抓斗、板式热交换器、冷却塔、风机、过滤器、除油设备、加药装置、离子交换机、浓缩机、压滤机、电动搅拌机、静电（电子）水处理器、管接头补偿机、金属软管、喷洒设备、循环冷却水处理药剂、铸石制品、防腐涂料、仪器检测器、耐磨耐腐耐高温管材、滤料、应急消防柴油机、污泥（料）斗开闭装置。

（一）水泵

通常把提升液体，输送液体或使液体增加压力，即把原动的机械能变为液体能量的机器统称为泵。根据原理，泵的用途不同，泵可分为三大类：

（1）容积泵。利用工作容积周期性变化来输送液体，例如活塞泵、柱塞泵、隔膜泵、齿轮泵、滑板泵、螺杆泵等。

（2）叶片泵。利用叶片和液体相互作用来输送液体，例如离心泵、混流泵、轴流泵、旋涡泵等。

（3）其他类型的泵。

目前使用较为广泛的是离心泵，离心泵主要是依靠旋转叶轮对液体的作用把原动机的机械能传递给液体。由于离心泵的作用液体从叶轮进口流向出口的过程中，其速度能和压力能都得到增加，被叶轮排出的液体经过压出室，大部分速度能转换成压力能，然后沿排出管路输送出去，这时，叶轮进口处因液体的排出而形成真空或低压，吸水池中的液体在液面压力（大气压）的作用下，被压入叶轮的进口，于是旋转着的叶轮就连续不断地吸入和排出液体。

离心泵具有转速高，体积小，质量轻，效率高，流量大，结构简单，性能平稳，容易操作和维修的优点，但其不足是，启动前泵内要灌满液体。液体精度对泵性能影响大，只能用于精度近似于水的液体，流量适用范围 5 ~ 20000m^3/h，扬程范围在 3 ~ 2800m。

离心泵按其结构形式分为立式泵和卧式泵。立式泵的优点是，占地面积少，建筑投入小，安装方便；缺点为，重心高，不适合无固定底脚场合运行。卧式泵的优点是，适用场合广泛，重心低，稳定性好；缺点为，占地面积大，建筑投入大，体积大，质量重。立式泵有 CFL 立式离心泵、DL 立式多级泵、潜水电泵。卧式泵有 CFW 泵、D 型多级泵、SH 型双吸泵、B 型、IH 型、BA 型、IR 型等。按扬程流量的要求并根据叶轮结构组成级数分为：

（1）单级单吸泵。泵有一只叶轮，叶轮上一个吸入口，一般流量范围为 5.5 ~ 300m^3/h，扬程在 8 ~ 150m，流量小，扬程低。

（2）单级双吸泵。泵为一只叶轮，叶轮上两个吸入口。流量 Q 在 120 ~ 20000m^3/h，扬程 H 在 10 ~ 110m，流量大，扬程低。

（3）单吸多级泵。泵为多个叶轮，第一个叶轮的排出室接着第二个叶轮吸入口，以此类推。

（二）蝶阀、止回阀

1. 蝶阀

蝶阀是指关闭件（阀瓣或蝶板）为圆盘，围绕阀轴旋转来达到开启与关闭的一种阀，在管道上主要起切断和节流作用。蝶阀启闭件是一个圆盘形的蝶板，在阀体内绕其自身的轴线旋转，从而达到启闭或调节的目的。蝶阀全开到全关通常小于90°，蝶阀和蝶杆本身没有自锁能力，为了蝶板的定位，要在阀杆上加装蜗轮减速器。采用蜗轮减速器，不仅可以使蝶板具有自锁能力，使蝶板停止在任意位置上，还能改善阀门的操作性能。蝶阀具有以下几个方面的优点：

（1）启闭方便迅速、省力、流体阻力小，可以经常操作。

（2）结构简单，体积小，重量轻。

（3）可以运送泥浆，在管道口积存液体最少。

（4）低压下，可以实现良好的密封。

（5）调节性能好。

但蝶阀具有使用压力和工作温度范围小，密封性较差的缺点。

蝶阀按结构形式可分为偏置板式、垂直板式、斜板式和杠杆式。按密封形式可分为软密封型和硬密封型两种。软密封型一般采用橡胶环密封，硬密封型通常采用金属环密封。按连接形式可分为法兰连接和对夹式连接。按传动方式可分为手动、齿轮传动、气动、液动和电动几种。

2. 止回阀

止回阀又称单向阀或逆止阀，其作用是防止管路中的介质倒流。水泵吸水管的底阀也属于止回阀类。止回阀属于自动阀类，主要用于介质单向流动的管道上，只允许介质向一个方向流动，以防止发生事故。

止回阀按结构可分为升降式止回阀、旋启式止回阀和蝶式止回阀三种。升降式止回阀可分为立式和卧式两种。旋启式止回阀分为单瓣式、双瓣式和多瓣式三种。蝶式止回阀为直通式。以上几种止回阀在连接形式上可分为螺纹连接、法兰连接和焊接三种。

（三）闸门及启闭机

1. 闸门

闸门是用于关闭和开放泄（放）水通道的控制设施，水工建筑物的重要组成部分，可用以拦截水流，控制水位、调节流量、排放泥沙和漂浮物等。闸门一般由活动部分（也称门叶）、埋固部分和启闭机械三部分组成。门叶包括承重结构、行走支撑、支臂、支铰、止水装置、吊耳等。埋固部分包括轨道、铰座、止水座、护角等。常用的启闭机械有：卷扬式、油压式、螺杆式和移动式机械。

闸门分类方法较多，按闸门的工作性质可分为工作闸门、检修闸门和事故闸门。工作闸门也称主要闸门，能在动水中启闭。检修闸门设于工作闸门前，用于建筑物或工作闸门等检修时短期挡水，一般在静水中启闭。事故闸门多设于深孔工作闸门前，用于建筑物或设备出现事故时，能在动水中关闭而在静水中开启。兼作检修闸门时，也称事故检修闸门；需要在限定时间内紧急关闭的事故闸门，称为快速闸门。按闸门关闭时门顶与水面的相对位置分为露顶式闸门和潜孔式闸门。按门叶的外观形状分为平面闸门、弧形闸门、人字闸门、拱形闸门、球形闸门和圆筒闸门等。按制造门叶的材料分为钢闸门、铸造闸门、木闸门、钢筋混凝土闸门和组合材料闸门。

2. 启闭机

启闭机用于各类大型给排水、水利水电工程，用于控制各类大、中型铸铁闸门及钢制闸门的升降达到开启与关闭的目的。

启闭机的结构特点有：

(1) 启闭机由电机、启闭机、机架、防护罩等组成；采用三级减速方式，用过旋副传动，输出转矩更大。启闭机配套钢架克服土建不平整，以减少整机噪声及振动。

(2) 采用户外型长时工作制电机，防护等级不小于IP155。行程控制机构采用十进制计数器原理，控制行程的误差0.5%。转矩保护控制是通过蜗杆产生轴向位移触动微动开关，来达到保护电器的目的。

(3) 操作维护简便，可实现现场和远控操作。

(四) 抓斗

抓斗是靠颚板开闭抓取和卸出散状物料的吊具。抓斗根据操作特点一般可分为双绳抓斗、单绳抓斗和马达抓斗，最常用的是双绳抓斗。

双绳抓斗有支持绳和开闭绳，分别绕在支持机构和开闭机构的卷筒上。双绳抓斗工作可靠，操作简便，生产率高，应用广泛。采用两组双绳后就成为四绳抓斗，工作过程与双绳抓斗相同。

单绳抓斗支持绳和开闭绳用同一根钢丝绳。通过特殊锁扣装置使钢丝绳轮流起到支持和开闭的作用。单绳抓斗的卷绕机构较简单，但生产率低，大量装卸作业时很少采用。

马达抓斗本身装有开闭结构，通常采用标准的电动葫芦。这种抓斗可挂在起重机吊钩上，借起升机构升降。其特点是操作比单绳抓斗方便，抓取性能好，生产率较高，但自重较大，需要有供开闭机构用的电缆。随着液压传动的发展，已出现液压马达抓斗，因其结构紧凑渐被推广。特殊情况下还采用气压传动的抓斗。

(五) 板式热交换器

板式热交换器是一种新型高效的换热设备，具有传热效率高，结构紧凑，占地面积小，安装、维修、组合方便等特点，广泛适用于石油、化工、冶金、机械、轻工、食品、医药、电力、涂装、供热等工业部门。

板式热交换器传热机理是根据热力学定律，“热量总是由高温物体自发地传向低温物体，两种流体存在温度差，就必然有热量进行传递”，两种存在温度差的流体在受迫对流传热过程中，由于热传递板表面采用瓦楞波结构优化设计，其热交换率达到92%，即使流体流速在雷诺准数值以下，流体在板片之间的运动亦呈三维运动，促使流体形成剧烈紊动，减少边界层热阻强化传热效率。

(六) 冷却塔

冷却塔是利用水和空气的接触，通过蒸发作用散去工业上或制冷空调中产生的废热的一种设备。

1. 冷却塔的工作原理

干燥（低焓值）的空气经过风机的抽动后，自进风网处进入冷却塔内；饱和蒸汽分压力大的高温水分子向压力低的空气流动，湿热（高焓值）的水自播水系统洒入塔内。当水滴和空气接触时，一方面由于空气与水的直接传热，另一方面由于水蒸气表面和空气之间存在压力差，在压力的作用下产生蒸发现象，带走蒸发潜热，将水中的热量带走即蒸发传热，从而达到降温之目的。

2. 冷却塔的工作过程

以圆形逆流式冷却塔的工作过程为例，热水自主机房通过水泵以一定的压力经过管道、横喉、曲喉、中心喉将循环水压至冷却塔的播水系统内，通过播水管上的小孔将水均匀地播洒在填料上面；干燥的低焓值的空气在风机的作用下由底部入风网进入塔内，热水流经填料表面时形成水膜和空气进行热交换，高湿度高焓值的热风从顶部抽出，冷却水滴入底盆内，经出水管流入主机。一般情况下，进入塔内的空气是干燥低湿球温度的空气，水和空气之间明显存在着水分子的浓度差和动能压力差，当风机运行时，在塔内静压的作用下，水分子不断地向空气中蒸发，成为水蒸气分子，剩余的水分子的平均动能便会降低，从而使循环水的温度下降。从以上分析可以看出，蒸发降温与空气的温度（通常说的干球温度）低于或高于水温无关，只要水分子能不断地向空气中蒸发，水温就会降低。但是，水向空气中的蒸发不会无休止地进行下去。当与水接触的空气不饱和时，水分子不断地向空气中蒸发，但当水气接触面上的空气达到饱和时，水分子就蒸发不出去，而是处于一种动平衡状态。蒸发出去的水分子数量等于从空气中返回到水中的水分子的数量，水温保持不变。由此可以看出，与水接触的空气越干燥，蒸发就越容易进行，水温就容易降低。

3. 冷却塔的分类

冷却塔按照不同的分类方式可分为以下几类：

（1）按通风方式分有自然通风冷却塔、机械通风冷却塔、混合通风冷却塔。

（2）按热水和空气的接触方式分有湿式冷却塔、干式冷却塔、干湿式冷却塔。

（3）按热水和空气的流动方向分有逆流式冷却塔、横流（交流）式冷却塔、混流式冷却塔。

（4）按用途分一般空调用冷却塔、工业用冷却塔、高温型冷却塔。

（5）按噪声级别分为普通型冷却塔、低噪型冷却塔、超低噪型冷却塔、超静音型冷却塔。

（6）其他如喷流式冷却塔、无风机冷却塔、双曲线冷却塔等。

（七）风机

风机是依靠输入的机械能，提高气体压力并排送气体的机械，它是一种从动的流体机械。风机由于气体流速较低，压力变化不大，一般不需要考虑气体比容的变化，即把气体作为不可压缩流体处理。风机按照不同的分类方式可分为以下几类：

（1）按气体流动的方向，分为离心式、轴流式、斜流式和横流式等类型。

（2）根据气流进入叶轮后的流动方向分为轴流式风机、离心式风机和斜流（混流）式风机。

（3）按用途分为压入式局部风机（以下简称压入式风机）和隔爆电动机置于流道外或在流道内，隔爆电动机置于防爆密封腔的抽出式局部风机（以下简称抽出式风机）。

(八)过滤器

过滤器是除去液体中少量固体颗粒的小型设备,可保护设备的正常工作,当流体进入置有一定规格滤网的滤筒后,其杂质被阻挡,而清洁的滤液则由过滤器出口排出,当需要清洗时,只要将可拆卸的滤筒取出,处理后重新装入即可,因此,使用维护极为方便。

(九)除油设备

除油设备可用于冶金工厂连铸车间和轧钢车间排出的含油、氧化铁皮污水的收集和过滤。

(十)加药装置

加药装置是控制系统根据负荷高低、排放量大小、气温变化等引起的浓缩倍数变化,冷却塔的进出水温度、补充水量的变化,以及设定水中阻垢缓腐剂浓度等参数,综合注入药量的装置。在计算机或 PLC 控制下,实现比例连续调整药剂注入量,始终保持水中阻垢缓蚀剂浓度,避免过量加药,浪费药品;加药量与循环水量之间的控制关系根据浓度倍数变化,不会因异常状况造成低浓度倍数,形成欠量加药,使得水质不好,对系统造成复式或结垢现象,从而实现自动控制,节省人力成本,提高生产技术水平,并达到抑制水垢、防腐、灭藻的目的。

(十一)离子交换机

离子交换机主要用于锅炉、热电站、化工、轻工、纺织、医药、电子、原子能等需进行硬水软化、去离子水设备的场合,还可用于食品、药物的脱色提纯,贵重金属、化工原料的回收,电镀废水处理等。

(十二)浓缩机

浓缩机适用于选矿厂的精矿和尾矿脱水处理,广泛用于冶金、化工、煤炭、非金属选矿、环保等行业。高效浓缩机实际上并不是单纯的沉降设备,而是结合泥浆层过滤特性的一种新型脱水设备。浓缩机具有以下几个方面的特点:

(1)添加絮凝剂增大沉降固体颗粒的粒径,从而加快沉降速度;

(2)装设倾斜板缩短矿粒沉降距离,增加沉降面积;

(3)发挥泥浆沉积浓相层的絮凝、过滤、压缩和提高处理量的作用;

(4)配备有完整的自控设施。

(十三)压滤机

压滤机由多块滤板和滤框叠合组成滤室,并以压力为过滤推动力。压滤机为间歇操作,有板框压滤机、厢式压滤机和立式压滤机三类。

(十四)电动搅拌机

以电力驱动带叶片的轴在圆筒或槽中旋转,用以混合或揉和物质使之成所需稠度的机器。搅拌机分为强制式搅拌机、单卧轴搅拌机、双卧轴搅拌机等。

(十五)静电(电子)水处理器

静电水处理器广泛应用于冷却水循环系统、热交换系统以及锅炉等用水系统。该设备既能除垢,又兼有显著的杀菌功能,节电节水、运行费用较低,不污染环境。适用于工业冷却水系统、空调制冷系统、热交换系统以及游泳池水的杀菌灭藻处理等。

(十六)管接头补偿机

管接头补偿机主要用于矿产、石油、化工、电力、建筑、冶金等行业,用于压缩空气、水汽、油、泥浆、瓦斯等各种介质输送的正压、负压工业管道的连接。

（十七）金属软管

金属软管是工程技术中重要的连接构件，由波纹柔性管、网套和接头结合而成。在各种输气、输液管路系统以及长度、温度、位置和角度补偿系统中作为补偿元件、密封元件、连接元件以及减震元件，应用于航空航天、石油化工、矿山电子、机械造船、医疗卫生、轻纺电子、能源建筑等领域。

（十八）喷洒设备

喷洒设备主要用于煤矿、铁矿、钢厂、电厂、煤码头和矿石码头等部门的料场、煤堆场、矿石堆场洒水防尘，码头、道路冲洗，大型林场和果园的喷灌。喷洒设备的主要材料为铝合金、铜、不锈钢和聚四氟二烯。

（十九）循环冷却水处理药剂

循环冷却水处理药剂主要有阻垢分散剂、阻蚀分散剂、缓蚀阻垢剂、缓蚀剂、杀菌灭藻剂、清洗剂等。

（二十）铸石制品（防腐涂料）

铸石制品具有优异耐磨、耐腐蚀性能，目前已广泛用于冶金、矿山、煤炭、化工、电力、建材等工业部门。实践证明，其耐磨度是锰钢的几倍，普通钢材的十几倍，耐酸碱度是耐酸陶瓷砖、花岗岩等材料的10倍以上。

（二十一）仪器检测器

仪器检测器包括浊度仪、自动加矾控制系统和满水检测器等。

（二十二）耐磨耐腐耐高温管材

耐磨耐腐耐高温管材包括含刚玉复合钢管、橡塑金属复合管和钢塑复合管等。

（二十三）滤料

滤料用于进水过滤的粒状材料，通常指石英砂、白煤或矿石等。

（二十四）应急消防柴油机

柴油机是用柴油作燃料的内燃机。应急消防柴油机是以消防为目的的消防取水设备。

（二十五）污泥（料）斗开闭装置

污泥斗开闭装置用于各种污泥脱水机在生产过程中贮存脱水后的冶金轧钢污泥，其底部设有机械开闭装置，能方便快捷的将冶金轧钢污泥卸落在载重汽车上。

三、钢铁企业给排水系统风险

钢铁企业由于工厂规模大，厂区地形复杂，厂区面积大，取水排水涉及面广，管网线路长，布局复杂，管道建设年限跨度大，技术资料由于历史年代久远而缺失，排水设备、控制通信系统庞大复杂，给排水设备多，维护难度大，给排水材料种类多管理复杂。加之钢铁行业本身的危险性，加大了给排水控制风险的难度。科学布局系统、统筹有效的管理，能够有效降低钢铁企业给排水的风险，从而为钢铁企业生产提供更好的支持和服务。钢铁企业给排水系统所面临的风险主要有以下几种。

（一）资料缺失风险

由于大多数钢铁企业都不断的面临新改扩建，而给排水管网深埋地下，即使在施工中发生了改变，也很难从外部直接发现，只能依靠详细的图纸进行记录。一旦任何一个阶段的图纸有遗漏，就会留下隐患，给以后的处理管网事故、查询管网故障点带来诸多不便。

例如兰州钢铁集团现有管网的施工可分为三个阶段：（1）1958～1965年原兰钢的前身新陇翻砂厂、硅酸盐厂、兰州钢厂三家在此期间施工的管道。（2）1965～1970年原东岗钢厂施工的管道。（3）1970～1994年兰钢正式定名为兰州钢厂和兰钢集团公司后，特别是1970年兰钢开始进行扩建并开始有计划的建设后期施工的管道。在此三个阶段长达36年的时间里，由于施工遗留问题等历史原因，导致查询管网隐患、处理管网设备事故、寻找管网故障点极为困难。管网有图的多与现场实际情况不符，部分管网根本无图可查。这些都给技术管理工作带来诸多不便。

（二）管道泄漏风险

管道泄漏是给排水系统中最常见的事故，它的发生原因有以下两种：

（1）施工不慎，导致管道损坏，由于施工单位对地下管网详细位置不了解，导致碰伤、压坏、挖断管道。

（2）管道施工质量不良，包括管道基础不好，导致管道不均匀沉陷损坏接头；管道接口质量差，石棉水泥接口的石棉含量太高或捻打不实，承插管转接角太大或在放橡皮垫圈时没有将接口清扫干净，导致垫圈偏心和扭曲；焊接质量不过关，焊缝有尖渣、气孔或焊缝不均匀；法兰连接不合格则导致受力不均；管道防腐不好没有按管道防腐层的标准和要求操作；阀门盘根不严导致阀杆处漏水；管道埋深不够，在交通频繁区域有重型车辆经过若无套管或钢筋混凝土保护，则管道被压坏的几率很大。

管网下沉造成的设备事故时有发生。根据对兰州钢铁集团综合管网发生管道设备事故的不完全统计，由于给排水管网的泄漏而发生塌陷最终导致建筑物下沉的情况屡见不鲜，据1983～1993年10年间不完全统计处理下沉事故的费用竟高达300万元，现仅举几例说明。管带轧钢厂60mm、76mm机组分别在1989年、1991年前后三次因水系统泄漏基础下沉修复费用近10万元。线材轧钢厂因2号主电室及冲渣沟下沉支出修复费用14万元等。而以上下沉事故若加强管网监察，及时发现泄漏，采取有效处理措施是可以防止的。可见，加强管网监察搞好供水管理是确保动力供应、杜绝管网事故的先决条件，应配备专人定时定点进行监察，将管网事故消灭于萌芽状态中。

（三）管道泄漏引起的次生危害

管道泄漏引起的次生危害有：

（1）给排水管网泄漏会导致地基松动，从而引发塌陷，导致建筑物下沉，破坏厂房结构，严重时甚至会导致墙体裂缝，甚至倒塌。

（2）污水管网破裂污染净水管网、产品，甚至危及周边居民。

鞍钢由于排水管道老化，每年都会出现排污管道泄漏，造成毁害农田、村舍的事故。由于水淹造成的房屋损毁，村民财产损失。所以定期对老管道进行更新，按期检查和维护能有效降低出险的几率。

（四）暴风、暴雨风险

排水设施除考虑工厂规模因素外，主要需考虑排水条件，排水条件包括厂区地形、面积大小、建筑系数高低、总排水口处的水位等。暴雨降雨量超过设计排水量，或者管道淤塞等，厂区会出现内涝。如生产车间，办公用房降雨时门窗关闭不良，也容易造成损失。

（五）窒息、淹溺风险

钢铁生产过程中，淹溺危害的发生几率相对较少，但特定环境如漩流井、尾矿库等地方，由于防护措施不当或尾矿坝溃决，则可能造成相关工作人员或其他人员发生淹溺事故。

（六）雷击风险

给排水管线有许多暴露在外的部件设备，易遭受雷击风险的影响，可能会造成管线破裂、人身意外等事故。

（七）地震及地面沉降风险

地震以及地震以外的自然和非自然原因导致的地面沉降、地质构造变化，所引起的给排水设施爆裂等事故，一旦发生就可能造成给排水设施损失、污染、第三者事故等。

（八）盗窃风险

钢铁冶金企业给排水管线分布广，给排水设施泵、喷淋设施较容易失窃。

第二节　氧气制备系统及风险

一、氧气制备工艺流程

（一）气体分离的方法

钢铁生产离不开氧气，而且随着钢铁企业的不断发展，对氧气的需要量也越来越大。高炉富氧鼓风炼铁，平炉、转炉吹氧炼钢等都需要大量的氧气。

工业上大规模制取氧气主要原料是空气。空气中大约含有五分之一的氧气，其余的主要是氮气。制氧的主要任务就是设法将空气中的氧气从其他气体混合物中分离出来。气体分离的方法主要有以下几种：

（1）精馏。精馏是先将气体混合物冷凝为液体，然后再按各组分蒸发温度的不同将它们分离。精馏方法适用于被分离组分沸点相近的场合，如氧和氮的分离、氢和重氢的分离等。

（2）分凝。它也是利用各组分沸点的差异进行气体分离。但和精馏不同的是不需将全部组分冷凝。分凝法适用于被分离组分沸点相差较大的场合，如从焦炉气及水煤气中分离氢、从天然气中提取氢等。

（3）吸收法。吸收法用一种液态吸收剂在适当的温度、压力下吸收气体混合物中的某些组分，以达到气体分离的目的。吸收过程根据其吸收机理的不同可分为物理吸收和化学吸收。

（4）吸附法。吸附法用多孔性固体吸附剂处理气体混合物，使其中所含的一种或数种组分被吸附于固体表面以达到气体分离的目的。吸附分离过程有的需在低温下进行，有的可在常温下完成。

（5）薄膜渗透法。薄膜渗透法是利用高分子聚合物薄膜的渗透选择性从气体混合物中将某种组分分离出来的一种方法。这种分离过程不需要发生相变，不需低温，并且有设备简单，操作方便等特点。

空气分离目前主要采用低温精馏分离法，原因是它不仅生产成本低，技术成熟，而且适合大规模工业化生产。下面以低温精馏分离法为例，介绍制氧的工艺流程。

(二) 空气的组成及空气分离的基本原理

1. 空气的组成

空气是一种均匀的多组分混合气体，它的主要成分是氧、氮和氩，氧气和氮气约占 99.04%，氩气占 0.932%，此外还有微量的氩及氖、氦和氙等稀有气体。根据地区条件的不同，空气中含有不定量的二氧化碳、水蒸气以及乙炔等碳氢化合物。空气的组成如表 3-10 所示。空气中主要组分的物理特性如表 3-11 所示。

表 3-10 空气的组成

名称	化学符号	体积分数/%	质量分数/%	名称	化学符号	体积分数/%	质量分数/%
氮	N_2	78.09	75.5	氦	He	0.00052	0.00006
氧	O_2	20.95	23.1	氖	Ne	0.0018	0.0011
氩	Ar	0.932	1.29	氪	Kr	0.000114	0.00032
二氧化碳	CO_2	0.03	0.05	氙	Xe	0.0000086	0.00004

表 3-11 空气中主要组分的物理特性

名称	化学符号	气化温度/℃	熔化温度/℃	密度		临界点	
				kg/m^3	kg/L	℃	10^{-1}MPa (G)
氮	N_2	-195.8	-209.86	1.25	0.81	-147	34.5
氧	O_2	-183	-218.4	1.43	1.14	-119	51.3
氩	Ar	-185.7	-189.2	1.782	1.4	-122	49.59
氦	He	-268.9	-272.55	0.18	0.125	-267.7	2.335
氖	Ne	-246.1	-248.6	0.748	1.204	-228.7	28.13
氪	Kr	-153.2	-157.2	1.735	2.155	-63.7	56
氙	Xe	-108.0	-111.8	1.664	3.52	+16.6	60.1

氧、氮、氩和其他物质一样，具有气、液和固三态。在常温常压下它们呈气态。在标准大气压下，氧被冷却到 90.188K，氮被冷却到 87.29K，都变成液态。如果遇热又可变成气态。氧和氮的沸点相差约 13K，氩和氮的沸点相差约 10K，这就是能够用低温精馏法将空气分离为氧、氮和氩的基础。

空气中除氧、氮和氩外，还有氖、氦、氪和氙等稀有气体。由于它们在国防、科研和工业生产中有着广泛的用途，因此，根据综合利用的原则，空分设备在制取氧、氮的同时，还应制取氩及其他稀有气体。

空气中的机械杂质、水蒸气、二氧化碳、乙炔和其他碳氢化合物，影响空分设备的正常、安全运行，因此必须设法除净这些有害气体和杂质，以保障空分设备正常运转。

2. 空气分离的基本原理

低温精馏分离法是以空气为原料，通过压缩循环深度冷冻的方法把空气变成液态，利用液化空气中各组分沸点的不同，经过精馏，从液态空气中逐步分离生产出氧气、氮气及氩气等惰性气体的过程。

(三) 空分制氧工艺流程

空分制氧主要工作过程包括：空气的过滤和压缩；空气中水分和二氧化碳的清除；空

气被冷却到液化温度；冷量的制取；液化；精馏；危险杂质的排除。空分制氧工艺流程如图 3-143 所示。

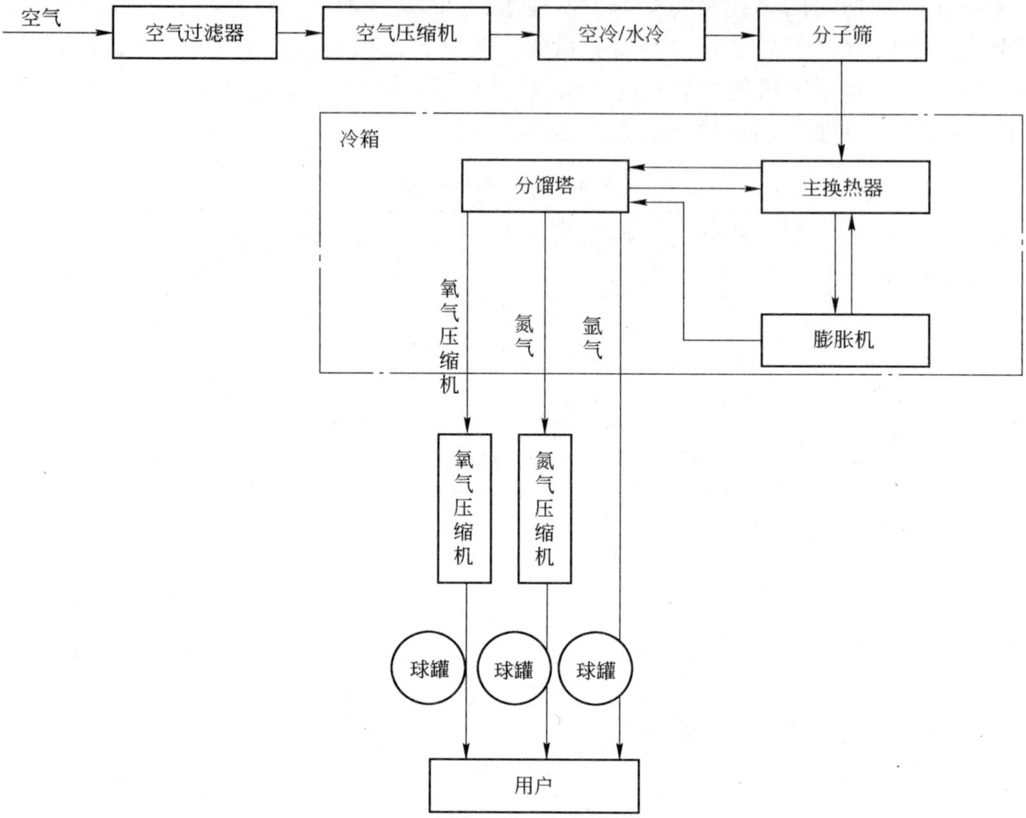

图 3-143 空分制氧工艺流程

1. 空气的过滤和压缩

大气中的空气先经过空气过滤器过滤灰尘等机械杂质，然后在空气透平压缩机中被压缩到所需的压力，压缩产生的热量被冷却水带走。

2. 空气中水分和二氧化碳的清除

加工空气中的水分和二氧化碳若进入空分设备的低温区后，会形成冰和干冰，阻塞换热器的通道和塔板上的小孔。因而配用分子筛吸附器来预先清除空气中的水分和二氧化碳，进入分子筛吸附器的空气温度约为 -17℃。

3. 空气被冷却到液化温度

空气的冷却是在主换热器中进行的，在其中空气被来自精馏塔的返流气体冷却到接近液化温度。与此同时，冷的返流气体被复热。

4. 冷量的制取

由于绝热损失、换热器的复热不足损失和冷箱中向外直接排放低温流体，分馏塔所需的冷量是由空气在膨胀机中等熵膨胀和等温节流效应获得的。

5. 液化

在启动阶段，加工空气在主换热器和过冷器中与返流冷气流换热而被部分液化，在正常运行中，氮气和液氧的热交换是在冷凝蒸发器中进行的，由于两种流体压力的不同，氮气被液化而液氧被蒸发，氮气和液氧分别由下塔和上塔供给，这是保证上、下塔精馏过程的进行所必需具备的条件。

6. 精馏

空气的精馏是在氧-氮混合物的气相与液相接触之间的热质交换过程中进行的，气体自下而上流动，而液体自上而下流动，该过程由筛板（填料）来完成。由于在氧-氮混合物中，氮比氧易蒸发，氧比氮易冷凝，当气体自下而上逐块从塔板上通过时，氮浓度不断增加，只要有足够多的塔板（填料），在塔顶即可获得高纯的氮气，反之液体逐板（段）通过时，氧浓度不断增加，在下塔底部可获得富氧液空，在上塔底部可获得高纯度氧气。

7. 危险杂质的排放

空气中的危险杂质是碳氢化合物，特别是乙炔。在精馏过程中如乙炔在液空和液氧中浓缩到一定程度就有发生爆炸的可能，因此乙炔在液氧中含量规定不得超过 10^{-7}。

在冷凝蒸发器中，由于液氧的不断蒸发，将会有使碳氢化合物浓缩的危险，但是只要从冷凝蒸发器中连续排放部分液氧就可防止浓缩。而当在冷凝蒸发器中提取液氧时，就可不用再另外排放液氧来防止碳氢化合物浓缩。

二、制氧设备

为了使空气在低温的条件下分离，而组成深度冷冻循环，空气在压缩机中压缩，然后在水冷却器中冷却至常温，再进入分子筛冷却至饱和温度时送入精馏塔，或抽部分空气进入透平膨胀机，膨胀后气体送入上塔。从精馏塔出来的产品气体，进入分子筛，使压缩空气冷却。以后氮气放空，产品氧气进入气柜，再送入氧压机压缩后充瓶或从输送管道送到车间去。

实际的生产过程比上述要复杂些。因为空气实际上并不是非常纯净的，其中还含有灰尘、水蒸气、二氧化碳在低温下会凝固成水，不清除掉也会堵塞管道或阀门，影响正常生产。乙炔易引起爆炸，有碍于安全生产。所以必须把这些杂质彻底清除，才能保证生产顺利进行。

为完成制氧任务，空分装置建立了空气的冷却和液化系统、杂质清除系统、空气的精馏系统、加温吹除系统、仪表控制系统。

（一）空气的冷却和液化系统

经空气透平压缩机压缩后的空气温度升高至80℃以上，导致后续的吸附和换热不能正常进行，通过设置空气预冷系统可以有效地降低空气进入空分设备的温度。

压缩后的高温空气进入空气冷却塔下部，由下向上穿过空气冷却塔中的传质传热单元，依次与常温水和冷却水进行逆流接触而进行传热传质以达到冷却空气之目的，并除去大部分的水溶性有害物质如 NH_3、HCl、SO_2、NO_2等。常温水由外界供给，冷却水由水冷塔提供。

污氮气从水冷塔底部进入，与水冷塔顶部进入的常温水（有的流程是从空气冷却塔中部返流的水）充分接触，经热质交换，污氮气被增湿至接近饱和状态排入大气。与此同时，从水冷却塔顶部进入的常温水排出经低温水泵升压后，成为空气冷却塔上部的冷却水。该系统由空气冷却塔、水冷却塔、水泵三部分组成。

1. 冷却塔

空气冷却塔和水冷却塔的结构都是采用气体与水直接接触，并使之受到冷却、净化。在空分设备上应用的冷却塔结构形式有喷头喷淋、穿流塔板、溢流塔板、填料四种。

喷淋冷却塔上、下段均用喷头，根据不同的水量选用不同尺寸的喷头，喷射角及喷射方向要以冷却塔的直径为依据，直径小时选择小的喷射角。使用喷淋冷却塔的最大缺点是喷头阻力大，导致水泵扬程增高，能耗大；另一缺点是温差大。

穿流塔板是板式冷却塔中结构最简易的一种，气液两相同时逆向通过筛孔。其优点是：

（1）加工容易，安装检修最简便。

（2）生产能力较大，比泡罩塔板提高30% ~50%，有时可达1倍以上。

（3）压降较小，由于其开孔率大，孔速比降液管式小，适用于压力降受限制的地方。

（4）投资省，节约金属材料。

（5）耐污垢和腐蚀性能较好，不易堵塞及沉淀（尤其最下部采用大开孔）。

但其效率受负荷变动较大，在上、下限之比约为2 ~2.5h，能保持较高效率。而负荷变化过大时，则效率下降，甚至难以维持气相正常接触，不利于变工况工作。气量变化过大时，容易造成带水，影响分子筛纯化系统乃至整套空分设备的运行。

溢流冷却塔带有降液管式塔板，气体穿过筛孔及板上液层上升，液体通过降液管下流。由于气液两相分开走，使堰上的液流强度减小，塔板上鼓泡层均匀，雾沫夹带减少；同时由于液管底部悬空，不占下一板的鼓泡面积，增大了塔板的有效利用率，所以具有处理能力大，压力降小、板间距小和操作稳定等优点。

填料冷却塔是当前流行的一种新型结构冷却塔。一般在空气冷却塔的上部装以塑料鲍尔环填料；下部因空压机出口温度高，采用不锈钢填料或不锈钢填料与增强聚丙烯填料分导装填，填料采用自由堆放方式。在进行传热传质时，液体自上而下，沿填料呈膜状流动。气体则由塔底上升，通过填料时与液膜接触，进行热质交换。采用填料冷却塔后，压力降小，能耗低，传热传质效果好，操作弹性更大，与筛板塔相比，塔径可大大缩小。同时采用了气流分配良好的进气结构，多梁式喷射填料支撑架，保证了有很大的流通截面积和刚度。进水口设置的是分配良好的液体分布器，保证了液体分布的均匀性。

2. 冷水机组

在空分设备中，有些用户对氮的需求量较大，分子筛吸附器再生也需要一定量的污氮，可供水冷却塔利用的污氮量不足。此时，一般都在设冷水机组，以使空气出空气冷却塔的温度不高于20℃，保证分子筛吸附器体积不致过大和正常运行。

空分设备中常用的冷水机组有活塞式、螺杆式、氨冷、吸收式等四种。

活塞式冷水机组具有高速、多缸、体积小、质量小、效率高、机器占地面积小等特点。在更换少数零件条件下，可以实现在工质（R717、R22、R12）通用。运行平衡、振动小。设有能量调节装置，可以实现空载启动，根据需求的变化进行制冷量的调节。设有完善的自动保护系统，一旦发生故障可以实现自动报警及自动停机。使用范围：冷却水进水温度20 ~35℃，冷却水出水温度5 ~12℃。

螺杆式冷水机组是一种容积式回转压缩机，是利用一对设置于机壳内的螺旋形阴阳转子的啮合转动，来改变齿槽的位置和容积，完成吸入、压缩和排出过程。具有固定的内容积比是螺杆式压缩机区别于活塞式压缩机的主要特征之一。其优点是单级压比大，易损件少，检修周期长，制冷量可无级调节。螺杆式冷水机组也可采用 R717、R22、R12 等制冷剂。

在氨冷机组中作为制冷工质的氨是用来吸收热量（即产生冷量）的媒介物质，高压液氨通过节流阀降压（同时降温）进入蒸发器，在其中吸热汽化，随即被压缩机吸入；蒸汽经过压缩后（压力和温度均得到提高），进入冷凝器将热量传给环境介质（水或空气）而液化，液化的制冷工质又从节流阀进入蒸发器，在其中制取冷量，并回复到起始状态，完成一个循环。

吸收式冷水机组是一种以消耗热能为代价而获得降温效果的制冷循环。其特点是所用的制冷工质由两种在相同压力下沸点不同的物质配制而成的饱和溶液。其中一种沸点较高的物质称为吸收剂，另一种沸点较低的物质叫做制冷剂，作为吸收剂的物质必须具有吸收和溶解制冷剂的能力。由于溴化锂吸收式冷水机组是用水作制冷剂，能达到的低温限于0℃以上，故一般用于制备生产工艺过程中用的冷水。不合格的溴化锂溶液也会对设备产生危害，如堵塞吸收器喷嘴，严重腐蚀机组，增加传热管表面的污垢，降低机组制冷量等。同时水质处理不好也会引起传热管结垢、腐蚀、磨损或产生藻类。并且在冷却塔中部分水的蒸发使之逐渐浓缩劣化，如不适时更换、补充新鲜水都会引起制冷效果不佳，严重时会影响机组的使用寿命。

3. 离心水泵

为将冷却水送至塔内，由于塔内压力不一、高度不同以及存在沿程管路和阀门阻力，所以要有向流体做功以提高机械能的装置——离心水泵。根据扬程和水量的不同，空分设备采用多级泵或单级泵。倘若要求的压头高而输水量中等，则可采用多级泵，级数最多可到 12 级。单级泵是机泵直联结构，采用的机械密封利于维修，占地面积小。

（二）杂质清除系统

空气是多组分的混合气体，除氧、氮及稀有气体外，还含有水蒸气、二氧化碳及碳氢化合物等，另外还有少量灰尘等固体杂质。

这些杂质随空气进入空压机，继而进入空分设备是非常有害的。固体杂质会磨损机器运转零件，堵塞冷却设备。水分和二氧化碳会随着空气温度下降，从空气中析出，冻结和堵塞气体通道。乙炔和其他碳氢化合物在空分设备内积聚，在一定条件下还会引起爆炸。为了使空分设备长期、安全、可靠地运转，必须设置专门的净化设备。

空气中含有大量尘埃，空气透平压缩机在长时间的高速运行中，粉尘会造成机器内部的叶轮、叶片等部件的磨损、腐蚀和结垢，缩短机器使用寿命，因此必须设置原料空气过滤器，以清除空气中的尘埃。

原料中除了尘埃外，还有水分、二氧化碳和乙炔等碳氢化合物，现代空分设备大多采用分子筛纯化系统来清除这些杂质，以提高进入冷箱空气的纯净度，防止水分和二氧化碳在低温设备流路中冻结而影响传热传质过程的正常进行，避免乙炔等碳氢化合物在液氧中积聚浓缩而威胁空分设备的安全运行。因此，气体的过滤（又称除尘）和净化设备是空分设备内不可缺少的一个组成部分。

1. 除尘装置

从气体和微粒混合物中分离粒子的操作称除尘。从气体中分离、捕集微粒的设备称除尘装置。空分设备中使用的除尘器主要有干带式过滤器、袋式过滤器、自洁式过滤器。

（1）干带式过滤器。在干带上下两端装有滚筒，当阻力超过设定值时，通过联锁装置使两只滚筒转动。转子由一只微型电机经过减速器、链轮传动过滤带的卷紧轴，驱使过滤带上下移动，将下滚筒的新带转入工作状态，脏带存入上滚筒，直至阻力降到初始阻力。

当任一道过滤带快用完时，极限开关就会动作，电动机停止运转，不再启动。同时发出信号，此时过滤带必须更换，更换下来的过滤带经消洗后仍可使用。

（2）袋式过滤器。袋式过滤器是属于表面过滤方式的一种装置，是20世纪80年代后应用最广的过滤除尘装置。

工作原理是含尘气体由进气口进入下箱体，由于滤袋各种效应作用使尘气分离，被净化的气体经文氏管进入上箱体，从出气口排出。随时间增长而积附在滤袋表面的粉尘量也不断增加，使除尘器阻力增大，除尘效率逐渐下降。为使阻力控制限定在1500Pa范围内，便要对尘粒层进行清灰。由控制仪发出指令，按顺序触发各控制阀开启脉冲阀，使气包内的压缩空气由喷部管各孔眼喷射到各对应的文氏管（一次风），在高速气流通过文氏管诱导数倍于一次风的周围空气（二次风）进入滤袋，造成滤袋瞬间急剧膨胀，气流的反向作用将积聚在滤袋上的多余粉尘清掉，清下的粉末落入灰斗，经排灰阀排出机体。

（3）自洁式过滤器。自洁式过滤器是目前空分设备最普遍选用的过滤器。由高效过滤筒、文氏管、自洁专用喷头、反吹系统、控制系统、净气室和出风口、框架等组成。

在压缩机吸气负压作用下，吸入周围的环境空气。当空气穿过高效过滤筒时，粉尘由于重力、静电和接触等被阻留在滤筒外表面，净化空气进入净气室，然后经出风管排出。

自洁过程：当电脑发出指令，电磁阀启动并驱动隔膜阀，瞬间释放一股压力为0.4～0.6MPa的脉冲气流，经专用喷头整流喷出，文氏管卷吸、密封、膨胀从滤筒内部均匀地向外冲击，将积聚在滤筒外表面的粉尘吹落，自洁过程完成。

清灰控制有三种方式：（1）定时定位，可任意设定间隔时间和自洁时间；（2）差压自洁，当压差超指标时，进入自动连续自洁；（3）手动自洁，当电控箱不工作或粉尘较多时，可采用手动自洁。

2. 分子筛纯化系统

在现代大、中型空分设备中，分子筛净化空气流程具有产品提取量大、操作简便、运转周期长和使用安全可靠等诸多优点，已受到越来越广泛的应用。分子筛吸附器就是使这种流程得以实现的关键设备，它的作用就是吸附清除原料空气中的水分、乙炔、二氧化碳及一些碳氢化合物，保证空分设备的正常运行。

被压缩的空气经预冷系统冷却到一定温度后，自下向上通过分子筛吸附器时，空气中所含有的水、二氧化碳、乙炔等杂质相继被吸附清除，净化后的空气进入冷箱中的主换热器。吸附器成对交替使用，一只工作时，另一只再生。吸附器再生分四个步骤进行。第一步：降压；第二步：加热（用加热的干燥气体吹扫吸附剂）；第三步：吹冷（用未经加热干燥气体吹扫吸附剂）；第四步：升压。再生步骤结束后，该只吸附器就投入工作。各切换阀的动作都是由时间程序控制器控制的。由于吸附热的关系，刚切换投入工作之瞬时，出口温度比入口温度高约20℃。工作周期之末，要高4～6℃（如工作温度提高，温差相应增大）。

作为加热源的蒸汽进入蒸汽加热器，将热量传递给污氮后冷凝成水，经疏水器排至管网或地沟。如采用中压蒸汽作加热源，加热后应设置气液分离器，降压后的二次蒸汽可回到低压蒸汽管网进行再利用。

分子筛是人工合成泡沸石，硅铝酸的晶体，呈白色粉末，加入黏结剂后可挤压成条状、片状和球状。分子筛经加热失去结晶水，晶体内形成许多孔穴，其孔径大小与气体分子直径相近，且非常均匀。它能把小于孔径的分子吸进孔隙内，把大于孔径的分子挡在孔隙外。因此，它可根据分子的大小，把各种组分分离，“分子筛”亦由此得名。

分子筛作为吸附剂有下列特点：

（1）有极强的吸附选择性。由于其孔径大小均匀，只能吸附小于其孔径的分子而不能吸附大于其孔径的分子，被吸附的分子大小愈接近孔径，它与碳原子之间相互吸引力就愈大，发生的吸附就愈稳定。

（2）在气体组分浓度低（分压低）的情况下，具有较大的吸附能力。这是因为沸石分子筛比表面积大于一般吸附剂，其比表面积达800～1000m^2/g。

（三）空气的精馏系统

空气的精馏系统主要由上塔、下塔、主冷凝蒸发器、液空过冷器、液氮过冷器及三个节流阀所组成。

已被冷却到－172℃的空气进入下塔，经过下塔塔板后，其中的成分已变为纯氮气。纯氮气进入主冷凝蒸发器的氮气通道，在其中被凝结为液体。液体中的一部分回塔板，以保证塔板上精馏过程的正常进行。另一部分液体由液氮槽中引出，经过冷凝器后送入上塔顶部。在下塔中部抽出部分污液氮，经过冷器后也送入上塔上部。下塔底部得到含氧38%的液体富氧空气（简称液空）。液空引出后，经液空吸附器、液空过冷器后，送入上塔中部。

由下塔送入上塔的液体逐块沿着塔板流下直到主冷凝蒸发器而成为含氧99.6%的液氧。主冷凝蒸发器采用板式换热器，一侧是低压的液氧蒸发，另一侧是高压的氮气冷凝。液氧在此蒸发成气体，其中部分气体顺上塔塔板上升，保证精馏正常进行。其余的氧气作为产品引出精馏塔。

由于空气中氩的存在，因此在上塔上部抽出一部分含氮为94.7%的污氮气，数量约占加工空气量的65%。大部分氩气由污氮气带走，从而保证上塔顶部得到含氮99.99%的纯氮气。

液氧从上塔底部放出，用液氧泵升压，再经过液氧吸附器（吸附乙炔）后，分成两路，一路仍回到上塔，另一路经过液氧过冷器后排出装置，进入液氧贮槽，作为液氧产品。

液空、液氮、污液氮从下塔进入上塔都要节流，使压力由原来下塔压力降低到上塔压力。这时液体的液化温度也要随之降低，所以节流后有部分液体会汽化。为使节流后汽化的数量减少些，在节流前用上塔引出的液氮和污氮经过冷器把液体先过冷一下，从而减少节流后的汽化，使上塔塔板的液体可以多一些，这样对塔板上的精馏工况比较有利。

（四）加温吹除系统

空分装置中还设置了一套加温吹除系统。当装置连续生产一年后，或是切换式换热器阻力过分增大，或是分馏塔中产品氧、氮的纯度、产量达不到要求，就应停车进行全面的加温和吹除。另外，在空分装置连续运转时，液空及液氧吸附器也需经常切换加温再生，也是由这套加温吹除系统来完成。

加温系统是由空气滤清器、干燥器、罗茨鼓风机、加热器和热空气过滤器组成。空气经空气滤清器过滤，干燥器吸附空气中的水分后，在罗茨鼓风机中加压至 3.5×10^{-2}MPa，并在加热器中加热，再经热空气过滤器，供精馏塔内容器的加热和干燥的加热再生。加热器的热源采用0.7MPa（表压）的饱和蒸汽。

加热精馏塔内各容器时，空气的温度为90℃。而再生干燥器硅胶时，空气的温度应为150℃，温度的高低由供给的蒸汽来控制。

为了安全起见，液空吸附器及液氧吸附器以及液氧泵均需用纯氮进行加温再生。

（五）仪表控制系统

为保证制氧装置的正常生产，并能获得合乎规定的质量和最大产量的氧气和氮气，生产过程的监视和控制就很重要。及时的控制可以预防偏离稳定生产的倾向，防止设备运转中的故障，以及事故。为此设备上装配了计量控制仪表。

制氧装置中，应监视和控制的参数有：

（1）送进装置的空气量及所生产的氧和氮的产量；

（2）空气、氧、氮、油、冷却水的温度及压力；

（3）主冷凝蒸发器、下塔塔釜中的液面；

（4）蓄冷器、上塔、下塔、吸附器、过滤器中各个设备的阻力；

（5）产品的纯度、液氧、釜液中氧氮的成分，以及液氧中乙炔的含量；

（6）节流阀及调节阀的开度；

（7）蓄冷器的切换时间控制；

（8）透平膨胀机及透平压缩机的转速。

三、制氧工艺主要风险

氧气的制造涉及超低温操作、高压操作以及高空作业，而且产品具有易燃易爆的特性以及部分产品属于有毒气体，因此极易发生设备或财产毁坏，以及中毒、坠落等造成人身伤亡的情况。氧气制造过程中面临的纯粹风险主要有以下几个方面的特点。

（一）火灾爆炸风险高

氧气易助燃，几乎与一切可燃物都可进行燃烧，与其他可燃气体按一定的比例混合后极易发生爆炸，因此火灾爆炸应是氧气生产中的主要风险。氧气燃烧时通常温度很高，火势很猛，损失严重。氧气燃烧导致的灼烫和烧伤事故往往烧伤面积大、深度深，难以治愈。氧气爆炸时通常强度很大、很猛烈，冲击性、破坏性和毁灭性极强。

冶金生产过程中导致氧气事故发生的原因主要是氧气燃烧或助燃造成的火灾、烧伤事故和氧气爆炸形成的爆炸事故，其伤害和破坏程度都很严重。分析统计表明，冶金生产中引发氧气事故的主要原因有人为的违章操作和误操作、设备设施装置的缺陷以及缺乏安全技术知识和操作不熟练等。特别是空分主冷凝蒸发器中烃类物质超标引起的爆炸是近几年来事故频发的主要原因。

1997 年 5 月 16 日 9 点 05 分抚顺石化公司进口 6000m^3 制氧机空分塔发生剧烈爆炸，空分塔保冷箱钢结构框架倾斜，冲击波波及方圆 500m，造成 4 人死亡，31 人受伤。

1997 年 12 月 25 日马来西亚宾突鲁壳牌石油公司一套 81760m^3/h 空分设备发生恶性爆

炸。爆炸始于主冷凝蒸发器，并扩大到塔身；下塔压入地内；上塔和主冷被炸飞到750m以外；5km内窗框玻璃震碎，飞出的金属击破石油和煤油储罐而引发大火，造成12人受伤。

2000年8月21日，江西萍乡钢铁公司制氧厂1500m^3/h空分装置检修现场发生燃爆事故，造成22人死亡、7人重伤、17人轻伤。

（二）设备损坏风险显著

我国的制氧工艺目前依然主要是采用深冷空分技术，比起变压分离和膜分离技术，虽然这种技术发展比较成熟，成本比较低，但依然在技术层面较为落后，而且生产工艺十分复杂。此种制氧工艺，为超低温操作，工艺流程复杂，难操作易失误，维修保养技术难度大、费用高，一旦中断难以短时间内恢复生产，这些都是钢铁企业氧气厂高危的源头。

氧气制造环节的设备很多，主要包括空分设备（过滤器、冷却塔、纯化器、热交换器、精馏塔、透平膨胀机、气液分离器、消声器、加热器、液体泵、水泵和各种阀门）以及存储各种气体产品的存储罐。这些部件的运行，绝大多数都依靠电力。电力成本作为氧气制造的最大成本组成，占总成本的70%左右。因此，保证电力系统的稳定运行对制氧生产是至关重要的。

生产时，为了保证设备的正常运行，压力、温度、流量等参数都必须控制在正常范围之内，否则就很容易损伤设备，发生事故。为了达到这一要求，对操作人员必须进行专业化的培训并且要严格按照操作规程进行工作。另一方面，机器设备在高压大负荷下运行，本身也较易发生损坏的情况。

制氧工艺流水线环环相扣，而且每个环节都需要依赖于机械设备以及现场人员专业熟练的操作。设备发生故障的原因通常是由设备本身质量问题，操作不当，可靠性差，运行条件恶劣、维护不良以及工作人员误操作引起。此外，引进的高新技术设备，由于操作人员对新技术、新设备、新工艺不熟悉，没有完全掌握设备的运行规律，操作不当或不能及时发现事故苗头，往往容易导致设备的损坏。有些进口设备的备品备件，国内难以找到替代品，而企业又不可能大量储备，一旦发生损坏，重新购置需要较长的周期，给企业带来较大的利润损失。

（三）生产易受自然条件影响

由于氧气厂的部分生产设备为露天设施，工作场所及条件相对恶劣。如空分塔和储罐都暴露在自然环境下，容易遭受暴风、暴雨、雷击等自然灾害的侵袭，对气体的生产、气体的装瓶运输、部件故障的排除和工人的高空作业等均会带来不利的影响。2004年6月24日抚顺氧气厂发生雷电灾害，该厂的空分车间由于有关部位未安装浪涌抑制装置，导致雷电沿供电线路、控制线路进入空分车间，造成生产控制设备损坏和车间停产，直接经济损失30万元。2007年7月我国南方普降暴雨，导致重庆酉阳县一家氧气厂厂房发生了大面积塌方，15t液态氧储存罐被紧急转移，耗费大量人力物力。

（四）员工意外伤害风险突出

氧气制造是高风险作业，涉及低温操作、高空作业等难度大且危险系数高的工作，生产过程中的气体具有易燃、易爆、毒性等特点，每个环节都有各自的危险源，稍一疏于防范，就极易发生危险事故，造成人身伤亡和财产损失。

1. 冻伤伤害

与常态的气体不同，氧气厂的产品有些是以低温液态的形式存放的，若发生有毒气体的泄漏或者浓度过高，可能导致操作人员的冻伤事故。若容器中液位过高，则容易产生液体飞溅冻伤。另外，化验工为了检验液化空气、液化氧气中乙炔含量，需要提取液态产品，容易造成冻伤事故。

2. 中毒窒息伤害

作为氧气厂的产品，氮气与氩气虽然无毒，但是如果在密闭的空间里其浓度增大到某一程度，可以导致人缺氧而窒息，甚至死亡。2006 年 10 月 8 日 8 时杭州市浙江开元安装集团有限公司承包（杭州三泰装饰防腐公司分包）的杭州钢铁集团公司制氧分公司设备维修过程中，冷却塔内 3 人中毒窒息死亡。

3. 珠光砂喷砂掩埋伤害

珠光砂是保温隔热材料，充装在空分塔中，对减少塔内冷损失，保证机组的安全运行具有极其重要的作用，应该保持干燥。但是，当珠光砂内积聚了大量的低温液体，这些液体的突然汽化，会造成冷箱内压力升高而喷砂。这些低温液体的来源主要有两方面：一是空分冷箱内管路或容器发生泄漏；二是富氧气体在冷箱内低温管路或容器外壁上被液化。如 2006 年 1 月 6 日 9 时 51 分贵州水城钢铁（集团）公司氧气厂 3 号制氧机在检修时，空分塔发生珠光砂喷砂事故，共造成 7 人死亡，21 人受伤。

4. 职业病

在氧气制造的过程中有一些严重影响职工健康的危害因素，如噪声和有毒气体等。由于制氧过程中会产生巨大的噪声，对长期工作工人的听觉会造成很大的损害，甚至于耳聋。此外对消化系统和心血管系统都有负面的影响。

5. 其他伤害

操作人员在日常作业中，可能会发生高空坠落伤害、触电伤害及机械伤害等事故。

（五）责任风险大

制氧部门在生产运营中，不仅面临常规的责任风险如雇主责任风险、公众责任风险、产品责任风险、董事及高级管理人员的责任风险等，还面临着一些特有的风险，如氧气厂的爆炸会殃及周围的居民或其他企业，造成第三者的人身伤亡和财产损失；提供的氧气不符合质量要求，从而使下游企业或买方遭受损失；外来观摩、参观人员因意外事故受到伤害等。可见，在氧气厂的运营过程中会产生各种各样的责任风险。

第三节　内部运输系统及风险

国内建厂较早的大型钢铁企业内部运输历来以铁路为主，铁路线路渗透到每个车间内部。但由于铁路运输生产不灵活，小批量运输不经济，一定程度上影响了其经济效益的发挥，加之铁路线路及作业方式存在着一定的弊端和局限性，铁路运输受到了一定程度的挑战，其所占的运输比例呈下降趋势。道路、胶带、辊道等较先进的运输方式因其有独特的优点和适用范围逐步被采用，所占运量比例不断增加。

钢铁企业厂内运输的主要特点是：运距短，装卸次数多，调车作业频繁，运量大，品种多，高温、液态金属以及其他熔渣的运输量，约占厂内运输量的一半，线路情况复杂，道口多，弯道多，曲率半径小，道岔多，视线差，噪声大，粉尘作业点多，人、车混流现象多，上、下班时人流密集等。根据事故统计资料，车辆伤害死亡事故是各类事故死亡总数的20倍。

一、内部运输主要风险

在铁路运输过程中，由于厂、矿铁路运输坡度大，弯道多，道口重叠，以及建筑物多影响视线，列车在推进运行时，有可能由于信号中断造成恶性事故。

同时钢铁企业中，渣罐车、铁水车、铸锭车等特种车辆较多，这种车辆载重量大，运行速度要求慢。有可能由于超速运行至转弯、道岔时，渣铁水溅出伤人或烧毁附近设施和建筑物。在高炉下作业时，牵引或推进特种车辆时由于突然受阻，导致车上的钢锭、模子、铁水等错位或倾倒，伤人、坏车、毁铁路。

二、内部运输风险防范措施

（一）机车在高炉下捣配渣铁罐时风险防范措施

机车在高炉下捣配渣铁罐时的风险防范措施有：

（1）根据炼铁生产周期，制定取送和挂运渣铁列车定点作业周转图，减少和消除炉下作业的干扰，铁厂和运输部门要严格遵守双方签订的安全协议，无厂方发给的安全作业牌，机车不准进入炉下捣配渣铁罐。

（2）连挂铁水和渣罐时，应停车检查车钩连挂状态，注意罐车是否倾斜，然后缓慢挂车，防止激烈冲撞渣铁水，溅出伤人。

（3）无钩链或无提钩杆的罐车，列检部门要及时安装，保持车辆完整，维护作业安全。

（4）进入炉下作业的运输人员，应按规定穿戴防热服以及安全帽鞋等。

（二）炼钢铸锭运输风险防范措施

炼钢铸锭运输的风险防范措施有：

（1）在挂运模、帽、钢锭和底盘时，如发现装载偏重、倾斜或窜动脱落现象时，须立即通知厂方处理，不得盲目调移车辆。

（2）铸车连挂后，要试拉，以防脱钩跑车，还需认真检查特种钩，如发现裂痕，要及时更换。

（3）往脱模场、铸锭线和初轧均热炉撂车时，要在易于溜车的方向，做好止轮工作；为防范铸车断钩跑车，在整模、脱模，初轧厂厂房内外，设置数量足够多的止轮铁鞋。

（4）进入厂房送铸车时，机车应减速行驶或采取一度停车，确认起重设备状况、线路两侧和车辆底部无障碍物，并得到厂方通知后，方可进入指定线路。

（三）渣罐运输风险防范措施

渣罐运输风险防范措施有：

（1）行驶坡道的渣罐列车，为提高爬坡能力和下坡控制能力，应采取双机牵引或减少罐组，同时将运行区段按特定列车一次开通，以防运输退行、断钩溜车。

（2）弯道要加强巡道检查和维护保养，机车行经弯道时要减速，弯道与坡道连接处，阻力较大，为解决因超速带来的不利因素，可采取双机牵引或补充机车推送的办法。

（3）有陡坡的渣罐尽头线，应设铁的挡车器，在止挡器前方备存足够数量的制动铁鞋，防止溜车出轨，冲渣池翻罐时，要将机车摘开，在安全地点等待，得到通知后方可再去挂车。

现在许多钢铁厂对高炉渣和平炉、转炉渣开始采用水淬的综合利用措施，这是从根本上解决熔渣运输问题的好办法。

总的来说，防止钢铁企业厂内运输方面的伤亡事故，主要应采取以下措施：

（1）在生产、设备改造的同时，改善厂区的总图运输布置，发展多种运输并尽量较少装、卸、运环节。

（2）在人流、车流繁忙地段设人行道。

（3）在繁忙道口、交叉路口和地形条件允许情况下分别设立交叉道、人行地下通道、天桥以减少人车相撞机会。

（4）改造半径过小、坡度过大与道路过窄的路段。

（5）搞好机车、车辆与线路维修。

（6）禁止建筑物、构造物挤占线路界限，避免影响行车视距。

第九章 产品外部运输及风险

第一节 钢铁企业产品的外部运输

根据我国钢铁行业的发展特点，钢铁生产企业的运输活动主要包括三部分内容，即原材料采购运输、钢铁生产运输和产成品销售运输，其价值分别体现在：降低采购、运输成本，服务于质量和生产管理，完善营销体系。

钢铁企业产品的外部运输具有其自身的行业特性。从我国的钢铁生产力分布来分析，产能集中地区在华北，而消费地则在华东和华南地区，产品的运输属于大规模长线运输。从资源供应来看，由于国内钢铁生产规模持续扩大，国外矿石使用比例正在以较快速度提高，目前已超过国内矿石比例，而多数进口矿石必须通过船只从加拿大、澳大利亚进行长途运输，矿石和钢铁产品大运量、长距离、低存储条件的特点决定了钢铁企业首选两种运输工具：货轮和火车。因此从大的方面来看，我国钢铁企业的物流格局分为两大部分：沿海远洋运输和内陆铁路、内河运输。由于油价的提高和公路运输限制超载的力度加大，这样的格局促进了钢铁物流业的发展，也直接刺激了中国造船业的迅猛发展和铁路建设的大规模扩张。

通常大型的钢铁企业都拥有自己的运输部门，可以满足中短距离小件产品的运输，但是当企业运力不足时，钢铁物流则在企业产品外部运输中发挥了重要的作用。钢铁行业的物流具有以下几方面的特点。

一、物流量巨大

一般生产 1t 钢铁产品，需要 4 ~ 6t 各种原材料、辅料。目前我国钢铁生产量已达 5 亿吨，仅供应物流部分，就有 20 亿 ~ 30 亿吨的运输量，涉及海运、水运、铁路、公路等运输方式。据统计，2006 年我国铁矿石总进口量已达到 10 亿吨，涉及海关 29 个，港口 22 个。另外，随着我国钢铁产品质量的提高，还有一部分要出口到海外市场。

二、生产物流自营

就集成钢铁生产企业而言，生产流程包括：原料准备、炼铁、炼钢、热轧、冷轧等生产工序。由于生产过程的紧密连接性和运输设备的专用性，生产物流一般自营。目前生产物流的形式主要有：厂内火车、厂内汽车、皮带运输、管道运输、辊道运输等。近几年，厂内汽车运输发展较快。

三、钢铁产品的原材料性

钢铁产品涉及的下游企业众多、分布广泛，成品钢材一般属于其他企业的原材料。因此，销售物流模式较多，包括直销、中间商、流通加工等。值得注意的是，流通加工销售形式成为近几年钢铁行业物流发展的热点。

四、物流成本高

由于钢铁企业布局不合理，钢铁物流成本将长期处于高位。在供应物流方面，铁矿石是我国钢铁物流的主要对象，铁矿石的采购主要依赖进口，通过海运进入我国。内陆钢铁企业距离港口较远，钢铁企业地区分布与原料供给错位；在销售物流方面，钢铁行业的主要客户为汽车、造船、家电、交通、建筑及石化等行业。随着中国经济的发展，这些行业大部分建立在长三角、珠三角及环渤海湾等沿海经济发达地区，内陆钢铁企业距离最终用户较远，钢铁企业地区分布与市场需求错位。而生产物流方面，由于钢铁企业加快了工艺技术改造、设备更新，物流投入随之增加，物流水平已接近发达国家水平。

第二节　产品运输风险特征

产品的运输具有一般的货物运输共有的风险特征，即货物在运输过程中面临的风险是一种“移位”风险，也就是运输工具和运输货物从一个地方到另一个地方，从一个国家到另一个国家移动过程中的风险。在它们变换场所、变更位置的同时，产品完全暴露在各种各样的风险之中。产品运输的风险具有以下特征。

一、运输风险的综合性

从产品外部运输的方式上看，既面临着海上风险，又面临着陆上风险和航空风险；从运输途中面临的风险的种类上看，既有自然灾害和意外事故引起的客观风险，又有外来原因引起的主观风险；从货物流转的形式上看，既有静止状态中的风险，又有流动状态中的风险。风险种类之多，变化之大，充分显示了运输风险的综合性。

二、运输标的流动性

所谓运输，简单地说，就是人们利用各种运输工具，将其生产的产品或货物从一个地方运送到另一个地方，从产品生产地运送到产品消费地，以此完成空间上的分离。广义的运输包括生产过程中的内部运输和作为物质生产部门的运输业所从事的社会化运输。社会化运输特别是海上运输所体现的国与国之间的运输，除了完成一般“移位”职能外，还包括“移位”过程中的其他服务，如货物在运输过程或到达目的地后，在车站、机场或码头等地所进行的必要的储存或装卸。然而，不管何种形式的运输，作为社会再生产过程中的一个重要环节，它们永远处在一种流动状态中。一个社会的存在不能停止生产或再生产，同样也不能停止运输。从这个意义上说，货物运输的对象总是那种流动性的物质。

三、服务对象的多变性

货物所有人将货物托运之后，就失去了对货物的控制与管理，货物是否发生损失，主要取决于货物本身的因素和运送人的因素，而与货主和托运人没有必然联系。

第三节 产品运输风险

钢铁工业是一个巨大的复杂的生产系统，不论是原料还是成品或设备及零部件，货运量都极其庞大，会发生大量的货物运输，因而不可避免地面临运输过程中特有的风险。由于在运输过程中，企业对货物处于不可控状态，故风险也具有极大的不确定性。国际贸易运输货物90%以上都采用海上运输，小部分附加值高或紧急需用的货物采用航空运输，部分邻近国家贸易采用铁路运输。而国内贸易中，经常会采用铁路运输、公路运输和内陆船舶运输等。在上述各种运输方式中，海上国际运输由于其运输周期长、周转环节多而面临的风险最大。在国内贸易采用的运输方式中，公路运输过程中风险较高。

一、海洋运输风险

进出口的产品，常见的运输方式为海上运输。海洋运输的货物，在装卸和储存过程中，可能会遇到各种不同风险，常见的风险有海上风险和外来风险。

（一）海上风险

海上风险又称为海难，包括海上发生的自然灾害和意外事故。自然灾害是指由于自然界的变异引起破坏力量所造成的灾害，包括恶劣气候、雷电、海啸、地震、洪水、火山爆发等人力不可抗拒的灾害。意外事故是指由于意料不到的原因所造成的事故，如搁浅、触礁、沉没、碰撞、火灾、爆炸和失踪等。

（1）搁浅。指船舶与海底、浅滩、堤岸在事先无法预料的意外情况下发生触礁，并搁置一段时间，使船舶无法继续行进以完成运输任务。

（2）触礁。指载货船舶触及水中岩礁或其他阻碍物（包括沉船）。

（3）沉没。指船体全部或大部分已经没入水面以下，并已失去继续航行能力。

（4）碰撞。指船舶与船或其他固定的、流动的固定物猛力接触，如船舶与冰山、桥梁、码头、灯标等相撞等。

（5）火灾。指船舶本身、船上设备以及载运的货物失火燃烧。

（6）爆炸。指船上锅炉或其他机器设备发生爆炸和船上货物因气候条件（如温度）影响产生化学反应引起的爆炸。

（7）失踪。指船舶在航行中失去联络，音讯全无，并且超过了一定期限后，仍无下落和消息，即被认为是失踪。

（二）外来风险

外来风险一般是指由于外来原因引起的风险。它可分为一般外来风险和特殊外来风险。

（1）一般外来风险。指货物在运输途中由于偷窃、下雨、短量、渗漏、破碎、受潮、受热、霉变、串味、沾污、钩损、生锈、碰损等原因所导致的风险。

（2）特殊外来风险。指由于战争、罢工、拒绝交付货物等政治、军事、国家禁令及管制措施所造成的风险与损失，如因政治或战争因素，运送货物的船只被敌对国家扣留而造成交货不到；某些国家颁布的新政策或新的管制措施以及国际组织的某些禁令，都可能造成货物无法出口或进口而造成损失。

（三）其他风险

其他风险包括：

（1）船本身的风险。不适航、不适货。

（2）船货结合的风险。船舶不能满足货物特定的要求，如通风、温度、载货量等。

（3）船员自身的素质风险。船员技术不熟练、误操作等。

二、铁路运输风险

铁路运输是货物运输方式的一种，铁路运输具有运输速度快，运输量大、运输成本较低、运输安全可靠等特点。例如铁路一列货物列车一般能运送3000～5000t货物，远远高于航空运输和汽车运输；铁路运输几乎不受气候、时间的影响，可以进行定期的、有规律的、准确的运转；铁路运输费用仅为汽车运输费用的几分之一到十几分之一；运输耗油约是汽车运输的二十分之一。铁路运输安全可靠，风险远比海上运输小。

铁路运输是仅次于海运的一种主要运输方式，运量较大，速度较快，运输风险明显小于海洋运输，能常年保持准点运营。铁路货运事故共分为九类，即（1）火灾；（2）被盗（有被盗痕迹的）；（3）丢失（全部未到或部分短少，没有被盗痕迹的）；（4）损坏（破裂、变形、磨伤、摔损等）；（5）腐坏（变质、腐烂、植物枯死、动物非中毒死亡）；（6）污染（污损、染毒、动物中毒死亡）；（7）湿损；（8）票货分离（有货物〈车〉无运送票据，有运送票据无货〈车〉，但已查明货物下落者）；（9）其他（误运送、件数不符、重量不符、误交付、误编伪编记录，违反配装限制、违反营业办理限制及其他造成影响而不属于以上各类的事故）。

此外，根据货运事故的性质和损失程度，又可分为三个等级：

（1）重大事故。指由于货物染毒或危险货物发生事故，造成人员死亡3人或死亡重伤合计5人及其以上的；货物损失（包括设备及其他损失，以下同）款额在5万元以上的。

（2）大事故。指由于货物染毒或危险货物发生事故，造成人身死亡或重伤，人数不够重大事故条件的；货物损失款额在5千元以上未满5万元的。

（3）一般事故。不属以上两个等级的事故。

遇有军用物资（武器、弹药、主要器械）、珍贵文物、尖端保密物资的丢失或损坏以及其他性质恶劣、情节严重、影响较大的事故，应提前处理。

（一）国际铁路联运

国际铁路联运发货人由始发站托运，使用一份铁路运单，铁路方面便根据运单将货物运往终点站交给收货人。在由一国铁路向另一国铁路移交货物时，不需收、发货人参加，亚欧各国按国际条约承担国际铁路联运的义务。我国通往欧洲的国际铁路联运线有两条：一条是利用俄罗斯的西伯利亚大陆桥贯通中东、欧洲各国；另一条是由江苏连云港经新疆与哈萨克斯坦铁路连接，贯通俄罗斯、波兰、德国至荷兰的鹿特丹。

国际铁路联运涉及各国的铁路、海关、联运经营人、货代等众多关系方，对于企业而言，货物一旦受损，确定责任人则显得较为复杂。

（二）国内铁路运输

货物在铁路运输过程中，受自然灾害影响较大。如果遭逢恶劣天气、暴风、暴雨、暴雪、泥石流、地震、洪水、火山爆发等自然灾害，不仅会对货物带来损害，同时可能造成列车停驶，收货延迟，给企业带来损失。另外，铁路工人违反规定野蛮装卸也可能造成货物的损坏。

三、公路运输风险

公路运输是一种机动灵活、简捷方便的运输方式，具有铁路、水运、航空、管道等其他运输方式所无法比拟的优势，具有点多、面广、机动、灵活、适应性强，富有延伸性和方便性；速度快、易组织、通达深、覆盖广，适合“门到门”运输，并可为其他运输方式提供中转集疏衔接换乘服务等等。

公路运输亦有一定的局限性，如车辆运行中震动较大，易造成货损货差事故；公路运输能耗高，环境污染要比其他运输方式严重得多。同时，由于公路运输通过运输工具的移动来实现货物或人员转移，因此具有较高的风险特性。公路运输的风险特点主要有：由于运输工具高速运转、快速移动，一旦失控即可能发生事故，因此事故的发生具有高频性；不同于铁路、航空、管道等其他运输方式具有相对固定的运输路线和活动范围，公路运输可以深入到工厂、矿山、企业等各个区域，因此运输风险在空间上具有广阔性，管理难度较大；由于驾驶人员的素质以及运输工具运行的地区和环境各不相同，所以面临的风险因素具有多样性，事故发生的原因具有复杂性；由于运输工具发生事故导致的损失除了有形的物质损失外，还包括无形的责任赔偿和相关的费用损失，因此损失范围具有广泛性。

陆上运输可能招致的货物风险主要有：车辆碰撞、出轨、公路和铁路的坍陷、桥梁折断、道路损坏以及火灾、爆炸等意外事故；雷电、洪水、暴风雨、地震、火山爆发等自然灾害；同时海上运输可能发生的偷窃、短量、破损、渗漏、战争、罢工等外来原因导致的风险，陆上运输也同样存在。

四、航空运输风险

航空运输过程中，货物面临的风险相对其他运输方式风险较小。可能会受气候条件影响较大，如货物在运输过程中，遭遇恶劣天气、大雾、暴雨、暴雪等，会导致航班延误起飞，造成货物的送达延迟。

五、多式联运运输风险

在国际多式联运全程运输过程中，不仅要使用两种或两种以上的运输工具来完成各区段的运输，而且要完成各区段不同运输方式之间的衔接、换装工作，多式联运人要对全程的、全部的运输、衔接、服务等工作负责。因此，发生货损、货差等货运事故的可能性要比单一方式下运输要大得多。

六、集装箱运输风险

集装箱运输的货物，常见的损坏形态及原因有如下几种。

（一）货物破损、擦损及产生的原因

集装箱在运输过程中，经常受到各样的撞击，撞击是发生破损、擦损的主要原因。集装箱在运输、装卸和搬运过程中，发生撞击和摇动是不可避免的，集装箱本身对外表撞击力没有缓冲能力。因此箱内货物自身的捆包、包装必须有足够的强度，配、积载必须得

当，货物间隔垫合适，用适宜的材料填充装货后剩余的空间，对箱内货物采取必要的固定措施等，尽量减少货物在箱内移动的可能性是确保有一定程度缓冲能力、减小撞击造成货损的主要措施。正确的装箱、积载是十分必要的。装箱和积载不当或货物本身捆包、包装不牢也是造成货物破损的主要原因之一。

（二）水渍损及发生的主要原因

货物水渍是指由于外部的水进入集装箱内造成货物浸泡、水湿、受潮引起的损害。造成水渍损的基本原因是集装箱密封不好。虽然标准要求集装箱具有水密性，但在长期反复使用过程中，由于安装在箱上的各种开关器具如门把手、锁杆、锁、门钩等突出箱体，与其他物品撞击、碰撞时容易产生破损，使箱门部分很难保持完全的水密性；加之箱体在运输和装卸过程中经常遭受到较为严重的撞击，可能在箱子顶和侧壁造成小孔或裂缝，从而造成进水。由箱门或箱顶进水为常见。

（三）污损及发生的原因

把性质不同的货物装在一个集装箱内，或集装箱内污物尚未清除就又装入其他货，造成货物在运输过程中受到污染损失。造成污损的原因一是由于箱内货物在物理、化学性质上不相容，如有特殊气味的货物使其他货物染上异味；水果与其他杂货装在一起时，果味泄流造成其他货物污损等。另外是由于装箱时清扫不彻底，留有前次运输的残留物引起新装入货物的污损。在发货人自装箱情况下，承运人对箱内货物的污损是不负责任的，但在拼箱运输情况下，和其他由承运人负责装箱时，承运人应对污损负责。

（四）气温变化引起的腐烂变质、冻结或解冻损

需要在通风、温湿度调节下运输的货物，在运输途中气温变化较大的情况下，可能由于腐烂变化、冻结或解冻发生货损，如使用密闭式集装箱运输容易发热的货物，则其可能在高温下容易腐烂、变质；在使用冷藏（冻）运输货物时，由于较长时间的停电或箱内制冷设备损坏等原因，造成箱内温度升高，冷冻货物解冻造成货损等。

（五）盗损

在运输过程中，有时会发生把集装箱砸开或者集装箱门被打开，或伪造铅封盗走箱内货物等事件。有时甚至也会发生承运人整箱交付货物，收货人提走货箱并且掏出货物后却伪称货物短少的货主自盗事件，在这些情况下，集装箱货物会发生盗窃损失。特别是在内陆运输过程中，发生的情况较多，被盗的货物大多是较为贵重的货物。

第十章 钢铁企业新建、改扩建工程的风险

第一节 建筑工程风险特征

工程风险的一般定义是指工程项目在决策、设计、施工、试生产、移交运行各个阶段可能遭受的风险。工程风险主要有以下几个方面的特征。

一、全周期性

建筑工程项目从投资决策者刚刚开始产生投资想法的时候，风险就相伴而生，这是可以理解的，因为这个想法的萌生就是决策的开始，随后决策层讨论、可行性研究、项目立项，这都属于宏观的决策阶段，当然有一种概念决策是贯穿项目始终的，这个概念已经深入到微观和细节，而我们在此讨论的是建筑工程项目全寿命周期中的一个宏观阶段。决策阶段的第一个选题是二选一——做或者不做，第二个选题就是多选了，选项甚至会无限——如何做。第一个选题所面临的风险不是狭义风险，这是风险投资人每天都在面临和思考的问题，但是第二个选题所面临的风险绝大部分是狭义风险，一个有瑕疵的，甚至失败的决策方案将会造成很大的损失，从而“输在起跑线上”。虽然这个阶段的损失是看不见摸不着的，也许在整个周期内都无法形象地掌握，但是，从某种角度来说，这个损失是最严重的。

设计阶段面临的风险与决策阶段有所类似，都还没有真正的大规模物资投入，仅仅是在桌面上谋划。但是设计师理念的差异、不经意或者错误的评价和估计，形成的不当或者错误，也会对项目本身造成极大的，甚至致命的威胁。在建筑工程项目全寿命周期中，这个阶段和决策阶段一样容易造成整个项目的夭折和流产。新中国成立后，在较长的一段时间，我国的工程设计都受到苏联的影响，这种影响从理念到细节都能体现出来，而且很多大型工业建筑、水利工程、军用民用建筑都是苏联专家主导或者参与设计建造的。这种类型的建筑物、构筑物我们现在仍然能很容易辨认出来，厚重、高大的外观是明显的特征。在设计中一般会做很多富裕的系数考虑，在功能因素确定中更多参考了苏联的国情。当然，这种设计模式是相对保守的，采取适当增加成本的策略换取了放心的结果，相对风险较小。但是，仍然存在个别项目没有深入考虑实际情况，对环境条件的发展变化进行盲目的判断而造成失败的案例，三门峡水库就是一个典型的例子。20 世纪 80 年代末至 90 年代，我国经济高速发展，建筑工程的问题也大量出现，其中因为设计阶段的因素造成的损失比较少，但是，急功近利的心理还是引发了很多问题，使设计质量失去了严格的控制，给投资者带来重大的风险，1999 年 1 月 4 日发生了造成 40 人丧生的重庆綦江彩虹桥垮塌案，最后调查发现是由于工程建设中出现腐败问题，私自设计、无证施工、混乱管理造成的。进入 21 世纪，随着我国经济实力的进一步提升，与国际多方面的交流和融合，在建筑设计领域追求“新、奇、异”的潮流悄然兴起。也许，对于这种潮流的需求以及潮流的源头并不来自于国内建筑工程行业的主体，因此至今一些重点的工程项目还是争议不断，

"5·12"汶川地震造成的惨重损失应该促使决策者对很多设计方案予以重新审视。

建筑工程项目进入施工阶段后，面临的风险性质发生了变化。大量的人员、设备和物资已经进入现场，规模和范围已经确定，风险造成的损失更加具体，也易于评估。施工阶段面临的风险因素是最为纷繁复杂的，这些因素可能来自社会环境，也可能来自自然条件，可能是经济层面，也可能是技术层面，可能是物质因素，也可能是精神因素。同时，建筑工程项目自身的各种差异性又会影响同一风险因素造成的损失后果，例如专业分类的差异性，某一专业工程项目面临的风险因素，对于其他专业工程项目来说，也许根本就不是风险因素，因为确定不会造成损失。从损失后果来看，有可能是财产的损失，有可能是人身的伤亡，还有可能是法律赔偿责任。

工程项目进入试运行阶段，所面临的风险又有所不同，相对于施工建造阶段和正常运营维护阶段，更接近于后者，但是风险程度更高。这些风险因素更多的来自于生产组织和工艺本身，还有一部分来自于设计的缺陷或者施工质量。从风险管理的角度来看，一般认为试运行阶段是风险相对集中的阶段，这其实跟这个阶段本身的目的有关系，对于企业来说，一个工程项目试运行，就是为了发现问题，对决策阶段和设计阶段的缺陷予以验证，同时初步对组织协调、工艺流程等进行磨合。但是目前在我国，决策者对于试运行阶段的理解似乎有所偏离，喜欢开门红，盼着没有任何问题。虽然任何人都不希望有问题，但是，这对于决策者来说也许并不是好事，心理的偏向性可能会导致对一些看似微小的功能性缺陷视而不见，因此会使正式运营阶段付出更大的代价。上海地铁6号、8号线因列车与站台高差、间隙过大，运行不到1个月即发生多起旅客踏空受伤事件，随后才紧急安装了橡皮垫。另外，不同行业的新建工程试运行时面临的风险也有所不同。

风险的不确定性和客观性注定了在建筑工程项目全周期的每个阶段都会存在，我们曾经经常听到的一句话——风险无处不在，也就是这个道理。

二、动态变化

狭义风险的主要特征是不确定性和损失性。

对一个建筑工程项目来说，风险的不确定性和损失性是不断变化的。项目决策阶段的不确定性最大，设计阶段次之，施工阶段和试运行阶段不确定性越来越小。

然而，建筑工程项目风险的损失性的变化有所不同。在项目决策和设计阶段，当时可见和可评估的实质损失非常小，从施工阶段开始，随着物资的不断投入和价值的凝结，风险可能造成的损失程度不断增加，进入试运行阶段时达到最高。

同时，工程项目本身就是一个动态变化的标的。对这个标的来说，具体的风险因素发生概率和损失概率都在变化。例如对跨年度的工程项目，不同的季节内同一自然条件风险因素的发生概率会变化很大。又例如，对同一个工程项目，在地基基坑施工阶段，暴雨造成的损失概率会很大，但是封顶以后，暴雨造成损失的概率将变小。

三、露天作业

建筑工程项目大多都是露天作业，众所周知，露天条件相对于处于遮蔽设施之下风险要大。特别是来自自然条件的风险因素，例如气温、风、雨、雪、雷电等，对露天的标的物致损概率明显高于被遮蔽的情况。正是因为同样的道理，在一般财产保险中，露天堆存的财产被拒绝承保。

四、地域差异

地域差异是地球不同空间内在的自然、经济、人文、社会等诸方面差别的综合反映，主要包括：自然资源、地理位置、自然条件等方面的差别；经济、社会条件等方面的差别；科技水平、文化背景等方面的差别。

建筑工程项目受地域差异的影响明显。一个工程项目的优劣和成败取决于投入其中的人力、设备和材料的质量，同时技术和组织以及外部环境也是至关重要的因素。地域不同则自然条件和资源不同，人力、设备和材料的组织成本、措施不同；外部社会条件和周边环境的差异造成外来的社会风险因素不同，项目本身的责任风险也有所差异；地域的差异同时表现在生活习惯的差异，所以对于同样的工程项目会有不同的使用功能要求，差异性施工技术的采用逐渐形成作业习惯的差异。

我国各地不同的建筑风格可以明显反映出这种地域的差异性，地域差异造就了风险的差异。

五、关系复杂

工程项目的建造过程其实也是产品的生产过程，特点在于产品是单体的、大宗的、固定的。在一个固定的区域，按照时间要求完成工程项目的建造，势必需要动用方方面面的资源。

现在我国相当规模的建筑工程项目参建方一般包括：业主、设计单位、勘探单位、施工单位、监理单位等，不同的项目情况下，可能还会包括咨询管理单位、各种专业分包单位、劳务分包单位、材料供应单位、技术支持单位、政府监管部门等。所有的这些独立利益方都围绕项目进行运作，随着参建方数量的增加，发生意外事故和责任事故风险的概率随之组合增大。

第二节　钢铁企业建筑工程风险特征

建筑工程项目风险有一定的行业差异性，但是在工程项目土建部分建造时并不具有更多的特殊风险。钢铁企业的建筑工程项目也是如此，但是相对于其他行业，或者普通的民用建筑、市政工程来说，钢铁企业的建筑工程项目还是会因为特殊的工艺要求和生产系统设置要求等而具有一定的特点。

一、工艺要求带来的风险

冶炼工艺对工程项目提出了特殊的功能要求，所有生产系统的建筑物和构筑物的设计数据，都需要根据产能计划和工艺流程确定，各种设备不同的规格型号具有不同的参数，包括外形尺寸。例如，高炉车间就需要有较高的单层净空，目前国内大部分大型钢铁企业的高炉全高已经达到30m以上；在部分车间有不同的起重运输需要，这要求设计不同规格的行车，对应的会有不同的行车梁、牛腿、偏心柱、柱间支撑、基础等受力构件体系的设计；热风炉的拱顶砌筑要求在耐火隔热的前提下，还能在受热时与炉墙之间可以滑动，自由膨胀，并保证密封等。这些特殊的工艺要求设计会给工程项目建造时带来特殊的风险。

另外，冶炼加工工艺运营期的特殊风险还需要建筑工程设计作出更为周密的考虑。2007 年 4 月 18 日辽宁省铁岭市清河特殊钢有限公司发生的钢包脱落事件造成 32 人死亡，6 人受伤的重大人员伤亡损失，如果工程或者工艺设计不仅仅考虑预防事故发生，同时更多地考虑事故发生后对于损失的控制，研究损失的发生、发展机制，给损失发展的各个环节加上“截止阀”，如设计对工作人员的隔离防护措施，即使发生恶性风险事件也不会造成重大人员伤亡，减少悲剧的发生，维护社会的稳定。

二、系统要求带来的风险

钢铁行业在国民经济中具有举足轻重的地位，相关联行业众多，当然也受到各种社会环境和自然条件的限制。例如新建钢铁企业的选址，需要考虑交通便利，接近原料和燃料基地和电源、水源，地下水位较低、地耐力较高、应位于城市和居民区主导风向的下风向等问题。我国钢铁企业众多，几乎各省都有，这种局面的形成有一定的历史因素，现在看来个别企业选址不当引发的不良后果已经突现，包括原料成本难以控制、环境污染严重等问题，都给企业带来很大的财务风险和责任风险。

钢铁联合企业是一个完整生产过程的组合体，具有节约能源、运输费用低廉、各种副产品得到充分利用、受外界因素影响较小的优点，在经济上是最为合理的，所以是决策层获得推荐和希望建设的。然而，流水线式的生产系统模式，各个环节相互联系也相互制约，运营过程中一个环节的风险往往会被放大到整个系统的风险，这就对企业的总体布置提出更多要求。宏观上根据各主要生产车间和其他生产车间的规模大小，生产过程的组织及特点，合理布置厂区内所有的建筑物、构筑物、堆场、运输及动力设施等，并全面解决它们间的协调问题，经济合理地调动人流及物流，创造完善的卫生、防火条件，组织完整的建筑群体。串联布置、人字形并联布置等平面布置方案和平坡法、阶梯法、斜坡法等竖向布置方案对投资额度、运营成本、运营期自然灾害和意外事故风险形成不同的影响。微观上具体的车间厂房设计也会受到系统限制，例如氧气转炉炼钢车间主厂房，一般会包括原料跨、炉子跨和浇注跨三个跨间，为高低不同的多跨单层厂房结构，其中炉子跨是最高、建筑结构最复杂的跨间，给施工建造带来一定的技术风险。

三、安装工程比重大

钢铁企业建筑工程项目中工业设备安装费用占比相对于其他行业企业要高。安装工程相比土建工程来说，具有不同的风险特征。安装工程的运输、吊装、节点处理、焊接、紧固等工作量更大。这类型工作将面临更多的高空坠落、机械打击、设备倾覆、灼烫、触电、火灾等意外事故风险，同时，来自自然条件的风险因素造成的损害也有所不同。例如暴雨对土建工程可能会造成较大的物质损失，但对安装工程来说，除了有可能引起工期延误等间接损失外，一般不会造成比较严重的直接物质损失。基于同样的原因，一般保险公司都同时有建筑工程一切险和安装工程一切险两个产品，其中的责任范围和除外责任具体条款有一定的差异，费率厘定和限额、免赔额的设定也各有不同。

四、冶炼工程专业性

随着社会经济科技的发展提高，社会需求引发了各个行业的专业细分，建筑工程行业也不例外，目前在我国为了适应建设工程项目量大面广，规模差异悬殊，各地经济、文化和社会发展水平差异较大，不同工程项目对管理人员要求不同的特点和实际需求，同时为了便于国际互认，对建造师实行了分级管理。其中，一级建造师的专业已经细分到14个，冶炼工程是其中之一。其实在此之前，因为技术、市场的差异以及行业垄断等因素，我国的建筑工程领域已经存在较为明显的行业划分，例如铁路工程基本都是中铁工程总公司和中铁建筑总公司来完成，而水利水电工程一般由水利水电各工程局完成，港口航道工程、石油化工工程、市政工程等都有其对应的建筑施工单位和队伍。同样，冶炼工程也存在一批专业的建造队伍，如中冶集团，而且，个别钢铁企业还拥有自己的有实力的建造队伍，例如北京首钢建设集团有限公司和上海宝冶建设有限公司。

虽然过度的行业垄断给充分的市场竞争带来不利影响，但是也有其存在的合理性，也是市场的一种理性选择。其核心就在于专业的差异，投资决策者不能仅仅考虑建筑工程投资建设成本，而不考虑欠缺项目经验和专业水平的承包商带来的工程质量风险。冶炼工程的专业性极强，必须充分考虑来自承包商，包括设计单位、施工单位、劳务分包、材料供应等的风险因素。

第三节　钢铁企业新建工程风险

风险是多种多样、纷繁复杂的，钢铁企业新建工程的风险同样如此。钢铁企业新建工程主要面临以下纯粹风险。

一、自然风险

（一）洪水风险

风险致损性的大小取决于发生概率和发生后造成的损失大小，综合两个条件分析，在所有自然风险中，洪水风险对工程建设来说是致损性很高的一种。

随着环境的污染和自然条件的恶化，洪水的发生概率正在升高，造成的损失也在增大。2004年8月，陕西省神木县境内某河流发生30年不遇的特大洪水，位于河谷地带正在施工的某天然气输气管道工程损失严重，部分桩段的管线漂管、变形，管沟被淤平，已回填的细土大部分被水冲走，施工便道、便桥被损毁，2座蓄水池截水坝冲毁，1处公路穿越处被洪水冲断，工程直接经济损失300多万元。2006年8月底至9月初，连续降雨引发渭河流域洪水暴发，甘肃省某高速公路工程项目围堰被冲毁，大桥桩基被淤埋，施工便道、便桥被损毁，工程物资被冲走，工程直接经济损失200多万元。

洪水风险的大小有明显的地域差异性，位于江河水系附近的钢铁企业新建工程需要着重予以考虑。

（二）暴雨风险

在我国，暴雨有一定的区域性，但绝大部分省市都有发生，对有接近水源选址要求的钢铁企业新建工程项目来说，基本都在有暴雨记录的区域内。暴雨有明显的季节性，一般大型钢铁企业新建工程都是跨年度工期，遭受暴雨的几率较大。

暴雨本身对于工程直接致损性有限，但是暴雨引发的水患却是威胁工程的一大元凶。暴雨极易引发山洪，另外，暴雨往往造成雨水不能及时外排，使正常需要排水降水的工程区域积涝，导致财产损失。2000 年 8 月初高强度的暴雨袭击了位于四川省乐山市大渡河流域的一座水电站建设项目，该电站厂房基坑开挖刚刚接近完成，整个工程区域的排水组织不佳，基坑内抽排水措施不足，很快整个基坑被雨水积满，一台未来得及撤出的小松挖掘机和部分小型设备被淹没，用于设备修复和工程恢复的费用上百万元。

（三）暴风风险

暴风主要会对地上工程项目造成影响，一般对主体工程本身危害不大，但是一些临时性、措施性项目或工序容易受到损失，如高空作业、起重作业等。钢铁企业新建工程项目中单层高净空厂房较多，也多采用预制安装方案，需要妥善做好天气预报和施工组织安排。

暴风还容易引发高空坠落、物体打击、设备倾覆等风险，近来暴风吹倒、吹断塔吊的事件时有发生，应该引起足够的重视。

不同地域的钢铁企业新建工程项目也可能需要考虑龙卷风、台风的风险。

（四）地震风险

地震属于巨灾风险，根据造成损失的大小划分不同的烈度。地震可以造成建筑工程项目的直接灭失，而且该风险无法规避。2008 年 5 月 12 日发生的汶川大地震对各类工程项目造成了巨大的损失，据相关报道，仅四川路桥一家，在建和竣工未验收受地震影响的工程项目损失就达 8.9 亿元。

（五）雷击风险

雷击对工程本体的威胁相对较小，但是对参与工程项目建设的人员和机具设备致损性较高，特别是高空作业和接近引雷物体的人员以及机电设备。

在建筑工程项目管理中需要加强防雷安全知识教育和完善防雷设施建设。

（六）雪灾风险

2008 年初的一场大雪灾让国人开始重新审视雪的灾害性。然而，雪灾对工程项目来说，致损性并不明显，一般也只限于成本增加、工期延误等间接损失，不会对工程本体造成损失。

钢铁企业新建工程车间厂房的屋面结构多采用预制装配式，在施建过程中，如果尚未达到设计的荷载要求，可能会因为雪灾造成损失。

（七）雹灾风险

冰雹对建筑工程项目的影响很小，但是因为地上工程一般是露天作业，冰雹会迫使施工作业中断，造成一定的间接损失。冰雹偶尔会造成人员伤亡事件，当然，冰雹发生时，建筑施工人员的紧急避险行为也可能引发其他间接损失。

（八）温度湿度带来的风险

相对于其他自然风险，温度和湿度并不是一种激烈的、突发的风险因素，但是对建筑工程来说，温度和湿度的影响并不因此而较小，甚至人身不能明显感知的一些温度、湿度变化就能给工程施工带来损失。

结构工程中的混凝土施工受温度、湿度影响明显是众所周知的，混凝土的初凝、终凝、强度变化、养护都与温度和湿度息息相关，特别是大体积混凝土的浇筑，如果温度控制不合理，凝结速度过快，就会因为热量散发不充分形成裂纹等结构缺陷，如钢铁企业一些大型设备安装工程的基础混凝土施工。

工业设备安装工程中存在很多焊接工序，焊接对温度的要求也比较严格，在冬季施工中，环境温度很低，如果不对构件进行预热而直接焊接，焊缝边缘的金属晶体结构会发生变化，外观酥化，情况严重的会直接导致构件报废。

橡胶制品受温度、湿度影响明显，定制的橡胶制品在异地安装可能会发生尺寸变化，给施工带来困难。施工时已经完全紧固的管道法兰垫片可能在试运行时发生泄漏，也是温度变化的结果。

温度、湿度还对装饰装修工程影响显著。木构件和油漆涂料选材和施工过程中需要充分考虑这个因素。

（九）来自生物的风险

生物一般不会对建筑工程项目造成损害，但是人员、材料和设备在一些环境条件下容易受到生物的侵袭。曾经有报道某工程储备的一批木材几乎遭白蚁洗劫一空，还有某工地挖掘机启动准备作业时，发动机突然损毁，拆开维修时才发现是一条蛇钻了进去。

建筑工程项目需要适当考虑来自生物因素的风险，管理制度完善的工程项目基本可以避免这类损失。

二、意外事故风险

（一）火灾风险

导致建筑工程项目损失的社会风险因素发生概率远远高于自然风险因素，而在种类繁多的社会风险中，火灾对工程项目的致损性最高。近年来，全国各地建筑工地火灾频发，且损失惨重。据统计，在建筑火灾中，施工工地火灾占一半以上。

建筑工地火灾多发有一定的必然性，施工过程中有较多的动火作业，包括电焊、氧炔切割、防水施工等。电气原因引发的火灾比例极高，客观上，工程施工需要大量的用电设备，现场往往布设大量的各级电闸箱和临时电缆，这些设施处于露天环境条件下，经常被挪动和触碰，特别容易造成短路或虚接而引发火灾。另外，施工人员生活用电也是引发火灾的重要原因，某市对一个建筑工地进行消防抽查时发现，工人宿舍内用电、用火、用气混乱的现象非常突出，电线乱接乱拉，还有的把电线拉到床头，把插座藏在被窝，灯泡周围有可燃易燃物品，工人使用“热得快”电热棒、电炉，甚至液化气瓶在宿舍内烧水煮饭。同时，建筑工地一般会存放大量的木材、卷材、燃料、溶剂等可燃易燃物资，一旦发生火灾，极易造成群死群伤事故。2006 年 12 月 12 日北京站附近在建的人民日报事业发展中心工地发生火灾，大火由烧制保温涂料引发，工地内一座简易的三层楼被引燃。消防部门赶到后立即展开扑救，但简易楼还是在 10min 内被吞噬。2008 年 6 月 2 日北师大科技园区在建的孵化大厦工程，幕墙施工电焊时没有对焊渣进行有效防护，以致引燃下方外墙保温材料，发生火灾，过火面积达 300m^2。

钢铁企业建筑工程项目的动火作业、用电设备较多，防火工作压力较大。加强安全防火教育和消防法规教育，完善和健全项目安全管理制度，可以有效地杜绝和减少火灾的发生。

（二）爆炸风险

近年来，建筑工地爆炸事故时有发生。特别是地下工程项目的爆炸风险较高，钻爆法施工的地下工程存在很多诱发爆炸发生的因素，如火工产品的存放、临时搁置、爆破、哑炮，此外高压风管、空压机等使用不当，可能发生多种多样的物理性或者化学性爆炸事故。

相对来说，多数地上工程的钢铁企业新建工程项目爆炸风险较小，但风险仍然存在，如氧气瓶、电气设备以及一些罐装、桶装的化学材料等。2008 年年初深圳的一个大厦工地发生了由于用电不当导致变电箱不堪负荷引起变压器爆炸起火的事故。同年 7 月，深圳一处私宅建筑工地上，一台升降机电机发生短路造成爆炸事故导致一名操作工人当场身亡。甚至有工地因为工人乱扔烟头，引燃一桶有泄漏的万能胶，从而引发爆炸。所以，爆炸风险仍然是工程项目风险管理需要重点考虑的因素之一。

（三）地面下陷、不均匀沉降风险

建筑工程项目发生的地面下陷与不均匀沉降，有可能是由地质情况有关的自然原因引发，但是往往与工程施工本身息息相关，特别是近几年的工程项目地陷事件大部分都是人为因素造成，所以，在这里将该风险归入社会风险。

地面沉陷的自然因素一般包括：岩溶洞穴、地下水位变化、湿陷性黄土、振动波等。2008 年 3 月武汉某建筑工地突发面积约 5000m^2的岩溶地质性地面塌陷，最深处约 6m，工地围墙倒塌，已施建的房屋墙体拉裂，基础坍塌松动。地面沉陷的人为因素包括地下工程支护不足、土压平衡盾构施工土压力控制不当、桩基施工、降水工程等。在我国，岩土力学的研究与实际应用的结合尚有不足，在地下工程和大型基坑、深桩基施工过程中，很多围护措施更多利用经验进行施做，分析实验较少。至今，很多城市的地铁施工都或多或少出现地面塌陷的事件，其中影响最大、损失最惨重的要数 2003 年 7 月发生的上海地铁 4 号线事故。

地面不均匀沉降往往是因为堆填土地基施工质量差、需要换填处理的地基施工质量差、对地基承载力的勘探、计算错误或者失误等造成的，发生不均匀沉降会对整体基础、刚性节点连接的建筑物结构造成极大损伤。

钢铁企业新建工程项目也会面临这样的风险，仔细做好地质勘探，关键区域加密探点，结构设计合理布置沉降缝，加强对施工组织设计的审查和施工质量的过程控制是消除和减少这类风险事故发生机会的有效手段。

（四）高空坠落风险

高大建筑物、构筑物越来越多，高空作业和垂直运输开始增多，这为高空坠落风险的出现和加大提供了现实基础。2006 年北京市建委施工安全处统计发现，当年北京施工工地致死事件中，由于工人高空坠落和被物体坠落击中死亡的占到 6 成以上。

高空坠落导致伤亡事故往往是与对安全的漠视和侥幸心理密不可分的。2001 年 10 月 16 日某冶金建设公司承建的上海某公司 2 号加热炉建设工地上，从事烟囱建筑的 9 名施工人员，搭乘吊篮准备返回地面时，吊篮从约 100m 高度坠落至地面，5 人当场死亡，1 人经医院抢救无效死亡，另外 3 人重伤。2004 年 6 月 17 日浙江省温州苍南县某大厦施工工地，4 名民工为大厦实施外墙涂料作业时，因安全员指挥不当导致违规操作，致使 4 人所乘坐的工作台从 22 层高楼坠落，4 名民工当场身亡。2007 年 11 月 14 日无锡市某施工工地发生一起施工升降机吊笼坠落事故，造成吊笼内的 4 名工人当场死亡，2 人经抢救无效死亡，另有 11 人不同程度受伤。

防护、保险信号等装置缺乏或有缺陷；违反操作规程或劳动纪律；个人防护用品缺乏或有缺陷；不懂操作技术；设备、工具、附件有缺陷；劳动组织不合理；对现场工作缺乏检查或指导有错误等都容易造成高空坠落事故。钢铁企业新建工程项目也存在很多高大建、构筑物，还包括很多高大工业设备安装项目，需要重点考虑高空坠落风险的防范。

（五）机械、物体打击风险

建筑工程项目需要大量的动力设备和上下交叉作业，存在机械、物体打击风险，这类风险主要导致人身伤害。从事建筑工程施工多年的人员，大多有受伤的记录，这其中很大一部分是由于机械打击或者物体打击造成的。打击致死事故也偶有报道，2008 年 5 月 25 日宁波某建筑工地，某市政工程公司混凝土搅拌站所属的一辆混凝土泵车在施工完成后准备移位时，因一个落地支架下的地基松动，造成车辆倾斜，导致车上的一根吊臂压在一名在旁边作业的泥工身上，该泥工送医院经抢救无效死亡。

预制装配较多、工业设备安装占比较大的钢铁企业工程项目，机械、物体打击风险致损性更高，应该予以注意。

（六）坍塌风险

建筑工程的坍塌往往是因为支撑不足导致的。2005 年 7 月广州江南大道中工地坍塌事件造成重大人员伤亡和财产损失。2007 年 11 月山西侯马西城区正在修建的侯马西客站两层候车大厅坍塌，造成重大人员伤亡和财产损失。

对钢铁企业新建工程项目来说，更应该注意的是脚手架等措施项目的坍塌。2005 年 10 月西安南郊一工地 21 日傍晚发生脚手架坍塌事故，造成 4 名农民工遇难，十多人受伤。2007 年 10 月 25 日德国北莱茵 - 威斯特法伦州的一处工地发生脚手架倒塌事故，造成 5 人丧生、6 人重伤。

（七）设备故障风险

现代建筑工程项目施工的机械化程度越来越高，工程质量和进度控制对于机械设备的依赖性也在增加。设备故障往往会造成工程进度延误等间接损失，有些情况下，设备故障也会引发事故，造成损失。2007 年 4 月北京市大兴区某建筑工地一台塔吊正在吊运砌砖的施工作业时，控制电路突然发生故障，机身断电，失去控制，无法制动，大臂继续摆动，挂笼被甩到邻近塔吊塔身上，发生碰撞勾挂，造成两台塔吊损坏。在施工管理中，加强工程设备的日常检查，按规章制度进行大修和维修，准备充足的备件，预留关键备用设备，可以有效消减设备故障风险给工程带来的影响。

（八）误操作风险

施工人员业务素质不高、精神不集中和心理状态不好都会造成误操作。我国目前建设项目众多，施建人员水平良莠不齐，建筑工地误操作事件时有发生。2001 年 6 月，某水电施工单位承建的四川省乐山市某水电站工地，一名电工没有注意到“禁止合闸”的标示牌，把一台混凝土搅拌机的控制电闸合上后，将一名正在搅拌机罐体内维修的工人活活绞死。2006 年 12 月重庆某工地挖掘机突然误操作，前曲臂突然横扫旁边货车车头，幸运的是货车司机机警侧卧，身受重伤但无生命危险。2008 年 1 月海口市某工地因施工工人误操作机械，导致燃气管道破裂，引起燃气大量泄漏，造成极大险情。

钢铁企业建筑工程项目专业性很高，在施工队伍和人员的选择上尤其需要注意。

三、其他风险

（一）招投标阶段造成的风险

建筑工程项目招投标阶段是决定项目走向的一个关键环节。项目实施的技术手段和最终造价在这个阶段都会被决定性地确定下来，所以，项目建设的质量、安全、进度和投资控制都将以此为基础。在建筑工程项目招投标阶段，承包商是否具备相应资质、施工技术方案是否有效和安全，甚至是否具备可行性、工程报价是否合理都会影响到项目质量和投资。目前国内建筑市场该阶段最大的风险是商业贿赂。商业贿赂使所有的招投标规则化为空谈，公平原则被抛弃，过程成为遮羞的形式，最终导致工程项目质量得不到保证，项目投资失去控制。

（二）设计缺陷风险

设计缺陷给工程项目造成先天的不足，这种不足在后期或早或晚要暴露出来，往往会给生产运营带来负面影响，如降低作业效率、加大磨损消耗、废品次品率升高等，要修补这样的不足一般需要更大的投入，甚至根本无法弥补，从而使整条生产线失去价值。

设计缺陷还有可能造成巨大的直接物质损失或人员伤亡。2007 年 8 月 19 日位于山东省滨州市邹平县境内的山东魏桥创业集团下属的铝母线铸造分厂发生铝液外溢爆炸重大事故，造成 16 人死亡、59 人受伤（其中 13 人重伤），直接经济损失 700 万元左右。事故后专家对现场勘察分析发现，工程由无设计资质的山东魏桥铝电有限公司进行设计，设计图纸存在重大缺陷。2007 年 12 月 13 日云南省临沧市临翔区蚂蚁堆乡遮奈水电站在试水运行时过水明渠发生坍塌，引发泥石流将 7 名施工者和村民吞噬，导致 5 人死亡，2 人受伤。事故后分析发现工程的设计缺陷非常多，最明显的一点是，过水明渠所经地段有风化石、土夹石和黏土层等不同地质条件，但设计的明渠只用了一种结构形式，针对不同地质条件采用相应结构形式是工程建设的常识。

（三）分包、转包风险

《中华人民共和国建筑法》第三章对建筑工程承发包作出了严格的规定。然而，长期以来我国建筑市场的分包和转包情况比较混乱，产生了大批的“豆腐渣”工程，给国家造成很大的损失。因分包或转包单位水平低，造成工程质量不合格，又无力承担返修责任。虽然总包单位要对业主负责，不得不代替分包或转包单位承担返修责任，还是会对项目本身造成直接或间接的损失。

（四）组织风险

建筑工程项目的建设过程是多方面的利益体协作的过程，各方利益是对立统一的关系。在这个过程中，需要有良好的组织协调能力和科学的组织措施才能顺利达到目标。但实际情况中往往出现参建各方对项目目标、应尽义务、享有权利等的理解、预期和态度不同而造成进展缓慢，而且即使在项目执行组织内部，项目管理班子也会因同各职能部门之间配合不力而难以对项目实施有效的管理。组织风险中的另一个重要来源是项目决策时所确定的质量、进度与投资三个要素之间的矛盾。三要素的关系是相互依存，相互制约的，不合理的匹配必然导致项目执行的困难，从而产生风险。另外，组织中的团队精神和文化氛围同样会导致一些风险的产生，如团队协同合作和人员激励不当导致内部不团结、人员离职等。

（五）材料不合格风险

建筑工程使用的进入工程本体的建筑材料优劣会直接影响工程的质量，如使用安定性不合格的水泥在硬化后会发生不均匀的体积膨胀，导致水泥硬化体（水泥石）开裂，甚至崩溃。因此，将安定性不合格的水泥用于混凝土或砂浆中会引起结构破坏，造成严重的工程质量事故。使用外形尺寸、质量偏差不合格、有害元素含量超标的劣质钢材，因其延展性差，容易脆断，导致结构构件抗拉性能不满足设计要求，也会造成工程质量事故。

建筑材料的不当选择和使用，同样严重威胁建筑工程的质量。例如，焊接材料选择不当，与母材不匹配，焊缝或焊点的强度就不能满足使用要求，会产生裂纹或者组织性能发生变化。

当然，在我国目前的建筑工程质量问题中，建筑材料数量不合格，直接被偷减或者以次充好，才是最为致命的。

（六）劳资纠纷风险

随着我国市场经济发展的深入，劳资矛盾也越来越突出，在建筑工程行业，这个问题还非常突出。政府加大解决“拖欠农民工工资”问题的力度，也正反映了问题的严重性。由于社会法制建设还不够完善，一旦出现劳资纠纷，往往随之发生群殴致死致伤事件，不仅对工程项目的工期造成影响，还很有可能造成工程永久或临时设施、施工机具设备的较大破坏。

（七）社会政治风险

社会政治环境的稳定与否对社会生产生活产生决定性的影响。政治风险对项目建设来说是致命的，它具有全局性及地域性。政局不稳、国际关系紧张、政策透明度差、政府办事效率低下、政府对经济的干预程度高、权力机构腐败；法制不健全、法律不公正、法律对项目的种种限制；外汇管理等等都会对建筑工程项目带来巨大的负面影响。

（八）经济风险

经济风险是指在社会生产过程中由于各项有关因素的变动或估计错误导致经济损失的风险。它包括在经济实力、经济形势及解决经济问题的能力等方面潜在的不确定因素构成的生产经营方面可能的后果。

货币的发行量超过流通中所需要的数量，社会总需求大于社会总供给形成通货膨胀。通货膨胀造成社会经济生活秩序混乱，不利于经济的发展。改革开放后，随着从计划经济向市场经济的转变，我国曾出现过严重的通货膨胀现象，1982～1997年间全国年均通货膨胀率为8.65%，其中1985年，1988～1989年，1993～1994年出现了三次较为明显的通货膨胀高峰。通货膨胀造成的社会经济生活秩序混乱无疑会对建设项目造成极大的影响。

市场动荡、物价不稳会增加建筑工程项目的成本，2003年至2005年间，以钢材为首的多种建筑材料价格大幅上涨造成当期所有建设项目工程成本增加，甚至一些项目就此停顿或夭折。在正常的市场经济环境中，工程物质价格涨跌也是不可避免的，企业自身无法控制。

资金不到位、延迟付款会造成工程承包单位负担加重，既而引起工期延误、工程质量下降以及工程索赔，也会造成企业的信用缺失，损害到长远经济利益。

工程设备物料供应不充分也是经济风险之一。工程项目所需的进口材料和设备给建成后的运营维护增加了限制条件，对价格和来源无法掌控，是成本控制的薄弱环节。

（九）责任风险

建筑工程项目面临的责任风险主要包括公众责任和雇主责任。

工程项目的决策和技术方案考虑不周，缺乏实践验证，容易造成系统性的欠缺，如选址不当，施工过程中造成下风下水方向的污染，影响该处居民生活和健康。各类意外事故可能会同时造成雇员责任和公众责任，1996 年 6 月青岛市区某大厦工程，施工单位采用爆破方法进行地基岩石开挖，由于爆破参数设计不当，造成施工人员受伤，同时飞石导致临近的商场财产受损。施工现场的文明卫生管理混乱、危险工序安全防护不足等都会引发职业病、伤残、死亡等雇主责任风险。

第四节　钢铁企业改扩建工程风险

改扩建工程面临新建工程的所有风险，此外，因为在立项、设计、施工、监理、项目管理和竣工试车等环节存在严重隐患，改扩建工程还面临其他独特的风险，主要有：

（1）对原有建筑物不加勘验和计算，随意扩建。2006 年 7 月 7 日凌晨河南省郑州市金水区黑朱庄村一栋 7 层居民楼，因盲目加层使用而发生倒塌，事故造成 4 人死亡，3 人受伤。

（2）改扩建部分没有设计和验收。2007 年 4 月 9 日下午 1 时四川省成都市锦江区东光街一幢临街单层商铺的屋檐发生整体垮塌，造成 10 人死亡，26 人受伤。该商铺于 2005 年 7 月的街区风貌整治中增加了仿古屋檐，未经正式设计、施工、质量监督与竣工验收，而发生垮塌的正是后来增加的屋檐部分。

（3）改扩建部分与原建部分施建时间不同，结构形式、施工工艺、使用功能和取用的材质不同，连接处往往成为结构的薄弱环节。

（4）该扩建工程一般与生产运营同时进行，相互之间产生干扰。

钢铁企业属于大型生产性企业，而且存在很多改扩建工程项目，相对风险性更高，在决策过程中需要特别关注。

总之在钢铁企业建筑工程项目中，可能会遇到的风险有很多，这就对风险管理提出了很高的要求，在处理风险时要尽量考虑全面，这样才能在进行风险控制时采取行之有效的方法以减少损失。

·第四篇·

保险在钢铁企业中的应用

第一章　钢铁企业适用的保险险种介绍

当前，我国正处于安全事故的“易发期”，国内外的经验表明，商业保险与安全生产工作相结合，是解决事故预防、灾害处置、利益保障等安全生产问题的有效机制，是钢铁企业风险管理的重要手段之一。

截至2007年第一季度，我国共有保险集团公司6家、保险公司93家可向钢铁企业提供各种保险服务，如企业财产险、机器损坏险、各种责任保险、货物运输险、机动车辆保险等。

保险公司对各个险种都提供格式化的保险合同，然而由于不同的企业面临着千差万别的风险，仅投保基本险种很难充分转移风险。针对这种问题，保险公司在基本险的基础上还提供多种附加险种。附加险的效力优于基本险，以附加险的约定为准。企业可根据自己的实际需要，在基本险的基础上投保附加险，扩展责任范围。

下面对本章中出现的一些保险术语进行介绍：

（1）保险人：指与投保人订立保险合同，并承担赔偿或者给付保险金责任的保险公司。

（2）投保人：指与保险公司订立保险合同，并按照保险合同负有支付保险费义务的人。

（3）被保险人：指身体、生命或财产受保险合同保障，享有保险金请求权的人。

（4）保险标的：指作为保险对象的财产及其有关利益或者人的寿命和身体。

（5）保险责任：指保险人承担的经济损失补偿或人身保险金给付的责任。即保险合同中约定由保险人承担的风险范围，在保险事故发生时所负的赔偿责任，包括损害赔偿、责任赔偿、保险金给付、施救费用、救助费用、诉讼费用等。

（6）除外责任：是指保险合同中列明的保险人不承担经济赔偿责任的风险损失。

（7）保险金额：简称“保额”，是指保险人对被保险人负担损失补偿或给付约定的最高金额。保险金额是计算保险费的标准，也是赔款责任的最高限额，因而是双方履行权利义务的重要依据之一，所以必须在保险合同中明确规定。

（8）免赔额：指保险合同项下保险人不负责赔偿的金额，可分为绝对免赔额和相对免赔额。

本章介绍钢铁企业中适用的14个主要保险险种，各个险种所对应的不同风险类型详见表4-1。

表4-1　各风险与险种的对应表

风险类型	企业面临的风险	投保险种
财产损失风险	企业因自然灾害、意外事故、空中物体坠落、上述原因引起能源供应中断等原因导致固定资产和存货的损失	财产险
	机器设备内在的原材料缺陷、工人操作失误、短路或过电压造成机器设备的损坏风险	机器损坏险

续表 4-1

风险类型	企业面临的风险	投保险种
利润损失风险	财产损失风险引起的企业营业中断损失	财产险项下利润损失险 机损险项下利润损失险
人身伤亡风险	员工由于意外事故导致伤残和死亡	团体意外伤害保险 雇主责任险
车辆损失和第三者责任风险	机动车辆遭受自然灾害或意外事故导致的车辆本身损失风险及第三者责任风险	机动车辆保险
货物运输风险	货物运输过程中由于自然灾害和意外事故造成的货物损失风险	货物运输保险
信用保证风险	企业生产销售的产品，依照《中华人民共和国产品质量法》，由于“不具备产品应当具备的使用性能而事先未作说明；不符合在产品或者包装上注明采用的产品标准；不符合以产品说明或实物样品等方式表明的质量状况”应由企业承担的修理、更换、退货责任时，企业因此招致的损失	产品质量保证保险
责任风险	公众责任风险：企业在经营过程中，由于意外事故造成第三者的人身伤亡或财产损失依法应承担的赔偿责任及相关的诉讼费用	公众责任险
	雇主责任风险：雇员在雇佣过程中从事业务有关工作时，遭受意外导致雇员人身伤害、死亡或患与业务有关的职业性疾病，雇主因此而依法承担的经济赔偿责任	雇主责任险
	产品责任风险：由于企业所生产、出售的产品或商品发生事故，造成使用、消费或操作该产品或商品的人或其他任何人的人身伤害、疾病、死亡或财产损失，企业依法承担的赔偿责任	产品责任保险
	董事及高管责任风险：企业董事及高级管理人员在履行公司管理职责过程中，因工作疏忽或行为不当依法应承担的赔偿责任及相关的诉讼费用	董事责任保险
	安全生产责任风险：生产经营单位在发生生产安全事故以后对死亡、伤残者依法应承担的赔偿责任	安全生产责任保险
	环境污染责任：企业在依法从事生产经营活动过程中，由于突发的意外事故导致污染物的排放、泄露、溢出、渗漏造成第三者的人身伤亡或直接财产损失而依法承担的经济赔偿责任	环境污染责任保险
新扩建风险	在新扩建的建筑施工中，由于自然灾害和意外事故造成保险财产面临各种财产损失以及第三者责任的赔偿风险	建筑工程一切险及第三者责任风险

第一节　企业财产险

企业财产险是钢铁企业在生产经营过程中应该首先考虑的一项基本险种。该险种保障的是企业因被保险财产遭受自然灾害或意外事故而引致的损失，是转移钢铁企业纯粹风险的有效措施。我国是地震、洪水、台风等各种自然灾害比较频繁的国家之一。但数据显示，在遭受自然灾害时，我国的保险赔偿一般都不会超过 5%，远低于全球 36% 的平均水平，因为绝大多数受灾企业和个人基本上都没有保险保障。因此，一旦有意外事故发生将导致众多企业财产受到不同程度的损失。

企业财产保险（简称企财险）包括财产基本险、综合险、一切险等险种，主要承保火灾以及其他自然灾害和意外事故造成保险财产的直接损失。

一、财产基本险

一切工商、建筑、交通运输、饮食服务行业、国家机关、社会团体的固定资产、存货（流动资产）、账外财产和代保管财产均可投保财产基本险。

财产基本险主要承保火灾及部分自然灾害及意外事故造成保险财产的直接损失，其保障范围包括：火灾、雷击、爆炸、飞行物体及其他空中运行物体坠落。此外还负责保障被保险人拥有财产所有权的自用的供电、供水、供气设备因保险事故遭受损坏引起停水、停电以致造成保险标的的直接损失，以及发生事故后，被保险人为防止或减少保险标的损失所支付的必要的合理的费用。

财产基本险的除外责任主要包括以下五类：

（1）政治风险，如战争、军事行动、暴动等；

（2）巨灾风险，如核反应、地震、洪水等；

（3）道德风险，如故意行为造成的损失；

（4）政策风险，因为执法机关的强制行政措施而导致的损失；

（5）其他风险，如保管不善导致的变质腐烂等，以及各种间接损失。

上述除外责任，可以通过添加特别约定，或者投保其他的保险，如机器损坏险，以扩展承保范围。

二、财产综合险

按照综合险条款，保险人不仅承担财产保险基本险的保险责任，而且在此基础上还把保险责任范围扩大到包括下列原因造成保险标的的损失：暴雨、洪水、台风、暴风、龙卷风、雪灾、雹灾、冰凌、泥石流、崖崩、突发性滑坡、地面突然塌陷。

三、财产一切险

财产一切险是最近十多年内国际上新兴起的，主要为各类企业提供全面综合保障的一种保险。它是在传统财产保险的基础上发展而来的，在保险责任方面保障范围最广。财产一切险的保险财产及费用一般可包括：建筑物（包括装修）、机器设备、办公用品、仓储物品、清除残骸费用、灭火费用等。

财产一切险可以转移自然灾害或意外事故造成保险财产的直接物质损坏或灭失风险，其中自然灾害包括：雷电、飓风、台风、龙卷风、风暴、暴雨、洪水、水灾、冻灾、冰雹、山崩、雪崩、火山爆发、地面下陷下沉及其他人力不可抗拒的破坏力强大的自然现象；而意外事故则指不可预料的以及被保险人无法控制并造成物质损失的突发性事件，包括火灾和爆炸。

一切险属于列明除外责任保险，因此其保障范围比财产基本险和财产综合险宽泛，水管爆裂，自有的供水、供电、供气“三停”以及自然灾害和意外事故引起的公共部位停水、停电、停气都在承保责任范围内。

四、险种比较

上述三个险种都是企业财产险中比较常见的，它们在保障范围及责任上都有明显的区别，详见表4-2。

表 4-2　财产基本险、综合险、一切险比较

比较内容	财产基本险	财产综合险	财产一切险
保障范围	（1）火灾、爆炸、雷击、飞行物体及其他空中运行物体坠落； （2）被保险人拥有财产所有权的自用的供电、供水、供气设备因保险事故遭受损坏，引起停电、停水、停气而造成的保险标的的直接损失； （3）在发生保险事故时，为抢救保险标的或防止灾害蔓延，采取合理的、必要的措施而造成保险标的的损失； （4）保险事故发生后，被保险人为防止或减少保险标的的损失所支付的合理的费用	（1）基本险的保险责任； （2）暴雨、洪水、台风、暴风、龙卷风、雪灾、雹灾、冰凌、泥石流、崖崩、突发性滑坡、地面下陷下沉	除了前两个险种的范围外还保障了水箱、水管爆裂责任，因自然灾害或意外事故引起的公共供电、供水、供气及其他公共能源中断所导致的保险标的的直接损失等
保单责任	列明责任式保单，即只有列明的保险责任引起的保险标的的损失，保险公司才负责赔偿	列明责任式保单，即只有列明的保险责任引起的保险标的的损失，保险公司才负责赔偿	列明除外责任式保单，除了除外责任之外的原因引起保险标的的损失，如果构成自然灾害或意外事故，保险公司可承担赔偿责任
举证责任	出险后的举证责任在客户，由客户证明是由保险责任范围内的原因导致的事故损失	出险后的举证责任在客户，由客户证明是由保险责任范围内的原因导致的事故损失	出险后的举证责任在保险公司，除非保险公司能举证证明事故原因属于除外责任，否则保险公司要承担赔偿责任

五、财产险责任范围常见名词解释

（一）火灾

火灾是指在时间或空间上失去控制的燃烧所造成的灾害。构成火灾责任必须同时具备以下三个条件：

（1）有燃烧现象即有热、有光、有火焰；

（2）偶然意外发生的燃烧；

（3）燃烧失去控制并有蔓延扩大的趋势。

因此，仅有燃烧现象并不等于构成本保险中的火灾责任。在生产、生活中有目的的用火，如为了防疫而焚毁玷污的衣物、点火烧荒等属正常燃烧，不属于火灾责任。因烘、烧、烫、烙造成焦糊变质等损失，既无燃烧现象，又无蔓延扩大的趋势，也不属于火灾责任。电机、电器、电气设备因使用过度、超电压、碰线、弧花、漏电、自身发热所造成的本身损毁，不属于火灾责任。但如果发生了燃烧并失去控制蔓延扩大就构成火灾责任，对电机、电器、电气设备本身的损失，保险公司负责赔偿。

（二）雷击

雷击是指雷电造成的灾害，雷击的破坏形式分直接雷击和感应雷击。

（1）直接雷击。由于雷电直接击中保险标的造成损失，属于直接雷击责任。

（2）感应雷击。由于雷击产生的静电感应或电磁感应使屋内对地绝缘金属物体产生高电位放出火花引起的火灾，导致电器本身的损毁，或因雷电的高电压感应，致使电器部件的损毁属感应雷击责任。

（三）爆炸

爆炸分为物理性爆炸和化学性爆炸。

（1）物理性爆炸。由于液体变为蒸气或气体膨胀，压力急剧增加并大大超过容器所能承受的极限压力，因而发生爆炸，如锅炉、空气压缩机、压缩气体钢瓶、液化罐爆炸等属物理性爆炸。锅炉、压力容器爆炸的定义是，锅炉或压力容器在使用中或试压时发生破裂，使压力瞬时降到等于外界大气压力的事故称为爆炸事故。锅炉爆管不属于爆炸事故。锅炉、压力容器爆炸事故的鉴别，以劳动部门出具的鉴定为标准。

（2）化学性爆炸。物体在瞬间分解或燃烧时放出大量的热和气体，并以很大的压力向四周扩散的现象，如火药爆炸、可燃性粉尘纤维爆炸、可燃气体爆炸及各种化学物品的爆炸属化学性爆炸等。

（四）暴雨

暴雨指每小时降雨量达到 16mm 以上，或连续 12 小时降雨量达到 30mm 以上，或连续 24 小时降雨量达到 50mm 以上。

（五）洪水

山洪暴发、江河泛滥、潮水上岸及倒灌致使保险标的遭受浸泡、冲散、冲毁等损失都属于洪水责任。规律性的涨潮、自动灭火设施漏水以及在常年水位以下或地下渗水，水管爆裂造成保险标的的损失不属于洪水责任。

（六）台风

台风是指中心附近最大平均风力 12 级或 12 级以上，即风速在 32.6m/s 以上的热带气旋。是否构成台风以当地气象站的认定为准。

（七）暴风

暴风是指风速在 28.3m/s，即风力等级表中的 11 级风。本保险条款的暴风责任扩大至 8 级风，即风速在 17.2m/s 以上即构成暴风责任。

（八）龙卷风

龙卷风是一种范围小、时间短的猛烈旋风。陆地上平均最大风速一般在 79 ~ 103m/s，极端最大风速一般在 100m/s 以上，是否构成龙卷风以当地气象站的认定为准。

（九）雹灾

因雹灾降落造成的灾害。

（十）冰凌

冰凌即气象部门称的凌汛，春季江河解冻期，冰块飘浮遇阻，堆积成坝，堵塞江道，造成水位急剧上升，以致冰凌、江水溢出江道，漫延成灾。陆地上有些地区，如山谷风口或酷寒致使雨雪灾物体上结成冰块，成下垂形状，越结越厚，质量增加，由下垂的拉力致使物体毁坏，也属冰凌责任。至于一般冰冻损失，如露天砖坯冻裂、水管冻裂等都不属于冰凌责任。

（十一）雪灾

因每平方米雪压超过建筑结构荷载规范规定的荷载标准，以致压塌房屋、建筑物造成保险标的的损失，为雪灾保险责任。

（十二）泥石流

山地大量泥沙、石块突然爆发的洪流，随大暴雨或大量冰水流出。

（十三）崖崩

石崖、土崖受自然风化、雨蚀、崖崩下塌或山上岩石滚下，或大雨使山上沙土透湿而崩塌。

（十四）突发性滑坡

斜坡上不稳的岩体、土体或人为堆积物在重力作用下突然整体向下滑动。

（十五）地面突然塌陷

地壳因为自然变异、地层收缩而发生突然塌陷。此外，对因海潮、河流、大雨侵蚀或在建筑房屋前没有掌握地层情况，地下有孔穴、矿穴，以致地面突然塌陷所致保险标的的损失，也在该责任范围以内。对因地基不固或未按建筑施工要求导致建筑地基下沉、裂缝、倒塌等损失，不在该责任范围以内。

六、附加条款

鉴于不同企业的风险有其特殊之处，采用附加条款以转移企业的个性化风险，从而弥补格式化条款保障范围的局限性，财产一切险的部分附加条款及其简介如下。

（一）扩展保险责任范围类条款

（1）罢工、暴乱、民众骚乱条款。负责因罢工、暴乱、民众骚乱造成保险财产的损失。

（2）清理残骸费用条款。在财产一切险主条款中，保险公司只对直接费用承担赔偿责任，考虑到一旦发生损失，对现场的清理残骸费用是一笔很大的支出，附加该条款保险公司负责赔偿保险财产受损后的清除、拆除、支撑费用。

（3）专业费用条款。考虑到一旦发生保险事故造成机器设备等的损坏，保险公司只负责赔偿直接损失费用，在固定资产重置过程中会发生的必要的设计师、检验师及工程咨询人费用，这部分费用可以通过附加该条款后由保险公司承担。

（4）特种车辆及铁路机车损失扩展条款。扩展承保被保险人的非公共牌照的特种车辆、自用车辆及蒸汽机车、内燃机车、电力机车、槽车、矿车等在厂属区域内使用过程中，由于出轨、倾覆、碰撞所造成自身及其他保险财产的损失。

（5）室外财产扩展条款。扩展承保室外的保险财产。

（二）明确赔偿处理类条款

（1）损失理算人条款。明确事故发生后，保险公司同意聘请有资质的公估公司对赔案进行理算，并由保险公司负担所有费用。

（2）自动恢复保险金额条款。明确事故发生后，因损失而减少的赔偿限额将自动恢复。

（三）合理规避被保险人义务类条款

（1）错误和遗漏条款。不因被保险人非故意地延迟、错误或遗漏申报占用场地或其他信息而被拒绝赔付。

（2）不受控制条款。由于不知情或远非其所能控制的事件发生造成遗漏申报或任何行为，不会影响保单的有效性。

第二节 机器损坏险

机器设备故障引发的财产与利润损失是企业在生产过程中最常发生的风险事故。对机器设备来说，除了面临自然灾害和意外事故等外在原因造成损失的风险外，由于机器设备内在的原因造成的机器设备的损坏出险概率更大，如铸造和原材料缺陷、超负荷、超电压、碰线、电弧、漏电、短路、大气放电、感应电及其他电气原因、工人、技术人员操作错误、缺乏经验、技术不善、疏忽、过失、恶意行为等。而上述内在原因造成的机器设备损坏在财产一切险中是得不到赔偿的，这些原因引起的机器设备损坏属于机器损坏险约定的保险责任范围。

一、险种介绍

机器损坏保险是近几十年内在传统财产保险的基础上发展起来的，专门承保各种工厂、矿山安装完毕并已转入运行的机器设备，在运行过程中因人为、意外或物理原因造成突然发生的、不可预见的损失。

机器损坏保险承保的保险标的包括各类机器、厂设备、机器装置，如发电机组（锅炉、汽轮发电组）、电力输送设备（变压器和高低压设备）、生产机器和附属设备（机器工具、造纸机、织布机、抽水机），但主要是各类工厂、矿山的大型机械设备和机具。

二、保障范围

机器损坏险的保障范围包括：

（1）设计、制造或安装错误、铸造和原材料缺陷；

（2）工人、技术人员操作错误、缺乏经验、技术不善、疏忽、过失、恶意行为；

（3）离心力引起的断裂；

（4）超负荷、超电压、碰线、电弧、漏电、短路、大气放电、感应电及其他电气原因造成的损失。

三、险种要点介绍

（一）保险金额的确定

机器损坏险承保机器设备的保险金额，应为机器设备的重置价值即重新换置同一厂牌或相类似的型号、规模、性能的新机器设备的价格，包括出厂价格、运费、保险费、税款、可能支付的关税以及安装费用等。不论机器及其附属设备新旧程度，保险金额均按重置价值确定。这是因为老机器的修理费用很高，如果保险金额低于上述重置价值时，其差额应视为被保险人自保，发生损失时，按比例赔偿损失：

赔偿金额 = （保险金额 ÷ 重置价值） × 损失金额

如果被保险机器不止一项时，应分别列明保险金额。

（二）费率的确定

机器损坏保险的费率按机器的类型和用途确定。投保人应按不同机器设备逐台或逐类申报其价值，并开列清单，列明制造商名称、型号、功率、容量、速度、负荷等数据，电气设备还应列明电压、电流等，蒸汽设备还应列明燃料、压力、温度等，以供保险公司确定平均费率。被保险人的管理水平和技术水平、防损和安全措施、近年内的损失和修理费用情况等，对费率高低也有重要影响。

为了增强被保险人的安全生产责任心，保险公司可根据机器的性质、大小、新旧、保养和使用情况与被保险人商定一个每项事故的免赔额（率）。同一保单中各种机器的情况不同，免赔额可以有高有低。如果在一次事故中有多个项目发生损失，被保险人只承担这些项目中最高的一个免赔额。免赔额大小对费率也有着重要影响，免赔额越高，费率就越低。

（三）停机退费

如任何被保险锅炉、汽轮机、蒸汽机、发电机或柴油机连续停工超过3个月时（包括修理，但不包括同时发生保险责任范围内损失后的修理），停工期间保险费按下列办法退还给被保险人（但如该机器为季节性工厂所使用者除外）：

连续停工3～5个月，退费15%；

连续停工6～8个月，退费25%；

连续停工9～11个月，退费35%；

连续停工12个月，退费50%。

四、险种特点

机器损坏险与财产险有所不同，二者在保险责任上有着良好的互补性，二者是相互补充、相辅相成的，因此机器损坏险通常与财产保险同时投保，以求得完备的保险保障。机器损坏险的特点有：

（1）承保的基本上都是人为的风险损失。机器损坏险与其他财产险不同，不负责自然灾害造成的损失，只对事故所致的损失负责，所以发生事故，往往与人为因素有关。例如设计、制造或安装错误；铸造和原材料缺陷；工人、技术人员操作错误、疏忽、过失、恶意行为等造成的损失，而这些是财产险所不承保的风险。

（2）按重置价格确定保费。所保的机器设备不论新旧一般均按照重置价值投保，即按照投保时重新换置同一厂牌或类似型号、规格、性能的新机器的价格，包括出厂价、运费、可能支付的税款和安装费。

（3）一般要求一个工厂、一个车间的机器全部投保。机器损坏险因机器运行期间的事故多、风险大，费率高于普通财产保险。

（4）有停工退费的规定。机器损坏险承保的是运行中的损失，而有些季节性使用的机器设备，如制冷机等往往有停工期，在停工期间风险大大减少，故应退还一定的保险费。

第三节　公众责任险

一、险种介绍

公众责任险又称普通责任险，它主要承保被保险人在公共场所进行生产、经营或其他活动时，因发生意外事故而造成的第三者人身伤亡和财产损失，依法应由被保险人承担的经济赔偿责任。公众责任险可适用于工厂、办公楼、旅馆、酒店、住宅、商店、医院、学校、影剧院、展览馆等各种公众活动的场所。

该险种具有费率低，保障高的特点。每百万元的公众责任保额，只要几千元的保险费。因此，仅需很少的成本支出就可以转移钢铁企业的主要公众责任风险。

二、保障范围

公众责任险的保障范围有：

（1）因经营业务发生意外事故造成的第三者人身伤亡或财产损失依法应由被保险人承担的民事赔偿责任；

（2）被保险人因上述原因而支付的诉讼费用以及事先经保险公司同意而支付的其他费用，保险公司也负责赔偿。

三、附加条款

钢铁企业涉及大量压力容器、高温高压作业环境，并且“工业三废”的污染严重。因此，钢铁企业投保公众责任险，可以根据企业的具体需求增加一些附加条款，如：

（1）火灾和爆炸责任条款。扩展承保因火灾、爆炸造成的第三者人身伤亡或财产损失。

（2）锅炉爆炸条款。扩展承保由于锅炉本身内部压力产生的爆炸，造成的第三者人身伤亡或财产损失。

（3）车辆装卸责任条款。扩展承保被保险人拥有的车辆在装卸过程中发生的意外事故造成的第三者人身伤亡或财产损失。

（4）管道爆裂污染责任条款。扩展承保水、油、气管道及其沿线附属设备发生意外事故而发生油、气渗漏导致第三者遭受人身伤亡或财产损失。

（5）停车场责任。扩展承保因意外事故导致停放于停车场内或其附近的机动车辆遭受的损失。

（6）起重机械及不需注册的车辆责任条款。扩展承保工作中使用的吊车、起重机、动力起吊机械或不需注册的车辆或铁路机车及铁路车辆或其附件，直接或间接引致的人身伤亡或财产损失。

（7）机动车超配责任条款。扩展承保被保险人所有或使用的机动车辆引起他人的伤、病、损失或伤害，被保险人应负的赔偿责任。

（8）起重设备、机器和自动控制装置物条款。扩展承保由于在乘客和货物的提升、建筑物自动控制装置、安装装置、设备和机器活动过程中导致第三方财产受到损失所负的法律责任。

第四节 货物运输险

一、进出口货物运输保险

进出口货物运输保险主要分海洋、陆上、航空、邮包四类。在钢铁企业中，无论是进口矿石、矿砂，还是出口钢材，通常都会采用海洋货物运输的方式。其中海洋货物运输保险有平安险、水渍险、一切险三种。

（一）平安险

平安险责任范围主要包括：

（1）被保险货物运输途中由于恶劣气候、雷电、海啸、地震、洪水这五种自然灾害造成整批货物的全部损失或推定全损，保险人负赔偿责任。除此之外的其他自然灾害如霜冻等，造成被保险货物的损失，保险人概不负责赔偿。

（2）运输工具遭受搁浅、触礁、沉没，与他船、流冰或其他物体碰撞造成被保险货物的全部损失或部分损失，以及运输工具发生失火、爆炸事故造成被保险货物的全部损失或部分损失，保险人均负责赔偿。

（3）运输工具发生搁浅、触礁、沉没、焚毁这四种意外事故之际，随之又在海上遭受恶劣气候、雷电、海啸这三种自然灾害，造成被保险货物的部分损失，保险人也负赔偿责任。

（4）在装卸或运转被保险货物时，由于一件或数件整件货物全部落海所致的保险货物的全部损失或部分损失，保险人负赔偿责任。

（5）为了避免或减少应由保险人赔偿的损失而由被保险人、其雇佣人员或代理人采取必要措施而合理支付的费用，保险人负责赔偿。

（6）在运输工具遭受海难后，在避难港因卸货所致的被保险货物的损失，以及在中途港，避难港产生的卸货费用、存仓费用和转运费用，以及与卸货、存仓、转运直接关系的其他费用，如雇佣工人的费用等，保险人负责赔偿。

（7）保险人只负责赔偿共同海损的牺牲和分摊部分，而不是全部。当共同海损经审核成立时，被保险货物本身因共损造成的损失，保险人可先行赔付而不由被保险人向其他共损利益方索取分摊。保险人赔付共同海损内的损失以后，有权从船方、运输方等其他利益方摊回共损理算数额，但仅以已经赔付的数额为限。

（8）在运输合同中，如果承运人与承租人之间订有“船舶互撞责任”条款，则被保险人依据该条款规定应偿付给船方的分摊费用，保险人负责赔偿。但在不足额保险的情况下，保险人则按承保比例赔偿上述费用。

（二）水渍险

水渍险是一种习惯叫法，并非是被保险货物遭受到水渍损失，保险人都负责赔偿。事实上，该险种的责任范围除包括平安险的各项责任外，还包括被保险货物由于恶劣气候、雷电、海啸、地震、洪水这五种自然灾害所造成的部分损失。这项损失在平安险项下保险人是不负责赔偿的，而在水渍险项下，保险人负责赔偿。

（三）一切险

一切险的责任范围并非是一切风险造成被保险货物的损失，保险人均负责赔偿，而是在平安险、水渍险责任范围基础上扩展承保被保险货物在运输途中由于外来原因造成的损失，保险人负责赔偿。

外来风险并非一切风险。它不是必然发生的，而是被保险货物以外的外部因素导致其受损，如被保险货物的自然属性、内在缺陷引起的自然损耗，就不是外来原因致损，而属于内在的必然损失。另外，外来风险也不是对一切外来因素引起的危险所致的损失，保险人都负责赔偿。因为，内因都是受到外因的影响才起变化的，如鱼粉、煤炭的自燃就是本身的特性受到外界气候、温度等的影响后才发生的。本条款所指外来原因必须是意外的、事先难以预料的，不是必然出现的。

本险种中外来原因是指下列11种附加险：偷窃、提货不着险，淡水雨淋险，短量险，混杂、沾污险，渗漏险，碰损、破碎险，串味险，受潮、受热险，钩损险，包装破裂险，锈损险。而特殊的外来风险，如与本条款互为补充的6种特殊附加险，即交货不到险、进口关税险、舱面货物险、拒收险、黄曲霉素险、出口货物到香港（包括九龙在内）或澳门存仓火险责任扩展风险，以及上述提及的自然风险等均不包括在一切险责任范围内，需要单项逐一加保，保险人才负责赔偿。

（四）险种比较

平安险、水渍险、一切险的保障范围区别见表4-3。

表4-3 平安险、水渍险、一切险对比

险 别	保险责任范围	特殊事项说明	适用范围
平安险	对自然灾害和意外事故造成的保险货物的全部损失和共同海损赔偿	（1）意外事故造成的部分损失也要赔； （2）意外事故发生后，由于海上自然灾害造成的部分损失也要赔	低值、裸装的大宗货物，如矿砂、钢材、铸铁制品等
水渍险	在平安险基础上增加了由于恶劣气候、雷电、海啸、地震、洪水等自然灾害所造成的部分损失	（1）平安险只负责赔偿自然灾害造成的全部损失； （2）水渍险不仅赔偿全部损失而且负责赔偿部分损失	不太可能发生碰损、破损，容易生锈但不影响使用的货物，如小五金类产品及旧汽车、旧机床等二手货
一切险	在水渍险保险责任的基础上增加一般附加险的11种外来风险，包括盗窃、提货不着险、淡水雨淋等	水渍险对外来风险造成的损失不负责赔偿，而一切险对此负责赔偿	易损、单价高的货物

二、国内货物运输保险

根据运输工具的种类，国内货物运输保险分为水路货物运输保险、铁路货物运输保险、公路货物运输保险和航空运输保险，以及国内沿海货物运输舱面特约保险。

（一）国内水路货物运输保险

承保沿海、内河水路运输的货物，分基本险和综合险两种。基本险承保货物在运输过程中因遭受自然灾害或意外事故造成的损失；综合险除承保基本险责任外还负责包装破裂、破碎、渗漏、盗窃和雨淋等风险。

（二）国内铁路货物运输保险

承保标的为国内经铁路运输的货物，分基本险和综合险两种。基本险承保货物在运输过程中因遭受自然灾害或意外事故造成的损失；综合险除承保基本险责任外还负责包装破裂、破碎、渗漏、盗窃、提货不着和雨淋等造成的损失。

（三）国内公路货物运输保险

保障范围包括自然灾害和意外事故，还综合承保雨淋、破碎、渗漏等危险。

（四）国内航空货物运输保险

保障范围包括自然灾害和意外事故，还综合承保雨淋、破碎、渗漏、盗窃和提货不着等危险。

（五）国内沿海货物运输舱面特约保险

保障存放在舱面的货物被抛弃或者风浪冲击落水的风险。

上述基本险承保的自然灾害包括：火灾、爆炸、雷电、冰雹、暴风、暴雨、洪水、地震、海啸、地陷、崖崩、滑坡、泥石流所造成的损失。

意外事故包括：运输工具发生碰撞、搁浅、触礁、倾覆、沉没、出轨或隧道、码头坍塌所造成的损失。

三、条款解释

（一）碰撞

碰撞指运输工具在运输中与运输工具以外的静止或运动中的物体相撞，或在静止状态下受到该运输工具以外的运动物体碰撞。由此造成保险货物损失的，属保险责任。

（二）搁浅

搁浅指船舶搁置在浅滩上，造成停航 12 小时以上或损坏。由此造成保险货物损失的，属搁浅责任。

（三）触礁

触礁指船舶触碰或搁置在礁上致损。由此造成保险货物损失的，属触礁责任。

（四）倾覆

倾覆指运输工具在行驶或航行中，车身、船体翻倒或倾侧，失去正常状态，非经施救不能继续行驶或航行。由此造成所载保险货物损失的，属倾覆责任。

（五）沉没

船舶因遭受自然灾害或意外事故，致使船身全部沉没水中，或虽未构成船身沉没，但大大超过规定的吃水标准，使应浮于水面的部分浸入水中无法继续航行。由此造成保险货物损失的，属沉没责任。

（六）出轨

出轨指火车在行驶中遭遇意外事故，以致车辆脱离轨道。由此造成保险货物损失的，属出轨责任。

（七）隧道、码头坍塌

隧道是建在山岭、河道、海峡及城市地面以下，供车辆、行人、水流、管道等通过的地下建筑物。由于隧道的倒塌、崩坏、突然下陷造成运输工具上所载保险货物损失的，属隧道坍塌责任。

码头是专供停靠船舶、上下旅客和装卸货物的水工建筑物。由于浪潮冲击、积水浸蚀或其他原因，致使码头突然塌方、下陷，造成堆放在码头上的保险货物、装载于船舶或其他运输工具上保险货物损失的，属于码头坍塌责任。

第五节 产品质量保证险

一、险种介绍

产品质量保证保险又称产品保证保险，是指因被保险人制造或销售丧失或不能达到合同约定效能的产品给使用者造成经济损失时，由保险人对有缺陷的产品本身以及由此引起的有关损失和费用承担赔偿责任的一种保险。

二、保险责任

产品质量保证保险对经国家质检部门检验，符合国家有关部门规定的质量标准，取得正式合格证予以生产的民用产品予以承保。主要承保以下损失：

（1）使用者更换或修理有质量缺陷的产品所蒙受的损失和费用；

（2）使用者因为产品质量不符合使用标准而丧失使用价值的损失和由此引起的额外费用；

（3）根据法院判定或者有关政府部门的命令，回收、更换或者修理已投放市场的存有质量缺陷的产品所承受的损失和费用。

三、除外责任

产品质量保证保险的除外责任包括：

（1）产品购买者故意行为或过失引起的损失；

（2）不按产品说明书安装、调试和使用引起的损失；

（3）产品在运输途中因外来原因造成的损失或费用等。

四、保险金额与费率等的确定

（一）保险金额与保险费

保险金额按照投保人预计当年产品销售额或上年产品实际销售额确定，其中单件产品的保险金额按出厂销售价或商店零售价确定。

预收保险费按照投保人预计当年产品销售额或上年产品实际销售额，乘以费率确定。

保险合同期满时，被保险人应将保险期内已经发生的实际销售额书面告知保险人，作为调整保险费的依据。但无论保险合同因任何原因终止，保险人均按照被保险人在保险期内的实际销售额结算应收保险费。应收保险费与预收保险费的差额多退少补。

（二）保险费率

影响费率的因素有产品制造者、销售者的技术水平和质量管理情况；产品的性能和用途；产品的数量和价格；产品的销售区域；该类产品以往的损失记录。

（三）赔偿处理

对保险产品因内在质量缺陷，在使用过程中发生产品本身损失时，保险人在保险单规定的保险金额内按实际损失赔付；对属于可修理范围内的产品，保险人按更换的零配件材料费和人工费予以赔偿；由于产品质量风险不易估算和控制，保险人通常在保险合同中订有共保条款，要求被保险人共同承担损失，分担赔偿责任。

第六节　产品责任险

产品责任风险是产品生产者对其产品造成第三者人身伤害或财产损失所承担的法律责任，该风险可以通过投保产品责任保险进行转移。在欧美国家，产品责任险是一种普遍性的险种，沃尔玛、麦德龙、家乐福等国际采购商在向国内制造商采购时，都在采购合同中有严格的保险规定，要求产品供应商必须购买产品责任险。对钢铁企业特别对涉及进出口贸易的钢铁企业，产品责任风险不容忽视，它可能带来以下的影响：

（1）一旦发生产品责任事故，可能面临消费者巨额的索赔或法律诉讼的风险。

（2）如果法庭做出不利的高额判决，企业将被要求支付一大笔赔偿金额。这笔额外的资金负担无疑对将来的生产经营起到负面、甚至灾害性的影响。

（3）经过新闻媒体报道的一件索赔案，有可能招致连锁反应，引发更多的索赔。

（4）产品的声誉将因此受损。

（5）产品在该市场的开拓前景受阻。

此外，许多国家对产品责任都采用“严格责任”的归责原则，产品事故发生后，不仅产品的生产者，就连产品的批发商、零售商也往往在责难逃，并且法庭判定的产品责任最终赔偿金额也往往是巨额数字，给产品的生产者或销售者的生产和财务状况造成极大影响。目前，国际上对出口钢材没有强制投保产品责任险的要求，企业可根据自身产品责任风险大小来衡量自身对产品责任保险的需求。

一、险种介绍

产品责任保险是指以产品生产者或销售者等的产品责任为承保风险的责任保险。投保产品责任保险后，一旦因产品责任给消费者或其他人造成人身伤亡或财产损失，依法应由该生产者或销售者等负责时，由保险人予以赔偿。可以投保产品责任保险的群体包括生产商、出口商、进口商、批发商、零售商及修理商等一切可能对产品责任事故造成的损害负有赔偿责任的人。可以由他们中间的任何一方投保，也可以由他们中间的几方或全体联名投保。

二、保险责任

产品责任保险主要承担两项保险责任：

（1）在保险期限内，被保险人生产、销售的产品或商品在承保区域内发生事故，造成用户、消费者或其他任何人的人身伤害（包括疾病、伤残、死亡）或财产损失，依法应由被保险人负责赔偿时，保险人在保单规定的赔偿限额内予以赔偿。

保险公司赔偿时必须满足以下条件：产品责任事故是“意外、偶然”的，且产品责任事故必须发生在被保险人制造或销售场所以外的地方，而且产品的所有权必须已转移至用户。

（2）有关法律费用。被保险人为产品责任事故所支付的诉讼、抗辩费用及其他经保险人事先同意支付的费用，保险人也予以赔付。

三、除外责任

产品责任保险除外责任包括以下内容：根据合同或协议应由被保险人承担的责任；被保险人根据劳动法或雇佣合同对其雇员及有关人员应承担的责任；被保险人所有或照管或控制的财产的损失；被保险人故意违法生产、销售的产品或商品发生事故造成任何人的人身伤害或财产损失；被保险产品本身的损失以及退换、回收有缺陷产品造成的费用及损失；被保险产品造成大气、土地、水污染及其他各种污染引起的责任；被保险产品造成对飞机或轮船的损害赔偿责任；战争、罢工、核风险引起的产品责任事故造成的损害；因缺陷产品造成责任事故而导致的罚款以及保单规定的免赔额。

四、保险期限

产品责任保险的保险期限通常为一年，期满可以续保。产品责任保险的责任期限是由两种不同的承保基础决定的，产品责任险的承保基础主要有期内发生式和期内索赔式。

（一）期内发生式

即使产品是在保险期限前几年生产或销售的，只要该产品在保险期限内发生事故并导致损害，保险公司均负赔偿责任。其具体要点包括：产品责任事故必须发生在保险期限内；不论产品是否在保险期限内生产或销售；不论意外事故或损失是否在保险期限内发现；不论被保险人提出的索赔是否在保险期限内。

（二）期内索赔式

被保险人对受害人的损害事件应发生在追溯期或保险单有效期内；受害人对被保险人的索赔是在保险单有效期内提出的。

五、险种要点介绍

（一）保险费率和保险费

影响产品责任保险保险费率的因素有：产品的特点及其可能对人体或财产造成损害的风险大小；赔偿限额的高低；承保地区范围的大小；产品数量多少和产品价格的高低；保险公司以往经营此项业务的损失或赔付统计资料；产品制造者的技术水平和质量管理情况。

$$\text{产品责任保险的保险费} = \text{保险金额} \times \text{保险费率}$$

通常保险金额是按上年的生产总额、销售总额或营业收入总额来确定的，再根据适用的保险费率计算出预收保险费，待保险期满时再按实际营业收入总额计算出实际保险费，多退少补。

（二）赔偿限额

赔偿限额是保险人所承担赔偿责任的最高限额，通常在保险单中会规定两项赔偿限额，即每次事故赔偿限额和累计赔偿限额。前者指保险人对每一次产品责任事故可以赔付的最高金额；后者指保险人在整个保险期限内可以赔付的最高限额。有些情况下，还会将每次事故赔偿限额再划分为人身伤害和财产损失两项赔偿限额。

在确定赔偿限额时应考虑不同产品、不同地区的差异，例如钢铁材料出口到美国、加拿大等国家在设定赔偿限额时就应该高于其他国家。因为被保险人因产品责任事故对受害人应该承担赔偿责任的金额的大小，通常由当地法院判定或有关各方协商确定，在美国和加拿大，在产品责任赔偿额度判定通常都高于其他国家和地区。

（三）承保地区范围

承保地区范围由保险双方当事人商定，并在保单中列明。保险人仅对规定地区范围内发生保险事故引起的赔偿责任负责。

（四）追溯期

（1）首次投保，没有追溯期。

（2）续保时，如果投保本保险已有一年，第二年续保时追溯期为一年；如果投保人连续投保本保险已有两年，追溯期为两年；如果投保人连续投保本保险已有三年或三年以上，追溯期一般为三年。

六、险种比较

产品质量保证保险与产品责任保险都是转移产品质量缺陷的保险，但却是两个不同的险种。表4-4列出了两个险种的主要区别。

表4-4　产品质量保证保险与产品责任保险对比

项　目	产品质量保证保险	产品责任保险
保险标的	产品本身损失的经济赔偿责任	产品缺陷给消费者造成的人身伤害或财产损失依法承担的赔偿责任
险种性质	针对产品质量违约责任提供的有担保性质的保证保险	针对产品责任提供的，替责任方承担因产品事故造成对受害方经济赔偿责任的责任保险
责任范围	因产品质量问题所应负责的修理、更换、退货产品的赔偿	因质量问题导致用户财产损失或人身伤亡依法应付的经济赔偿责任

第七节　团体人身意外伤害保险

一、险种介绍

团体人身意外伤害险是指被保险人由于意外事故原因造成身体伤害或导致残废、死亡时，保险公司按照保险单约定给付保险金的人身保险，通常包括对丧失工作能力、丧失手足或失明、因伤致死及医疗费用等的给付。

团体意外伤害保险的保险期限一般为一年，期满可申请续保，保险费率根据投保单位的行业和工作性质来确定。由于是团体投保，能够有效降低经营成本，通常团体意外伤害保险的费率要比个人意外伤害保险的费率低。

二、险种要点

（一）保险费的确定

意外伤害保险是根据保险金额损失率计算出其纯保险费的，这与财产保险费率厘定的原理相同。被保险人遭受意外伤害的概率主要取决于职业及其所从事的活动，与被保险人的年龄及性别关系不大。因此，职业是确定意外伤害保险费率的关键因素，在其他条件相同时，被保险人的职业或其所从事活动的危险程度越高，费率就越高，其年龄和性别则一般不予考虑。

（二）保险金支付方式

当意外伤害事故发生时，意外伤害保险金的给付主要有两种情况，即死亡保险金给付和残疾保险金给付。死亡保险金按照合同中约定的金额（通常是保险金额，有时也规定为保险金额的一定比例）给付，残疾保险金则是按照保险金额与残疾程度百分比的乘积来给付的。如果意外伤害保险合同中包含有附加意外伤害医疗保险时，则保险人将按照合同的约定，对被保险人因意外伤害事故造成的医疗费用支出进行补偿。

三、险种特点

团体人身意外伤害保险的特点有：

（1）团体意外伤害保险的投保人是单位、组织，被保险人是该团体的成员。

（2）团体意外伤害保险的保险标的是其成员（即被保险人）的生命或身体，即对被保险人生命的灭失和身体的受伤给予保险保障，由此减少被保险人及其家庭的经济负担。

（3）团体意外伤害保险的费率主要取决于被保险人所从事的职业类别。

团体投保的意外伤害保险与个人投保的意外伤害保险在保险责任、给付方式等方面相同，只是保单效力有所区别。在团体意外伤害保险中，被保险人一旦脱离投保的团体，保单效力对该保险人即行终止，投保团体可以为该投保人办理退保手续，保单对其他被保险人依然有效。

第八节　雇主责任保险

雇主责任是指雇主对其雇员在受雇期间因发生意外事故或罹患职业病而造成人身伤残或死亡时依法应承担的经济赔偿责任。雇主责任的产生有两个来源：一是由国家通过立法规定雇主对雇用的员工在受雇期间从事与职业相关工作中因发生意外事故或罹患职业病而引起人身伤残或死亡时应承担的经济赔偿责任；二是依据雇主与雇员之间签订的劳动合同而产生的雇主对雇员的经济赔偿责任。雇主所承担的对雇员的责任，包括雇主自身的故意行为、过失行为以及无过失所致的雇员人身伤害赔偿责任。被保险人的故意行为通常都列为除外责任。

雇主过失或疏忽责任的情况包括：

（1）雇主提供危险的工作地点、机器工具或工作程序；

（2）雇主提供不称职的管理人员；

（3）雇主本人直接的疏忽或过失行为，如对有害工种未提供相应标准的劳动保护用品等。

一、险种介绍

雇主责任保险是指以雇主的雇主责任为承保风险的责任保险。它保障雇主对雇员在受雇过程中的伤亡、疾病的赔偿责任。对非因工作或非工作时间内雇员的人身伤亡和疾病，雇主责任保险不予负责。此外，对雇员的财产损失也不负责赔偿。我国目前开办的雇主责任保险，主要是承保雇主根据有关法律或雇佣合同对雇员人身伤害的损害赔偿责任。

二、保障范围

（一）保险责任

基本责任包括两方面的内容：一是被保险人雇用的人员在受雇过程中且在保险期间、在保单列明的地点、从事保单列明的被保险人的业务活动时，遭受意外而受伤、致残、死亡或患与业务有关的职业性疾病所致伤残或死亡的经济赔偿责任；二是因保险事故而被提起仲裁或者诉讼的，对应由被保险人支付的仲裁或者诉讼费用以及事先经保险人书面同意支付的其他必要的、合理的费用。

该险种需要注意几点内容：受雇过程是指雇员的受雇佣期间（包括假日和加班）；保单载明的业务工作是指在保单中列明的每一名雇员所从事的工种，雇员从事的工种必须是列明的或与列明有关的，因为“业务工作”是保险人厘定保险费率重点考虑的因素；职业性疾病是指经过医院确诊的与职业有关的疾病；雇主自身（包括企业董事会成员）在工作地点和工作期间的人身伤亡不属于保险责任范围。

（二）附加责任

我国雇主责任保险经保险双方当事人约定后，可以扩展承保附加医疗费保险等。

三、除外责任

除外责任包括下列内容：战争、类似战争行为、叛乱、罢工、暴动或由于核辐射所致的雇员伤残、死亡或疾病；雇员由于疾病、传染病、分娩、流产以及因这些疾病而施行内、外科治疗手术所致的伤残或死亡；由于雇员自加伤害、自杀、犯罪行为、酗酒及无证驾驶各种机动车辆所致的伤残或死亡；被保险人的故意行为或重大过失；被保险人对其承包商雇员的责任。

四、险种要点

（一）保险费率与保险费

保险费率与工作地址、职业性质以及被保险人选定的赔偿限额有关。一般，从事危险工作的雇员，费率最高；从事一般工作的雇员，费率中等；办公室职员和做秘书工作的雇员，费率较低。针对不同保险条款保险费有两种计算方式：一种是根据被保险人的工资总额（包括奖金、伙食补助等各种津贴、加班费等）与费率的乘积计算；另一种是根据总赔偿限额与费率乘积计算。

（二）保险期限

雇主责任保险的保险期限一般是一年，以保险双方当事人约定的时间为始终点，也有的合同以承包工程期为保险期间。国外多以“期内索赔式”承保雇主责任保险。

（三）赔偿限额

我国的雇主责任保险没有法律规定的赔偿标准，由被保险人根据雇佣合同的要求，以雇员若干个月的工资额确定赔偿限额。雇主责任保险保单按照死亡和伤残两种情况下的赔偿限额分别赔付。

其中伤残赔付规定如下：永久性完全残废，按每一名雇员的最高赔偿限额赔付；永久性局部残废，按赔偿金额表中规定的百分比赔付；雇员在工作中受伤称为伤害，暂时丧失工作能力超过5天，经医生证明，按雇员的工资给予赔偿。在保险期限内，不论发生一次或多次赔偿，保险单对每位雇员的赔偿累计不得超过保单规定的赔偿限额。

附加意外伤害医疗费用保险，需要对每名雇员规定医疗费用赔偿限额。

五、险种特点

投保雇主责任险可以有效转移雇主对雇员承担的经济赔偿责任，主要表现为：

（1）对未投保工伤保险的企业，雇主责任险可以提供较全面的风险保障，使受伤雇员得到及时的赔偿，降低企业的赔付成本，稳定企业财务，保障企业稳健经营。

（2）对投保工伤保险的企业，雇主责任险可以补充工伤保险的保障范围，承担工伤保险项下由雇主负担的部分费用（如诉讼费用、住院伙食费、外地就医的交通费、停职留薪期间的工资及护理费用等），转移工伤保险未承保的风险，（如上下班途中非机动车辆保险事故造成的赔偿责任）；通过扩展条款和特别约定扩大承保范围，为雇主提供更全面的保障。

六、险种比较

雇主责任保险、工伤保险和团体人身意外保险，都可以为员工提供人身安全的保障，但其保障范围、保障程度等方面存在区别。

（一）雇主责任保险与工伤保险的比较

尽管工伤保险与雇主责任保险在保障的事故范围、投保人、社会意义等方面具有相似的地方，但是工伤保险属于社会保险，雇主责任保险属于商业性保险，两者具有截然不同的性质。

1. 经营目的不同

工伤保险是政府的一项社会政策，其基本目的是让劳动者的生活获得基本的保障。这种“政策性”决定了工伤保险的经营不以营利为目的，而以社会效益为主。政府是工伤保险的实施者，对其财务盈亏负有最后的责任，如果发生亏损，则由国家财政拨款弥补，使被保险人有永久获得保障的权利。

雇主责任保险首先是一种商业性保险，是一种商业活动。商业性保险公司经营雇主责任保险的主要目的是获利。保险公司是自负盈亏的经济实体，作为企业，其经营的首要目的就是经济效益。因此，商业性保险公司要精确的计算风险发生的概率，确立合理的保险费率，积极运用保险基金。

2. 被保险人的不同

工伤保险的被保险人是雇员。工伤保险是对劳动者为企业付出的身体损失进行的补偿。工伤保险把雇员的工伤保障放在第一位，其目的就是为雇员提供社会保障。尽管雇主也通过工伤保险分散了工伤风险，但这并不是工伤保险的主要目的。因而工伤保险的被保险人是雇员，而不是雇主。

雇主责任保险的被保险人是雇主。雇主责任保险作为一种商业性保险，主要为被保险人（雇主）根据民法或雇佣合同应承担的责任提供保障，负责雇员因职业性疾病引起的伤残或死亡及医药费用，并对雇主由此产生的法律费用等进行赔偿。可见，在雇主责任保险中，雇主既是投保人，也是被保险人。

3. 保险责任的不同

工伤保险与雇主责任保险都对雇员因工作原因受伤、患病、致残乃至死亡，而导致暂时或永久丧失劳动能力的风险进行保障。但是它们的保险责任范围存在一定的不同，例如雇主责任保险承保雇主应付索赔人的诉讼费用以及经保险公司书面同意负责的诉讼费用及其他费用，而工伤保险则不负责这些费用。又如在抢险救灾等维护国家利益、公共利益活动中受到伤害的，职工原在军队服役，因战、因公负伤致残，已取得革命伤残军人证，到用人单位后旧伤复发的，都是工伤保险承保的范围，而雇主责任保险则不承保。

4. 保险关系建立依据的不同

工伤保险中的保险人与被保险人之间的保险关系主要以有关的工伤保险法律法规和社保政策为依据，在我国主要是依据《工伤保险条例》，保险对象、保险资金来源、保费负担、受益人的资格、给付标准等均由法律法规和政策规定，双方当事人不能另有约定。

雇主责任保险在我国没有专门的相关法规，主要是由 1995 年颁布实施的《保险法》进行规范。经营雇主责任保险的商业性保险公司和投保人（雇主）之间的保险关系的建立，在《保险法》容许范围内签订保险合同，通过保险合同确定双方的权利义务关系，如保险公司可因雇主不履行缴纳保险费的义务而有权停止雇主或雇员在保险合同中享有的权利。

5. 保险给付标准和保障水平的不同

工伤保险由于政府保障需兼顾社会各层面的保障需求，保障程度有限，雇员只能在法律规定的尺度内获得赔偿，且补偿金的多少与月工资密切相关。工伤保险与其他社会保险具有统一的基本保障水平，有利于发生工伤事故的员工的基本生活保障。我国目前的工伤保险的保障水平较低。

雇主责任保险的给付标准不仅取决于雇员的月工资，还取决于赔偿限额，与所缴保费之间有密切联系，奉行多投多保、少投少保的原则。雇主可以根据自己的需要，投保时约定较高的保险金额，缴付较高的保费，在发生保险事故时，也可以从保险公司获得较高的保额保障。相反，如果雇主投保时约定的保额较低，就可以缴付较低的保险费，也只能获得较低的保额保障。

6. 实施方式的不同

工伤保险是强制性保险，不管本人是否愿意，只要在实施范围之内的人都应该参加，并由政府授权的社会保险管理机构强制实施。雇主责任险以双方自愿为基础，并可以中途变更保险公司，遵循的是契约自由原则。工伤保险与雇主责任保险的比较见表4-5。

表4-5 工伤保险与雇主责任保险的比较

区别	对比内容	工伤保险	雇主责任保险
相同点	基本风险	雇员的工伤风险	雇员的工伤风险
	雇主是否是投保人	是	是
	社会管理功能	雇员康复、企业稳定、社会安定	雇员康复、企业稳定、社会安定
不同点	经营目的	社会保障	营利
	实施方式	强制	自愿
	经办主体和管理特征	政府经办，统一管理	商业保险公司经办，自行管理
	被保险人	雇员	雇主
	保险责任	承保部分因公共利益所致伤害	承保相关诉讼费用等
	保险关系建立依据	《工伤保险条例》	《保险法》约定
	资金来源	国家、雇主等	雇主
	保障水平	基本生活保障	多投多保
	与财税的关系	国家拨款	不拨款，缴纳税收

（二）雇主责任保险与团体人身意外伤害保险的比较

雇主责任险和团体人身意外伤害险都能给企业或单位的职工提供经济上的保障，但二者却属于不同范畴的保险，其区别主要体现在：

（1）被保险人不同。在雇主责任险中被保险人是雇主，而在团体人身意外伤害保险中被保险人是单位的雇员（职工）。

（2）保险标的不同。雇主责任险的标的是雇主依法应对雇员承担的损害赔偿责任，团体人身意外伤害保险的保险标的则是被保险人（雇员）的身体或生命。

（3）赔偿依据不同。雇主责任险的赔偿依据是法律或雇佣合同，只有在根据法律或雇佣合同雇主应对雇员承担经济赔偿责任时，保险人才负责赔偿。团体人身意外伤害保险的赔偿依据则是保险合同所约定的内容。保险人是根据约定的保险金额和被保险人的死亡或伤残程度予以给付。

（4）法律后果不同。在雇主责任险中，保险人的赔偿是代替被保险人（雇主）履行了应尽的赔偿责任的一部分或全部。团体人身意外伤害中，保险人根据条款对被保险人进行给付，但这种给付并不能免除或减少投保的单位或雇主对被保险人应尽的赔偿责任。从法律上讲，得到团体意外险给付的职工仍可根据法律或雇佣合同再向雇主行使要求赔偿的权利。

（5）保险金额设定依据不同。雇主责任险的保额一般确定为雇员年工资的一定倍数。而团体人身意外险的保额由投保方自行确定。

第九节 利润损失保险

钢铁企业由于生产流程长、工艺复杂、生产设备价值较高，一旦发生事故，不但会引发设备设施损坏、人员伤亡等直接损失；如果生产设备重置周期过长或者生产恢复所需时间较长将导致生产中断，产生巨大的间接损失，包括利润损失，而利润损失保险就是对企业发生保险事故引发的利润损失风险进行转移的一种险种。

一、险种介绍

企业财产保险只是对保险责任范围内的灾害事故而造成的被保险财产本身的损失给予赔偿，对因此而造成的被保险人停产减产，营业中断等间接经济损失是不负责赔偿的。为了合理有效地转移这部分的损失风险，催生了利润损失保险。

二、保障范围

利润损失保险作为传统财产保险和机器损坏险的附加险种，只有当财产保险基本险、综合险、一切险或机器损坏险所承保的保险事故发生损失后，保险公司才负责赔偿营业中断损失。

利润损失保险承保的是投保企业的生产营业设备由于遭受自然灾害或意外事故造成企业生产停顿或营业中断而引起的间接经济损失，即预期毛利润的损失和中断期间仍需支付的必要持续费用损失。归纳起来，利润损失保险的保障项目有四类：

（1）营业额减少所致的毛利润损失，指赔偿期限内由于直接损失所造成的营业额低于标准营业额的差额。

（2）营业费用增加所致的毛利润损失，专为避免或缩小营业额的减少而支出的，如果不予花费，营业额就要因出险而在赔偿期限降低的，必要和合理的额外费用（但这项费用以不超过毛利润率乘以因花费额外费用而避免降低的营业额所得的金额为限）。

以上两项应扣除在赔偿期限内因出险可能在毛利润中减少或停止支付而节约的业务开支和费用。

（3）工资。工资是指付给雇员报酬总额，包括奖金、加班费、生活补助、保险费、节假日工资以及其他与工资有关的款项。

（4）审计师费用。根据被保险人以往实际委托的会计师事务所的收费情况来计算可能发生的审计师费用。

由于被保险人经营管理不良造成的利润损失减少，由于市场价格变化，产品质量低劣，产品积压等商业性原因造成的利润损失，则都不是利润损失保险的责任范围。

三、保险期限

利润损失保险的保险期限与主险保险期限相同。

四、免赔天数

免赔天数是指在发生损失后，保险公司仅对超过这个天数以上的停产造成的毛利润进行赔付。按照国际惯例，免赔天数应该结合实际停产天数考虑，折换成免赔率计算，当然也可以与保险公司约定按照全年的平均水平折算成免赔额计算。否则，约定不清可能由此产生争议。

设定免赔天数，有利于减少小规模停产赔案的处理，降低保险公司和被保险人因理赔而产生的额外费用；设定适当的免赔天数也可以使被保险人注意日常的风险管理与控制；

通常免赔天数与费率是反向变动关系，设定一定的免赔天数可以节省保险费。

五、赔偿期

赔偿期是指发生主险事故后，使被保险人生产受到影响，进而导致出险以后一段期间内的毛利润都会受到影响，该段期限如果不超过保单约定的赔偿期，保险人将全部赔付，如超过赔偿期的部分，被保险人需要自己承担。该期限一般以月为单位。例如企业在2008年7月发生火灾事故，该次火灾从2008年9月份开始对企业的毛利润产生影响，该影响直到2009年12月才完全消除，企业保单投保的赔偿期如果为12个月，则2008年9月至2009年8月的毛利润降低损失由保险人承担赔偿，2009年9月至12月的毛利润，由于超过了12个月的期限，则毛利润的损失保险公司将不负责赔付。

第十节　机动车辆保险

一、险种介绍

机动车辆保险是以机动车辆本身和机动车辆的第三者责任为保险标的的一种运输工具保险。其所承保的机动车辆包括汽车、电车、电瓶车、摩托车、拖拉机、各种专用机械车以及特种车等。

机动车辆保险的保险标的因险种不同而不同。车辆损失保险的保险标的是各种机动车辆；第三者责任保险的保险标的是保险车辆因意外事故致使他人遭受人身伤亡或财产直接损失而依法应负的赔偿责任。

二、险种分类

机动车辆保险可以分为机动车交通事故责任强制保险（简称交强险）、商业基本险、附加险三种，交强险自2006年7月1日起开始实施，属于法定强制性保险；基本险自2007年4月1日以后主要包括车辆损失险和第三者责任险和全车盗抢险；除此之外，玻璃单独破碎险、不计免赔率险等均属于附加险。

（一）交强险

交强险是我国首个由国家法律规定实行的强制保险制度。《机动车交通事故责任强制保险条例》（简称《条例》）规定：交强险是由保险公司对被保险机动车发生道路交通事故造成受害人（不包括本车人员和被保险人）的人身伤亡、财产损失，在责任限额内予以赔偿的强制性责任保险。根据《条例》规定，在中华人民共和国境内道路上行驶的机动车的所有人或者管理人都应当投保交强险。同时《条例》规定，机动车所有人、管理人未按照规定投保交强险的，将由公安机关交通管理部门扣留机动车，通知机动车所有人、管理人依照规定投保，并处应缴纳的保险费的2倍罚款。

2008年1月11日保监会将交强险的赔偿限额调整为：死亡伤残赔偿限额110000元人民币；医疗费用赔偿限额10000元人民币；财产损失赔偿限额2000元人民币。由于交强险的保障作用主要在于对第三方的损害赔偿，且重点是对人的伤害赔偿，因此，财产损失赔偿限额比较低。一旦发生交通事故，2000元的财产损失限额很难满足大部分情况的需求，因此，建议补充投保商业保险，以弥补交强险对财产损失补偿的缺陷。

（二）基本险

机动车辆保险的基本险在2007年4月1日以前分为车辆损失险和第三者责任险，在此后保监会将全车盗抢险、机动车车上人员责任险、机动车提车保险也列为可以单独购买的险种。

1. 车辆损失险

车辆损失险是指保险车辆遭受保险责任范围内的自然灾害或意外事故造成保险车辆本身损失，保险人依照合同的规定给予赔偿的一种保险。

2. 第三者责任保险

第三者责任保险所承保的是在保险期间内，被保险人或其允许的合格驾驶员在使用车辆过程中，发生意外事故，致使他人遭受人身伤亡或财产损失，依法应由被保险人承担的相应的民事赔偿责任，保险人按照我国道路交通事故处理办法的规定和保险合同的约定给予赔偿。

3. 全车盗抢险

全车盗抢险承保机动车辆（含挂车）全车盗窃、被抢劫或被抢夺，经县以上公安部门立案证实，满3个月未查明下落的损失。此外还承保保险车辆被盗窃、被抢劫或被抢夺期间受到损坏或车上零件或附属设备丢失，需要修复或重置的费用。

4. 机动车车上人员责任险

机动车车上人员责任险承保在保险期间内，被保险人或其允许的合法驾驶人在使用被保险机动车过程中发生意外事故，致使车上人员遭受人身伤亡，依法应当由被保险人承担的损害赔偿责任，保险人依照本保险合同的约定负责赔偿。

5. 机动车提车保险

机动车提车保险承保在机动车从产地或者关税缴讫地行驶到销售地、或者从销售地行驶到购买人指定地点期间，发生的车辆损失责任、第三者责任、车上人员责任等。

（三）附加险

为了满足被保险人对汽车有关的其他风险的保障要求，保险人常提供多种附加险供投保人选择。附加险不能单独投保，必须在机动车损失险和第三者责任险的基础上进行选择投保。钢铁企业的车辆多为非营业用车，其常用的附加险有以下几个。

1. 玻璃单独破碎险

在投保了机动车损失险的基础上，承保车辆在使用和停放期间，前后挡风玻璃、门窗玻璃和侧玻璃发生单独破碎的损失。

2. 车身划痕损失险条款

在投保了机动车损失险的基础上，对于无明显碰撞痕迹的车身划痕损失，保险人负责赔偿。

3. 可选免赔额特约条款

在投保了机动车损失险的基础上，车辆发生机动车损失保险合同约定的保险事故，保险人在按照机动车损失保险合同的约定计算赔款后，扣减本特约条款约定的免赔额。

4. 车辆停驶损失险

在投保了机动车损失险的基础上，承保因发生车辆损失险的保险事故，造成车身损毁致使车辆停驶，由此引起被保险人因不能正常使用车辆的间接损失。

5. 新增加设备损失险

在投保了机动车损失险的基础上，因发生车辆损失险的保险事故，造成车上新增设备的直接损失。

6. 车上货物责任保险

在投保了第三者责任险的基础上，承保因发生意外事故致使被保险机动车所载货物遭受直接损毁，依法应由被保险人承担的损害赔偿责任。

7. 不计免赔率特约保险

机动车辆发生保险事故造成赔偿，对其在符合赔偿规定的金额内按责应承担的免赔金额，保险人负责赔偿。分为基本险不计免赔率特约保险和附加险不计免赔率特约保险，目前投保最多的为基本险不计免赔率特约保险。

三、险种要点

（一）保险期限

保险期限是指保险人为被保险人提供保险保障的起止日期，又称保险期间或保险合同的有效期间。机动车辆的保险期限通常是1年，自保险单载明之日起，到保险期满日24时止。对于当天投保的车辆，起保时间应为次日零时，保险人按照保险单上约定的时间承担保险责任。保险期满续保需另行办理投保手续。

（二）保险金额

机动车保险一般采用不定值保险的方式进行投保。车辆损失险的保险金额是保险人对投保车辆损失险的机动车辆，在发生保险责任范围内的自然灾害或意外事故造成损失时，给予赔偿的最高金额。车辆损失险的保险金额由投保人和保险人选择以下三种方式协商确定，保险人根据保险金额的确定方式承担相应的赔偿责任。

1. 按新车购置价确定

新车购置价是指保险合同签订的购置与保险车辆同类型新车（含车辆购置附加税）的价格。

2. 按投保时车辆的实际价值确定

实际价值是指同类型车辆的新车购置价减去该车已使用年限折旧金额后的价格。但最高折旧金额不超过新车购价的80%。车辆使用年限按每满1年扣除1年计算，不足1年的部分，不计折旧。规定使用年限按国家有关规定执行。折旧计算公式为

$$\text{实际价值}=\text{新车购置价}\times(1-\text{已使用年限}\div\text{规定使用年限})$$

$$\text{或}=\text{新车购置价}\times(1-\text{已使用年限年折旧率})$$

3. 由投保人与保险人协商确定

采用这种方法确定保险金额时，保险金额不得超过同类型新车购置价。如果超过，其超过部分无效。

如果投保人将保险车辆另行加装的新增加设备与保险车辆一起向保险人投保，就必须列明新增加设备明细表及价格。新增加设备的保险金额在实际价值内由投保人与保险人协商确定，新增加设备的实际价值为其投保时的市场价格。

$$\text{保险金额}=\text{新车购置价}+\text{新增设备的实际价值}$$

（三）第三者责任险的赔偿限额

赔偿限额是保险人承担第三者责任险每次事故赔偿的最高限额，也是保险人计算保险费时所需考虑的因素。第三者责任险的每次事故最高赔偿限额应根据不同车辆种类选择确定，投保人和保险人在投保时可以根据不同车辆的类型，自行协商选择确定第三者责任险每次事故的最高赔偿限额。

挂车投保后与主车视为一体。发生保险事故时，挂车引起的赔偿责任视同主车引起的赔偿责任。保险人对挂车与主车所承担的赔偿金额之和，不得超过主车的赔偿限额。

（四）附加险的保险金额

（1）车辆停驶损失险按双方约定的赔偿天数和日赔偿金的乘积来确定赔偿限额。

（2）新增设备损失险的保险金额按新增设备的购置价确定。

（3）车上货物责任险的赔偿限额由双方协商确定。

（4）玻璃单独破碎险的保险金额由双方在协商的基础上，自愿选择按进口玻璃或国产玻璃确定。

第十一节　建筑工程一切险

随着钢铁企业不断扩大规模，经常面临新扩建问题。由于在建工程在未完工时还不能达到设计强度，因此很容易在施工期间遭受自然灾害袭击而受损。由于现代的钢铁企业建造设计集中了先进的工艺、精密的设计和科学的施工方法，工程造价与日俱增，工程项目本身就是高价值、高技术的集合体，为了转移上述巨额风险，目前各钢铁生产企业普遍采取投保建筑工程一切险来转移新建、改扩建工程施工期间的物质损失风险和第三者责任风险。

一、险种介绍

建筑工程一切险是以建筑工程项目为保险标的的保险。该险种适用于民用、工业用及公共事业用等所有建筑工程项目，转移这些项目在建设过程中面临的自然灾害和意外事故风险及第三者责任风险。

二、保障范围

建筑工程一切险属于工程保险的一种。承保建筑工程项目在建造过程中，因除外责任以外的自然灾害或意外事故而引起的损失。该险种的责任范围主要分为物质损失部分和第三者责任部分：

第一部分为物质损失部分，主要承保项目在建设、安装、调试、试运转各个阶段由于自然灾害或意外事故而引起项目财产的物质损失。

物质损失部分主要包括：

（1）建筑工程，包括永久性和临时性工程及工地上的物料，包括建筑物主体，建筑物内的装修设备，配套的道路、水电设施、存放在工地上的建筑材料、设备等。

（2）业主提供的物料及项目。

（3）施工机具设备，包括发包人提供的施工机具设备及承包人自有的施工机具设备。

（4）安装工程项目，指未包括在承包合同内的机器设备的安装工程项目，如饭店、办公楼的供电、供水、空调等机器设备的安装项目。

（5）工地内现有的建筑物，指不在承保工程范围内，归所有人或承包人所有的或其保管的工地内已有的建筑物。

（6）场地清理费用，指保险事故发生并造成损失后，为拆除受损标的、清除事故现场和运走废弃物，以便进行修复工程所发生的费用。

（7）所有人或承包人在工地上的其他财产。

建筑工程一切险保险责任的第二部分为第三者责任险部分，主要承保因发生与工程直接相关的意外事故导致第三者财产损失或人身伤亡被保险人依法承担的经济赔偿责任。

三、保险金额与保险费

建筑工程一切险的保险金额为保险建筑工程完工时的总价值，包括原材料费用、设备费用、建造费、安装费、运输费、保险费、关税、其他税项和费用，以及由工程所有人提供的原材料和设备的费用。考虑到施工期间各种因素的变化，投保人一般根据工程概算额或承包合同价投保，待工程完工后再按实际造价对保险金额予以调整。其他承保项目的保险金额则以投保标的的重置价值或由保险双方协调确定。对因地震、海啸、洪水等特约灾害造成损失的，保险人一般还另行规定赔偿限额，按保险金额的一定比例计算。

第三者责任部分通常设定每次事故赔偿限额和累计赔偿限额，主要是根据工程周围情况来进行设定的。

建筑工程一切险的费率，应以投保人填写的投保单内容和保险人对投保标的的风险调查为依据，在对风险及其可能产生的损害后果作出评估的基础上，科学合理地进行厘定。保险费率与下列因素有关：保险责任的大小；保险标的本身的危险程度，包括承保项目的种类、性质、建筑结构、施工场所等；承包人的技术水平和管理水平；承包人及工程其他关系方的资信情况；保险金额、赔偿限额及免赔额的高低。在综合考虑上述因素的基础上，再结合以往承保同类业务的赔付情况，保险人就可以制定出比较合理的费率标准。但是，由于保险金额要在工程完毕后才能真正确定，保险费的计收应在签订保险合同后预收，期满后根据工程实际造价多退少补。

四、附加条款

建筑工程一切险附加险有以下几类：

（1）扩展保险责任范围的附加条款，包括设计师风险扩展条款、工程完工部分扩展条款、地下炸弹特别条款等。

（2）扩展赔偿范围的附加条款，包括公共当局扩展条款、清理残骸费用扩展条款、专业费用条款、特别费用扩展条款等。

（3）限制性的附加条款，包括地震除外条款、洪水除外条款、钻井工程特别条款、旧设备除外条款等。

（4）第三者责任的扩展条款，包括震动、移动或减弱支撑条款、交叉责任扩展条款等。

第十二节 董事高管责任保险

一、险种介绍

董事高管责任险（简称董责险），是指对被保险董事及高级管理人员在履行公司管理职责过程中，因被指控工作疏忽或行为不当而被追究其个人赔偿责任时，由保险人负责赔偿该董事或高级管理人员进行责任抗辩所支出的有关法律费用并代为偿付其应当承担的民事赔偿责任的保险。董事高管责任保险缘于公司法、证券法等法律对公司董事及高级管理人员履行职务所应承担的义务和责任的规定，用来保障公司董事、监事与高级管理人员在履行他们的管理职责时，面临的潜在的个人责任风险，1934 年最早起源于美国，是一种职业责任保险。在西方经济发达国家，尤其是美国，绝大多数的上市公司都为自己的董事及高级管理人员购买了董事高管责任保险。2002 年 1 月 23 日，由中国平安保险公司与美国丘博保险集团合作推出我国第一张中文条款的公司董事及高级职员责任保险单。

二、保险责任

董事高管责任保险主要承担两项保险责任：

（1）在保险期内，被保险董事及高级管理人员在履行公司管理职责过程中，因被指控工作疏忽或不当行为，而被追究个人赔偿责任时，依法应由被保险董事及高级管理人员负责赔偿时，保险人在保单规定的赔偿限额内予以赔偿。

（2）有关法律费用。被保险人因赔偿请求发生后，所支付的诉讼、抗辩费用及其他经保险人事先同意支付的费用，保险人也予以赔付。

三、除外责任

董事高管责任保险的除外责任包括以下内容：被保险人的欺诈、故意、违法行为；被保险人或被保险公司提出的索赔；被保险人因内幕交易信息而导致的损失；为获取不当利益，而对政府职能部门、社会团体及利益关系人支付款项、佣金、赠与、贿赂的行为；被保险人保证或对外担保行为；造成他人人身伤害或有形财产损失；造成他人的精神损害赔偿；保单生效日前被保险人已知悉或应知悉第三者索赔或过错行为；罚款或惩罚性赔款以及保单规定的免赔额。

四、保险期限

董事高管责任保险的保险期间通常为一年，期满可以续保。董事高管责任保险的承保基础主要为期内索赔式，即被保险人对受害人的损害事件应发在追溯期或保单有效期内，受害人对被保险人的索赔是在保单有效期内提出。首次投保，通常不设追溯期。

五、险种要点介绍

（一）保险费率和保险费

影响董事高管责任保险费率的因素有：被保险公司的运营情况；被保险公司证券价

值；被保险公司的财务状况；被保险公司的治理架构；被保险公司所属行业；被保险公司上市地点；被保险公司以往赔付统计情况等。

根据《上市公司治理准则》第三十九条规定，经股东大会批准，上市公司可以为董事购买责任保险。保费可由被保险公司承担，也可由被保险公司与被保险人共同分担。目前通常是由公司与董事、高级管理人员共同出资购买。

（二）赔偿限额

赔偿限额是保险人所承担赔偿责任的最高限额，通常在保险单中会规定两项赔偿限额，即每次事故赔偿限额和累计赔偿限额。前者指保险人对每一次责任事故可以赔付的最高金额；后者指保险人在整个保险期限内可以赔付的最高限额。在确定赔偿限额时应考虑不同地区的差异，例如美国、加拿大等经济发达国家在设定赔偿限额时就应该高于其他国家，因为这些国家容易发生集团诉讼，导致法院判决高额的赔偿。

（三）承保地区范围

承保地区范围由保险双方当事人商定，并在保单中列明。保险人仅对规定地区范围内发生保险事故引起的赔偿责任负责。

第十三节　安全生产责任保险

一、险种介绍

安全生产责任保险是生产经营单位在发生生产安全事故以后对死亡、伤残者履行赔偿责任的保险，对维护社会安定和谐具有重要作用。对于高危行业分布广泛、伤亡事故时有发生的地区，发展安全生产责任保险，用责任保险等经济手段加强和改善安全生产管理，是强化安全事故风险管控的重要措施，有利于增强安全生产意识，防范事故发生，促进地区安全生产形势稳定好转；有利于预防和化解社会矛盾，减轻各级政府在事故发生后的救助负担；有利于维护人民群众根本利益，促进经济健康运行，保持社会稳定。2014 年 12 月 1 日颁布实施的新修订的《中华人民共和国安全生产法》第四十八条规定：国家鼓励生产经营单位投保安全生产责任保险。

二、保障范围

在保险期间内，被保险人的工作人员在中华人民共和国境内因下列情形导致伤残或死亡，依照中华人民共和国法律（以下简称为“依法”）应由被保险人承担的经济赔偿责任，保险人按照本合同的约定负责赔偿：

（1）工作时间在工作场所内，因工作原因受到安全生产事故伤害；

（2）工作时间前后在工作场所内，从事与履行其工作职责有关的预备性或者收尾性工作受到安全生产事故伤害；

（3）在工作时间和工作场所内，因履行工作职责受到暴力等意外伤害；

（4）因工外出期间，由于工作原因受到伤害或者发生事故下落不明；

（5）在上下班途中，受到交通及意外事故伤害；

（6）在工作时间和工作岗位，突发疾病死亡或者在 48 小时之内经抢救无效死亡；

（7）根据法律、行政法规规定应当认定为安全生产事故的其他情形。

三、附加条款

企业投保安全生产责任保险，可以根据企业的具体保险需求增加一些附加条款，如：

（1）附加第三者责任：在保险期间内，被保险人合法聘用的工作人员在被保险人的工作场所内，受雇从事保险单明细表所载明的被保险人的业务过程中，发生安全生产事故，造成第三者死亡，依法应由被保险人承担的经济赔偿责任，保险人按照本附加险合同和主险合同的约定负责赔偿。

（2）附加施救及事故善后处理费用保险责任：在保险期间内，被保险人的工作人员因主险条款第四条所列情形导致的伤残或死亡，被保险人因采取必要、合理的施救及事故善后处理措施而支出的下列费用，保险人按照本附加险合同和主险合同的约定也负责赔偿：

1）现场施救费用；

2）参与事故处理人员的加班费、住宿费、交通费、餐费以及生活补助费。

（3）附加医疗费用保险责任：在保险期间内，被保险人的工作人员根据合同约定情形导致的伤残或死亡，依照中华人民共和国法律应由被保险人承担的医疗费用，保险人按照本附加险合同和主险合同的约定负责赔偿。

四、赔付标准及赔偿方式

（1）未办理工伤保险的保险人按照以下约定方式据实计算赔偿：

每人赔偿限额（按投保时确定限额），其中：

1）每人死亡赔偿限额：参照工伤赔偿标准计算的金额在每人死亡赔偿限额内据实赔偿。

2）伤残：按工伤死亡赔偿标准与工伤鉴定标准鉴定的伤残等级及相对应补偿比例进行赔偿。

3）医疗费：被保险人实际支付的与当次事故相关的必要且合理医疗费用，保险人在扣除工伤医疗或任何第三方（包括任何商业医疗保险）已经补偿或给付部分后，对其余额按合同约定给予赔付，但最高不超过双方约定的医疗费赔偿限额。

（2）办理了工伤保险的保险人按照以下约定方式据实计算赔偿：

每人赔偿限额（按投保时确定限额），其中：

1）每人死亡赔偿限额：参照工伤赔偿标准计算的金额扣减应由工伤保险赔偿金额后的余额部分在每人死亡赔偿限额内据实赔偿。

2）伤残：按工伤死亡赔偿标准与工伤鉴定标准鉴定的伤残等级及相对应补偿比例进行赔偿。

3）医疗费：被保险人实际支付的与当次事故相关的必要且合理医疗费用，保险人在扣除工伤医疗或任何第三方（包括任何商业医疗保险）已经补偿或给付部分后，对其余额按合同约定给予赔付，但最高不超过双方约定的医疗费赔偿限额。

（3）残疾评定标准：伤残级别参照《职工工伤与职业病残程度鉴定（GB/T 16180—2006）》中的标准制定。

第十四节 环境污染责任保险

大多数国家对于特定的污染物质实行强制投保制度。美国的环境污染责任保险又称污染法律责任保险，包括两类：一是环境损害责任保险，以约定的限额承担被保险人因其污染环境，造成邻近土地上的任何第三人的人身损害或财产损失而发生的赔偿责任；二是自有场地治理责任保险，以约定的限额为基础，承担被保险人因其污染自有或者使用的场地而依法支出的治理费用。美国针对有毒物质和废弃物的处理所可能引发的损害赔偿责任实行强制保险制度。

德国环境污染责任保险采取强制责任保险与财务保证或担保相结合的制度。德国《环境责任法》规定，存在重大环境责任风险的“特定设施”的所有人，必须采取一定的预先保障义务履行的措施，包括与保险公司签订损害赔偿责任保险合同，或由州、联邦政府和金融机构提供财务保证或担保。该法直接以附件方式列举了“特定设施”名录。

法国和英国的环境污染责任保险是以自愿保险为主、强制保险为辅。一般由企业自主决定是否就环境污染责任投保，但法律规定必须投保的则强制投保。

印度议会于1991年通过《公共责任保险法》规定。对于处理“危险物质”的有关单位，如果是政府和国有公司，实行环境保险基金制度。如果是普通商务公司，则强制要求投保环境责任保险。

一、险种介绍

环境污染责任保险主要承保企业在依法从事生产经营活动过程中，由于突发的意外事故导致污染物的排放、泄露、溢出、渗漏造成第三者的人身伤亡或直接财产损失的赔偿责任。

环境污染责任保险往往具备以下三大特点：承保条件严格，承保责任范围受到限制；个别确定保险费率，具有特定性；经营风险较大，需要政府支持。

二、保障范围

（1）被保险人依法从事生产经营活动过程中，由于突发的意外事故导致污染物的排放、泄露、溢出、渗漏造成承保区域内第三者的人身伤亡或直接财产损失；

（2）被保险人因进行清理而支出的合理的、必要的清污费用和施救费（简称施救费用）；

（3）保险事故发生后，被保险人因保险事故而被提起仲裁或者诉讼的，对应由被保险人支付的仲裁或诉讼费用以及其他必要的、合理的费用（简称法律费用）。

三、附加险条款

（1）附加场所内清理费用保险条款。扩展承保因被保险人对被保险场所内的污染物进行清理所发生的合理必要的清理费用。

（2）附加精神损害赔偿责任保险条款。扩展承保被保险人因突发意外事故导致污染损害，由此造成第三者的人身伤亡，由第三者提出的精神损害赔偿。

（3）附加自然灾害责任保险条款。扩展承保因发生自然灾害（地震和海啸除外）导致污染损害，由此造成的主险约定的被保险人依法应承担的对第三者的赔偿责任、费用。

四、环境污染责任险的作用

当前，我国正处于环境污染事故的高发期。一些地方的工业企业污染事故频发，严重污染环境，危害群众身体健康和社会稳定，特别是一些污染事故受害者得不到及时赔偿，引发了很多社会矛盾。利用保险工具来参与环境污染事故处理，有利于分散企业经营风险，促使其快速恢复正常生产；有利于发挥保险机制的社会管理功能，利用费率杠杆机制促使企业加强环境风险管理，提升环境管理水平；有利于使受害人及时获得经济补偿，稳定社会经济秩序，减轻政府负担，促进政府职能转变。

（1）分散企业风险。由于环境污染事故影响范围广和损失数额巨大的特点，单一的企业很难承受。通过环境污染责任保险，可以将单个企业的风险转移给众多的投保企业，从而使环境污染造成的损害由社会承担，分散了单一企业的经营风险，也能够使企业迅速恢复正常的生产经营活动。

（2）发挥保险的社会管理功能。保险产品和保险公司的职能之一就包括社会管理功能，这在环境污染责任保险上体现得尤为突出。保险公司可以利用环境污染责任保险的费率杠杆机制来促使企业加强环境风险管理，提升环境管理水平，同时也能够提高企业的环境保护意识。

（3）有利于迅速地使受害人得到经济补偿，有效地保护受害者。目前我国对于环境污染造成的人身财产损害的赔偿，主要由国家财政承担，由于权力机构的复杂性，使得受害人不能在最快的时间内得到损失补偿，从而甚至激化社会矛盾，同时也会增加国家财政的负担。利用环境污染责任保险来参与环境污染事故的处理，有利于使受害人及时获得经济补偿，稳定社会秩序，减轻政府的负担，还可以促进政府职能的转变。

环境安全了，社会自然安定，民众自然和谐，这是一个多方共赢的局面。对于环境安全，政府部门主要承担首要责任，环保主管部门主要承担监管责任，企业主要承担主体责任。通过环境污染责任保险，政府部门可以提高环境安全的保障水平，出险后由原来的赔偿者转变为协调者，把环境风险大事化小小事化了，促进了社会的和谐和稳定；而环保部门相当于免费多了一支监管队伍，可以换个角度看待企业环保，为自己增加了一道防火墙；企业可以通过投保环境污染责任保险，得到专家的现场服务，排查自身的环境风险隐患，降低环境风险；而保险公司通过环境污染责任保险可以尽到自己的社会责任，组织社会资源（专家团队），创新社会管理模式，改善自身形象，同时，该险种可能成为一个新的经济增长点。

第二章　企业保险管理常见20个误区及案例分析

当前，很多企业管理人员以为买了保险，就可以高枕无忧了，“只要买了保险，出了事故保险公司就负责赔偿”，而一旦发生事故却得不到赔偿或赔偿金额与实际损失相差甚远，才追悔莫及。这其中常见的典型问题有：投保险种不当、险种错误、实际保障偏低、特殊风险没有充分转移、赔偿基础不明、缺乏必要的特别约定等。本章列举了20个保险管理常见的问题，并结合相关典型案例进行分析。

第一节　投保险种不当

保险公司提供的保险产品种类成百上千，不同的险种责任范围不同，甚至差距很大。企业在保险采购中，最常见的错误就是没有仔细研究条款的险种，结果选择了与其风险不相匹配的险种，出了事故才发现难以索赔。

一、案情简介

深圳某装饰公司向B保险公司投保总保险额为100万元的财产保险。某日凌晨，由于空调水管配件质量问题造成水管漏水，办公区地面积水深达10cm，办公区大部分物品都被浸泡在水中，损失约20万元。B保险和公估公司的业务员到现场查勘并登记损失情况，认为属于承保范围，能获赔5~6万元。同时，空调安装方也承认了水管质量的责任。但一周后，公估公司告知，水管不是“爆裂”，而是“脱落”，“脱落”是无法获得赔偿的。3个月后，该装饰公司正式接到了B保险公司的《拒赔通知书》。

二、各方观点

（一）保险公司：“未见裂纹不赔”

保险公司认为，在保单上明确写着：“在保险期内，因水箱、水管爆裂（但不包括由于锈蚀引起）等风险造成的直接物质损失，本公司同意按照本保单规定负责赔偿。”事故是因一根压缩空气胶管的接头脱落造成。查勘时，在该管件上未发现有裂纹。因此，根据财产险条款列明的责任，保险公司认为不属于条款规定的“水管爆裂”责任范围。因此，该次事故引起的损失不在保单保障范围内。

（二）装饰公司观点：“爆裂”、“脱落”？乃文字游戏！

被保险人认为，投保就是希望发生意外能获得损失赔偿。保险公司既然卖的是意外险，就应该将最通常的意外包括进去。当初卖保险的时候，保险员并未尽告知义务说“水管爆裂也分几种情况，在某些情况下是不赔的”。事后翻遍了保险法律合同也没有找到对“水管爆裂”更详细的解释。而咨询技术人员，他们认为因水压导致两截水管接口滑牙在工程中就叫“爆裂”。按照保险公司的说法，一定要水管四分五裂才能获赔。而实际上，水压大到一定程度只会将一根金属管的两个接头撑爆滑牙，要产生裂纹是很困难的事。一份保单能生出多重理解，让人怀疑保险公司是不是在玩文字游戏。对保险公司的拒赔解释，装饰公司认为无法接受。

（三）媒体律师观点：要先“鉴定”，再由法院“判决”

某律师认为，这截水管究竟是爆裂还是脱落，要由有关部门作出鉴定才能下结论。但保险合同不是法规，一些有争议的条款，在签订时双方是可以补充、完善的。如果事后该制式合同或格式条款合同发生争议或出现两种以上解释，法院会倾向于不制订格式条款一方的解释。这在《合同法》里是有依据的。

三、本案分析：是否该赔关键看投保险种

对该水管是“爆裂”还是“脱落”，保险双方各执一词，各说各的理。律师认为，可以先由有关部门作出鉴定才能下结论。其难度可想而知，相信有关部门也难以分辨“爆裂”还是“脱落”。此外，律师还提出，“一些有争议的条款，在签订时双方是可以补充、完善的。”但对于已经发生争议的本案，没有实质性意义，已经不可能再补充、完善约定此种情况下是“爆裂”还是“脱落”。只能对今后保险合同签订时起到借鉴意义。而律师提出的“不利解释”原则，也要遵循在文义解释、意图解释、专业解释都无法解释的前提下，才可做出有利于被保险人的原则。

那么产生本案争议的根源何在呢？目前，财产保险三个常用险种分别是基本险、综合险和一切险。一般的客户，如果不是对保险险种和责任非常熟悉，很难做出正确选择。三个险种中基本险范围最窄，综合险稍宽，一切险中除了承保综合险中的雷击、暴雨、洪水、台风、暴风、龙卷风、雪灾、雹灾风险外，还承保飓风、地崩、山崩、火山爆发等自然灾害；还扩展承保其他责任如水箱、水管爆裂责任；不但承保自有的供水、供电、供气由于自然灾害或意外事故遭受损害造成保险标的的损失，还扩展承保了因自然灾害或意外事故引起公共供电、供水、供气及其他公共能源中断所导致的保险标的的直接损失；而基本险和综合险对于公共能源中断引起的保险财产损失是不负责赔偿的。尤其是对能源的依赖程度很高的钢铁、汽车企业，一旦发生能源中断，如果不能及时恢复能源供应，将会对企业造成重大损失，这些企业投保财产一切险的优越性更加突出。

特别需要指出的是，基本险和综合险是列明责任式保单，即只有列明的保险责任引起的保险标的的损失保险公司才负责赔偿。而许多事故事前难以预料，出险的原因千差万别。财产一切险则在保单中约定：在本保险期限内，若本保险单明细表中列明的被保险财产因自然灾害或意外事故造成的直接物质损坏或灭失（以下简称损失），本公司按照本保险单的规定负责赔偿。并在保单中特别定义了自然灾害的含义，指雷电、飓风、台风、龙卷风、风暴、暴雨、洪水、水灾、冻灾、冰雹、地崩、山崩、雪崩、火山爆发、地面下陷下沉及其他人力不可抗拒的破坏力强大的自然现象；意外事故的含义，指不可预料的以及被保险人无法控制并造成物质损失的突发性事件，包括火灾和爆炸。这样，财产一切险统括式保单“自然灾害+意外事故”，大大扩展了保险责任范围。

本案中，如果投保的财产基本险或者是财产综合险，被保险人如果认为构成保险责任，则要按照《民事诉讼法》的“谁主张、谁举证”的原则，举出证据证明构成了保单约定的“爆裂”责任，否则要承担举证不利的后果。

而如果投保了财产一切险，保险人如果要提出拒赔，则要证明构成保单中“除外责任”规定的情形，否则要承担赔偿责任。

本案中，如果客户投保的是财产一切险，保险公司若拒赔，则要举证水管“脱落”是除外责任。标准的财产一切险条款是没有这个除外责任的，所以保险公司很难举证，从而也很难规避自身的赔偿责任。从另外一个角度看，本案争议的事项，对于被保险人而言，满足“不可预料的”、“被保险人无法控制”、“造成物质损失的突发性事件”的三个法律要件，显然是一次意外事故。而在财产一切险中，不管是水管“爆裂”也好，还是“脱落”也罢，都可以获得赔偿。

后经了解，由于空调安装方有不可推卸的责任，装饰公司想要追究其责任时，安装公司已逃之夭夭，20 万元的损失无法得到赔偿。当然，如果构成保险责任，保险公司依法赔偿后，可以依“代位追偿权”向安装公司追偿。

综上所述，本案是否应赔偿，应该取决于保险双方签订的保险险种，而如果投保了对被保险人举证责任不利的财产综合险，索赔将非常困难。

第二节 投保险种错误

险种的责任范围在保险单中都有明确的约定，如果选择险种本身就是错误的，那么发生事故是无论如何也得不到赔偿的。

例如，试车风险是汽车制造企业面临的最大风险之一。试车跑道上车辆间距往往很小，速度很快。加之试车员长时间驾驶，容易产生疲劳感且有麻痹心理，在汽车性能没有完全通过合格验收前，发生车毁人亡的风险非常大。某汽车厂为了规避和转移这一风险，向某财产保险公司咨询，在保险公司的建议下投保了公众责任险，约定每年累计赔偿限额是 200 万元，每次事故的赔偿限额是 15 万元，同时设定财产损失限额 5 万元，人身伤亡限额 10 万元，费率 70‰，每年保险费 14 万元。那么，由保险公司开出来的这样一份保单，存在哪些问题呢？

一、投保险种不能转移企业预期风险

公众责任险的保险责任范围是被保险人在保单明细表中列明的地点范围内依法从事生产、经营等活动以及由于意外事故造成第三者人身伤亡或财产损失；事先经保险公司同意的诉讼费用；为减少损失而支付的必要的施救费用。

这里关键是要注意“第三者”的概念。不是“第三者”的损失，就不属于该险种的保障范围。法律意义上的“第三者”，一般是指除了合同当事人之外的“第三人”。但是，保险合同的第三者，与通常意义上的“第三者”还不完全相同。如公众责任险责任免除第四条第一款“被保险人或其代表、雇佣人员人身伤亡的赔偿责任，以及上述人员所有的或由其保管或控制的财产的损失”；责任免除第五条第三款“对于未载入本保险单而属于被保险人的或其所占有或以其名义使用的任何牲畜、车辆、火车头、各类船只、飞机、电梯、升降机、自动梯、起重机、吊车或其他升降装置造成的损失”，这些损失保险公司都不负责赔偿。

由于试车跑道一般都在厂区内一个相对封闭的范围内，管理严格，外来人员原则上禁止入内，真正保单意义上的“第三者”是很难出现的。根据以上约定，试车过程中造成汽

车厂雇员人身伤亡或财产损失；以及测试车辆的损失都明确属于除外责任。而这些恰恰是投保人担心的风险所在！因此，汽车厂投保的险种错误，没有转移预期风险。正确的做法是汽车厂试车员的人身伤害风险应当通过雇主责任险或团体人身意外伤害保险来转移，试车过程中车辆损失风险应当在财产险项下附加特别约定扩展车辆测试条款来转移。

二、赔偿限额限制条件太多，实际保障有限

累计赔偿限额是保险公司在保险期限内承担的累计赔偿责任的总和，也是保险公司计算保险费的基础，而每次事故赔偿限额是保险公司每次事故中承担的最大赔偿额度。但是，该保单设定每次事故的赔偿限额是 15 万元，却同时设定财产损失限额 5 万元，人身伤亡限额 10 万元。

这样限制后，汽车厂每次事故损失得到的有效保障将大大降低。就算每次事故都能得到 15 万元的赔偿，每年要出 14 次这样的事故才能获得 200 万元保障（在此假定该险种下可以得到赔偿）。随着我国法制建设的不断完善和健全，公民的维权意识也日益增强，对因侵权而导致人身伤亡和财产损失的责任风险也越来越大。近一段时间发生的矿难事故中我国许多地区都强制规定每名矿工至少赔偿 20 万元，有的 24 万元，因而 10 万元赔偿限额明显不足。正确的做法是将每次事故赔偿限额至少提高到 100 万元，以保障一旦发生重大事故可以充分转移责任风险；不再分为财产损失赔偿限额与人身伤亡赔偿限额，以确保每次事故无论财产损失还是人身伤亡都适用 100 万元的限额。所以说，被保险方千万不可只看到“超值总额”的保障，却忽视了那些在未来将起决定性作用的限制条件。

三、特有风险没有充分转移

保险公司为了规避某些风险，往往在保单中明确某些风险造成的损失为除外责任，例如公众责任险中广告、霓虹灯、装饰物发生意外事故造成第三者人身伤亡或财产损失时应付的赔偿责任就不予赔偿。但是现场发现，该厂的办公楼上面恰恰竖立了很大的广告招牌。如同属该集团的另一汽车厂在 2005 年 6 月 14 日中午就遭受 11 级暴风，将广告招牌彻底摧毁，所幸没有造成人员伤亡。转移此类风险的办法是在保单中附加“广告及装饰装置责任条款”，要求扩展承保在被保险人经营场所内或其他列明场所广告及装饰物坠落等意外事故导致的第三者的人身伤亡或财产损失。

另外，这份保单的保险费率远远高于正常水平。费率水平与风险状况密切相关，风险越大费率越高。通常公众责任险的费率只有千分之几，与该汽车厂公众责任险所承保的责任范围相比，70‰的费率是正常费率的几十倍！属于典型的“花大价钱、买了个赝品”，这是由于保险双方信息不对称所引起的必然结果。

第三节 被保险人约定错误

保险人、投保人及被保险人是保险合同关系的主体，也是合同的当事人，在保险合同中享有不同的权利，并承担相应的义务。其中保险人是指与投保人订立保险合同，并承担赔偿或给付保险金责任的保险公司；投保人是指与保险人订立保险合同，并按照保险合同负有支付保险费义务的人；被保险人是指其财产或者人身受保险合同保障，享有保险金请求权的人。当保险当事人关系复杂时，如果对被保险人的约定错误，可能会给企业造成不必要的损失，甚至事与愿违。

一、案情简介

A财产保险公司与B物流公司签订了一份《货物运输保险预约保险》保单，保险期限为一年。合同约定投保人为B物流公司，被保险人为对货物具有可保利益的实际货主。保险责任为因火灾、爆炸、雷电、冰雹等自然灾害所造成的损失及由于运输工具发生碰撞、搁浅、触礁、倾覆、沉没、出轨或隧道、码头坍塌所造成的损失，还负责因受震动、碰撞、挤压而造成破碎、弯曲、凹瘪、折断、开裂或包装破裂致使货物散失的损失。

保险期限内，某日中午11时左右，B物流公司司机驾驶集装箱车满载货物至一斜T字路口，进入钝角弯沿路向右行驶时，突然发现一骑车人迎面而来。为避让骑车人，司机做紧急转向处理，由于路滑及离心力作用，车侧翻到路左侧土沟中。事故造成集装箱及其装载的货物严重损坏，合计损失十余万元。

二、本案焦点

本案事故损失构成保单中约定的保险责任，保险各方均没有异议。本次事故的实际货主为某C食品有限公司，因此，C食品公司作为货主，成为本保单的被保险人，具有向保险人提出索赔的权利。但是，本案的关键在于，保险人依照约定赔偿货主C食品公司后，是否可以向承运人B物流公司，即投保人进行追偿?

对于此案，在保险公司内部也有不同的观点。一种观点认为，B物流公司为了转移自己在运输途中的风险，根据实际业主的要求，向保险人投保了《货物运输保险预约保险》，将保险期限内承运的货物全部投保，并依约向保险人预交了3.6万元保险费。且在双方签订的保险协议中，有保险人和物流公司双方的签字盖章，是保险协议的当事人。如果发生事故后，保险人赔偿实际货主后，还向投保人物流公司进行追偿，则物流公司失去了投保的意义，更违背了投保的初衷。所以认为保险人不能向物流公司追偿。

另一种观点认为，本案的《货物运输保险预约保险单》中，A保险公司与B物流公司是该保单的双方当事人。但是，合同中约定的被保险人是对货物具有可保利益的实际货主。依据《中华人民共和国保险法》第四十五条“因第三者对保险标的的损害而造成保险事故的，保险人自向被保险人赔偿保险金之日起，在赔偿金额范围内代位行使被保险人对第三者请求赔偿的权利。”本案的肇事方是《货物运输保险预约保险单》中的投保人，而不是《保险法》中规定的“被保险人”。因此，在保险人向被保险人赔偿保险金后，可向肇事责任方B物流公司追偿。

三、本案剖析

本案涉及货物运输保险中保险利益特殊性问题及保险合同关系主体的特殊性问题。

（一）保险利益的特殊性

保险利益是指投保人对保险标的具有法律上承认的利益，即投保人在保险事故发生时可能遭受的损失或失去的利益。众所周知，货物运输过程中最大的特点就是保险标的具有流动性，导致风险范围广泛，出险原因复杂，地点不确定；同时，由于在运输过程中保险标的由承运人掌握，与被保险人分离，保险利益具有特殊性。其特殊性表现在，根据《合同法》第三百一十一条的规定，承运人对运输过程中货物的毁损、灭失承担损害赔偿责任，但承运人证明货物的毁损、灭失是因不可抗力、货物本身的自然性质或者合理损耗以及托运人、收货人的过错造成的，不承担损害赔偿责任。

因此，在货物运输过程中，如果由于承运人的疏忽或过失造成货物受损，承运人必须依照相关法律以及运输契约承担经济赔偿责任；但是如果是上述法定免责事项（不可抗力、货物自身性质或合理损耗、托运人过错、收货人过错）造成的损失，则承运人由于不负赔偿责任，从而不具有保险利益。若承运人将非由自己承担的责任（比如自然灾害等不可抗力）也向保险人投保，即使保险费是由承运人交纳的，也是不受法律保护的。因为把与自己没有利害关系的项目投保，（承运人作为投保人及被保险人）企图在事故发生后取得赔偿，是违背保险损失补偿原则的。而承运人投保货物运输保险，作为保单的投保人及被保险人的情形，在实务当中经常发生，也极易导致纠纷。这种纠纷最终诉诸法律的案例屡见不鲜。

（二）保险合同主体的特殊性

合同关系的主体，即合同的当事人，通常指订立并履行合同的自然人、法人或其他组织，他们在合同关系中享有权利并承担相应的义务。保险合同的主体与一般合同的主体有所不同。当投保人与被保险人为同一人时，保险人、投保人或被保险人是合同的当事人；当投保人与被保险人不是同一人时，投保人是合同的当事人，而被保险人是合同的关系人。

根据我国《保险法》规定，保险人是指与投保人订立保险合同，并承担赔偿或给付保险金责任的保险公司。被保险人是指其财产或者人身受保险合同保障，享有保险金请求权的人。

因此，本案的特殊性在于，B 物流公司作为投保人，却约定实际货主为被保险人。这样，就会发生即使是物流公司（保险合同的当事人）自身的过错导致承运货物受损，保险人赔付货主后，仍然可以向物流公司追偿（由于不是被保险人，保险公司因而可以代位追偿）。

在保险实务中，为方便投保人和被保险人投保，保险人对长期从事货物运输的客户订立货物运输预约保险协议。但货物运输预约保险协议本身不应当被当然地视为约束被保险人和保险人之间权利义务的保险合同。因为在投保人和被保险人不为同一人时，总保险协议和保险合同（保险单）的权利义务主体是不同的。货物运输预约保险协议在最先的操作中都会要求每票货物单独出具保险单。保险单上会明确列明被保险人的名称、地址等信息。后来为方便和简化投保手续，货物运输预约保险协议会约定不随票出具保险单，但同样认可保险单。出险理赔时按照约定提交相关票据即可。即便如此，保险人认可的被保险人应当是对货物具有保险利益真正的货主，而非与其订立保险协议的投保人。否则本案中的保险协议也不会将被保险人订为对货物具有可保利益的实际货主。而只有对货物具有可保利益的实际货主才能依保险合同的约定以被保险人的身份提出保险事故索赔，而投保人则不具有这个资格。同时，除被保险人和保险人之外的其他人都应当被视为第三人。在因第三人对保险标的造成的损害而造成保险事故的，按照我国《保险法》第四十四条的规定，保险人可以在赔付被保险人的损失后在赔付金额范围内向第三人追偿。本案投保人作为承运人，属于保险合同中被保险人和保险人之外的第三人，理应成为追偿的对象。

四、本案启示

从物流公司与保险人签订的合同本意看，B 物流公司试图通过投保的方式转移自身在经营过程中面临的风险。如前所述，B 物流公司虽然向保险人投保了货物运输保险预约保险，但却将被保险人订为对货物具有保险利益真正的货主。那么在出险时，仍需真正的货主以被保险人的身份向保险人提出索赔，投保人没有资格以被保险人的身份向保险人提出索赔。从这个角度讲，B 物流公司投保仅仅是将货主的风险通过投保转移至保险人，而未将自己的风险合理地转移。那么承运人的风险又是什么呢？应当如何转移呢？因为承运人对货物不具有所有权，仅仅是对其承运货物在运输途中承担的运输、保管、交付的责任和风险，以及由于其疏忽和过失造成承运货物损失的赔偿责任。B 物流公司通过投保货物运输保险的方式并不能将这种风险充分转移。正确的做法是，承运人应投保物流责任保险，该险种对因火灾、爆炸；运输工具发生碰撞、出轨、倾覆、坠落、搁浅、触礁、沉没，隧道、桥梁、码头坍塌；碰撞、挤压导致包装破裂或容器损坏；符合安全运输规定而遭受雨淋；装卸人员违反操作规程进行装卸、搬运造成物流货物的损失，依法应由被保险人承担赔偿责任的，保险人根据保险合同的约定负责赔偿。对于相关的仲裁或诉讼费用，保险人亦可负责赔偿。

而保险人作为保险产品提供者，亦应深知保险险种的内容差异及责任范围，理应遵循保险最大诚信原则，积极引导和告知当事人，选择合适的险种，避免出现不必要的纠纷和争议。

第四节　赔偿基础不利

在财产保险中，固定资产中有账面原值、净值、重置价值、市价等概念。净值是账面原值提取折旧以后的净额，而重置价值是根据市场实际情况估算出来的全新固定资产的价值。新购置的全新固定资产，账面原值和重置价值在数额上是相等的，但不是新购置的固定资产，账面原值就有可能不等于重置价值。企业所购设备由于市场情况出现了贬值，因而重置价值低于账面原值，但也有可能会因为市场情况出现升值，那时重置价值则会高于账面原值。因此，企业在投保时，务必要约定赔偿基础，使得其投保依据与赔偿基础相对应。

一、案情简述

某印刷电路板电子厂发生火灾，造成重大设备损毁，损失惨重。但是毁损设备账面现值只有七百多万元，而重置价则需要两千多万元，巨额的损失难以得到充分补偿。

二、分析

财产保险一般是不定值保险。所谓不定值保险，是指保险双方当事人事先不确定出险时的保险价值，只在保险合同中列明保险金额作为赔偿的最高限额。保险人按照保险金额与出险时的保险价值的比例来赔偿被保险人的损失。当保额等于保险价值时，被保险人的实际损失可以得到完全补偿；当保额低于保险价值时，就造成了不足额投保，在这种情况下，被保险人的损失只能得到部分补偿，也就是比例赔付；当保额高于保险价值时，被保险人得到的补偿和足额投保时一样，仅仅是其实际损失，超出保险价值的部分无效，被保险人白白多交了保费。企业大型、昂贵及生产高度依赖的机器设备，如果在保单中约定按重置重建价值来确定保险金额和赔付基础，可以使企业在发生重大事故后获得十足保障，及时利用保险赔偿金进行灾后重建，恢复生产，从而保障财务的稳定性，保持市场的持久竞争力。

第五节　保险责任范围理解错误

保险类别不同，保险责任差异很大。即使同一个险种，有时一字之差，风险保障程度也可能相差甚远。

例如货物运输过程中最大的特点就是保险标的具有流动性，导致风险范围广泛，出险原因复杂，地点不确定；同时，由于在运输过程中保险标的由承运人掌握，与被保险人分离，保险利益具有特殊性。国内货物运输保险根据货物运输方式不同，可以分为国内水路货物运输保险、国内铁路货物运输保险、国内公路货物运输保险、国内航空货物运输保险以及国内沿海货物运输舱面特约保险和地区性的货物运输保险等。

汽车制造企业生产出来的商品车，轿车一般采用陆路板车、滚装船运、海运等运输方式送达销售商或客户；大型货车、卡车或客车则采取人工驾送的方式。公路货物运输除了发生碰撞、颠覆等意外事故造成损失外，保险标的遭受抢劫的风险也往往是货主及承运人担心的主要问题。但在公路货物运输保险条款中，“盗抢、盗窃或整件提货不着的损失”是责任免除范围。对于投保人而言，忽略了“盗窃”与“盗抢”的区别，其风险保障可能就差了十万八千里。

一、案例简介

A 汽车厂为了转移运输途中可能发生的盗抢风险，与承保公司签署了一份《商品轿车运输保险合同》并特别声明：“遭受盗窃或整体提货不着的情况也属于本合同的保险责任范围”。此刻，该汽车厂还不放心，随后又与保险公司签署《附加协议》，约定“发生盗窃、提货不着损失时，保险公司须在确认损失发生后 7 个工作日内无条件理赔”。

巧合的是，笔者作为客户的保险经纪人，在审核另一 B 汽车制造企业的《公路货物运输保险统保合同》时，发现也有“属于被保险人可控制能力之外的，保险标的由于外来的有明显痕迹，并经公安部门证明确属盗窃行为所致的直接经济损失，由保险人负责赔偿”的类似特别约定。

二、问题剖析

在刑法上，“盗窃”、“抢夺”、“抢劫”以及“侵占”都有不同而严格的法律定义和界定。主要区分如下。

（一）“盗窃”

表现为行为人违背占有人的意思，以“平和手段”将财物转给自己或者第三人占有的行为。盗窃是改变原有的占有关系而试图重新设定占有的行为；盗窃强调以秘密窃取的方法，将他人公私财物转移到自己的控制之下而非法占有，所谓秘密窃取即行为人采用自认为不使他人即财物所有人或者保管人发觉的方法占有他人财物。

（二）“抢劫”

表现为以非法占有为目的，以“暴力、胁迫”或者其他方法，强行劫取公私财物的行为。胁迫，是指告知对方将要对其予以加害，以对其进行精神强制。

（三）“抢夺”

表现为以非法占有他人财物为目的，“公然夺取”公私财物的行为。同抢劫一样，取得财物都具有当场性和公然性，二者根本区别在于抢夺不使用暴力、胁迫或其他强制人身的方法，而主要是乘被害人不备，突然夺取财物。

（四）“侵占”

对象只限于三种财物：一是代为保管的他人财物；二是他人的遗忘物；三是他人的埋藏物。侵占行为与其他侵犯财产行为的一个关键区别在于侵占包括两个密不可分的行为特点，即“合法持有 + 非法侵吞”，行为人将自己业已合法持有的他人财物非法转归为己有，并且拒不交出、拒不交还。

实际上，商品车在运输过程中，发生“盗窃”的风险相对不大，但是“盗抢”风险却非常大，以及由于盗抢导致的货物全部或部分损失（例如盗抢少量商品车辆的同时导致其他车辆受损），而这些损失在原有的保险合同中保险公司是不负责赔偿的。如果要想规避此类风险，应该投保公路货物运输险附加“盗窃、抢劫保险”条款，该条款明确规定“保险人对保险货物在保险期限内由于外来的有明显盗窃、抢劫、哄抢痕迹并经公安部门证明确系盗窃、抢劫、哄抢行为直接经济损失，经警方立案侦查三个月后仍未能破案，负责赔偿。”

据了解，B 汽车公司曾经发生负责运输的人员将整批商品车“据为己有”的事件，损失很大，从而产生风险保障需求，于是增加保险条款并投保“盗窃、整件提货不着”险。但是根据以上分析，这属于“侵占”的范畴，仍然不属于盗窃或盗抢的保险责任。这个风险保障有违汽车生产厂家附加该特别约定的初衷。

更重要的是，对于“盗窃”造成的损失，尤其是商品车，很有可能不像入室盗窃能留下作案痕迹，而是将“整车开走”，没有任何“明显痕迹”，这种情况下即使的确是盗窃造成的损失，按照该约定，也是得不到应有的赔偿的。

三、本案启示

理论上讲，保险公司业务人员对“盗窃”与“盗抢”保险责任的差异是非常清楚的，客户对风险保障的需求也十分明确。但是，却发生了文中所出现的严重问题。究其根源，不言而喻。“盗窃”、“盗抢”，保险合同只一字之差，却暗藏诸多玄机。只有投保时明明白白，索赔时才能理直气壮。

第六节　关键险种机器损坏险缺失

对于机器设备来说，由于机器设备内在的原材料缺陷、工人操作失误、短路或过电压等原因造成的机器设备的损坏出险概率更大，而上述原因造成的机器设备损坏在财产一切险中是得不到赔偿的，这些原因引起的损坏是机器损坏险的保险责任。许多企业的管理者误以为只要将机器设备投保了财产一切险，就可以获得全面的保障，而忽视了上述原因造成设备损坏属于除外责任。

但是由于机器损坏险的责任范围非常宽，出险概率大，保险公司一般都不愿意主动承保。特别是当企业既投保财产一切险，又投保机器损坏保险时，发生事故时，保险公司很难找到理由拒赔，使机器设备由于外在和内在原因引起损失的风险都得到有效转移。

一、案情简介

某事业单位向 A 保险公司投保财产综合险，承保房屋建筑及附属机器设备等设施。保险期间内，投保设备中有一电梯线路起火，造成配电柜起火使两部进口电梯受损，索赔金额超过 100 万元。

接报案后 A 公司对事故现场进行查勘。该单位独立在大厦办公，办公大楼使用一年左右，到现场查勘时已看不到火灾的情景，只是在空气中有较重的胶皮气味，对损失标的检查发现线路有烧焦痕迹，电梯配电柜多处有熏黑的痕迹，经检测该配电柜多处受损，需重新更换。

案件发生后，被保险人认为属火灾责任提出索赔，承保公司根据查勘情况，并咨询电梯的重置价，经认真展开案件分析，讨论后认为：该案件属意外发生的事故，有燃烧的现象，但没有形成火灾责任，同时受损的真正原因也不在综合险承保责任范围，应予拒赔。

同时，保险公司解释：火灾的构成有三个条件，一是有燃烧现象，即有热有光有火焰；二是偶然、意外发生的燃烧；三是燃烧失去控制并有蔓延扩大的趋势。以上三个条件必须同时满足，火灾责任才成立。从本案事故看，事故的确是突然发生的，也是正常情况下不可预料的燃烧，符合偶然、意外发生的燃烧这一条件。事故发生时有很大的浓烟，有烧焦的线路，可确定有热有光，同时有可能有火焰的现象，火灾责任成立的第二个条件也满足。本起事故责任认定的关键是要确认燃烧是否失去控制并有蔓延扩大的趋势。由于燃烧仅仅造成电梯本身损毁，没有蔓延，燃烧没有失去控制也没有蔓延扩大的趋势，本次事故不满足火灾成立的第三个条件，火灾责任没有形成。

最后，承保公司对事故发生的原因作了进一步的调查和推证。经查实，该单位有严格的管理制度，电梯平常运转正常，有专门的维修商作日常维护，但是在调查最后一次维修记录时发现恰好是出险当日。根据这一信息，调查人员对维修情况作了深入了解，最终查明事故是由于维修人员工作失误，造成设备短路，致使设备因电气原因损坏，但被保险人并未投保机器损坏险。在对有关条款进行解释基础上，保险公司最终对本起事故的索赔予以拒绝。

本案经过媒体报道后，引起业界的广泛讨论和关注，其中，某律师的观点最有代表性，主要“质疑点”是：

（1）如果协议中没有共同认可的解释，则要以中立的、权威的第三方的结论为准，也就是说；保险公司在事后提出的关于火灾的三个条件不能成为定损定性的依据。

（2）本案的损失是不是“由于工人、技术人员操作错误、缺乏经验、技术不善、疏忽、过失、恶意行为等原因”引起的呢？如果是这些原因引起的火灾又赔不赔呢？如果损失的近因是火灾，保险公司不是更有拒赔的理由吗？

(3) 按照“电梯受损遭拒赔”一文的逻辑，即使被保险人投保了机器损坏险，结果又有什么两样呢?

二、本案分析

本案具体分析如下:

(1) 本案拒赔是否合理，关键要确定是否构成火灾责任的第三个条件，即是否“燃烧失去控制并有蔓延扩大的趋势”。保险公司认为“由于燃烧仅仅造成电梯本身损毁，没有蔓延，燃烧没有失去控制也没有蔓延扩大的趋势，本次事故不满足火灾成立的第三个条件，火灾责任没有形成。”这种观点是立不住脚的。两部电梯都烧毁了，还没有“失去控制”? 举个例子，如果投保了一座大厦，整个大厦都烧毁了，保险公司说，“仅仅造成大厦本身损毁，没有蔓延扩大，不构成火灾责任”能站得住脚吗?

(2) 构成保险意义上的“火灾”的三个责任条件，是一种保险术语，已经得到业内人士的广泛认同，并不是保险公司事后提出的，律师的第一种观点不完全正确。例如保险中的“暴雨”责任就是指每小时降雨量达16mm以上，或连续12小时降雨量达30mm以上，或连续24小时降雨量达50mm以上；气象学中的“暴风”是指风速在28.3m/s，即风力等级表中的11级风；保险条款的“暴风”责任扩大至8级风，即风速在17.2m/s以上即构成暴风责任。

(3) 律师提出的第二个质疑点，有一定的道理，但没有明确财产综合险和机器损坏险的区别和联系。对于比较重视风险防范的大型企业，为了保证企业的持续稳定发展，一旦发生自然灾害（如暴风、暴雨、雷击、洪水、泥石流、地面下沉下陷等）及意外事故（如火灾、爆炸）企业遭受巨大损失时能够及时得到经济补偿，从而保证企业财务的稳定性，都要投保财产保险。但是企业的财产中，有些机器设备，可能会“由于工人、技术人员操作错误、缺乏经验、技术不善、疏忽、过失、恶意行为等原因引起”，或者是“过电压、过电流、短路”等原因导致的损失的风险更大。保险公司为了控制自身的风险，就在财产险的承保责任中把机器设备面临的这些风险作为除外责任。但是，有些客户又有这种风险保障的需求，保险公司就推出机器损坏险，将在财产险中部分除外的责任作为《机器损坏险》的承保责任。这样，两个险种的责任，没有任何重叠和交叉。如果构成财产险的责任，肯定不构成机器损坏险的责任。因此，正确的观点是，如果由于工人误操作导致机器设备的损失，构成火灾，则属于财产险的保险责任；没有构成火灾，则是机器损坏险的保险责任。

(4) 律师的第三个质疑点，按照“原文”保险逻辑，即使被保险人投保了机器损坏险，结果又有什么两样呢? 的确，这是由于保险合同双方的利益不同导致的必然结果，也是保险双方信息不对等的必然结果。

(5) 此案被保险人应该得到合理赔偿。本案中，已经初步认定是“电梯配电柜线路起火”并蔓延到电梯受损。如果非要说没有“蔓延扩大”，则配电柜的本身损失可以不赔，但是两部电梯的损失应该赔偿。再退一万步讲，其中的一部电梯受损不赔，扩大到另一个电梯总要赔的吧！保险公司之所以认定没有蔓延扩大，实质上是偷换概念，混淆“投保单元”或者说“风险单元”的概念。

三、本案启示

本案之所以遭到保险公司的拒赔，还有一个重要因素是被保险人只对电梯投保了财产险，而没有投保机器损坏险。由于二者是一个完整的互相补充，因此当企业对设备投保了两个险种后，设备就能获得充分的保险保障，发生事故后一般都能够获得赔偿。许多企业误以为投保了财产险后，就不用再投保机器损坏险了，结果发生事故才发现由于属于“机器损坏险”项下的责任范围而得不到赔偿。

第七节　保险金额的设定不合理

保险金额的合理设定与否，不但决定了是否能够足额赔付，还决定了保险费的支出是否合理。在保险赔偿中规定，“市价高于保险金额时，赔偿按保险金额与市价的比例计算”。即如果保险金额小于保险标的出险时的市价，被保险人视同不足额投保，将承担比例赔付的不利后果。反之，如果保险金额大于保险标的出险时的市价，则白白浪费了保险费。因此，特别是对房屋、厂房等建筑物，由于原材料、人力成本上涨的原因，恢复重建的费用将远远大于原值，从而导致如果按账面原值投保上述标的，也会出现比例赔付情况。所以在投保时要特别注意处理和选择好保险金额的合理确定。

实务中发现许多企业，不管新旧设备、房屋建筑，还是船舶、港口设施，一律按照账面原值或一律按净值投保，这是非常不科学的。

例如，重庆市某旅游船有限公司所有的一艘游轮，载客由湖北宜昌发航开往重庆。某日，该轮行至笑滩时，受雾气影响，能见度降低，该轮在追越另一轮船的过程中，不慎触礁，整个船体搁置在礁石上。后经打捞机构实地勘测后，认为该轮损坏严重，已无修复价值，旅游船公司只好对该轮进行了解体打捞。此前旅游船公司曾向某保险公司对该轮进行投保，保险范围为“沿海内河一切险”，双方在保险单中约定该轮保险价值为 2200 万元，保险金额亦为 2200 万元。事故发生后，保险公司没有及时赔付该公司损失，旅游船公司向武汉海事法院提起诉讼，要求保险公司支付 2200 万元保险金，并赔偿因逾期支付保险金所产生的损失。

受理该案后，应原、被告双方申请，法院委托一会计师事务所对该轮发生事故当日的市场价值进行了评估，认定该轮出险当时市场实际价值的评估值为 1305.08 万元，出险日应有的保护性解体后残值的评估值为 242.91 万元。

庭审中双方争议最大的是赔付标准问题。原告认为，该轮一直在被告处投保，保险价值以及保险金额均为 2200 万元，被告一直未对 2200 万元的保险价值提出异议，同时也一直按 2200 万元收取相应的保险费。原、被告之间的约定遵循了公平互利、协商一致、自愿订立的原则，没有违反相应的法律规定，应该得到法律的有效保护。保险标的发生全损后，被告应按约定赔偿的保险价值和保险金额赔偿。

被告辩称，该轮的实际价值远远没有 2200 万元，那么保单中约定的 2200 万元保险价值超过其实际价值的部分就由于违背了保险利益原则而自始无效，保险金额最多只能以其出险当时的实际价值即 1305.08 万元为限。

双方各执一词，观点都存在一定道理。法官认为，本案目前在法律适用上缺乏统一标准。在财产保险合同中，保险价值的确定有定值保险和不定值保险（按照保险事故发生时保险标的的实际价值确定）两种方式。在定值保险合同中，保险标的的保险价值的确定主要是基于投保人和保险人相互之间的约定，而约定的数额主要是基于双方的合意，至于最终结果法律并未有严格的规定。也就是说，关于保险价值，双方既可约定低于投保时被保险财产的实际价值，也可以约定高于投保时被保险财产的实际价值。然而保险合同具有经济补偿的性质，而所谓的经济补偿，应该以保险责任事故造成投保人实际经济损失为限。涉案船舶的实际价值仅为1350万元，其要求被告赔付2200万元，显然存在盈利的事实，这既不符合《合同法》诚实信用原则，也与《保险法》的立法精神相悖。

第八节　缺少大额损失预付赔款条款

由于企业财产保险的专业性和复杂性，发生巨额损失时，从抢险施救、事故原因调查到损失核定，需要的周期和环节非常多，而被保险人恢复生产需要的资金又非常急迫。《保险法》只是对发生保险事故后双方金额达成一致意见后“十日内”进行支付进行了硬性规定。但如果保险人迟迟不与被保险人达成“一致意见”，则赔款可以无限期拖延下去。例如不少大型工程损失历时多年才结案，核定的损失金额赔付金额才几百万元。为了避免出现类似问题，在保险合同中，应扩展“大额损失预付赔款条款”，明确约定：

兹保险人同意，被保险财产因保险事故导致损坏或灭失，如责任基本明确但短时间内未能结案，应被保险人的要求及损失理算师的建议，保险人在接到建议的30天内先行支付估损金额的50%给被保险人。但该先行预付的金额，应于最终理算完成后，由应予赔付的金额中扣除。

在实务中，保险合同中缺少大额损失预付赔款的约定的情形比较常见。

第九节　存货保险避免出现比例赔付或浪费保费

对于存货的保险问题，以往许多企业都遭受惨痛的教训。因为存货科目随着企业生产的进行，是一个不断变化的数额。特别是对于受季节性影响较大的企业更是如此。保险人允许被保险人选择按投保当月账面余额、上一年度平均账面余额、账面余额最大值等投保。但是，如果选择保险金额很大，可能白白浪费保费；而如果保险金额很小，出险时账面余额恰好很大时，则面临比例赔付。所以，如果没有特别约定的话，被保险人总是处于不利的地位。

因此对于仓储类财产存在库存价值波动问题，极易发生不足额投保的现象。为了解决这个问题，如果应投保人要求，会附加“仓储财产申报条款”，约定如下：

仓储财产申报条款（75%）

兹经双方同意，被保险人已支付的本保险单明细表中列明的仓储财产的保险费为预付保险费，本公司将根据本条款有关规定进行调整。

（1）被保险人应在每月结束后十天内向本公司申报该月最后一天的库存价值，若被保险人没有按期申报，本保险单明细表中列明的保险金额将视作仓储财产的申报金额。

（2）本保险项下的预付保险费在本保险单生效时按保险金额的75%计收，本保险单终止时，保险费将根据申报库存价值的平均数作调整，多退少补，但退还的保险费不得超过预付保险费的50%。

（3）发生损失后，保险金额将自动恢复，但被保险人应按日比例支付损失发生之日起至保险终止时的附加保险费。

本保险单所载其他条件不变。

第十节　增加资产应获得保障

通常，对于企业财产保险，保险单生效后，新增加的资产，不属于保险标的，保险公司不负责赔偿，特别是保险公司承保时已经列明投保明细。对于增长比较迅速、企业扩展规模较大的企业，增加资产将是一个非常庞大的数字。新增加资产的安全保障是一个非常突出的问题。

在实务中，屡屡发生企业新增资产由于没有额外投保，发生事故后得不到赔偿的情形。为此，可以增加如下约定：

资产增加条款

兹经双方同意，本保险单扩展承保每一保险年度开始之后增加或扩充的保险财产，但不包括其自动升值，且金额不得超过类似财产保额的10%。双方同意，被保险人应每季度申报增加或扩充的财产的价值，并按日比例交付自新增保障开始日起的附加保险费。

所申报的金额将以批单的形式加入到相关项下的保险金额中，其后本条款的规定将完全恢复。

本保险单所载其他条件不变。

第十一节　一般性风险增加导致出险不能赔偿

在财产一切险格式化保单“六、总则”第三款“保单终止”约定：

除非经本公司书面同意，本保险单将在下列情况下自动终止：

（1）被保险人丧失保险利益；

（2）承保风险扩大。

本保险单终止后，本公司将按日比例退还被保险人本保险单项下未到期部分的保险费。

因此，如果由于承保风险扩大导致事故，保险人依据合同约定可以不承担赔偿责任。例如，秦皇岛某企业，在对油罐维修作业过程中，由于贮罐内的可燃气体浓度超标，电焊回火顺着管道进入罐内引发爆炸。由于没有履行及时通知义务，保险公司拒绝赔偿。但是究竟什么情况下构成“承保风险扩大”的要件，保单和《保险法》都没有明确阐述。特别是在企业的维修、改造、装修等过程中更容易发生事故。为了规避这一问题，可以在保单中扩展“建筑物变动条款”，措辞如下：

建筑物变动条款

兹经双方同意，本保险扩展承保保险财产在进行扩建、改建、维修、装修过程中发生的本保险责任范围内的物质损失，但被保险人须以书面形式提前通知本公司，并恪尽职责防止损失发生。

本扩展条款项下总合同价不得超过 RMB5,000,000.00。

本保险单所载其他条件不变。

第十二节 缺少扩展各项费用赔偿条款

在财产保险中，由于投保时是根据企业的账面原值、净值或评估价设定的保险金额，因此，发生保险单约定的责任范围时，保险人只负责赔偿保险单上列明的金额。但是，实际上，一旦发生重大事故，被保险人要支付大量的相关衍生费用，包括清理残骸费用、急救费用、加班费用、专业设计费用，甚至为执行公共当局的规定而不得不执行新的标准而产生额外费用。这些费用可能远远大于直接物质损失。而这些费用在格式化保单中保险人是不负责赔偿的。因此在方案设计中应特别扩展清理残骸费用条款、专业费用条款、加班费用扩展条款、公共当局费用扩展条款及重置价值条款等关键扩展条款，从而大大扩展赔偿范围。

第十三节 没有规避交叉责任风险

根据《保险法》第四十五条规定，“因第三者对保险标的的损害而造成保险事故的，保险人自向被保险人赔偿保险金之日起，在赔偿金额范围内代位行使被保险人对第三者请求赔偿的权利。”

在《财产一切险》“六、总则”第八款“权益转让”规定，“若本保险单项下负责的损失涉及其他责任方时，不论本公司是否已赔偿被保险人，被保险人应立即采取一切必要的措施行使或保留向该责任方索赔的权利。在本公司支付赔款后，被保险人应将向该责任方追偿的权利转让给本公司，移交一切必要的单证，并协助本公司向责任方追偿。”这些都是关于代位追偿权的规定。

保险代位求偿权又称保险代位权，是指保险人享有的，代位行使被保险人对造成保险标的损害负有赔偿责任的第三方之索赔求偿权的权利。“保险代位权是各国保险法基于保险利益原则，为防止被保险人获得双重利益而公认的一种债权移转制度”，保险代位权实质是民法清偿代位制度在保险法领域的具体运用。

所谓交叉责任风险，是指各个关系方在从事业务过程中，可能会由于各种原因，从而造成彼此权利义务变化的风险。特别是对于集团公司及下属企业中，由于是独立法人，当一方对另一方造成财产损失时，都需要独立承担民事赔偿责任，保险公司即使履行了赔偿责任，却可以取得代位追偿权，而对于整个集团而言，利益是一致的。例如某集团公司将生产的产品运输业务委托其下属子公司某物流公司负责承运，相关保险也由物流公司负责采购。期间堆放在仓库的存货因电气原因发生火灾，损失高达 600 万元。保险公司查勘发现，仓库属于该集团所有，因该仓库设施瑕疵导致火灾，保险人赔偿后，将依法向出租人追偿。

因此，如何规避交叉责任风险，意义重大。故在保险方案中，务必扩展“交叉责任条款”。

第十四节　没有将利益相关方都列为共同被保险人

在工程建设期间，业主、工程主承包商、工程分包商、设备制造商或供应商、技术顾问（业主聘请的建筑师、设计师、工程师、监理）、其他关系方（如发放工程贷款的银行），都是与工程建设利益有密切联系的单位。有关各方在工程建设期间要承担合同规定的与工程有关的风险责任，即对工程项目拥有经济上的利害关系。

根据通常《招标文件》约定，“不可抗力是指承包人和发包人在订立合同时不可预见的，在工程施工过程中不可避免发生并不能克服的自然灾害和社会性突发事件，如地震、海啸、瘟疫、水灾、骚乱、暴动、战争和专用条款约定的其他情形。”根据通常不可抗力造成损害的责任，不可抗力导致的人员伤亡、财产损失、费用增加和（或）工期延误等后果，由合同双方按以下原则承担：

（1）永久工程，包括已运至施工场地的材料和工程设备的损害，以及因工程损害造成的第三者人员伤亡和财产损失由发包人承担。

（2）承包人设备的损坏由承包人承担。

（3）发包人和承包人各自承担其人员伤亡和其他财产损失及其相关费用。

也就是说，如果由不可抗力造成的工程损失，费用由发包人承担；其他原因造成的损失，费用由承包人承担。因此，无论由发包人还是承包人单独投保，都难以保证风险全面转移。

为了规避上述问题，保险方案中，应该将业主和承包商，以及设计单位、监理单位、设备制造商或供应商列入共同被保险人，使得利害相关方都能获得保险保障，避免保险公司拒绝赔偿或者赔偿后代位追偿，同时避免重大责任事故发生时保险人推诿责任而拒绝赔偿。当上述各方都成为本保单的被保险人时，无论是谁的责任，保险公司都应该负赔偿责任。

第十五节　被保险人义务没有履行

保险合同是一个最大诚信合同，要求被保险人在投保时履行如实告知义务，保险合同签订后履行维护保险标的安全义务，出险后履行积极施救并及时报案义务。一旦被保险人违反了上述保证义务，保险公司有理由拒绝赔偿。

例如，投保人某海运有限公司就其所有的船舶A轮向某财产保险公司（以下简称为保险人）投保沿海内河船舶一切险，被保险人为该海运有限公司（以下简称为被保险人），保险期限为一年，自某年4月1日零时起保，并特别约定：“保费分两期支付，首期保险费生效前支付，第二期保险费于2006年6月30日前付清，逾期不付，保险责任终止”。

6月15日，保险人的业务人员在公司打印收据后向被保险人催收保费，但由于种种原因被保险人一直迟迟未予交纳保险费。8月4日晚，船舶A轮从芜湖装载钢材3270t行驶到马鞍山港区水域时，因舵机失灵不慎与锚泊在锚地的船舶B轮发生碰撞，导致两船受损。

事故发生后，被保险人向保险人和马鞍山海事处报案。并于8月5日（星期六）通过银行将款项存入保险人业务员的账户，要求交纳第二期保险费，保险人的业务员将原打印的第二期保险费收据交给被保险人，并将保费转交公司，保险人在8月9日确认收费。

本案发生后，保险人和被保险人意见发生了分歧：一方面是保险人认为，被保险人属未履行按约定缴清保险费义务而违约，保险人可依据《沿海内河船舶保险条款》第二十条规定及合同约定而终止合同或拒绝赔偿；另一方面是被保险人认为保险人及其业务员的作为和不作为在客观上表示了放弃终止保险合同权利意思，保险人不得再主张终止合同或拒绝赔偿。

保险人认为，本案中，被保险人所作的是明示承诺保证，在约定的当年6月30日，被保险人未履行缴清第二期保险的义务，违反了保证条款，保险人可以根据《沿海内河船舶保险条款》等相关法律规定，认定保险合同按约定即行终止，且保险人不负责保险赔偿责任。

被保险人则认为，从约定的缴清第二期保险费的当年6月15日起，至发生保险事故的当年8月4日止的期间，保险人的业务员打印了第二期保险费收据，向投保人索取保险费未果，但保险人并未主张终止合同的权利，即以不作为表示弃权；同时在保险事故发生后的第二天，即当年8月5日，保险人的业务员收取了投保人交纳的第二期保险费，保险人并于当年8月9日确认收费，即以作为表示弃权。因此，被保险人认为保险人不得再主张终止合同或拒绝赔偿。

保险人和被保险人各持已见，但也各有顾虑。被保险人认为，保险人既然未主张终止合同的权利，又在某种程度上认可保险合同的继续有效，保险人就应该按照保险的规定，承担保险赔偿责任；但因为本方违约在先，根据有关法律规定、合同条款和特约内容，法院可以支持保险人主张保险合同已经终止，保险人不负责保险赔偿责任。

保险人则认为，双方已就缴费义务在保险合同中作了明确规定，被保险人并因此而违反了保证义务，保险人可以主张保险合同已经终止从而不负保险赔偿责任；但此案如果拒赔，必然进入诉讼程序，由于我国法律对保证条款除了《海商法》作了相应规定外，其他法律并未作规定，同时《海商法》的规定也比较简单，如进入诉讼程序，法院并不一定采纳保险人的主张。

本着公平合理、协商一致的原则，保险人和被保险人经过多次协商后，同意按出险前已付保费与应付保费的总额比例进行赔付。

第十六节 缺少保险人的服务承诺

保险合同作为射幸合同，其保险事故可能发生，也可能不发生，因此，保险人的服务承诺，就尤为重要。保险人的服务承诺主要包括以下几个方面，例如对于大型项目，要求保险公司配备专门查勘车、查勘人员、数码相机及摄像机，并在接到报案的约定时间内赶赴现场，并针对本项目进行风险查勘和防灾防损培训。

（一）风险查勘服务

在保险服务年度内，要求保险公司进行风险查勘并提交风险查勘报告，提出有针对性的防灾、防损建议，相关费用由保险公司承担。

进行风险查勘的人员应具备相应资质和实力，风险查勘应体现专业水平。风险查勘结束后，应立即召开现场会，通报查勘中发现的问题并提出整改意见。

（二）防灾、防损服务

在保险服务有效期内，保险公司应根据投保人的要求，为项目中的保险管理人员集中举办保险和风险管理培训，以提高投保方保险管理人员的保险与风险管理专业技能。

（三）到达现场查勘事故限时服务

被保险人出险后应尽量保留现场，但是在紧急的情况下，可以拍照或录像后，进行事故处理，以便减少损失。保险公司在接到甲方各所属单位出险报案后，须在约定的时间内到达出险事故现场。在保险公司现场查勘人员未到达现场之前，投保人各所属单位搜集的事故现场资料可以直接作为理赔依据。

（四）理赔单证要求

发生保险事故后，出险单位向保险人提交理赔材料应事先进行明确，防止发生事故后由于被保险人无法提供某些单证而拒绝赔偿。例如有些物业公司对于其管理的锅炉、中央空调等设施，没有原始发票。发生保险事故后，如果依照保险公司的要求必须提供购置发票的话，将使索赔难以进行。

（五）索赔材料审核时限

在被保险人提供了各种必要的单证后，保险公司应立即审查核定，并将审核结果通知被保险人；若保险公司认为有关的证明和资料不完整，应当立即向被保险人说明应补充提供有关的证明和资料。在接到索赔资料后约定的工作日内未提出有关审核意见，则认可索赔资料完整。

（六）结案赔付时限承诺

对不同额度范围内的赔款，要求保险公司在约定的期限内赔付到位的书面约定。

第十七节　保险采购没有统一管理

许多大型企业集团原有的保险安排由各公司独立控制，在多家保险公司分散投保，因此不同子公司保险期限参差不齐，部分企业在同一保险年度内不同险种的保险期限也不尽相同。有的企业为了照顾关系，将保险标的分别向多家保险公司投保，甚至出现同一条生产线向多家保险公司投保的情形。发生事故后，不得不向多家保险公司分别提出索赔。由于保险公司的条款各不相同，理赔程序亦有差异。被保险人不得不多次提供相关资料，索赔程序繁琐。如果在责任认定上不同的保险公司态度不同，后果更加尴尬。

因此，企业可考虑逐步统一财产险保险期限。其做法为，与保险公司签定统保协议，约定所有下属公司保险到期后实行统一的暂保止期，续保时所有子公司采用统一的保险方案，并将保险期限统一。

对保险公司的选择，则尽可能在一家集中购买，这样可以获得规模采购的成本和服务优势。如果标的额度太大，也可以采取多家保险公司共保的形式。但是，此时应该确定一家主承保人，其他保险公司作为共保方。主承保公司负责所有的期内服务，被保险人也只针对主承保人提出索赔。各家保险公司的权利义务则可以另行签订共保协议。

上述做法的好处是，对于集团每一个下属公司在未来每个年度只需要进行一次保险协议洽谈和投保手续，便于企业未来保险的管理，减少保险管理的时间与人力成本。

第十八节　明确约定损失理算人条款

在国内的保险市场上，普遍是保险人制定保险单，出了事故后，赔偿多少，是否赔偿，都由保险人单方面决定。保险人扮演着既是裁判，又是运动员的角色。保险合同的双方当事人由于各自的利益与角度不同，在处理赔案时矛盾是客观存在的，因而由身兼运动员和裁判员的一方所做出的结论难以令对方信服。而保险公估人作为中立方，相对于双方当事人而言地位超然，较易被双方（尤其是处于弱势的被保险人）接受。由保险公估人出具的公估报告一般能从较为中立的角度对保险事故的起因、责任及损失程度等进行客观公正的勘验、鉴定、估损与理算，使赔付能较快、合理的兑现。在合同中如果设定“损失理算人条款”，约定“在被保险人出险后，如双方对事故的保险责任和损失金额的认定不能达成一致，或者损失金额巨大，为了尽快核定损失，早日得到赔付，保险合同双方将通过指定公估公司认定责任和金额，聘请公估人的费用由保险人支付。”这样既不增加被保险人的财务成本，又能够提高理赔的专业性和公正性。

第十九节　缺少采用仲裁方式解决保险争议约定

争议解决条款是合同中的核心要素之一，一般必不可少。根据法律规定，仲裁与诉讼是两种不同的争议解决方式，因此当事人之间发生的争议只能在仲裁或者诉讼中选择其一加以采用，有效的仲裁协议即可排除法院的管辖权，即“或裁或审制度”。仲裁协议是约束双方当事人对纠纷解决方式的选择权。发生纠纷后，当事人只能通过向仲裁协议中所确定的仲裁机构申请仲裁的方式解决该纠纷，而丧失了就该纠纷向法院提起诉讼的权利。仲裁法规定，仲裁协议对仲裁事项没有约定或约定不明确，或者仲裁协议对仲裁委员会没有约定或者约定不明确，当事人对此又达不成补充协议的，仲裁协议无效。

需要特别指出的是，仲裁是当今国际上公认并广泛采用的解决争议的重要方式之一。国外通过仲裁解决经济纠纷已是非常普遍，国内随着仲裁法的颁布实施，目前越来越多的人开始了解、熟悉并选择仲裁方式来解决经济纠纷。仲裁与调解、诉讼相比，有其鲜明的特点。

一、充分尊重当事人意思自治

我国仲裁法第四条明确规定：“当事人采用仲裁方式解决纠纷，应当双方自愿，达成仲裁协议。”可见仲裁采取自愿原则，仲裁是以当事人自愿为前提的，包括自愿决定采用仲裁方式解决争议；自愿决定解决争议的事项，选择仲裁机构等；当事人还有权在仲裁委员会提供的名册中选择其所信赖的人士来处理争议。涉外仲裁的当事人双方还可以自愿约定采用哪些仲裁规则和适用的法律等。

二、裁决具有法律效力

我国仲裁法第六十二条规定：“当事人应当履行裁决。一方当事人不履行的，另一方当事人可以依照民事诉讼法的有关规定向人民法院申请执行。受申请的人民法院应当执行。”可见，仲裁裁决和法院判决一样，同样具有法律约束力，当事人必须严格履行。经济纠纷在仲裁庭主持下通过调解解决的，所制作的调解书与裁决书具有同等法律效力。涉外仲裁的裁决，只要被请求执行方所在国是《承认和执行外国仲裁裁决公约》（简称《纽约公约》）的缔约国或是成员国，如果当事人向被执行人所在国的法院申请强制执行，该法院就得依其国内法予以强制执行。

三、一裁终局

即裁决一旦作出，就发生法律效力，并且当事人对仲裁裁决不服是不可以就同一纠纷再向仲裁委员会申请复议或向法院起诉的，仲裁也没有二审、再审等程序。

四、不公开审理

我国仲裁法第四十条规定：“仲裁不公开进行。”此举可以防止泄露当事人不愿公开的专利、专有技术等。仲裁方式保护了当事人的商业秘密，更为重要的是仲裁从庭审到裁决结果的秘密性，使当事人的商业信誉不受影响，也使双方当事人在感情上容易接受，有利于日后继续生意上的往来。

五、独立、公平、公正

仲裁案件可以得到公正妥善的处理，原因如下：（1）仲裁是由仲裁庭独立进行的，任何机构和个人均不得干涉仲裁庭；（2）仲裁委员会聘请的仲裁员都是公道正派的有名望的专家，由于经济纠纷多涉及特殊知识领域，由专家断案更有权威而且仲裁员在仲裁中处于第三人地位，不是当事人的代理人，由其居中断案，更具公正性。由于仲裁具有上述特点，因而也产生了收费较低，结案较快，程序较简单，气氛较宽松，当事人意愿得到广泛尊重的优点。

因此，在保险合同中约定，一旦发生争议，采取双方约定的仲裁机构解决保险争议。有利于用较少的人力、物力和财力解决纠纷，专业性的快速解决问题，最大限度的维护被保险人合法利益。

第二十节　保险知识匮乏，未建立成熟的索赔体系

多数企业的基层管理人员对保险知识比较匮乏。至于都买了哪些保险，保险的责任范围，哪些标的购买了保险，如何索赔等，都不是很清楚。而基层人员对设备设施的损失却最了解，掌握第一手资料。他们对保险相关内容的了解程度，直接决定了公司的现实利益和索赔结果。

另外还有一线的管理技术人员，他们认为可能是保险事故，就报到有关部门了。但是随后是否得到赔偿，赔了多少，如何处理的，就不知情了。大型集团公司，建立一套行之有效、畅通的保险索赔体系，需要一个长期的过程，这也是一个系统工程，需要做大量的工作。例如出险后如何报案，报到哪里，由谁负责，哪些单证需要提供，哪些单证不要提供，特别是重大事故的统一归口问题，都需要一一研究部署。

第三章 某钢铁集团保险统一采购经验

第一节 某钢铁集团概述

某钢铁集团是中国特大型钢铁联合企业之一；历史悠久，实力雄厚。新中国成立以来，经过多年的发展，现有总资产已超过千亿元，占地面积近180平方公里，该集团股票在香港和深圳上市，现有职工35余万人，其中科技人员近2.5万人，拥有大型铁矿山、选矿厂、炼铁厂、炼钢厂、轧钢厂、焦化、耐火、机械、动力、运输、建设、综合利用等多个生产主体单位及技术中心、设计研究院、自动化公司等具有先进研发能力的科研、设计单位，在我国企业500强中位列前五十名。

该集团公司拥有的焦化、烧结、炼铁、炼钢、轧钢等整套现代化钢铁生产工艺流程及相关配套设施，主体技术装备和生产工艺达到国际先进水平，并拥有了与之配套的能源动力系统，实现了钢铁生产工艺流程的完整性、系统性。周围有得天独厚的自然资源，地区铁矿石资源丰富，还蕴藏着丰富的菱镁石矿、石灰石矿、黏土矿、锰矿等，为黑色冶金提供了难得的辅助原料。并形成了以生产汽车和家电用钢、冷轧硅钢、船舶和管线用钢以及高速重轨、高档石油管等高附加值产品为主的超千万吨钢精品基地。

目前主要生产及销售热轧板、冷轧板、镀锌板、彩涂板、硅钢、中厚板、线材、大型材、无缝钢管等650多个品种、24000多个规格的钢材产品，全面通过ISO 9002质量体系认证。其中三个产品获得“中国名牌产品”的殊荣，27个产品获得“冶金产品实物质量‘金杯奖’”的殊荣，产品供应冶金、煤炭、电力等全国30多个行业，并向港澳地区、日本、东南亚和世界其他地区出口，是具有国际竞争力的世界一流钢铁企业。

第二节 某钢铁集团保险集中管理优势分析

一、投保险种比较齐全、规范，纯粹风险转移较充分

该集团公司对保险高度重视，投保险种比较齐全。不同的下属企业投保的险种有所差异，其中包括财产综合险（或财产一切险）、机器损坏险（或附加机器损坏险）、附加特约准轨铁路险、特种设备第三者责任险、附加水暖管破裂险、附加管道责任险、附加供电线路责任险、公众责任险、建筑/安装工程一切险、机动车辆险、货物运输预约保险及人身保险等，较充分地转移了企业生产中的大部分纯粹风险。

二、通过对保险事宜集中掌控，降低成本

该集团制定统一的价格条件并由财务部负责代收代付保险费和保险赔款，使集团对下属参保单位的保险成本控制有很好的掌控能力。

例如借助集团投保资产的规模优势与各家保险公司就保险费率水平进行谈判，争取到

了比较优惠的费率，典型的有财产一切险费率、机器损坏险费率、建筑安装工程一切险费率等，都明显低于当地保险市场的通行费率标准，为集团公司各个参保企业节约了保险采购成本。

三、安全管理不断得到加强，降低保险事故概率

通过对保险理赔数据的梳理和分析，企业管理者已经意识到在保险中得到赔付不能完全弥补企业的损失。因此，集团各个企业加大了安全生产管理工作的力度，通过加强风险控制措施和优化防范风险等风险管理方式使各种事故发生的概率和损失不断下降，对保险的统一管理模式也有了很好的补充。

四、优化了保险市场资源

通过市场整合，集团公司资产集中在几家大型财产保险公司投保，承保公司在发生保险事故时能及时定损、赔付，且赔付标准一致，较好地维护了集团的利益，由于管理到位，保险公司的赔付率也较为合理，达到了多赢的目的，同时，该集团公司在保险管理方面也积累了一定的经验，并对保险工作日渐重视，强化和延伸了现代化的风险意识和保险管理理念。

第三节　某钢铁集团保险统一采购过程

为规范集团公司的财产保险采购和管理业务，该集团决定将所有财产保险和机动车辆保险、货物运输保险、公众责任保险进行统一安排。经过党政联席会议审议，集团专门下发文件，成立了集团风险管理办公室，在集团财务部领导下，对集团范围内的保险业务进行统一规范管理，于 2007 年 4 月 1 日起开始全面实施。

一、风险查勘与风险识别

集团公司派出冶金行业风险专家、国家级安全评价师、风险管理工程师、保险专家组成的查勘小组，分赴集团公司及其直属单位、全资子公司、控股子公司、改制企业中的部分生产及附属企业共二十几家单位进行风险查勘。主要就各厂的生产设备、技术及安全管理、重大风险源、主要损失形态、现有的安全措施以及以往发生的一些典型损失案例及保险公司的赔付等诸多情况进行了现场查勘与访谈，并收集了详尽的保险资料。查勘小组白天查勘现场、收集资料，晚上召开总结会，汇总、分析当日查勘情况。经过一个多月的调研工作，查勘小组掌握了大量第一手资料。根据这些材料和公司专家根据现场查勘和访谈了解到的情况、结合国内外冶金行业风险情况和以往风险评估经验，查勘小组向集团公司提交了一份专业的《风险分析报告》。

二、保险分析

查勘小组对保险调查过程中收集到的保险资料进行了统计和分析后，较为全面地了解了整个集团以往的保险规模、各单位资产、人身、责任等方面的保险保障现状，对集团公司现行保险管理体系有了比较详尽的了解，同时对可能存在的问题和可能引起的后果也有

了较为深刻的认识，为保险方案的设计打下了良好的基础。

三、保险方案设计

保险方案的设计建立在对集团公司进行全面风险分析和保险调查的基础上，目的是使保险方案能满足集团不同单位个性化需求、集团整体风险转移和保险统一规范管理的实际需要。

（一）扩大了保障范围

如将以往投保的财产综合险调整为财产一切险；针对集团的特殊风险，在方案中增加很多附加条款和特别约定，使以往格式化保险条款责任范围不能涵盖的特殊风险得以扩展承保等。

（二）优化了险种结构

如把公众责任、水暖管爆裂责任、供电责任等高取费的零散险种统一整合为一个险种，科学设置赔偿限额，提高抗风险能力。

（三）科学降低保费开支

例如将以往需要加费的项目通过扩展责任调整为免费项目；对部分老旧车型按照市场价格调整保险金额，避免超额投保；对厂内车辆、铁路机车等特殊风险适当降低费率。

（四）扩大资产保障范围

科学降费的同时扩大了承保资产规模，充分转移了风险。例如将以往只对进口设备投保机器损坏险，调整为将所有关键设备都投保该险种。

四、选择承保公司

为保障集团下属单位能得到良好的保险服务，保险管理办公室对当地保险市场进行了充分的调查，特别是从赔付能力，理赔能力水平等多方面考虑，并结合本地的保险分布特点，最终选择了多家保险公司共保的方式。将原来企业向多家保险公司分散投保，简化为由一家保险公司作为主承保，另外选择三家保险公司共保的方式。保险费收支及赔款支付均由一家保险公司集中办理，即简化了业务手续，又便于统一和规范管理。

选定四家在保险市场上信誉好、偿付能力强的保险公司共同组建集团保险服务小组。保险管理办公室制定了针对保险公司的考核机制，根据保险公司的承保和理赔服务情况对保险公司进行考核，并将考核结果作为确定下一保险年度各家保险公司承保份额的依据。从而通过制定共保体的服务标准，监督、促进共保体服务水平不断提高和改善，建立了激励和淘汰机制。

五、保险知识及索赔培训

（一）保险管理办公室制作了《保险手册》并下发给集团各单位，组织集团各单位设备管理人员、财务人员以及保险管理人员进行保险与索赔知识培训，使其熟悉企业自己的保险状况和发生保险事故以后的索赔流程；

（二）保险管理办公室定期组织各单位保险管理有关人员召开保险联席会，通过联席会，可以了解各单位对集团保险管理工作和保险公司服务情况的意见，及时提高保险服务体系的服务水平；

（三）保险管理办公室协助集团各单位进行对保险事故的索赔工作；

（四）保险管理办公室负责建立集团公司保险数据库，对各单位投保情况和索赔情况实行信息化管理，并为集团风险管理提供数据支持。

六、保险热点和难点调研

保险办公室会同集团计财部、设备部一起组成调查组，对其最主要的 14 个重点单位的保险运行情况进行了调查。并连续几年对各个单位进行了调查走访。在调查走访中，为基层单位答疑解惑，了解他们所关心的热点和难点问题，了解集团生产单位各环节的风险状况和保险运行情况。

第四节　某集团公司八年来保险事故数据分析

从 2007 年保险统一采购到 2015 年八年来，保险管理办公室开始对集团公司及下属单位的保险事故、赔付情况、事故原因等进行了统计和分析。

一、财产一切险事故情况

2007 ~2015 年，共发生有效索赔的财产一切险保险事故 1151 起，其中机车事故（脱轨、机车刮碰、机车故障等等）393 起，管道爆裂事故 229 起，其他意外事故（爆炸、坠落、撞击等之外的意外事故）125 起，自然灾害（暴风、暴雨、冻灾、雷击、滑坡等）131 起，火灾 77 起，盗窃 7 起。前三项事故合计 747 起，占到整个财产险保险事故的 64. 90%（见表 4-6 和表 4-7）。根据保险管理办公室的调查，机车脱轨和管道爆裂的原因都比较复杂，有本身的原因、外界的原因、技术方面的原因，也有管理方面的原因。

从风险管理方面考虑，建议加强技术和管理，解决导致出险的主要风险问题。

表 4-6　财产一切险各种出险原因的占比情况

财产一切险出险原因	案 件 数	占比/%
机车脱轨	243	32. 27
管线爆裂	229	30. 41
机车刮碰	128	17. 00
其　他	125	16. 60
雷　击	97	12. 88
火　灾	77	10. 23
漏　铁	38	5. 05
空中坠物	37	4. 91
盗　抢	25	3. 32
碰　撞	24	3. 19
机车故障	22	2. 92
倾　覆	19	2. 52
爆　炸	17	2. 26

续表 4-6

财产一切险出险原因	案件数	占比/%
暴　雨	14	1.86
电气事故	14	1.86
暴　风	9	1.20
高炉跑水跑铁	5	0.66
漏　钢	5	0.66
意外停电	5	0.66
冻　灾	4	0.53
水　淹	4	0.53
其他断裂	3	0.40
山体滑坡	2	0.27
辊断裂	1	0.13
漏　渣	1	0.13
塌　方	1	0.13
停　水	1	0.13
转炉事故	1	0.13

表 4-7　财产一切险各出现原因赔款金额占比表

出险原因	合计理赔/万元	占比/%
爆　炸	5401.52	22.45
火　灾	3818.88	15.87
其　他	3715.22	15.44
山体滑坡	2000.00	8.31
机车脱轨	1534.38	6.38
辊断裂	1398.11	5.81
管线爆裂	1103.43	4.59
机车刮碰	832.09	3.46
漏　铁	771.97	3.21
空中坠物	723.78	3.01
漏　钢	639.84	2.66
雷　击	614.43	2.55
倾　覆	279.96	1.16
电气事故	260.46	1.08
暴　雨	247.30	1.03
碰　撞	235.47	0.98
盗　抢	115.72	0.48
暴　风	90.39	0.38
机车故障	70.45	0.29

续表 4-7

出 险 原 因	合计理赔/万元	占比/%
意外停电	69.34	0.29
水　淹	46.53	0.19
其他断裂	44.80	0.19
冻　灾	19.20	0.08
高炉跑水跑铁	15.89	0.07
漏　渣	5.00	0.02
塌　方	3.63	0.02
停　水	2.07	0.01

二、机器损坏险事故情况

2007～2015 年共发生机器损坏险有效索赔的保险事故 752 起，除两起由于原材料缺陷和制造缺陷引起的保险事故外，其余基本都是机器使用中发生的事故。其中尤以电气事故最为频繁和常见（见表 4-8 和表 4-9）。

表 4-8　机器损坏险各种出险原因的占比情况

机器损坏险出险原因	案 件 数	占比/%
电气事故	230	30.59
轴辊损坏	175	23.27
内部故障	115	15.29
操作不当	63	8.38
漏　钢	63	8.38
轴辊断裂	35	4.65
其他断裂	18	2.39
齿轮损坏	12	1.60
卡钢甩钢	12	1.60
其　他	12	1.60
超负荷	7	0.93
高炉事故	4	0.53
超电压	1	0.13
齿轮断裂	1	0.13
管线爆裂	1	0.13
碰　撞	1	0.13
原材料缺陷	1	0.13
制造缺陷	1	0.13

表 4-9 机器损坏险各种出险原因的赔款金额占比情况

出险原因	合计理赔/万元	占比/%
电气事故	4755.46	24.75
高炉事故	3939.84	20.50
轴辊损坏	2943.10	15.31
内部故障	2301.02	11.97
漏钢	2207.61	11.49
操作不当	1034.25	5.38
轴辊断裂	921.68	4.80
其他	328.50	1.71
齿轮损坏	259.13	1.35
其他断裂	230.76	1.20
卡钢甩钢	218.85	1.14
超负荷	42.55	0.22
断裂	9.33	0.05
制造缺陷	8.16	0.04
碰撞	8.08	0.04
原材料缺陷	3.66	0.02
管线爆裂	3.58	0.02
超电压	1.87	0.01
齿轮断裂	1.87	0.01

三、公众责任险事故情况

2007～2015 年共发生公众责任险有效索赔的保险事故 489 起，其中由于管线破裂引起的保险事故 447 起，机车事故 20 起（见表 4-10 和表 4-11）。

公众责任险的日常发案情况比较集中，集中在管线爆裂和机车肇事两个方面，其中尤其以管线爆裂最为频繁。管线爆裂不仅给企业造成了经济上的损失，更增加了企业与当地群众之间的矛盾冲突，使企业不得不分出人力来处理和协调与当地百姓之间的关系，严重影响了企业的正常生产。在这个年度保险服务中，保险管理办公室日常协调的赔案，管线爆裂造成的矛盾冲突占到了很大的比重。

表 4-10 公众责任险各种出险原因的占比情况

公众责任险出险原因	案件数	占比/%
管线爆裂	447	91.41
机车肇事	20	4.09
设施掉落	7	1.43
供电线路意外	6	1.23
特种车肇事	4	0.82

续表 4-10

公众责任险出险原因	案 件 数	占比/%
其他意外	2	0.41
爆　炸	1	0.20
食物中毒	1	0.20
机车脱轨	1	0.20

表 4-11　公众责任险各种出险原因的理赔金额占比情况

公众责任险出险原因	理赔金额/万元	占比/%
管线爆裂	3975	93.13
机车肇事	122	2.87
供电线路意外	53	1.23
食物中毒	47	1.10
爆　炸	40	0.94
特种车肇事	18	0.41
设施掉落	6	0.14
机车脱轨	6	0.13
其他意外	2	0.04

四、货物运输险事故情况

2007～2015 年共发生货物运输险有效索赔的保险事故 2048 起，其中绝大部分都是装卸和运输过程中货物之间的碰撞造成的事故，但是，最大的损失却由于轮船相撞所造成的沉船事故。最大的保险事故是“世纪之光”号货船沉没事故，直接经济损失达 1.5 亿元（见表 4-12 和表 4-13）。根据保险管理办公室的了解，保险事故的发生与船只的新旧、船员的运输经验等有很大关系。

表 4-12　货物运输险各种出险原因的占比情况

货物运输险出险原因	案 件 数	占比/%
碰　撞	1489	72.71
货　损	329	16.06
锈　损	63	3.08
偏　载	33	1.61
船舱进水	29	1.42
捆扎不良	20	0.98
货　串	20	0.98
短　量	15	0.73
丢　失	13	0.63
移　位	7	0.34

续表 4-12

货物运输险出险原因	案件数	占比/%
散　货	5	0.24
撞　船	4	0.20
包装破损	4	0.20
锈　蚀	4	0.20
共同海损	3	0.15
暴　风	2	0.10
货物掉落	2	0.10
包装不良	2	0.10
提货不着	1	0.05
货物倒塌	1	0.05
货物变形	1	0.05
其　他	1	0.05

表 4-13　货物运输险各种出险原因的理赔金额占比情况

货物运输险出险原因	理赔金额/万元	占比/%
撞　船	17844.00	52.75
共同海损	5688.77	16.82
碰　撞	4874.64	14.41
货　损	1492.73	4.41
暴　风	1210.01	3.58
偏　载	633.40	1.87
船舱进水	521.35	1.54
锈　损	492.78	1.46
货　串	441.52	1.31
货物掉落	200.90	0.59
移　位	177.31	0.52
捆扎不良	85.63	0.25
包装不良	47.76	0.14
短　量	32.39	0.10
锈　蚀	28.17	0.08
丢　失	28.10	0.08
散　货	9.32	0.03
货物倒塌	9.09	0.03
包装破损	7.95	0.02
提货不着	2.64	0.01
其　他	0.48	0.00
货物变形	0.16	0.00

五、机动车辆事故情况

2007~2015 年共发生机动车辆险保险事故 4143 起，其中，由疏忽大意引起的碰撞造成保险事故 3715 起，因玻璃破碎索赔的保险事故 360 起，两者合计占总事故的 98.36（见表 4-14 和表 4-15）。

表 4-14　机动车辆险各种出险原因的占比情况

机动车辆险出险原因	案 件 数	占比/%
碰　撞	3715	89.67
玻璃破碎	360	8.69
倾　覆	34	0.82
其　他	23	0.56
自　燃	3	0.07
外界物体坠落	3	0.07
火　灾	2	0.05
地　陷	1	0.02
坠　落	1	0.02
外界物体倒塌	1	0.02

表 4-15　机动车辆险各种出险原因的理赔金额占比情况

机动车辆险出险原因	理赔金额/万元	占比/%
碰　撞	12935.26	312.22
玻璃破碎	289.32	6.98
倾　覆	169.51	4.09
其　他	75.66	1.83
自　燃	47.41	1.14
外界物体坠落	42.82	1.03
火　灾	33.65	0.81
地　陷	10.94	0.26
坠　落	12.07	0.29
外界物体倒塌	8.33	0.20
合　计	13624.97	

六、共保体各成员单位的保险方案运行情况

（一）现场查勘

按照共保协议规定，对于损失超过 50 万元的大案进行现场查勘，要求共保体各家保险公司全部参与现场查勘。实际运行中，工作日查勘基本达到协议要求，但在节假日时，其他三家公司未能达协议要求，部分赔案为主承保公司单独处理。

（二）预付赔款方面

保险事故发生后，如果事故损失较大，出险的单位会提出保险公司先预付赔款，以利于企业生产的恢复。八年来，涉及预付赔款的有沉船事故、高炉事故、喷爆事故、火灾事故等。

（三）赔款及费用分摊

（1）按共保协议规定，赔案查勘费用由各家共保公司按照各案出险地点的不同，以赔款的2%和5%分别计算分摊。

（2）按照共保协议规定，所有赔款由主承保先行支付，然后其他共保体成员按时向其划转分摊的赔款。但是在实际运行中，则是由共保体成员先向主承保公司划转分摊的赔款，主承保公司统一支付。

（四）理赔延伸服务

2013年为了提高保险公司对集团的服务水平，加快理赔速度，要求主承保公司专门成立了具有市公司理赔中心同等权限的集团理赔分中心，专门处理集团的赔案。

第五节 该集团公司保险统一采购的成果

一、保险公司选择更加合理

通过此次保险集中管理，集团在投保方式上与往年有很大的不同。保险方案针对以往集团保险业务的承保主体众多的情况，经请集团同意后，对保险人资源进行了整合，非车险选择4家保险公司成立共保体，其中实力最强的人保作为主承保公司，其他承保公司作为共同保险人，各家公司联手签定共保协议，共同承保集团保险业务。车险选择了人保独家承保，改变原来的车辆险分散投保的混乱格局。

通过资源整合，简化了集团投保手续和保险管理，节约了保险管理成本，使集团各单位能够获得统一、全面的承保条件，同时能够享受同等和制式化的理赔服务，初步建立起了统一保险管理体系，进一步提高了集团对保险业务的管理力度和管理水平。

二、保险保障程度得到了质的提高

如将以往投保的财产综合险调整为保障范围更广、性价比更好的财产一切险，并针对集团的特殊风险，增加了12条特别约定与23个附加条款，改善赔偿基础，进一步扩大保障，使格式化保险条款责任范围不能涵盖的特殊风险得以扩展承保，最大化转移企业风险。在货物运输险中，又将国内货物运输在港口仓储期间的风险通过特别约定纳入保险责任。通过特别约定，对于集团新增10%以内的财产，将自动免费纳入承保范围。

三、集团下属单位的险种进行统一整合

新的方案优化了险种结构。如把以往各单位分散投保的公众责任、水暖管爆裂责任、供电责任等高取费的零散险种统一整合为公众责任险，把每次赔偿限额由以往的几十万元提高到8000万元，并增加了5个特别约定和23个附加条款，大大提高了集团抗风险能力；将以往单独投保的“三停”损失险和管道爆裂险、计算机附属设备等直接并入财产一

切险保障范围；将以往的附加机器损坏险改为单独险种投保，并增加了2个特别约定和16个附加条款，有效扩大了保险责任；在货物运输预约协议中选择了保障范围更加宽泛的险种，并适当增加了附加条款。

四、科学的降低了保费开支

例如将以往以附加险形式投保的、需要加费的项目通过扩展责任调整为免费项目；对部分老旧车型约定由集团保险管理办公室按照市场价格调整保险金额，避免超额投保；对厂内车辆、铁路机车等特殊风险适当降低费率。将叉车、电瓶车及履带式特种车和铁路机车等厂内车辆纳入费率更低的财产一切险投保。通过科学设置，按2006年同保障规模计算，保费同比下降1050万元。

对于财产保险，在维持费率不变的前提下，险种由以财产综合险为主，全部改成一切险，险种得到了优化。

机器损坏险在大量扩展保险责任的前提下，所有设备全部投保，费率下降了40%；公众责任险则在大幅度提高每次事故赔偿限额的前提下，保险费降低115万元。货物运输险整体费率下降20%。

经过几年的运行后，根据理赔的情况，于2012年再次下调了财产一切险、货物运输险的保险费率，进一步降低了企业的保费开支。

五、保险理赔流程更加顺畅

例如保险费的收支和赔款的支付方式发生了变化。将原来企业向多家保险公司分散投保，简化为由一家保险公司作为主承保，另外选择三家保险公司共保的方式。保险费收支及赔款支付均由一家保险公司集中办理，即简化了业务手续，又便于统一和规范管理。

六、车险理赔服务标准更高

针对机动车辆出险概率高的特点，专门设计了保险公司理赔服务约定。

在车辆险投保的过程中，保险管理办公室对所有投保车辆逐辆进行逐一复核，重点审核保费优惠幅度、新车购置价是否合理等，特别针对老旧车型，逐台次与保险公司协调，新车购置价按照车辆的市场行情价格随时进行调整。审核重点有四项：

（一）老旧车型的新车购置价明显高于市场价，一律按照市场价进行调整。一般的新车购置价是按往年的保单填写的，但是在该种车型市场价大幅度下调的情况下，如果仍然按照原值投保，势必造成投保人超额投保，多交保险费，但在出险后并不能获得比市场价更高的赔偿。因此，保险管理办公室对新车购置价进行了严格把关。例如桑塔纳的新车购置价由16万元降为8万元，奥迪100的新车购置价由30～35万元降为24万元，桑塔纳2000由20万降为12万元，斯达-斯太尔ZZ3382N3066自卸汽车由48.9万元下调到32万元等等，总计下调超过10年的老旧车型900余辆，新车购置价降幅平均超过10%，下降金额约为6000万元，节省保费支出七十余万元。

（二）优惠幅度没有达到协议要求的30%，则一律按照文件要求执行——例如有的车由于出险率高、投保不足额等等原因，保险公司按照内部规定没有给予30%优惠的，改为一律按照30%优惠。

（三）叉车、电瓶车、厂内牌照履带式特种车等没有按照要求投保财产险，而是投保车损险的车辆，全部改为投保财产险。

（四）普通货车误按特种危险车辆投保交强险，则调整为按照一般车辆投保——例如有的货车正常投保交强险1750元，但却误按特种危险品车辆收取交强险6040元等等。

统一的管理工作，推动了保险公司整个车险系统对于新车购置价设置的合理化进程，升级后的车险系统中，老旧车辆的新车购置价接近市场价。

七、保险知识得到普及

在培训课上，保险专家详细讲解了各个险种的条款、投保操作流程、出险索赔程序等等。在为集团全体单位进行集中培训后，又根据实际的需要，先后为多家矿业公司、股份公司、股份公司大型厂等进行了10次集中培训和答疑。共计培训安全设备部门、财务部门等保险相关人员近2400人，下发保险服务手册等培训资料3500本，保证所有的基层单位相关保险人员人手一本。通过保险培训，基层人员保险知识得到普及，索赔能力得到显著提高。

八、索赔能力得到显著提高

索赔能力关系到投保企业的切身利益。理赔协调是保险管理办公室的主要工作内容。保险办公室随时发现和协调处理存在争议的赔案。例如赔款额最大的损失上千万元的沉船案，通过保险管理办公室的积极协调，在与保险公司达成预付协议后3天内预付了50%的赔款600万元，并在约定的三个月内全部赔付到位，也获得了集团客户的高度认可。

除积极协调较大金额的赔付外，保险期间，保险管理办公室对一些较小的赔案也进行了跟踪调查和协调，比较有代表性的有如在12月份对各单位进行走访和答疑的过程中，发现某生产厂有一台设备损坏后，由于没事先经保险公司同意破坏了现场，也没有在保险公司与集团约定的规定时间内及时报案，保险公司按规定不予接案。厂方报主管部门后，对此感到无能为力。保险管理办公室在调查走访中了解实情后立即和保险公司沟通协调，成功帮助该厂报案索赔，受到了公司计财部领导的认可。而为了缩短货运险保险事故对生产经营的影响，经过保险管理办公室多次反复协调，最后由保险公司理赔中心、市场应供销部、物流中心达成一致意见，签署了今后对存在第三方责任的保险事故由保险公司先行赔付的协议书，理顺了保险赔案的处理通道，并根据协议书完成了对争议已久的事故赔付。

九、赔案得到系统跟踪和反馈

为了及时掌握集团的出险情况，保险管理办公室每周都要集中查询每个险种的案发情况和各个赔案的进展情况。对于未决赔案，保险管理办公室也每周并逐件向保险公司理赔中心核实赔案的进展情况，并及时向相关单位通报，使相关单位能随时掌握本单位的发案情况和理赔情况，发现管理中的薄弱环节。对于部分进展缓慢的赔案，督促保险公司加快理赔速度，此项工作也受到了公司领导的高度重视，不但两次下文件进行普及和规范，还在2008年度把保险工作的内容纳入到各个单位的经济责任制考核之中。通过赔案的跟踪，很多出险单位提交索赔手续的速度和保险公司理赔回款的速度与往年相比有了明显的提升。

十、风险管理理念和水平得到显著提高

为了更好地进行保险采购，使得保险方案设计能够做到个性化，满足集团的风险状况和风险转嫁需求，保险管理办公室组织专家对下属单位进行了全面的风险查勘和风险识别，查出了数十处风险隐患，并及时进行整改。

在多次大规模的风险管理与保险知识及保险索赔培训过程中，通过专家对国内外典型事故案例的分析，提高了全体干部和员工的安全意识。特别是对保险知识的培训，使得集团索赔能力大大提高，赔付率大幅度上升，集团的直接物质损失基本上都可以通过保险索赔得到赔偿，大大维护了集团财务的稳定性。

第四章　钢铁企业典型保险事故案例分析

第一节　按照原值投保是否视同足额投保惹争议

一、案情简介

某公司是其集团的全资子公司，已连续在保险公司投保9年，被保险人在保险公司为其自有的铁路车辆投保财产综合险并附加碰撞、倾覆责任，投保区域为市辖，按照账面原值投保。

某日，该公司电力机车正常执行作业时，由于电力机车车速过高，挂车时与被挂自翻车发生碰撞造成车钩严重变形。被保险人就此次事故中受损的电力机车车钩损失向保险公司提出索赔。

二、现场查勘及分歧点

接到报案后，保险公司立即组织查勘人员进行现场查勘。根据现场查勘及调查，确认此次事故因电力机车挂车速度高与其他车辆发生碰撞，造成车钩严重损坏，并确定此次事故属于财产综合险特别约定之碰撞扩展责任。

随后，保险公司理赔人员根据机车损失迅速定损，并到被保险人财务部门调取了固定资产明细账，确定受损机车为保险标的，保险金额与账面原值完全一致，案件在上报审批时，上级核赔人员对设备是否足额投保提出了不同意见。核赔人员指出，财产综合险为重置价值条款，出险时要考虑出险标的出险当时的重置价值，本案中受损机车为20世纪70年代产品，虽然按照账面原值投保但账面原值也是70年代的价值，不能代表出险当时的重置价值。经市场调查，确定出险当时同类型机车的重置价值在500万元，而账面原值只有350万元，属于不足额投保。

理赔人员将此情况与被保险人沟通，被保险人表示不理解，同时表示在保险公司投保多年一直是按照账面原值投保并一直足额赔付，不同意保险公司的处理意见，坚持要求按照足额赔偿。

三、保险公司意见

如果本案认定为不足额投保，则赔付比例只有70%。一方面，被保险人难以接受。在保险公司内部，意见也不统一。

一种观点认为，被保险人连续投保多年，以前赔案的处理只要证明是按照账面原值投保即视为足额投保，如现在提出按照重置价值作为保险价值比例赔付，被保险人不会接受，同时会对保险公司理赔政策前后不一致产生质疑，对保险公司的经营信誉产生影响，对保险公司业务发展不利，认为仍延续以前的理赔政策处理。

另一种观点认为，保险条款明确规定保险标的的保险价值为出险时的重置价值，如承保标的为近几年购入重置价值偏差应该不大，但超过十年以上的设备偏差较大，保险条款设置重置价值也是为了保护保险公司的经营风险，因为近年来人工费、机械台班费、原材料均呈大幅上涨趋势。本案出险标的为20世纪70年代产品，当时的物价水平与现在相比不可同日而语，那么保险公司按照70年代的物价水平承保按照2007年的物价水平理算损失，保险公司的利益谁来保护，设定保险条款重置价值的初衷也基于此，因此本案按照保险条款约定的保险金额与重置价值的比例考虑最终赔款。对以前的错误处理方式向被保险人耐心解释，尽量争取被保险人的理解和支持。

四、本案剖析

本案争议的焦点就是被保险人按照账面原值投保是否可以视同为足额投保问题。

保险价值的确定方式有两种：

（1）保险价值由投保人和保险人在订立合同时约定，并在合同中明确作出记载。合同当事人通常都根据保险财产在订立合同时的市场价格估定其保险价值，有些不能以市场价格估定的，就由双方当事人约定其价值。事先约定保险价值的合同为定值保险合同，采用这种保险合同的保险，是定值保险。属于定值保险的，发生保险责任范围内的损失时，不论所保财产当时的实际价值是多少，保险人都要按保险合同上载明的保险价值计算赔偿金额。其计算公式为：保险赔款 = 保险金额 × 损失程度（%）。

（2）保险价值可以在保险事故发生时，按照当时保险标的的实际价值确定。在保险事故已经发生，需要确定保险赔偿金额时，才去确定保险价值的保险，是不定值保险，采取不定值保险方式订立的合同为不定值保险合同。对于不定值保险的保险价值，投保人与保险人在订立保险合同时并不加以确定，因此，不定值保险合同中只记载保险金额，不记载保险价值。

保险金额是指投保人对保险标的的实际投保额，也是保险人计算保险费的依据。《保险法》第二十四条第四款规定：保险金额是指保险人承担赔偿或者给付保险金责任的最高限额。

因此，判断是否足额投保，关键是判断保险金额与保险价值的大小关系。对于不定值保险，确定保险金额的方式有很多（例如依据净值、原值、市场价值或估价），只要保险双方达成一致意见即可。当发生保险事故时，根据《保险法》第四十条第三款规定处理，“保险金额低于保险价值的，除合同另有约定外，保险人按照保险金额与保险价值的比例承担赔偿责任。”因此，不管以什么依据和方式确定保险金额，核心目标是力求保险金额尽可能接近合同中约定的赔偿方式对应的保险价值，高之则浪费保险费；低之则比例赔付。即使按照账面原值，也不一定就是足额投保。

在保险实务中，通常被保险人如果按照账面原值投保，对于入账日期在3年内的固定资产，特别是机器设备基本可以认定是足额投保，除非被保险人购买的是二手资产或设备；对于入账日期超过3年以上的，保险公司在理算赔款时均要考虑重置价值，如保险金额低于重置价值均按照保险金额与重置价值的比例理算赔款，对此财产综合险保险条款第十三条规定“保险标的发生保险责任范围内的损失，保险人按照保险金额与保险价值的比例承担赔偿”，其中的保险价值即为重置价值。重置价值定义为重新购置或重建某项财产所需支付的全部费用，保险条款制定此项内容的用意也是保护保险公司的合法利益，规范保险合同双方特别是投保方的保险意图，避免恶意投保造成投保人不当得利，保证保险公司规范经营和稳健运营。

最终经过与被保险人的多次协商，被保险人接受了保险公司以重置价值视为保险价值的处理决定。同时保险公司向被保险人提出了建议，如要求保险公司按照足额赔付，可以采取账面原值加成投保约定视为足额方式投保，这样可以保证被保险人自己的经济利益得到充足保证。后来被保险人在续保时加成投保，从而彻底消除了比例赔付的隐患。

因此，本案保险公司的处理意见和结果是正确的，完全依照《保险法》及保险合同的有关原理和约定处理，投保人也最终接受了处理结果，调整了保险金额设定的基础，消除了比例赔付的隐患。

第二节　加热炉罩坠落300万元损失遭拒赔

一、事故简述

某钢厂棒线材连轧厂在B保险公司投保了财产综合险及机器损坏险保险期限为一年。在此期间，生产车间为在炉台上的待加工线材加热退火，按照程序将加热罩加热到550℃后，起重机将加热罩吊起并移位，在将其下放3m左右时突然失控，加热罩带着吊钩、钢缆呈自由落体坠落，导致加热罩底部向上1700mm扭曲变形，损失金额300万元。

二、现场查勘情况

查勘人员看到，车间内共有6座炉台，4个加热罩，2个冷却罩，3台起重机。受损的编号为1号的加热罩为2003年德国生产，设备最大质量为36t。受损后已经被吊离摔落位置大约5m左右，摆放在车间的东北角。地面原位置留有一个圆形印痕，加热罩周围的地面上散放一些被震落的原本安装在加热罩体上的设备及零件。据现场观察加热罩体受损严重，底部向上1700mm高度全部扭曲变形。外部管线、控制箱，燃烧部分、测温部分、阀门部分、风机等也受到损失，控制柜内部的插线及开关也被震掉。

据操作人员介绍，在以往的吊装的过程中，曾出现过几次突然失控的状况，但是由于处理及时或是由于坠落高度不高，损失没有这么大，故也就没有报损。

事故使用的起重机2003年10月生产，跨度为25.5m，32/10t桥式变频起重机。走进操作室，看到左上方放一个监视器，左侧室壁上有一台某起重机附件厂生产的型号为QCX-2B起重量限制器。操作室内有两个操作平台，分别为联动控制台和主（32t）副（10t）钩操作台。据事故当班的吊车司机介绍：车间内共有3台起重机，只有发生此次吊装受损加热罩的起重机是采用变频装置，虽然有噪声小，运行平稳等特点，但是这台起重机在实际吊装加热罩下降过程中时，有时会出现3～4s的反应延时，即在这几秒时间内操作失控。以前曾多次发生过类似事故，但因损坏不大所以也就没有对保险公司提起索赔。

三、保险双方观点

（一）被保险人观点

被保险人认为，根据双方签订的《财产综合险》保单条款第四条，由于下列原因造成保险标的损失，保险人依照本条款约定负责赔偿：

（1）火灾、爆炸；

（2）雷击、暴雨、洪水、台风、暴风、龙卷风、雪灾、雹灾、冰凌、泥石流、崖崩、突发性滑坡、地面下陷下沉；

（3）飞行物体及其他空中运行物体坠落。

本次事故由于是加热罩从空中坠落并导致损坏，应构成保单约定的“飞行物体及其他空中运行物体坠落”的责任范围，保险人应负责赔偿。

（二）保险公司观点

根据现场查勘了解到的情况，造成此次事故的起重机以前曾经多次发生过类似的事故，即在加热罩吊装下降过程中，突然失控，只是由于当时或是处理及时或是损失不严重没有向保险公司索赔。但是被保险人没有提供出任何针对上述情况的整改措施。由于本次事故发生前，被保险标的多次发生事故并造成损失，因此加热罩吊装坠落事故造成被保险人的直接物质损失属于机器设备损坏险保单的除外责任，保险人不负责赔偿。

根据机器设备损坏险保单中除外责任范围第三条明确约定，“被保险人及其代表已经知道或应该知道的被保险机器及其附属设备在本保险开始前已经存在的缺点或缺陷。”保险人不负责赔偿。

四、本案剖析及启示

本案是否应该赔偿，关键是正确理解财产综合险“空中物体坠落”的责任界定。

财产综合险保单条款第四条第三款“飞行物体及其他空中运行物体坠落”造成保险标的物损失，属于责任范围。本案受损的加热罩是由于本身坠落造成的，并不是“其他”空中物体，因此没有构成本款的责任约定。由于财产综合险属于责任列明式保单，本身坠落造成的损失不属于综合险的责任范围，因此在财产综合险项下无法获得赔偿。

而对机器损坏险，被保险人在投保前多次发生类似事故，设备隐患已经存在，故根据“被保险人及其代表已经知道或应该知道的被保险机器及其附属设备在本保险开始前已经存在的缺点或缺陷”保险人不负责赔偿，也是合理的。

因此，被保险人如果投保了财产一切险和机器损坏险，则本案赔偿可能是另外一个结果。

第三节　传送辊被冻烧毁机损险项下获赔偿

一、案情简介

某钢铁企业大型厂重轨矫直区内的传送辊由于天气寒冷被冻住。工人在早晨开机作业时，由于传送辊受冻无法转动，导致与传送辊相连的带动传送辊转动的电机被憋烧毁。经现场检验，共烧毁电机 27 台，造成直接损失约 7 万余元。

二、保险双方观点

保险公司查勘后发现，该企业由于处于西北地区，冬季寒冷，最低气温可以达到零下

25～30℃。而厂房保温设施不够完善，在设计上没有考虑周全，属于设计错误，在天气寒冷的情况下，必然会造成设备损坏。根据财产一切险除外责任第一条，“设计错误、原材料缺陷或工艺不善引起的损失和费用”保险人不负责赔偿。此外，传送辊由于是被严寒冻坏，也不属于保单中约定的责任范围，因此不予赔偿。

被保险人认为，电机烧毁是由于与电机相连的传送辊被冻造成的，传送辊被冻是由于天气寒冷造成的。根据保险的近因原则，本次事故是由于天气寒冷造成的，而财产一切险的除外责任范围并没有列明“天气严寒”，鉴于财产一切险属于列明除外责任保险，故保险人应该在财产一切险项下予以赔偿。

三、本案剖析及结论

对于本案是否应该赔偿，以何种依据赔偿，关键是如何理解“设计错误”及保险近因原则问题。

（1）所谓设计错误是指违背当时国家或行业规范或设计文件前后互相矛盾及某些参数重新核算发现错误。本案中被保险人的厂房已经使用多年，以前并没有发生类似事故，并且并不是因为天气寒冷而直接造成损失。

（2）近因原则是保险理赔过程中必须遵循的重要原则。近因不是指最初的原因也不是最终的原因，而是一种能动而有效的原因，这既指原因和结果之间有直接的联系，又指原因十分强大而有力，以致在一连串事件中，人们从各个阶段上可以逻辑地预见下一事件，直到发生意料中的结果。如果有多种原因同时起作用，近因是其中导致结果的起决定作用的或强有力的原因。按照这一原则，只有当被保险人的损失是直接由于保险责任范围内的事故造成的，保险人才能予以赔偿，即保险事故的发生与损失事实的形成，两者之间必须有直接因果关系的存在，才能构成保险赔偿的条件。

（3）本次事故是由于天气寒冷将传动辊冻住后，操作工人操作失误，从而因传动阻力过大、电流过大而将电机烧毁。因此，设备损坏的直接原因应该是工人误操作导致电流过大烧毁。由于被保险人将设备投保了“机器损坏险”，根据该险种责任范围，“设计、制造或安装错误、铸造和原材料缺陷；工人、技术人员操作错误、缺乏经验、技术不善、疏忽、过失、恶意行为；及超负荷、超电压、碰线、电弧、漏电、短路、大气放电、感应电及其他电气原因”等都是保险公司负责赔偿的责任范围。

因此，本案应该在机器损坏险项下进行赔偿，才比较合情合理。

第四节　某钢铁企业精轧连接机齿轮轴受损索赔案

一、事故简介

某炼钢厂精轧连接机齿轮轴表面发生损坏，标的金额达300万元。保险公司查勘后发现，受损的齿轮在远远低于其使用寿命的期间内即发生了面层脱落的情况，怀疑是因齿轮表面的润滑油对齿轮的腐蚀导致损坏，根据机损险“机器设备运行必然引起的后果，如自然磨损、氧化、腐蚀、锈蚀、孔蚀、锅垢等物理性变化或化学反应”属于除外责任，拟提出拒赔意见。

二、事故原因调查及分析

被保险人的保险经纪人接到报案后，立即赶赴现场调查事故原因。据调查，受损的齿轮轴为精轧连接机的传动部分，是一对对接的外咬合传动齿轮，生产厂家为南京某齿轮公司，材质为 $12CrNiMo_6$。齿轮的工作速度约为 1000r/min，运转时需要添加润滑油以减少齿轮的咬合摩擦。至损坏事故发生时至该齿轮的使用时间为两年半左右，已超出质保期。

现场中看到，齿轮咬合面多处有不同程度外层剥落，剥落处经打磨处理后，有明显的打磨痕迹；部分原受损位置较重的部位（原面层出现裂缝的部位），仍有尚未修复的裂纹存在。

据了解，该种连接机齿轮轴作为设备的主要传动机构，其齿轮部位应具有较大的表面刚度和硬度，一般正常的使用年限至少为 15 ~ 20 年。而市场调查表明，相同生产商生产的精轧连接机齿轮曾发生过齿轮断裂的事故，经相关检测机构对该齿轮进行测试后，发现齿轮材质的多个指标没有达到设备说明书或产品质量说明上的标准。

针对保险公司怀疑的腐蚀问题，保险经纪人了解到，设备在运行环境，润滑油之外，设备运转不需添加其他媒介物，而润滑油不可能对齿轮造成腐蚀，没有其他酸性物质对齿轮表面有腐蚀作用的介质存在。

因此，齿轮咬合表面的损坏不可能是媒介物腐蚀，同时在远低于使用寿命的时间就发生了损坏，也不应属于设备运行的必然结果。事故受损的齿轮在远远低于其使用寿命的期间内即发生了面层脱落的情况，很可能是由于齿轮的热处理加工深度不够，造成内部分子结构排列不均匀，表面硬度达不到标准，而在高速运转时，表面硬度不足以承受咬合力的冲击而导致剥落，这应属于该齿轮本身存在材质或制造缺陷造成的损失。通过该厂家生产的同类型、同时间使用的其他齿轮的检测报告证明，该生产商生产的该类型齿轮中，确有材质参数不达标的产品问题存在。

三、本案处理结果

由于被保险人投保了机器损坏险，保单承保“设计、制造或安装错误、铸造和原材料缺陷”原因造成的标的损失。从本次受损齿轮的检验情况看，该齿轮的损坏应属于设备本身材质或制造缺陷造成，且事故发生时该设备已超过保质期限。故机器损坏险的保单赔偿责任成立。

对于赔付费用，如果对受损齿轮进行更换，其费用约为人民币 300 万元。经纪人认为可以进行必要的维修，即可满足目前的生产和使用要求。市场询价后，维修费用约为人民币 10 万元左右。因此，保险人最终采纳了经纪人的处理意见，对受损齿轮的维修费用予以赔偿。

第五节　某钢铁企业 1500 万元高炉爆炸索赔案

一、事故简介

某钢铁集团已经创建 50 多年，发展成为拥有资产总额超过 200 多亿元的国有特大型钢铁联合企业，形成了以钢铁为主，包括工程设计、建筑安装、机械制造、汽车运输、旅游商贸、房地产、环保、水泥等产业的（集团）公司。

该企业对风险与保险一直比较重视，根据不同财产分别投保了财产基本险、财产综合险及机器损坏险等。例如制氧机组厂房投保财产基本保险、制氧机组投保了机器损坏险，新高炉部分设备投保了财产综合险、附加机器损坏险等，总保险金额3.5亿元。

保险期内，该企业3号高炉在运行过程中突然发生巨大声响，烟雾弥漫，炉内爆炸，炉壁开裂，500t炽热炉料喷涌。被保险人提出1500万元的索赔要求。

二、事故原因调查

该钢铁企业证、照齐全，经营效益良好。被保险人认为在发生事故前，高炉无任何“异常”，无“征兆”。保险公司理赔人员经过调查发现，该厂长期维持高负荷运转，维修、管理不到位。出现隐患后，只进行护炉监控，但为完成冶炼指标，仍使用过高热风，使缺陷渣皮在边缘气流冲击下迅速剥蚀炉壁，这是事故的主要原因。炉况恶化后冷却壁暴露，冷却水泄漏汽化产生大量水煤气与混合煤气最终导致爆炸，这是发生事故的直接原因。

三、责任认定与损失理算

根据财产综合险责任范围第四条第一款，由于火灾、爆炸原因造成保险标的的损失，保险人负责赔偿：本次事故爆炸造成的损失，构成了保单约定的责任，保险人应负责赔偿。

保险公司分别对冷却系统、高炉风口设备、液压系统与设备、电气设备、仪表与控制系统等五个方面根据保险单的约定进行了理算。

理算人员根据设备的实际损坏情况，剔除了没有损坏的保险标的，核减了没有发生的修复费用，核算了事故残值，最终核定赔款为1962120元（见表4-16），该金额得到了被保险人的认可，保险公司很快履行赔付责任，使得被保险人很快恢复了重建，保证了生产的正常运行。

表4-16 爆炸事故理算结果一览表 （元）

序号	项目	定损	残值	赔付金额
1	冷却系统	862497	354877	507620
2	炉前液压系统	717886	87208	630678
3	高炉风口系统	27660	6015	21645
4-1	电气-高炉本体电气系统	315700	132337	183363
4-2	电气-行车系统	0	0	0
4-3	电气-高炉本体线缆照明系统	326132	207488	118644
5	仪表控制系统	736000	235830	500170
合计		2985875	1023755	1962120

第六节 放弃追偿，铁路机车被撞遭拒赔

一、案情简介

某钢铁集团铁路机车在正常行驶时，与一辆强行通过铁路道口的大货车相撞，造成铁路线路及机车等财产受损。

事故发生后，根据相关规定，铁路机车无责，大货车负全部责任。由于事故造成货车司机重伤，因此司机被送往医院后，被保险人没有对肇事方采取任何措施。由于钢铁集团对铁路及机车投保了财产保险，在事故发生后，立即报案，并向保险公司提出了书面索赔。

二、保险双方观点

保险公司查勘中发现，本次事故应该由肇事司机承担全部责任。根据保险单第八条“权益转让”中规定，“若本保险单项下负责的损失涉及其他责任方时，不论本公司是否已赔偿被保险人，被保险人应立即采取一切必要的措施行使或保留向该责任方索赔的权利。在本公司支付赔款后，被保险人应将向该责任方追偿的权利转让给本公司，移交一切必要的单证，并协助本公司向责任方追偿”。但被保险人却没有采取任何必要措施或提出书面索赔，造成保险公司无法依照保险法及保险合同的有关规定行使代为追偿权。故保险公司提出拒赔。

被保险人认为，受损的铁路及机车投保了财产保险，由于碰撞造成的损失，构成保单约定的责任范围，保险公司理应履行赔偿责任。至于是否追偿、如何追偿、追偿结果，均与被保险人无关，因此拒绝履行任何协助追偿的义务。

三、本案剖析

依据《中华人民共和国民法通则》第一百零六条第二款“公民、法人由于过错侵害国家的、集体的财产，侵害他人财产、人身的应当承担民事责任。”本案中，由于货车司机违反交通规则，强行硬闯铁路路口，从而造成铁路及机车严重受损的恶性事故，应依法承担民事赔偿责任。依据《中华人民共和国保险法》第四十五条“因第三者对保险标的的损害而造成保险事故的，保险人自向被保险人赔偿保险金之日起，在赔偿金额范围内代位行使被保险人对第三者请求赔偿的权利。”而根据保险双方签订的保险协议，被保险人有义务协助保险人向第三方索赔和追偿。本案中被保险人本来可以获取肇事方的车牌号码、驾驶证、单位等信息，却没有采取任何有效措施，更无法提供必要的追偿资料和证据，以至于保险人无法掌握肇事方的信息和下落，因此拒绝赔偿亦在情理之中。

四、本案结果及启示

发生该争议后，保险双方委托保险公估人，请求出面协调处理。公估人立即开始调查肇事汽车的各项资料试图寻找该肇事司机。后经调阅医院住院记录获得司机姓名，到公安

部门排查司机个人信息，最终找到了肇事司机。此后，通过进一步调查得知肇事车辆在另外一家保险公司投保了第三者责任险。因此，本次事故，应该最终由其保险公司负责赔偿，不足部分由肇事方承担。

由于钢铁公司为了及时恢复铁路运营，在第一时间进行了修复，但对修复方式、票据、损失程度等重要证据却没有进行保留，对确切的损失金额无法提供单证支持，相关各方再次陷入争议和僵持中。

最终，由于无法提供全部损失证据，肇事方的保险公司只愿意承担通过现有损失证据能够证明的损失，而对于额外无法提供单证的费用不予赔偿。钢铁公司由于没有保留任何直接证据（如修复时拆下的受损物品，修复时的照片等），也只好自己承担了部分修复费用。

本案中，关键是被保险人忽视了当因第三方责任造成标的损失时，应履行的协助追偿的义务，且没有保留相关证据，使得索赔非常被动，本应获得足额赔偿的损失无法全部获得赔偿。

第七节 某沉船事故1200万元钢材全损案

一、案情简介

某钢铁集团在经纪人的协助下与某保险公司签署了货物运输预约保险协议，承诺将其当年内的全部货物投保。协议生效后，某承运江阴某钢板冷卷1995.996t，江阴某金属公司中板125.1t，货物总价值1200多万元。

运输过程中，该船发现漏水，经过抢救，得到暂时控制。但发生漏水当日13时，漏水加剧，16时船长发出求救信号，到20时，船长被迫决定弃船。幸运的是14名船员全部获救。但是轮船沉没，货物全损。被保险人随后向保险公司提出索赔。

二、争议焦点

沉船事故发生后，由于沉船位置位于主航道，水位较浅，必须进行打捞。保险公司立即向多家打捞公司询价，得知打捞费用预计800万元，加上清污、设置标志等相关费用200万元，合计打捞费用超过1000万元。并且随着时间的拖延，费用还会增长，而货值不断贬值。如果超过一定时间不打捞，海事局将会强制打捞，成本将会更大。

最终某打捞公司愿意花120万元买断货权，然后由其负责打捞。但是前提条件是保险公司必须取得货主的授权，保险公司才有权利和资格委托打捞公司作业。而货主提出，必须获得保险公司负责赔偿的承诺后才能转让货权。保险公司则认为，现在事故原因不明，《海事报告》尚未出具，保险公司无法在保险责任不明前就承诺一定履行赔偿义务。而作为投保方钢铁集团的贸易公司，则坚持自己也不能承诺是否赔偿及赔偿金额，只能取决于保险公司的最终赔偿。保险公司赔偿自己多少，自己就赔偿货主多少。于是相关各方陷入了僵局，谁都不肯让步。

三、案件处理过程

在情况十分紧急的情况下，被保险人的经纪人召集各方人员进行磋商。经纪人提出，保险协议第13条特别约定中，有关于大额事故预付赔款的约定，即“保险公司承诺，发生承保风险损失时，在初步估算损失金额超过100万元之后，保险公司根据被保险人要求或理算师的建议在10个工作日内预付索赔金额的50%作为预付赔款”。本次事故货物全损，已经高达1200万元，远远超过了保单中100万元的约定。经纪人将各方利害关系意义分析、阐述后，提出由保险公司预付50%赔款（600万元），5日内把预付款支付到位。将来《海事报告》出具后，如果属于保险责任则支付其余赔款。贸易公司则向货主出具赔偿承诺函，承诺赔偿直接损失，一个月内赔偿50%，三个月内付清。在这种情况下，货主终于同意把货权转让，使打捞工作可以进行。

在各方的积极努力下，事故发生的当月，保险公司支付了600万元预付赔款。

随后，当《海事报告》出具后，明确了事故原因，构成保险责任后，经纪人立即通知保险公司，督促保险公司尽快结案。在贸易公司向客户承诺的三个月期限到来之前，保险公司终于将全部赔款支付到位，本案最终赔付金额共计1200万元，本案得到顺利解决，各方都非常满意，最大程度地减少了不必要的争议和损失及费用。

四、本案启示

保险的一个核心原则就是发生大额损失后，能够及时得到赔偿，保证财务的稳定性和企业生产经营的正常运行。但是，大额赔款往往从事故原因调查到赔付结案，需要很长的周期，对被保险人非常不利。本案中，经纪人在设计保单时，充分考虑了这一需求，特别扩展了“大额损失预付赔款条款”，而保险人则严守承诺，及时履行了预付赔款义务，从而使得事故得以快速、妥善赔偿。

第八节　“三停”引起连铸设备受损事故索赔案

一、案情简介

A公司是某钢铁集团的全资子公司，已连续在B保险公司投保3年，主要业务是板坯、方坯钢材连铸加工及成品钢材轧制，其主要产品为冷轧板、宽厚板、重轨、线材等。A公司将自有的建筑物、机械设备、动力设备、工具仪器等按照账面原值进行投保，投保险种为财产综合险。

某日，A公司某炼钢厂连铸1号方坯机组正常作业时，由于内部主电源突然断电造成正在生产中的方坯连铸机停产，导致导辊含钢严重损坏，后经查实此次事故系集团公司下属某供电厂11kV开关遭受雷击损坏所致。被保险人就此次事故中受损的连铸机组轧辊162根严重损坏向保险公司提出索赔21.7万元。

二、案件关键点

本案关键在于界定该停产损失是否构成保险责任。

财产综合险保险条款中保险责任第五条规定“被保险人拥有财产所有权的自用的供电、供水、供气设备因保险事故遭受损坏，引起停电、停水、停气所致保险标的损失，保险人负责赔偿”。

构成“三停”损失必须同时具备下列三个条件，才属保险责任：

（1）必须是被保险人拥有财产所有权并自己使用的供电、供水、供气设备，包括本单位拥有所有权和使用权的专用设备，以及本单位拥有所有权又与其他单位共用的设备。这些设备包括发电机、变压器、配电间、水塔、线路、管道等供应设备。

（2）仅限于对被保险人的机器设备、在产品和贮藏物品等保险标的的损坏或报废负责。例如印染厂发生属本条责任范围的停电，使生产线上运转的高热烘筒停转，烘筒上的布匹被烧焦；又如药厂因同样情况停电，使冷藏库内的药品变质。

（3）限于因保险事故造成的“三停”损失。即“三停”损失必须是保单列明的责任引起的，如火灾、爆炸、雷击、空中物体坠落等。如果是政府行为限电损失，则保险公司不负责赔偿；再如由于第三方野蛮施工挖断电缆导致被保险人“三停”造成损失，由于挖断电缆不是财产综合险的承保责任，由此造成的损失保险人也不负责赔偿。

三、本案处理结果

接到报案后，B保险公司立即组织查勘人员进行现场查勘。到达现场后发现事故已经抢修完毕，理赔人员对事故抢修负责人进行了调查了解，并对更换的导辊进行了查验，后又赶到供电厂对因受雷击损坏的11kV开关进行了查验。经现场查勘及对当日天气情况的调查取证，确认本次事故情况属实，满足财产保险综合险条款第五条第一款之规定“三停”损失中自有供电设备因保险事故受损的要件。特别是本次事故由于停电造成正在生产的设备停止运转造成高温的正在轧制钢材停留在钢辊上，由于钢材温度高达800余度造成轧辊表面氧化受损无法再次使用，属于保险标的。

针对被保险人提交的设备损失清单，保险公司理赔人员对其损失程度及价格进行了逐一核实，并与被保险人协商扣除报废轧辊的部分残值1.9万元，最终确定的损失金额19.8万元。

最后根据保险公司核赔人员与被保险人代表共同对受损导辊的清点及查验备件加工定做合同、备件出库单等，同时核查了被保险人财务账册，确认属足额投保。

根据上述调查结果，保险人及时履行了赔偿义务。

第九节　某铁矿厂尾矿管道爆裂第三者索赔案

一、事故经过

某日，C铁矿厂尾矿管道在某村爆裂，造成数十户村民财产损失。事故发生后，被保险人C铁矿厂第一时间向保险人报案，接到报案后，保险人委托D保险公估公司对该次事故进行查勘理算。

公估人员到达事故现场后，确认此次事故共涉及损失37户，经统计索赔金额逾40万余元，损失标的涉及果树、农田、房屋、水井等，还有大量的清理费。

由于该公估人员是受保险人的委托处理事故，因此，在损失面积、损失程度、赔偿标准等各方面与村民存在巨大争议，激化了保险双方的矛盾。受损村民在与公估人员协商无果后，纷纷前往C铁矿厂上访，严重影响了铁矿厂的正常工作。

二、事故原因调查

（一）管道自身因素

据调查，该铁矿厂尾矿管道已投入使用20余年，管道已老化，随着矿山公司的发展，产能增大导致尾矿管道压力增大，管内压力与尾矿粉重力的合力形成的摩擦力对管道下壁进行长期摩擦，导致管壁变薄，因此管道爆裂事故频发。

（二）环境因素

虽然矿山公司在管道建设前，已将管道两边土地征用，但随着社会发展，管道两边的征地逐渐被民房占据，有的民房就建在管道旁边，有的就建在管道上面。因此，管道一旦爆裂，民房必受损失。

三、事故难于处理因素分析

（一）社会因素

当地村民普遍生活水平较低，部分群众对政府抱有抵触情绪，文化水平不高，一旦发生事故，认为钢铁集团作为国企，赔多少钱都是应该的，找钢铁集团索赔多少都是对的。从以往经验看，不少村民看到管道爆裂后，根本不着急报告，等到矿粉淹到自家的时候才去报告索赔。甚至出现管道爆裂后村民暗自庆幸的情形。

由于管道发生爆裂事故较频繁，高发地区的百姓有丰富的索赔经验，不满意就闹、上访，对赔偿金额互相攀比，索赔金额一次比一次高。

（二）沟通因素

保险公司聘请的公估公司，与村民沟通不够，主要站在保险人的立场来处理问题，村民对公估人不够信任，往往使事情陷入僵局。

（三）经济因素

管道爆裂后不及时修理会耽误企业正常生产，间接损失很大，而村民正是抓住了这一点，往往通过阻挠管道修复施工的手段，达到既定的目的。只有村民得到赔偿后管道才能开始修复，因此每次事故发生后企业压力很大，能够给予保险公司的时限比较短，客观上增加了理赔的难度。

四、案件处理思路

由于类似事故发生比较频繁，且保险并不能解决管道事故带来的一系列百姓与企业的矛盾。企业对事故频发地区的管道采取工程措施，积极进行更换，杜绝或尽力减少此类事故，从根本上解决。

发生管道爆裂事故后，要求铁矿厂将情况及时向集团公司报告。集团立即要求保险公司理赔人员与公估人员组成理赔小组，一起前往事故现场，对事故现场及损失程度进行查勘并取证。到达现场后，要求理赔小组认真听取村民的意见。对损失程度坚持实事求是，该赔偿的一分钱都不能少，不该赔的耐心讲道理。例如理赔小组了解到，村民主要就清理费、果树和农田的赔偿标准有异议和不满，而公估人所采用的赔偿标准均远低于损失标的的市场价，因此清理费按照实际的市场价格进行调整，数量以实际发生的方量为准，农田、果树等损失应该以市场价格为依据，对于村民远高于市场价的索赔也不予采纳。

因此，处理类似涉及到社会公众的案件，应首先从源头上杜绝或减少事故发生的隐患；一旦发生管道爆裂事故，则积极协调，认真取证，坚持输导、协调与依法办事相结合，最大程度地减少社会矛盾，避免企业正常生产受到不必要的干扰。

第五篇

钢铁企业的安全管理制度及应急预案

第一章 钢铁企业安全管理制度

第一节 钢铁企业生产安全现状

一、钢铁企业安全生产特点

钢铁联合企业的生产集矿石采选、炼铁、炼钢、轧钢、焦化、制氧等作业于一体。其生产过程中所涉及的原料、中间产物、产品及催化剂和副产品，很多是有毒、易燃、易爆的。生产过程具有高温、高压、生产管线长且复杂、立体交叉作业等特点。而且，钢铁企业生产规模大，资产高度集中，上下游工序关联度高，危险源多，高风险单位多，风险复杂多样，尤其以火灾和爆炸等风险最为突出。其特点可以概括为：一是涉及产业面广。冶金企业涉及矿山开采、金属冶炼、动力、机械加工、汽铁运输等众多环节，安全管理的面较大。二是生产工艺复杂。冶金工艺过程既有高温、高压、高粉尘的危害，又有有毒有害及易燃易爆物质和冒顶、垮塌、透水、坠落、挤压等危害。特别是冶金生产中的高温液体运输、工业炉的炉体爆炸、介质中毒窒息等危害性较大。三是设备门类众多。冶金生产需要特有的高炉、转炉、电炉、各类浇铸设备、各类轧制设备、起重机械等，还需要机械加工、重物运输、基建作业所必需的各类机械。因其受设计、施工、维检等方面主客观因素影响，冶金设备存在各种危险。四是约束条件较多。冶金生产的主体生产设备及辅助系统受自然条件等约束较大，例如地震灾害可以造成钢铁企业重大财产损失及人员伤亡等。

二、钢铁行业安全现状

钢铁工业是我国国民经济的重要基础产业。我国是世界上最大的钢铁生产国，2013 年以 7.79 亿吨的粗钢产量位居世界第一，占全球粗钢产量的 48.5%。据不完全统计，国内现有钢铁企业约两万余家，从业人数高达 300 万余人。钢铁企业的安全生产不仅关系企业自身的生死存亡，同时对社会稳定和国民经济的发展也有重要影响。

由于我国经济高速发展对钢铁需求的强劲拉动，冶金行业超常规发展。冶金行业安全管理体制几经演变，安全管理存在一些显见和潜在的问题。主要表现为：一是超设计能力生产突出；二是安全监控防护设施缺少；三是企业“三同时”管理弱化；四是民营企业安全管理十分脆弱，安全管理工作存在很多问题；五是安全生产投入严重不足，严重影响安全生产的工艺技术及装备的有效投入；六是地方政府安全监督有待加强。

通过对十年来国内 30 余家大中型钢铁企业千人死亡率、千人重伤率和千人负伤率 3 个安全生产重要指标的统计分析表明，自 2003 年以来，大中型钢铁企业的千人死亡率、千人重伤率和千人负伤率 3 项指标都呈逐年下降趋势，钢铁企业安全生产形势稳步好转，但千人重伤率自 2012 年起有所反弹，应引起人们的警觉和深思。人们需要了解，近年来安全生产存在哪些主要的问题?

（1）钢铁企业事故起数最多的生产工序一直是轧钢、炼铁和炼钢3个主体工序，其占事故总数的一半以上。按事故伤害类别划分，在各类事故中死亡人数最多的是其他伤害，其次为机械伤害，再就是高处坠落。由于3个主体工序生产工艺复杂，高温熔融金属与有毒有害气体并存，极易发生爆炸、燃烧、灼烫、中毒窒息、高空坠落、触电和机械伤害等事故，应是钢铁企业安全生产监管的重点。

（2）违反操作规程或劳动纪律是造成事故的主要原因，占总死亡人数的74.4%。人的不安全行为因素仍然是造成死亡和重伤事故的最主要、最直接的原因。

（3）煤气中毒等群死群伤事故时有发生，在一些大型钢铁企业也未得到根本遏制；一些重复发生的典型事故甚至是低级事故（如有限空间违规施救造成事故死亡扩大等）也有发生。

（4）随着各级政府对安全生产强化监督管理及各企业安全生产主体责任的强化落实，对工亡事故的遏制收到了明显的成效。但由于近年来钢铁行业普遍不景气，一些企业生产经营困难，在减员增效、管理机构合并减员等情况下，存在安全措施落实难以到位、安全管理出现松懈现象，导致轻伤和重伤事故开始增多。

虽然大多数钢铁企业意识到了安全的重要性，但其管理往往习惯于以重大事故、危险为中心；以经验教训为依据，想到危险，消除危险；发现问题，解决问题；抓安全工作存在重视个别事例，轻视系统建设的现象。更深入推动企业安全生产标准化达标创建工作，建立健全安全生产管理各项制度，制度必须层层宣贯、有效落地。企业应根据各生产岗位特征制定相应的安全措施，使岗位安全操作规程真正落到实处，为岗位操作人员所熟练和掌握，以此作为钢铁企业安全生产的要点工作。

第二节　钢铁企业安全管理的重要性

一、钢铁企业发生安全事故的主要原因

钢铁产业本身就是一个高温高压、易燃易爆、有毒有害的高风险行业。具体而言，我国钢铁企业安全事故频发，伤亡人数居高不下的原因主要包括以下几个方面。

（一）企业职工违反安全操作规程的现象普遍存在

虽然我国的钢铁企业都制定了安全操作规程，但是这些规程往往在制定后就被束之高阁、少有问津。企业既不根据实际工作的需要适时地修改这些规程，也不组织职工系统地学习规程的具体内容，更谈不上在实际工作中对遵守规程情况的监督和检查。违规操作的企业职工，他们不懂按照规程进行操作的重要性，拿自己的生命当儿戏，抱着侥幸心理进行违规作业，最终造成无法弥补的损失。

（二）机器设备严重老化，厂房年久失修

设备老化也是引起安全事故的原因之一。随着经济体制的改革我国已经完成了从计划经济到市场经济的转型。加之入世后企业间的竞争日益激烈，许多企业为了在竞争中获得一席之地，便把本应用于更新设备和翻新厂房的资金用于购买原材料和维持生产。这种只顾眼前利益的错误做法，不但不会增强企业的竞争力，还会因为存在安全隐患和资金积累

方面错误而使企业长期的处于劣势地位。

（三）对职工的安全教育不足

职工缺乏起码的安全保护知识和自我保护经验也是钢铁企业中安全事故频发不容回避的原因。随着企业规模的不断扩大，企业对职工的需求也随之增加。许多企业在一次招聘中就聘用几百人甚至上千人进入生产车间。这些人的安全意识和掌握安全保护知识的水平普遍较低，企业在这些职工上岗前对其进行必要的安全教育就成为问题的关键。有些企业采用较为灵活的用工制度，生产车间里存在着短期的农民工、临时工，他们的工种不确定、工作地点也不固定，对这类短期工的安全教育不足也威胁着我国钢铁企业的安全生产。

此外，技术上的缺陷、安全设施和个人安全防护用品的缺乏以及面对重大突发事故时缺少应急预案等都是我国钢铁企业生产存在安全隐患的因素。

二、钢铁企业安全管理的重要性

冶金企业的安全管理不仅必要而且非常重要，其重要性可以从以下三方面来认识。

（一）安全管理关系到以人为本的科学发展观是否落实的大问题

在以人为本的科学发展观的指导下，重视人的价值、珍惜人的生命与健康已成为我们新时期的主旋律。显然，安全生产、安全生活、安全生存，平安、健康、少灾都是人民群众最基本的愿望。但是安全事故最直接和最明显的后果就是对人民群众生命、健康造成损害，这种损害有些是可以避免的。但是，近年来频繁发生的重大事故，不仅给人民生命财产造成了损失，而且影响了经济发展、社会安定，甚至产生不良的国际影响。我国经济的高速发展不能以人民群众的生命为代价，否则就违背了以人为本的科学发展观。从实现人民群众的根本利益出发，政府正在逐步完善安全立法体系，同时也加大了行政处罚与监管，对造成责任事故的责任人严加惩处。

（二）安全管理是影响钢铁产业政策是否落实的大问题

2005 年 7 月 20 日国家发展改革委员会发布的《钢铁产业发展政策》，贯穿了可持续发展的主线。世界钢铁协会将钢铁行业可持续发展用 11 个可量化的指标加以诠释，其中一个重要的指标就是工伤事故率。2003 年，世界钢铁协会对来自世界 40 个钢铁公司的伤害频率的报告数字为 7.8（工作日/百万工时），这个指标就连我国最顶尖的企业也相差甚远。如果不从根本上解决，安全管理将成为影响我国钢铁行业跻身世界钢铁强国的重要制约因素，也会成为落实钢铁产业政策的瓶颈。

（三）安全管理是新常态下做好冶金企业安全生产的核心

俗话说，走得太快，灵魂会跟不上，企业的盲目扩张，会带来诸多隐患。当前，社会已经进入经济发展的新常态，传统行业的发展进入“换档期”，各类企业在顺应大势、积极转型、加快发展的同时，如果存在隐患，甚至发生事故，势必会阻碍企业乃至一个行业的进步。安全管理是新常态下做好冶金企业安全生产工作的核心。

近期，国家安全监管总局印发了《企业安全生产责任体系五落实五到位规定的通知》（安监总办〔2015〕27 号），为企业建立健全安全生产组织领导机构，落实企业安全生产主体责任提出了严格要求。钢铁企业应高度重视，抓铁有痕地落实安全生产主体责任，规范安全管理。

钢铁企业安全要把安全生产责任落实到企业各级领导、各个管理岗位、各个从业人员。从上而下，层层落实。责任到人，才能给每个员工施加严防安全生产红线的心理压力；严明责任，更能强化自身的安全意识。

营造钢铁企业安全生产氛围。在生产现场，醒目的安全生产警示标语能第一时间提醒工作人员保持警惕，谨慎作业，杜绝“三违”。这就是安全文化的作用，生产车间要保持挂图标语的及时更新，采用能够让人耳目一新的标语挂图，以增强安全生产标语的吸引力和感染力，适应动态的安全生产工作需要，将外在的规则内化为人们内心的需要，时刻保持对事故的防范心理，实现员工从“要我安全”到“我要安全”的转变。

认真查处企业安全生产隐患。生产安全事故的发生从来不是偶然的，必定是经历了一定阶段的酝酿，隐患由量变到质变的结果，所以对于安全生产的掌控，必须杜绝隐患“量”的积累，防微杜渐，发现隐患要立即排查治理。

第三节　钢铁企业的安全管理模式

一、企业安全管理的发展阶段

安全管理最初是作为企业管理的一部分在实践中产生的，又随着生产技术水平和企业管理水平的发展而不断发展。20 世纪 70 年代末 80 年代初，国外一些先进的管理理论、方法被介绍到中国。国内的安全管理人员开始利用危险源辨识、安全目标管理、企业安全评价等新的安全管理方法，积极研究适合中国国情的安全管理模式，形成了“企业负责，行业管理，国家监察，群众监督”的宏观安全管理体制。

企业安全管理的历程大致可划分为 3 个发展阶段：（1）初期强制管理阶段。这一阶段主要采取的是事后管理，即完全被动地面对事故，无奈地承受事故造成的损失。在积累了一定的经验后，管理者采取了强制管理的方式，即事故后总结经验和教训，制定出一系列的规章制度来约束人的行为，或采取一定的安全技术措施控制系统或设备的状态，避免事故的再发生，这时已经有了事故预防的概念。这一阶段的安全管理又可称为传统安全管理。（2）科学管理阶段。这一阶段，企业对事故管理的重心明显由事后管理向事故的预知预控等事前管理转移。企业运用安全系统工程、安全原理等科学理论，有重点、有对策、较全面、较积极地完成安全管理工作，安全管理规章制度体系完善，有适合本企业的较为成熟的安全管理模式。此时的安全管理阶段又称为现代安全管理阶段，职业安全卫生管理体系的诞生则成为现代化安全管理的重要标志。（3）全面安全管理阶段。在原有制度建设和管理模式的探索上，在安全管理工作的进一步科学化、系统化、规范化上有了新的突破，对企业安全文化建设的重视程度日益加强，积极探索安全文化建设对促进企业本质安全化的重要作用，达到以制度促规范，以文化促管理的目的。企业逐渐向着全员自觉进行安全管理的文化管理阶段发展。

二、现代安全管理模式

现代安全管理的任务在于：以专业技术知识为基础，运用系统工程的观点、方法和现代化科学技术，按现行法律、标准、技术规范等安全准则，预测、识别、消除或控制可能引起事故的隐患，或者进行安全设计的优化，以及改革安全系统管理工作。

企业现代安全管理模式的实施，应在普及安全系统工程知识，加强传统安全管理基础上，以控制工伤事故为主要目标，以危险源控制为中心，从经验系统化、工作科学化入手，逐步试点推广。现代安全管理模式采用的方法是以定性分析为主，半定量分析为辅。安全管理由近代的事故管理发展到现代的隐患管理；由早期事故后管理进展到20世纪60年代强化超前和预防型管理；从建立在事故致因理论基础上的管理发展到现代的科学管理；从传统的行政手段、经济手段以及常规的监督检查发展到现代的法治手段、科学手段和文化手段；从基本的标准化、规范化管理发展到以人为本、科学管理的技巧与方法，安全管理水平已经有了质的飞跃，也为人类的安全生产和生活带来了极大的裨益。

三、现代安全管理模式主要内容

（一）系统危险辨识

系统危险辨识主要指主体生产系统危险源辨识、辅助系统危险性分析及周边环境分析。危险源辨识包括如下内容。

1. 危险模式

危险模式是指潜在危险因素及其被诱发引起事故的触发条件，可能引起事故的类别及后果。其结论是进行人为失误控制和实施动态安全检查的重要信息来源。

2. 固有危险状况

固有危险状况含本质安全化状况，设备、设施、工艺危险状况，作业环境危险状况等。本质安全化状况是指设备、设施先天所固有的（投入使用前已具备的）中断故障，降低危险，避免或减少事故损失的能力。设备、设施、工艺危险状况是指设备、设施、工艺上先天或后天形成的对安全有突出影响的重大问题，主要指：设备、设施有缺陷；工具、附件不合要求；安全装置不符合要求；工艺上存在危险性；故障频繁；消防设施缺乏或有缺陷等。作业环境危险因素是指生产作业环境对作业安全有直接或间接影响的重大问题，主要包括以下情况：温度、湿度、噪声不合要求；照明、能见度、视线不合要求；作业场地狭小；安全通道不合要求等。

3. 其他内容

其他内容主要有危险源名称、同类危险源个数、危险程度、管理级别等。

辅助系统危险性分析着重分析各有关子系统功能、危险部位、潜在危险因素及其对主体生产系统的影响，拟采取的措施（应急措施和改进措施）。

周边环境分析着重剖析本单位与相邻单位之间、本单位与用户间、本单位内各组成部分工业布局及自然因素等方面存在的危险问题。系统危险辨识工作应由企业有关领导负责，在安全部门主持下，组织有经验的专业技术人员，在广泛发动职工发掘危险因素的基础上进行。班组辨识活动的内容主要有：本班组危险点、各危险点可能发生事故的类别、本班组与相邻作业点接口部位的安全问题、过去事故情况、不安全条件、不安全行为、操作规程不当之处、控制措施。安全管理人员和专业技术人员所参考的危险调查的内容主要有：设备名称、容积、温度、压力及设备性能；岗位日常维护范围；事故类别、危险等级；与友邻相互间的影响及措施；正常操作过程中的危险，操作失误存在的危险，生产工具、附件存在的缺陷；人的不安全行为；工艺、设备的固有缺陷；工艺布局是否合理；工人接触危险的频度；有无安全防护设施，是否符合有关标准；安全通道是否符合标准；安全操作规程有何缺陷；危险场所有无安全标志；易燃、易爆、有毒物品使用有无安全措施；故障处理措施；事故处理应急方法；过去事故状况。

危险源管理级别应根据危险严重度和危险概率情况，同时考虑各级机构对各危险源实施管理的必要性、可能性进行综合分析后确定。一般将危险源划分为A、B、C、D级。

（二）安全检查及隐患整改

1. 安全检查

作为安全管理重要手段的安全检查应从以下几方面入手：（1）建立检查网络，协调各层次检查内容、周期。危险控制点检查是各级检查的基础。人的不安全因素检查，以班组例行检查和巡查为主；环境、公共通道、能源管线等不安全状态及管理缺陷的检查，以车间、公司例行检查为主。（2）制定适用性和可操作性强的检查表。制定岗位安全检查表应遵循：根据危险源辨识发现的问题，抓要害部位或部件以及对友邻可能造成伤害的环节；与岗位设备点检结合，将安全检查的重要内容在表中列出；检查的项目应是岗位工人便于检查的，最好是1条1项内容，避免遗漏；建立危险控制点检查信息反馈网络，企业应在检查的基础上及时建立信息反馈网络，这是落实的关键。对发现的问题应尽早上报，争取上级机构财力、物力及技术力量的支持，做到事故隐患早发现、早处理。对本企业无力解决的重大问题，应邀请有关单位的技术人员协助处理。在所发现的问题彻底消除前，应制定有效的临时措施，以避免被触发引起伤亡事故。（3）完善各级巡回安全检查内容。对一些需通过日常检查积累的信息，通过各级经常性的巡回检查获取。各级巡回检查结果应记入各自的巡回检查汇总表，作为例行检查中平常积累信息的依据。进一步加强例行检查，将例行检查分为班组级例行检查、工段级例行检查、车间级例行检查等。

2. 隐患整改

隐患整改就是通过工程技术手段，对所发现的固有危险状况进行处理，使其达到安全要求。根据隐患信息的来源和整改难易程度上的差异，可将其分为一般隐患整改和重大缺陷改造。一般隐患的信息主要来源于危险控制点检查和巡回检查。此类整改的目的在于使失去作用的安全防护装置、常用的工具和附件、某些不良的作业环境恢复到完好状态。重大缺陷的信息主要来源于危险源辨识。此类整改的目的在于通过工程技术措施或工艺过程管理，消除或降低作业中的固有危险因素。

（三）标准化作业及危险预知活动

标准化作业程序是在作业系统调查基础上，对现行作业过程和动作进行分析研究，按有关技术及规章制度等科学准则，以安全、省力、优质、高效为目标，形成的一种优化作业方法。通过推行标准化作业，可控制程序性强和有关重要作业过程中的人为失误问题。

危险预知活动包括危险预知训练和工前5min活动两方面的内容。危险预知训练利用安全活动日进行。其目的在于发掘作业中的危险因素，并制定控制措施。通过活动主要应明确以下几个问题：作业地点、作业人员、作业时间、作业现场状况、事故原因分析、潜在事故模式和危险控制措施。

工前5min活动利用作业前的较短时间在作业现场进行。其活动内容主要是根据危险预知训练提出的内容对本次作业有关的人员、工具、对象、环境进行“四确认”，并将所制定的控制措施落实到作业实际中去。

（四）安全考评

通过考评获得车间、工段、班组三个层次安全管理状况和危险控制水平的动态信息，从而形成一种动态约束机制。各级考评应以平常巡回检查及例行检查的结果为主要评分依据。考评由工段对班组、车间对工段、公司对车间等一级对一级进行。

（五）安全管理改革

安全管理改革是对现有安全管理系统的补充完善和优化。这是保障现代化安全管理模式得以推行的前提，是实现安全生产的重要步骤。钢铁行业当前安全管理改革的重点在于：抓好以最小单元（班组）建设为基础的全员安全管理工作，抓好以危险源控制为中心的现代化安全管理，抓好安全信息管理工作。钢铁行业现代安全管理模式是安全专业人员经过长期探索，将安全系统工程理论应用于国内企业安全管理实际的产物。该模式的形成，经历了从理论到实践、再从实践中总结产生符合国内企业实际的安全管理模式，然后应用于企业安全管理，经历了检验和补充完善的过程。

四、提升我国钢铁行业安全管理水平的思路

当前，我国正处在一个经济和工业高速发展的时期，所面临的安全问题非常突出。与欧美发达国家相比，我国钢铁企业的安全管理在安全理念、法制完善程度、安全管理水平、技术装备和安全保障设施等许多方面存在不小的差距。这就要求我们必须重视安全管理，借鉴国外同行业先进管理经验，并结合我国钢铁企业的生产现状，全面提升我国钢铁行业安全管理水平。

（一）真正树立“以人为本”的安全管理理念

企业要把保护员工的生命安全与健康作为首要任务。同时要把优化作业环境、降低安全事故作为企业的社会责任，真正纳入到各级管理者的绩效考核中。

（二）树立科学发展观，推动安全科学技术发展

要深刻认识安全科学技术的保障作用，整合安全科学技术资源，增加安全科研投入，构建高水平的安全科技队伍，促进安全科技成果转化和应用。

（三）加强安全专职管理队伍建设

按照责任心强、技能高、业务精，具有创造性和前瞻性思维，善于发现问题、解决问题的标准，加强安全专职管理人员队伍和安全专家队伍建设。培养具有现代安全管理专业理论，同时又具有丰富的现场管理经验的人员，充实安全专职管理人员队伍。

（四）加强外协单位和人员的安全管理

外协安全管理是一个世界性的问题，国内外单位外协队伍的事故都明显高于本企业职工。因此有必要对外协管理队伍进行严格的资质审查，要有强制性的严格规定。要做好安全教育培训，关键要做好危险因素的书面告知与确认，通过多种途径和方式使每一个外协作业人员知晓安全注意事项，确保安全操作。

（五）整合消防和急救资源

对现有的消防和急救人员进行资源整合，提高能力，确保在事故发生时能够快速反应，紧急出动，确保受伤人员得到及时有效的抢救。在一线员工中选拔一定比例的义务消

防员，并经特殊的消防培训，承担起日常防火和快速扑救初起火灾的责任。

第四节　钢铁企业的安全管理制度

一、法理依据

《安全生产法》第四条规定“生产经营单位必须遵守本法和其他有关安全生产的法律、法规，加强安全生产管理，建立、健全安全生产责任制和安全生产规章制度，改善安全生产条件，推进安全生产标准化建设，提高安全生产水平，确保安全生产。”生产经营单位应遵守国家的安全生产法律、法规和技术标准的要求。如《劳动法》、《安全生产法》、《职业病防治法》等。钢铁企业应该依据自身的行业特点，制定《安全生产责任制》，建立相应的《安全检查制度》、《重大危险源管理制度》、《隐患排查和治理制度》、《应急管理制度》、《安全奖惩制度》、《职业健康检查制度》、《特种作业及特殊危险作业管理制度》、《劳动保护用品发放使用和管理制度》等管理制度。

二、我国安全生产管理方针

（一）基本方针

《安全生产法》把“安全第一、预防为主、综合治理”规定为我国安全生产工作的基本方针。

（二）含义

“安全第一”，就是以人为本，实行“安全优先”的原则，确保安全的前提下，努力实现生产的其他目标。

“预防为主”，主要不是在事故后去抢救、调查、处理分析，而是事前研究事故的规律和特点，预防事故发生，将其消灭在萌芽中。

“综合治理”要求运用行政、经济、法治、科技等多种手段，充分发挥社会、职工、舆论监督各个方面的作用，抓好安全生产工作。

三、基本概念和主要内容

安全管理要有明确的目标，完整的管理体系，健全的制度和严格的管理。钢铁企业应当建立健全安全生产管理制度，不断完善安全技术操作规程。企业安全管理主要包括安全教育培训、安全检查、隐患整改、安全措施计划、安全费用提取和使用、设备设施安全管理、职业危害管理、危险源管理、消防管理、安全考核奖惩、伤亡事故报告与处理、安全生产档案管理等各项制度。

（一）安全生产管理基本概念

1. 劳动保护、职业安全卫生、安全生产等基本概念

劳动保护，是国家和单位为保护劳动者在劳动生产过程中的安全和健康所采取的立法、组织和技术措施的总称。

职业安全卫生，通常是指影响作业场所内员工、临时工、合同工、外来人员和其他人员安全与健康的条件和因素。

安全生产，是指在生产经营活动中，为了避免造成人员伤害和财产损失的事故而采取相应的事故预防和控制措施，以保证从业人员的人身安全，保证生产经营活动得以顺利进行的相关活动。

2. 事故、事故隐患、危险、危险化学品重大危险源等基本概念

事故，造成人员死亡、伤害、职业病、财产损失的意外事件。

事故隐患，在日常的生产过程或社会活动中，由于人的因素，物的变化以及环境的影响等会产生各种各样的问题、缺陷、故障、苗头、隐患等不安全因素。

危险，指某一系统、产品、设备或操作的内部和外部的一种潜在的状态，其发生可能造成人员伤害、职业病、财产损失、作业环境破坏的状态。

危险化学品重大危险源，《危险化学品重大危险源辨识》（GB 18218）中解释：长期地或临时地生产、加工、使用或储存危险化学品，且危险化学品的数量等于或超过临界量的单元。

3. 安全、本质安全、安全生产管理等基本概念

安全，是在人类生产过程中，将系统的运行状态对人类的生命、财产、环境可能产生的损害控制在人类能接受水平以下的状态。

本质安全，是指通过设计等手段使生产设备或生产系统本身具有安全性，即使在误操作或发生故障的情况下也不会造成事故的功能。

安全生产管理。针对安全问题，运用有效的资源，进行决策、计划、组织、控制等活动，实现人、机、料、法、环的和谐，达到安全生产的目的。

（二）钢铁企业安全管理制度的内容

钢铁企业安全管理制度包括：安全生产责任制、安全技术措施、安全生产教育培训、建设项目“三同时”、安全生产检查、特种设备安全管理、劳动防护用品管理等多项内容，涵盖了钢铁企业安全生产的所有环节。

1. 安全生产责任制

安全生产责任制体现了“安全第一，预防为主、综合治理”的要求；体现了“纵向到底”——从最高管理者到基层员工和“横向到边”——各职能部门，在职业健康安全方面的安全生产责任，用制度的形式明确安全管理的规定。企业有很多规章制度，从“安全是生产的保证”的角度，“安全生产责任制”是企业“岗位责任制”和经济责任制度的重要组成部分。

2. “三同时”制度

指生产经营单位在新、改、扩建项目和技术改造项目中的环境保护设施、职业健康与安全设施，必须与主体工程同时设计、同时施工、同时验收投入生产和使用。它规定新建、改建、扩建等建设项目和技术改造工程项目（以下简称建设项目）的安全、设备等“三同时”评审、验收的内容和有关要求。

3. 安全教育培训制度

安全教育管理制度是建立一个职工入厂安全教育、日常安全教育和特殊安全教育内容、方法和要求及安全技术考核的办法。

4. 安全生产会议制度

安全生产会议制度规定安全会议内容、形式和会议责任人要求，确保各项安全生产工

作的落实。

5. 安全生产检查与整改管理制度

安全检查与整改管理制度是建立安全检查内容、形式和整改程序，及时发现问题，有效进行整改。要查思想认识、查领导、查制度、查生产工艺和职工操作、查设备，对检查发现的安全隐患，由有关职能部门制订整改方案、方法，并监督实施。

6. 安全奖惩制度

建立安全奖惩制度目的是建立奖励、惩罚方法，奖励遵章守纪、立功先进；惩罚违章违纪、事故责任人。

7. 交通安全管理制度

建立交通安全管理制度目的是为了加强交通管理、防止交通运输事故发生。

8. 动火安全管理制度

建立动火安全管理制度目的是建立动火证办理和使用办法，明确动火中应落实的措施，防止火灾发生。

9. 电气安全管理制度

建立电气安全管理制度目的是建立用电安全规定，实现电气运行安全、电气检修安全。

10. 防火与防爆安全管理制度

建立防火与防爆安全管理制度目的是建立防火防爆的一般要求、主要措施、等级划分、消防设施等程序，防止火灾、爆炸事故发生。

11. 安全操作规程

建立安全操作规程目的是建立安全操作规程的制订、审批、检查落实方法，确保所有岗位安全操作规程的完善和执行。

12. 检修安全管理制度

建立检修安全管理制度目的是建立检修组织、准备安全，电气焊和电气安全，拆除、完工验收等工作程序。在检修中，必须严格遵守检修规程和各种安全技术规程。

13. 危险化学品使用管理制度

建立危险化学品使用管理制度目的是规定危险化学品运输、装卸、储存、使用、报废处理等过程的安全要求，防止发生意外事故。

14. 建筑安装安全管理制度

建立建筑安装安全管理制度目的是建立施工组织安全、现场安全、土石方工程安全、起重吊装安全、施工机械和电气设备管理、拆除工程安全等程序。

15. 劳动防护用品发放使用和管理制度

建立劳动防护用品发放使用和管理制度目的是建立劳动保护用品发放、使用规定。根据员工岗位不同配置不同的个人防护用品，降低有毒有害因素对员工的伤害。

16. 外来人员管理制度

建立外来人员管理制度目的是为了加强外来人员进入公司生产区的管理，确保安全。外来人员进入生产区必须遵守各项有关规定。

17. 消防安全管理制度

建立消防安全管理制度规定各项消防管理要求，落实防火安全职责，加强消防设施的管理，进行消防知识的培训教育，杜绝火灾事故发生，制定火灾应变对策。

18. 锅炉和压力容器安全管理制度

建立锅炉和压力容器安全管理制度目的是建立锅炉和压力容器设计、制造、安装、使用、修理改造、检验、安全附件管理的程序。保护职工的安全健康，确保设备安全长周期运行。

19. 要害岗位安全管理制度

建立要害岗位安全管理制度目的是建立要害岗位操作程序，对生产指挥决策岗位；掌管重要机密岗位；对生产有重大影响的关键岗位；重要动力、设备岗位；易燃、易爆、剧毒品仓库及使用岗位；拥有贵重稀有机器、备件、仪器的岗位加强管理、重点防范。

20. 职业健康检查制度

建立职业健康检查制度目的是为了预防、控制职业病危害，防治职业病，保护职工的健康。坚持“预防为主，防治结合”的方针，实行分类管理、综合治理。

21. 特种作业和特殊危险作业管理制度

建立特种作业和特殊危险作业管理制度规定相关作业的安全管理要求，对从事起重机械、企业内机动车辆驾驶、压力容器操作、高低压电工、电焊、气割等的从业人员，实行持证上岗并且建立人员档案。

22. 事故调查报告处理制度

建立事故调查报告处理制度目的是建立一个事故分类，事故等级和损失计算、事故管理分工、报告、抢险与救护、事故责任划分及事故的调查和处理程序。

23. 应急管理制度

建立应急管理制度是针对可能的重大事故（事件）或灾害，为保证迅速、准确、有效地开展应急与救援行动，降低事故损失而预先制定的有关计划或方案。

四、安全生产管理的原则

（一）系统原则

安全生产管理是生产管理的子系统，全员、全面、全过程；动态发展管理，整体规划、分级管理，闭环管理，信息反馈原则。

（二）以人为本原则

人是管理的主体，又是管理的客体；一切管理活动的核心是人，要实现有效的管理，必须充分调动人的积极性、主动性。

（三）预防原则

事故具有随机和难以预测的偶然性，多因素互为因果关系，要树立安全第一、预防为主的观念。

（四）强制原则

为了安全生产法律法规得到落实，政府对企业生产中守法和执法情况进行监督，生产和其他工作必须服从安全。

第二章 钢铁企业的应急预案

第一节 应急预案的定义和法律依据

一、应急预案的定义

应急预案又称为应急计划，是针对可能的重大事故（事件）或灾害，为保证迅速、准确、有效地开展应急与救援行动，降低事故损失而预先制定的有关计划或方案。它明确了在突发事故发生之前、发生过程中以及刚刚结束之后，有关谁负责做什么、何时做，以及相应的策略和资源准备等内容。目的是控制事故扩大，最大限度地减少人员伤亡。

二、应急预案的分类

应急预案根据其适用范围分为综合应急预案、专项应急预案、现场处置应急预案、单项应急预案四类。

（一）综合应急预案（第一级）

综合应急预案是预案体系的顶层，是在一定的应急方针、政策指导下，从整体上分析一个行政辖区的危险源、应急资源、应急能力，并明确应急组织体系及相应职责，应急行动的总体思路、责任追究等。

（二）专项应急预案（第二级）

专项应急预案是针对某种具体、特定类型的紧急事件，比如自然灾害、防汛，及危化品泄漏等突发事件的应急响应而制定。是在综合预案的基础上充分考虑了某种特定危险的特点，对应急的形式、组织机构、应急活动等进行更具体的阐述，有较强的针对性。

（三）现场处置应急预案（第三级）

现场处置应急预案是在专项预案基础上，根据具体情况需要而编制，针对特定场所，通常是风险较大场所或重要防护区域所制定的预案。比如，公共娱乐场所专项预案下编制的某娱乐场所的场内应急预案，危化品事故专项预案下编制的某重大危险源的场内应急预案等。现场应急预案有更强的针对性和对现场具体救援活动具有更具体的操作性。

（四）单项应急预案（临时性）

单项应急预案是针对大型公众聚集活动和高风险的建筑施工活动而制定的临时性应急行动方案。预案内容主要是针对活动中可能出现的紧急情况，预先对相应应急机构的职责、任务和预防措施做出的安排。

三、建立重大事故应急预案的法律依据

事故应急预案是职业安全健康体系的重要组成部分。在《安全生产法》、《消防法》、《职业病防治法》和《危险化学品安全管理条例》等多部法律法规中，对组织编制和实施重大事故应急救援预案有明确规定。

（一）《中华人民共和国安全生产法》要求

《安全生产法》第十八条规定，生产经营单位的主要负责人有组织制定并实施本单位的生产安全事故应急救援预案的职责。

《安全生产法》第二十二条规定，生产经营单位的安全生产管理机构以及安全生产管理人员有组织或者参与拟订本单位安全生产规章制度、操作规程和生产安全事故应急救援预案的职责。

《安全生产法》第三十七条规定，生产经营单位对重大危险源应当登记建档，进行定期检测、评估、监控，并制定应急预案，告知从业人员和相关人员在紧急情况下应当采取的应急措施。

《安全生产法》第七十五条规定，国家加强生产安全事故应急能力建设，在重点行业、领域建立应急救援基地和应急救援队伍，鼓励生产经营单位和其他社会力量建立应急救援队伍，配备相应的应急救援装备和物资，提高应急救援的专业化水平。国务院安全生产监督管理部门建立全国统一的生产安全事故应急救援信息系统，国务院有关部门建立健全相关行业、领域的生产安全事故应急救援信息系统。

《安全生产法》第七十七条规定，生产经营单位应当制定本单位生产安全事故应急救援预案，与所在地县级以上地方人民政府组织制定的生产安全事故应急救援预案相衔接，并定期组织演练。

《安全生产法》第七十八条规定，危险物品的生产、经营、储存单位以及矿山、金属冶炼、城市轨道交通运营、建筑施工单位应当建立应急救援组织；生产经营规模较小的，可以不建立应急救援组织，但应当指定兼职的应急救援人员。危险物品的生产、经营、储存、运输单位以及矿山、金属冶炼、城市轨道交通运营、建筑施工单位应当配备必要的应急救援器材、设备和物资，并进行经常性维护、保养，保证正常运转。

《安全生产法》第七十九条规定，县级以上地方各级人民政府应当组织有关部门制定本行政区域内生产安全事故应急救援预案，建立应急救援体系。

《安全生产法》第八十一条规定，有关地方人民政府和负有安全生产监督管理职责的部门的负责人接到生产安全事故报告后，应当按照生产安全事故应急救援预案的要求立即赶到事故现场，组织事故抢救。参与事故抢救的部门和单位应当服从统一指挥，加强协同联动，采取有效的应急救援措施，并根据事故救援的需要采取警戒、疏散等措施，防止事故扩大和次生灾害的发生，减少人员伤亡和财产损失。事故抢救过程中应当采取必要措施，避免或者减少对环境造成的危害。

《安全生产法》第九十四条规定，生产经营单位未按照规定制定生产安全事故应急救援预案或者未定期组织演练的，责令限期改正，可以处五万元以下的罚款；逾期未改正的，责令停产停业整顿，并处五万元以上十万元以下的罚款，对其直接负责的主管人员和其他直接责任人员处一万元以上二万元以下的罚款。

《安全生产法》第九十八条规定，生产经营单位对重大危险源未登记建档，或者未进行评估、监控，或者未制定应急预案的，责令限期改正，可以处十万元以下的罚款；逾期未改正的，责令停产停业整顿，并处十万元以上二十万元以下的罚款，对其直接负责的主管人员和其他直接责任人员处二万元以上五万元以下的罚款；构成犯罪的，依照刑法有关规定追究刑事责任。

（二）《中华人民共和国职业病防治法》要求

《职业病防治法》第二十一条规定，用人单位应当建立、健全职业病危害事故应急救援预案。

《职业病防治法》第二十五条规定，产生职业病危害的用人单位，应当在醒目位置设置公告栏，公布有关职业病防治的规章制度、操作规程、职业病危害事故应急救援措施和工作场所职业病危害因素检测结果。对产生严重职业病危害的作业岗位，应当在其醒目位置，设置警示标识和中文警示说明。警示说明应当载明产生职业病危害的种类、后果、预防以及应急救治措施等内容。

《职业病防治法》第二十六条规定，对职业病防护设备、应急救援设施和个人使用的职业病防护用品，用人单位应当进行经常性的维护、检修，定期检测其性能和效果，确保其处于正常状态，不得擅自拆除或者停止使用。

《职业病防治法》第七十一条规定，用人单位未按照规定公布有关职业病防治的规章制度、操作规程、职业病危害事故应急救援措施的，由安全生产监督管理部门给予警告，责令限期改正；逾期不改正的，处十万元以下的罚款。

《职业病防治法》第七十三条规定，用人单位发生或者可能发生急性职业病危害事故时，未立即采取应急救援和控制措施或者未按照规定及时报告的，由安全生产监督管理部门给予警告，责令限期改正，逾期不改正的，处五万元以上二十万元以下的罚款；情节严重的，责令停止产生职业病危害的作业，或者提请有关人民政府按照国务院规定的权限责令关闭。

（三）《中华人民共和国消防法》要求

《消防法》第十三条规定，县级以上人民政府应当制定火灾事故和综合应急救援预案，组织重大火灾扑救和其他重大灾害事故的应急救援，并定期组织演练。

《消防法》第三十五条规定，各级人民政府应当加强消防组织建设，根据经济社会发展的需要，建立多种形式的消防组织，加强消防技术人才培养，增强火灾预防、扑救和应急救援的能力。

《消防法》第十七条规定，安全生产监督主管部门负责易燃易爆危险品生产、经营单位的安全监督管理工作，协调督促相关部门、单位制定和实施易燃易爆危险品事故应急救援预案。

《消防法》第五十四条规定，县级以上人民政府应当组织有关部门针对本行政区域内的火灾特点制定应急预案，建立应急反应和处置机制，为火灾扑救和应急救援工作提供人员、装备等保障。

（四）国务院《关于特大安全事故行政责任追究的规定》要求

《关于特大安全事故行政责任追究的规定》第七条，规定市（地、州）、县（市、区）人民政府必须制定本地区特大安全事故应急处理预案。本地区特大安全事故应急处理预案经政府主要领导人签署后，报上一级人民政府备案。

（五）国务院《危险化学品安全管理条例》要求

《危险化学品安全管理条例》第十三条规定，进行可能危及危险化学品管道安全的施工作业，施工单位应当在开工的7日前书面通知管道所属单位，并与管道所属单位共同制定应急预案，采取相应的安全防护措施。管道所属单位应当指派专门人员到现场进行管道安全保护指导。《危险化学品安全管理条例》第三十条规定，申请危险化学品安全使用许可证的化工企业，应当有符合国家规定的危险化学品事故应急预案和必要的应急救援器材、设备。

《危险化学品安全管理条例》第三十四条规定，从事危险化学品经营的企业应当有符合国家规定的危险化学品事故应急预案和必要的应急救援器材、设备。

《危险化学品安全管理条例》第五十七条规定，通过内河运输危险化学品，应当使用依法取得危险货物适装证书的运输船舶。水路运输企业应当针对所运输的危险化学品的危险特性，制定运输船舶危险化学品事故应急救援预案，并为运输船舶配备充足、有效的应急救援器材和设备。

《危险化学品安全管理条例》第五十九条规定，用于危险化学品运输作业的内河码头、泊位应当符合国家有关安全规范，与饮用水取水口保持国家规定的距离。有关管理单位应当制定码头、泊位危险化学品事故应急预案，并为码头、泊位配备充足、有效的应急救援器材和设备。

《危险化学品安全管理条例》第六十九条规定，县级以上地方人民政府安全生产监督管理部门应当会同工业和信息化、环境保护、公安、卫生、交通运输、铁路、质量监督检验检疫等部门，根据本地区实际情况，制定危险化学品事故应急预案，报本级人民政府批准。

《危险化学品安全管理条例》第七十条规定，危险化学品单位应当制定本单位危险化学品事故应急预案，配备应急救援人员和必要的应急救援器材、设备，并定期组织应急救援演练。危险化学品单位应当将其危险化学品事故应急预案报所在地设区的市级人民政府安全生产监督管理部门备案。

《危险化学品安全管理条例》第七十一条规定，发生危险化学品事故，事故单位主要负责人应当立即按照本单位危险化学品应急预案组织救援，并向当地安全生产监督管理部门和环境保护、公安、卫生主管部门报告；道路运输、水路运输过程中发生危险化学品事故的，驾驶人员、船员或者押运人员还应当向事故发生地交通运输主管部门报告。

《危险化学品安全管理条例》第七十二条规定，发生危险化学品事故，有关地方人民政府应当立即组织安全生产监督管理、环境保护、公安、卫生、交通运输等有关部门，按照本地区危险化学品事故应急预案组织实施救援，不得拖延、推诿。

《危险化学品安全管理条例》第七十八条规定，进行可能危及危险化学品管道安全的施工作业，施工单位未按照规定书面通知管道所属单位，或者未与管道所属单位共同制定应急预案、采取相应的安全防护措施，或者管道所属单位未指派专门人员到现场进行管道安全保护指导的，由安全生产监督管理部门责令改正，可以处5万元以下的罚款；拒不改正的，处5万元以上10万元以下的罚款；情节严重的，责令停产停业整顿。

《危险化学品安全管理条例》第九十一条规定，用于危险化学品运输作业的内河码头、泊位的管理单位未制定码头、泊位危险化学品事故应急救援预案，或者未为码头、泊位配备充足、有效的应急救援器材和设备的，由交通运输主管部门责令改正，可以处1万元以下的罚款；拒不改正的，处1万元以上5万元以下的罚款。

《危险化学品安全管理条例》第九十二条规定，通过内河运输危险化学品的水路运输企业未制定运输船舶危险化学品事故应急救援预案，或者未为运输船舶配备充足、有效的应急救援器材和设备的，依照《中华人民共和国内河交通安全管理条例》的规定处罚。

（六）国务院《使用有毒物品作业场所劳动保护条例》要求

《使用有毒物品作业场所劳动保护条例》第十四条规定，从事使用高毒物品作业的用人单位，在申报使用高毒物品作业项目时，应当向卫生行政部门提交职业中毒事故应急救援预案。《使用有毒物品作业场所劳动保护条例》第十六条规定，从事使用高毒物品作业的用人单位，应当配备应急救援人员和必要的应急救援器材、设备，制定事故应急救援预案，并根据实际情况变化对应急救援预案适时进行修订，定期组织演练。事故应急救援预案和演练记录应当报当地卫生行政部门、安全生产监督管理部门和公安部门备案。

《使用有毒物品作业场所劳动保护条例》第六十六条规定，用人单位违反本条例的规定，从事高毒作业未按照规定配备应急救援设施或者制定事故应急救援预案的，由卫生行政部门给予警告，责令限期改正，处5000元以上2万元以下的罚款；逾期不改正的，责令停止使用有毒物品作业，或者提请有关人民政府按照国务院规定的权限予以关闭；造成严重职业中毒危害或者导致职业中毒事故发生的，对负有责任的主管人员和其他直接责任人员依照刑法关于重大劳动安全事故罪、危险物品肇事罪或者其他罪的规定，依法追究刑事责任。

（七）国务院《特种设备安全监察条例》要求

《特种设备安全监察条例》第六十五条规定，特种设备安全监督管理部门应当制定特种设备应急预案。特种设备使用单位应当制定事故应急专项预案，并定期进行事故应急演练。压力容器、压力管道发生爆炸或者泄漏，在抢险救援时应当区分介质特性，严格按照相关预案规定程序处理，防止二次爆炸。

《特种设备安全监察条例》第六十六条规定，特种设备事故发生后，事故发生单位应当立即启动事故应急预案，组织抢救，防止事故扩大，减少人员伤亡和财产损失，并及时向事故发生地县以上特种设备安全监督管理部门和有关部门报告。

（八）《职业安全健康审核规范》要求

应急预案与响应计划应该与用人单位的规模和活动的性质相适应，并符合下列要求：

（1）保证在作业场所发生紧急情况时，能提供必要的信息、内部交流和协作以保护全体人员的安全健康；

（2）通知并与有关当局、近邻和应急响应部门建立联系；

（3）阐明急救和医疗救援、消防和作业场所内全体人员的疏散问题。

用人单位应制定评价应急预案与响应实际效果的计划和程序，并可根据实际情况定期检验上述程序。

第二节　企业制定应急预案的必要性

随着工业化进程的迅猛发展，生产规模的日益扩大，重大安全事故也不断发生，对人民生命、财产和环境构成重大威胁，造成严重损失。根据有关统计数据，2014年全年各类生产安全事故死亡68061人，亿元国内生产总值生产安全事故死亡人数为0.107人，比2013年下降13.7%；工矿商贸企业就业人员10万人生产安全事故死亡人数为1.328人，比2013年下降12.9%；道路交通事故万车死亡人数为2.22人，比2013年下降5.1%；煤矿百万吨死亡人数为0.255人，比2013年下降11.5%。虽然2014年较2013年的安全事故发生率有所降低，依旧很严重，不容忽视。

企业在生产经营过程中常常会遇到各类紧急情况，如火灾、爆炸、危险品事故以及设备损坏事故等等。紧急情况往往会造成企业职工、客户和公众伤亡，或中断正常的生产经营活动、造成物质财产的损失、破坏环境、损坏企业公共形象。钢铁企业的设备大多具有大型化、连续化、高速化、自动化等特点，一旦出现重大、特大设备事故，影响范围很大，会给企业造成巨大的经济损失。另外，重大、特大设备事故的发生，往往伴随着人员伤亡。因此，为了降低紧急事故造成的损失，钢铁企业必须制定应急预案，这是保障钢铁冶金企业安全生产的重要措施。建立科学完善的事故应急预案，可以提高企业职工事故管理意识，加强自我保护能力，还可以通过应急事故模拟综合演练，检验并提高应急指挥体系，提高快速反应和应急处理能力。最终的目的是能够预防事故、有效控制事故扩大、减少人员伤亡、迅速恢复生产，防止类似事故再度发生。

设备事故管理是企业设备管理的重要组成部分，重大、特大设备事故应急预案是企业避免事故损失的有效保证，钢铁企业都应建立起一套适合自身需要的应急预案，以满足企业生产经营的需要，保障职工的人身安全，对企业对社会有益无害。

企业建立应急预案是企业加强自身管理的需求，首先要得到企业经营者和各级部门的重视，其次企业还应具备一支反应快速和应急处理能力较强的职工队伍，另外具备迅捷的物资供应渠道。以上三方面从思想意识、人员配备、资材支持三个角度有效地保障应急预案的实施，是企业应急预案建立的基本条件。

第三节 钢铁企业重大、特大设备事故应急预案的主要内容

根据历史事故统计分析，钢铁企业潜在的重大安全事故主要有火灾事故、爆炸事故、煤气中毒事故等几大类。在《事故应急预案》的策划过程中，要充分调查本企业潜在的或曾发生过的重大事故，根据不同的事故制订不同的《事故应急预案》，宁全勿缺。

重大事故应急预案可根据2004年国务院办公厅发布的《国务院有关部门和单位制定和修订突发公共事件应急预案框架指南》进行编制。应急预案主要内容应包括：

（1）总则。主要内容有：1）指导思想：确定本单位重大、特大设备事故应急预案的依据、目的、工作要求等。2）基本原则：体现预防为主、分级管理、分段（片）控制的原则，快速反应、按章办事的原则等。3）设备事故的分级原则。

（2）组织管理。主要内容有：日常管理机构、应急指挥体系、职责。

（3）应急措施。主要内容有：1）日常管理，包括事故监测与事故报告、事故监测网点的设定、应急演练、宣传教育、监督检查等。2）各类重大、特大设备事故应急措施，主要有电力系统、水系统、特种设备等。

（4）应急响应。主要内容有：1）分级响应程序（原则上按一般、较大、重大、特别重大四级）启动相应预案。2）信息共享和处理。3）通信。4）指挥和协调。5）紧急处置。6）应急人员的安全防护。7）群众的安全防护。8）社会力量动员与参与。9）事故调查分析、检测与后果评估。10）新闻报道。11）应急结束等要素。

（5）后期处置。主要内容包括：善后处置、社会救助、保险、事故调查报告和经验教训总结及改进建议。

（6）保障措施。主要内容包括：通信与信息保障，应急支援与装备保障，技术储备与保障，宣传、培训和演习，监督检查等。

（7）企业典型事故汇编。主要内容包括：事故名称、事故时间、事故地点、事故伤亡、事故原因、事故防范措施等。

第四节　应急预案的制定

企业制定应急预案可以分为四个步骤，即组建应急预案编制队伍、开展现状与能力分析、制定预案及预案实施。

应急涉及主要部门和单位业务相关人员、有关专家及有现场处置经验的人员参加。编制工作小组组长由应急预案编制部门或单位有关负责人担任。

一、组建应急预案编制队伍

应急响应和管理不是个别部门和人员能够完成的，预案从编制、维护到实施都应该有企业各级各部门的广泛参与，并且预案的编制需要投入大量的时间和精力，所以应该组建编制队伍，促进工作的开展。编制队伍的组建取决于企业的作业、风险和资源的具体情况。预案编制小组的组长最好由企业高层领导担任，这样可以增强预案的权威性，促进工作的实施。在实际工作中往往绝大部分工作可能由少数人执笔完成，但是在编制过程中或编制完成之后，要广泛征求各应急响应部门的意见，尤其是高层管理人员、一线管理人员、工人、人力资源部门、财务部门、工程与维护部门、安全、卫生和环境保护部门、市场销售部门、法律顾问的意见。预案编制小组的成员也可以来自地方政府社区和相关政府部门的代表，如安全、消防、公安、医疗、气象等管理机构，可消除现场事故应急预案与政府应急预案中的不一致性。小组组成经高层领导同意后形成书面文件，并且明确分工，接下来就可以确定编制工作的时间进度和费用。

二、现状与能力分析

（一）资料的收集

需要收集的资料包括：适用的法律法规；企业的安全记录和事故案例；国内外同类企业事故资料；当地的地理、环境、气象资料；相关企业的应急预案等等。在资料的收集过程中，应该提出如下问题：会发生什么情况（或事故）？这种事故会造成什么样的后果？这类事故是否可以预防？如果不能，会出现什么级别的紧急情况？怎样报警和向上级汇报？谁来评价这种紧急状况，依据是什么？如何建立有效的通讯？

（二）企业现状分析

1. *法律法规和现有预案分析*

分析国家、省和地方法律、法规与规章制度，如职业安全卫生法律法规、环境保护法律法规、消防法律法规与规程、地震安全规程、交通法规、地区区划法规、应急管理规定等。需要调研的现有预案包括：政府与企业的预案，如疏散预案、消防预案、安全卫生预案、环境保护预案、保安程序、保险预案、财务与采购程序、工厂停产关闭的规定、员工手册、危险品预案、安全评价程序、风险管理预案、资金投入方案、互助协议等。

2. 关键产品、服务和作业分析

评估紧急情况对企业的影响，确定哪些系统必须备份，相关信息主要包括公司产品或服务所需要的设备设施产品和服务的供应商，尤其是只有单一来源时；生命线服务，如电力、给排水、油、燃气、电话和交通；设施运行所需要的关键作业、操作人员和设备等。

3. 内、外部资源和能力分析

紧急情况所需要的内部资源和能力包括：人员（消防、危险品响应队伍、应急医疗服务、保安、应急管理小组、疏散队伍、公共信息）、设备（消防设备、控制设备、通讯设备、急救供应、应急生活必需品供应、警告系统、应急电力设备、污染消除设备）、设施（应急行动中心、临时医疗区域、避难区域、急救站、消毒设施）、能力（培训、疏散预案、员工支持系统）和备份系统（职工薪水花名册、通讯、产品、客户服务、运输与接收、信息支持系统、应急电力、恢复支持）。在紧急情况下需要大量的外部资源，应与某些单位建立必要的联系，如地方应急管理办公室、消防部门、应急医疗服务机构、医院、公安部门、社区服务组织、公用设施管理部门、合同方、应急设备供应单位、保险机构等。

（三）脆弱性分析

分析各类紧急情况的可能性和对单位的潜在影响。详细说明紧急情况的可能性，评估事故的影响和所需要的资源。

1. 潜在紧急情况分析

脆弱性分析是本单位面临的所有可能的紧急情况，包括由地方应急管理办公室所辨识出来的紧急情况。同时应考虑单位内部和社区可能出现的紧急情况。通常应考虑下列因素：

（1）历史情况。在本单位及其他兄弟单位，本社区以往发生过的紧急情况，包括火灾、危险物质泄漏、极端天气、交通事故、地震、飓风、龙卷风、恐怖活动、公共设施失灵等。

（2）地理因素。单位所处地理条件可能产生的影响有哪些，如邻近洪水区域，地震断裂带和大坝，邻近危险化学品的生产、贮存、使用和运输企业，邻近重大交通干线和机场，邻近核电厂等。

（3）技术问题。如果工艺和系统出现故障会产生什么样的后果，包括：火灾、爆炸和危险品事故，安全系统失灵，通讯系统失灵，计算机网络系统失灵，电力故障，加热和冷却系统失灵，应急通知系统失灵等。

（4）人的因素。如果员工出错会导致什么样的后果，是否开展了员工安全培训，他们是否知道在紧急情况下应该采取什么措施。人的因素可能是因为下列原因造成的：培训不足，工作没有连续性，粗心大意，错误操作，疲劳等。

（5）物理因素。哪些紧急情况可能是因为设施和建筑物引起的，能否提高设施的安全性。考虑设施建设的物理条件，危险工艺和副产品，易燃品的贮存，设备的布置，照明，紧急通道与出口，避难场所邻近区域等。

（6）管制因素。单位对哪些紧急情况或危害有管制措施。彻底分析紧急情况，考虑如下情况的后果：出入禁区，电力损失，通讯线缆中断，主要天然气管道断裂，水害，烟害，结构受损，空气或水污染，爆炸，建筑物倒塌，人员被卡，化学品泄漏等。

2. 评价对人身、财产和生产经营的潜在影响

分析各类紧急情况对人身受伤或死亡的潜在影响；考虑对财产的破坏和损失；可以考虑置换财产成本、临时置换成本、修复成本等。分析紧急情况造成的潜在市场损失，包括：经营中断，职工缺勤、客户损失、公司违约、政府罚款、法律纠纷、核心物资供应的中断、产品分配的中断等。

3. 评价内部和外部资源

评价针对各类紧急情况的响应资源与能力的准备情况。应考虑每一潜在紧急情况从发生、发展到结束所需要的资源。对每一紧急情况应询问如下问题：

（1）所需要的资源与能力是否配备齐全?

（2）外部资源能否在需要时及时到位?

（3）是否还有其他可以优先利用的资源?

如果答案是肯定的，可以继续下一步工作。如果答案是否定的，提出整改方案。例如，制定额外的应急程序、开展额外的培训、获取额外的资源、制定互助协议等。

三、制订预案

（一）预案组成

1. 概述

概述是为了便于管理人员的理解，简要介绍应急预案的概况，内容包括：预案的目标，应急管理方针，预案的权威性和核心人员的职责，潜在的紧急情况，应急响应行动地点等。

2. 应急管理要素

企业应急管理的核心要素包括：指挥与控制、通讯、生命安全、财产保护、社区安全、恢复与重建、行政与后勤等。核心要素的目的是保护生命、财产和环境，它是企业应急救援行动和应急响应程序的基础，各项要素应明确各自功能实现具体的原则和目标，以及部门之间的分工与合作。

3. 应急响应程序

应急响应程序说明了企业如何开展应急响应工作。为了便于高层管理人员、部门领导、响应人员和普通员工迅速采取行动，预案应尽可能制定应急响应程序检查表。需要制定程序的行动包括：现状评估；保护员工、客户、来访者、设备、重要记录和其他财产，尤其是事发的前三天内的记录和财产；恢复生产经营等。有很多紧急情况，如火灾爆炸或自然灾害时，需要制定下列具体的行动程序警告员工和客户、与职员和社区沟通、企业内全员疏散、响应活动管理、启动并运行应急行动中心、消防、行动终止、保存重要记录、恢复行动等。

4. 支持文件

紧急情况下所需要的支持文件可能包括：应急电话通讯录、建筑物与现场和风险情况地图、资源清单等。企业应该制定应急疏散程序并明确线路，关键作业的终止或运行程序，员工、来访者和合同方疏散后工作程序，救援与医疗责任，紧急情况报告程序，核心部门人员名单和联系方式等。

（二）制定过程

1. 撰写预案

确定具体的工作目标和阶段性工作时间表。制定工作任务清单，落实到具体的人员和时间。根据脆弱性分析，确定解决问题的资源和存在的问题，确定预案总体和各章节的最佳结构，将预案按章节分配给每一位编写组成员，制定各项具体工作的时间进度表。

2. 与外部机构协调一致

将企业已经开始制订应急预案的情况通知相关的地方政府部门。即使地方政府没有提出具体要求，他们的建议和信息也可能非常有益。将省和地方政府对紧急情况通报的要求纳入企业应急程序。确定需要与外部机构沟通的内容，包括企业应急响应的通道，向谁汇报、如何汇报，企业如何与外部机构和人员沟通，应急响应活动负责人，在紧急情况下，哪些权力部门应该进入现场等。

3. 评审、培训和修订

将第一稿发放给各编写组成员审校，必要时修订。在第二次审校时，开展桌面演习，包括公司管理人员和应急管理人员参加。设计一个事故场景，每位参与人员讨论各自的职责，针对事故场景做出反应。充分讨论之后，找出并修改交代不清或重复的内容。

4. 批准和发布

经会议讨论后，向企业最高领导和高层管理人员汇报，经批准后发布预案。将预案装订好并逐一编号，发放并签收预案。应急响应核心人员家中应备份应急预案。

四、预案实施

（一）融入企业整体活动

应急预案必须成为企业文化的一部分。创造机会建立职工应急意识；培训和教育职工；测试应急程序；动员各级管理人员、各部门和社区参与应急策划；将应急管理工作变成企业日常工作的一部分。

（二）培训

所有在企业工作或来访人员都需要接受培训。包括定期组织员工讨论会或评审会、技术培训、应急响应设备的使用、疏散演习、全面演习等。根据培训对象不同可以选择不同的培训方式和内容。

（三）预案的评审与修订

评审时应注意如下问题：在脆弱性分析时发现的问题和不足是否得到充分的重视？各单位应急职责是什么？企业的风险有无变化？应急预案是否根据企业的布局和工艺变化进行更新？企业的布置图和记录是否保持最新？新成员是否经过培训？企业的培训是否达到目的？预案中的人员姓名、职务和电话是否正确？是否逐渐将应急管理融入企业的整体管理？社区机构和组织在预案中是否体现，他们是否参与了预案的评审？除了年度评审之外，某些特定时间还应开展评审和修订，如在每次培训和演习之后、每次紧急情况发生之后、人员或职责发生变动之后、企业的布局和设施发生变化之后、政策和程序发生变化之后。

第五节 应急预案的编制要点

目前，很多钢铁企业按照《安全生产法》等有关法律法规的规定，结合企业具体情况，编制了应急救援预案。但从实际应急情况来看，企业应急预案在编制过程中还存在一些问题，如应急预案框架结构与层次不合理；危险分析不全面，使应急准备工作不到位；应急资源准备不充分；应急组织机构设置不合理，无法有效运行；运作程序缺乏标准化规定等。因此有必要结合一些企业编制应急救援预案的好的经验，总结企业应急预案的编制要点，为企业编制应急救援预案提供参考。

一、应急预案结构框架的设计

企业编制的应急预案，只要适合企业的实际状况，能够指导企业有效开展应急救援工作，就是好的应急预案。因此，不同类型、不同规模、不同风险的企业，可以针对企业实际应急需要和自身的管理模式，采取不同的应急预案结构框架。与其他行业相比，钢铁企业有其自身的生产特点和风险特征，其应急预案应具有相似的结构框架。目前，应急预案的结构框架有以下几种形式。

（一）“1 +4”结构

所谓“1 +4”结构，就是：综合预案 = 基本预案 + （应急功能设置 + 特殊风险管理 + 标准操作程序 + 支持附件）。这里“基本预案”阐明应急整体框架结构及应急原则；“应急功能设置”描述组织、领导层、部门、专业队伍以及关键人员等的应急职责和要求；“特殊风险管理”主要描述组织应急面临的各种风险状况及风险管理要求；“标准操作程序”是对“基本预案”的具体扩充，说明各项应急功能的实施细节，强调在应急过程中承担应急功能的组织、部门、人员的具体责任和行动；“支持附件”是各类应急有关的技术资料、数据、信息等。应急预案的各部分相互联系、相互作用、相互补充，构成了一个有机整体。

“1 +4”结构，层次清晰，可操作性强，应急内容全面，预案纵横都能有效使用，但相对结构比较复杂，存在部分重复之处。因此，比较适合大中型企业、集团公司以及风险比较大的企业使用。

（二）“总预案 + 专项预案”结构

在“总预案 + 专项预案”结构中，“总预案”就是阐明应急整体框架结构及应急的基本原则；“专项预案”是根据总预案的要求，在危险分析的基础上，根据事故的种类、现场区域位置等因素，确定的子预案，如某企业的专项预案根据事故种类分为：火灾应急救援专项预案、塌方应急救援专项预案、防洪应急救援专项预案等；根据现场区域位置可分为：A1 区应急救援专项预案、A2 区应急救援专项预案、A3 区应急救援专项预案等。

这种应急预案的结构，逻辑关系清晰，比较容易把握，操作性较强，针对特定风险或场所的应急程序比较明确，但各专项预案会有重复。因此，比较适合风险较大、多地域的大中型企业，或不同事故类型应急流程差异较大的大中型企业。

（三）“总预案 + 应急程序 + 应急行动说明书”结构

这种应急预案的结构，是由整体到局部，“总预案”概述应急体系框架和应急基本原则，“应急程序”则明确各突发事件的应急流程或各应急部门应急工作流程，而“应急行动说明书”是具体的应急行动指导。

这种应急预案文件结构与企业建立的质量、环保和安全健康管理体系的文件结构形式一致，层次清晰，不同层次的人员可以有选择地使用预案文本，可操作性较强，比较适合大中型企业或风险较大的小型企业。

（四）“单一的应急预案”结构

“单一的应急预案”是指结合企业的实际情况，将应急预案从应急准备、应急响应、到现场恢复等所有内容都融合成一个文本。该文本既阐明了应急框架和原则，又细化到了具体的应急行动。这种应急预案结构的文本简练，重复性小，操作性比较强，比较适合小型企业以及风险较小的中型企业。

企业还可以采用上述应急预案结构框架中的某两种或两种以上的结构形式，将其融会贯通，联合起来使用。如：在“总预案 + 专项预案”的结构框架中可以将“单一的应急预案”的结构融入专项预案，也可以将“总预案 + 应急程序 + 应急行动说明书”结构中的应急程序和应急行动说明书融入专项预案。

因此，企业应结合自己生产的实际情况和管理现状，对应急预案的结构框架进行合理设计，使应急预案在实际安全生产过程中得到有效的实施。

二、应急指挥系统的设计

应急指挥系统对整个应急过程进行统一决策和指挥，指挥和协调现场各救援队伍的应急救援行动及各类应急资源的调配。因此，应急指挥系统是事故应急救援有效开展的一个关键。应急指挥系统是随着事故的发展和应急工作的进展在不断调整的。在设计应急指挥系统时，应根据应急响应级别，充分考虑应急指挥系统的启动和建立程序、所需要配置的设备设施、初期的（临时）指挥人员及其职责、系统内部职责分工等，确保应急指挥系统能适应事故应急的需求。

比较完善的应急指挥系统内部应有指挥、行动、策划、后勤以及财政行政等五部分的管理职能，即要求内部有职责分工。指挥人员是核心，负责应急响应的所有方面；行动人员负责所有应急响应任务的运作，包括所有降低直接危害、抢救生命与财产、进行现状控制、恢复正常的行动，如消防抢险、人员营救、工程抢险等；策划人员负责收集、评价并传达事故现状信息，并负责准备和起草事故行动计划，提供指挥部各种信息资料；后勤人员负责为事故响应提供各种应急工具、设备、物资及材料等；财政行政人员负责事故应急时的财政、行政支持，包括与新闻媒体、上级政府部门的信息沟通、应急所需的费用保障、事故损失评估和事故处理等。

三、应急预案的编制

应急预案的编制是一项系统、复杂的工作，在编制流程中需要把握好两个重点：危险分析、职责划分，并注意企业与外部的应急联系。

（一）危险分析

危险分析是应急预案编制的基础，主要是通过危险识别、风险评价，确定企业可能发生的重大事故及其性质、危害后果等，为应急准备和应急响应提供决策依据和足够的信息。危险辨识应全面，风险分析应客观。可以借鉴专家的经验，并利用模拟分析软件对可能潜在的事故进行定量分析。

危险分析时至少应包括分析周边环境之间的相互影响，以确保在实际应急过程中，能够判断事故影响范围、疏散范围及疏散人数、疏散路线等。

（二）职责划分

编制应急预案的职责划分，应根据参与编制人员的专业背景、涉及到的应急职能进行分配。应急预案的编制人员至少应包括各部门的人员、各专业的人员，同时还需要领导层的领导参与，确保应急预案的全面性、组织系统性。值得注意的是，一定不要将应急预案的编制工作全部推给安全管理部门。在编制预案前，应充分考虑、讨论各部门及其人员在应急过程中承担的应急职责，并由企业高层领导确认，统一应急职责，避免在应急预案编制中出现矛盾、不统一的地方而增加工作量。同时，各部门及其人员的应急职责应尽量与其日常中承担的职责对应起来，便于实现平战结合的原则。

（三）企业与外部的联系

在事故情况比较危急的时候，企业应急往往需要社会的应急支援和政府的应急指导和协调，因此，企业的应急预案不是孤立的，它和所在区域及地方政府的应急预案、相邻企业的应急预案都有一定的联系。企业在编制应急预案时，应充分分析周边环境，自身的危险事件是否会危及周边的企业、单位以及其他一些机构，并与之进行沟通和交流，一旦出现紧急情况后如何进行通报，如何协助应急以避免应急范围扩大等，同时还应及时与政府部门沟通，将应急预案进行备案，以便在紧急情况下最快地得到政府部门的应急支持。这一点在实际应急中已经得到了充分的验证。

因此，企业在编制应急预案时，应与外部的应急预案留有接口，应急行动方面应考虑周边单位和政府等的外部支援。

四、应急预案的可操作性

不论是企业采取什么样的应急预案框架结构，最终编制的应急预案都必须具备可操作性。这是对应急预案最基本、最重要的要求，也是最高要求。要使应急预案具有可操作性，必须将危险分析和应急能力评估得到的有关信息结果融入到预案的内容中，使应急预案符合企业的实际情况。同时，最底层的应急预案文件（如标准操作程序、应急行为说明书等）中应明确“5W + 1H”（为什么、什么人、什么时候、什么地点、干什么、怎么干），即应急文件中应明确执行应急任务的主体、时间、地点、具体的应急行动、行动步骤和行动标准等，使任何参与应急的人员都能有效、迅速地开展应急工作，不会受到紧急情况的干扰而手足无措，甚至出现错误的行为。这样的应急文件是整个应急预案的核心和关键。

第三章　部分钢铁企业安全管理介绍

第一节　宝钢安全管理

一、宝钢概况

上海宝钢集团公司是以宝山钢铁（集团）公司为主体，联合重组上海冶金控股（集团）公司和上海梅山（集团）公司，于1998年11月17日成立的特大型钢铁联合企业。注册资本458亿元。宝钢实施钢铁精品战略，将建成中国汽车用钢，油、气开采和输送用钢，不锈钢，家电用钢，交通运输器材用钢，电工器材用钢，锅炉和压力容器用钢，食品、饮料等包装用钢，金属制品用钢，特种材料用钢以及高等级建筑用钢等钢铁精品基地，建成中国钢铁工业新技术、新工艺、新材料的研发基地。宝钢实施适度相关多元化战略，除钢铁主业外，还涉足贸易、金融、工程技术、信息、煤化工、钢材深加工、综合利用等多元产业。宝钢实施国际化经营战略，已形成了近20个境外和国内贸易公司组成的全球营销网络，与国际钢铁巨头合资合作，广泛建立战略合作联盟，实现优势互补，共同发展。

2013年，宝钢实现销售收入3031亿元，实现利润总额101亿元，盈利居世界钢铁行业第三位。钢铁主业完成钢产量4504万吨，位列全球钢铁企业第四位。2014年，宝钢连续第十一年进入美国《财富》杂志评选的世界500强榜单，位列第211位，并连续当选最受赞赏的中国公司，成为中国钢铁行业唯一上榜企业。

二、宝钢安全管理

宝钢集团公司和各子公司认真贯彻落实国务院和上海市政府有关安全工作会议精神，及时部署生产安全、防火安全、交通安全和防汛防台等工作。推行了股份公司的安全管理体制科学化，工艺设备安全化，安全、生产、质量一体化，安全专业管理现代化，基本上形成了具有宝钢特色的安全管理体系。

（一）宝钢的战略定位决定了宝钢必须确保安全生产

2003年，宝钢根据企业发展的需要，确定了新一轮发展战略，提出了两个阶段性目标。从“历史、全局和经济全球化的高度，按照办世界一流企业，创世界一流水平的要求，确立了创世界一流跨国企业的战略目标，并确定在管理体制上成为一个一体化的市场竞争主体，最终成为国际资本市场的公众化公司”。搞好安全生产工作，切实保障职工的生命和国家财产安全，是实现企业发展战略目标的根本保障。没有安全生产作为保障，就不能获得企业效益的最大化，就不可能把宝钢建成世界一流跨国公司，实现企业的发展战略目标就失去了基础。因此，宝钢的战略定位决定了宝钢必须采取一切措施，确保安全生产。

（二）落实责任和全员安全承诺

1. 层层签订安全目标管理责任书

宝钢集团是一个集矿山开采、钢铁冶炼、化工生产等危险性很高的大型联合企业，抓好安全生产尤为重要。每年初，在《上海宝钢集团公司年度经营纲要》中，将安全生产目标作为公司的八大目标之一。在一月份召开的干部大会上，对全年的安全工作进行部署，提出严格的对策措施，并与下属22家子公司党政领导签订涵盖安全考核指标的《绩效目标责任书》，签约率为100%。随后，22家子公司也根据资产关系与下属各单位层层签订《绩效目标责任书》，使安全工作的责任层层传递，措施逐级落实。根据各子公司生产规模的大小和危险程度的高低，对22家子公司分三类进行考核。将生产过程中危险性较大的冶炼、矿山、化工等子公司划分为一类子公司；将生产过程中危险性一般的钢铁业、深加工业和维修检测等子公司划分为二类子公司；将从事金融、贸易、信息产业等子公司划分为三类子公司。采用风险越高，奖罚力度越大的考核指标和奖罚办法。

在与各子公司第一责任人签订了责任书后，各子公司第一责任人又根据资产关系与下属各级责任人层层签订了安全目标责任书，将安全生产考核指标层层下达，奖罚分明，效果显著。同时引起各级责任人对安全工作的高度重视，树立全局观念，以各子公司的安全生产来保证集团公司整体的安全。

2. 全员安全承诺活动

从2002年起，宝钢集团开展了全体员工的“安全承诺”活动，建立了全体员工的安全生产准则。各子公司也根据企业的生产、经营、操作、点检、检修等不同特点，建立本岗位的安全守则，告知本岗位的主要危险有害因素，要求每一位员工都要以对自己和他人的生命高度负责的精神来兑现自己的承诺，以积极、主动的姿态参与此项活动。经统计，2002年的签约率为98.7%，2003年的签约率为99.2%，2004年的签约率达到了100%。通过这项活动，促使全体员工认真学习，重温本岗位的操作规程、安全规程和事故应急预案，在实际工作中努力兑现自己的承诺，从而有效地强化了全体员工的安全责任意识和事故防范意识。

（三）保证安全投入、落实隐患整改

宝钢集团正在实施新一轮发展战略，今天的宝钢集团既是一个大型生产企业，也是一个大型建筑工地。宝钢尤其注重生产现场的本质化安全，确保新建、改建、扩建工程中的劳动安全卫生设施与主体工程同时设计、同时施工、同时竣工投产，在可行性研究、初步设计和竣工验收的各个阶段严格审查把关，及时提出意见和建议。五钢公司不锈钢棒材工程、合金模块工程和银亮钢工程，安全设施投入就高达1.44亿元；梅山热轧技改工程劳动安全设施投入2650万元。总投资在5000万以上的技改项目，全部聘请资深安全评价机构做了“安全预评价”，对系统中的危险有害因素采取了相应的对策措施，确保各类设施、设备即使在异常状态下仍能保证安全、灵敏、可靠。

此外，宝钢还注重对各类安全隐患的治理投入。一钢公司2002年投资123万元治理了2500m^3高炉、转炉烟道，进行了万吨油库消防改造；五钢公司近3年投资2042万元，对转炉除尘、大型煤气柜等设施进行了更新。2002年，上海钢管公司圆钢厂房经检测，被评定为危险厂房。由于钢管公司属老企业，资金非常紧张。为此，集团公司班子决定，由集团出资250万元，对圆钢厂房进行了整体易地改造，消除了事故安全隐患。

（四）以闭环的安全检查模式消除隐患

安全检查是消除隐患，确保安全的一项有力措施，是安全管理的重要组成部分。集团公司领导每年多次亲自带队进行安全生产大检查，实地为子公司解决问题、消除隐患。宝钢集团各级的安全检查已经朝标准化、规范化、制度化方向发展，有日常检查、节前检查、设备设施检查、专项检查、夜间检查、季节性检查等。每次检查都包括时间安排、检查重点、存在问题、整改通知书和整改回执单等。对集团公司查出的每一个问题和隐患，都输入计算机进行存档，整改完毕后经各子公司分管领导签字确认，上报集团公司。有的隐患须经集团公司“回头查”，确实整改完毕后方可“予以消号”。对因客观原因一时无法整改的，要求列出整改计划、落实专人负责跟踪，从而形成了严格的闭环检查管理模式。

（五）职业安全目标

以宝钢股份公司为龙头，大力推进职业安全健康体系的建设和内审员培训，使各环节的安全管理得到明显改观，收到了较好的效果。公司依据《职业安全卫生管理体系试行标准》和《职业健康安全管理体系规范》，按照“安全第一，预防为主”的方针，结合公司的实际情况，确定了安全生产管理制度和标准。实行目标责任制，岗位责任制，在计划、实施、检查、改进的规范化管理过程中，通过安全评价，确定企业安全卫生水平。发现事故隐患和潜在职业危害，及时提出改善措施，以安全标准化作业等各种形式实行职工群众参与和监督等。

主要包括以下三个方面的工作：

（1）以危险源辨识为核心推进职业健康安全管理体系。危险源辨识、风险评价及风险控制是职业健康安全管理体系的核心，它充分体现了“以人为本，预防为主”的方针。实施有效的风险辨识评价与控制，可实现对事故的预防和生产作业的全过程控制。为了充分辨识危险源，宝钢股份公司采取自下而上的办法，立足于岗位，由每个班组岗位上的员工对本岗位危险源进行辨识，汇总到二级单位评价小组，再由他们进行审核补充后报安环处。通过对危险因素的辨识，职工对身边的危险因素有了进一步的认识，并掌握相应的控制措施。通过采用作业危险性评价法辨识出各类危险源，采取相应控制措施，减少各类事故的发生。

（2）以编写程序文件为基础，构建职业健康安全管理体系框架。编写程序文件是公司建立并保持职业健康安全管理体系的重要基础工作，它也是今后各二级单位推进体系工作的依据。如果职业健康安全管理体系文件不正确、不准确、不完善，则有可能造成职业健康安全管理体系失效，并影响体系运行的实施和效果。宝钢股份公司在管理程序文件的编写上采用一人执笔，各二级单位体系推进人员讨论建议，最后会签的方式。这既保持了文笔的连续性，更增加了众人的智慧，使得文件真正成为大家智慧的结晶。各二级单位也编写了补充程序文件，针对辨识出来的各级危险源修改完善了作业指导书（安全操作规程、应急预案）。形成了从《管理手册》、《程序文件》、《补充程序文件》到《作业指导书》的四级文件体系。

（3）实行危险源分级控制，实现职业健康安全管理体系持续改进。由风险评价小组根据危险性分数设定的参数，确定危险源的等级和风险是否可容许，对辨识出来的危险源进行评价，制定控制措施。各单位对危险源控制的有效性进行检查，每季对危险源控制的情况进行总结。公司每季重点对各单位Ⅰ、Ⅱ级危险源的分级监控情况及危险源的控制情况进行抽查，同时将抽查的结果作为绩效考评的依据。每年对危险源控制执行情况进行评审，作为管理评审的输入材料。各专业管理部门重点对本专业的Ⅰ、Ⅱ级危险源的分级监控情况和控制执行情况进行抽查，同时将抽查的结果作为绩效考评的依据。通过对管理体系的深入推进，各级管理者与职工进一步加强 PDCA 闭环管理的认识。主动掌握、查找生产作业中的不安全因素，进行危险的预防与隐患的整改。按照分级控制的原则，落实控制措施与责任者，持续消除现场的违章与隐患，不断提高对危险源、重要环境因素的控制水平，使现场的基础管理得到规范，现场的作业条件得到改善。

第二节 鞍钢安全管理

一、鞍钢概况

鞍山钢铁集团公司是继宝钢之后国内第二大钢铁集团。鞍钢集团拥有多个品位优良的铁矿石资源，1997 年作为唯一发起人，以发起方式设立的鞍钢集团股份有限公司，当年成功在深圳证券交易所和香港联合交易所有限公司上市交易上市。2010 年 5 月，由鞍山钢铁集团公司（简称鞍山钢铁）和攀钢集团有限公司（简称攀钢）联合重组为鞍钢集团公司（简称鞍钢集团或鞍钢）。鞍钢始建于 1916 年，是新中国第一个恢复建设的大型钢铁联合企业和最早建成的钢铁生产基地，被誉为“中国钢铁工业的摇篮”“共和国钢铁工业的长子”；攀钢是世界最大的产钒企业，是我国最大的钛原料和重要的钛白粉生产基地以及重要的铁路用钢、无缝钢管、特殊钢生产基地。重组后的鞍钢集团公司已形成跨区域、多基地、国际化的发展格局，成为国内布局完善、最具有资源优势的钢铁企业。曾获得国家首批“创新型企业”、首批“全国企事业知识产权示范单位”荣誉称号和国家认定企业技术中心成就奖。是国内首家具有成套技术输出能力的钢铁企业。2010 年，鞍钢集团公司铁、钢产量双超 3000 万吨，营业收入超过 1500 亿元。2011 年名列世界 500 强第 462 名。

二、鞍钢安全管理

鞍钢集团自成立以来，一直深入贯彻落实科学发展观，牢固树立“以人为本，安全发展”的理念，贯彻落实“安全第一，预防为主，综合治理”的安全生产方针，全方位强化、完善安全生产工作的管理和监督，提高安全管理的可控性和有效性，培育企业安全文化，健全安全生产长效机制，在企业安全管理方面取得了较大的成绩。

（一）强化各级领导安全责任制

安全生产责任制的本质是谁主管谁负责，鞍钢集团根据《中华人民共和国安全生产法》和《鞍山钢铁集团公司安全生产责任制度》、《企业管理手册》等法规和企业管理机制，指定各单位、各部门和各项工作的负责人对职责范围内的安全生产负有第一责任。各级领导必须严格依据安全生产责任制，认真履行安全生产职责，将安全管理工作纳入本单位整体规划和计划之中，将安全生产目标和管理指标纳入各级管理人员的绩效考核之中。具体采取签订安全生产责任状、缴纳安全生产风险抵押金等方式，激励和约束各级领导安全生产责任的落实，为确保安全生产责任的全员落实打下了坚实的基础。

集团要求各级领导建立安全管理日志制度，保证安全生产各项管理制度和工作的落实。各级管理人员要把安全管理工作的重点落到基层，推广单位领导定期下基层参加班组安全管理活动，把查处违章指标量化落实到人的管理经验，把安全管理责任从上到下量化落实到每一名管理人员。定期调研检查安全管理日志的记录情况，曝光、通报本单位安全管理情况，以此促进各级领导安全责任的有效履行，促进安全生产工作的全面落实。

（二）建立并深入开展全员安全评价的安全管理方法

鞍钢集团的各级领导都高度重视全员安全评价工作，把全员安全评价工作同建立安全生产长效机制、落实安全生产责任制有机结合。各企业充分认识深入开展全员安全评价工作的重要性和有效性，并作为安全工作主要内容和载体纳入生产经营计划和重要议事日程。通过安全评价，使安全生产制度切实有效，监控管理落实，员工自主管理，最大程度避免企业生产意外事故的发生。

（三）积极建设企业安全文化和强化全员安全意识和技能

鞍钢集团下属各单位树立以人为本、安全发展、安全就是效益、实现零工伤的理念和目标，把企业安全文化建设作为企业文化建设的重要组成部分。结合各单位的实际情况，开展多种形式的安全文化建设活动，使员工形成遵章守纪光荣，违章违纪可耻的安全荣辱观。

同时，各单位全面开展安全教育培训工作，从建立各岗位人员上岗和任职安全资质标准做起，整合和利用内部培训资源，加强安全教育培训工作，提高安全教育培训的针对性和实效性。各级安全管理部门和专业管理部门要负责和监督落实各级领导人员和安全专管人员必须取得国家认可培训机构的专门培训合格证书和任职资质。

除内部正式员工外，鞍钢集团临时雇工和外来相关方人员的安全教育培训也作为安全管理的一项重要工作，强化监督指导，促使和监督各单位落实临时雇工和外来相关方人员的教育培训。参与各单位生产、维修等作业的临时雇工要同在职职工一样落实厂、车间、班组三级安全生产教育，要参加由各单位安全管理部门组织和指定的考试，取得合格证后方可上岗。

（四）完善安全管理制度体制，依法规范安全生产管理

近几年，国家陆续出台的多部法律法规，使安全生产工作更进一步规范化和法制化。为更好的与国家的法律、法规及安全生产发展的形势相适应，鞍钢安全管理部门对现有的企业内部安全生产规章制度进行梳理、评审，依据最新的法规修订、充实、完善教育培训、区域管理、考核管理、应急预案等规章制度；建立健全建设项目安全“三同时”、工程施工管理、相关方管理等规章制度。各下属单位对本单位内安全管理制度、规程和标准进行评审，因本单位机构、工艺、设备和管理变化而不适应的，或因国家管理法规及集团公司管理规范变化而不使用的安全管理制度、规程应及时发现、及时调整，实现安全生产的全面依法规范管理。

（五）加强应急体系建设，提高公司综合应急能力

应急管理体系建设是企业安全管理的重要内容之一，也是企业预防和消除重大风险的主要手段。经过多年的努力，鞍钢在整个集团范围内建立了各级安全生产事故应急救援预案，并不断完善现有方案，使三级应急预案形成体系，有效衔接，成为各级应急救援的行动指南。同时，建立专业救援队伍，重点生产单位均设立一定数量专业救援队伍，配备齐全必要的应急救援器材和设备。各单位同时开展应急预案和应急常识的全员培训，分层次进行全面的应急救援演练，通过演练检测、评价应急组织和运行能力及队伍状况，不断改进和完善应急预案、锻炼队伍，使应急救援队伍的实战能力能够满足应急救援的需求，提高整个集团公司的综合应急能力。

（六）贯彻安全生产费用提取制度

鞍钢根据国家颁布的《高危行业企业安全生产费用财务管理暂行办法》，对各下属单位的安全生产管理费用的提取和投入进行整合管理。各单位按照“单位提取、集团监管、确保需求、规范使用”的原则，保证对安全生产费用的提取和投入，专项用于安全技术措施及现场隐患治理。集团根据各单位安全辨识排查出的安全隐患和问题，组织立项整改，保证安全费用落到实处，提高现场的本质安全水平。

（七）加大安全生产工作的指导、监督力度，重点抓好重大危险源、高危行业的安全生产管理

鞍钢集团要求下属各单位要坚持和完善安全生产例会制度，定期通报、总结和督促安全管理工作的落实。集团公司在坚持月生产安全例会、季度安全生产工作会议，通报事故信息、总结部署工作的同时，加大力度，深入厂矿、车间和现场，按照重点单位月抽查监督，一般单位季抽查监督的原则，定期对各单位安全生产管理进行监督、检查、评级和指导。

在制定管理制度时，鞍钢将矿山、危险化学品、建筑施工及重大危险源作为安全管理工作的重中之重，集团要求各单位必须实施全过程、全方位、全天候的严格监管，并依据国家《金属非金属矿山安全标准化规范》等法规，大力推行安全标准化建设和安全标准化作业。强化对重大危险源相关操作和管理人员的操作和应急培训。对重大危险源，集团要求各单位要进一步完善技术监控手段和措施，把重大危险源的各项主要技术参数、危险处罚因素置于严密的技术监控之下，确保重大危险源的长期、稳定、安全运行，严防重特大事故的发生。

（八）做好职业健康管理

鞍钢集团把职业健康管理作为企业职业安全管理的一项重要工作，集团要求各下属企业把职业卫生和健康管理纳入到安全管理体系之中，明确目标，落实责任和措施，健全各单位职业危害档案。组织有职业危害的单位建立和整合职业健康检测和管理体系，认真落实治理措施，严格控制生产过程中岗位噪声、粉尘、高温、有毒有害气体的产生，达标率要保证在95%以上，减少职业危害，预防职业病的发生，提升职工身体健康水平，同时做到上岗前体检100%，岗中健康年检100%。新建、扩建项目要按国家有关法规进行职业危害评价和验收。组织和开展职业健康和交通安全宣传教育，避免突发疾病死亡和交通事故的发生，从生产操作主体上保障安全生产的顺利进行。

（九）加强建设、维修作业和相关方的安全管理

由于社会专业化分工的细分，施工、检修、供应、服务等各种外委项目和劳动不可避免地进入到鞍钢企业生产的环节中，外部相关方进入鞍钢内部参与生产经营活动已经成为日常生产的一个必然的环节。因此鞍钢在注重内部自身的安全管理的同时，对于外来劳务的管理也给予了相当的重视。

鞍钢集团要求下属各企业单位和业务主管部门要落实项目施工和相关方管理的安全生产责任制，明确资质审查把关、合同或协议签订、施工方案和作业标准、施工和作业过程各个环节的安全管理责任部门和负责人。首先要对进入企业的相关方实行准入制度，严格资质把关，坚决防止不具备国家法律规定条件单位的进入，严格查处违反国家和集团公司有关管理规定的转包和外委。其次要具体明确细化本单位与相关方的安全管理界面和职责，实施作业前的安全交底、方案审查、措施落实，签订安全协议，办理交接手续，做到权责明晰，各负其责，信息通畅。第三要实行严格的区域管理和过程监督，外委施工项目、劳务作业、发包方必须设专门的安全监管人员，不能以包代管。同时，集团各公司的要害部位，禁止外来劳务人员进入和作业。

（十）合理利用保险转移意外风险事故造成的损失，保障企业财务运行的稳定

鞍钢集团在注重防范安全事故发生和安全事故紧急处理的同时，也特别重视风险转移在安全管理中的作用。鞍钢集团与专业的保险经纪公司合作，通过现场的专业风险查勘后，形成专业的风险评估报告，并根据报告中汇总企业的各个风险点，确定可以用商业保险转移的风险后，经专业的保险经纪公司和代理公司，合理选择保险种，并通过扩展条款和特别约定对现有险种进行补充后，委托承保能力高、信用度高的保险公司进行承保，达到充分转移现有可保风险的目标。

鞍钢集团要求各企业统一划转保费，实行统一投保的原则，规范了企业投保的管理，同时对于各下属单位设立保险负责人，并设定指标对各企业的保险索赔情况进行考核，并纳入年度整体考核体系内，增加了相关负责人的责任意识。同时，在财务上，将企业不确定的事故风险支出，以固定的保费支出的方式转移给保险公司，保证了企业将财务运营基本控制在可预料的区域，增强了企业财务运行的稳健性，为企业安全生产管理建立了财务保障。

三、总结

通过多年来的安全管理运作，鞍钢已经形成一套成熟、高标准的内部安全管理体系。鞍钢集团以深化全员安全评价，加强安全教育培训，企业安全文化建设为基础；落实各级领导安全生产责任制，促进安全生产工作的全面落实；以完善安全管理制度体系，加强应急综合管理，保证安全生产费用投入为重点，落实安全生产过程管理和监督，不断提高整体安全管理工作水平；与专业保险经纪公司合作，整合并转移可保风险。通过完善的安全管理体系、科学的安全生产技术和严格有效的财务手段，为企业的生产安全、稳定发展开创了新格局。

第三节 邯钢安全管理

一、邯钢概况

邯郸钢铁集团有限责任公司是1958年建厂投产并逐步发展起来的河北省属特大型钢铁联合企业。历经50多年的艰苦创业，现有总资产856亿元，职工2.4万人，具备了年产1300万吨优质钢的综合生产能力，是国家重要的优质板材和优质型棒线材生产基地，河北钢铁集团的核心企业。企业曾先后荣获全国文明单位、全国质量效益型先进企业、全国五一劳动奖状、全国优秀企业（金马奖）和全国精神文明建设先进单位等荣誉称号。

20世纪90年代，在经济体制转型过程中，邯钢通过推行并不断深化模拟市场核算经营机制，坚持“三改一加强”，创造了显著的经济效益和社会效益，被国务院树为国企先进典型。1996 年改制为邯郸钢铁集团有限责任公司。1997 年先后兼并了舞阳钢铁公司和衡水钢管厂，于同年实施股份制改造，创立了邯郸钢铁股份有限公司并成功上市。2008 年 6 月 30 日，唐钢集团、原邯钢集团强强联合组建的河北钢铁集团正式挂牌成立。2008 年，集团以营业收入 1670 亿元，居世界 500 强企业第 375 位。

21 世纪以来，邯钢创新发展，再铸辉煌。以深化模拟市场核算机制、推行全面预算管理为主线，不断推进管理创新。以建设优质精品板材基地为目标，坚持用高新技术和先进适用技术改造提升传统产业，促进产品升级换代，先后建成投产了以薄板坯连铸连轧、冷连轧为代表的一批具有世界先进水平的大型现代化设备和生产工艺，基本实现了以优质板材为主的产品结构调整，综合竞争实力发生了质的飞跃。

二、邯钢安全管理

邯钢在加快企业建设发展，保持良好效益水平的同时，始终把安全生产工作放在各项工作的首位，本着“安全第一，预防为主，综合治理”的工作方针，认真落实各项安全规章制度，不断建立完善安全生产责任制，并创新安全管理模式，安全工作取得了长足进步。

公司明确提出了“以人为本，安全第一；科学管理，持续改进；遵章守法，文明生产；全员参与，保障健康”的职业健康安全工作方针。提出了“抓目标管理，强化安全责任；抓制度建设，强化依法管理；抓宣传教育，强化安全意识；抓观念创新，强化安全文化；抓基础工作，建设长效机制”的安全工作思路。通过强化各级领导的安全管理责任，健全安全生产工作体系，提高全员安全操作技能，安全生产工作始终保持了较好水平。截至 2006 年底，邯钢连续四次获得邯郸市安全生产先进单位，并获得了河北省安全生产先进单位和省国资委系统安全生产先进单位荣誉称号。

三、邯钢安全管理的主要特点

（一）认真落实安全生产责任制

邯钢始终把贯彻各级领导安全生产责任制作为推进安全生产工作持续改进的重要载体和主要实现形式。通过认真贯彻落实安全生产责任制，健全了各项安全规章制度，逐步形成了全方位的安全管理网络。公司和各二级厂每年年初都要公开签订安全生产责任状，把安全指标和管理责任层层分解到各厂、车间、班组和个人，并坚持推行安全生产一票否决制。各单位安全生产第一责任人都要缴纳安全风险抵押金，并将安全指标、管理责任同单位一把手年薪挂钩进行考核。在此基础上，邯钢又逐步推行车间主任、班长季度安全工作述职制度，真正把安全工作的重心下移到车间、班组，进一步提高各级人员的安全意识和管理水平，使安全生产责任制得到真正的贯彻和落实。

（二）狠抓落实，深入开展各项安全生产活动

国务院安委会第五次全体会议将 2007 年确定为安全生产工作的“落实年”和“攻坚年”。为认真贯彻中共中央、国务院关于安全生产的重要会议精神，以及省、市安全生产管理部门提出的严格要求，邯钢开展了“法人代表安全生产双百日承诺”活动。召开动员大会，传达安全生产会议精神和指导性文件，认真部署“双百日承诺”方案，统一了思想；搞好组织活动，督促各单位认真开展承诺书签订活动；全面开展安全隐患的检查和整改活动。在辽钢“4·18 事故”之后，公司召开紧急会议，部署了安全检查工作，突出对

特种设备和液体吊装作业隐患进行排查和整改。特别是《国务院办公厅关于在重点行业和领域开展安全生产隐患排查治理专项行动的通知》下发以后，邯钢结合“双百日承诺”活动部署，按照国家安委办明电［2007］9号的指导意见，针对冶金企业的十个主要方面开展隐患自查活动。

2007年也是河北省的“行政执法年”。根据省、市安监局的部署，邯钢对三项制度（安全生产责任制、安全规章制度、安全规程）进行了梳理，并对不符合公司安全生产实际的条款进行了修订，按照《河北省人民政府关于落实生产经营单位安全生产主体责任暂行规定》的要求，补充、建立了相关的安全生产管理规定。各二级单位也根据国家新颁布的炼铁、炼钢、轧钢、煤气等相关规程，结合自身实际对安全规程进行了修订和补充。通过对职工进行培训和教育，使各项规章制度能落到实处，收到实效。

（三）严格坚持建设项目“三同时”

为强化安全管理，从源头上确保冶金企业建设项目设施安全，实现预防为主，严把安全生产准入关。根据国家安全生产监督管理总局2005年11月16日下发的《进一步加强冶金企业安全生产工作的指导意见》及河北省《关于开展冶金企业建设项目安全设施“三同时”工作的通知》要求，邯钢严格坚持对新开工和改建、扩建项目实行“三同时”。对新建项目，如新区$3200m^3$高炉，$360m^2$烧结及焦化工程等，均聘请有资质的安全评价公司进行了安全评价。对2003年9月30日后投产的新建、扩建和改建项目，均按规定补办了“三同时”手续。对2003年9月30日前的新建、扩建、改建项目，按照省安监局要求，采取符合国家有关规定的补救措施，并聘请有资质的中介机构抓紧进行安全现状评价。通过严格实施安全评价，加强建设项目“三同时”工作，提高设备的本质安全化水平。

（四）不断健全完善安全规章制度

根据《安全生产法》及《河北省人民政府关于落实生产经营单位安全生产主体责任暂行规定》的相关要求，邯钢进一步健全完善了安全生产规章制度。2004年，邯钢为适应企业发展和市场形势的要求，与国际接轨，推行了质量、环境与职业健康三位一体认证工作，根据实际情况对部分现行文件进行了补充完善和修改，编制了一级程序文件8个，下发了二级作业文件12个。为配合河北省“行政执法年”活动要求，邯钢又对当前的安全规章制度进行了审查，并结合实际，完善了17项安全规定，进一步规范了公司的安全生产管理制度。

（五）大力开展安全知识教育培训

针对广大干部职工安全管理理论知识薄弱的现实问题，加强了系统知识培训。邯钢邀请了国内安全领域的著名学者举办安全管理知识讲座，对公司200余名安全管理人员从国家安全形势、法律法规、安全生产管理理论、安全事故的防范处理和管理者责任意识等诸多方面进行了培训。使广大干部职工对“安全也是生产力”，“安全也是效益”和“安全发展”等理念有了全新的认识，整体安全管理水平有了显著提高。

针对岗位操作中普遍存在的习惯性违章现象，开展岗位安全规程的培训。利用新版《炼铁安全规程》、《炼钢安全规程》和《轧钢安全规程》的颁布实施及有关单位安全规程修订的时机，重点组织了“三大规程”培训学习。通过形式多样的安全培训，有力地促进了广大干部职工安全意识的提高。

按照特种作业人员持证上岗的要求，加强了特种作业培训。健全特种作业人员总台账，建立了持证上岗，长期培训，证书到期及时复审的良性机制。实现了公司所有特种作业人员全部持证上岗的目标。

（六）建立并实施突发事故应急预案

按照国务院和河北省相关文件要求，依照《河北省人民政府突发公共事件总体应急预案》，邯钢在原有基础上又制订了邯钢突发公共事件应急预案。其中共分四大类、十二项，进一步修订完善了危险源的管理、控制以及应急措施。并重新制定了相关规章制度，加强了对危险源的控制和管理。特别是针对重点要害岗位职工，加强了学习培训并组织了反事故演练，建立了重大危险源档案及管理台账。增强了职工的责任心和安全防范意识，形成人人负责，处处防范的良好氛围，保证了重点要害岗位和设备运行安全。

（七）开展安全生产文化建设

打造特色的安全文化，创建本质安全型企业是一项理论化、系统化的工程，是贯穿于安全生产的一条主线，也是企业和职工切身利益的保障体系。

“以案说法”，突出警示教育。客观地总结、分析导致事故发生的主导因素和内在规律，对安全生产大有裨益。通过对工伤事故案例的分析总结，广泛发动职工充分利用班前班后会、周五安全活动进行认真学习、讨论，引导职工剖析事故发生的根源和危害，找出工伤事故发生的规律和应吸取的教训，明确安全生产工作重点，切实提高职工的自我防范意识，杜绝同类事故的再次发生。

积极引导，推行典型经验。为进一步发挥安全文化在提高职工安全意识，营造安全生产浓厚氛围中的重要作用，公司工会、公司安全环保部联合开展了2007年度的“安康杯”竞赛活动。工会系统积极发挥监督作用，使广大职工逐步认识并接受了“一法三卡”这一安全管理和监督的新方法，切实提高了安全保护意识，逐渐形成了“安全时刻在身边，人人事事保安全”的工作局面，促进了公司安全工作的整体开展。

转变观念，实施亲情化管理。从制度的“冷”与亲情的“热”两方面下手，推行列队安全亲情交接班、各班组对口汇报和检查等活动，以亲情文化为载体，促进职工安全意识的提升，使职工由“要我安全”的应对心理转变为“我要安全”的主动需求。通过安全管理方式的转变，突出体现了人的主观能动性在安全生产过程中的作用，用知识和文化的力量整合职工思想，规范操作行为，塑造安全生产环境，为打造“本质安全型”企业奠定了坚实基础。

第四节　太钢安全管理

一、太钢概况

太原钢铁（集团）有限公司（简称太钢）是中国特大型钢铁联合企业和全球产能最大、工艺技术装备最先进的不锈钢企业。2013年产钢998万吨，实现销售收入1460亿元，利润5亿元，位居行业前列。太钢的主要产品有不锈钢、冷轧硅钢片（卷）、碳钢热轧卷板、火车轮轴钢、合金模具钢、军工钢等。不锈钢、不锈复合板、电磁纯铁、火车轮轴钢、花纹板、焊瓶钢市场占有率国内第一，烧结矿、炼钢生铁、连铸板坯、中板、热轧卷板制造成本竞争力行业第一。

二、太钢安全管理

太原钢铁（集团）有限公司经过70年的发展，已经成为全球最大的不锈钢生产企业。现有在岗职工3万8千余人。近年来，太钢以推行危险辨识、标准化操作、安全培训教育、安全评价为重点，完善了各项安全管理制度，建立了科学的安全管理体系，有效实施了安全文化建设，创新求实地推进安全闭环管理，提高了安全工作的精细化水平。太钢确立了安全工作的基本思路，安全管理走上科学化法治化轨道。

（一）加强安全文化建设

从“以人为本”的高度去审视安全工作，确立了以“珍爱生命、我要安全”为主题的安全理念和文化，以开放的观念推进安全工作，以创新的思维不断为安全工作注入生机和活力，以科学的态度去研究安全工作的规律。在职工中树立崇尚安全、摒弃违章的观念。

（二）强化安全责任落实

深入贯彻《安全生产法》，加大依法治企力度和考核力度，确保逐级安全生产责任制和部门安全职责的落实。

（三）强化安全闭环管理

在实践中总结了“危险辨识—标准化操作—安全培训—安全评价”的科学而有效的安全工作方法，并全面推进，使安全管理水平得到提高。

以危险辨识为源头。运用领导干部、专业技术人员和岗位职工三结合的组织方法，开展直观性、逻辑性和专业系统性危险辨识，按照作业条件危险性评价法对危险源危险度进行赋值、划分级别，对辨识结果建册登记，对危险因素采取技术措施实施治理，并把事故防范措施纳入岗位操作规程和作业标准。通过这项工作的开展，因对危险不认识而导致的事故率大幅度降低。

以标准化操作为核心。按照《安全生产法》的要求，结合新建不锈钢工程及配套项目竣工投产，配合原有的规程，太钢全面建立、完善了岗位作业标准，并作为对操作规程的细化和补充，做到了每个岗位、每项作业都有标准，形成了横向到边、纵向到底、全面覆盖的职工行为规范参照体系。确立了以执行为核心的标准化工作机制，注重典型引路，及时推广的做法。建立了违章违制档案，对违章违制人员实施内部待岗，性质严重的下岗到劳务市场。

以安全培训为保障。安全培训教育是提高职工安全意识和安全素质的重要途径。太钢在全员安全培训教育大纲的指导下，把重点放在培训教材选取、师资力量培育、培训教育三个方面。开展以岗位操作规程和标准、事故应急救援等为主要内容的全员系统安全知识培训，以及特种作业人员安全培训及考试，做到了相关人员全部持证上岗。

以安全评价为手段。借鉴职业健康安全管理体系的思想，太钢建立健全了以测评现场安全绩效为重点的安全管理评价体系，为促进安全责任落实到现场提供了强大动力和保证。建立了涉及人、物、环境等方面的安全评价标准7000余条，根据二级单位安全管理受控度，对照标准，分周期评判现场安全管理受控度，剖析责任落实情况。公司安委办帮助落后单位制定整改措施，动态监督指导并进行效果验收。

（四）检查治理隐患

太钢始终高度重视事故隐患排查与整治工作，成立了以（集团）公司总经理为组长的活动组织机构，明确了隐患排查治理专项行动的工作目标，为活动的有效开展提供了组织保障。为有效防范和遏制重特大生产安全事故，太钢召开了“加强安全工作，杜绝重大人身事故”的专题会议，统一思想，明确了防范重特大人身事故的重点区域与部位，以及防范重特大人身事故必须采取的措施和办法。

针对冶金企业安全生产的特点，太钢重点强化了以下领域的隐患排查与整治工作。

1. 突出对重大危险源安全状态和监控措施落实情况的检查

按照《重大危险源辨识标准》，太钢共有矿山尾矿库、矿山炸药库、煤气柜、精苯区域等重大危险源14个。由主管安全生产的公司领导带队，组织安全专业人员，对照专项安全检查表，对尖山铁矿尾矿库和炸药库、峨口铁矿尾矿库、焦化厂粗苯和精苯区域、燃气厂1~7号气柜等重大危险源日常管理到位情况、应急救援演练和救援器材完好情况、工艺监测状况、电气设施完好情况、防雷和防洪措施落实情况进行了全面细致的检查，对发现的问题及时做了全面处理。

2. 突出对重大危险源的登记建档与管理工作

对已经辨识确认的14个重大危险源，太钢制订了相应的档案和应急救援预案。2007年，在以新系统为重点进行直观性、专业系统性辨识的基础上，初步确定了主要事故模式，经过对系统或设备发生事故的可能性、人员暴露于危险中的频繁程度、事故可能造成的后果分别赋值，逐一计算危险度，新确定危险源557个。对危险化学品生产、储存、使用等环节进行了再次全面排查。

（五）完善应急救援体系，强化应急救援演练

针对可能发生重特大事故的危险源，太钢制订了事故应急救援预案，成立了救援组织和机构，配置了救援器材，明确了救援原则与预案启动程序。事故应急预案已经通过省安全生产监督管理局应急救援办公室组织的专家评审，并已发布。在制订综合事故应急预案的基础上，相关职能部门和单位分别制订了消防灭火救灾应急处理预案、公共卫生突发事件和灾害事故医疗救治方案、危险化学品中毒和放射线误照射应急救援预案、危险化学品事故专业预案、煤气事故专项应急救援预案、突发环境事件应急救援预案和矿山事故专业预案等13项专项应急救援预案。除了在二级单位定期组织应急救援演练之外，太钢还组织安全部门、装备部、能源环保部和相关厂矿联合举行大规模应急预案演练。通过演练，太钢从应急预案的处理、组织上摸索出了适合自己的经验，在全公司范围内全面开展应急预案演练工作。装备部、能源环保部和保卫部按照要求组织开展了专业系统的应急救援演练。尖山铁矿、峨口铁矿分别组织了消防应急演练、综合救援演练等，完善了CO中毒应急预案、尾矿坝应急救援预案等，不锈冷轧厂、热连轧厂、焦化厂、发电厂等单位也全面展开应急救援演练。

第六篇

钢铁企业典型事故案例分析

案　　例

案例1　甘肃酒泉钢铁公司1号高炉爆炸事故分析

一、事故概况及经过

1990年3月12日7时56分，随着一声闷响，酒钢炼铁厂1号高炉在生产运行中发生爆炸。高炉托盘以上炉皮（标高15～29m）被崩裂，大面积炉皮趋于展开。瞬间，部分炉皮、高炉冷却设备及炉内炉料被抛向不同方向，炉身支柱被推倒，炉顶设备连同上升管、下降管及上料斜桥等全部倾倒、塌落。出铁场屋顶被塌落物压毁两跨。炉内喷出的红焦四散飞落，将卷扬机室内的液压站、主卷扬机、PC-584控制机等设备全部烧毁，上料皮带系统也严重损坏。由于红焦和热浪的灼烫、倒塌物的打击及煤气的毒害，造成19名工人死亡，10人受伤，经济损失达2120万元。

二、事故原因分析

经过反复调查和大量技术分析论证，认为这是一起由于高炉内部爆炸，炉皮脆性断裂，推倒炉身支柱，导致炉体坍塌的特大事故。

（一）炉内爆炸

根据事故现场勘查、分析，高炉发生炉内爆炸有以下几个方面的特征：（1）炉皮断裂是由23处300～1400mm长短不等的预存裂纹同时起裂所致，各预存裂纹两侧均有明显可见的向两侧扩展的人字形断口走向，断口的基本特征是多处预存裂纹同时起裂形成的脆性断口。（2）风口的损坏导致向炉内漏水，造成炉内区域性不活跃现象，形成呆滞区。（3）炉顶温度升高，两次打水降温，在一定程度上粉化了炉料，造成透气性差。

（二）炉体坍塌

事故前的1号高炉炉况恶化，已承受不了突发的高载荷，主要表现在：（1）冷却设备大量损坏。由于1984年大修留有隐患，加之操作维护管理上的原因，1987年5月以后炉况失常，冷却设备损坏严重。到这次事故前，风口带冷却壁损坏1块，炉腹冷却壁损坏32块，占冷却壁总数的66.7%；炉身冷却板共590块，整块损坏393块，合计损坏率为75.1%。为了维持生产，采用了外部高压喷水冷却，加剧了炉皮的恶化。（2）炉皮频繁开裂、开焊。1986年6月以后，炉皮出现了开裂、开焊，并且日益加剧。到事故前，共发现并修复裂纹总长度达28.5m，但由于条件所限，焊接质量得不到保证，没有从根本上改善炉皮恶化状况，使高炉已承受不了炉内突发的高载荷，在炉内爆炸瞬间，炉皮多处脆性断裂、崩开推倒炉身支柱，整个炉体坍塌。

三、对事故责任者的处理

根据这起事故性质及原因，甘肃省人民政府对酒钢公司有关人员给予如下处分：

（1）公司经理齐某是安全生产第一责任者，负有全面领导责任，给予行政记大过处分。

（2）第一副经理李某在事故发生时，主持公司全面工作，负有领导责任，给予行政记大过处分。

（3）分管设备的副经理张某在事故发生时，代管生产安全，负有领导责任，给予行政记过处分。

（4）炼铁厂厂长马某对高炉维护操作负有管理责任，给予行政记过处分。

四、从事故中应吸取的教训

对于整个生产环节有着极大影响的关键设备，相关生产和技术负责人应该重视其检修和维护，在确保其能够安全运行的前提下进行生产操作，绝不能心存侥幸，使设备“带病”运行。

案例2　辽宁省铁岭市清河特殊钢有限责任公司“4·18”钢水包倾覆特别重大事故

一、事故概况及经过

2007年4月18日7时45分，辽宁省铁岭市清河特殊钢有限责任公司生产车间，一个装有约30t钢水的钢包在吊运至铸锭台车上方2～3m高度时，突然发生滑落倾覆，钢包倒向车间交接班室，钢水涌入室内，致使正在交接班室内开班前会的32名职工当场死亡，另有6名炉前作业人员受伤，其中2人重伤。直接经济损失866.2万元。

二、事故原因分析

经专家对事故现场初步勘察分析，认定这是一起责任事故。造成这起事故的主要原因是：（1）清河特殊钢有限公司的炼钢车间无正规工艺设计，未按要求选用冶金铸造专用起重机，违规在真空炉平台下方修建工具间，起重机安全管理混乱，起重机司机无特种作业人员操作证，车间作业现场混乱，制定的应急预案操作性不强。（2）铁岭开原市起重机器修造厂不具备生产80t通用桥式起重机的资质，超许可范围生产。（3）铁岭市特种设备监督检验所未按规定进行检验，便出具监督、验收检验合格报告。（4）安全评价单位辽宁省石油化工规划设计院在事故起重机等特种设备技术资料不全、冶炼生产线及辅助设施存在重大安全隐患的情况下，出具了安全现状基本符合国家有关规范、标准和规定要求的结论。（5）铁岭市质量技术监督局清河分局未认真履行特种设备监察职责，安全监管不力。（6）清河区安全监管局监管不力。（7）当地政府对安全生产工作重视不够，对存在的问题失察。

事故的直接原因是：炼钢车间吊运钢水包的起重机主钩在下降作业时，控制回路中的一个联锁常闭辅助触点锈蚀断开，致使驱动电动机失电；电气系统设计缺陷，制动器未能自动抱闸，导致钢水包失控下坠；制动器制动力矩严重不足，未能有效阻止钢水包继续失控下坠，钢水包撞击浇注台车后落地倾覆，钢水涌向被错误选定为班前会地点的工具间。

三、对事故责任者的处理

（一）对有关职能部门的处分

对生产安全和质量安全负有监督管理责任的质量技术监督管理部门、安全生产监督管理部门等都存在着不认真履行职责的问题，共有14名政府有关职能部门工作人员分别受到党纪政纪处分。

（二）对事故单位、有关单位和人员的处罚和处理

负责设备、维修和车间安全生产工作的企管部副部长兼炼钢车间副主任关某在事故中死亡，不再追究责任。依法对清河特殊钢有限公司处以155万元罚款，对开原市起重机器修造厂处以20万元罚款，对铁岭市特种设备监督检验所处以20万元罚款，对辽宁省石油化工规划设计院处以10万元罚款，对清河特殊钢有限公司董事长、总经理处以20万元罚款。司法机关已采取措施6人；给予相应党纪、政纪处分22人。

（三）对其他有关责任人给予相应经济处罚

吊销铁岭市特种设备监督检验所的起重机械监督检验资格，吊销辽宁省石油化工规划设计院的安全评价资质。

（四）责成辽宁省人民政府向国务院作出深刻检查

四、从事故中应吸取的教训

冶金企业专用设备和厂房各项设计应该符合相关标准，杜绝使用不合格设备；企业内部要加强管理，严格执行安全操作规程，杜绝违章指挥、违章操作，对特殊工种要严格培训，实行持证上岗；相应的监督、管理部门要认真履行职责，真正发挥作用，加强监管，绝不能放任自流。

案例3　昆明钢铁集团有限责任公司煤气中毒事故

一、事故概况及经过

2007年9月29日，昆明钢铁股份有限公司炼钢厂在对6号转炉一次除尘风机进行例行检查时，一工人不慎从检修孔掉入风机进风管，三个工人先后下去施救。因施救不当4人相继煤气中毒倒下。经抢救，其中2人送医院后死亡，另一名中毒人员9月30日死亡，此事故造成3人死亡，1人轻伤。直接经济损失87.1万余元。

二、事故原因分析

昆明钢铁股份有限公司炼钢厂未严格落实规章制度，对从业人员教育不力，排查隐患力度不够，有关主管人员对习惯性违章操作熟视无睹，甚至安排未取得特种作业操作证的人员上岗作业，最终导致事故发生。

三、对事故责任者的处理

对昆明钢铁股份有限公司炼钢厂处20万元罚款。罚没炼钢厂厂长一年年收入的40%

共计56000元，对炼钢厂安全环保科科长处5000元罚款，对炼钢厂动力能源作业区作业长处5000元罚款。由昆明钢铁股份有限公司依据企业有关规定，对炼钢厂厂长给予行政警告处分，扣罚绩效工资24000元；对党委书记扣罚绩效工资24000元。此外，其余相关责任人也受到了相应的处罚。

四、从事故中应吸取的教训

严格执行安全操作规程，杜绝违章指挥、违章操作；对从业人员要进行现场危险源认知和事故处理方法的针对性培训；对特殊工种要严格培训，实行持证上岗。

案例4　杭钢吊装物坠落伤人事故

一、事故概况及经过

2007年3月19日10时30分，浙江杭州市由中国五矿集团二十三冶集团第二工程有限公司承建的杭州钢铁集团公司冶炼分公司1号高炉，在吊装热风炉内套过程中，吊装物突然坠落，将工地作业的4人砸死。

二、事故原因分析

根据事故调查组对事故原因及性质认定：这是一起因作业人员无证上岗，作业中割刀回火燃烧致吊篮断绳坠落的重大责任事故。

三、对事故责任者的处理

对事故有关责任人员和责任单位分别做出行政处分和罚款。

四、从事故中应吸取的教训

施工现场要确定专职安全员进行安全监督检查，严格执行安全操作规程，杜绝违章指挥、违章操作；对特殊工种要严格培训，实行持证上岗。

案例5　包钢“12·23”事故

一、事故概况及经过

2002年12月23日17时55分，包头市第一热电厂3号炉供热母管突然爆裂，水蒸气温度压力骤降，导致包钢热电厂的4台鼓风机受到严重损害，被迫停止运行，随后造成炼铁厂的4座高炉全部灌渣，停止了煤气的发生，焦化厂的焦炉和轧钢各厂的煤气供应无以为继，包钢的生产在短时间内全部瘫痪。险情发生后，包钢迅速展开抢险救灾。燃气厂紧急启用15万m^3煤气柜，向管网反充煤气，保持压力，高炉煤气用户全部止火，稳定管网压力。随后包钢启动热电厂2号鼓风机，向2号高炉送风，使高炉产生煤气，挽救焦炉。经过卓有成效的艰苦努力，保住了焦炉，保证了煤气管网，并使高炉、焦炉逐步恢复生产。至20时，炼铁厂4座高炉全部恢复生产。4座高炉同时产生煤气，煤气管网恢复了正常压力，向厂区各煤气用户单位提供煤气。24时，轧钢系统全部点火加热。这次事故导致包钢500万吨目标不能实现，并且设备受损，内伤严重，经济损失难以估算。

二、事故原因分析

一电厂的锅炉超期服役近10年，设备老化，导致供热母管突然爆裂。

三、从事故中应吸取的教训

关系到整个冶金企业安全生产的关键设备，要加强检修维护水平，绝不能让设备“带病”运行；冶金企业要建立健全事故应急预案，并在日常的演习和演练中不断完善各种专项应急预案，确保企业能够正确、及时应对这类事故，减少损失，避免事故扩大。

案例6　重钢转炉爆炸事故

一、事故概况及经过

1986年11月7日，重钢公司六厂2号转炉早班工人于15时14分出完超计划的第二炉钢（计划6炉钢）后，倒渣并清理炉口残钢，准备换炉。此时车间副主任兼冶炼工段长钟某指挥当班班长洪某用水管向炉内打水进行强迫冷却，以缩短换炉时间。16时中班工人接班。这时钟段长指挥中班工人准备倒水接渣，并亲自操作摇炉倒水。当炉体中心线与水平夹角为30°时，炉内发生猛烈爆炸，汽浪把重约3.3t的炉帽连同重约0.95t的炉帽水箱冲掉，飞出约45m，打碎钢筋混凝土房柱，造成6人当场死亡，重伤3人，轻伤6人，全厂停产。

二、事故原因分析

重钢公司钢研所根据对炉体的检查和取样分析认为，当时炉内约有280mm厚的残渣，体积约0.6m^3，重约2t。在爆炸前残渣处于液体状态，当水进入炽热的炉内后，水被大量蒸发，液渣表面迅速冷凝成固体状。由于冷却时间短，渣表面以下部分仍处于液体状态，在进行摇炉倒水操作时，由于炉体大幅度倾斜，在自身重力作用下，炉内残渣发生颠覆，下部液渣翻出并覆在水上，以致液渣下部大量蒸汽无法排出，造成爆炸。

三、对事故责任者的处理

（1）六厂厂长段某，在生产经营中，严重忽视安全，缩短吊装换炉时间，向炉内冲水，最终酿成恶性事故，对这次事故负有主要责任，给予行政降职处分，停发五个月奖金。

（2）副厂长余某分管安全生产工作，但对安全生产的关键环节重视不够，管理不严，对长时间违章冲水不过问，构成严重失职行为，给予行政降职处分，停发四个月奖金。

（3）炼钢车间副主任兼冶炼工段段长钟某，系直接负责冶炼和吊装炉的管理者、指挥者，对吊装前留渣检查督促不严，对习惯性冲水不予制止，对这次事故应负次要责任，给予行政记大过处分，停发四个月的奖金。

四、从事故中应吸取的教训

关系到冶金企业安全生产的关键设备，要严格执行安全生产操作规程，杜绝为抢产量而违章操作，尤其是杜绝各种习惯性违章；企业应该把安全规章制度真正落到实处，使安全生产的观念深入人心。

案例7　千里山钢铁厂专线火车颠覆

一、事故概况及经过

1991 年 12 月 1 日，内蒙古自治区乌海市千里山钢铁厂至乌海北站的铁路专用线上，发生列车颠覆的重大事故，造成该厂自备机车一台、车皮 12 辆报废，车皮大破、中破、小破各一辆，69m 长的铁路线路和 4 节双桥涵损坏，扳道房被撞毁 $16m^2$，部分通讯设备损坏，总计直接经济损失 96.8 万余元。

二、事故原因分析

经呼和浩特铁路局安全监察室鉴定认为，造成这次事故的具体原因是：火车司机在长大下坡道上运行时违章操作，超速行驶，使闸不当，缓解过早，造成列车颠覆的严重后果。

三、对事故责任者的处理

乌海市人民检察院依法以交通肇事罪对火车司机郎某提起公诉，乌海市人民法院以同罪判处郎某有期徒刑 2 年。

四、从事故中应吸取的教训

关系到冶金企业安全生产的关键设备，要严格执行安全生产操作规程，杜绝违章操作，尤其是杜绝各种习惯性违章；企业对重点操作岗位的员工要加强安全教育。

案例8　尾矿库溃坝

一、事故概况及经过

2007 年 5 月 18 日，山西宝山矿业有限公司尾矿库发生溃坝事故，库内近 $100 \times 10^4 m^3$ 的尾矿持续下泄近 30 小时，造成下游太原钢铁公司峨口铁矿铁路专用线桥梁、变电站及部分工业设施被毁，繁（峙）五（台）线交通公路被迫中断，近 500 亩农田被淹，峨河、滹沱河河道堵塞。

二、事故原因分析

事故发生的主要原因是：（1）尾矿库排渗（排洪）管断裂，回水浸蚀坝体，导坝体逐步松软并最终溃塌；（2）企业未按设计要求堆积子坝，擅自将中线式筑坝方式改为上游式筑坝方式，且尾矿坝外坡比超过规定要求，造成坝体稳定性降低；（3）企业安全投入不足，未按规定铺设尾矿坝排渗反滤层；（4）在增加选矿能力时，没有按要求对尾矿排放进行安全论证。

三、从事故中应吸取的教训

关系到冶金企业安全生产的关键设备，尤其是可能危及到公众安全的生产设施，要进行安全论证，严格遵守相关规范，不得超设备能力生产，更不能擅自改变建筑结构；要加强检修维护水平，绝不能让此类设施“带病”运行。

案例 9　广东中润钢铁有限公司触电伤害事故

一、事故概况及经过

2004 年 4 月 8 日 20 时，广东揭阳市榕城区仙桥街道中润钢铁有限公司发生一起因基建施工移动带铁架的工棚，不慎接触 10kV 电线，导致现场施工人员触电死亡 12 人（当场死亡 11 人，送医院抢救无效死亡 1 人），受伤 3 人的特大伤亡事故。

二、事故原因分析

事故原因是：（1）中润钢铁有限公司未及时处理高压线方面的安全隐患。高压线架设采用的是 12m 电杆，架设后的高压线与原地面距离有 7m 以上，因厂方进行“三通一平”填土，致使高压线距现地面的高度减少，再加上厂方未及时与供电部门联系，且该片土地毗邻原有厂房，场地较为隐蔽，未向有关部门申办手续，从而逃避了有关部门监控，使重大安全隐患未能及时排除。（2）该公司副总经理陈某违章指挥，不了解施工情况，擅自要求该厂工人搬动工棚。（3）工人缺乏安全用电常识和自我保护的安全意识，在搬动时，只顾下面，不顾上面，致使高达 5.3m 的工棚碰到高压线，导致触电。

三、从事故中应吸取的教训

冶金企业工程建设和检修时，要严格遵守施工规定，不得违章指挥、违章施工；对施工过程中涉及到的问题和安全隐患要认真分析、及时处理；要对涉及到的水、电、燃气等相关动力部门及时联系沟通；相关监管部门要认真履行职责。

参考文献

[1] 吴溪淳. 中国钢铁行业发展的新阶段[J]. 中国钢铁业, 2015(1).
[2] 冯玉成. 我国钢铁产业发展对策研究[J]. 产业经济, 2014(5).
[3] 张志远. 我国钢铁产业现阶段的发展趋势解析[J]. 时代金融, 2014(5).
[4] 赵云峰. 我国钢铁产业转型发展研究[J]. 理论界, 2014(8).
[5] 刘龙, 宋丹. 提升钢铁产业国际竞争力面临的问题与对策[J]. 宏观经济管理, 2014(6).
[6] 吴志中. 十三五期间我国钢铁产业发展前景分析[J]. 经营者, 2014(7).
[7] 田书华. 中国钢铁业重组的必要性及途径[J]. 中国钢铁业, 2005(7).
[8] 戚向东. 2007 年我国钢铁行业运行情况及 2008 年供需形势分析[J]. 冶金管理, 2008(2).
[9] 郑舟帆. 从武钢看中国钢铁工业的发展战略[J]. 中国总会计师, 2008(4).
[10] 单尚华. 我国钢铁工业现状及竞争力分析, http: //www. hebgy. gov. cn/xinxi/news/2007 - 10 - 31/11938179088386. html.
[11] 汪建华. 中国钢铁行业新时期的四大特征, 建筑时报, 2008 年 3 月 10 日第 007 版.
[12] 国家发展和改革委员会. 钢铁产业发展政策, 2005.
[13] 中国的钢铁工艺遭遇 "拦路虎", http: //www. pw366. com/articledata/200805/18029. shtml.
[14] 裴静娟. 我国钢铁冶金行业现状及发展趋势分析[J], 中国高新技术企业, 2008(7).
[15] 宋明哲. 现代风险管理[M], 北京: 中国纺织出版社, 2003.
[16] 中国保监会保险教材编写组. 风险管理与保险[M]. 北京: 高等教育出版社, 2007.
[17] 卓志. 风险管理理论研究[M]. 北京: 中国金融出版社, 2006.
[18] 吴定富. 保险原理与实务[M]. 北京: 中国财政经济出版社, 2003.
[19] 张洪涛, 王国良. 保险核保与理赔[M]. 北京: 中国人民大学出版社, 2006.
[20] 梁秀伶.《国际贸易保险》原理·规则·惯例[M]. 天津: 天建大学出版社, 2008.
[21] 城市气象灾害伤亡惨重的台风风灾, http: //www. wehoo. net/book/wlwh/a30012/05983. htm.
[22] 罗吉·弗兰根乔治·诺曼, 著. 李世蓉, 徐波, 译. 工程建设风险管理[M]. 北京: 中国建筑工业出版社, 2000.
[23] 李惠. 钢铁冶金概论[M]. 北京: 冶金工业出版社, 1993.
[24] 宁恩渐. 采掘机械[M]. 2 版. 北京: 冶金工业出版社, 1991.
[25] 张钦礼, 王新民, 邓义方. 采矿概论[M]. 北京: 化学工业出版社, 2008.
[26] 全文欣, 张彬, 庞玉荣, 郭秀平. 我国铁矿选矿设备和工艺的进展[J]. 国外金属矿选矿, 2006(2).
[27] 王庆春. 冶金通用机械与冶炼设备[M]. 北京: 冶金工业出版社, 2007.
[28] 朱光俊. 冶金热工基础[M]. 北京: 冶金工业出版社, 2007.
[29] 万新. 炼铁设备及车间设计[M]. 北京: 冶金工业出版社, 2007.
[30] 贺道中. 连续铸钢[M]. 北京: 冶金工业出版社, 2007.
[31] 杨双平. 冶金炉料处理工艺[M]. 北京: 冶金工业出版社, 2008.
[32] 朱苗勇. 现代冶金学 (钢铁冶金卷) [M]. 北京: 冶金工业出版社, 2005.
[33] 傅菊英, 姜涛, 朱德庆. 烧结球团学[M]. 湖南: 中南工业大学出版社, 1996.
[34] 王志, 张倩倩. 钢铁企业安全生产现状与问题分析[J]. 工业安全与环保, 2014(10).
[35] 在新常态下做好企业安全生产工作. 中国安全生产网, 2015.
[36] 中国安全生产协会注册安全工程师工作委员会, 中国安全生产科学研究院. 全国注册安全工程师执业资格考试辅导教材安全生产管理知识 (2011 版) [M]. 北京: 中国大百科全书出版社, 2011.
[37] 金磊夫, 张成富. 职工安全生产知识读本冶金与机械行业[M]. 北京: 中国工人出版社, 2006.

[38] 闪淳昌. 冶金及有色金属企业安全生产管理经验[M]. 北京：中国劳动社会保障出版社，2005.
[39] 宋大成，王洪海，李兴隆. 冶金工业企业职业安全健康管理体系实施范例[M]. 北京：化学工业出版社，2006.
[40] 刘战英. 轧钢[M]. 北京：冶金工业出版社，1995.
[41] 翁正中. 轧钢车间设计[M]. 北京：冶金工业出版社，1994.
[42] 王廷溥，齐克敏. 金属塑性加工学[M]. 北京：冶金工业出版社，2001.
[43] 邹家祥. 轧钢机械[M]. 北京：冶金工业出版社，1989.
[44] 王秀娥. 浅析如何提升我国钢铁企业的竞争力[J]. 有色矿冶，2003(2).
[45] 胡福静. 企业应急预案编制要点[J]. 中国安全生产科学技术，2006(4).
[46] 那宝魁. 钢铁工业主要危险源及其控制措施[M]. 北京：冶金工业出版社，2006.
[47] 张少军. 对中国钢铁企业在入世后面临的现状和发展取向的思考[J]. 河北冶金，2003(2).
[48] 付伟国. 加入 WTO 后我国钢铁企业应对贸易壁垒的对策研究[J]. 钢铁，2003(4).
[49] 乔林. 建筑工程施工风险与保险[M]. 上海：上海科学技术文献出版社，1998.
[50] 钢铁行业物流的特点，http：//www. 56products. com/hnew/focus/2008-04-28/content1a. html.